산업정책의
효율성, 다양성, 그리고 금융

EFFICIENCY, FINANCE, AND VARIETIES OF INDUSTRIAL POLICY
by Akbar Noman and Joseph E. Stiglitz

Copyright ⓒ 2017 by Columbia University Press
All rights reserved.

This Korean edition is a complete translation of the U.S. edition, specially authorized by the original publisher, Columbia University Press. It was published by The Korea Development Bank in 2018 by arrangement with Columbia University Press through KCC(Korea Copyright Center Inc.), Seoul.

이 책은 (주)한국저작권센터(KCC)를 통한 저작권자와의 독점계약으로 한국산업은행에서 출간되었습니다. 저작권법에 의해 한국 내에서 보호를 받는 저작물이므로 무단전재와 복제를 금합니다.

지속성장으로 이끄는 자원, 학습, 기술 정책

산업정책의
Industrial Policy
효율성, 다양성, 그리고 금융
Efficiency, Finance, and Varieties of Industrial Policy

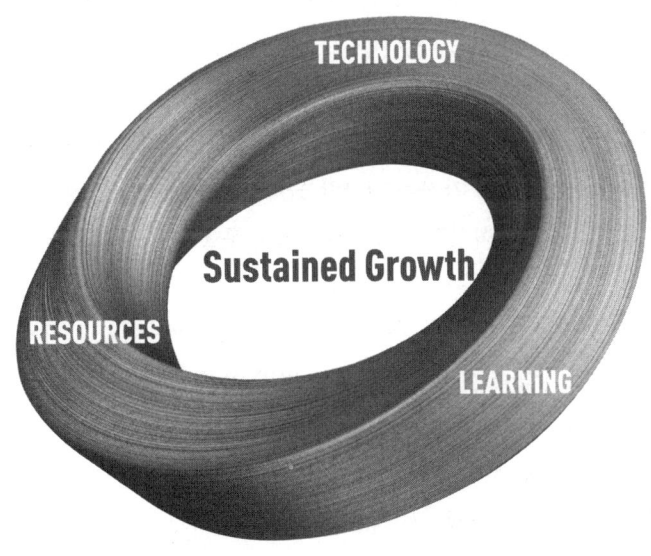

아크바르 노먼·조셉 E. 스티글리츠 엮음
KDB미래전략연구소 옮김

한국어판 서문

우리 경제가 어렵다고들 한다. 최근 언론에서는 연일 생산, 소비, 투자가 동반부진하다며 우리 경제가 침체기의 초입에 들어서는 것 아니냐는 기사가 쏟아져 나오고 있다. 한국은행, IMF 등 국내외 주요 경제전망기관들도 약속이나 한 듯 우리 경제의 성장에 대한 어두운 전망을 내놓는 모습이다. 미국 금리인상, 미·중 통상분쟁, 고용악화, 가계부채 증가 등 우리 경제를 위협하는 대내외 요인들에 대한 불안심리가 커지고 있으며, 전통 주력산업의 부진과 더불어 이를 대체할 새로운 성장동력이 보이지 않는데 대한 위기감이 팽배하다. 일각에서는 당면한 위기를 타개할 제대로 된 경제정책이 없다는 비판도 나오고 있다.

사실, 우리 경제의 어려움에 대한 우려는 어제 오늘의 일이 아니다. 이미 몇 년 전부터 4차 산업혁명이 가져올 커다란 불확실성과 위험을 경계하는 목소리가 있었다. 4차 산업혁명의 혁신적 변화에 대응하지 못할 경우 우리 경제가 경쟁력을 잃고 퇴보의 길로 접어들 수도 있다는 것이다. 게다가, 과거 우리 경제의 성장을 이끌어 온 전통 제조업 위주의 '추격성장catch-up' 모델이 이미 한계에 부딪혔으며, 주력산업의 성장동력은 점차 소실되는 반면 이를 대체할 신생기업의 생성과 성장이 부진하다는 우려도 높다. 여기에 심화되고 있는 저출산·인구 고령화의 충격까지 더해지게 되면, 우리 경제는 과거 가장 큰 강점이었던 역동성과 성장잠재력을 상실하고 세계적인 경쟁에서 낙오할 위험에 처하게 될 가능성이 크다. 요약하면, 지금 우리 경제는 4차 산업혁명이라는 커다란 변화의 격랑을 맞이한 가운데, 성장동력 약화 및 역동성 저하, 저출산·인구 고령화라는 심각한 위협에 직면해 있다고 할 수 있다.

우리 경제 앞에 놓인 이러한 난관을 극복하고 지속성장과 발전, 그리고 선진화를 이루기 위한 해법은 무엇일까? 이러한 물음에 대한 답 가운데 하나를 바로 이 책에서 다루는 '산업정책'과 '개발금융'에서 찾을 수 있다. 이 책에 따르면, 산업정책이란 자원의 배분과 축적, 그리고 기술의 선택에 영향을 미치는 것을 목표로 하는 공공정책이며, 경제발전을 선도하고 혁신과 경제구조의 변환을 위한 명확한 비전과 역동적인 추진력을 제공하는 국가정책이다. 그리고 산업정책을 효과적으로 뒷받침하기 위한 제도적 수단으로서의 개발은행 역할이 필수적이다. 과거 세계 주요 선진국 및 개도국들의 전후 재건과 경제발전을 이끌어 낸 원동력이었던 산업정책과 개발금융은, 신자유주의가 풍미하던 1990년대 이후 학계의 관심에서 멀어지기도 하였으나, 글로벌 금융위기와 4차 산업혁명에 대응하기 위한 경제구조 재편과 지속성장을 도모하는 정책적 처방으로 다시금 주요국 정부 및 학계의 주목을 받고 있다.

이 책을 번역·발간하게 된 계기도 바로 여기에 있다. 지금 우리에게 가장 필요한 것은 신산업 육성을 통한 산업구조의 재편, 그리고 새로운 기업들이 원활히 생성되고 성장하여 기존 대기업들을 대체하고 경제를 주도하는 '기업의 세대교체'를 통해 새로운 성장동력을 확보하고 경제활력을 제고하는 것이라고 할 수 있다. 이러한 측면에서, 산업구조의 재편 및 기업의 원활한 세대교체를 유도하고 촉진하기 위한 산업정책과 이를 뒷받침하기 위한 개발은행의 역할이 매우 중요한 시점이다. 이 책의 번역·발간 작업은 우리 경제가 당면한 난관을 극복하는데 필요한 산업정책과, 이를 구현하기 위한 수단으로서 개발은행이 가지는 의의와 역할을 재조명하고, 나아가 우리 경제의 지속성장과 발전, 그리고 선진화를 이루는데 있어 정책적인 시사점을 제공하는데 그 목적이 있다.

이 책은 경제정책에 관한 중요한 이슈들을 연구하고 논의하기 위해 2000년 7월 노벨경제학상 수상자인 콜럼비아대학교 조셉 스티글리츠 교수의 주도로 조직된 선진국 및 개발도상국 학자와 정책 입안자, 실무자들의 모임인 콜럼비아 대학 정책대화 이니셔티브Initiative for Policy Dialogue(IPD) at Columbia에서 발간한 『개발과 세계화, 그 도전 과제Challenges in Development and Globalization』 시리즈의 일환이다.

이 책은 모두 3부로 구성되어 있다. 1부에서는 학습, 산업 및 기술learning, industrial and technology(LIT) 정책이라 일컬어지는 산업정책의 개념과 이론적 토대에 대해 알아본다. 저자들은 경제의 지속적 진보와 구조변환에 산업정책이 중요한 역할을 수행하며, 산업정책은 지식과 정보를 다루는데 있어 시장이 가진 결함을 보완하고 '조정문제coordination problem'를 극복하는데 도움이 된다고 설명하고 있다. 이들은 유치산업 육성을 둘러싼 다양한 유형의 정책적 처방과 함께 혁신을 촉진하기 위한 전략에 대해 살펴보며, 산업정책에 제약요인으로 작용하는 국제 통상규범의 개혁을 주장한다. 또한 개발도상국 경제성장의 핵심은 생산구조의 동태적 변환을 위한 전략을 적절한 거시경제적 여건 및 안정성과 결합하는 것이며, 그러한 전략은 산업정책에 의해 보완되어야 한다고 밝히고 있다.

2부에서는 산업정책을 뒷받침하는 중요한 제도적 수단인 개발은행의 의의와 역할에 대해 알아본다. 저자들은 민간금융이 특정한 사회적 수요를 충족시키는데 실패하는 이유를 이론적으로 설명하고, 개발은행의 주요 목적이 금융시장의 불완전성, 특히 장기 투자 및 경제구조 변환과 관련된 불확실성의 극복이라는 것과 함께 산업정책의 추진에 있어 개발은행이 수행하는 역할과 효과적인 수행방법 등에 대해서도 살펴보고 있다. 또한, 개발은행의 역할에 대한 경험과 그로부터의 교훈을 일본과 인도의 사례를 들어 설명하고 있다.

마지막 3부는 산업정책에 관한 다양한 경험과 교훈에 대해 설명하고 미래 산업정책의 입안과 실행에 대해 제언한다. 저자들은 먼저 산업정책의 실패위험 경감을 위한 방안으로 역사적 경험에 바탕을 둔 이른바 '새로운 구조경제학new structural economics'의 관점을 소개하고 있다. 또한 미국, 일본, 독일 등 선진국뿐만 아니라 아시아, 아프리카, 라틴아메리카 등 개발도상국 산업정책의 다양한 측면을 설명하고, 포용적・혁신적 성장을 위한 학습과 지식역량의 축적에 관한 사례들에 대해서도 살펴본다. 특히 마지막 두 개의 장에서는 다양한 데이터를 이용한 실증분석을 통해, 국가별로 상이한 여건과 산업발전의 관계, 그리고 제조업과 서비스업의 연계발전 경향 등을 분석하고 있다.

이 책은 경제발전 선도, 혁신 및 산업구조 재편 촉진 등을 목표로 하는 산업정책과 이를 뒷받침하는 개발금융의 의의 및 역할에 대한 다각적이고 심층적인 조명과 함께, 풍부한 사례를 통한 역사적 경험과 교훈, 그리고 개발은행이 수행해야 할 역할과 효과적인 수행 방법 등에 대한 심도 있는 논의를 담고 있는 책이다. 이 책을 통해 우리 경제가 당면한 어려움을 극복하고 지속성장과 발전, 그리고 선진화를 이루기 위한 정책적 대안을 모색하는데 있어 유용한 정보를 제공하고, 적절한 정책을 설계하고 입안하는데 조금이나마 도움이 되었으면 하는 마음 간절하다. 또한 우리 경제의 발전 단계 및 현 상황에 적합한 개발은행의 역할 설정을 위한 논의와 함께, 산업정책을 뒷받침하는 제도적 수단으로서의 개발은행에 대한 사회적 인식 제고에도 기여할 수 있기를 바란다.

끝으로, 이 책을 번역하는 과정에서 온갖 수고를 마다하지 않고 심혈을 기울여 준 KDB미래전략연구소 연구원들의 노고에 감사하며, 좋은 책을 발간할 수 있도록 헌신적인 노력과 협조를 아끼지 않으신 하이큐 김종혁 사장과 직원 여러분들께도 감사의 말씀을 드린다.

2018. 12.
KDB산업은행 회장
이 동 걸

콜럼비아 대학 정책대화 이니셔티브:
개발과 세계화, 그 도전 과제

엮은이
호세 안토니오 오캄포 JOSÉ ANTONIO OCAMPO · **조셉 스티글리츠** JOSEPH E. STIGLITZ

콜럼비아 대학 정책대화 이니셔티브Initiative for Policy Dialogue(IPD) at Columbia University는 오늘날 경제정책에 관한 가장 시급한 이슈들을 다루기 위해 여러 선진국 및 개발도상국의 학계와 정책 입안자, 그리고 실무자들이 함께 하는 모임이다. 또한 IPD는 개발 및 세계화와 관련하여 콜럼비아 대학이 주관하는 광범위한 프로그램의 중요한 한 부분이기도 하다. 본『콜럼비아 대학 정책대화 이니셔티브: 개발과 세계화, 그 도전 과제』시리즈는 개발과 관련한 폭넓은 주제들에 대한 최근의 학문적 고찰을 담았으며, 대안적인 정책옵션들을 장단점trade-offs과 함께 제시하고 있다. 본 시리즈는 정책 입안자와 학생들이 접근할 수 있도록 쉽게 서술되어 있으며, 학계의 연구 의제를 구성함과 동시에 경제정책과 관련된 토론을 심화시키고, 개발정책에 대한 보다 민주적인 논의를 촉진한다는 특징이 있다.

경제학에서 가장 근본적이고 빈번한 많은 논쟁이 시장실패의 특징과 중요성, 그리고 이를 극복하기 위한 국가의 역할이라는 이슈를 둘러싸고 이루어지고 있다. 이러한 논쟁들은 산업정책에 대한 문헌들에서 특히 첨예하게 이루어진다. 널리 알려진 바와 같이, "산업정책industrial policy"이란 자원의 배분과 축적, 그리고 기술의 선택에 영향을 미치는 것을 목표로 하는 공공정책 수단을 일컫는다. 본서에 수록된 여러 논문들이 중점적으로 다루고 있는, 특별히 중요한 의미를 가지는 산업정책의 조합은 학습과 기술의 향상을 촉진하는 활동을 목표로 하는 정책들로 구성되어 있다고 할 수 있다. 보다 정확하게 말하면, "학습, 산업 및 기술learning, industrial and technology(LIT)"정책이라는 이름이 이러한 정책들에 종종 붙는다.

최근 몇 년간 산업정책에 대한 관심이 다시 고조되었으며, 세계은행World Bank까지도 이러한 정책을 지지하는 입장에 서게 되었다. 이처럼 산업정책에 대한 관심이 높아짐에 따라, IPD와 일본국제협력기구Japan International Cooperation Agency(JICA)는 산업정책에 초점을 맞춘 공동연구 태스크포스 구성에 나서게 되었는데, 이는 산업정책이라는 주제가 관심을 받지 못하던 오랜 기간 동안 해당 주제에 대한 연구가 이루어지지 않았던 것도 일부분 영향을 끼쳤다. 개발금융, 그리고 산업정책 및 성장·구조적 변환에 관한 최근 연구들 사이의 연계성 등과 관련된 이슈들에 대해서는 향후 보다 심도 있는 연구가 필요하다. 산업정책과 관련하여 경험적 사례들에 대한 새로운 실증적 연구, 정태적·동태적 효율성 및 리스크 경감 등과 관련된 논쟁에 대한 새로운 시각 등도 마찬가지로 향후 더욱 깊은 연구가 요구되는 주제라고 할 수 있다.

본서가 선진국과 신흥국, 그리고 저개발국이 공통적으로 직면하는 정책적인 선택에 대한 정보를 제공하고, 각각의 국가들이 스스로에게 적합한 제도와 정책을 고안하는데 도움이 되기를 희망한다.

IPD와 곧 발간될 예정인 책들에 대한 보다 자세한 내용은 IPD 웹사이트(www.policydialogue.org)를 참조하기 바란다.

차례

	한국어판 서문	4
	서 문	8
1장	학습, 산업 및 기술정책 : 개관	13
	아크바르 노먼 · 조셉 스티글리츠	

PART I 이론 및 개념적 기초

2장	학습경제에서의 산업정책	39
	마리오 치몰리 · 지오반니 도시	
3장	동태적 효율성 : 개발도상국에서의 구조적 동학과 경제성장	86
	호세 안토니오 오캄포	

PART II 개발금융

4장	불확실성, 투자, 그리고 금융 : 국가 개발은행의 전략적 역할	129
	주앙 카를로스 페하즈	
5장	개발은행의 역할 : 유럽, 그리고 전 세계의 투자를 촉진하기 위해 어떻게 행동해야 하는가?	158
	스테파니 그리피스-존스 · 지오반니 코지	
6장	일본 산업정책 제도의 블랙박스 : 개발은행, 민간부문 및 노동에 대한 제도적 분석	186
	고 시마다	

7장	개발은행과 산업금융 : 인도의 경험과 교훈 디팍 나야르	223

PART III 실제 사례와 제언

8장	산업정책의 재조명 : 새로운 구조 경제학 관점 저스틴 이푸 린	257
9장	산업정책의 다양성 : 모델, 패키지, 그리고 변화주기 안토니오 안드레오니	278
10장	산업전략 : 질적 성장을 위한 학습사회를 향하여 아키오 호소노	338
11장	기술이 천연자원을 산업화의 기반으로 만들 수 있을까? : 중남미(및 기타 자원부국)를 위한 새로운 기회의 확인 카를로타 페레즈	386
12장	제조업 발전 : 비교우위, 생산성 증가 및 국가별 여건의 역할 노부야 하라구치	424
13장	제조업과 중간 서비스업의 공존 : 세계 투입산출 데이터베이스 분석 밍 레옹 쿠안	481
	찾아보기	515
	저자소개	519

일러두기

1. 이 책은 콜럼비아 대학 정책대화 이니셔티브(IPD)에서 발간한 『개발과 세계화, 그 도전 과제』 시리즈의 일환으로 아크바르 노먼과 조셉 스티글리츠가 엮은 『Efficiency, Finance, and Varieties of Industrial Policy』를 완역한 것이다.
2. 본문 각 장 끝부분의 주석은 원저자의 주이며, 본문의 각주는 모두 옮긴이의 주이다.

―― 제 1 장 ――

학습, 산업 및 기술정책
Learning, Industrial, and Technology Policies

- 개 관 -

아크바르 노먼Akbar Noman · 조셉 스티글리츠Joseph E. Stiglitz

경제학에서 가장 근본적이고 빈번히 이루어지는 논쟁 가운데 많은 경우는, 시장실패market failures의 특징과 의의, 그리고 이를 극복하기 위한 국가의 역할이라는 서로 연관된 두 가지 이슈를 중심으로 이루어지고 있으며, 이는 특히 산업정책industrial policies에 대한 문헌들에서 첨예한 형태로 나타나고 있다. 널리 알려진 바와 같이, 산업정책이란 자원의 배분과 축적, 그리고 기술의 선택에 영향을 미치는 것을 목표로 하는 공공정책 수단을 일컫는다. 본서에 수록된 여러 논문들이 중점적으로 다루고 있는, 특별히 중요한 일련의 산업정책들은 학습과 기술 향상을 촉진하는 활동을 목표로 하는 정책들로 구성되어 있다. 이러한 정책들은 때로는 보다 정확하게는 학습, 산업 및 기술learning, industrial and technology(LIT) 정책이라고 불리고 있다. 여기서는 의도적으로 스스로 산업정책이라 명시하고 있는 정책뿐만 아니라, "산업정책"이라 불리지 않더라도 유사한 효과가 있는 정책들까지도 모두 이 용어를 사용하여 지칭하고자 한다(이는 특히 9장의 안토니오 안드레오니Antonio Andreoni의 논문에 잘 설명되어 있다).

가끔 불가피하게 실행된 적도 있기는 하지만, 신자유주의neoliberalism의 전성기 시절에는 규제 없는 자유시장 옹호에 편향된 워싱턴 컨센서스Washington consensus[1]) 정책 하에서, 산업정책은 경제학자들에 의해 제시된 정책적 처방의 범위로부터 사실상 배제되어 있었다.[1] 근래 들어 산업정책에 대한 관심이 다시 높아지고 있으며, 심지어 세계은행World Bank까지도 이러한 정책들을 옹호하기에 이르렀다.[2] 이와 같이 산업정책에 대한 관심이 다시 고조됨에 따라, 정책대화 이니셔티브the Initiative for Policy Dialogue(IPD)와 일본국제협력기구Japan International Cooperation Agency(JICA)는 산업정책에 관한 공동연구 태스크포스 구성에 나서게 되었다. 이 태스크포스의 작업은 부분적으로는 산업정책이 학계, 그리고 특히 국제기구의 연구 및 정책분석으로부터 배제되어 있던 오랜 기간 동안 해당 주제에 대한 연구가 이루어지지 않았던 점이 동인이 되었다. 개발금융 관련 이슈, 그리고 산업정책에 대한 최근 연구와 성장·구조적 변환에 대한 연구 간 연관성에 관계된 이슈 등은 보다 깊이 있는 연구가 필요한 이슈들이다. 더욱이 산업정책과 관련된 다양한 경험에 대한 새로운 실증적 연구와 함께 정태적·동태적 효율성 및 위험의 경감과 관련된 논쟁에 대한 새로운 통찰들이 있어 온 점에서 그러하다.

    기술의 첨단에 있거나 그에 근접해 있는 선진경제국들의 역사적 경험은 지속적인 경제성장과 구조변환에 있어 산업정책이 필수적인 역할을 수행해 왔음을 보여주고 있다.[3] 이는 지속적인 경제발전을 촉진하는데 있어 정부의 역할이 결정적임을 보여주는 강력한 증거이다. 더욱이, 이른바 LIT와 산업정책을 구성하는 공공정책의 개입 유형에 대한 훌륭한 이론적인 근거도 있다. 이들 근거에 대해서는 마리오 치몰리Mario Cimoli와 지오반니 도시Giovanni Dosi가 저술한 2장과 호세 안토니오 오캄포José Antonio Ocampo가 저술한 3장에서 자세히 설명하고 있다. 본서의 다른 장으로 넘어가기 전에, 산업정책에 대한 한 가지 반론, 즉 이론적으로는 타당하다 하더라도 부실하게 설계되거나 실행됨으로 인해 그 효과가 떨어질 수도 있다는 의견에 대해 언급하는 것이 적절할 것이다. 이러한 반론에 대한 답변은, 먼저 산업정책은 그 자체로는 성공적인 경제 발전에 '충분' 하지 않으나, 역사적 경험과 이론은 산업정책이 실제로 '필요' 하다는 것을 보여준다는 것이다. 둘째로 제도적인 결

---

1) 1990년대 미국 워싱턴에 소재한 세계은행, IMF 등 국제금융기구들이 개도국들에게 권고한 경제개혁 및 성장을 위한 정책 방향으로, 그 명칭은 1989년 미국 국제경제연구소The Institute for International Economics(IIE)의 경제분석가인 존 윌리엄슨John Williamson이 경제위기를 겪고 있는 개도국들에 대한 개혁과제를 제시한데서 유래되었다. 주요 내용으로는 재정준칙 확립, 보조금 삭감, 조세 개혁, 금리 및 환율 자유화, 무역 자유화, 외국인 직접투자 자유화, 공기업 민영화, 규제 완화, 재산권 강화 등이 있다.

함이나 정치경제의 "실패"로부터 야기되는 위험이 존재하는 것은 사실이나, 거시경제 안정화나 자유화 및 민영화와 같은 다수의 실패한 프로그램들의 예에서 볼 수 있듯이 그러한 문제들은 결코 산업정책에만 국한된 것이 아니다. 공공정책에 있어서 도전받는 과제는 위험과 보상의 비율을 적정하게 잡는 것이다. 산업정책이란 것은 커다란 보상을 제공할 수 있는 잠재력이 있다는 것과, 또 그러한 보상을 획득하면서 실패의 위험도 경감시키는 길이 존재한다는 것이 바로 본서에 수록된 논문들의 핵심적인 주장 가운데 하나이다.

본서의 나머지 내용은 3부로 구성되어 있다. 1부는 LIT 또는 산업정책의 개념적이고 이론적인 토대에 대해 자세히 설명하고 있다. 2부는 그 중요성이 널리 인식되어 왔음에도 최근의 연구에서 상대적으로 간과되었던 개발금융, 특히 개발은행의 측면에 초점을 맞추고 있다. 3부에서는 산업정책에 관한 여러 경험 및 실험과 그로부터의 교훈, 그리고 산업정책의 설계와 실행에 대한 제언에 주요 초점이 있다. 본 장의 개관에서는 특히 1부에 주목하고 있다. 물론 이와 같은 간략한 개관으로는 각 장의 내용을 충분히 다룰 수 없으며, 이는 전체적인 요약을 제공하려는 것이기 보다는 독자들의 흥미를 유도하고 동시에 여러 논문들 사이에서 눈에 띄는 어떤 연계성을 끌어내는데 목적이 있다.

치몰리와 도시가 저술한 2장은 치몰리, 도시, 스티글리츠(2009)에서 많은 부분을 가져온 것이다. 2장은 LIT 정책과, 관련제도 구축associated institution building이 지속적인 경제적 진보와 변환에 있어서 매우 중요한 역할을 수행한다는 점에 주목하면서 시작한다. 첫 부분에서 치몰리와 도시는 시장실패가 광범위하게 발생하고 있음을 강조하고, 표준적인 규범적 후생 정리normative welfare theorems가 성립하기 위해 요구되는 조건들이 현실 세계의 상황과는 거리가 있다는 점에 주목한다. 그들은 "전 세계를 거대한 시장실패로 볼 수 있다!"고 말한다. 그들은 현실에서의 문제는 그러한 결함이 제도를 만드는 것을 포함하여 적극적인 정책적 개입을 정당화할 만큼 충분히 심각한지 여부라고 인식하고 있다. 그리고 이러한 문제제기 방식이 시장개입 회피를 꼭 전제해야만 한다고 믿는 사람들의 입증 책임을 덜어준다고 본다.

특히, 치몰리와 도시는 지식과 정보를 다루는데 있어 시장이 가진 심각한 결함을 지적하고 있다. 지식은 본질적으로 (새뮤얼슨Samuelson의 관점에서) 공공재

public good이다. 그런데, 기술과 학습, 정보의 상호 연결은 지속적 성장과 따라잡기 catch-up의 핵심이라고 할 수 있다. 치몰리와 도시는 대부분의 기업이 같은 경제 안에서도 "최적의 업무관행best practice"보다 낮은 수준에서 운영되고 있다는 점과, 이러한 보편적 현상은 표준적인 생산가능곡선이 한 부문 또는 한 경제 내에서조차 합리적인지에 대한 의문을 제기한다는 점에 주목한다. 가장 중요하게는, 그들은 비교우위comparative advantage는 "재검토할 필요가 있다"고 주장한다. "한 나라의 비교우위는 부분적으로 그 나라의 비교학습역량comparative learning capabilities에 기초하며, 경제 전반의 학습을 제고하는 많은 정책들은 통상의 신고전학파 모형에서 도출된 정책과 반대이다."4 또한 치몰리와 도시는, 다음에 다루는 오캄포의 논문이 해당 주제에 대해 보다 자세히 설명하고 있는 것과 유사한데, 정태적 효율성과 학습·기술의 동학dynamics 사이에서 발생하는 상충관계를 지적하고 있다.

개발도상국들이 직면하는 정보 문제의 특징적인 유형을 '조정문제coordination problem'라고 한다. 잘 기능하는 시장경제에서는 가격이 조정 역할을 수행한다. 그러한 경제에서조차도 때때로 가격은 필요한 조정을 수행하지 못하기도 하는데, 발전이라는 맥락에서 산업정책은 초기 경제발전 관련 연구문헌(예를 들어, 넉시Nurkse 1953; 거셴크론Gerschenkron 1962; 로젠스타인-로단Rosenstein-Rodan 1943; 허쉬만Hirschman 1958; 프레비쉬Prebisch 1963)에서 인식되었던 종류의 조정문제를 극복하는데 도움이 될 수 있다.

치몰리와 도시는 "마법의 정책 특효약magic policy bullets"은 없다고 강조하면서, "유치산업 육성의 필요성"을 둘러싼 광범위한 유형의 정책적 처방들에 대해 알아본다. 특히, 그들은 "정책적 개입의 영역"을 일곱 가지로 폭넓게 분류하고, 이들을 다양한 정책 수단 및 관련 기관들과 대응시키는 방법을 제시하고 있다. 그들은 정책의 틀은 행위 주체의 "역량" 구축과 함께 지대(地代) 추구rent seeking[2]나 타성에 빠지는 것을 억제하는데 관심을 둘 필요가 있다고 본다. 그들은 경제발전의 목표를 달성하는데 있어 보호조치 또는 보조금 지급과 같은 가격의 변경을 통한 유인incentives만으로는 충분하지 않다고 주장한다. 이러한 맥락에서, 그들은

---

2) 지대 추구(rent seeking)란, 경제주체들이 공급이 제한적인 재화나 서비스를 독점이나 과점함으로써 이익을 얻기 위해 정부에 대한 로비 등과 같은 비생산적인 활동에 경쟁적으로 나서게 되고, 이로 인해 자원의 낭비와 사회적 손실이 발생하게 되는 현상을 의미한다.

라틴아메리카식의 경험을 동아시아의 "호랑이들"(일본, 한국, 대만, 싱가포르)의 경험과 대조하고 있다.

그 다음, 치몰리와 도시는 학습과 역량축적, 그리고 생산능력 증대를 위하여 어떻게 동기를 부여할 것인가 하는 문제로 논의를 이어간다. 그들은 혁신이 지대를 발생시킬 소지는 있으나, 이러한 지대는 연구 활동을 유도하는 유인이 될 수 있으며, 잘 기능하는 금융시장이 존재하지 않는 경우, 지대가 혁신에 필요한 자금을 조달하기 위해 필요할 수도 있다고 강조한다. 오늘날에는 심지어 혁신으로 발생한 지대조차도 자동적으로 미래의 혁신을 위한 재투자로 이어지지 않는 실정이다. 그들은 혁신과 역량축적을 촉진하기 위해 고안된 전략의 세 가지 측면, 즉 당근과 채찍, 그리고 경쟁에 대해 힘주어 설명하고 있다.

치몰리와 도시는 천연자원의 저주를 방지하는 것, 그리고 거시경제정책과 산업정책이 일관되는 것의 긴요성에 대해 마지막 두 가지 정책적 처방을 논한다.

3장의 오캄포 뿐만 아니라, 치몰리와 도시도 세상이 변함에 따라 과거에 올바르게 작동했던 "구식" 정책들 가운데 일부는 효과적으로 시행될 지가 도전받고 있음에 주목한다. 특히, 그들은 글로벌화, 그리고 세계무역기구(WTO) 규약이나 양자 간 또는 "다자" 간 투자·무역 협정에 반영된 것과 같은 세계규범의 변화로 인해 가해지는 제약들을 지적한다. 치몰리와 도시, 그리고 오캄포 모두 이들 제약이 어떻게 산업정책에 영향을 미치며, 부정적 영향을 어떻게 완화시킬 수 있는지를 각자의 방식으로 살펴보고 있다. 그들은 개발도상국이 활용할 수 있는 몇몇 허점loopholes과 융통성에 대해 언급하고 나서, 양자 간 무역·투자 협정에 대한 반대 논리와 함께 무역 및 지적재산권을 규율하는 국제규범을 개혁할 것을 옹호하는 주장을 펼치고 있다. 2장과 3장 모두 이러한 현재의 국제규범의 틀에 대해 개혁을 요구하는 것으로 끝맺고 있다.

3장의 호세 안토니오 오캄포의 논문은 경제성장과 구조변화에 대한 연구문헌들을 망라하여 살펴보고, 산업정책의 역할을 그와 같은 광범위한 맥락 속에 위치시킨다. 그는 "개발도상국에서의 경제성장은 생산구조의 동태적 변화 및 이를 지원하기 위해 만들어진 특정 정책·제도들에 본질적으로 연계되어 있다. 주된 초점은 구조적 변화의 새로운 물결을 만들어 낼 수 있는 능력으로 정의되는 경제구조의 '동태적 효율성dynamic efficiency'에 있다..."고 언급하며 정태적 효율성static efficiency에 대한 신고전학파적 초점을 지속성장을 위한 요구사항에 대비시키고 있다.

오캄포는 경제성장과 발전에 관한 "과거"와 "새로운" 연구문헌을 폭넓게 활용하고 있다. 그는 먼저 (1) 매디슨Madison(1991)이 언급한 "유사proximate" 원인과 "본원적ultimate" 원인을 구분하는데 있어, 그리고 (2) 일련의 변수들(투자, 생산구조, 기술, 인적자본 등)이 성장에 따라 동시에 변하는 경우 인과관계의 방향에 있어 제기되는 여러 가지 방법론적인 이슈들을 다루고 있다.

다음으로 그는 성장 과정을 특징짓는 규칙성에 대해 개략적으로 서술하면서, 성장과 그것이 시사하는 바를 이해하는데 있어 특히 중요한 다섯 가지 정형화된 사실에 대해 간명하게 논의하고 있는데, 즉 (1) 국가 간 커다란 차이가 몇몇 차원에서 지속되는 점, (2) 일반적으로 성장의 특징을 구성하는 대규모 불연속성(때때로 갑자기 나타나는 경향이 있음), (3) 발전 과정에서 탄력적인 요소공급의 중요성, (4) 성장의 경로 의존성path dependence, (5) 너무나도 상식화된 "좋은" 무역정책이란 것을 구성하는 것들과 관련된 단순한 일반화를 반박하는 것으로서 성공적 무역정책 패키지가 지니는 가변성 등이 그것이다.

그 다음에 오캄포는 성장에 필요한 "기본구조적 조건framework conditions"(거시경제적 안정성, 기본적인 제도, 인적자본, 인프라 등)과, 새로운 역동적 활동을 끊임없이 창출하는 능력으로서 성장 모멘텀의 능동적 결정 요인을 구분하고 있다. 그는 가장 중요한 것은 "시스템 전반에 걸친 과정system-wide processes"이라고 주장하며, 이것에는 (1) 혁신과 학습, (2) 상호 보완성, 연계성, 또는 생산활동 간 네트워크 사이의 상호작용이 포함된다고 말한다.

그는 "개발도상국 세계에서 급속한 성장을 위한 열쇠는 생산구조의 역동적인 변화를 목적으로 하는 전략을 적절한 거시경제적 여건 및 안정성과 결합하는 것이다…"라고 결론을 내리고 있다.

개념적·이론적 바탕을 논하는 위의 두 논문은 또한, 개발금융의 중요성, 특히 이들이 강조하는 유형의 새로운 활동에 장기 자본을 제공함에 있어 개발은행이 수행하는 역할의 중요성을 지적하고 있다. 2부에서 네 개의 장은 산업정책 관련 최근의 연구들에서 중요하다고 널리 인식되지만 그러나, 그 밖에는 거의 주목을 받지 못하는 화두인 개발금융에 할애되어 있다. 이 네 개의 장은 전통적인 금융기관들이 특정한 사회적 수요를 충족하는데 실패하는 이유를 설명하면서 개발은행에 대한 이론적 사례를 제시할 뿐만 아니라, 몇몇 성공적인 개발은행들이 그들 국가의 발전에 있어 차이를 가져왔다는 것을 보여준다. 물론, 과거부터 개발은행들의 실패 사례들이 있었으며, 때로는 정치와 연계된 대출과 관련되기도 하였다. 불행하게도 개발은행에 대한 연구는 매우 부족하다(아마도 이는 오랜 기간 동안 개발은행들은 선호대상 밖이었음을 반영한 듯하다). 핵심적인 질문은 "왜 어떤 개발은행들은 성공했고 다른 개발은행들은 실패했는가?"이다.

4장에서 저자인 주앙 카를로스 페하즈João Carlos Ferraz는 2008년의 금융위기와 그 여파로 인해 개발은행들이, 특히 그들이 수행하는 경기 대응적인countercyclical 역할과 함께 재차 주목받고 있다고 말한다. 만약 개발은행들이 자금공급을 지속하지 않았더라면, 이들 국가에서의 경제위기는 더욱 심각해졌을 것이다. 그러나 그것은 개발은행의 주요 목적인 금융시장의 불완전성, 특히 장기 투자 및 구조적 변환과 관련된 불완전성을 극복하는 것에 비하면 부차적인 것이다. (물론 민간금융이 가진 변동성을 완화하는 것은 오랜 기간 개발은행이 지닌 이점 가운데 하나로 여겨져 왔다.)

지난 수년 동안, 개발은행들은 광범위한 비판의 대상이었다. 페하즈는 이러한 비판 가운데 일부에 대해 정면으로 반박하고 있는데, 이러한 비판으로는 개발은행의 구축(驅逐)효과crowding-out effect와 같은 근거가 모호한 주장들이 있다. 개발은행의 구축효과란, 표준적 신자유주의의 틀에서 보면 개발은행들이 희소한 자본을 배분하는데 있어 더 유능한 것으로 상정되는 민간은행들을 구축crowd out하는 것을 의미한다.[3] 그러나 페하즈는 반대로, 개발은행이 민간금융을 "유인crowd in" 할 수도 있다고 주장한다. 그밖에 또 다른 비판들에는 정치적 간섭과 정실주의 cronyism, 그리고 개발은행이 "승자 고르기picking winners"에 있어 민간 부문보다 유능하지 못하다는 것들이 있다. 그는 이러한 잠재적인 문제들이 가진 위험을 완화시킬 수 있는 방법, 예를 들어 기능의 명확한 분리, 독립적인 이사회, 은행감독과 같은 제도를 갖출 것을 제안하고 있다.

---

3) 일반적으로 구축효과(crowding-out effect)란 정부지출의 증가로 인해 민간부문의 투자가 감소하는 현상을 뜻하는 용어로서, 본문에서는 이와 유사하게 개발은행의 자금공급 증가로 인해 민간 금융기관의 자금공급이 감소하게 되는 효과를 의미한다.

페하즈는 국제개발금융클럽International Development Finance Club(IDFC)[4] 23개 회원기관의 자산규모 합계가 2013년 현재 약 2.8조 달러에 달하는 등, 개발은행은 세계 경제에 있어 자금공급의 주요 원천이 되어 왔음을 보여주고 있다. GDP 대비 비율 면에서 보면, 국가 개발은행의 자산규모는 인도네시아의 경우 GDP 대비 0.5%에서 중국, 브라질, 독일의 경우 GDP 대비 14% 이상으로 매우 다양하다.

페하즈는 가장 규모가 큰 개발은행 가운데 네 개의 은행을 선정하고 이들의 구조, 행태 및 최근 몇 년간의 성과에 대해 보다 자세하게 분석한다. 이 네 개의 개발은행은 중국개발은행China Development Bank(CDB), 독일재건은행KfW, 브라질개발은행BNDES[5], 일본정책금융공고Japan Finance Corporation(JFC)이다. 그는 이들 개발은행들 간에 차이점보다는 유사점을 더 많이 발견하며, 이들은 2013년 중 "견고한 자산기반을 밑바탕으로…매우 건전한 재무적 성과를 달성"한 가운데 그들의 개발목표를 달성하는 데에도 대체로 성공적인 것으로 판단한다. 다만, 순손실이 발생하고 무수익여신nonperforming loans(NPL) 비율이 높은 JFC는 예외인 것처럼 보인다. 그러나, 무수익여신이 총여신의 3% 이하라는 점에서 크게 문제되지는 않는다. CDB와 BNDES는 자기자본이익률이 15%를 초과하고 무수익여신 비율이 각각 0.48% 및 0.01%를 기록하였다는 점에서 네 개 개발은행 가운데 가장 좋은 성과를 나타냈다. 페하즈는 개발은행은 "견고한 금융시스템의 기둥 가운데 하나이며…모든 발전단계의 국가들과 관련되어 있다"고 결론짓고 있다.

일반적으로 개발은행은 개발도상국과 관련되는 기관으로 여겨져 왔지만, 실제로는 유럽의 선진경제국들에서도 중요한 역할을 수행해 왔다. 5장에서 스테파니 그리피스-존스Stephany Griffith-Jones와 지오반니 코지Giovanni Cozzi는, 특히 유럽지역에서, 개발은행이 어떻게 해야 투자를 촉진할 수 있는지에 대해 질문한다. 저자들은 전 세계 민간 금융부문이 그들이 해야 할 기능을 수행하는데 있어 부족함을 보

---

[4] 국제개발금융클럽(International Development Finance Club; IDFC)은 지속가능한 인프라, 재생에너지, 에너지 효율성, 사회개발 등 개발금융 분야의 노하우 공유와 공동의 사업기회 모색을 위해 2011년 설립된 국제 개발금융기관 협의체이다. 독일재건은행(KfW), 프랑스개발청(AFD), 중국개발은행(CDB) 등 20개국 개발금융기관 및 안데스개발공사(CAF) 등 3개 지역 개발금융기관이 회원으로 가입하여 활동 중이며, 우리나라에서는 한국산업은행(KDB)이 국내 유일의 회원기관으로 참여하고 있다.
[5] Banco Nacional de Desenvolvimento Ecônomico e Social(브라질개발은행). 영어명은 The Brazilian Development Bank.

여 왔으며, 따라서 "효과적인 공적 개발은행이 수행할 수 있는 긍정적인 역할"에 대해 더 많은 관심이 주어져야 한다는 것을 언급하면서 시작한다. 그리피스-존스와 코지는, 특히 스티글리츠가 자신의 저작들에서 자세히 설명하는 고질적이고 심각한 금융시장 실패에서 시작하여, 개발은행에 대한 간결하고 분석적인 사례를 제시한다. 실제로 많은 증거가 있고 이론적으로도 잘 규명되어 있는 이러한 시장실패에도 불구하고, 일부에서는 금융시장의 효율성에 대한 강한 믿음이 있었다. 이러한 믿음은, 금융부문으로부터의 정치적 압력과 결합하여 과도한 금융자유화를 이끌어 내었으며, 공적 대출기관들에 대해 압박을 가하였다. 공적 개발은행인 세계은행이, 개발은행은 올바로 작동하지 않는다고 주장하면서 여러 나라들에 대해 그들의 개발은행의 활동을 축소할 것을 권장하는 등 많은 역설적인 상황들이 있었다. 금융위기 당시, 그리고 금융위기 이후에도 정부는 커다란 금융 역할을 떠맡아야 했으며, 그렇지 않았다면 민간 금융시스템은 붕괴되었을 것이다. 미국에서는 오늘날에도 정부가 사실상 모든 주택담보대출을 인수하고 있다. 그리피스-존스와 코지는 금융시장에서 쉽게 발생하는 실패의 유형에 대해 설명한 후, 다양한 산업 정책의 추진과 함께 치몰리와 도시, 그리고 오캄포의 논문에서 강조되었던 동태적 효율성의 향상에 있어 개발은행이 수행하고 있고 또 수행해야 하는 역할과, 이러한 역할을 어떻게 효과적으로 수행할 수 있는지에 초점을 맞춘다.

그 다음에 그리피스-존스와 코지는 캠브리지 알파메트릭스 모델Cambridge Alphametrics Model(CAM)을 이용하여 2020년까지 기간 동안의 유럽 및 세계 경제에 대한 대안적 시나리오들을 시뮬레이션 함으로써, "과도한 재정긴축의 완화와 결부하여 개발은행의 역할 확대가 투자, 경제성장, 고용…그리고 GDP 대비 정부부채 비율에 미치는 긍정적인 효과"를 보여준다.

6장에서 고 시마다Go Shimada는 일본에서의 개발은행의 역할에 대해 고찰한다. 시마다는 개발은행의 장점과 단점에 대해 앞서와 미묘한 차이가 있는 논의로부터 시작한다. 개발은행의 이론적 근거에 대해, 그는 특히 정보비대칭과 외부효과, 그리고 장기투자의 위험으로부터 발생하며 규모의 경제가 존재하는 경우 특히 발생하기 쉬운 금융시장의 불완전성을 강조하고 있다. 개발은행의 단점 가운데 그가 주목하는 것은 대출심사의 어려움, 특히 단순히 수익성이 아닌 경제적, 사회적 혜택에 초점을 맞추어야 할 필요성 하에서의 대출심사의 어려움, 그리고 정치적 포획political capture[6] 또는 지대추구로 인한 위험 등 두 가지이다. 이 장에서 주된 부분은 2차 세계대전 이후 일본의 산업정책에서 개발은행의 "필수적 역할"에 대한 상세한 사례연구이다. 정부는 "예금을 모으고 자금을 산업발전에 할당하는데 있어 중요한 역할을 수행하였다." 전자(예금의 수취)는 일본에서 우편은행postal banks의 특별한 중요성을 나타내는데, 우편은행은 비교적 최근인 1980년대까지도 전체 은행예금의 약 20%를 차지한 바 있다.

일본의 개발금융에 대한 시마다의 분석은 일본의 전후 복구와 발전에 대한 통찰력 있는 논의에 내재되어 있다. 1947년 부흥금융금고Reconstruction Finance Bank(RFB)가 설립된 가운데 RFB의 자금공급, 특히 석탄 및 철강 산업에 대한 자금공급은 일본의 전후 재건에 "핵심적인 기여요인"으로 작용하였다. 그러나 RFB는 가치 창출보다는 부패와 같은 지대추구 행위에 매몰되었으며, 부패 스캔들이 발생한 이후 RFB는 폐쇄되고 이를 대체하여 일본개발은행Japan Development Bank(JDB)이 설립되었다. 시마다는 RFB의 "포획capture"으로부터 습득한 교훈은 JDB의 설계, 특히 JDB에 대한 다양한 외부 영향력을 차단하는 방안을 설계하는데 활용되었으며, 이를 통해 얻게 된 JDB의 보다 큰 자율성과 수준 높은 프로젝트 심사 및 감독절차는 JDB의 성공에 있어 핵심적인 요인이었다고 말한다. 또한 JDB의 대출은 "정부의 산업정책의 일부였다"는 사실도 대단히 중요하다. 시마다는 JDB의 운영에 대해 상세히 설명하고 있다. JDB는 전기, 철강, 조선, 석탄산업과 같은 "기초산업"에서 시작하여, 파급효과 및 상호 보완효과가 높은 것으로 여겨지는 제조업으로 자금공급 대상을 바꾸어 나갔다. 그러므로 이는 "아무런 기준이 없이 승자가 뽑히는 형식의 개입이 아니었다." 또한 시마다는 JDB가 일본 금융시장에 존재하는 정보비대칭을 극복하는 역할을 수행했음을 발견한다. JDB의 대출은 정부가 지원한다는 신호를 금융시장에 보냄으로써 여타 은행들의 위험을 낮춰 주는 역할을 하였으며, 또한 해당 정보는 "JDB의 대출은 이익 극대화보다는 더 폭넓은 목적을 가지고 있기 때문에" 금융시장에서 신뢰할 수 있는 정보로 간주되었다.

일본의 경험에서 얻은 교훈과 관련된 문제에 대한 사전적 준비로, 시마다의

---

[6] 정치적 포획(political capture)이란, 특정 공적주체(정부, 개발은행 등)가 본연의 목적과는 달리 정치집단의 압력에 굴복하여 그들의 선호에 유리한 방향으로 정책 또는 사업을 추진하게 되는 것을 의미한다.

논문은 개발은행이 "지대추구 및 정치적 포획과 같은 문제를 극복하고 시장을 보완"했던 방식에 있어 브라질, 중국, 말레이시아, 한국, 대만과 같은 다른 국가들에서 개발은행이 성공할 수 있었던 전후 맥락의 특수성에 주목한다. 시마다는 자율성과 함께 (전문적 심사를 위한 기관의 역량개발을 포함하는) 대출심사의 전문성이 중요함을 강조하는데, 이는 다른 개발학자들도 주목해 온 개발금융의 모습이다. 그러나 그는 또한 "이해관계자들과의 강력한 네트워크", "다른…은행과의 효과적인 업무 분담", "(은행이라는) 제도적 틀 내에서 노동분업"의 명확성, 조직의 경직화 경향을 막기 위한 쇄신과 개혁의 필요성 등도 중요하다고 강조한다. 그리고 또, 개발은행의 성공에 있어 핵심적 역할을 담당하는 네트워크를 강화하는데 도움이 되도록 "수직적 및 수평적 외부효과vertical and horizontal externalities"가 큰 활동을 지원하는 데에도 초점을 둔다.

디팍 나야르Deepak Nayyar가 저술한, 개발은행에 대한 마지막 장인 7장에서는 인도의 경험과 그 교훈에 대해 고찰한다. 나야르는 인도의 경험을 역사적이고 국가 간에 걸친 폭넓은 맥락에서 펼친다. 그는 "개발은행의 경제적 논리는 간단하다. 산업화의…후발국가의 자본시장은 불완전하다…신생기업들은…학습기간 동안의 손실을 만회하는 것은 고사하고 초기 투자자금을 조달하는 것이 매우 어렵다는 것을 알게 된다…투자전망이 들쑥날쑥하고…시차가 있는 경우 문제는 더욱 심각하다"고 언급하면서, 일반적인 용어로서의 "추격catch-up" 산업화, 개발금융, 그리고 산업정책에 대한 논의로 시작한다. 그는 전후 독일과 일본의 개발은행 역할 모델이었으며 19세기 중반 즈음 유럽에서 출현한 금융기관에 이르기까지 개발금융의 역사적 기원을 추적한다. 그리고 1930년대 멕시코와 칠레에서 시작되어 1994년 CDB로 끝나는 개발은행의 설립 역사에 대해 간략히 개관한다.

그 다음 나야르는 인도의 경험으로 넘어간다. 인도의 경험은 복잡하고 여러 가지가 뒤섞여 있는데, 그는 이를 1940년대 후반부터 1960년대 중반까지, 1980년대, 1990년대 후반 이후의 세 단계로 구분한다. 그는 "첫 번째 단계는 산업화가 시작된 단계로 가장 중요한 단계였다"고 말한다. 이 단계에서는 세 개의 전국(연방) 규모의 개발금융기관development financial institutions(DFI)[5]과 많은 주(州) 차원의 개발은행들이 설립되었다. 두 번째 단계인 1980년대에는 다수의 재융자refinancing를 위한 기관과 분야별 특화 또는 특수 기관(농업, 주택, 중소기업, 도시개발, 농촌 전력공급, 수출입, 발전, 철도, 재생에너지, 관광)들이 설립되었다. 이에 따라 인도에는 엄청나게 복잡하고 다차원적인 수많은 DFI들의 네트워크가 존재하게 되었으나, 이는 1990년대 후반 시작된 세 번째 단계에서 급격히 축소되었다. 인도인프라금융유한회사India Infrastructure Finance Company Limited(IIFCL)를 제외하고는, 인도의 개발은행들은 상업은행 업무도 겸하게 되었으며, 몇몇 경우에는 상업은행 업무만 취급하게 되었다. 2000년대 말까지 개발금융의 역할은 급격히 축소되었다. 독점적으로 산업자금을 공급하는 유일하게 남은 장기대출기관으로는 인도중소기업개발은행Small Industries Development Bank of India(SIDBI)이 있으며, 특정 하위분야가 아닌 일반적인 산업분야에 자금을 공급하는 기관으로는 인도생명보험공사Life Insurance Corporation(LIC)가 유일하다. 현존하는 재융자기관이 그렇듯이 두 기관 모두 높은 수익성을 보이고 있다. 분야별로 특화된 기관 중에서는 인도수출입은행Export-Import(EXIM) bank, 농촌전기공사Rural Electrification(REC), 전력금융공사Power Finance Corporation(PFC), 인도철도금융공사Indian Railways Finance Corporation(IRFC), 주택도시개발공사Housing and Urban Development Corporation(HUDCO)가 영업 중이며 높은 수익성을 시현하고 있다.

제조업 투자를 위한 금융에 있어 DFI는 1950년대와 1960년대 최초 시작 단계 이후까지도 매우 중요했는데, DFI의 비중은 1970~71년에는 10%, 1980~81년 30%, 1990~91년 36%, 그리고 2000~01년에는 49%를 차지하였다. 동 비중은 2005~06년 6%로 급감하였다가 2012~13년에는 14%로 회복되었다. 민간부문에 대한 자금공급 비중은 1970~71년에는 25%, 2000~01년 75%로 훨씬 더 높았다(그러므로 제조업 투자를 위해 개발은행을 통하거나 공적 부문 기업들의 유보이익을 포함한 직접 조달과 같은 공적자금의 공급은 대단히 중요했다). 나야르는 개발은행의 쇠퇴 원인을 "세계은행이 주도하지는 않았지만 그래도 영향을 끼친" 금융부문 개혁에서 찾는다. 인도중앙은행Reserve Bank of India을 통해 공급되던 양허성금융concessional financing[7]과 DFI의 채권에 대한 정부보증이 급격히 축소됨에 따라 DFI의 자금조달 비용은 크게 증가하였다. 이에 따라 "수익성 하락은 자기실현적

---

7) 국가 간에, 또는 국제기구 등이 회원국에 무상 또는 일반자금 융자에 비해 유리한 융자조건(이자율, 만기, 거치기간 등)으로 자금을 공여하는 제도

예언self-fulfilling prophecy과 다름이 없었다...부실자산 축적을 초래한 과거의 잘못으로 인해 더욱 복잡해졌다." 또한 이 장에서 나야르는, DFI에 대한 정치적 포획으로부터의 보호가 특히 미흡했던 점과 이들의 대출과 산업정책 간의 연계성이 약했던 점이 인도의 DFI의 약점이라고 강조한다. 그리고 인도의 산업정책 역시 자체적인 약점을 가지고 있었는데, 특히 산업정책으로 인해 발생하는 지대가 생산적으로 이용되는 것을 보장하는 메커니즘이 부재한 것이 그것이다(특히 오캄포의 논문과 치몰리와 도시의 논문을 포함한 본서의 다른 몇몇 논문들이 이러한 메커니즘의 중요성을 강조하고 있다). 나야르는 DFI의 대출과 산업정책 간 관계의 취약성, 그리고 인도의 산업정책의 결함은 개발금융에 대한 중요한 교훈을 주고 있다고 결론짓는다.

매우 성공적인 개발은행들이 있어 왔고 계속하여 있을 것이지만, 주로 정치적 포획이나 지대추구로 인한 많은 실패사례들도 존재한다. 개발은행은 그들의 잠재력을 실현하기 위해서는, 개발 목표 추구에 폭넓게 헌신하는 국가(때로 개발 국가development state라고 지칭되는)를 필요로 하는 위험은 높지만 보상도 큰 기관이다. 본서에서는 다루지 않지만, 다른 주목할 만한 성공사례로는 최근 몇 년 동안의 이디오피아 개발은행Development Bank of Ethiopia(아베베Abebe와 쉐퍼Schaefer 2015)[6]과 1950~60년대 파키스탄 개발은행들의 사례가 있다(노먼 1991 및 2015, 파파넥Papanek 1967).

노먼(2015)은 보다 최근 시기의 파키스탄에서 있었던 것과 같은 "혼란한messy" 통치 상황에서 발생하는 위험을 경감할 수 있는 몇 가지 방안을 제시한다. 이것에는 이론의 여지가 없는 "승자"들이 손쉽게 달성 가능한 목표를 이루는데 필요한 대출(해당 국가의 특정 분야 내에서 기업들이 "최적의 업무관행"의 첨단으로 나아갈 수 있도록 지원하는 대출; 파키스탄의 사례에서는 섬유 분야의 기술적 개선)과 같이 개발은행에 위임된 업무를 엄격하고 좁게 정의하는 것이 포함된다. 해당 논문이 제시한 또 다른 위험 경감 방안으로는, 의회에서 자금의 대출 및 상환을 정기적이고 자주 공시하도록 정하는 것과, 기업의 이사회에 시민사회 대표를 적절히 참여시키는 것들이 있다.

위험의 경감은 2008년부터 2012년까지 세계은행 수석 이코노미스트를 역임했던 저스틴 이푸 린Justin Yifu Lin이 저술한 3부의 8장에서의 중요한 관심사이기도 하다. 세계은행의 수석 이코노미스트가 임기의 많은 부분 동안 산업정책을 옹호하는데 힘을 쏟았다는 사실은 세계은행이, 그리고 보다 넓게는 개발에 대한 사고가 신자유주의와 워싱턴 컨센서스의 전성기 이래 얼마나 많이 바뀌었는지를 보여준다.[7] 그는 개발은행 업무와 관계된 위험보다는 산업정책과 연관된 위험에 보다 폭넓게 초점을 맞추고 있다. (이는 기존에 발간된 린의 저서 개정판의 내용이지만, 특히 본서를 발간하게 된 태스크포스 회의에서는 이전의 출판본이 논의되었으므로 여기서 다시 한 번 이야기할 가치가 있다고 생각된다.)

8장에서 저스틴 이푸 린은 19세기가 시작된 이래의 역사적 경험은, 산업정책이 추격성장 catching-up 을 위해 필요하지만, 1940년대가 시작된 전후 기간 중 산업정책은 종종 개발도상국들에서 성공적이지 못하였다고 주장한다. 그는 역사적 경험에 그 개념적 기초의 뿌리를 두고 있는 소위 '새로운 구조 경제학 new structural economics' 속에 산업정책이 내재되어야 한다고 제안한다. 린은 그의 주장의 요점을 다음과 같이 명쾌하게 요약하고 있다.

(1) 특정 분야를 목표로 하는 산업정책은 경제의 동적인 구조변화와 빠르고 지속적인 성장을 달성하는데 필수적이다.
(2) 산업정책 실패의 대부분은 해당 국가의 비교우위와 양립하지 않는 산업을 정책목표로 하기 때문에 발생한다.
(3) 산업정책이 성공하기 위해서는 해당 국가의 잠재적 비교우위 산업을 정책목표로 하여야 한다.
(4) 역사적 경험은 추격성장 단계에서 성공한 국가들의 산업정책이, 일반적으로 부존요소 endowment 구조가 유사하고 1인당 소득이 좀 더 높은 나라들의 산업을 목표로 하였다는 것을 보여 준다.
(5) 새로운 구조 경제학에 기반한 '성장성 발굴 및 촉진 프레임워크 growth identification and facilitation framework(GIF)'는 잠재적 비교우위 산업을 목표로 하고 이들의 성장을 지원하기 위한 새롭고 효과적인 방법이다.

GIF의 요지는, 1인당 소득이 인접 국가 수준의 두 배를 넘지 않으며 빠르게 성장하고 있는 나라들에서 튼튼하게 자리 잡은 산업을 파악함으로써, 앞으로 개발되어야 할 잠재적 비교우위를 식별하는 것이다.

린의 논문에 대한 토의가 이루어진 태스크포스 회의에서는 특히 활기찬 토의가 이루어졌다. 그의 연구방법에 대해서는 충분한 이유가 있으며 "패자 고르기 picking losers"의 위험을 방지하는데 도움이 될 것이라는 폭넓게 공유된 합의가 있었다. 하지만, 몇몇 참석자들은 과거의 성공사례에 대한 그의 분석에 의문을 제기했는데, 이는 과거 성공사례 가운데 일부는 단계를 뛰어넘는 정도의 도약과 함께 동태적 비교우위를 더욱 적극적으로 촉진하는 것이 됨에 따라, 린의 분석의 틀이 허용하는 범위를 넘어서 그 시점의 비교우위에 상반되는 것처럼 보이기 때문이었다. 특히 자본 및 고숙련 노동력의 이동성, 빠른 기술변화, 글로벌 가치사슬 진화 등의 맥락에서 볼 때, 1인당 소득에 반영된 부존요소가 "유사성 nearness"이나 또는 잠재적 비교우위를 구성하는 적절한 지표인지에 대해서도 의문이 제기되었다. 아마도 한 나라의 가장 중요한 "부존요소"는, 제도와 그 나라 기관들에 내재된 학습역량과 같은 이동할 수 없는 자산일 것이다. 이것들은 각국이 자신의 장기적인 (동태적) 비교우위를 형성하려고 노력할 때 고려할 필요가 있는 것들이다. 그리고 그렇게 하는데 있어, 각국은 그들이 실행하기로 선택한 것이 결과적으로 그들의 미래 진화를 결정하게 되는 학습능력에 어떻게 영향을 미칠 지에 대해서도 고려할 필요가 있다.8

3부의 나머지 부분은 과거 추진되었던 산업정책의 다양한 측면과 미래의 실행 제안에 대한 논문들의 모음으로 이루어져 있다.

9장에서 안토니오 안드레오니는 '산업정책'이라는 용어는 폭넓고 다양한 정책적 개입에 적용되며, 실제로 모든 나라들이 산업정책을 가지고 있다고 말할 수 있음을 보여준다. 그는 "산업정책이 고안되고 실행되는 '정책의 맥락 policy context'을 이해하는 것은…오늘날 우리가 목격하는 산업정책의 다양성이라는 실타래를 풀어내는데 있어 매우 중요하다"고 언급한다. 그는 다양한 산업정책 모델과 정책 패키지들을 분석하기 위한 방법론을 개발하고, 이를 미국, 일본, 독일, 브라질, 중국, 남아프리카공화국 등 여섯 나라의 사례에 적용한다.

안드레오니는 전반적인 역사적 개요를 제공하고 여섯 개 사례들 각각의 고유한 역사에 대해 간략하게 설명하고 있으나, 주된 초점은 현재 가장 최근의 정책들, 특히 2008년 금융위기 이후 채택된 정책들에 맞추어져 있다. 예를 들어, 안드레오니에 의해 확인된 미국의 몇 가지 산업정책 조치들에는 중소기업청Small Business Administration(SBA)이 운영하는 프로그램 두 가지, '미국 경기부양법American Recovery and Reinvestment Act' 에 따른 일련의 이니셔티브initiatives, 과학·기술·공학·수학science, technology, engineering, and mathematics(STEM) 전공자 부족을 극복하기 위한 조치, 청정에너지 이니셔티브, 그리고 "국내 제조업 기반 및 세계시장 진출 강화를 목표로 한 몇 가지 선별적 조치"를 포함하는 2010년 이후의 "새로운 산업정책 패키지new industrial policy package"가 있다. 여기에는 "선진 제조기술의 개발 및 도입을 추진하는 기관들…의 연결망"인 새로운 '제조업 혁신을 위한 국가 네트워크National Network for Manufacturing Innovation(NNMI)' 뿐만 아니라, 몇 가지 첨단기술 이니셔티브(재료Materials, 제놈Genome, 로봇Robotics 등)들이 포함된다. 미국의 2010년 이후 산업정책 패키지에는 수출증진을 위한 계획 또한 포함되어 있다.

우리는 미국의 예를 통해 산업정책이 추진된다고 이야기할 수 있는 의미에 대해 폭넓게 조명해 보기로 했는데, 그 이유는 아마도 산업정책이라는 아이디어에 대해 다른 어느 곳보다도, 적어도 안드레오니의 표본 가운데의 다른 어느 나라보다도 미국에서 더 큰 저항이 있을 것이기 때문이다. 미국의 정책들이 바로 산업정책이라는 것은 분명하지만, 어느 정책에도 '산업정책'이라는 명칭은 붙어있지 않다.

결론적으로, 안드레오니는 여섯 개 나라들 간의 차이점에 주목하는 한편, "산업정책의…다양성에도 불구하고…모든 국가는 선별적인 부문별 정책과 제조업 시스템 관련 정책들의 조합을 채택하고 있으며…이러한 조합들은 부문 간 경계를 뛰어넘어 부문들 사이의 연계에 초점을 맞추고 있다"고 언급한다. 그는 여섯 나라 모두 "전반적인 제조업…시스템에 대한 기술 및 금융 지원을 더욱 더 강화해 왔다"고 덧붙인다.

10장에서 아키오 호소노Akio Hosono는, 대체로 비슷한 맥락에서 "양질의 성장으로 변화를 이루기 위해 학습을 장려"하는데 효과적인 여러 방법들을 검토함으로써, 성장과 발전에 대한 학습과 혁신의 결정적 중요성을 다른 연구문헌들을 자세히 추적하여 개관한다. 그는 이를 수행하면서 특정한 능력/역량에 대한 학습, 그리고 배우는 법에 대한 학습, 이 두 가지 범주로 분류한 매우 다양한 방법들을 통해 다섯 가지 사례를 검토한다.[9] 이들 사례연구는 (1) 케냐의 소규모 원예 농부, (2) 방글라데시의 농촌 인프라 개발, (3) 일본 및 몇몇 개발도상국들의 농촌생활 개선 프로그램, (4) 일본의 일촌일품(一村一品) 운동One Village, One Product(OVOP) Initiative[8] 및 태국 · 말라위에 대한 일촌일품 운동 보급 (5) 일본, 미국, 싱가포르와 기타 몇몇 나라들에서의 JIT Just-in-Time, TQM Total Quality Management, 카이젠(改善)Kaizen 등 다섯 가지이다. 이 가운데 마지막 사례가 가장 큰 주목을 받는다.

이 장에서는 특히 세부적인 내용을 풍부하게 다루고 있어서, 그 내용을 요약하기 쉽지 않다. 호소노의 논문의 결론은 "사례연구 결과는 학습과 지식역량의 축적이 얼마나 중요한 역할을 수행하는지 보여준다... 학습을 장려할 뿐만 아니라, 배우는 법에 대한 학습을 용이하게 하는...몇 가지 학습방법이...확인되었다"는 것이다. 호소노는 또 서로 다른 여러 다른 방법들이 지닌 몇 가지 공통적 특성에 주목하는데, 쉽게 진입할 수 있는 지점(진입점), 실행을 통한 학습 및 상호 학습에 초점 두기, 추구하는 특정한 목표에 대해 학습이 내재적으로 가진 기여 작용 등이 그것이다. 그는 또한 녹색경제, 보다 일반적으로 말해서 "고품질"의 성장을 위해서도 학습이 중요하다고 강조한다.

11장에서 카를로타 페레즈Carlota Perez는 천연자원natural resources(NR)에 기반한 산업화를 주장한다. 페레즈가 제출한 뛰어난 자신의 논문 초록abstract이 있는데, 이를 인용하는 것이 가장 좋은 방법일 것이다.

> 본 장에서는 발전은 움직이는 목표이고, "추격catch up"과 "도약leap ahead"을 위한 기회의 창은 기술혁명과 패러다임의 전환에 따라 특정한 시간 및 지역에서 스스로 모습을 드러낸다고 주장한다. 역사적 선례들을 검토한 바에 따르면, 한 때 개발도상국에 대한 "저주"로 간주되었던 천연자원의 개발 및 가공은, ICT 혁명이 확산되고 있는 현 단계에서 라틴아메리카 및 다른 자원부국들에게 절호의 기회를 제공하고 있다. 시장의 새로운 특징 및 환경요인의 영향력 확대부터, ICT와 시장세분화가 가져온 개발도상국들에서의 기술적 역동성, 그리고 혁신 잠재력이 크게 증가한 것까지, 천연자원을 둘러싼 상황과 조건들을 변화시키는 요인들을 분석하였다. 본고는 이 같은 상이한 조건에 대응하는 능력이란 면에서 라틴

---

[8] 일촌일품(一村一品)운동이란 1979년 일본에서 시작된 지역개발 사업으로서, 낙후된 지역 사회의 자립을 위해 1개 마을당 1개의 특산품을 개발하여 가공 · 판매하도록 하는 사업이다.

아메리카의 특수성을 검토하고, 이전에 수입대체를 수반한 기회로부터 획득한 역량들을 확인하면서, 오늘날 성공 여부가 역동적인 아시아 시장을 겨냥한 천연자원 기반 혁신 네트워크의 구축에 달려 있다고 주장한다. 본고에서는 대부분의 천연자원 가공 산업의 노동 집약도labor intensity가 낮다는 점을 고려할 때, 글로벌 포지셔닝global positioning을 위한 하향식top-down 경제성장과 함께, 모두를 위한 일자리와 복지를 창출하는 이 지역 곳곳에서의 상향식bottom-up 부wealth의 창출을 촉진하도록 "자원 집약적 산업화resource-intensive industrialization"라는 이중적 통합dual-integrated 전략을 제안한다. 마지막으로 본고에서는, 차기 기술혁명을 통해 도약하기 위한 혁신 잠재력, 네트워크, 사회적 역량의 플랫폼을 구축하는 한편, 라틴아메리카가 현재 가진 절호의 기회에서 혜택 받을 수 있도록 보장할 수 있는 성장과 혁신의 융합 과정이 가능하며, 또 필요하다고 주장한다. 많은 장애와 한계들을 무시하는 것은 아니다. 기회의 본질을 완전히 파악하게 되면 그와 같은 장애와 한계들에 성공적으로 맞설 수 있다.

이 논문을 쓰던 시기 라틴아메리카는 천연자원 호황을 경험하고 있었다. 이후 호황은 곧 끝났다. 어떤 나라들은 페레즈가 옹호하는 종류의 아이디어들을 다른 국가들보다 더 많이 활용하였으며, 또 어떤 나라들은 다른 국가들에 비해 더 많은 다각화를 이루었다는 점은 분명하다. 천연자원 가격이 급락함에 따라, 다각화하지 않았던 국가들은 특히 눈에 띄는 경기둔화를 겪었으며, 심지어 불황에 빠지기도 하였다.

12장에서는 노부야 하라구치Nobuya Haraguchi가 "비교우위, 생산성 향상, 그리고 국가별로 상이한 여건들이 어떻게 산업발전을 이끌어 내는지에 대해 더 잘 이해하고자" 한다. 이를 위해 하라구치는, 실증분석 과정에서 "제조업의 진화 패턴과 이에 상응하는 생산성의 변화"에 대한 회귀분석을 수행한다. 데이터의 가용성으로 인해 분석 범위는 73개 국가에 국한되고 있다. 그의 결론은 다음과 같이 요약된다. "제조업의 발전 패턴은...비교우위가 실제로 존재함을 나타내고 있는데, 비교우위의 변화는 1인당 GDP의 변화와 연관이 있다. 한국과 같은 성공적인 국가들조차...일반적으로 이러한 패턴을 따라 왔다." 그러므로 이 장은 앞서 저스틴 이푸 린이 저술한 8장의 논문을 보완하는 동시에 지지하는 내용이다. 하라구치는

"…우리의 연구는 산업발전의 성과를 설명하고 발전의 여러 상이한 측면을 밝히는데 있어, 비교우위, 기술개발, 그리고 각종 기능적 접근법들과 같이 산업발전에 대한 얼마나 다양한 학설들이 자리 잡고 있는지를 시사한다. 국가별로 특정한 조건들, 그리고 그것들이 어떻게 국가 고유의 장기적 강점으로 변하는지를 보다 상세히 조사하기 위해 향후 추가적인 연구가 필요하다"고 덧붙이고 있다.

13장에서 밍 레옹 쿠안Ming Leong Kuan은 유럽위원회European Commission의 세계투입산출 데이터베이스World-Input-Output Database(WIOD)의 새로운 데이터를 이용하여 지리적인 근접성을 필요로 하는 제조업과 서비스업 사이에 공생관계가 존재하는지, 존재한다면 어느 정도까지 존재하는지를 검토한다. 그는 제조업과 서비스업 간의 국가적·시기적 연계성을 분석하고, 그들 사이에는 같은 장소에 자리 잡으려는 경향이 강하게 존재함을 확인한다. 그는 "국제무역과 ICT의 발전으로 국경 간 서비스 흐름의 잠재적 강도가 높아졌으나, 어느 국가 입장에서도 다른 나라들이 그 나라에 중간 서비스 수출에 집중하는 사이에 그 나라가 제조업에 특화할 수 있을 정도까지 제조업과 서비스업의 연계가 해체되지는 않았다"고 결론짓는다. 쿠안은 "서비스 주도의 발전을 통해 산업화를 건너뛰려고 하는 개발도상국들은, 건전한 생산자 부문의 존재 없이 서비스업의 발전이 지속가능한지에 대해 평가할 필요가 있다…그 나라들은 제조업 부문을 등한시함으로써 스스로를 위험에 빠뜨리고 있다"고 덧붙이고 있다.

물론, 서비스 부문은 중간 서비스뿐만 아니라 관광, 보건, 교육 등 여러 가지를 포괄하여 말하는 것이기는 하다. 나미비아Namibia와 같이 풍부한 천연자원과 (페레즈가 시사하듯이, 종종 그들의 천연자원 기반과 관련된) 일부 제조업, 더욱 중요한 것으로서 번창하는 관광업 부문을 보유하며 경제를 성공적으로 다각화한 나라들이 있다.

본서에 수록된 IPD와 JICA의 공동연구 태스크포스의 작업에서 도출된 논문들은, 모든 발전 단계에 있는 국가들, 특히 경제적 번영의 첨단에 있는 나라들을 따라잡는 것을 필요로 하는 국가들이 지속적인 경제성장을 촉진하는데 있어서, 다양한 산업정책을 통한 정부 개입의 필수적인 역할에 대한 사례를 연구하는데 기여하고자 하는 목표를 갖고 있다. 본서의 연구들은, 다른 모든 정책들이 그렇듯이 산업정책이 위험을 수반한다는 것을 보여준다. 그러나 산업정책은 큰 혜택을 가져올 수 있는데, 특히 정책이 잘 입안되고 올바르게 실행되는 경우 그렇다. 성공적인 정책입안이라는 부분은 해당 국가들의 제도적인 능력 내에서 실행될 수 있으며, 그들의 제도적인 역량을 강화시키는 정책을 만드는 것이다. 각국의 정부와 정책분석가들은, 많은 나라 산업정책이 그들의 발전에 필수적인 역할을 수행해 왔던 과거의 성공 및 실패들로부터 많은 것을 배워 왔다. 그들은 개발과정에 전문성을 부여하고 산업정책 차원의 초기 시도를 훼손할 위험을 최소화하는 개발은행 같은 기관들을 조직하는 방법을 배워 왔다. 스티글리츠가 거듭 강조했듯이 모든 나라들은 산업정책을 가지고 있다. 어떤 나라들은 단지 그렇다는 사실을 모를 뿐이다. 그리고 그들은, 소비지출부터 조세 정책에 이르기까지, 그 밑바탕을 이루는 법적/경제적 틀에 대한 하나하나의 정책이 경제구조에 어떻게 영향을 미치는지 인식하지 못하기 때문에 특정한 이익집단의 이해관계를 반영하는 정책적 오류를 범할 위험이 존재하게 된다.

물론, 위험과 보상의 크기, 그리고 올바른 정책들로 이루어진 특정한 정책조합은 개별경제의 특수한 상황에 따라 달라질 것이다. 본서가 선진국, 신흥국 및 저개발국 모두가 당면한 정책적 선택을 위해 유용한 정보를 제공하는데 기여하고, 그들이 스스로에게 적합한 제도와 정책을 고안하는데 도움이 되기를 희망한다.

주 석

1. 예를 들어, 세라Serra와 스티글리츠(2008)를 참고하라.
2. 예를 들어, 스티글리츠, 린, 몽가Monga(2013)와 스티글리츠, 린, 파텔Patel(2013)을 참고하라. 또한, 장하준Chang(2002, 2015), 린(2012), 치몰리 외(2009), 노먼 외(2012), 노먼과 스티글리츠(2015), 그린월드Greenwald와 스티글리츠(2006), 스티글리츠와 그린월드(2014), 마추카토Mazzucato(2013), 오설리번O'Sullivan 외(2013), 프리미Primi(2015), 아프리카 경제위원회 Economic Commission for Africa(2016)와 기타 참고문헌에 수록된 다른 글들을 참고하라.
3. 아마도 이러한 관점을 주장하는 가장 포괄적이고 설득력 있는 작업은 장하준(2002)의 연구이다. 보다 최근에는, 마추카토(2013)가 자신의 저서인 『기업가형 국가The Entrepreneurial State』에서 대부분의 중요한 혁신은 정부 지원을 통해 시작되었다고 설득력 있게 주장했다. 가장 빠르게 성장하는 동아시아 경제들에서의 산업정책의 역할에 관한 많은 연구들이 이루어져 왔는데, 그 가운데 앨리스 암스덴Alice Amsden(1989)과 로버트 웨이드Robert Wade(1990)의 독창적

인 연구가 주목할 만하다. 한편, 유럽에 초점을 맞춘 또 다른 주목할 만한 연구로는 알렉산더 거셴크론(1962)의 연구가 있다.
4. 치몰리와 도시는 또한 암묵적 지식과 그것이 조직과 제도의 혁신에 미치는 영향의 중요성을 지적하고 있다. 또한 스티글리츠와 그린월드(2014)를 참고하라.
5. 이들 세 기관은 인도산업금융공사Industrial Finance Corporation of India(IFCI), 인도산업신용투자공사Industrial Credit and Investment Corporation of India(ICICI), 그리고 인도산업개발은행Industrial Development Bank of India(IDBI)이다.
6. 스티글리츠와 노먼, 아베베와 쉐퍼(2015)
7. 여러모로, 세계은행 역대 수석 이코노미스트 직위의 승계는 개발과 관련된 사고의 진화를 따라가고 있다. 홀리스 체너리Hollis Chenery는 개발 관련 계획의 입안에 초점을 두었고, 당시 세계은행 총재였던 로버트 맥나마라Robert McNamara 체제의 종료가 다가오면서 불평등에 대한 많은 논의가 있었다. 이후 체너리의 직위는 앤 크루거Anne Krueger, 스탠리 피셔Stanley Fischer, 래리 서머스Larry Summers에 의해 승계되었다. 마이클 브루노Michael Bruno는 일종의 과도기를 대표했는데, 이 시기는 스티글리츠가 구조적 변환과 산업정책을 다시 강조하면서 전임자들이 추진해 온 워싱턴 컨센서스 정책에 대해 적극적으로 반대했던 시기로 이어졌다. 후임 수석 이코노미스트(니콜라스 스턴Nicholas Stern, 프랑수아 부르기뇽Francois Bourguignon, 저스틴 린Justin Lin, 코식 바수Kaushik Basu)들도 비슷한 입장을 유지하였다. 스티글리츠(1998a, 1998b, 1998c, 2016)를 참고하라.
8. 보다 폭넓고 상세한 설명을 위해서는 그린월드와 스티글리츠(2014)를 참고하라.
9. 배우는 법에 대한 학습의 개념은 스티글리츠(1987)에 의해 처음 소개되었다.

참고 문헌

Abebe, Girum, and Florian Schaefer. 2015. "Review of Industrial Policies in Ethiopia: A Perspective from the Leather and Cut Flower Industries." In *Industrial Policy and Economic Transformation in Africa*, ed. Akbar Noman and Joseph E. Stiglitz. New York: Columbia University Press.

Amsden, Alice. 1989. *Asia's Next Giant*. Ithaca, N.Y.: Cornell University Press.

——. 2001. *The Rise of the Rest: Challenges to the West from Late-Industrializing Economies*. London: Oxford University Press.

Chang, Ha-Joon, ed. 2001. *Joseph Stiglitz and the World Bank: The Rebel Within*. London: Wimbledon.

Chang, Ha-Joon. 2002. *Kicking Away the Ladder: Development Strategy in Historical Perspective*. London: Anthem.

―――. 2015. "Is Industrial Policy Feasible and Necessary in Africa?" In *Industrial Policy and Economic Transformation in Africa*, ed. Akbar Noman and J. E. Stiglitz. New York: Columbia University Press.

Cimoli, Mario, G. Dosi, and J. E. Stiglitz. 2009. "The Political Economy of Capabilities Accumulation: The Past and Future of Policies for Industrial Development." In *Industrial Policy and Development*, ed. M. Cimoli, G. Dosi, and J. E. Stiglitz. New York: Oxford University Press.

Economic Commission for Africa. 2016. *Transformative Industrial Policy for Africa*. Addis Ababa, Ethiopia: United Nations Economic Commission for Africa.

Gerschenkron, Alexander. 1962. *Economic Development in Historical Perspective: A Book of Essays*. Cambridge, Mass.: Harvard University Press.

Greenwald, Bruce, and J. E. Stiglitz. 1986. "Externalities in Economies with Imperfect Information and Incomplete Markets." *Quarterly Journal of Economics* 101, 2 (May 1986): 229-64.

―――. 2006. "Helping Infant Economies Grow: Foundations of Trade Policies for Developing Countries." *American Economic Review* 96, 2: 141-46.

―――. 2014. *Creating a Learning Story: A New Approach to Growth, Development and Social Progress*. New York: Columbia University Press.

Hirschman, A. O. 1958. *The Strategy of Economic Development*. New Haven, Conn.: Yale University Press.

Khan, M., and S. Blankenburg. 2009. "The Political Economy of Industrial Policy in Asia and Latin America." In *Industrial Policy and Development: The Political Economy of Capabilities Accumulation*, ed. Mario Cimoli, G. Giovanni Dosi, and J. E. Stiglitz. London: Oxford University Press, 336-77.

Lin, Justin Yifu. 2012. *New Structural Economics: A Framework for Rethinking Development Policy*. Washington, D.C.: World Bank.

Madison, Angus. 1991. *Dynamic Forces in Capitalist Development: A Long-Run Comparative View*. London: Oxford University Press.

Mazzucato, Mariana. 2013. *The Entrepreneurial State: Debunking Public vs. Private Sector Myths*. London: Anthem.

Noman, Akbar. 1991. "Industrial Development and Efficiency in Pakistan: A Revisionist Overview." *Pakistan Development Review* 30, 4: 849-61.

―――. 2015. "The Return of Industrial Policy and Revival of Pakistan's Economy: Possibilities of Learning, Industrial and Technology Policies." *The Lahore Journal of Economics* 20 (September 2015): 31-58.

Noman, Akbar, and J. E. Stiglitz, eds. 2015. *Industrial Policy and Economic Transformation in Africa*. New York: Columbia University Press.

Noman, A., K. Botchwey, H. Stein, and J. E. Stiglitz, eds. 2012. *Good Growth and*

Governance in Africa: Rethinking Development Strategies. New York: Oxford University Press.

Nurkse, Ragnar. 1953. *Problems of Capital Formation in Underdeveloped Countries*. New York: Oxford University Press.

O' Sullivan, E., A. Andreoni, G. Lopez-Gomez, and M. Gregory. 2013. "What Is New in the New Industrial Policy? A Manufacturing System Perspective." *Oxford Review of Economic Policy* 29, 2: 432-62.

Papanek, Gustav F. 1967. *Pakistan's Development: Social Goals and Private Incentives*. Cambridge, Mass.: Harvard University Press.

Prebisch, Raúl. 1951. "Theoretical and Practical Problems of Economic Growth" (E/CN.12/221). Mexico City: Economic Commission for Latin America (ECLA).

———. 1963. *Towards a Dynamic Development Policy for Latin America*. United Nations E/CN.12/680/Rev.1, New York.

Primi, Annalisa. 2015. "The Return of Industrial Policy: (What) Can Africa Learn from Latin America?" In *Industrial Policy and Economic Transformation in Africa*, ed. A. Noman and J. E. Stiglitz. New York: Columbia University Press.

Rosenstein-Rodan, P. N. 1943. "Problems of Industrialization of Eastern and South-Eastern Europe." *The Economic Journal* 53, June-September.

Serra, Narcis, and J. E. Stiglitz. 2008. *The Washington Consensus Reconsidered: Towards a New Global Governance*. New York: Oxford University Press.

Stiglitz, Joseph E. 1987. "Learning to Learn, Localized Learning and Technological Progress." In *Economic Policy and Technological Performance*, ed. P. Dasgupta and P. Stoneman. London: Cambridge University Press, 125-53.

———. 1998a. "An Agenda for Development in the Twenty-First Century." In *Annual World Bank Conference on Development Economics 1997*, ed. J. E. Stiglitz and B. Pleskovic. Washington DC, World Bank, 17-31.

———. 1998b. "More Instruments and Broader Goals: Moving Toward the Post-Washington Consensus." In *Development Issues in the 21st Century*, ed. G. Kochendorfer-Lucius and B. Pleskovic. Berlin: German Foundation for International Development, 1999, 11-39. Also Chapter 1 in *Joseph Stiglitz and the World Bank:The Rebel Within*, ed. Ha-Joon Chang, London: Wimbledon, 2001, 17-56. (Originally presented as the 1998 WIDER Annual Lecture, Helsinki, January 1998; also keynote address at Villa Borsig Winter Workshop, February 1998.)

———. 1998c. "Towards a New Paradigm for Development: Strategies, Policies and Processes." 9th Raul Prebisch Lecture delivered at the Palais des Nations, Geneva, October 19, 1998, UNCTAD. Chapter 2 in *Joseph Stiglitz and the World Bank: The Rebel Within*, ed. Ha-Joon Chang, London: Wimbledon, 2001, 57-93.

———. 2016. "The State, the Market, and Development." WIDER Working Paper,

February 2016, originally presented at a conference celebrating WIDER's thirtieth anniversary, December 2015.

Stiglitz, Joseph E. and Bruce Greenwald. 2014. *Creating a Learning Society: A New Approach to Growth, Development, and Social Progress*. New York: Columbia University Press. Reader's Edition published in 2015.

Stiglitz, Joseph E., Justin Yifu Lin, and Celestin Monga. 2013. "Introduction: The Rejuvenation of Industrial Policy." In *The Industrial Policy Revolution I: The Role of Government Beyond Ideology*, ed. J. Esteban, J. Y. Lin, and J. E. Stiglitz. Houndmills, UK: Palgrave Macmillan.

Stiglitz, Joseph E., J. Y. Lin, and E. Patel, eds. 2013. *The Industrial Revolution II: Africa in Twenty-first Century*. Houndmills, UK: Palgrave Macmillan.

Wade, Robert. 1990. *Governing the Market: Economic Theory and the Role Government in East Asian Industrialization*. Princeton, N.J.: Princeton University Press.

PART I
이론 및 개념적 기초

—— 제 2 장 ——

학습경제에서의 산업정책
Industrial Policies in Learning Economies

마리오 치몰리 Mario Cimoli · 지오반니 도시 Giovanni Dosi

    산업정책과 제도 구축institution building은 대전환great transformation (폴라니Polanyi 1957)[1] – 이는 일찍이 일부 서구세계를 산업경제로 이끌었고 이후에 기술 및 조직 혁신의 "끝없는 프런티어endless frontier" 운동[2]과 아울러 많은 후발국 중 몇몇의 따라잡기catch-up를 촉진하였다 – 이 진행되는 과정에서, 지식의 축적 과정과 그 효과적인 경제적 활용을 저해 혹은 촉진하는 여러 조건 가운데 결정적으로 중요한 요소이다.

    이에 대한 분석을 소개하는 데는 상호보완적인 두 가지 방법이 있다.

    첫 번째 방법은 경험적 사실에 근거한 것이다. 즉, 오늘날 수많은 경제이론은 경제적 상호작용을 설명함에 있어 제도를 고려하지 않으나, 역사적으로 보면 그처럼 제도가 없는 환경을 바탕으로 한 경제발전 과정의 사례를 찾아볼 수 없다. 반면, 역사상 지속적인 성장을 이룬 경험 – 적어도 영국의 산업혁명부터 시작해서 – 을 보면, 풍부한 일군의 상호보완적인 제도, 공유된 행동규범 및 공공정책에 있어서 성장을 가능하게 하는 조건들을 모든 경우에 발견하게 된다. 좀 더 좁혀 보면, 선별적 공공정책은 현대 자본주의 역사 전반에 걸쳐서 국가 발전전략의 주요 요소였으며, 특히 추격국가catch-up countries에서 그러하였다.

---

1) 시장경제로의 전환을 의미한다. 폴라니는 유명한 저서 The Great Transformation에서 영국이 시장경제로 전환되는 기간에 일어난 사회, 정치 등의 다양한 변화를 분석하였으며, 이 책은 한국에서 「거대한 전환」이라는 서명으로 번역되었다.
2) 미국의 엔지니어인 바니버 부시Vannever Bush가 루즈벨트 대통령의 요청으로 1945년 작성한 보고서 Science – The Endless Frontier와 관련된 표현이다. 부시는 정부의 과학 지원과 관련하여 중앙집권적 접근을 요구하였으며, 이 보고서는 이후 미국 과학기술정책의 토대가 되었다.

두 번째 방법은 첫 번째의 경험적인 것과 대칭적 관점에서의 이론적 측면에 근거한다. 즉, 기술 학습 및 경제 조정·변화의 모든 과정에서 *제도와 정책이 항상 중요하다*institutions and policies always matter는 생각을 뒷받침하는 아주 견고한 이론적 근거가 존재한다.

우리는 위에서 언급한 것 중 두 번째인 이론적 근거부터 출발하여, 제도 구축과 정책에 관한 몇몇 이론적 기초를 개관한다(1절). 그 다음에는, 경제발전의 근본적 동인fundamental driver인 기술지식의 특성nature 및 동학dynamics에 관해 간략히 논의한다(2절). 그러나, 기술 학습은 고립된 단위 안에서within isolated entities는 일어나지 않으며, 고립된 개인의 경우는 더 말할 나위 없다. 그보다는, 기술과 조직의 학습은 기업들과 비영리기관들의 망webs 안에서 일어난다. 실제, 국가적인 생산·혁신 시스템의 부상과 발전은 주요한 조정의 과제들을 수반한다. 이는 정책이 기술역량, 조직 형태 및 인센티브 구조의 공진화coevolution를 촉진한다(또는 그렇지 않다)는 점에서 그러하다. 3절에서는 그러한 정책의 분류에 관해 논하고, 신흥경제가 전형적으로 직면하는 딜레마-특히 현존하는 "비교우위"와, 추상적이지만 미래의 학습을 위한 기회 사이의 잠재적 상충-를 분석한다. 4절에서는 역사적인 시각에서 조망함으로써, 성공적 산업화 사례로부터 현재 및 미래의 산업정책을 디자인하는데 유용한 교훈을 도출한다. 끝으로, 그러한 교훈에 기초하여 5절에서 일련의 산업정책 처방을 살펴보며, 특히 과학기술정책, 유치산업정책, 지적재산권, 무역정책에 관해 살펴본다.

1. 일반적인 이론 틀

잘못된 출발점 : 시장실패

보통, 사람들은 이론적 관점에서 "언제 공공정책이 요구되는가?"라는 매우 일반적인 질문으로 시작하는데, 알려진 대로 표준적인 답변은 "시장실패가 존재할 때"와 같은 류일 것이다. 그러나 시장실패라는 용어는, 매우 일반적이기는 하나, 아주 그릇되게 오도하는 경향이 있다. 이는 어떤 정책의 필요성과 효과를 평가하기 위해 '표준적인 규범적 ("후생") 정리normative ("welfare") theorems가 성립하는 조건들'을 판단기준으로 삼는다는 점에서 그렇다. 그러한 틀이 지니는 문제점은 '시장실패라는 말이 부적절하다'라는 것이 아니다. 오히려 아주 정반대이다: 문제는, 예를 들면 시장의 완전성market completeness[3], 완전경쟁, 경제주체 보유 지식, 기술·선호의 안정성, 의사결정 상 "합리성" 등(실제 이들의 목록은 매우 길다)에 관해 실증적으로 분석할 수 있는 방법이 거의 없다는 것이다. 더 깊이 말해, 표준적 기준으로 판단하면 *전 세계를 거대한 시장실패로 볼 수 있다!*

실제로 이는, 어떤 정책에 관한 진지한 논의에서든지 암묵적으로 인식되고 있다. 정책에 관한 논쟁 거의 대부분은 현 상황이 실제로 "최적optimal"인지 여부에 관한 것이 결코 아니며, 기존 제도가 지니는 문제가 적극적 정책 수단을 정당화할 만큼 충분히 심각한 것인지 여부에 관한 것이다. 무엇보다도 "시장실패에 대한 증거"를 요구하는 것은 일반적으로 "언제나 좀 더 시장적인 것이 덜한 것보다 좋다"는 도그마의 신봉자가 입증부담을 지우는 장치로 가장 흔히 쓰인다.

로버트 솔로우Robert Solow가 생활수준 향상은 대부분 기술진보와 학습에 기인한다는 점을 설득력 있게 보여주고, 그리고 케네스 애로우Kenneth Arrow, 리처드 넬슨Richard Nelson 및 크리스토퍼 프리먼Christopher Freeman이 내생적 기술학습을 분석하기 시작한 이후 60년 이상이 지났다.

그러나 이들의 연구가 신고전학파 모형에 대하여 지니는 파괴적인 함의—이는 예를 들면 솔로우의 분석에서 핵심적이다—는 아직까지 완전히 받아들여지지 않고 있으며, 정책적인 함의는 주류의 사고에 더더욱 제대로 수용되지 않았다.

단지 정보의 역할에 대하여 진지하게 받아들이기만 하여도, 모든 통상적인 결과와 결론들이 도전받을 수 있음에 주목하라.

균형은 존재하지 않을 수 있다. 균형이 존재하는 경우에도 표준적인 모형이 묘사하는 것과 현저하게 다를 수 있다. 공급이 수요와 일치하지 않을 수도 있다. 신용할당과 실업이 존재할 수 있다. 균형에서 가격이 하나가 아닐 수도 있으며 가격분산price dispersions도 존재할 수 있다. 가격이 체계적으로 한계비용을 초과할 수 있다. 그리고, 시장균형은, 심지어 존재하는 경우에도, 일반적으로 파레토 효율적이지는 않다.

---

[3] 거래비용이 거의 없고 완전정보이며, 모든 가능한 상태에 있어서의 모든 자산에 대한 가격이 존재하는 것을 의미한다. 이때 어떤 재화는 시간과 상태에 따라 다른 것으로 본다.

이러한 점들이 이론과 정책에 미치는 영향은 심대하다.

실제로 정보는 특별한 종류의 지식이라고 생각할 수 있으며(스티글리츠와 그린월드Greenwald 2014 및 도시와 넬슨 2010을 참고), 지식이 가진 특성은 영향력이 더욱 크다.

미시적 측면에서는, 대부분의 기업이 "최적의 업무관행best practices"보다 낮은 수준에서 운영되고 있다는 증거가 압도적이다(도시 2007, 도시와 넬슨 2010을 참고). 기업이 모두 효율적이라는 – 또는 그들의 지식이 불변fixed이라는 – 가정에 기초한 생산가능곡선은 적절한가? 그것은 도대체 유용한 분석도구이기는 한 것인가? 심지어 어느 한 부문이나 국가를 볼 때에도 그럴까? 그 답은 확실히 부정적이며, 여러 국가를 분석하는 경우에는 더욱 그렇다.

아울러, 비교우위comparative advantages를 재검토할 필요가 있다: 일국의 장기 비교우위는 그 나라의 비교학습역량comparative learning capabilities에 부분적으로 기초한다.

학습경제에서는, 시장경제가 단독으로 – 정태적 의미에서든 또는 동태적 의미에서든 – 효율적이라고 상정할 수 없다. 실제는 오히려 그 반대이다. 이는 장기 성장률을 높일 수 있는 정책들이 존재함을 의미한다. 그러나, 경제 전반의 학습을 제고시키는 많은 정책들은 표준적 신고전학파 모형에서 도출된 정책과는 반대이다. 단기적인 자원배분 효율성에 초점을 맞추면 경제성장이 낮아질 수 있다. 산업정책 – 무역에 대한 개입을 포함 – 이 일반적으로 바람직할 것이며, 초기의 따라잡기 단계에서만 존재하는 것이 아니라, 더 나아가서 한 경제의 정책 틀policy framework에서 영구적으로 있게 되는 부분이 될 수도 있다.

현대경제에서 생산, 교환 및 경제적 조정을 지배하는 시장 및 비시장제도nonmarket institutions의 경험적 현실empirical realities은 훨씬 더 가까운 거리에 있다. 아래에서, 두 이슈 (1) 시장과 비시장 형태의 경제조직 사이의 경계boundaries와 (2) 시장 그 자체가 보완적 비시장기관 안에 '끼워 넣어져 있는 성격embeddedness'[4])을 논

---

4) embeddedness는 일반적으로 '넓은 의미의 전체'에 '좁은 의미의 일부'가 포함되어 들어가 있는 것을 의미한다. 참고로 폴라니(1957)는 경제체제가 사회관계 속에 embedded된 것이 산업혁명 이전에는 일반적이었으나, 산업화에 따라 시장경제 체제가 도입되면서 반대 형상이 나타났다고 하였다. 폴라니의 embeddedness 개념은 John Ruggie의 1982년 논문 "International Regimes, Transactions, and Change: Embedded Liberalism in the Postwar Economic Order" 등과 같이 많은 학자들이 차용하고 서술하였다.

할 것이다.

가장 단순한 영역부터 시작하자.

제도의 보다 일반적인 역할 : 비시장과 시장의 경계 결정

어떠한 유형의 사회적 활동social activities이 (1) 분권화된 생산과 (2) 화폐 매개 교환을 따르는 것이며, 또 그렇지 않은 것에는 무엇이 있는가? 경제적으로 보아 평범한 것부터 도덕적으로 충격적인 것에 이르기까지 엄청난 범위가 존재한다. "전략"물자는? 의약품은? "자연"독점은? 전력·수도는? 교육은? 탁아는? 퇴직자 복지는? 의료복지는? 인간 장기는? 혈액은? 남편과 아내는? 정치적 투표는? 어린이는? 법원 판결은?

다른 연구에서 넬슨(2005)은, 공급이 종종 비시장 메커니즘에 일부 또는 전적으로 의존해왔던 몇몇 재화와 용역의 *지배구조governance structure*에 관해 자세히 논의한 바 있다.

시장의 영역을 결정하는 문제는 분명히 선진국과 개발도상국 모두에게 적용되지만, 신흥국과 과거 중앙집권적 경제였던 국가에서 특히 결정적으로 중요하며, 이들에게는 여전히 시장과 비시장기관 사이의 경계가 분명하게 정의되어야 할 필요가 있다. 시장근본주의자들은 격분하겠지만, 우리는 비시장적 기관이 (공공기관부터 전문가협회에 이르기까지, 또 노동조합에서 지역조직에 이르기까지 광범위하다) 전체 사회경제적 조직 구성에 있어서 핵심적이라고 본다. 이들 비시장기관의 역할은 재산권을 강제하는 것을 훨씬 넘어선다. 오히려 비시장기관은 시장교환이 사회적으로 부적절하거나 그저 비효과적일 뿐인 많은 경제활동에서 주요한 지배구조를 제공한다. 동시에 경쟁자, 고객, 공급자, 피고용자, 공무원 등에 대한 경제주체의 행태를 형성하고 제약한다. 또한 폴라니(1957)와 허쉬만Hirschman(1982)이 오래전 주창한 "자기파괴위험self-destruction perils"을 제어하는 장치가 된다.

더욱이, 현재 널리 있는 "시장형태"의 지배구조를 볼 때에도 그것이 다양한 비시장기관들 안에 끼워 넣어져 있어embedded 비시장기관들의 영향을 받는다는 것에 유념해야 한다.

의약품은 이점에서 아주 좋은 예이다. 효과적이며 영리 목적의 제약산업을 지닌 모든 국가에는 대학교와 공공실험실 등의 의학 연구를 지원하는 정부 프로그램이 있다. 아울러, 이 가운데 대학교 관련 프로그램은 교육을 마친 후 제약회사에 근무하는 사람을 위한 과학훈련과도 연계되어 있다. 더욱이, 거의 모든 나라에서 의약품의 조달에는 공적인 재원과 프로그램이 주요 역할을 담당한다. 그리고 끝으로, 거의 모든 국가에서 다양한 형태의 의약품 규제가 존재하며, 이는 교과서적인 지적재산권과 거래의 존중에 대한 보장을 훨씬 뛰어넘는 것이다.

또한 항공기와 항공서비스를 생각해보자. 주요 항공기 생산 국가 모두에서 정부 자금이 연구개발에 중요한 역할을 한다. 그리고, 대부분의 국가에서 공항과 항공교통 관제시스템 모두 정부기관이 자금을 지원할 뿐 아니라 운영도 한다. 심지어 단순한 트럭 운송과 자동차 사용에 있어서도 공공부문이 주요한 역할을 한다: 공공부문이 도로를 건설·유지하고, 안전규제를 하고, 자동차검사를 하며 아울러 경찰 중 다수는 교통경찰이다.

실제로, 시장의 합리적 작동을 가능하게 하는 여건이 – 정보배분, 상호작용 규범 등의 측면에서 – 충족되는 경우에도, 우리는 시장의 역할이 자원배분 효율성(그것이 항상 변화하고 있는 경제에서 의미하는 바가 무엇이던지)의 관점에서만 평가되어서는 안되며, 새로운 제품, 새로운 생산기술, 새로운 조직 형태의 실험을 지속적으로 허용하는 환경으로서도 평가되어야 한다고 제안한다. 이러한 관점에서 시장은 '작동하고 있어도' (불완전한) 선택 메커니즘으로서 작동하는 것이다. 또한 이러한 차원에서, 제도적 구성체계institutional architecture가 경제주체 간의 상호작용을 조직하는 방법, 그리고 정책이 경쟁의 행태behaviors와 형태forms를 규제하는 방법은 엄청난 중요성을 지닌다.

2. 새로운 과학기술 지식의 창출, 채택 및 경제적 활용

제도와 정책은 경제가 조정을 거치고 변화하는 모든 과정에서 늘 중요하기 마련이나, 정보와 지식의 창출과 사용이라는 관점에서는 특히 그렇다. 넬슨(1959)과 애로우Arrow(1962)의 초기 연구 이후 우리가 알고 있듯이, 그것들은 여러 가지 점에서 "공공재"와 유사한데, 이는 정보를 이용하는 것이 지니는 다음과 같은 특성 때문이다.

- *비경합적*nonrival(한 사람이 사용하여도 다른 사람이 그것을 사용할 수 없도록 하지 않다는 점)
- 비배제적nonexcludable(특허기반 독점적 사용권과 같은 제도적 규정이 적용되지 않는 경우)

더욱이, 정보 생산비용은 초기에 한 번만 지급하는 매몰비용이며 기본적으로 재생산비용이 들지 않는다.

오히려, 정보는 사용에 대한 수확체증(사용할수록 이익이 증가)의 성격이 있는데, 이는 더 많이 사용할수록 더 쉬워지며, "더 좋고" "참신한" 어떤 의미에서는 "혁신적인" 추가적 정보를 학습하고 생산할 수 있는 가능성이 동태적으로 더 커진다는 점에서이다.

정보의 이러한 속성은, 앞서 비판한 용어를 사용하면 (한계가격은 효율적 시장 자원배분이 이루어지게 할 수 없고 심지어 균형이 존재하지 않을 수 있다는 점에서) *시장실패* 현상을 본질적으로 수반한다는 것에 주목하라.

순수한 정보sheer information와 지식을 구분함으로써 추가적인 통찰을 얻을 수 있다. 지식에는 (1) 정보를 해석하고 사용할 수 있게끔 하는 사전적으로 존재하는 인식의 범주들과 (2) 잘 정의된 알고리즘으로 단순화할 수 없는 탐색 및 문제해결 휴리스틱search and problem-solving heuristics이 포함된다.

모든 형태의 지식은 다분히 암묵적tacit 측면을 지니며, 명문화된 정보와는 매우 보완적인 관계인데, 따라서 지식은 개인 또는 조직에 체화되게 마련이어서 전달이 어렵게 된다. 실제 이는 글로벌화 및 자유로운 정보 유통의 시대에서조차 개발도상국의 기술 따라잡기가 도전적인 과제가 되는 근본적 이유 중 하나이다.

기술을 모방하고 이에 적응하는 것뿐 아니라, 새로운 과학·기술지식 창출의 모든 과정에 아주 다양한 상호보완적 주체들이 관여하는데, 이들 주체에는 기업이 흔히 포함되지만 여러 가지 즉, 공공 훈련·연구기관, "실행공동체communities of practice", 기술단체technical societies, 노동조합 등도 아울러 포함된다.

근본적인 측면에서, 기술학습을 위한 제도와 정책은 국가적 생산·혁신시스템의 구축과 관련을 갖게 된다.

사실, 따라잡기 과정은 본질적으로 혁신을 수반한다. 추격국가에서 일어나는 따라잡기 과정 또는 경로를 주도하는 혁신활동은 선진국에서 많이 보는 연구 및 기술 학습에 중점을 두는 혁신과는 다르다. 추격국가에서 도입되는 새로운 기술, 보다 일반적으로는 새로운 방식practices은 그들에게는 새로운 것이지만 선진국에서는 일반적으로 잘 완비되어 있다. 그리고 필요한 혁신 중 많은 수는 조직 및 제도에 관한 것이다. 그러나 따라잡기 과정에서 가장 분명한 것은 혁신이 실제 이루어져야 한다는 것으로서, 이는 과거의 친숙한 방식과의 단절이 일어나고, 어떻게 새로운 방식이 효과적으로 작동할 수 있게 할 것인가에 대해 상당한 불확실성이 존재하며, 복잡한 실행・사용을 통한 학습sophisticated learning by doing and using이 요구되고, 성공에 따른 잠재적 보상뿐 아니라 실패의 위험도 크다는 의미에서이다.

아울러, 산업화의 진행 과정은 주요 구조적 전환에 의존하는 바, 여러 갈래의 경제활동들 사이에서 '기술적 및 조직적 혁신을 일으키는 주체' 로서의 중요성이 변화하는 것을 수반한다. 혁신에 관한 최근의 문헌은 학습기회의 원천이 다양하며 이것들이 상호보완적이라는 것을 조명하고 있다(도시 1988a; 치몰리와 도시 1995; 모워리Mowery와 넬슨 1999). 사실, 각 시대별로 중요한 기술이 존재하는 것 같다. 그런 기술은 응용영역이 방대하고, 그 역할이 중요하기 때문에, 각국의 기술 변화 패턴은 그러한 중요한 지식 분야(예를 들면 과거의 기계공학, 전기, 전자장치와 최근의 정보기술)에서 생산, 모방, 혁신을 능숙하게 잘해낼 수 있는 국가적 역량에 의해 크게 좌우된다; 프리먼과 페레즈Perez(1988)는 이를 *새로운 기술경제적 패러다임*new technoeconomic paradigms이라고 칭한다. 더욱이, 산업 간 상호연계성linkages은 때로는 구조화된 계층구조structured hierarchies를 낳고, 이로써 가장 역동적인 기술패러다임이 과학기술적 기능, 문제해결 기회, 그리고 생산성 개선의 원천으로서 근본적인 역할을 하게 된다. 그리고 이 핵심기술들은 각국의 전반적 절대우위 및 열위를 형성하는 것이다. 이런 기술들에 있어서 각국이 변화하는 패턴은 다른 산업의 기술적 역량과 함께 평균화 되는 것이 아니라 다른 산업에 상호보완적complementary인 것이 된다.[5] 또한, 이 핵심기술들로 인해 종종 (전력그리드, 도로시스템, 통신인프라 네트워크 등과 같은) 광범위한 산업에 공통적인 기초적 인프라와 네트워크가 구축되기도 한다. 역사적 증거를 보면, 추격국가는 핵심기술 분

---

5) 상호보완성이 있으면 핵심기술의 발전이 다른 산업의 기술 발전을 유발할 수 있다.

야에서 자국의 내재적 기술 발전을 수반하는 제조업 부문의 확대 구축을 꾸준히 진척시키지 않고서는 자립적인 기술적 역동성을 갖는 것이 거의 불가능하다.

3. 상호보완성, 인센티브, 그리고 조정 허들

지금까지, 지식축적의 메커니즘에 주로 영향을 미치는 정책과 제도의 바탕이 되는 몇몇 기본적 동인motivations에 관해 논하였다. 그러나, 조정coordination 문제, 우선 첫 번째 예로서, 여러 이질적 주체 사이의 상호관련성으로부터 발생하는 조정문제는 어떠한가?

물론, 이를 구별해 내는 것은 그처럼 명확하지는 않다: 조정은 (케인즈주의적Keynesian) 수요 피드백을 수반하며, 학습과정에서의 조정뿐 아니라 경제주체 간 합리적인 정도의 인센티브 합치성incentive compatibility을 요구한다. 그러나, 여기서의 조정에 관한 근본적인 이슈들은 분권화된 행동 간의 매칭matching과, 그러한 과정이 수반할 수 있는 극단적으로 상이한 결과들(이는 관련된 제도에 좌우된다), 그리고 이 모든 것에 있어서의 정책의 중요성이다.

흥미롭게도, 이 기본 사항들은 발전경제학을 학문의 분과로 창시한 학자들(넉시Nurkse, 거셴크론Gerschenkron, 로젠슈타인-로단Rosenstein-Rodan, 허쉬만 및 프레비쉬Prebisch 포함)에게는 명확한 것이었다.

넉시(1953, 13-14)가 말한 다음 이야기를 살펴보자:

> 내가 보기에 우리의 현재 맥락에서 중요한 점은, 어떤 특정 산업이 기존 시장의 한계로 인해 막히거나 저해되는 가운데서도, 어떻게 이러한 종류의 전면적 시도 −수많은 다양한 산업에서의 자본투자 물결−가 경제적으로 성공할 수 있는지를 인식하는 것이다. 어떤 단일 기업으로서는 전망이 좋지 않고 현실적으로 실현 불가능해 보이는 곳에서도 여러 산업에 걸친 광범위한 프로젝트들은 성공할 수 있다. 그 이유는, 더 많은 1인당 자본으로 그리고 각 개별 프로젝트의 참여자들이 단위노동시간man-hour당 산출 측면에서 효율성이 더 높아지게 되면 다른 산업 내 새로운 기업들의 제품 시장을 확대 시키는데, 이는 여러 산업에서의 광범위한 프로젝트들이 서로 도울 수 있기 때문이다. 이러한 방식으로, 시장 곤란과 이에

따른 개별적인 투자 인센티브의 미흡을 수많은 다양한 산업에서 수행되는 투자를 통한 역동적인 시장 확장에 의해 제거하거나 어느 정도 완화할 수 있다.

아울러 거셴크론(1962, 10-11)의 다음 언급도 고려해 보자:

산업화 과정의 시작은 산업화 움직임이 폭넓은 전선에서 진행되어야, 즉 여러 분야의 경제활동에서 동시에 시작되어야만 일어날 수 있다. 이는 부분적으로 보아 경제과정에서 상호보완성complementarity과 불가분성indivisibilities이 존재함에 따른 것이다. 철도는 석탄 광산이 동시에 개발되지 않으면 건설될 수 없다; 내륙 센터가 항구도시와 연결될 것이라면 철도를 절반만 건설하는 것은 소용이 없다. 특정영역 산업발전의 과실은 다른 산업분야에 외부경제 혜택이 되고, 그 산업의 발전은 다시 전자의 산업에 유익하게 된다. 19세기 유럽 경제사를 보고 얻는 강렬한 인상은, 산업 개발이 대규모로 착수되는 경우에만, 산업화 이전의 여건과 산업화로 기대되는 혜택 사이의 긴장이 충분히 강해져서 기존의 장애를 극복하고 산업정책을 지향하는 세력에 힘을 실어준다는 점이다.

비슷한 통찰이 로젠슈타인-로단의 빅 푸시*big push*이론의 이면에 있다(로젠슈타인-로단 1943; 또한 최근의 머피Murphy, 슐라이퍼Shleifer 및 비시니Vishny 1989를 참고): 호프Hoff와 스티글리츠(2001)에서 논의된 것처럼, 빅 푸시 모형의 타당성의 토대를 이루는 결정적인 특성은 확산된 외부효과*diffused externalities*로서, 상호작용의 효과는 총수요, 산업의 투입물 수요, 또는 탐색비용과 같은 시스템 전반에 걸친 변수들을 통해 발생한다.

역사적 경험에서 보듯이 이 모든 영역들이 과거에서 "벗어나", 궁극적으로는 역동성을 지니는 국가 전체적 그리고 부문별 생산 · 혁신 시스템*national and sectoral systems of production and innovation*을 만들어내는 새로운 발전경로를 조성하는 적절한 정책조합이 도움이 될 수 있으며, 또 실제로 도움을 주는 영역들이다.[1] 과거에 그러하였으며, 우리가 아래에서 주장하는 바와 같이 이른바 글로벌화에도 불구하고, 미래에도 이와 크게 다를 것이라고 할 이유는 거의 없다.

실제로 제도는 *사회와 관련한 기술social technologies*(넬슨과 삼팟Sampat 2001;

스티글리츠와 그린월드 2014)이라고 볼 수 있으며, 이는 외부효과에 잘 대응하고, 혁신활동과 그 기저에 있는 인센티브 구조, 투자, 저축 성향, 노동자 훈련, 그리고 사회적으로 배분된 기술들 사이의 패턴을 조화match시키기도 하고 부조화mismatch 시키기도 한다. 또한 제도는, 그러한 외부효과와 상호보완성을 관리하고, 경제주체 간 상호작용 규칙을 규율하며, 경제주체가 가지는 믿음과 그들이 접근할 수 있는 정보, 그리고 "관습ethos"과 행동규칙을 형성하게 된다 (보다 자세한 논의는 호프와 스티글리츠 2001을 참조).

기술적 역량, 조직 및 인센티브 구조의 제도적 발전 : 공진화적 동학

19세기와 20세기에 선도국 따라잡기에 성공한 국가들에 있어서의 한 가지 기본적 요소는 정부가 추격과정을 적극적으로 지원한 것이었으며, 이는 다양한 형태의 보호와 직·간접적인 보조를 수반하였다. 그동안 경제발전 과정 상 그 시대에 중요한 것으로 판단되는 산업에서는 국내 산업을 선도국의 선진기업으로부터 보호할 필요성이 있는가 하는 정책논쟁이 이어져 왔다. 알렉산더 해밀턴Alexander Hamilton(1791)이 신생국 미국에서의 유치산업 보호를 주장한 것은 50년 후에 리스트List(1841)가 독일의 유치산업 보호 필요성에 관해 주장한 것과 사실상 동일한 것이었다. 거센크론(1962)의 유명한 에세이는 영국을 따라잡을 수 있도록 하기 위해 유럽대륙continental Europe이 사용한 정책들과 새로운 제도들을 보여준다. 이와 같은 이야기는 일본, 그리고 조금 더 이후의 한국과 대만 사례에서도 마찬가지이다. 이러한 정책은 여러 나라에서 성공적 따라잡기가 아니라 '보호받는 비효율적인 자국산업'을 초래하기도 하였으나, 따라잡기 목표를 달성한 모든 국가의 20세기 중 특징이기도 하였다.[2] 우리는 유치산업 보호가 자국산업 육성에 성공한 여건circumstances과 실패한 조건conditions에 관해 더 많이 배울 필요가 있으며 실제 이 책에 실린 몇 논문은 이 이슈를 새롭게 조명하고 있다.

유치산업 보호 정책은 분명히 선도국 기업과 정부의 화를 돋우는 것으로서 특히, 지원 받은 산업이 자국시장 내 공급 뿐 아니라 세계시장을 공략하기 시작한 경우에 그러하였다. 2차 세계대전 이후 자유무역을 위한 조치들은 대부분 선진국 간의 보호 및 보조금 철폐와 관련된 것이었으나(그리고 당시에는 몇몇 유치산업

보호가 때로는 개발도상국에서 유용하다는 주장에 대한 동정심이 있었다), 최근의 국제조약들은 경제발전 수준이 아주 낮은 국가가 따라잡기를 모색하며 사용하는 수입보호와 보조금에 대응하여 점점 더 많이 사용되었다.

우리는 국제무역이 많이 이루어지는 산업에서 따라잡기를 성공적으로 하기 위해서는 일종의 유치산업 보호나 다른 방식의 지원이 필요하다는 해밀턴과 리스트의 주장이 과거에도 옳았고 지금도 계속해서 그렇다고 생각한다.

더욱이, 19세기와 20세기 초 기간에는 많은 개발도상국이 자국기업이 선진국 기술을 모방하는데 심각하게 제약받지 않는 지적재산권 환경에 있었다. 라이센스 계약이 수반되었던 많은 사례가 있기는 하지만, 이들 사례는 선진국 기업이 지적재산권을 적극적으로 보호하려는 것이기보다는 대개 기술이전이 수수료 또는 다른 대가를 받고 이루어지도록 하는 수단이었다.

유치산업 보호나 보조금의 경우처럼, 지적재산권 관련 갈등은 주로 추격기업이 세계시장을 잠식하기 시작하거나 심지어 특허권을 보유한 기업의 국가에 수출하기 시작할 때 떠오르는 경향이 있었다. 이러한 사례들이 점점 늘어난 것이 '무역 관련 지적재산권Trade Related Intellectual Property Rights' 조약을 초래한 하나의 주요 요인이었다. 그러나 이 조약은 개발도상국의 수출기업뿐 아니라 수출을 하지 않고 내수시장에 머무르고 있는 기업도 제소prosecution위험에 놓이게 한다.

이러한 상황에서, 정책개입의 다양한 영역으로 어떠한 것들이 있으며, 어떤 식으로 다양한 정책수단과 관련 제도·기관으로 구체화되는가? 표 2.1에 이에 대한 탐색적 분류를 요약해 놓았다.

요약하면, 정책과 제도적으로 마련된 활동들은 (1) 개인과 기업조직의 기술적 역량과 실제 학습 정도, (2) 그들이 직면하는 경제적 신호들(물론 수익성 신호와 인지된 기회비용을 포함), (3) 그들이 다른 사람과 상호작용하고 비시장기관(예를 들면 공공기관, 개발은행, 훈련 및 연구기관)과 상호작용하는 방식에 다 함께 영향을 미친다는 것이다.

실제로, 모든 주요 선진국에서 위의 변수들 모두에 영향을 미치는 상대적으로 높은 정도의 개입이 – 산업정책으로 생각하고 만들었는지 여부와는 관계없이 – 이루어지고 있다. 그리고 이는 오늘날의 선진국이 당시의 선발국을 따라잡던 시기에는 더욱 그러하였다. 다양한 국가들을 구별짓는 것은 주로 수단, 제도적 장치,

[표 2.1] 정책 제도 및 기관과 정책의 대상이 되는 변수 및 과정 분류
(기술학습에 중점을 둔 일반적 분류)

정책개입 영역	정책수단	관련 제도·기관
(1) 과학·기술혁신의 기회	과학 정책, 대학원 교육, "프런티어" 기술 프로젝트	연구중심대학, 공공연구센터, 메디컬센터, 우주·군사기구 등
(2) 사회적으로 배분된 학습·기술 역량	광범위한 교육 및 훈련 정책	초등교육에서부터 이공대학 polytechnics과 미국식 "랜드-그랜트 칼리지(land-grant colleges)" 등까지
(3) 기업의 유형 등 - 무엇보다 기업의 구조, 소유, 지배방식 (예: 국내/외국기업, 가족소유/다중소유 기업 등)-에 영향을 미치는 산업지원 수단	국가소유 기업의 형성에서부터 민영화까지, "국가적 챔피언 기업" 정책 "national champions" policies 에서부터 다국적기업의 투자에 영향을 미치는 정책, 기업지배에 영향을 미치는 법률 등까지	국가소유 회사, 공공 머천트뱅크, 공공 "벤처투자회사", 인프라 관련 공기업
(4) 경제주체(특히 기업)의 기술지식 역량, 새로운 기술적·조직적 발전 탐색에 있어서의 유효성·속도 등	위의 (2) 및 (3)과 R&D 정책, 새로운 설비의 채택에 영향을 미치는 정책 등	
(5) 이익을 추구하는 경제주체가 직면하는 경제적 신호와 인센티브(실제 및 기대 가격·이익률, 혁신에 따른 이득을 자신만이 거둘 수 있는 여건appropriability conditions for innovations, 진입장벽 등	가격규제, 관세 및 국제무역 쿼터, 지적재산권(IPR) 체제 등	관련된 규제 당국, 연구·생산 보조금 담당 정부기관, 무역통제 기관, 지적재산권 부여·통제 기관
(6) 선별 메커니즘(위와 겹침)	반독점·경쟁, 진입·파산, 자금 배분, 기업소유권 시장 등에 영향을 미치는 정책 및 법률	반독점 당국, 파산절차를 담당하는 기관 등
(7) 정보배분 패턴 및 다양한 유형의 경제주체(예: 소비자, 공급자, 은행, 주주, 경영자, 근로자) 간의 상호작용 패턴	노동시장, 생산물시장, 은행과 산업의 관계 등에서부터 기업 내 정보 공유 이동성·통제 관련 단체협약, 경쟁기업 간 협력·경쟁의 형태 등까지의 규율(예를 들어, 일본 기업과 앵글로-색슨 기업 사이의 역사적 차이를 참고)	

그리고 개입의 철학이다.

우리 저자 가운데 한 사람은 다른 연구에서, 일본의 2차 세계대전 이후 정책 사례, 특히 전자기술electronic technologies과 관련한 정책을 따라잡기 정책의 패러다임적 사례로 고려하고 있다(도시 1984).

흥미롭게도, 일본은 표 2.1의 분류에 있는 모든 변수에 대해 광범위하게 행동했던 것 같다. 또, 신호를 보내는 구조structure of signals에 선별적이면서도 깊숙히 개입함(수입과 외국인투자에 대응한 공식적 및 비공식적인 보호도 포함)으로써, 일반적으로 기술적 선도기업만이 누릴 수 있는 "진공환경vacuum environment"을 만들어냈다. 그러나, 이러한 환경에서 일본 기업들은 치열한 과점적 경쟁을 하는 양상과 높은 수출지향성을 보였는데, 이로써 기술 역동성technological dynamism이 배양되었으며 보호가 단순히 담합에 의한 독점적 가격 결정으로 활용되는 것을 방지하였다.

이러한 일본의 경험은 - 일본이 비록 최근에 거시경제적 어려움을 겪고 있으나 - 유럽 국가 등 평균적으로 덜 성공적인 다른 나라들과 비교하고 싶은 유인을 준다. 이들 다른 나라들은 금전적 지원(특히 R&D보조금과 자본계정 이전지출)이라는 하나의 수단에 크게 의존하였고, 신호패턴의 결정과 개별 기업의 대응역량을 국제시장의 내생적 작동에 맡겨두었다. 확실히, 일본의 사례에는 다른 나라에 전수하기 힘든 그 나라 고유의 특징이 존재한다. 그러나, 일본의 놀라운 성과 사례는 국제시장의 내생적 진화로부터 생겨나는 비교우위 패턴을 바꿀 수 있음을 시사한다.

극동아시아와 중남미 국가의 경험을 비교하는 것도 마찬가지로 의미가 있다(특히, 암스덴Amsden 1989와 2001; 웨이드Wade 1990; 김인수Kim와 넬슨 2000; 도시, 프리먼 및 파비아니Fabiani 1994를 참고).

요약하여 말하면, - 다른 극동아시아 국가들뿐 아니라 - 한국은 절대가격absolute price과 상대가격relative price의 "인위적 책정twist around"을 통해 정태적 비교우위 산업에서 얻어진 자원을 학습기회 및 수요탄력성이 큰 산업의 발전을 위해 쓰이도록 유도할 수 있었다(암스덴 1989).[3] 그리고 이들 나라는 이를 민간기업의 지대추구 행위를 징벌하는 방식으로 해냈다. 사실, 기술학습에 있어서의 주역은 대규모 기업집단 - 즉 *재벌* - 이었으며, 이들은 아주 초기의 발전단계에서 해외로부터 획득하는 과학기술을 선별하고 이를 효율적으로 사용하며 실제 적응하는 기술을 내부화internalize할 수 있었으며, 얼마 지나지 않아 엔지니어링 역량을 크게 향상시킬 수 있었다(김인수 1993 참고).

　더욱이 이 과정은 인적자원 역량 향상을 위한 일군의 제도 및 네트워크가 뒷받침하였다(암스덴 1989). 이 모든 것은 중남미의 경험과는 극명하게 대비되는데, 중남미의 경우 국가와 민간부문 사이의 조정 측면에서 종종 비효율성이나 지대축적에 대해 좀 더 관대한 반면, 사회적으로 확산되는 기술역량·기술의 축적에는 주의를 덜 기울였다.

　궁극적으로, 성공이나 실패는 다양한 제도적 장치와 정책의 조합에 좌우될 수 있는데, 이는 그러한 조합이 한편으로 개인과 조직의 학습과정에, 다른 한편으로 선별과정(물론 시장경쟁을 포함)에 영향을 미칠 수 있기 때문이다.

　역사적 경험을 보면 위에서 예시한 정책 유형의 조합이 국가 및 부문별로 매우 다양한 것이 확실하다. 그럼에도 불구하고 약하기는 하지만 몇 가지 규칙성이 나타난다.

　첫째, 19세기 유럽과 미국에서부터 현대에 이르기까지 지속적으로 유효한 규칙성은 새로운 기술패러다임이 발생하고 확립되는데 있어서 대학교와 같은 공공기관과 공공정책이 수행하는 중추적 역할이다.

　둘째, "인센티브가 충분하지 않은 경우가 있다." 정책의 핵심적 역할은 행위주체 actors의 역량에 영향을 미치는 것인데, 이는 특히 앞서 언급한 새로운 기술패러다임의 사례에서도 그러하며, 아울러 합리적 인센티브 구조가 취약하여 민간 주체가 큰 기술 격차를 극복하도록 충분히 동기를 부여하지 못하는 모든 따라잡기 사례에서도 그렇다.

　셋째, 시장규율은 기업의 특정 인력군 안에서 저성과자를 제거하고 고성과자에 대해 보상하는 한에 있어서는 도움이 된다. 그러나, 너무 강한 선별적 충격 selective shocks은 전체 인력 그 자체를 쓸어내듯 없애고 따라서 미래의 학습기회까지 제거할 수도 있다.

　넷째, 일반적으로 정책―특히 따라잡기를 목적으로 하는 정책―은 역량 구축 capability building(그리고 또한 "유치 학습자 infant learner" 보호) 목적의 조치들과 타성 inertia이나 지대추구를 억제하는 메커니즘이 균형을 이루도록 해야 할 필요성이 있다. 예를 들어, 전자는 최근에 많아진 "자유화" 정책에서 미흡한 요소이고, 후자는 과거 중남미의 수입대체 경험에서 결여되었던 주요 요소 중 하나다.

다섯째, 역사적으로 1인당 소득과 임금의 관점에서 성공적이었던 따라잡기 노력은 새롭고 가장 역동적인 기술패러다임에서의 따라잡기를 항상 수반하였으며, 이는 초기의 비교우위, 특화, 그리고 시장 발생market-generated 신호의 패턴과는 관련성이 없다. 추론하건대, 다른 조건이 같다면, 선진국과의 기술격차가 클수록 정책-이는 또한 국제시장에서 나타나는 경제적 신호(상대가격과 상대적 수익성을 포함)의 패턴에도 영향을 미친다-에 대한 구조적 필요성은 더 커질 것이다. 이는 암스덴(1989)이 "가격을 그릇되게 하는" 정책이라며 의도적으로 자극적인 표현을 사용하여 언급한 것이기도 하다. 반대로, 내생적 시장메커니즘은 선진국, 특히 최신의, 그리고 가장 유망한 기술분야에서 최첨단에 있는 국가에게 "유리하게" 작용하는 경향이 있다. 이는 역사적 경험을 보면 폭넓게 확인된다: 무조건적인 자유무역은 기술과 정치적인 면에서의 선도국들만이 옹호하고 전적으로 활용하였던 것 같다.

학습경제에서 제도 및 정책이 직면하는 몇 가지 근본적 상충관계

기술적 변화(정의된 기술적 궤적을 따르는 연속적continuous 변화와 새로운 기술패러다임의 부상과 관련된 불연속적discontinuous 변화를 모두 포함한다)를 특징으로 하는 세계에서는, 기술에서 뒤처지거나 앞서 나가는 것이 부문간·제품간 수익성 신호의 패턴을 형성하고, 이로써 미시경제적 자원배분 패턴을 형성한다. 그러나 후자 즉, 미시경제적 자원배분 패턴은 대외균형상 제약조건에 부합하는 소득성장률과 기술혁신성의 측면에서 각국의 장기 거시경제적 역동성에 영향을 미칠 수 있다. 이는 결국 (수익성, 장기 수요성장, 기술적 기회 등과 관련된) 복합적 신호들이 미시경제적 조정과정에 미치는 효과가 비대칭적asymmetric인 경향이 있기 때문에 일어난다. 즉, 우리는 이점에 대해 (1) 자원배분 효율성, (2) 혁신(또는 "슘페터주의적") 효율성, (3) 특정 생산패턴의 성장 효율성이라는 세 가지 개념을 구분함으로써 자세히 살펴보고자 한다(도시, 파빗Pavitt 및 소티Soete 1990; 스티글리츠와 그린월드 2014). 여기서 우리는 현재의 기술역량 배분상태와 상대가격에 기초하였을 때에는 "효율적"인 자원배분 패턴이, 일국이 장래에 생산할 수 있는 재화의 수요탄력성("성장 효율성")과 이와 관련된 혁신 잠재력("혁신 효율성"의 기준)의 측면에서는 부정적인 장기효과를 수반할 수 있으며, 특히 기술이 크게 뒤처진 국가에서 그렇다고 주장한다. 상이한 효율성 개념 사이의 상충관계trade-offs가 발생할 때마다, "최적 이하의suboptimal" 또는 "잘못된perverse" 거시경제적 결과가 나타날 수 있다. *미래의* 기술우위·열위 패턴이 *현재의* 자원배분 패턴과도 관련되기 때문에, 우리는 여기서 동태적 과정(칼도어Kaldor가 *순환적 인과circular causation*라 칭함)이 작용한다는 것을 살펴볼 수 있다. 부문간 수익성에 관련된 경제적 신호들—이는 곧바로 비교우위와 상대적 특화로 이어진다—은 확실히 다양한 생산적 고용에 있어서의 배분적 효율성은 제어하지만, 장기의 거시경제적 추세에 관해서는 모호하거나 또는 심지어 잘못된 역할을 할 수도 있다.

이러한 상충관계는 (물론 다양한 형태의 정보 비대칭성이 사태를 악화시킬 수 있지만) 시장작용 과정에서의 정보효율성과는 관련이 거의 없다는 것에 주목하라. 그보다는, 기술적 기회가 제품과 부문에 따라 다른 것이 경제시스템의 일반적인 여건이다. 더 나아가, 각각의 기술과 부문 안에서도 각 기업·국가의 기술적 역량은 그 분야의 실제 생산·혁신과정과 연관되어 있다. 따라서, *현재의* 자원배분에 관한 메커니즘은 앞으로 어디에서 기술이 축적될지, (아마도) 혁신이 일어날지, 규모의 경제 혜택을 거둘지 등에도 영향을 미친다. 그러나 이들 효과의 잠재적 가능성potential은 기술과 부문에 따라 크게 다르다. 이는 경제적 과정의 불가역성irreversibility이 지니는 또 다른 측면이다: 자원배분과 관련한 현재의 선택이 미래에 각 산업의 기술계수들technological coefficients[6]이 진화하는 방향과 속도에 영향을 미친다. 기술을 일군의 청사진으로 보는 생각을 버리고 기술진보를 제조활동과 결합된 생산물로 이해하면, 자원배분 효율성 조건에 비추어 불균형인 상태로 전개될 경우에 (생산성, 혁신성 등의 측면에서) 동태적으로는 더 좋은 경제체제를 상상할 수 있다.

어떻게 자원배분 효율성과 혁신 효율성 사이의 이러한 상충관계가 나타날 수 있는지를 살펴보는 것은 오히려 쉽다. 각국의 (자원배분 효율성의 특성을 지닌) 특화패턴은 부문별 기술격차(또는 앞섬)의 상대적 크기에 의해 결정된다(도시, 파빗 및 소티 1990을 참고). 가장 역동적인 기술(즉 기술적 기회가 가장 큰 기술)에

---

[6] 산업연관표에서 각 산업부문이 해당 부문의 재화나 서비스 생산을 위해 다른 부문에서 구입한 원재료 등 중간투입액을 총투입액(이는 총산출과 같다)으로 나눈 것을 기술계수 또는 투입계수라고 한다. 이는 생산기술을 나타낸다고 할 수 있다. 이 계수가 기술 변화로 변하면, 산업 간의 연관관계 또는 상호의존관계가 변화할 것이며, 아울러 최종수요 증가가 각 산업의 수요에 미치는 효과가 변화함에 따라 각 산업의 경제 내 비중이 변화할 수도 있다.

서 격차가 가장 큰 경우에는 자원배분 효율성이 혁신 효율성과 직접적으로 상충된다. 우리는 이러한 두 가지 효율성 개념 사이에 상충관계가 발생할 가능성이 가장 새롭고 역동적이며 폭넓게 영향을 미치는 기술분야에서 최첨단으로부터 멀리 떨어져 있을수록 그에 비례하여 크다고 주장한다.[4]

비슷한 주장이 자원배분 효율성과 성장 효율성 사이의 상충관계에도 적용된다: 결국에는 국가들이 전 세계적으로 볼 때 소비자의 수가 상대적으로 적거나 심지어 감소하고 있는 상품을 생산하는데 "효율적"으로 특화하는 것으로 귀결될 수 있으며, 그럼으로써 대외균형 제약에 부합하게 성장할 수 있는 능력을 감소시키게 될 수도 있다.[5]

수확체감이지 않은 (때로는 오히려 수확체증인) 조건 하에서, 시장에서 '여러 다양한 상품들의 변화하는 성장·혁신 효율성'과 '미시경제 주체에 대한 상대적 수익성 신호'가 연결될 수 있는 직접적인 방법은 없다.[6]

이 또한 정책의 근본적인 영역에 들어오게 되는 것이다.

신호패턴, 자원배분과 관련된 반응 법칙, 그리고 "경제 기계economic machine"의 제도적 조직 형태를 자세히 이해하고 이들에 대해 개입하는 것은 (과거의 기술패러다임에 기초한) 어떤 한 기술체제technological regime에서 새로운 체제로 이전하는 국면에서 특히 중요하다. 이러한 역사적 시기에는 각국에 있어 새로운 부류의 기회와 위협이 나타난다: 국제적으로 기술이 발생·확산하는 패턴이 더욱 유동적인 상태가 되는데, 이는 결과적으로 국제무역 흐름과 1인당 소득의 상대적 수준이 더욱 유동적인 상태로 되는 것과 같다.

현 시대의 경제가 그러한 변화를 겪고 있다고 우리는 믿고 있다. 그 과정에서 비교우위는 제도 측면의 행동과 민간부문의 전략이 성공적으로 합쳐질 때의 자기실현적 예언self-fulfilling prophecy이 된다: 기술적·경제적 성공은, 사전적으로는 정치적 꿈이었던 것을 사후적으로 경제학자의 관점에서 최적이 되게 하는 것이다.

4. 과거로부터의 정책적 교훈과 미래를 위한 지혜

과거로부터의 교훈은 미래에도 적용할 수 있는 경우 유용하다. 그래서, 어떤 규범적 결론도 글로벌화에 따라 과거의 발전패턴과 비교하여 불연속적으로 달라질 수 있는 것들을 고려하여 타당성을 살펴보아야 한다. 특히, 선별적 산업·기술·무역 정책은 시장의 작용이 완전히 전개될 수 없도록 제약되었던 민족국가의 세계에서는 *필요하였을 수 있으나* 오늘날에는 필요없거나 해로울 수 있다는 주장의 바탕에 있는 오래된 관념은 어떠한가? 사실, 기술역량, 성장률 및 1인당 소득수준 (국가 간 및 국가 내) 차이의 확대 추세가 지난 수십년의 글로벌화 속에서 심화까지는 아니더라도 지속되어 왔음을 시사하는 많은 증거들(여러 가지가 있으나 그 중에서도 카스탈디Castaldi 외 2009; 스티글리츠 2006을 참고)이 있다. 국가별로 "선도frontier" 국가에서 발전된 생산기술과 제품디자인 능력을 흡수할 수 있는 역량이 다르며, 이는 아마 과거보다 더 심할 것이다. 달라진 것이 있다면, 여러 가지 형태로 현지화되어 있는 수확체증 조건 하에서, 글로벌화가 촉진한 국제통합의 강화로 인해-그냥 내버려두면-국내적·국제적 차별화가 자기강화적으로 심화되고 특정 생산활동·특화패턴·기술역량(또는 기술역량 부족)이 고착화되는 현상에 이르게 되는 것이다. 글로벌화는 그 자체로 어떤 종류의 자연스러운 기술역량 따라잡기를 위한 처방이거나 또는 소득 수준이 수렴할 수 있도록 하는 처방이 아니다. 반대로 국가경제들의 상호의존성이 커질수록 취약한 국가는 *점점 더 복잡한 정책개입 수단이 필요해지는 것으로* 보인다. 과거에 해밀턴이 영국 주도 글로벌화의 세계에서 신생 미국을 위한 산업화 전략을 디자인하려고 시도하고 있을 때에도 이미 그랬던 바가 있으며, 오늘날에도 여전히 그렇다.

더욱이, 규제되지 않은 글로벌화의 다른 측면을 보면, 지면 관계 상 여기에서 논할 수 없으나, 정책 거버넌스policy governance의 필요성이 추가적으로 제기된다. 즉, 우리가 스티글리츠(2006)에서 코멘트한 것처럼, 20세기와 21세기에는 소득분배가 임금에 불리하고 이윤에 유리한 방향으로 극적인 변화가 일어났으며, 세계 인구의 59%가 소득불균등이 증가하는 국가에 살고 있고, 단지 5% 만이 형평성이 개선되는 국가에 살고 있다(ILO 2004; 코르니아Cornia, 애디슨Addison 및 키스키Kiiski 2005). 더 나아가 글로벌화는, 선진국과 개발도상국 모두에서, 조직화된 노동organized labor과 고용 보장employment guarantees에 불리하게 작용하는 고용형태로 전환이 이루어지는 방향으로 작용하였다; (예를 들면 작업안전, 노동시간, 환경보호, 아동노동 등에 대해) 국제경쟁력이 요구하는 것과 사회적 규범이 요구하는 것 사이의 갈등을 심화시켰고; 사회복지시스템의 경우 이미 잘 갖추어진 나라에서는 폐지하도록, 아직 갖추어지지 않은 나라에서는 도입하지 않도록 정부에 압력을 가하였으며; "이동 가능한 요소" 즉 자본에 대한 세금부과를 "이동 불가능한 요소" 즉 노동에 비하여 어렵게 하였는데; 이 모든 점에 관해서는 스티글리츠(2002, 2006)와 로드릭Rodrik(1997)을 참고하기 바란다.

물론, 현재의 국제경제‧정치관계 체제가 낳은 이와 같은 결과들을 규율하는 것이 시급하게 됨으로써, 산업정책이 필요하게 되는 또 다른 구체적이고 "발전론적developmental" 이유가 되었다. 반복하여 말하건대, 산업정책과 관련하여 기본적인 역사적 교훈은 계속해서 유효하다. 반면에 정치적‧이념적 맥락이 변화하면서 국가기관 또는 심지어 (유럽연합과 같은) 초국가적 기관에 있어서, 역사적으로 산업발전의 정치경제적 측면을 지배할 수 있게 한 많은 정책수단에 관한 권한을 사실상 박탈하거나 박탈된 것으로 '인지perceived'하게 되도록 만들었다. 당연하지만, 권한 약화의 메커니즘과 정도는 전 세계에 걸쳐 다르게 나타난다. 어떤 경우에는 외부로부터 힘에 의해 부과된 패키지의 한 항목을 이루며; 다른 (심지어 정당화하기 더 어려운) 경우에는, "시장 탈레반market talibans"이 스스로 자초한 고난이다. 실제, 기술과 소득이 가장 높은 수준으로 발전하는데 성공한 국가들은 그 다음에는 그들이 거기에 최초로 이르고 자유로운 시장을 순수하게 재구축할 수 있도록 한 "사다리를 걷어차는"(장하준Chang 2002) 경향이 있다. 이 글로벌화 물결에 특징적인 것은 점점 더 "글로벌화된" 지배계급의 형성인데, 이들은 종종 앵글로-색슨 국가(일반적으로 미국)에서 받은 경제학 학위를 갖고 있으며, 때로는 모국에 적합하지 않아서 그대로 받아들일 수 없는 정책처방을 가지고 오기도 한다.

그러나 현재의 글로벌화 방식이 지니는 그러한 파괴적 측면은 다행스럽게도 되돌릴 수 없는 단계까지 이르지는 않았다. 다행스럽게도, 정책 수립policy making에 있어서 아직 활용되지 않은 자유도degree of freedom가 여전히 많이 있으며, 이는 각자 다른 방식으로 브라질리아Brasilia에서부터 브뤼셀Brussels, 워싱턴 D.C.에 이르기까지 적용되고 있다. 시장 광신market fanaticism의 광풍이 잦아들면서, 결국 실패에 이른 증거들로 타격을 받고 있기 때문에, 이 장에서의 논의처럼 다시 새롭게 과거를 돌아보기에 적절한 시점이며, 이에 국가 간 그리고 국가 내에서 기술적‧조직적 학습과 산업화를 촉진하는 정책 및 제도에 대한 신선한 시각을 제공하려 시도하고자 한다.

경제발전에 관한 광범위한 실증연구에서 나온 증거는 미시학습micro learning의 작동, 경제전반에 걸친 기술역량 축적, 그리고 산업발전 이 세 가지를 연결시키는 과정으로 볼 수 있다. 나라마다 다른 학습패턴과 "정치경제적"여건은 상이한 산업화 패턴을 낳는다. 그러나 오늘날 선진국인 모든 나라들은 특히 초기의 산업화 기간에는 기술역량의 축적과 생산조직의 전환을 지원하기 위해 상대적으로 높은 정도의 개입을 하였다.

이 장을 시작하면서부터 우리는 산업화를 견인하는 어떤 "마법의 특효약 magic bullet"을 찾는 것은 무용(無用)함을 강조하였다. 기술적·조직적 역량을 축적하는 과정이—치몰리 외(2009)에 실린 많은 논문들이 강조하고 스티글리츠와 그린월드(2014)가 이론적으로 분석한 것과 같이—결정적인 역할을 하기는 하지만, 그 과정은 (1) 학습기반 지대추구는 유도하고 단순한 지대추구는 억제하는 인센티브 구조를 만들어내는 적합한 정치경제, 그리고 (2) 적합한 거시경제 관리가 수반되어야 한다. 마찬가지로, 산업화와 따라잡기를 자동적으로 만들어내는 어떤 마법의 정책처방을 찾는 것은 쓸모가 없다.

그러나 산업화를 주도하는 요소와 과정에 있어서 어떤 규칙성은 식별할 수 있으므로, 성공적인 정책조합이 과거와 현재에 공통적으로 지니는 몇몇 기본적인 요소와 원리는 찾아볼 수 있다. 우리는 이 가운데 몇가지 점을 자세히 설명하고자 한다.

정책을 고무하는 일반 원리 : 모방, 그리고 추월

모방emulation—라이너트Reinert(2007)가 사용한 용어를 차용하였다—은 현재의 비교우위 상태를 고려하지 않고 첨단의 기술과 생산활동을 따라하려는 의도적 노력이다. 이는 경제의 생산구조production profile 측면에서 "부유한 나라가 하고 있는 것을 하는 것"을 목적으로 때로는 명시적인 공공정책을 수반하며, 선진국에서 이미 할 수 있는 것의 방법을 배우려는—개인, 특히 기업의—미시경제적 노력을 항상 수반한다. 이는 지난 300여년에 걸쳐서 친숙한 이야기이다. 이는 적어도 산업혁명 이전 시대의 저지대국가Low Countries[7]에 대한 영국의 사례까지 거슬러 올

---

[7] 유럽 북해 연안의 벨기에, 네덜란드 및 룩셈부르크를 이른다.

라가는 것으로서, 오늘날 중국의 산업화에 이르기까지 계속해서 적용된다.

모방은－당연히－새로운 기술 패러다임에 기초한 제품과 공정에 주로 관련된다. 어느 한 시대에는 그것은 기계화된 직물 생산과 관련기계의 구축을 의미하였다. 뒤에는 철 생산, 전기 기반 제품·기계, 그리고 내연기관이었다. 오늘날 그것은 무엇보다도 정보통신기술과 관련이 있다.

사실 추격국가들이 선진국을 모방할 뿐 아니라 몇몇 최신의 가장 유망한 기술분야에서는 "추월leapfrog"하는 일도 때때로 일어났다. 이러한 일들은 미국과 독일이 전기기계공학, 내구소비재 및 합성화학 분야에서 영국을 점진적으로 앞서 나갔던 19세기에 일어났다.

그러나, 왜 모두가 자신의 비교우위를 따르지 않고 첨단기술 모방을 우선적으로 해야만 하는가? 또는, 회의론자가 종종 주장하는 바와 같이, 모두가 정보통신기술(ICT)에 특화해야 한다고 하는 것은 불합리하지 않은가?

바로 이 문제는, 우리가 보기에는, 절대우위 대 비교우위에 대한 널리 퍼진, 그러나 위험한 혼동을 드러낸다. 일반적으로 상대적으로 후진한 경제는 모든 것에서 *절대열위*이다; 즉, 모든 상품 생산에 있어서 덜 효율적이며, 사실 많은 상품에 있어서는 열위의 정도가 그들 국가가 전혀 생산을 할 수 없다는 의미에서 무한대infinite이기도 쉽다. 따라잡기는 생산지식에 있어서의 격차 축소와 (세계적으로는 새로운 것이 아니어도 추격국가에게 초기에는 일반적으로 새로운) 신상품을 생산하는 방법의 학습을 수반한다. 이는 특히 새로운 기술패러다임과 관련하여 중요한데, 즉 그러한 기술들은 대개 *범용*general purpose이기 때문이다: 그 기술들은 대부분의 생산활동에 직접적 또는 간접적으로 영향을 미친다. 예를 들어, 현재의 ICT 기술 사례에서와 같이 과거에는 기계공학과 전기 사례에서 역시 그러하였다(그리고 오늘날에도 여전히 그렇다).

더욱이, 새로운 기술패러다임에 기초한 재화와 설비는 일반적으로 수요탄력성이 높고 추가적인 기술진보의 기회가 많다(카스탈디 외 2009; 치몰리, 도시 및 스티글리츠 2009b를 참고). 따라서, 이들 산업에서 가장 앞선 국가를 모방하는 것은, 다른 것이 일정하다면, 높은 성장 가능성, 높은 생산성 증가 잠재력, 그리고 궁극적으로는 국내의 제품 혁신을 의미한다.

비교우위 이슈는 아주 다른 별개의 이슈이다. 이 점은 라이너트(2007)도 언

급한 바 있다. 어느 경제이든 어떤 어떤 것에서 비교우위를 지닌다는 것은 평범한 진실이다. 그래서, 선진 ICT 경제와 석기시대 경제를 비교하는 경우, 후자가 돌 집약적인stone-intensive 제품에 비교우위를 지닐 것이라는 것은 자명하다! 그러나, 둘 사이의 전반적 (전 세계) 소득 분배는 우선 두 경제 사이의 절대우위의 크기(즉 기술격차)에 의존한다. 학습과 따라잡기는 분명히 그러한 우위와 격차의 양상에 영향을 미친다. 그 과정에서, 비교우위 변화는 단지 상이한 산업에서 일어나는 상이한 학습 정도의 부산물일 뿐이다.

기술 학습과 생산능력 발전 사이의 상호보완성

위에서 논한 바와 같이 기술지식과 단순한 정보 사이의 차이는 기술지식이 지니는―일반적으로 특정한 사람, 조직 및 지역 네트워크에 체화되어 있는 것과 같은―"고착성stickiness"과 전파의 어려움 측면에서 중요한 함의를 지닌다. 또 한 가지 결과로는 학습이, 특히 산업화의 초기 국면에서는, "별개"로 일어나는 일은 거의 없다는 것이다. 그 대신 학습은 생산장비의 취득과 함께, 그리고 생산장비를 사용하는 방법과 현지 조건에 적응시키는 방법을 학습하는 노력과 함께 이루어진다(벨Bell과 파빗 1993을 참고). 그리고, 이는 근로자와 엔지니어의 훈련과 복잡한 조직을 효율적으로 운영할 수 있는 관리자의 형성과 함께 이루어진다.

물론, 어떠한 정책입안자도 그 경제가 개발해야 하는 생산활동과 학습패턴의 상세한 사항을 미세조정하는 입장에 있지는 않다. 실제의 동학이 작용하는 그러한 상세한 사항들은 기업전략의 세부 사항들과 그리고 (당연히) 우연에 크게 의존한다. 따라서 한 예로서, 한국의 정책입안자로서는 이를테면 마이크로프로세서 대신 반도체 메모리에 대한 학습추진을 알 수 있는 방법을 가지고 있지 않았으며, 계획할 수 있는 방법은 더더욱 없었다. 그러나 정책입안자는 미래의 역량이 현재의 역량을 기초로 하여 축적되고 현재의 역량을 개선·수정한다는 사실을―그래서 좋은 경로 의존성good path dependency 구축이라는 정책 목표를―잘 알고 있어야 한다. 이 점은 로드릭과 하우스만Hausmann(2006)이 경제발전 과정에 따라 제품 다변화가 이루어지는 패턴을 논할 때 내놓았던 권고와 유사하다.

5. 정책 처방

유치산업 육성의 필요성

석기시대 경제와 ICT 경제를 그려본 캐리커처를 다시 고려해서, 그 둘이 상호작용 하는 것을 보도록 하자. 아주 분명한 두 가지 특성이 있다. 첫째, 경제적 신호의 패턴은 한 경제에서는 돌-집약적 제품에, 다른 경제에서는 ICT-집약적 제품에 (즉, 그들의 현재의 비교우위에) 매우 유리한 편의bias를 가지게 될 것이다. 그래서, (ICT 경제가 어떠한 석기 제품도 받아들이려 하지 않을 수도 있지만 국제거래가 일부 존재한다는 가정 하에서) 석기시대 경제가 ICT시대로 진입하기를 원한다면 국제거래에서 나오는 것과 같은 *시장신호*market signals들을 의도적으로 *왜곡*distort하여야 한다. 둘째, 돌 제품 생산자는, 심지어 "올바른" 종류의 신호가 있다 하더라도, 경쟁력 있는 ICT 제품을 생산할 수 있는 지식을 즉시 획득할 수 있을 가능성이 거의 없다.

확실히 모든 개인은 새로운 기술을 배우는데 오랜 시간이 걸린다. 바이올린 연주자를 축구 선수로 전환시키는 것, 또는 그 반대로 전환시키는 것은 비록 가능하다고는 하더라도 상당히 힘들다. 이는 조직organizations과 조직 구축organization building에 대해서도 적용되는데, 이 경우는 더욱 힘들다. 비록 그러한 전환이 가능하다 하더라도, 이를 위해서는 시간과 육성nurturing 그리고 돌봄care이 필요하다. 전에 축구 선수였다가 새로 바이올린 연주자가 된 사람을 전문 바이올린 연주자와 경쟁하게 한다면 그는 바보짓을 하는 것이 될 것이다. 만약 따라잡기를 하고 있는 기업을 갑자기 세계적인 선도기업과 경쟁하게 한다면 아마 그 기업은 사라질 것이다. 기술적으로 고도화된 경제에서는 그저 다소 표준적일 수 있는 제품을－비록 비효율적으로라도－만드는 방법을 배우는 것이 힘에 벅찬 과업인 경우가 종종 있다. 거기에 경쟁 효율성까지 요구하는 것은 바이올린 연주자에게 몇 번의 속성훈련 뒤에 100미터를 약 10초에 달리라고 요구하는 것과 비슷하다.

학습 가능성을 보호하는 것은 실제 유치산업 논리를 떠받치는 첫 번째 기본적인 기둥이다.

다시 말하지만, 인센티브 측면에서 시장신호는 그냥 내버려 두면 충분하지 않은 경우가 종종 있다. 실제로 시장신호는 일반적으로 상당한 *비교열위*가 있고 따라서 현재 수익성을 나타내는 산업에서 기술역량 축적을 *저해*discourage하는 경우가 흔하다. 또한 금융시장은 학습과 관련한 불확실하지만 잠재적 미래 가능성을 현재의 투자 의사결정으로 변환하는 도구가 될 수는 있다 하더라도 미흡한 도구라는 점에 주목하라(스티글리츠 1994; 스티글리츠와 그린월드 2014를 참고). 그러므로, 역사적 증거를 보면 학습과 관련하여 평균적인 산업 수입관세가 따라잡기 산업화 직전에는 상대적으로 낮았다가, 따라잡기 국면에서는 급격히 상승하며, 산업화가 성숙한 이후에는 하락하게 되는 견고한 이유들이 존재한다. 실제로, 따라잡기 국면이야말로 (국제) 시장신호를 왜곡해야 할 필요성이 더욱 분명한 시기이며, 이는 아직 어리며young 여전히 상대적으로 취약fragile하고 학습 과정에 있는 유치산업·기업infants이 있기 때문이다. 따라잡기 국면 이전에는 유치산업·기업이라고 할 만한 것이 없으되, 따라잡기 국면 이후에는 그들 스스로 거친 국제의 바다로 헤엄쳐 나갈 수 있는 성숙산업·기업adults이 존재한다.

  수십년 전에, "제너럴 모터스General Motors에 좋은 것은 미국에도 좋다"는 오래된 격언이 있었다. 이를 뒤집어 말하면, 경제발전정책 관련 휴리스틱은 "토요타, 소니, 삼성, 레노보에게 '좋은' 것(이들 기업이 성장할 수 있고 미래 수익성을 확보하는데 도움이 되는 것)을 해 주어 일본, 한국, 중국에 좋은 일이 되도록 하자"라는 것이 된다. 그러나, 이렇게 하는 것은 단지 신호왜곡만을 수반하는 것이 아니다. 많은 중남미의 경험이 보여준 바와 같이 이것만으로는 결코 충분하지 않다. 부분적으로 보아 이는 많은 형태의 보호는 학습 *가능성*possibility of learning을 수반하는 것으로서, 칸Khan과 블랑켄부르크Blankenburg(2009)가 말하듯 잠재적 학습자가 비효율적이거나 게으른 것과는 상관없이(이에 관해 아래에서 추가로 설명한다) 단지 독점지대를 활용코자 하는 단순 유인과 구분되는 것으로서의 혁신 *강제*compulsion to innovate를 수반하는 것은 아니라는 점과 관련이 있다. 이는 또 부분적으로 '역량 축적의 조건conditions of capabilities accumulation' 및 '관련주체의 성격characteristics of the actors involved' 과도 관련이 있다.

  결국 최선의 의도와 인센티브 아래에서도 바이올린 연주자는 단지 어느 한 팀 안에서 축구기술을 학습하고 발전시키는 것에만도 시간이 걸릴 것이다. 그리고 대부분의 경우 팀이라는 것은 단순한 개개인들의 조직sheer self-organization은 아닐 것이며, 이는 생산이 일반적으로 그러하듯이 상대적으로 복잡한 제품과 관련되어 있을 때 특히 그러하다. 동시에 바이올린 연주자는 인센티브 구조와 무관하게 축구 경기를 할 최선의 후보자가 아닐 수 있다. 은유적이고 또 그리고 "데 소토 추론 De Soto conjecture"[8]과는 대비되지만, 산업화는 단순히 재산권을 부여하는 것이나 그리고 법적 실체legal entities로서 기업을 설립하는 것과는 거의 관계가 없을 수 있다(홉데이Hobday와 페리니Perini 2009를 참고). 물론, (중국과 같은 사례가 재산권 보호가 미흡하고 법률의 지배가 불투명한 체제 하에서도 빠른 이륙이 가능함을 보여준다고 할지라도) 법적인 환경legal context이 중요하며 도움이 되는 조건conductive conditions일 수는 있다. 그러나 이것만으로는 결코 충분하지 않다. 사실, 주로 제도적 및 인센티브 관련 세력forces으로 인해 시차lag는 있지만, 활용되기만을 기다리고 있는 기술지식의 원천이 전 세계적으로 풍부하게 존재한다고 생각하는 것은 매우 잘못된 것이다. 사실, '국제적인 지식 프런티어가 명시적으로notionally 제공하는 기술지식'을 기업가가 활용할 수 있는 기회와는 상관없이, 근본적인 격차라는 것은 정확하게는 이를 탐색·활용하는 역량의 부족과 관련된 것이다. 이는 발전에 있어서는 결정적인 애로요인이다. 그러한 격차는 발전의 초기단계 개발도상국의 방문자가 (IMF가 숙박료를 지불한 호텔을 걸어 나올 때마다) 인지하는 보다 단순한 역량(인터넷 접속이나 신용카드 처리와 같은 아주 기본적인 것)에도 적용되고, 유정 굴착(또는 초기에는 기존 유정이 잘 운영되도록 유지하는 것)과 같은 기업수준의 역량에도, 그것도 더욱 잘 적용되는 것이다. (마쫄레니Mazzoleni와 넬슨 2009에서 뿐 아니라) 위에서 논한 바와 같이 "수평적horizontal"교육·훈련정책이 공공기관이 기업에 대해 기술지원을 하는 활동과 함께 역량 향상에 도움이 될 수 있다. 그러나 그러한 것조차도 충분하지는 않은 것 같다. 사실 정책이란 때때로는 몇 개의 기업 경제주체 그 자체의 속성nature, 내부 구조internal structure 및 전략strategies과 관련하여 드러내 놓고explicitly 손을 더럽히지 않을 수 없는 것이다.

    기술적·조직적으로 유능한 기업이 새로이 출현하도록 육성하거나 경우에 따라서는 이러한 기업들을 명시적으로 구축하는 것 모두 실제로 유치산업 육성에서의 근본적인 과업들이다.

---

8) 에르난도 데 소토Hernando De Soto는 1983년 페루에서 소규모 의류사업 창업 관련 인허가에 소요되는 기간을 조사하였으며, 데 소토 추론은 이와 같은 것의 측정·보고가 정부의 효율성을 개선하도록 하는 압력을 만들어낸다는 것이다.

말할 필요도 없지만, 성숙한 기술적 역량과 이를 변화시키는 역동적 역량(티스Teece, 피사노Pisano와 슈엔Shuen 1997을 참고)이 어떤 한 국가에 존재하거나 존재하지 않는 것은 이진적 변수binary variable는 아니다. 그러나 그 분포는 매우 불균등하다. 그래서 거의 어떠한 것도 보여줄 수 없는 국가도 수십 개 열거할 수 있다. 그 외 다른 어떤 국가들은 역동성이 부족한 기업들이 많은 가운데서도 몇몇 기술적으로 진보적인 조직들이 있음을 보여준다. 사실, 가장 발전한 나라도 많은 기업 가운데에서 단지 일부만이 기술적으로 역동적인 조직들이다. (이 모두는 전통적으로 고기술high-technology 또는 저기술low-technology로 정의되는 부문 모두에 적용됨을 주목하라.) 어떤 의미에서 산업화란 "진보적progressive" 기업과 "후진적backward" 기업 사이의 분포를 변화시키는 특질과 관련된 것이다. 어떻게 정책이 그러한 역학dynamic에 영향을 미치는가? 달먼Dahlman(2009)이 중국과 인도에 관해 보고한 바 있으나, 역사적으로 얻는 교훈은 이들 두 나라의 사례를 훨씬 넘어서는 것이다. 정책들은 다음의 사항들을 수반한 것으로 나타난다.

1. 국가 소유State ownership
2. 선별적 신용할당Selective credit allocation
3. 선별적 산업에 대한 세금혜택Favorable tax treatment to selective industries
4. 외국인투자자에 대한 제한Restrictions on foreign investment
5. 현지화 요구Local context requirements
6. 특별한 지적재산권 체제Special IPR regimes
7. 정부 조달Government procurement
8. 국내 대기업 육성Promotion of large domestic firms

요약하면, 이는 시장신봉자들이 회피할 주요 죄capital sins를 열거한 전체 목록인 셈이다!

여기에는 다시 널리 퍼진, 그러나 버려야 할 오해로서 "승자 고르기picking the winner" 또는 "국가 챔피언national champion" 등의 오류를 제목으로 하는 것들이 있다. 그렇다면 왜 정부는 국가적 과점기업들 또는 독점기업들을 우선적으로 육성하여야 하는가? 그리고 어떻게 정부는 기술적으로 우수하거나 열위인 기업을 선별하는 데 있어서 시장보다 더 "유능"한가?

　　선별적 산업정책이 의도하지 않은 또는 의도에 반하기까지 하는 결과들은 확실히 존재한다. 물론, 일반적으로 순수한 친시장 옹호자는 시장실패 주장에 대응하여 제시하는 정부실패의 전형적인 유형으로 OECD 국가의 사례 가운데 유럽에서의 컴퓨터 지원 프로그램과 콩코드 프로젝트를 인용한다. 저자를 포함하여 공적인 보이는 손public visible hand의 긍정적인 역할에 보다 더 공감하는 경제학자들은 좋은 반대 사례로서 다른 여러가지 중에서도 유럽의 에어버스Airbus 또는 ST마이크로일렉트로닉스ST Microelectronics와 브라질의 페트로브라스Petrobras와 엠브라에르Embraer 등을 어렵지 않게 제시할 수 있을 것이다.9) 그러나, 우리의 논점은 이를 훨씬 뛰어 넘는다. 승자 선별론picking-the-winner 사고는 기본적으로 시장에는 많은 경쟁자들이 있으며, 그런데 정부는 그 선별에 있어서 시장보다 더 잘 안다는 오만함을 갖고 있다는 입증되지 않은 믿음에 기초한다. 이는 선진국의 현실과 크게 다른 경우가 많으며, 따라잡기 국가에서는 더욱 그러하다. 미국 정부가 모든 종류의 "공정거래fair trade"상 문제를 가로질러 보잉을 지원하고 유럽연합은 EADS/Airbus10)로 대응할 때, 정부가 경쟁이 자체적으로 작동되도록 하는 대신 수많은 후보 가운데 정치적으로 정해진 승자를 선택하는 것을 보면 "시장의 보이지 않는 손"에 맡기고 뒷짐이나 지는 식의 정부는 없는 것 같다. 그 대신 우리는 "공적인 손public hand"이 아주 뚜렷이 보이는visible 기업의 손 — 자신들이 소재한 국가의 장기적 이해와 부합하거나 또는 부합하지 않을 수 있는 능력 및 전략적 지향을 스스로 지닌 단일 혹은 극소수 구성원으로 대표됨 — 을 잡고, 비틀며, 협조하는 것을 관찰할 수 있다. 이는, 개발도상국 정부가 궁극적으로 매우 배타적인 이 '클럽'에 합류할 단일 혹은 극소수 후보기업을 탄생시키고 성장시키고자 하는 과업에 마주치는 경우에는 *훨씬 더 그렇다*.

　　그리고 사실, 소국인 싱가포르와 같은 예외가 있을 수는 있지만, 모든 성공적인 산업화의 사례에서 학습 및 따라잡기의 주요 수단major vehicles은 — 때로는 단독으로 때로는 외국 다국적기업foreign multinational corporations(MNCs)과 합작기업으

---

9) ST마이크로일렉트로닉스는 스위스의 전자부품 및 반도체 제조 회사이며, 페트로브라스는 브라질 국영 석유회사, 엠브라에르는 브라질의 항공기 제조 회사이다.
10) EADS(European Aeronautic Defence and Space)는 2000년 설립된 범유럽 항공·방위산업체이며, 에어버스는 1970년 설립되었으며 EADS 설립 이후 EADS의 자회사였다. 2014년 EADS는 에어버스 그룹으로 이름을 바꾸었다.

로-국내기업이었으며, 다국적기업 그 자체인 경우는 거의 없었다. 이는 독일과 미국의 산업화에서부터-국내기업의 발전을 촉진하는 것과 외국 다국적기업으로부터 가능한 많은 기술지식을 짜내려고 하는 두 갈래 전략에 아마도 가장 가까운 사례인-현재의 중국에 이르기까지 모두 해당된다.

우리가 제안해 왔던 유치산업 육성 정책수단들의 앙상블은 산업화 역사 전반에 걸쳐 경제발전정책의 주요 요소였으며 이는 오늘날에도 여전히 그러하다. 역사적으로 유치 단계의 학습자infant learners는 국내시장과 국제시장에서 보호와 도움을 받아야 했으며, 본질적으로는 이들이 효율성과 혁신성이 높은 선진국 기업과 상호작용하는 과정에서 보호와 도움을 받아야 했다. 이는 오늘날에도 또한 대체로 마찬가지이다. 그러나, 카스트로Castro(2009)가 주장한 바와 같이, 오늘날 "중국 중심Sino-centric" 세계의 독특한 특징은 많은 따라잡기 국가들이 이른바 두 개의 불two fires 사이에 사로잡혀 있다는 것이다: 선진 세계는 여전히 그들에 앞서 있으나, 동시에 중국이 '보다 전통적인 생산'과 '최신 기술패러다임에 기초한 활동' 모두에 있어서 전반적으로 절대열위를 빠르게 축소하고 있다. 이는 (급속한 상승이 이루어지기는 했지만) 임금 측면의 따라잡기보다 더 빠른 속도로 이루어지고 있다. 그 결과는 더 많은 재화군에 있어서의 절대비용우위absolute cost advantage로 나타났으며, 이러한 재화에는 많은 저소득·중소득 국가들의 산업생산에서 과거에 핵심적이었거나 현재 핵심적인 재화들이 포함된다. 이러한 측면에서 중국의 산업화 수준과 속도는 많은 다른 국가의 산업화 잠재력potential에 대한 일종의 구축효과crowding-out effect를 발휘할 위험이 있다. 그래서 예를 들면-기술역량 측면에서 산업화 국가 중 상위에 속하는 국가인-브라질의 경우 중국에 비해 임금이 매우 높은 것으로 나타나지만, 이보다 덜 발전한 다른 중남미 국가들도 그렇고, 심지어 아프리카 국가들도 중국에 대한 비용 기반 국제(그리고 국내)경쟁력을 상실하고 있다. 그렇다면, 이것이 유치산업 육성에 대한 철학을 포기해야 하는 이유가 될까? 우리의 견해는 그렇지 않다는 것이다. 그와 반대로 이는 앞에서 언급한 다양한 조합이라는 정책적인 큰 죄capital policy sins를 실행하는 것을 촉구하는 추가적인 이유가 된다. 아울러, 새로이 부상하는 자국산업이 선진국 생산과 중국 수출 사이의 국제 각축장에서 압박을 당하는 상황에서도 보다 명시적으로 국내나 그 지역 시장을 그 산업을 육성하는 장소로 사용하는 방향으로 움직여야 한다.

새로운 국제무역 체제 아래에서의 유치산업

현재의 국제경제 관계 조직, 즉 세계무역기구(WTO)와 무역 관련 지적재산권Trade-Related Aspects of Intellectual Property Rights(TRIPS) 협정(이에 대해서는 아래에서 자세히 살펴본다)에 따른 규제체제에는 새로운 중요한 사항이 있다. 역사적으로 유례가 없는 이 체제에서는 실제로, 과거의 산업화 물결에서는 명시적으로 모든 따라잡기 국가들이 많은 종류의 쿼터, 관세 및 다른 형태의 비관세장벽을 활용할 수 있었던 것과 달리 개발도상국이 무역정책에서 누릴 수 있는 자유도가 크게 줄어들었다. 일례로, 개발도상국의 평균 산업관세율은 1980년대 초 약 35%에서 2000년대 초 12%로 하락하였다(이에 비해, 선진국의 경우 약 8%에서 4%로 낮아졌다: *공산품의 경우 그러하며 농산물은 이와는 아주 다른 문제이다*)는 것에 주목하라. 아울러, 기업과 산업에 대한 보조금과 그리고 다른 선별적 형태의 지원 측면에서 허용될 수 있는 것들에 대한 제약이 강화되었다. 이를 위반하는 WTO 회원국은 상계관세, 그리고 다른 보복조치들에 의해 타격받을 수 있다. 결국, — 적어도 미국의 독립선언 시기부터 중국과 인도의 국내 기술역량 발전에 이르기까지 계속되며 일반적 관행common practice이었던—아주 많은 산업정책 수단들이 새로운 국제무역 체제에서는 불법적이게 되었다. 그리고 이러한 상황은 새로운 플레이어—새로운 기업, 새로운 부문, 새로운 신흥경제—가 기존 산업에 진입하는 것을 더욱 어렵게 만든다.

그렇다면 이 상황에서 할 수 있는 것은 무엇인가? *아주 많은 것들은 현행 협정 안에서도 할 수 있는데*, 이는 협정문에는 여러 '허점들'과 선진국 협상가들이 일반적으로 그들의 특별한 이해를 위해 집어넣은 '예외조항들'—이러한 것은 불명확하게 정의된 반덤핑 조치에서부터 국가 안보적 고려사항에 이르기까지 다양하다—이 있기 때문이다. 선진국(*사실, 흔히 주로 미국, 유럽연합 및 일본의 특별한 산업 업계 자신을 대변하는 기관*)은 이런 조항을 재빠르게 활용해 왔다. 반면, 개발도상국들은 거의 그렇지 않았는데, 이는 자금력, 정치적 타격, 변호사의 논박 및 위협 능력에서 강대국에 압도되기 때문이다. 업무상 실용적으로 쓰일 수 있는 이러한 기회에 대해 무지한 것은 적어도 마찬가지로 일반적인 상황이며, —굳이 풍자만화처럼 같이 표현하자면—모든 문제는 무역자유화가 충분히 이루어지지 않은데서 생긴다고 진심으로 믿는 시카고학파의 경제장관들과, 무역의 이익에 관한 헥셔-올린-새뮤얼슨Heckscher-Ohlin-Samuelson 정리가 그 주제에 있어서의 마지막 단어라고 배운 통상부처의 심의관들이 확실히 이러한 상황을 강화시킨 셈이다. 이러한 측면에서 우리는 (어떤 이는 냉소적이라고 하겠지만) 따라잡기를 하고 있는 국가가 예를 들어 WTO에 있는 미국 대표부가 현재 실행하고 있는 것만큼 실용주의를 행할 수 있다면, 현재의 규칙 아래에서도 자유도를 크게 회복할 수 있을 것이라고 생각한다. 이러한 점에서, BRICS 국가(브라질, 러시아, 인도, 중국 및 남아프리카공화국)들이 매우 중요한 역할을 할 수 있다. 이들 국가는 경제와 정치체제에 있어서 큰 차이가 있음에도 불구하고 큰 경제규모와 모방할 수 있는(심지어 러시아의 사례와 같이 새로운 기술적 패러다임에서 선도할 수 있는) 기술적 역량과 함께 협상기술도 갖고 있다. (불행히 아주 드문 경우지만) 한 BRICS 국가가 협상카드를 테이블에 올린 적이 있는데 놀라운 성공이었다. 브라질이 세계적 대형 제약사와 레트로바이러스 치료약의 생산·배급 조건에 대해 협상한 사례를 되돌아 보라. 실제로 이는 연구와 개선을 통해 더 자주 반복되어야 할 사례이다.

어떠한 댓가를 치르더라도 피해야 하는 또 다른 것들이 있다. 이 중에서도 양자협정bilateral agreements은 피하라.

요약하여 말하면, 양자협정은 WTO 협정에 추가되는 협정이며, 지적재산권 측면에서는 'TRIPS 협정에 추가' 되는 협정으로서, 그 결과는 원래의 WTO 및 TRIPS 협상에 있는 허점loopholes, 예외exceptions 및 세이프가드safeguard 조항을 종결하는 것으로서 선진국 기업과 산업에 유리하도록 이 조항들을 동결freeze한다. 그래서, 흔히 미국과 체결되는 양자협정은 일반적으로 섬유 수출이나 그러한 류에 관련된 "우대국 조항preferred country clauses"을 제공하는데, 이러한 것들은 우리가 알기로는 일부 중요성이 있다 할지라도 크게 중요하지 않은데 왜냐하면 개발도상국의 수출에 대한 관세를 완전히 철폐해도 중국의 수출이 더 경쟁력이 있기 때문이다. 더욱 미묘한 또 다른 측면으로서는, 양자협정의 규정은 때때로 선진국인 무역상대국이 부과하는 지적재산권IPR 체제(뒤에서 이에 관해 다시 살펴본다)를 담고 있으며 WTO에서도 인정되는 다양한 면제조건waivers 아래에서 생산되는 제품을 제3국으로부터 수입하는 것을 제한할 것을 무조건으로 수용하도록 하는 내용을 담게 된다. 그래서 예를 들면 브라질 정부가 국제적으로 어떤 특정 의약품을 생산·판매할 수 있음을 알게 된 경우에도, 양자협정은 일반적으로 서명국이 그것을 사지 못하도록 하여, 그 나라가 화이자Pfizer, 글락소Glaxo 등이 제시하는 모든 조건(그리고 가격!)을 받아들이도록 강제한다. 단기적으로는, 이를테면 콜롬비아, 모로코 또는 요르단의 재무·통상부 장관들 - 이들은 미국과 양자 통상조약을 체결한 국가들이다 - 로서는 이 이슈를 무시하는 것이 아주 합리적인 것 같아 보인다. 이들 국가의 어떠한 기업도 가까운 장래에 예를 들면 레트로바이러스 치료약을 생산할 수 없을 것이지만, 동시에 그러한 협상은 산업화를 하고 있는 국가들 전반의 따라잡기에 대한 장애obstacles들을 증가시킨다. 당연히 서명국이 양자협정으로 혜택을 볼 수 있는 분야가 있어도 중국이 더 좋고 싸게 생산할 것이기 때문에 양자협정으로 서명국이 얻는 것은 거의 없으며, 중국은 이미 따라잡기를 시도하고 있는 개발도상국에 대한 추가적인 제약요소들과 함께 개발도상국의 기술적인 학습의 가능성을 막는 많은 장애물들을 설치한다.

현재의 국제무역 제도 및 규칙에는 여전히 그다지 활용되고 있지는 않지만 의도하지 않게 제공하는 자유도는 상당한 반면, 그 구속력은 아직도 너무 엄격한 것 같다. 달먼(2009)이 언급한 것와 같이, "중국과 인도가 초기부터 자유화했더라면, 이들 국가가 지금과 같이 강한 경제적 열강이 되지 않았을 것으로 보인다. 대체로 두 국가의 몇몇 강점은 자유화하기 이전에 강한 역량을 발전시켰다는 것이다." 이 점은 물론 이제 역량축적 과정을 시작하고 있는 국가들에게도 적용된다. 하지만, 결론은 어떤 형태로든 무역 재협상이 필요하게 될 것이라는 점이다. 예를 들어, 다자간 협정의 대상이 '개별적이거나 특정 제품 또는 부문에 적용되는 관세율'이 아니라 '평균산업관세율'인 체제로 전환시키는 것이 합리적이다.

그러한 시스템은 현재의 관세 양허tariff commitments 구조보다 단순하면서도 또한 국가들이 선별적인 부문별 전략을 위한 자유도를 유지하면서 전반적인 평균 상한을 따를 수 있을 것이므로, 다자간 규율을 정책 유연성과 조화시킬 수 있을 것이다. 실제로는 이는, 어느 한 나라가 어떤 제품들에 대한 관세율을 올리기 위해서는 다른 제품들에 대한 관세율을 낮춰야 하므로, 관세율 인상과 인하의 균형을 맞추는 효과를 가질 것이다. 이는 정부가 관세율을 일시적 수단으로 보고, 이러한 수단이 의도한 목적 즉, '유치산업이 성숙하게 발전하여 선진국 산업을 따라잡을 때까지 숨 쉴 공간을 제공하는 것'을 확실하게 효과적으로 도울 수 있도록 노력을 집중하게 할 것이다.

더 나아가서는, 그러한 논리에 의거하여 평균 상한ceiling 그 자체는 기술·경제발전 수준에 따라 결정되어야 하는 것으로서, 따라잡기 과정이 작동될 때는 높이되, 산업화가 성숙해지면 낮출 수 있도록 해야 한다.

학습과 산업화 우호적 지대 배분 관리

위에서 논한 유치산업 육성 정책의 다른 측면은 그것이 수반하는 지대 배분의 양상과 관련이 있다. 우리는 이를테면 일시적 무역장벽을 통해 학습기회를 제공하는 것은, 단순히 그 보호에 따라 발생하는 지대를 활용할 뿐, 그 자체로서는 학습할 인센티브를 의미하는 것이 아님을 이미 강조한 바 있다. 칸과 블랑켄부르크(2009)의 개관처럼 성공적인 산업화 정책은, 학습과 기술적 역량 및 생산능력의 축적을 *강제*하는 지대관리 전략이 있을 때에만 이루어졌다. 그러한 전략에는 세 가지 면이 있다.

첫째, "당근" 측면에서 볼 때 정책은 자원을 발전지향적인progressive 주체에게 이전할 수 있어야 한다: 가능한 수단으로는 재정정책, 보조금subsidies, 우대대출, 무상지원grants[11] 등이 있다. 사실, 재정정책은 수출세, 최종 상품가격에 연계된 로열티, 환경오염 방지를 위한 벌금·세금 등의 형태로, 천연자원 교역조건의 (경기순환적인 또는 그보다 더한 추세적인) 개선으로 이득을 보는 산업으로부터 자원을 이전시키는데 특히 중요하다. 더욱이, 산업화에 친화적인 금융기관의 설립은 매우 중요하다. 몇몇 역사적 사례에서는, 이는 한국의 재벌처럼 대규모 민간 기업집단의 자금조달 전략을 친경제발전적인 방식으로 조정하는 것을 의미하였다. 다른 역사적 사례에서는, 이는 또 브라질의 브라질개발은행BNDES과 같은 국영 개발은행이 관련되기도 한다. 이와는 반대로, 산업 친화적인 금융중개가 없는 것은 대부분의 중남미 국가들이 최근 수십년에 걸쳐 경험한 것처럼 학습 및 투자 모두에 있어서 주요한 애로요인이다.

둘째, "채찍" 측면에서 보면, 정부는 너무 길면 안되지만 적당한 기간 동안

---

11) grant는 subsidy와 어감이 비슷하나, grant는 주로 학교를 비롯한 연구기관과 학생 등에 대한 상환의무가 없는 지원을 이르며, subsidy는 주로 산업·기업에 대한 조세, 금융 등의 지원을 이른다.

에는 발전 관련 지대developmental rents와 관련하여 신뢰성을 필요로 한다(물론 그 기간이 얼마나 길어야 하는지는 부문, 기술의 속성, 국제적 첨단수준과의 차이, 초기의 관리자·기술자·노동자 역량 등에 달려있다). 물론, 지대를 초래하는 모든 조치를 어느 시기 이후에는 멈추고 어떤 경우에는 기술투자나 수출목표export targets를 달성하지 못한 기업과 산업에 대해 그런 조치를 철회하고 제재를 부과할 수 있는 신뢰할 만한 위임credible commitment이 결정적으로 요구된다. 이에 관한 한 가지 좋은 사례는 한국의 산업화 초기에 수출목표에 근거하여 희소한 외환을 당근과 채찍 방식으로 기업에게 배분한 것이다.

셋째, 국내의 과점기업 육성은 경쟁을 촉진하는 조치와 함께 이루어져야 한다. 한국의 경험과 그 수십년 전의 일본의 경험에서 알 수 있는 일반적 교훈으로서는, 준독점적 또는 과점적 국내 기업들은 아주 일찍부터 국제시장에서 치열하게 경쟁하도록 요구되었다는 것이다. 아울러, 어떤 경제발전 단계를 넘어서면, 반독점 정책을 유치산업 보호장치를 나태하게 활용하는 것을 방지하는 중요한 억제책으로 사용하였다.

실제, 산업에서의 학습과 관련하여 지대 배분을 관리하는 것은 산업화 전략의 가장 어렵고 가장 중요한 과제의 하나인데, 그 이유는 경제·사회 집단 사이의 소득, 부 및 정치권력의 전반적 분배와 관계되기 때문이다. 예를 들어, 개별적 정책수단이 지니는 함정을 넘어, 대부분의 중남미 국가 산업화 과정에서 더욱 근본적인 취약성 중 하나는 자원을 산업(즉, 산업기업 및 도시노동자 둘 다)으로 유도하는 힘을 지닌 친경제발전적인 사회적 연합pro-development social coalitions이 없었던 것이다. 이러한 점에서 볼 때 최근 아르헨티나 지주가 수출세에 대해 저항한 에피소드는 아주 널리 퍼져 있으며 때때로 농업, 금융 및 광업의 업계들을 하나로 묶는 반산업적 정치경제anti-industrial political economy의 또 다른 표출이다.

엄격한 지적재산권 체제는 산업화에 결코 도움이 되지 않으며 때로는 해를 끼친다

우리는 과거의 모든 성공적인 산업화 에피소드들이 *약한* 지적재산권 보호라는 조건 하에서 일어났다는 것을 이미 언급한 바 있다. (지적재산권과 경제발전 사이의 관계에 대한 전반적인 분석에 관해서는 치몰리 외 2013을 참고) 따라잡기를 하는 모든 국가들－반복하지만 한때는 미국과 독일도 포함－은 수많은 모방, 역설계reverse engineering[12] 및 단순 복제를 통하여 따라잡기를 하였다. 그러나, 이런 활동들은 재산권 보호가 강하면 금지되는 것임이 분명하다. 지적재산권이 이 목적을 달성하는데 있어 얼마나 효과를 가지는지는 기술과 부문에 따라 다르나(도시, 마렝고Marengo 및 파스꾸알리Pasquali 2006을 참고), 지적재산권이 효과를 갖는 경우 확실히 국내적인 기술학습에는 장애물이 되는 것으로 보인다. 반대로, 지적재산권 보호가 선진국frontier countries에서는 혁신을 위한 인센티브가 될 수 있어도－이는 실제로 아주 논쟁적이며 견고한 증거로 뒷받침되지 않는 주장이다(관련 논의에 관해 치몰리 외 2013과 도시, 마렝고 및 파스꾸알리 2006을 참고)－추격국가 내에서는 혁신활동 촉진에 어떠한 긍정적인 효과도 지닌다는 증거가 없다. 확실히, 산업화에 성공한 사람들은 어떤 시점에서는 혁신과 특허 작업을 시작하지만, 일반적으로는－오늘날뿐 아니라 1세기 이전에도－가장 강한 경쟁자가 있을 것 같은 선진국에 특허를 출원한다. 이와 동시에, 국내 지적재산권 체제는 약한 것이 특징이었다. 그러나 이런 상황은 최근 기본적으로 가장 엄격한 선진국의 지적재산권 규칙을 개발도상국을 포함한 모든 서명국으로 확대시킨 TRIPS 협정에 따라 변하였으며, 이미 앞서 언급한 양자협정들에 의해 더욱 악화되었다. 더욱이, TRIPS는 제품과 기술에 따라 보호체제를 다르게 할 수 있는 여지를 없애 버렸다. 예를 들어, 심지어 이탈리아와 스위스 같은 나라들조차 1980년대까지 의약품(실제로 특허가 매우 효과적인 전유가능성appropriability 장치인 분야)에 대해 지적재산권 보호를 제공하지 않았다! 하지만 이는 새로운 TRIPS 규칙 아래에서는 더 이상 가능하지 않다. 결국, 선진세계의 다국적기업들이 지적재산권 강제에 있어 전례 없이 공격적이라는 점을 사람들이 목도하고 있으며, 이는 제3세계 환자에게 사용되는 레트로바이러스 치료약의 사례와 같이 이익이 별로 없고 도덕적 분노가 높은 경우에도 그렇다.

그러면, 따라잡기 국가가 할 수 있는 것은 무엇인가?

원칙적으로 가장 첫 번째의 그리고 가장 쉬운 것은 "지적재산권이 혁신에 좋

---

[12] 다른 회사의 상품을 분해하여 그 생산방법을 알아낸 뒤 복제하는 것을 말한다.

으며, 따라서 경제발전에 좋다"는 이야기에 대해 *잘 알되* 절대로 받아들이지 않는 것이다. 그런 이야기와는 반대로 많은 기술분야에서 지적재산권은 혁신과 기술적인 따라잡기 모두와 대개는 무관하다. *의약품* 같은 분야에서는, 따라잡기 국가의 경우 지적재산권은 모방과 역량 구축에 명백하게 해롭다(선진국에서는 혁신율 rates of innovation에 대한 효과도 분명하지 않음). 이러한 인식에 따른 한 가지 결론은, 제도적 역량을 구축하는 한편, 협상 및 분쟁해결을 이끌어 나갈 어떤 분명한 기술획득 전략을 수립하려는 노력이 더욱 더 필요하다는 것이다.

둘째, 그리고 앞서와 연관된 것이지만, TRIPS 협정은 강제실시권compulsory licensing[13] 관련 등에서처럼 일련의 허점, 세이프가드 조항 및 예외규정을 포함하고 있으며, 지금도 따라잡기 국가들은 이를 활용하는 방법을 배워야 한다.

셋째, 따라잡기 국가 가운데 가장 발전한 국가들은 상대적으로 덜 발전한 국가들에 대해, 일반적으로 TRIPS보다 더욱 더 엄격한 지적재산권 규정을 포함하고 있는 미국(그리고 유럽연합)과의 양자협정의 실행가능한 대안이 될 수 있는 '지역협정'을 제안하는데 노력하여야 한다.

넷째, 이 경우, 이미 논한 바 있는 재화 교역에서와 같이 새로운 다자협상의 움직임은 다음 사항들을 지향할 필요가 있는 것이다.

1. 지적재산권이 포괄하는 범위와 너비를 축소하는 것
2. 과학적 지식부터 데이터 알고리즘까지, *특허의 예외*unpatentability 영역을 확대하는 것
3. 지적재산권 보호의 정도를 각국의 상대적 경제·기술발전 수준에 따라 결정하는 것

결국, 현재의 국제 지적재산권 체제는 대개 선진국 기업들 중 적은 규모의 *일부*small subset—기본적으로 대형 제약사와 바이오기술, 마이크로소프트, 할리우드 등—의 특별한 전유가능성과 관련한 이해appropriability interest에 부응한 것이다. 위에서 언급한 방향으로의 개혁은 전반적인 혁신율을 저해하지 않으면서 따라잡

---

[13] 지적재산권자의 허락 없이 강제로 특허를 사용할 수 있도록 하는 특허의 배타적 권리에 대한 제약의 일종이다.

기 국가에게 이득이 되고 제1세계the first-world의 소비자에게도 이득이 될 것이다.

천연자원의 저주를 피하라

천연자원-광물에서부터 탄화수소체hydrocarbons14), 농지·삼림지에 이르기까지-을 이용할 수 있음은 얼핏 보기에는 축복이고 경제발전의 쉬운 지름길인 것 같으며 현재와 같이 교역조건이 상승하는 경우에는 특히 그렇다. 사실 천연자원은 장기적으로는 저주가 될 수 있다. 천연자원 수출은 "네덜란드 병Dutch disease"15)을 유발할 수 있다. 약 40년 전에 가스를 수출하던 네덜란드에서 환율 평가절상으로 인해 제조업의 국제경쟁력이 약화되면서 제조업을 "구축crowding out"하는 것이 관찰되었다. 공업이 기술학습의 핵심인 한, 이런 현상은 또 미래의 학습잠재력도 약화시킨다. 천연자원 생산 활동들은 일반적으로 자본집약적이고 숙련노동의 필요성이 작다. 이들은 소득분배의 양극화를 부추긴다. 탐사·채굴 권리에 관련된 막대한 이해관계는 관료와 정치인 사이에 부패가 일어나기 쉽게 한다. 그리고 이러한 문제는 민영화-일반적으로 외국 광업기업에게 유리한 강탈적인 조건으로 이루어지고 몇몇 부패한 공무원이 배타적인 국내적 이득을 얻는다-에 의해 더욱 심해졌다. 물론, 근대 역사에서 자원이 풍부함은 때때로 성장을 촉진하였으며 가장 두드러진 사례는 19세기 미국의 경우이다. 그러나 이는 분명히 자원집약적 *산업화* 과정을 통해서 일어난 것이다(라이트Wright 1997). 그런 산업화가 없으면 자원이 풍부하다는 것은 얼마 동안만, 특히 교역조건이 개선되고 생산성이 상승하는 경우에만 성장을 지속시킬 수 있다. 그러나 장기적으로는 자원활용 부문의 전반적 고용 규모가 작은 것, 소득불균등에 대처하지 못하는 것, 그리고 전반적인 학습노력이 부족한 것이 천연자원 수출로부터 생기는 경제적 이득을 잠식하는 경향이 있다. 사실, 자원의 저주를 피하기 위해서는 지대가 의도적으로 비교우위와 반대 방향으로 배분되어야 하며, 이로써 지식집약적 산업들로의 생산 다각화가 촉진되도록 하여야 한다.

---

14) 석유, 석탄 등 탄소와 수소로 이루어진 것들이다.
15) 천연자원의 발견 및 수출이 제조업 등 다른 산업에 미치는 부정적 영향을 이른다. 천연자원 부문은 호황을 누리지만 통화가치 상승으로 제조업 등 다른 부문의 국제경쟁력이 약화된다.

거시경제정책과 산업정책 사이의 필수적 일관성

지난 20여년 동안의 중남미 경험을 살펴보는 치몰리, 도시 및 스티글리츠 (2009a)의 몇 개의 장에서 폭넓게 논하듯이, 대부분의 학습노력을 그리고 이와 관련된 학습역량을 지닌 대부분의 기업들을 함께 죽이는 거시경제정책들이 존재한다. 갑작스럽고 무차별적인 무역장벽 폐지가 쉽사리 그럴 수 있으며, 평가절상 이후 갑작스레 평가절하가 뒤따르는 악순환이 특징인 무모한 환율관리 방치reckless nonmanagement of exchange rates가 함께 나타나는 경우 특히 그렇다. 그리고 그러한 악순환은 자본이동, 특히 단기 자본이동에 대한 통제를 활용하지 않고 완고하게 거부함으로써 증폭되기도 하였다. "시장의 마법magic of the marketplace"에 대한 맹목적 믿음과 이와 관련된 재정정책 및 수요관리 부족은 경제성장률의 변동성을 증대시킨다. 또한 경제의 높은 변동성은 많은 개발도상국 기업들의 특징인 재무적 취약성과 함께 기업 도산 파동을 야기하고 이에 따라 기술축적 역량을 사라지게 한다. 그리고 살아남은 기업도 더욱 단기적인 행태를 보이게 되고, 경제는 장기 학습기회보다는 금융적 신호에 반응하기 쉽다(자세한 내용은 오캄포와 테일러Taylor 1998; 스티글리츠 외 2006을 참고). 중남미 국가를 한국 또는 말레이시아와 비교한 연구들을 보면 (예를 들어 한국에서의) 심각한 금융위기 아래에서도 보다 개입주의적이고 케인즈주의적인 거시정책과 지속적인 산업 확장 간 선순환적 피드백과 이에 대비되어 (중남미에서의) 정통적 처방orthodox recipes에 의한 거시정책 충격과 미시적 동적작용 간에 일어나는 악순환적 피드백이 지니는 중요성을 이야기하고 있다.

새로운 경제발전 조약 : 참신한 국제적 "컨센서스"를 상상하는 용기

대침체Great Recession[16] 이전에도 이른바 워싱턴 컨센서스의 신뢰성은 사라져 가고 있었으며, 그러한 극단적인 경제적 교리economic orthodoxy를 거의 종교적으로 실행하여 생긴 피해는 더욱 더 분명해졌다. 반정책antipolicy 컨센서스의 시대는 끝

---
16) 2008년 미국 금융위기 이후의 경기침체를 이른다. 한편, 1929년에 시작된 경제공황은 대공황Great Depression이라고 한다.

났으며, 경제적 실패와 대규모 사회적 붕괴에 의해 땅속에 묻혀졌다. 이 장에서는 그 실패한 컨센서스에 대한 수정을 제안하기보다는－기술적·조직적 지식의 축적을 위한 조건과, 그러한 지식 축적을 지속시키거나 방해하는 정치경제적 요소에 초점을 맞춘－발전의 장애물obstacles과 동인drivers에 대한 새로운 진단의 기초를 놓고자 한다. 현행의 경제발전 분석들은 기술이 단지 전 세계 모든 국가와 모든 경제주체가 원칙적으로 자유롭게 사용할 수 있는 정보라고 가정하는, 매우 단순화되고 실제로는 오도하는 경제모형에 너무 많이 의지해 왔다. 반대로, 생산적 지식의 속성을 조금만이라도 더 잘 이해하면 중요한 경제학 분파들이 생겨난다. 이들 분파가 중요하게 여기는 것은 생산적 지식의 국제 분포에 있어서의 엄청난 비대칭성; 그 축적의 어려움; '경제주체들이 생산하고 탐색하는 방법에 대하여 알고 있는 것'과 '그들이 그렇게 해야만 하는 인센티브 사이의 상호작용', 그리고 '이 둘을 형성함에 있어서 공공정책의 역할'이다.

이렇게 다른 각도에서 분석함으로써－가장 폭넓은 산업정책의 정의에서－풍부한 대안적 산업정책들의 메뉴를 얻는다. 그러한 많은 정책들은, 비록 만만찮은 어려움은 있지만, 대체로 워싱턴 컨센서스의 정치적 분위기 아래에서 만들어진 현재의 국제경제관계 체제에서도 실행될 수 있다. 실제 대침체로 인해 넓은 의미에서의 산업정책의 필요성이 매우 커졌으며, 이는 선진국의 경우도 마찬가지이다. 사실 공공정책은 모든 선진 경제에서 혁신을 이끄는 주요한 역할을 수행하였고 또 계속해서 수행하고 있다(널찍한 프레스코화를 그리듯 하는 마추카토Mazzucato 2013과, 이와 밀접한 관련을 가진 시각의 넬슨 1982, 1994, 2004를 참고). 이제 우리는 포괄적이고 대담한 정책 비전과 함께 결론을 맺고자 한다. 이 대안적 시각은 국제경제관계의 패턴에 대한 대안적 시각에 의해서도 영감받은 것이다.

자, 여기 *새로운 조약pact*이 있다.

첫째, 개발도상국 "편"의 입장에서 *관리된 무역managed trade*－이는 레임덕lame ducks화한 제1세계 지대 이익을 보호하기 위해 너무 오랫동안 사용된 용어이다－의 여지를 훨씬 더 키우는 조항을 마련하여 오히려 이전과는 반대로 *유치산업 육성*이 이루어지도록 하되, 기간상 제한과 투명한 조건을 둔다. 국제적 기술 상의 첨단technological frontier과 차이가 작을수록 "육성"을 허용하는 정도가 낮아야 한다. 아울러, 새로운 WTO 조약은 "반덤핑antidumping" 조치를 요구할 수 있는 조건을 훨

씬 더 엄격하게 규정하여야 한다. (현행 절차 아래에서는 징벌적 조치가 먼저 실행될 수 있는 반면, 개발도상국 기업은 최종 판결을 기다려야 하나 정당함이 인정되기 전에 도산할 가능성이 크다는 것을 주목하라.)

둘째, 모든 선진국의 농산물 무역정책이 가지는 반경제발전적 편의antidevelopment bias를 알기 위해 모두가 경제발전 친화적development-friendly 경제학자일 필요는 없다. 여기 호기심을 끄는 역설paradox이 있다. 농업은 교과서 경제학과 가장 유사한 부문이며, 많은 소규모의 가격수용적인price-taking 생산자들로 구성되어 있고 독점적 지대의 가능성은 거의 없다. 이 부문은 실제로 모든 선진국들이 어마어마하게 "시장신호를 왜곡"하는 부문이며, 어떠한 종류든 학습기회와 관련한 이득도 없는 부문이다. 오직 다수의 개발도상국 농부와 선진국 소비자가 커다란 손해를 보게 되는 '순수한 지대 이전pure rent transfer' 만이 존재한다. 새로운 무역 협상은 어느 나라 경제에도, 여하한 동태적 편익도 주지 않으면서 서아프리카의 면화 생산자, 브라질의 콩 생산자, 그리고 디트로이트와 런던의 소비자에게 크게 손해를 입히는 장치들을 해체하는 것을 담아야 한다.

셋째, 국제적 수준에서와 함께 선진국 내에서는 국내적으로도, 특허가능patentability 영역과 특허 범위의 측면에서 지적재산권 보호를 축소하고 아울러 경제발전 수준과 지적재산권 보호가 비례하도록 하는 방향으로의 지적재산권 체제의 개혁이 시급하다. 이는 프런티어 국가들과 일부 프런티어 기업들 모두에서도 점점 지지가 더 많아지는 "윈-윈win-win" 개혁으로서, 이들 국가와 기업은 현 체제는, 단지 위협이나 보복의 용도로만 준비할 뿐 그 외에는 쓸모가 없는 특허권을 비축하게 하는 단순히 특허 "군비경쟁"patent "arms races"으로 귀결될 수 있음을 우려한다. 그리고 혁신은 둔화되는 반면 소송비용은 급증한다: 사실 소송비용은 미국 산업 전체 총 연구개발 지출의 약 1/3인 것으로 추정된다.

넷째, 통제되지 않은 생산활동의 글로벌화는 노동으로부터 *제1세계* 자본으로 막대한 소득을 이전하는 강력한 수단이었다. 이를테면 북미자유무역협정NAFTA 안에서의 미국에서 멕시코로의 생산이전, 또는 OECD 국가에서 중국으로의 생산이전으로 임금비용이 훨씬 낮아지게 되었다. 이러한 변화 속에서 멕시코와 중국 노동자에게 임금으로는 상대적으로 적게 돌아가고, 월마트에서 미국이나 유럽 소비자가 가격 면에서 얻는 이득은 극히 적었으며; 대부분의 이득은 생산을 해외이전하거나 생산제품을 중개하는 기업들에게 돌아갔다. 그리고 이러한 생산지 이전에 따라 간접적 효과도 발생하는데, 이는 제1세계 근로자가 임금, 근로조건 및 연금 개선에 대해 협상하는 것, 심지어는 현상유지하는 것조차 점점 더 힘들게 하기 때문이다. 이와 대칭적으로 대부분의 개발도상국에서는 거의 "무한한unlimited 노동공급"으로 인해 현지 노동자의 협상력은 거의 0이 된다. 이에 따른 한 결과는 꾸준한 생산성 증가에도 불구하고 미국에서 임금이 적어도 15년 동안 정체되었다는 것으로서, 이같은 생산성과 임금 사이의 격차gap 확대에 따른 과실이 티후아나Tijuana[17]나 상하이의 노동자에게 돌아가지 않았다는 것은 확실하다. 새로운 조약은 이 모든 것을 고쳐야 하며, 선진국이 수입품에 대해 아동노동, 근로조건·시간, 노동조합 결성 권리, 환경 등과 관련된 기준들을 충족하도록 요구할 수 있게 하여야 한다. 무조건적인 자유무역주의자들은 이러한 조치들이 변장한 보호무역주의protectionism in disguise라고 생각할 것이 확실하다.

사실 우리의 시각에서 보면 이러한 조치들은 따라잡기 국가들과, 이들 국가의 근로자와 환경에도 유익할 것이다. 실제로, 그런 조치들은 추격국가의 지식축적과 산업화를 촉진하는 보다 더 넓은 차원의 친경제발전적pro-development인 국제적 협상을 통하여 전 세계적으로 계속 커지고 있는 소득불균등을 시정하는데 기여할 것이다.

주 석

이 장의 내용은 치몰리, 도시 및 스티글리츠(2009a) - 특히 이 책의 2장인 치몰리, 도시, 넬슨 및 스티글리츠(2009a)와 20장인 치몰리, 도시, 스티글리츠(2009b) - 와 스티글리츠와 그린월드(2014)에서 대부분 가져온 것이다.
이 책을 발간하기에까지 이른 연구는 콜럼비아 대학 정책대화 이니셔티브Intiative for Policy Dialogue(IPD), Columbia University의 장기적 지원을 받았다.
1. 이 개념에 관한 자세한 내용은 룬드발Lundvall(1992), 넬슨(1993) 및 말레르바Malerba(2002)를 보라. 또한 도시(1999)를 보라.

---

17) 태평양 연안의 미국 캘리포니아주와 인접한 멕시코의 국경도시이다.

2. 이제 선진국으로 발전한 몇몇 나라에서 정책의 역할에 관한 폭넓은 역사적 개관을 위하여 라이너트(2004)를 보라.
3. 발전과정에서 지대추구의 "잘못된perverse" 중요성에 관해 칸(2000a 및 2000b)을 참고하라.
4. 요구되는 정책수단의 조합mix 측면에서 국제적인 기술프런티어와의 격차가 지니는 결정적인 중요성에 대한 다소 유사한 결론이 "신슘페터주의neo-Schumpeterian" 성장모형에 근거하여서도 도출될 수 있다: 아기온Aghion과 호이트Howitt(2005)를 참고하라.
5. 도시, 파빗 및 소티(1990)와 치몰리(1988)에서, 이러한 명제가 상품 수준에서의 다양한 기술격차에 대해서 칼도어-썰월Thirlwall 성장동학에 기초한 모형을 토대로 주장된다. 그러나, 유사한 명제가 더욱 일반적인 가정 아래에서도 성립함을 보일 수 있다: 로드릭(2005)을 보라.
6. 같은 주장을 경제학자에게 더욱 친숙한 언어로 하면, 자원배분 효율성, 슘페터주의적 효율성 및 성장 효율성 사이의 상충관계가 일어날 가능성이 광범위한 것은, 생산·소비 가능 집합의 비볼록성nonconvexity, 동태적 수확체증 및 기술진보의 경로의존성이 일반적인 경우라는 사실로부터 발생한다. 이에 관한 문헌이 증가하고 있는데, 앳킨슨Atkinson과 스티글리츠(1969); 데이빗David(1988); 아서Arthur(1994); 도시, 파빗 및 소티(1990); 크루그먼Krugman(1996); 안토넬리Antonelli(1995); 치몰리(1988); 카스탈디와 도시(2006)의 상호보완적 주장을 보라.

참고 문헌

Aghion, P., and P. Howitt. 2005. "Appropriate Growth Policy: A Unifying Framework." The 2005 Joseph Schumpeter Lecture. European Economic Association Congress. Amsterdam, August 25, 2005.

Amsden, A. 1989. *Asia Next Giant.* Ithaca, N.Y.: Cornell University Press.

———. 2001. *The Rise of the Rest. Challenges to the West from Late-Industrializing Economies.* London: Oxford University Press.

Antonelli, C. 1995. *The Economics of Localized Technological Change and Industrial Dynamics.* Boston: Kluwer.

Arrow, K. 1962. "Economic Welfare and the Allocation of Resources for Invention." In *The Rate and Direction of Inventive Activity,* R. Nelson, ed. Princeton, N.J.: Princeton University Press.

Arthur, W. B. 1994. *Increasing Returns and Path Dependence in the Economy.* Ann Arbor, Mich.: University of Michigan Press.

Atkinson, A., and J. Stiglitz. 1969. "A New View of Technological Change." *Economic Journal* 79: 573-78.

Bell, M., and K. Pavitt. 1993. "Technological Accumulation and Industrial Growth: Contrasts between Developed and Developing Countries." *Industrial and Corporate*

Change 2: 157-210.

Castaldi, C., and G. Dosi. 2006. "The Grip of History and the Scope for Novelty: Some Results and Open Questions on Path Dependence in Economic Processes." In *Understanding Change,* ed. A. Wimmer and R. Kössler. London: Palgrave Macmillan, 99-128.

Castaldi, C., M. Cimoli, N. Correa, and G. Dosi. 2009. "Technological Learning, Policy Regimes, and Growth: The Long-Term Patterns and Some Specificities of a 'Globalized' Economy." In Cimoli, Dosi, and Stiglitz, 2009a, 39-78.

Castro, A. 2009. "The Impact of Public Policies in Brazil along the Path from Semi-Stagnation to Growth in a Sino-Centric Market," in Cimoli, Dosi, and Stiglitz, 2009a, 257-76.

Chang, H. J. 2002. *Kicking away the Ladder: Development Strategy in Historical Perspective.* London: Anthem.

Cimoli, M. 1988. "Technological Gaps and Institutional Asymmetries in a North-South Model with a Continuum of Goods." *Metroeconomica* 39: 245-74.

Cimoli, M., and N. Correa. 2005. "Trade Openness and Technological Gaps in Latin America: A 'Low Growth' Trap." In Ocampo 2005, 45-70.

Cimoli, M., and G. Dosi. 1995. "Technological Paradigms, Patterns of Learning and Development. An Introductory Roadmap." *Journal of Evolutionary Economics* 5: 243-68.

Cimoli, M., G. Dosi, and J. E. Stiglitz, eds. 2009a. *Industrial Policy and Development. The Political Economy of Capabilities Accumulation.* New York: Oxford University Press.

Cimoli, M., G. Dosi, and J. E. Stiglitz. 2009b. "The Future of Industrial Policies in the New Millennium: Toward a Knowledge-Centered Development Agenda". In Cimoli, Dosi, and Stiglitz 2009a, 541-60.

Cimoli, M., G. Dosi, K. Maskus, R. L. Okediji and J. Stiglitz, eds. 2013. *Intellectual Property Rights and Development.* London: Oxford University Press.

Cimoli, M., G. Dosi, R. R. Nelson, and J. E. Stiglitz. 2009. "Institutions and Policies Shaping Industrial Development: An Introductory Note." In Cimoli, Dosi, and Stiglitz, 2009a, 19-38.

Cornia, G. A., T. Addison, and S. Kiiski. 2005. "Income Distribution Changes and Their Impact in the Post-World War II Period." In *Inequality, Growth, and Poverty in an Era of Liberalization and Globalization,* ed. G. A. Cornia. New York: Oxford University Press, 26-55.

Dahlman, C. J. 2009. "Growth and Development in China and India: The Role of Industrial Innovation Policy in Rapid Catch-up." In Cimoli, Dosi, and Stiglitz, 2009a, 303-335.

David, P. A. 1988. "Path Dependence: Putting the Past into the Future of Economics."

Stanford University, Institute for Mathematical Studies in the Social Science, Technical Report 533.

Dosi, G. 1984. *Technical Change and Industrial Transformation.* London: Macmillan and New York: St. Martin Press.

──. 1988a. "Sources, Procedures and Microeconomic Effects of Innovation." *Journal of Economic Literature* 26(3): 1120-71.

──. 1988b. "Institutions and Markets in a Dynamic World." *The Manchester School of Economic and Social Studies* 56: 119-46.

──. 1999. "Some Notes on National Systems of Innovation and Production, and Their Implications for Economic Analysis." In *Innovation Policy in a Global Economy,* ed. D. Archibugi, J. Howells, and J. Michie. London: Cambridge University Press.

──. 2007. "Statistical Regularities in the Evolution of Industries. A Guide through Some Evidence and Challenges for the Theory." In *Perspectives on Innovation,* eds. F. Malerba and S. Brusoni. London: Cambridge University Press.

Dosi, G., C. Freeman, and S. Fabiani. 1994. "The Process of Economic Development. Introducing Some Stylized Facts and Theories on Technologies, Firms and Institutions." *Industrial and Corporate Change* 3: 1-45.

Dosi, G., L. Marengo, and C. Pasquali. 2006. "How Much Should Society Fuel the Greed of Innovators? On the Relations between Appropriability, Opportunities and Rates of Innovation." *Research Policy* 35, no. 8: 1110-21.

Dosi, G. and R.R. Nelson, 2010. "Technical Change and Industrial Dynamics as Evolutionary Processes." In *Handbook of the Economics of Innovation,* volume 1, ed. B.H. Hall and N. Rosenberg. Burlington, Vt.: Academic Press, 51-128.

Dosi, G., K. Pavitt, and L. Soete. 1990. *The Economics of Technical Change and International Trade.* London: Harvester Wheatsheaf.

Dosi, G., C. Freeman, R. Nelson, G. Silverberg, and L. Soete, eds. 1988. *Technical Change and Economic Theory.* New York: Columbia University Press.

Freeman, C. 1982. *The Economics of Industrial Innovation,* 2nd ed. London: Pinter.

──. 2004. "Technological Infrastructures and International Competitiveness." *Industrial and Corporate Change* 13, no. 3 541-69.

Freeman, C., and C. Perez. 1988. "Structural Crises of Adjustment, Business Cycles and Investment Behavior." In Dosi et al., *Technical Change and Economic Theory.* London: Pinter, 38-66.

Gerschenkron, A. 1962. *Economic Backwardness in Historical Perspective.* Cambridge, Mass.: Harvard University Press.

Greenwald, B., and J. Stiglitz. 1986. "Externalities in Economics with Imperfect Information and Incomplete Markets." *Quarterly Journal of Economics* 101: 229-64.

Hamilton, A. 1791. "Report on the Subject of Manufactures." In H. C. Syrett et al., 1966,

The Papers of Alexander Hamilton, vol. 10. New York: Columbia University Press.

Hirschman, A. O. 1958. *The Strategy of Economic Development.* New Haven, Conn.: Yale University Press.

———. 1971. *A Bias for Hope.* New Haven, Conn.: Yale University Press.

———. 1982. "Rival Interpretations of Market Society: Civilizing, Destructive, or Feeble?" *Journal of Economic Literature* 20: 1463-84.

Hobday, M., and F. Pcrini. 2009. "Latecomer Entrepreneurship: A Policy Perspective." In Cimoli, Dosi, and Stiglitz, 2009a, 470-505.

Hoff, K. 1996. "Market Failures and the Distribution of Wealth: A Perspective from the Economics of Information." *Politics and Society* 24: 411-32.

Hoff, K., and J. Stiglitz. 2001. "Modern Economic Theory and Development." In Meier and Stiglitz, 2001, 389-459.

ILO. 2004. *A Fair Globalization: Creating Opportunities for All.* Geneva: International Labor Office.

Khan, M. H. 2000a. "Rents, Efficiency and Growth." In *Rents, Rent-Seeking and Economic Development: Theory and Evidence in Asia,* eds. M. H. Khan and J. K. Sundaram. London: Cambridge University Press.

———. 2000b. "Rent-seeking as Process." In Khan, 2000a.

Khan, M. H., and S. Blankenburg. 2009. "The Political Economy of Industrial Policy in Asia and Latin America." In Cimoli, Dosi, and Stiglitz, 2009a, 336-77.

Kim, L. 1993. "National System of Industrial Innovation: Dynamics of Capability Building in Korea." In *National Innovation Systems: A Comparative Analysis,* ed. R. R. Nelson. New York: Oxford University Press.

Kim, L., and R. Nelson. 2000. *Technology, Learning, and Innovation: Experiences of Newly Industrializing Economies.* London: Cambridge University Press.

Krugman, P. R. 1996, *The Self-Organizing Economy.* Cambridge, Mass.: Blackwell.

Lall, S. 2000. *Selective Industrial and Trade Policies in Developing Countries: Theoretical and Empirical Issues.* QEH Working Paper Series, 48.

Landes, D. 1969. *The Unbound Prometheus.* London: Cambridge University Press.

List, F. 1841. *The National System of Political Economy,* trans. S. S. Lloyd. London: Longmans, Green and Co.; first published in English translation in 1885.

Lundvall, B.-Å., ed. 1992. *National Systems of Innovation: Towards a Theory of Innovation and Interactive Learning.* London: Pinter.

Malerba, F. 2002. "Sectoral Systems of Innovation and Production." *Research Policy* 31/2.

Mazzoleni, R., and R. Nelson. 2009. "The Roles of Research at Universities and Public Labs in Economic Catch-Up." In Cimoli, Dosi, and Stiglitz, 2009a, 378-408.

Mazzucato, M. 2013. *The Entrepreneurial State: Debunking Public vs. Private Sector*

Myths. London: Anthem.

Meier, G. M., and J. Stiglitz, eds. 2001. *Frontiers of Development Economics* London: Oxford University Press.

Mowery, D. C., and R. R. Nelson. 1999. *Sources of Industrial Leadership: Studies of Seven Industries.* London: Cambridge University Press.

Murphy, K. M., A. Shleifer, and R. W. Vishny. 1989. "Industrialization and the Big Push." *Journal of Political Economy* 97: 1003-26.

Nelson, R. R. 2008. "Economic Development from the Perspective of Evolutionary Economic Theory." *Oxford Development Studies* volume 36, Issue 1, 9-21

———. 1994. "The Co-evolution of Technology, Industrial Structure and Supporting Institutions." *Industrial and Corporate Change* 3: 47-64.

———. 1959. "The Simple Economics of Basic Scientific Research." *Journal of Political Economy* 67: 297-306.

Nelson, R. R., ed. 2005. *The Limits of Market Organization.* New York: Russell Sage Foundation.

———. 1993. *National Innovation Systems.* London: Oxford University Press.

———. 1982. *Government and Technical Progress.* New York: Pergamon.

Nelson, R. R., and B. Sampat. 2001. "Making Sense of Institutions as a Factor Shaping Economic Performance." *Journal of Economic Behavior & Organization* 44: 31-54.

Nurkse, R. 1953. *Problems of Capital Formation in Underdeveloped Countries.* New York: Oxford University Press.

Ocampo, J. A. 2005a. "The Quest for Dynamic Efficiency: Structural Dynamics and Economic Growth in Developing Countries." In Ocampo, 2005b, 3-44.

Ocampo, J. A., ed. 2005b. *Beyond Reforms: Structural Dynamics and Macroeconomic Vulnerability.* Stanford, Calif.: Stanford University Press.

Ocampo, J. A., and L. Taylor. 1998. "Trade Liberalization in Developing Economies: Modest Benefits but Problems with Productivity Growth, Macro Prices, and Income Distribution." *The Economic Journal* 108: 1523-46.

Polanyi, K. 1957. *The Great Transformation.* Boston: Beacon Press.

Reinert, E. S. 2007. *How Rich Countries Got Rich ... and Why Poor Countries Stay Poor.* London:Constable.

Rodrik, D. 2006. "Goodbye Washington Consensus, Hello Washington Confusion? A Review of the World Bank's Economic Growth in the 1990s: Learning from a Decade of Reform." *Journal of Economic Literature,* vol. 44, no. 4, 973-987.

———. 1997. *Has Globalization Gone Too Far?* Washington, D.C.: Institute for International Economics.

———. 1995. "Trade and Industrial Policy Reform," In *Handbook of Development Economics,* volume 3, ed. J. Behrman and T. N. Srinivasan. Amsterdam: North

Holland, 2925-82.

Rodrik, D., ed. 2003. *In Search of Prosperity: Analytic Narratives on Economic Growth.* Princeton, N.J.: Princeton University Press.

Rodrik, D., R. Hausmann, and J. Hwang. 2006. "What You Export Matters." Available at http://j.mp/1JvTrZz.

Rodrik, D., and R. Hausmann. 2006. "Doomed to Choose: Industrial Policy as Predicament." Available at http://j.mp/1MnkYCx.

———. 2005. "Growth Strategies." In *Handbook of Economic Growth,* ed. P. Aghion and S. Durlauf, 2005, 967-1014.

Rosenberg, N. 1982. *Inside the Blackbox.* London: Cambridge University Press.

———. 1976. *Perspective on Technology,* London: Cambridge University Press.

Rosenstein-Rodan, P. 1943. "Problems of Industrialization of Eastern and Southeastern Europe." *Economic Journal,* 53: 210-11.

Stiglitz, J. E. 2006. *Making Globalization Work.* New York: Norton.

———. 2002. *Globalization and its Discontents.* New York: Norton.

———. 2001. "More Instruments and Broader Goals Moving toward the Post-Washington Consensus." In *The Rebel Within,* ed. H. Chang. London: Wimbledon Publishing, 17-56. (Originally presented as the 1998 WIDER Annual Lecture, Helsinki, January 1998.)

———. 1996. "Some Lessons from the East Asian Miracle." *World Bank Research Observer* 11: 151-77.

———. 1994. *Whither Socialism?* Cambridge, Mass.: MIT Press.

Stiglitz, J. E., and B. C. Greenwald. 2014. *Creating a Learning Society: A New Approach to Growth, Development, and Social Progress.* New York: Columbia University Press.

Stiglitz, J. E., J. A. Ocampo, S. Spiegel, R. French-Davis, and D. Nayyar. 2006. *Stability with Growth. Macroeconomics, Liberalization and Development.* New York: Oxford University Press.

Teece, D., G. Pisano, and A. Shuen. 1997. "Dynamic Capabilities and Strategic Management." *Strategic Management Journal* 18-7: 509-33.

Veblen, T. 1915. *Imperial Germany and Industrial Revolution.* London: Macmillan.

Wade, R. 1990. *Governing the Market: Economic Theory and the Role of Government in East Asian Industrialization.* Princeton, N.J.: Princeton University Press.

Wright, G. 1997. "Toward a More Historical Approach to Technological Change." *The Economic Journal* 107: 1560-66.

─── 제 3 장 ───

동태적 효율성
Dynamic Efficiency

− 개발도상국에서의 구조적 동학과 경제성장 −

호세 안토니오 오캄포 José Antonio Ocampo

    경제성장에 관한 최근 수십년 간의 논쟁은 분석방법의 혁신과 풍부한 실증적 연구결과라는 유산을 남겼다. 가장 중요한 분석방법의 혁신으로는, 경제성장에 있어서 수확체증과 학습과정의 역할을 분명히 인식한 것, 고전적 발전경제학이 설명하는 아이디어(특히 외부경제external economies가 발전과정에서 수행하는 역할에 대한 것)가 부활한 것, 그리고 몇몇 브랜드의 신구조주의 및 제도 경제학뿐 아니라 신슘페터주의적neo-Schumpeterian 및 진화론적evolutionary 이론의 기여 등이 있다.1

    이 글의 대부분은 경제전체의 동학aggregate dynamics에 초점을 맞추며, 개발도상국에서 특히 전형적인 것으로서, 생산성이 높은 (근대) 부문의 기업과 생산성이 낮은 (비공식) 부문의 기업이 공존하는—이중 구조dualism 또는 구조적 이질성structural heterogeneity이라고 부르기도 하였던 현상—이질적 생산구조의 동학을 자세히 살펴보지는 않는다. 그러나 이러한 이질성은 고전적 발전경제학과 구조주의 및 신구조주의 학설에 있어 핵심적인 것이다. 다른 전통적 사고들 또한 현 시대의 논쟁에서 거의 관심을 받지 못했으며, 특히 칼도어주의적Kaldorian 전통(칼도어 1978)과 관련된 성장−생산성의 연관성과 허쉬만(1958)이 강조한 기업들 및 부문들 사이의 상호연계linkages가 그러하다.

    이 장은 개발도상국에서의 경제성장이 생산구조의 동태적 변화dynamics 및 이를 지원하기 위해 만들어진 특정 정책·제도들에 본질적으로 연계되어 있음을 논한다. 경제구조의 동태적 효율성dynamic efficiency에 주로 초점을 맞추는데, 이 효율성이란 여기에서 주장하는 바와 같이 역동적 경제성장에 핵심적인 새로운 구조적 변화의 물결을 만들어낼 수 있는 능력으로 정의된다.[2] 이 개념은 국제무역이론뿐 아니라 전통적 미시경제학의 핵심적인 논점인 정태적 효율성static efficiency과 극명하게 대비된다. 여기서 주장하는 바와 같이 동태적 효율성은 정태적 효율성의 전통적 옹호자라면 받아들일 수 없는 것으로 생각할 정도의 국가 개입을 요구할 수 있다.

　　개발도상국에서 동태적 효율성을 촉진하는 정책과 제도들은 특히 산업화된 국가들의 세계에서 발생된 혁신의 확산(새로운 생산부문의 발전과 기술의 이전)을 촉진하며, 국내 기업 및 산업들 사이의 연계를 만드는 것을 장려하고, 개발도상국의 생산부문 구조를 특징짓는 이중 구조 또는 구조적 이질성을 줄이고자 하는 정책과 제도들을 포함한다. 불안정성이 넓은 의미에서 높은 인플레이션과 지속불가능한 재정 불균형뿐 아니라 급격한 경기변동, 변동성이 큰 상대가격, 지속불가능한 경상수지 불균형, 위험한 민간부문의 재무상태 등을 포함한다고 이해하는 경우, 거시경제적 불안정성을 피하는 것 또한 필수적인 것이다(오캄포 2008). 그러나 거시경제적 안정성은 성장을 위한 충분조건은 아니다. 보다 폭넓은 제도적 환경, 그리고 적절한 교육 및 인프라의 제공은 여기서 핵심적인 *기본구조적 조건framework conditions*이라고 부르려 하는 것들이기는 하나, 일반적으로 경제성장 모멘텀에 있어서의 변화를 유발하는데 직접적인 역할을 하지는 않는다.

　　이 장에서는 오래된 그리고 새로운 경제발전·성장 문헌들이 잘 다듬어 놓은 개념들을 폭넓게 사용한다. 분석의 기초가 되는 요소들은 잘 알려져 있으나, 그것들을 종합하는 방법에 있어서는 수많은 새로운 측면들이 있다. 이 장은 본 도입부를 제외하고 네 부분으로 구성된다. 이어지는 첫 번째 부분에서는, 몇몇 방법론적 이슈methodological issues와 성장에 있어 규칙적인 것growth regularities을 살펴본다. 두 번째 부분에서는 생산구조의 동태적 변화에 초점을 맞춘다. 세 번째 부분에서는 생산과 거시경제적 동학 사이의 연계linkages에 관한 아주 단순한 모형을 제시한다. 마지막 부분에서는 정책적 함의를 도출한다.

방법론적 이슈와 정형화된 사실

시계열 및 횡단면 분석들은 성장과정을 특징짓는 몇몇 규칙성들을 찾아내 왔다. 경제성장과 함께 따라오는 국내총생산GDP과 고용구조의 변화뿐 아니라, 생산성 증가, 물적·인적 자본 축적, 경제정책, 제도, 지리geography 등의 역할은 폭넓게 조사된 변수들이다.

이 변수들 사이의 인과관계 분석은 두 가지 방법론적 이슈를 제기한다. 첫번째 이슈는 경제성장 모멘텀의 변화를 발생시키는데 있어서 직접적인 역할을 하는 변수들과, 경제성장이 일어나는데 필수적이지만 특정 시기에 그러한 변화를 결정하는데 있어서 직접적인 역할은 하지 않는 변수들을 구별해야 할 필요성과 관련이 있다. 세계 경제성장을 연구한 위대한 역사학자인 매디슨Maddison(1991, 1장)은 이러한 구별을 *유사* 인과관계proximate causality와 *본원적* 인과관계ultimate causality의 구별이라 불렀다.

제도는—물론 충분한 경제발전을 보장하기 위해 만들어져야 할 적절한 제도가 무엇인지에 관한 견해는 크게 다르지만—가장 적절한 사례이다. 어떤 경우든, 원만한 기업-노동-정부 관계를 보장하는 기본적 사회계약의 안정성과 관련한 법령, 계약의 지속성을 보장하는 비재량적nondiscretionary 법률시스템 및 기업행동 양식, 그리고 공정한(그리고 이상적으로 효율적인) 정부 관료가 근대적 경제성장을 촉진하는데 결정적이라는 것에는 아마 모든 사람이 동의할 것이다. 그럼에도 불구하고 그러한 것들은, 비록 어떤 사례에서는, 사회 정치체제의 성공적인 재구축(또는 붕괴)에서처럼, 경제성장(또는 경제성장 부진)의 유사 원인proximate causes이 될 수 있으나, 일반적으로는 경제성장 모멘텀 변화에 있어서 직접적 원인의 역할을 하기보다는 경제성장을 위한 "기본구조적 조건framework conditions"의 역할을 수행한다. 실제, 한 가지 중요한 실증적 관찰은 몇몇 국가 특성들country characteristics, 특히 제도적 발전은 수십 년에 걸쳐 아주 일정한 반면, 성장은 그렇지 않다는 것이다.[3]

두 번째 방법론적 이슈는 경제성장의 한 가지 규칙적인 특징이 일련의 경제변수들—개선된 기술, 인적자본 축적, 투자, 저축, 그리고 생산구조의 체계적 변화—의 동시적인 움직임이라는 것이다.[4] 그러나, 이 변수들은 경제성장의 *결과*인 성격이 강하다. 그래서 높은 투자율은 일반적으로 경제성장 가속화를 위해 필수적인 것으로 간주되어 왔으나, 역동적 성장이 만들어내는 가속장치accelerator mechanisms의 결과일 수 있다. 인적자본 축적도 경제성장에 필수적인 요소이나, 기술 축적은 주로 생산경험과 교육시스템 확산의 결과이며, 생산경험과 교육시스템 확산은 다시 주로 성공적인 경제성장에 의해 촉진된다. 똑같은 것이, 칼도어가 강조한 인과관계가 맞다면, 생산성 증가에 관해서도 주장될 수 있으며, 이 경우 생산성 향상은 주로 역동적 경제성장의 결과―이는 솔로우Solow(1956, 2000) 이후 신고전학파 성장이론이 가정한 것과 정반대인 인과관계―이다. 이는 원인과 영향을, 또는 실증분석에 있어 선행변수와 후행변수를 구분하는 것이 경제성장 분석의 주요 주제임을 의미한다.5 따라서, 경제성장 문헌에서 언급된 규칙성 중 많은 것에 대해 매우 상이한 해석이 있을 수 있으며, 이는 관련된 인과관계의 해석에 달려 있다.

실증분석은 분명히 어떤 이론의 타당성에 대한 최종적인 검정이다. 이러한 점에서, 개발도상국의 성장 경험을 이해하기 위해 특히 중요한 다섯 가지 부류의 규칙성regularities 또는 "정형화된 사실stylized facts"을 살펴보는 것이 유용하다. 이 가운데 몇몇은 최근의 성장 관련 논쟁에서 심각하게 간과되었다.

첫 번째는 세계경제에서 큰 불균등이 지속되는 것으로서, 이는 근대 경제발전 역사의 아주 초기에 나타나 시간이 지남에 따라 확대되는 경향을 보였다. 실증 연구들을 보면 1인당 소득의 (절대적) 수렴convergence은 규칙rule이기보다는 예외였다는 것을 보여준다(로드릭 2014). 실제로 수렴은 2차 세계대전 이후의 시기, 더 구체적으로는 1950년에서 1973년까지의 "황금기golden age" 시기에 산업화가 많이 된 국가들만의 특징인 것 같다. 21세기의 첫 10년은 아마 선진국과 개발도상국 사이의 매우 광범위하게 수렴이 일어난 유일한 경우―비록 이 글을 쓰고 있는 지금 이러한 수렴기간이 끝나고 있는 것 같지만―이다. 반면, 수렴은 2차 세계대전 이전에는 산업화된 국가들 간의 특징이 아니었으며(매디슨 1991), 19세기와 20세기의 선진국과 개발도상국 사이의 소득 괴리divergence에 대해 프리쳇Pritchett(1997)은 그 특징을 "괴리divergence, 대확산big time"이라 부른 바 있다.

분명히 세계 계층구조world hierarchy에 있어 변화가 있었으며, 특히 일본은 20세기에 선진국의 선두그룹으로 부상하였다. 개발도상국 세계에서도 몇몇 변화가

있었다: 1차 세계대전과 2차 세계대전 사이의 기간 동안 중남미의 부상과 그보다 이른 시기의 남미 원뿔꼴 지역Southern Cone[1] 국가들의 부상(베르톨라Bértola와 오캄포 2012, 1장), 또는 더 잘 알려진 1960년대 이후 아시아 신흥공업국(NIEs)의 부상과 1980년대 이후 중국의 부상. 이들 수렴 사례는 중소득 수준middle-income level에 집중되며, 노동을 생산성이 낮은 부문으로부터 수확체증인 생산성이 높은 부문으로 재배분하는 것과 관련된 것이다(로스Ros 2000, 2013). 그러나 많은 경우에 그러한 수렴 경험들은 지속되지 않았으며, 다수는 결국 성장붕괴로 끝맺었다(로스 2000). 또한, 급속한 수렴과 "끝이 잘린truncated 수렴" 그리고 심지어 붕괴까지 혼합되어 일어나는 것, 그래서 저소득 국가와 중소득 국가 모두 성장경험의 변동성이 큰 것은 국제 성장패턴의 한 가지 주요 특징이다(프리쳇 2000). 이 사실은 또 "중진국 함정middle-income traps"에 대한 최근의 점증하는 문헌에서도 강조된 바 있다(예를 들어 아이켄그린Eichengreen, 박동현Park 및 신관호Shin 2012, 2013을 참고).

어쨌든 경제지형economic landscape의 변화에도 불구하고 세계 경제계층 구조는 놀랍게 안정적이다. 이는 매디슨(2001)의 데이터를 사용한 계산에 따르면, 20세기 말의 전 세계 국가별 1인당 소득 차이의 5분의 3 이상이 1914년에 이미 존재하였던 소득 차이에 의해 설명된다는 사실에 잘 반영되어 있다. 그러나 세계 경제계층 구조는 1인당 소득의 차이 확대divergence를 넘어서는 것이다. 특히, 이는 핵심기술의 창출과 세계 금융이 선진국에 매우 집중된 것과 관련이 있다.

이 사실의 주요한 함의는 경제적 기회들이 특정 국가가 세계 계층구조 안에서 차지하는 지위에 의해 주로 결정되며, 이는 국제 사다리international ladder를 올라가는 것을 더욱 힘든 과제로 만든다. 근본적인 국제 비대칭성들은 왜 국제경제가 사실상 "기울어진 운동장"인지의 이유를 설명하는데 도움이 된다: (1) 기술적으로 역동적인 산업에 대한 엄청나게 큰prohibitive 진입비용과 성숙부문에 대한 진입비용으로서, 이는 개발도상국이 할 수 있는 것이 이들 부문의 기존 다국적기업 유치로 한정될 수 있음을 의미한다; (2) 기본적인 금융 비대칭성으로서, 이는 국내 금융발전의 차이, 대외 자금조달에 대한 경기순응적 접근procycle access 및 자국통화로의 해외 차입 불가능으로 나타난다; (3) 거시경제적 비대칭성으로서, 이는 경기대

---

[1] 브라질, 파라과이, 우루과이, 아르헨티나 및 칠레로 이루어지는 지역

응적 거시경제정책을 채택할 수 있는 자유도가 크게 다른 것과 심지어 개발도상국이 불안정한 대외 자금조달에 의존함으로 인해 경기순응적 정책을 채택하는 경향으로 나타난다(오캄포 2001).

이런 이유들로 인해, 경제발전은 선진공업국이 과거에 따랐던 패턴으로 "단계stages"를 거쳐 가는 것의 문제가 아니다. 이는 각국의 세계 계층구조 상 지위가 만들어내는 제약 안에서 1인당 소득을 증가시키는 것, 이와 관련된 구조적 변화의 실행에 성공하는 것, 그리고 적절한 거시경제·금융 전략을 채택하는 것에 관한 것일 뿐이다. 이는 중남미 구조주의 학파(예를 들어 프레비쉬 1951, 풀타도Furtado 1961을 참고)와 거셴크론 이후 후발 산업화에 관한 문헌(거셴크론 1962와 암스덴 Amsden 2001을 참고)의 핵심적인 통찰이다.

두 번째 부류의 규칙성은 성장이 일반적으로 안정적 흐름으로서가 아니라 분출spurt하듯이 시작되며 그래서 많은 불연속적 요소를 수반한다는 사실과 관련된 것이다. 이는 역사적 분석이 주는 기본적인 교훈이며, 기술의 역사를 경제시스템을 통해 점진적으로 확산되는 일련의 기술혁명들 혹은 혁신의 물결로 보는 이들이 강조하는 교훈이다(프리먼과 소티 1997; 페레즈Perez 2002 2부). 성장하는 경제를 일종의 "부풀고 있는 풍선inflating balloon" — 여기서는 추가된 생산요소와 안정적 흐름의 기술변화가 경제 전체의 GDP를 순조롭게 증가시킨다 — 으로 보는 견해는 어떤 목적을 위해서는 유용한 은유가 될 수 있으나, 결국 경제발전의 가장 핵심적인 몇몇 요소들을 간과하게 된다. (폭넓게 정의된) 구조주의적 경제학 사고에서 나온 한 가지 대안적 시각은 성장을 몇몇 부문·기업이 앞서서 급성장하고 다른 부문·기업은 잇따른 생산구조 전환의 일부로 뒤처지는 역동적 과정으로 본다. 이 과정은 반복적인 *창조적 파괴creative destruction* 현상을 수반한다(슘페터Schumpeter 1962, 8장; 아기온Aghion과 호이트Howitt 1998). 경제에 역동성을 불어 넣는 — 프레비쉬(1964)의 개념을 사용하면 "기술진보를 번식시키는propagate technical progress" — 능력이 부문별로 다르다. 기업들과 생산부문들 사이의 상호보완성complementarities (외부효과externalities)은, 거시경제적 및 분배적 효과와 함께 성장과정에서 급격한 도약을 만들거나 또는 가로막을 수 있으며(로젠슈타인-로단Rosenstein-Rodan 1943; 테일러Taylor 1991; 그리고 로스 2000, 2013), 그렇게 함에 있어 연속적인 불균형 국면을 만들어 낼 수 있다(허쉬만 1958). 요약하면, 이들 견해는 생산구조의 동태적 변화가 경제성장의 유효한 결정요인active determinant이라는 것과, 따라서 성장이 경제 전체의 동학aggregate dynamics으로 축약reduced될 수 없다는 것을 함의한다.

경제성장에 대한 풍선 견해과 구조적 동학 견해의 대비는 경제성장 문헌에서 식별한 오래된 규칙성의 하나-1인당 GDP 성장이 산출물의 부문별 구성 및 국제특화 패턴에 있어서의 규칙적 변화와 함께 일어나는 경향-를 해석하는 측면에서 이해할 수 있다(예를 들어 체너리Chenery, 로빈슨Robinson 및 설킨Syrquin 1986과 발라사Balassa 1989를 참고). 풍선 견해에 따르면, 이들 구조적 변화는 1인당 GDP 증가의 결과로 보아야 한다. 어떤 대안적 문헌을 보면, 새로운 역동적인 활동을 끊임없이 발생시키는 능력이 급속한 경제성장의 열쇠이다. 반면, 새로운 경제 활동을 만들어낼 수 없음은 발전과정을 막을 것이다. 더욱이, 새로운 생산부문 창출에 성공하는 것은 이전 활동의 파괴를 수반할 수도 있다. 슘페터주의적인 용어로, *창조creation*는 일반적으로 *파괴destruction*와 결부된다.

세 번째 부류의 정형화된 사실은 탄력적 생산요소 공급이 경제발전 과정에서, 특히 역동적인 활동의 원활한 확장을 촉진함에 있어서 수행하는 필수적인essential 역할을 강조한다. 이는, 경제 전체 수준aggregate level에서, 가장 성공적인 경제가 국제 자본과, 필요시에는, 노동을 끌어들이는 능력으로 나타난다. 탄력적 생산요소 공급은 또한, 공급요인뿐만 아니라 수요가 장기 성장에 역할을 수행한다는 것을 함의한다. 이는 케인즈주의적Keynesian 그리고 칼레키주의적Kaleckian 경제성장 이론에 있어서 핵심적 요소이나(칼도어 1978 1장 및 2장; 로빈슨 1962; 테일러 1991), 신고전학파 성장분석과 신성장 관련 문헌에서는 일반적으로 무시되었다.

역동적 활동을 향한 자본과 노동의 내부적 이동internal mobility(즉, 재배분)은 훨씬 더 중요하다. 루이스Lewis(1954, 1969)는 경제발전에 있어서 탄력적 노동공급의 역할에 대한 근본적인 통찰을 제공한다. 비슷한 방식으로, 칼도어주의적 성장-생산성 관계links는 저활용된 노동이 성장과정에서 역할을 수행함을 함의한다(칼도어 1978, 4장).[6] 두 견해는 모두 경제성장은 상당 부분 어떤 생산분야, 특히 농업에서, 저수준으로 고용된 노동underemployed labor을 보다 완전하게 사용하는 것뿐 아니라, 규모 및 범위 (특화)[7]의 경제 성격이 있는 활동으로의 노동 재분배를 통해, *이용 가능한 자원을 사용하는 효율성이 개선된 결과*라는 의미를 담고 있다.

또한, 급속한 발전이 노동 이동과 규모의 경제가 상호작용한 결과라는 사실은 한 세기 이전 출범한 때부터 지역경제학의 핵심적인 통찰이었다. 이 견해에 따르면, 이들 두 요소 사이의 상호작용, 그리고 이들 두 요소와 수송비용의 상호작용이 바로 도시·지역 "성장거점growth poles", 클러스터 및 도시-농촌 계층구조를 형성하게 한 것이다(이러한 해석의 현대 버전으로 후지타Fujita, 크루그먼Krugman 및 베나블스Venables 1999를 참고). 이 통찰은, 올린Ohlin(1933)이 자신의 독창적 연구에서-최종적으로는 1980년대에 무역이론으로 흡수된 이론틀-에 대해 분명히 한 것처럼, 국제특화의 분석으로 확장될 수 있다(크루그먼 1990, 그로스만Grossman 과 헬프먼Helpman 1991을 참고; 그리고 개발도상국과 관련하여 오캄포 1986을 참고). 아담 스미스까지 거슬러 올라가는 국제무역에 관한 "잉여물 출구vent for surplus" 모형은 탄력적 생산요소 공급의 대안적 원천-미활용 또는 저활용 천연자원의 존재-을 제공한다(민트Myint 1971, 5장).

네 번째 부류의 정형화된 사실은 장기 성장패턴이 그 경제의 경로trajectory에 의존하는 것, 즉 경로 의존성path dependence을 강조한다(아서Arthur 1994). 이는 학습과정이 만들어내는 동태적인 규모의 경제 때문에 경제발전에 있어서 특히 중요한 것으로서, 그러한 동태적인 규모의 경제가 지니는 한 가지 중요한 함의는 경제주체에게 열려 있는 기회들은 대개 그들의 생산경험에 의해 결정된다는 것이다. 경제정책이 생산구조에 영향을 줄 수 있는 범위에서, 이는 비교우위가 창출될 수 있다는 것을 의미한다. 이러한 측면과 관련하여 흥미롭게 관찰되는 한 가지 역사적 사실은, 개발도상국 세계에서 성공적인 제조업 수출 증대의 경험에 앞서 일반적으로 수입대체산업화 기간이 있었다는 것이다(체너리, 로빈슨 및 설킨 1986). 이는 다시, 생산경험의 상실은 성장에 누적적으로 영향을 미칠 수 있다는 것을 의미한다. 이 이슈는 네덜란드 병Dutch disease에 관한 문헌에서 제기되는 것이나(크루그먼 1990, 7장; 판 베인베르헌van Wijnbergen 1984), 몇몇 신흥국과 개발도상국이 경제자유화의 결과로 경험한 보다 최근의 탈산업화에 따른 장기적 비용에도 똑같이 적용된다.

비슷한 방식으로, 단기 거시경제 성과에 영향을 미치는 부정적 충격들은 규모의 경제가 존재하는 경우 누적적 장기효과를 지닐 수 있다(이스털리Easterly 2001, 10장). 아프리카와 중남미의 1980년대 부채위기의 지속적인 효과는 이를 가장 잘 말해주는 사례이며, 주변부 유럽국가peripheral Europe도 오늘날 유사한 현상을 경험하고 있을 수 있다. 이와 비슷하게, 단기적 성공은 장기적 성장을 낳을 수 있다. 따라서, 경제가 따르는 거시경제 경로와 관련된 여러 개의 장기 성장균형이 존재할 수 있는 것이다. 이에 대한 근본적인 이유 한 가지는, 거시경제적 기대의 형성이－특히 대규모 거시경제 충격이 존재할 때에－중요한 학습과정을 수반한다는 사실이다(헤이만Heymann 2000).

논란의 대상인 성장에 있어서의 경제정책의 역할은 다섯 번째 부류의 정형화된 사실로 이어진다. 정통 경제발전 문헌에서는 전통적으로 경제성장에 있어서의 무역정책 체제trade policy regime의 역할을 강조해 왔다. 이 분야에서 무역자유화와 성장 사이의, 그리고 무역체제와 수출증가 사이에서도 극단적으로 단순화한 관계를 도출하려는 시도는 오도된 결론으로 이어졌다(로드리게스Rodrguez와 로드릭 2001). 경제발전 경험의 비교분석(예를 들어 헬라이너Helleiner 1994에 실린 논문들을 참고)에서 도출된 하나의 추가적으로 정형화된 사실은 제시할 수 있다: 비록 무역정책, 민간부문/공공부문 혼합mix, 그리고 보다 폭넓게는 정책적인 인센티브가 중요하기는 하지만, 어떤 한 시기에 모든 국가에게 적용될 수 있거나 또는 여러 상이한 시기에 어떤 개별 국가에 적용될 수 있는 단일 법칙single rule은 존재하지 않는다는 것. 실제로, 성공적인 경제발전 경험들은 비정통적인 제도적 특징("국지적 이단성local heresies")과 함께 정통적 인센티브들의 다양한 혼합mixes을 수반하는 변동성이 있는 정책 패키지와 연관된 것들이었다(로드릭 2007, 2014).

따라서, 보호가 어떤 시기, 특정 국가들에서 성장의 한 원천이었음에도 다른 시기에는 성장을 방해하였다. 무역자유화 제고에 대해서도 똑같이 이야기할 수 있다. 혼합된 전략들이 여러 환경들 아래에서 잘 작동하였던 것이다. 이와 관련하여 세계경제의 개방도degree of openness가 한 결정적인 요소이었음은 분명하다.[8] 앞서 언급한, 개발도상국 세계에서 성공적인 제조업 수출 증대 경험에 앞서 일반적으로 수입대체 산업화 기간이 있었다는 관찰은 극단적으로 단순화된 일반화가 매우 유용하지는 않다는 것을 시사한다. 베어록Bairoch(1993, Ⅰ부)도, 오늘날 선진국 가운데 "후발산업화 국가들late industrializers"에게서의 1차 세계대전 이전 기간 동안의 보호와 경제성장에 대하여 유사한 결론에 이른다. 또한, 그는 1차 세계대전 이전 세계무역이 가장 빠르게 증가하였던 시기가 가장 자유로운 무역체제를 특징으로 하는 시기가 아니었다는 역설적인paradoxical 결론에 이른다.

생산구조의 동태적 변화 The Dynamics of Production Structures

이 장의 중심 주제는 생산구조의 동태적 변화가 경제성장 모멘텀 변화에 있어서 근본적으로 중요하다는 것이다. 이들 동태적 변화는, 급속한 경제성장의 "선"순환으로 귀결되는 긍정적 피드백을 야기하거나 반대로 성장 함정 growth traps 을 만들면서, 거시경제적 균형들 macroeconomic balances 과 상호작용한다. 폭넓게 정의하는 어느 정도의 거시경제적 안정성은 역동적 성장의 필요조건이지만 충분조건은 아니다. 경제발전을 촉진하는 제도적 환경과 적절한 인적자본 및 인프라 공급은 기본구조적 조건 framework conditions 이나 성장 모멘텀의 능동적 결정요인은 아니다.

이러한 관점에서, 새로운 역동적 활동들을 지속적으로 만들어낼 수 있는 능력은 성공적 발전의 핵심이다. 이러한 의미에서, 성장은 본질적으로, 생산구조의 동태적 변화에 의해 결정되는 (미시 micro 와 거시 macro 중간의) 중시경제적 과정 mesoeconomic process 인데, 이는 산업구조(각 산업의 경제내 생산비중), 산업내·산업간 연계, 시장구조, 생산요소 시장의 기능, 이 모두를 뒷받침하는 제도 등의 진화 evolution 가 요약된 개념이다. 역동적인 미시경제적 변화들이 그 구성요소이기는 하지만, 시스템 전반에 걸친 과정들 systemwide processes 이 가장 중요하다. 더욱이 구조적 전환의 특성들이 주로 거시경제적 동학을 결정하는데, 이는 특히 투자와 무역수지에 대한 효과를 통해서이다.

생산구조의 동태적 변화는, 비록 다차원적 multidimensional 이기는 하나, 두 개의 기본적 요인 forces 사이의 상호작용으로 보여줄 수 있다: (1) 혁신 innovations 과 학습과정 learning processes (혁신은 '새로운 산업활동' 과 '기존 산업활동을 하는 새로운 방법'으로 넓게 이해할 수 있으며, 학습과정은 이들의 잠재력을 완전히 실현하고 경제시스템을 통해 확산시키는 것을 특징으로 한다); 그리고 (2) 기업들 및 산업들 사이의 상호보완성 complementarities, 연계 linkages 또는 네트워크 networks 와 이러한 상호보완성이 완전히 개발될 수 있도록 필요한 제도 institutions (이러한 것들의 성숙 또한 학습에 영향을 받는다). 하지만, 탄력적 생산요소 공급이 이들 동태적 과정으로 하여금 잠재적 가능성을 모두 활용할 수 있도록 하는데 있어서 필수적이다. 이들 세 요소의 결합이 어떤 주어진 생산시스템의 동태적 효율성을 결정하는 것이다.

이들 상이한 메커니즘은 상호보완적 기능들을 수행한다: 혁신은 변화의 기본이 되는 엔진이며; 혁신의 확산과 생산연계를 창출하는 것은 통합생산시스템을 전환시키고 또 만들어내는 역량을 결정하는 메커니즘이고; 이들 과정, 그리고 상호보완성의 발전에 수반되는 학습은 생산성 향상에 필수적인 동태적 규모 및 특화의 경제를 만들어내며; 탄력적 생산요소 공급은 혁신적인 활동들이 경제성장의 원동력으로 작용하기 위해 필수적인 것이다.

혁신, 연관 학습, 그리고 확산 과정

여기서 사용되는 넓은 의미에서의 혁신에 대한 가장 좋은 정의는 한 세기 전 슘페터(1962, 2장)가 한 것이다(그의 용어에 따르면 *새로운 조합*new combinations): (1) 새로운 재화·서비스의 도입 또는 새로운 품질의 재화·서비스의 도입; (2) 새로운 생산방법 또는 새로운 마케팅전략의 개발; (3) 새로운 시장의 개척; (4) 원재료의 새로운 원천 발견 또는 기존에 알려진 자원의 개발; 그리고 (5) 어떤 주어진 부문 안에서의 새로운 산업구조의 설립. 따라서, 이 폭넓은 개념은, 경제문헌에서 일반적으로 사용되는 혁신의 개념(기술혁신technological innovation)과 하우스만과 로드릭(2003)이 (사람들이 잘 만드는 것의) 발견discovery이라고 부르는 것을 모두 포함하며, 아울러 오늘날 일반적으로는 무시되는 다른 형태의 것들도 포함한다. 이와 같은 넓은 의미에서 혁신은 기존 기업 및 부문에서도 일어날 수 있으나, ―끊임없이 변화하고 있는 세계에서 혁신하지 않는 기업들은 사라질 것이다― 많은 경우에 새로운 기업의 창조와 새로운 생산부문의 발전을 수반한다.

혁신은 기업, 생산활동, 그리고 부문의 창조를 포함하나, 다른 기업 등의 파괴도 수반한다. 창조와 파괴 사이의 특유적 혼합particular mix ― 또는 이스털리Easterly(2001, 9장)의 표현에 따르면 혁신의 대체효과와 보완효과의 특유적 혼합― 이 결정적으로 중요하다. 슘페터(1962)가 만들어낸 *창조적 파괴*creative destruction라는 단어는 순 창조net creation가 존재하는 경향이 있음을 시사한다. 물론 이것이 혁신이 성장으로 귀결되는데 필수적이기는 하지만, 어떤 특정 시점, 특정 지역에서의 실제 결과actual outcome는 아닐 수 있다. 파괴가 적은 사례가 있을 수 있으며, 반대로 대규모 파괴의 사례 또는 *파괴적 창조*destructive creation라는 부정적 사례가 있을 수 있다. 우리가 어떤 한 혁신의 효과를 지역적 관점에 더 초점을 맞추어 볼수록, 실제로 (지역적인) 유형typology을 보게 될 것인 바, 이는 세계경제 안에서 어떤 지역은 창조적 효과를 집적시키고 다른 지역은 파괴적 효과를 집적시킬 수 있기 때문이다(예를 들어, 합성물질의 발견은 어떤 산업중심국industrial center에서는 새로운 활동들을 만들어내지만 다른 지역에 있는 천연 원재료 생산자는 사업을 접게 한다). 분명히 성장이 일어나기 위해서는 창조적 효과가 더 커야 한다.

첫째에서 넷째까지 형태의 혁신이 공통적으로 지니는 특징은 지식의 창출 또는, 좀 더 정확히 말해, 지식을 생산에 적용할 수 있는 역량을 내용으로 한다는 것이다. 따라서 이것들은 시장지배력의 한 원천으로 지식의 역할을 강조한다. 이러한 견지에서 보면 경제발전에 있어서의 성공은 지식을 학습하고 전유appropriate할 수 있으며, 장기적으로는 새로운 지식을 창출할 수 있는 기업을 만들어낼 수 있는 능력으로 볼 수 있다(암스덴 2001; 랄Lall 2003).

선진공업국에서 혁신에 대한 주요 인센티브는 기술적 · 상업적 · 조직적 변화를 도입하거나, 또는 새로운 시장을 개척하거나 새로운 원재료의 원천을 발견하는 선구적 기업이 벌어들일 수 있는 특별이익으로 주어진다. 이 인센티브는 새로운 노하우를 발전시키는 비용, 혁신가들innovators이 초기에 갖고 있는 지식이 불완전하다는 속성, 기존의 잘 발달된 활동들에게는 있는 상호보완성이 없다는 것, 그리고 혁신활동이 지니는 외부효과로 혁신 편익을 완전히 전유할 수 없음에 따른 높은 비용뿐 아니라, 혁신가들의 의사결정에 수반되는 불확실성과 위험을 상쇄하기 위해서 필수적인 것이다.

개발도상국에서의 혁신은 산업중심국들에서는 이미 잘 발달되어 있는 새로운 제품, 기술 및 조직적 · 상업적 전략의 확산과 주로 관련되어 있다. 그래서 선진공업국의 혁신은 개발도상국에게는 기회의 창을 만들어내는 "움직이는 타겟moving targets"을 의미한다(페레즈 2001). 혁신가의 특별이익은 일반적으로 없으며, 실제 생산은 마진이 더 작은 성숙산업으로의 진입을 수반하는 것일 수 있다. 따라서, 특별한 유인이 없으므로, 새로운 경제활동을 위한 탐색률rate of search이 적정 수준보다 낮을 수 있다(하우스만과 로드릭 2003). 진입비용도 새로운 노하우의 개발이 아니라 새로운 노하우를 획득 · 숙련 · 채택하는 과정과 관련되어 있다. 추가적인 진입비용은 시장정보 창출과 신시장에서의 평판 구축, 특히 기존의 생산 · 마케팅 경로channels를 뚫고 들어갈 수 있는 지위에 이르기 위해 비용 절감 기회를 활용하는 것과 연관되어 있다. 진입비용은 새로운 기업이 엄두를 낼 수 없을 정도로 클 수 있다; 이 경우 개발도상국이 할 수 있는 것은 새로운 생산입지를 찾고 있는 기존 다국적기업을 유치하는 것, 또는 다국적기업이 통제하는 가치사슬value chain의 여러 부분 중 하나를 담당함으로써 다국적기업과 제휴하는 것으로 제한될 것이다. 또한, 혁신가의 최초 의사결정으로 다른 기업들을 끌어들일 수도 있으며, 선진국의 혁신 사례에서와 같이 이러한 외부효과는 혁신가들이 그들 행동에 따른 편익을 온전히 거둘 수 없을 것이고 그에 따라 또다시 혁신에 대한 투자는 적정 수준 이하가 될 것임을 의미한다.

이러한 방식으로 보면, 개발도상국에서의 혁신은 기술변화 그 자체보다는 선진공업국으로부터의 부문 또는 활동을 이전하는 것과 훨씬 더 밀접하게 관련되어 있다ㅡ또는 보다 정확하게 말하면 기술변화가 주로 산업의 이전에 의해 결정된다. 이러한 시각에서 보면, 세계 계층구조 사다리를 올라가는 것은 이전기간transfer periods을 단축하는 것 그리고 점진적으로 기술 창출에 있어 보다 능동적인 참여자가 되는 것을 수반하는 것이다. 따라서, 과거에 혁신은 수입대체부문과 이들 부문의 수출산업화뿐만 아니라 새로운 주요 수출품목의 발전을 포함하였다. 최근의 자유화 기간 동안의 혁신에는 공업국에서의 가치사슬 분해disintegration of value chains에 따른 조립산업의 발전, 몇몇 국제 서비스(예를 들면 관광)에 대한 수요 증가, 기존 수입대체산업의 수출지향성 증가, 민영화 과정과 이와 관련된 민영화 기업·산업의 구조조정, 원재료 관련 자원에 대한 재산권 강화에 따른 원재료(특히 광물)에 대한 접근성 증가 등이 포함되었다. 또한 과거에는 기존 생산능력의 *파괴*는 합성물질의 개발, 그리고 새로운 원재료 원천의 발견에 따른 특정 지역에서의 1차산품 생산이 감소하게 되는 결과로 이어져 주요 수출품목의 쇠퇴를 포함하였다. 최근에 그러한 파괴는 국제 아웃소싱에 따른 국내 생산사슬의 분해와 더욱 자유화된 무역환경에서 경쟁력을 상실한 수입대체산업이 붕괴되는 것을 포함한다.

어떤 혁신과정도 투자와 학습이 필요하므로 수동적이지 않다. 실제로 혁신은 본질적으로 투자와 밀접하게 관련되어 있는데, 이는 혁신이 물적 투자와 무형자산ㅡ특히 마케팅 전략ㅡ뿐 아니라 기술개발과 학습에 대한 투자를 필요로 하기 때문이다. 더욱이 혁신적인 활동들은 어떤 주어진 시기에 어떤 경제에 있어 가장 빠르게 성장하는 부문인 경우 그 만큼 더 많은 투자를 필요로 한다.9 이러한 사실은 기존 산업의 특징이 투자 수요의 감소라는 점과 함께 전반적 투자율은 혁신적 산업의 상대적 비중(그리고 명백하게 혁신적 산업의 자본집약도)에 직접적으로 의존한다는 것을 의미한다. 높은 투자율은 그래서 높은 혁신율 및 구조적 변화율과 관련되어 있다.

혁신은 또한 학습을 수반한다. 기술적 노하우는 생산경험과 밀접하게 연결된 학습·성숙 과정을 통해 축적된다. 보다 일반적으로는, 국제적 경제 계층구조의 특성인 기술격차를 줄이기 위해 – 정확한 용어로는 뛰어넘기$leapfrog$10를 하기 위해 – 포괄적인 연구개발 전략과 이에 수반된 교육전략이 필요하다. 학습 동학에 대한 근본적인 통찰은 기술변화에 관한 진화 이론들이 제공하였다.11 이 이론들은 기술이 본질적으로 암묵적$tacit$인 성격이 강하다는 것, 즉 상세한 "청사진"을 자세히 서술하여 만들 수 없다는 것을 강조한다. 이는 다음과 같은 세 가지 주요한 함의를 지닌다.

첫 번째 함의는 기술은 이용가능성과 교역가능성이 불완전하다는 것이다. 이는 기술이 무형의 인적·조직적 자본$human$ and $organizational$ $capital$으로 구성되어 있는 성격이 강하다는 점과 관련이 있다. 이는, 기술지식의 혜택을 누리기 위해서는 기술을 구입 또는 모방한 기업조차도 그 기술을 숙련하는데 투자하여야 한다는 것을 뜻한다. 이러한 점이 개발도상국에서 일반적인 경우이기 때문에, 기술이 선진공업국으로부터 크게 이전되더라도 여전히 적극적인 흡수과정$absorption$ $process$이 필요하다는 것을 의미한다. 이 과정은 적응$adaptation$과정을 수반하는 것으로서, 재설계$redesigns$와 그 밖에 다른 이차적 혁신을 필요로 할 수 있는데, 이로써 인적·조직적 자본이 추가적으로 축적될 것이다. 이러한 흡수과정에서의 효율성은 다시 관련 기업의 생산성을 결정할 것이다. 이는 "지식"에 대한 접근에 있어서는 비슷한 기업들이라도 일반적으로 생산성은 매우 다른 이유를 설명하는 것이다. 상이한 조직·마케팅 전략은 기업별로 또 다른 특징들을 만들어낼 것이며, 이는 어떤 부문 안에서 시간에 걸쳐 일어나는 선별과정의 이면에 있는 근본적인 요인들이다. 기존 기업 또는 신규 진입 기업들은 이러한 과정을 통해 만들어지는 산업구조의 균형에 도전할 수 있을 것이다. 우리의 정의에 따르면, 기존 산업구조에 있어서 주요 붕괴$breakups$는 그 자체로 혁신이다. 개발도상국이 성숙한 (산업)활동에 진입하는 것도 이러한 범주에 속한다.

*암묵성*tacitness의 두 번째 함의는 기술 숙달technology proficiency이 생산경험과 분리될 수 없다는 것이다; 즉, 그것은 강력한 "실행에 의한 학습learning by doing"이라는 요소를 지닌다.12 이러한 의미에서, 매일 매일의 생산 및 엔지니어링 활동은 연구개발적인 요소를 지니는 것이다. 이러한 관계는 동태적 규모의 경제가 가지는 특유의 미시경제적 기초이다.

암묵성과는 별도로, 기술 변화의 세 번째 특징은 경쟁이 혁신의 발생과 확산이 일어나게 하는 압력을 만들 것이라는 점을 시사한다. 혁신의 발생과 확산의 결과로서 혁신적 기업들은 혁신에 대한 투자에 따른 편익을 단지 불완전하게만 전유한다. 지적재산권이 기술혁신이나 새로운 제품·디자인의 경우에 있어서는 혁신의 편익을 보다 온전하게 전유하기 위한 메커니즘을 제공하지만, 그러한 메커니즘은 (새로운 활동들과 새로운 마케팅전략의 개발과 같은) 다른 형태의 혁신에는 존재하지 않는다. 따라서 혁신은 사적·공공적으로 혼합된 좋은 특성을 지닌다. 그리고 혁신율rate of innovation은 비용, 위험 및 편익 사이의 특정의 균형과 그리고 그 전유가능성appropriability(가능한 경우 법적 보호를 포함)에 의존한다.

이들 기술변화의 세 가지 속성 – 불완전한 교역가능성, 생산경험과의 밀접한 연관, 그리고 사적·공공적 특성 – 은 마찬가지로 다른 형태의 지식, 특히 조직적·상업적 노하우(그리고 아래에서 보는 것과 같이 제도적 발전)의 특성이기도 하다. "사회적 자본"으로서의 성격에 기인하는 불완전한 교역가능성과 불완전한 전유가능성은 조직과 관련한 지식의 경우에 가장 심하다. 상업적 노하우는 대부분의 분석에서 간과되는 경향이 있지만 결정적인 역할을 하며, 특히 국제무역에서 확실히 중추적인 역할을 한다(키싱Keesing과 랄 1992). 실제로 기업 확장의 가장 중요한 결정요인 중 하나는 적절한 정보 및 마케팅 경로를 개발하고 상업적 평판(영업권)을 쌓으며 또, 상표가 잘 알려지도록 하는 능력과 관련이 있다. 더욱이, 시장과 친밀함은 생산자들이 그들의 제품과 마케팅 경로를 수정할 수 있게 하며, 구매자들이 공급자에 관해 학습하는 것을 돕고, 그럼으로써 기업의 안정적 성장을 보장하는데 중요한 고객관계clientele relationships를 만들어낸다. 이러한 요소들이 결정적인 역할을 한다는 점은 대기업의 마케팅부서 직원들이 일반적으로 높은 수준의 인력으로 구성되어 있다는 사실에도 반영되어 있다. 이에 관련된 자본은 본질적으로 조직에 관한 것으로서, 상업적 경험과 떼려야 뗄 수 없다. 동태적 규모의 경제는 거래비용 절감에 반영되어 있으며, 이는 기업의 축적된 평판 및 상표 인지도와도 관련 있다. 또한, 비록 특정 기업의 평판은 거의 복제할 수 없는 것이기는 하지만, 그 기업이 시장 기회를 발견하는 것은 모방될 것이 확실하다. 공공적인 좋은 특성들이 그래서 중요하며, 특화패턴을 결정하는데 중요한 역할을 한다. 지역경제학이 오랫동안 인식한 바와 같이, 특정 지역에서의 특정 재화 및 서비스 생산자 집단의 결정은 주로 이 요소에 의해 이루어진다.

상호보완성 및 관련 제도의 발전

상호보완성은 재화 및 특화된 서비스의 공급자 네트워크, 마케팅 경로, 그리고 정보를 확산하고 여러 주체 사이를 조정하는 조직·제도 등의 발전과 연관되어 있다. 이 개념은 후방 및 전방 연계가 경제성장에서 하는 역할을 요약하여 보여주기도 하나(허쉬만 1958), 아울러 (예를 들면 기술 및 시장에 대한) 정보비용을 줄이고 상호의존적 투자의사 결정에서의 특징인 조정 실패의 문제를 해결하기 위해 만들어진 (사적, 공공적 또는 혼합된) 제도들의 역할도 요약하여 보여준다(장하준 Chang 1994). 아울러 상호보완성은 생산시스템의 통합 정도를 결정하는 것이기도 하다.

상호보완성의 발전은 수요·공급효과 모두를 지닌다. 수요효과는 케인즈주의적인 승수 메커니즘 Keynesian multiplier mechanism 의 일부이며; 수요효과가 없다는 것은 수입의존도가 높은 조립산업의 사례와 같이 케인즈주의적 누출 Keynesian leakages [2]이 클 수 있다는 것을 함의한다. 그래서 상호보완성의 강약은 거시경제적 승수의 주요 결정요인이다. 이는 투자율과 혁신율 사이의 관련성—이에 관해 앞 절에서 이미 살펴보았다—과 함께 경제구조와 거시경제적 성과를 관련지우는 필수적인 연결고리이다.

상호보완성의 공급효과는 상이한 경제주체들이 그들끼리 만들어내는 긍정적 외부효과와 관련된 것으로서, 그 외부효과는 생산에 있어 규모의 경제 economies

---

[2] 소득 가운데 국내 소비로 이어지지 않는 부분으로 저축, 세금, 수입 등이 있으며, 경제의 소득-지출 순환과정에서 빠져나가는 것을 의미한다.

of scale 또는 낮은 운송·거래 비용(군집의 경제economies of agglomeration)에 의해 가능해진 비용 감소를 통해, 보다 특화된 투입물 또는 서비스의 유발된 공급(특화의 경제economies of specialization)을 통해, 또는 지식의 공유와 기업 간에 이전될 수 있는 인적자본의 개발이 만들어내는 외부효과(기술 또는 보다 폭넓게는 지식 파급technological or knowledge spillover)를 통해 일어난다. 이들 *전략적 상호보완성*은, 어떤 지역 또는 국가에서 생산부문들의 경쟁력-또는 경쟁력 부족-을 결정하는, 중시경제적mesoeconomic 성격을 지닌 동태적 규모의 경제의 기초이다. 이들 조건 아래에서, 경쟁력은 미시경제적 효율성보다 더 많은 것들과 관련되어 있다: 경쟁력은 근본적으로 부문별 특성 또는 심지어 시스템 전반의 특성인 것이다(파즌질베르Fajnzylber 1990; ECLAC[3] 1990).

개방경제에서 수요 연계demand linkages는 보호protection에 의해 유발될 수 있다. 이는 긍정적인 공급 (군집) 효과를 촉진할 수 있으나, 중간재와 자본재의 보호가 수반되는 경우 다른 생산부문의 비용을 발생시킬 수도 있다. 다른 한편으로는, 수입할 수 없어 *교역이 불가능한*nontradable 투입물과 특화된 서비스의 효율적 공급은 시스템 전반의 경쟁력 확보에 있어서 항상 핵심적인 역할을 한다. 세 가지 교역불가 활동이 이와 관련하여 특히 관련성이 높다. 첫 번째 범주는 지식, 물류 및 마케팅 서비스-이것들과 관련된 투입물과 서비스를 사용하는 생산자에게 가까운 것이 결정적으로 중요한 요소이다-를 포함한 특화된 투입물과 서비스를 생산하는 부문으로 구성된다. 두 번째 범주는 특화된 금융서비스의 발전, 특히 장기·벤처자본의 발전이며; 금융시장의 특징인 비대칭적 정보로 인해 금융서비스(특히 중소기업을 위한 금융서비스)는 대개 교역이 불가능하다. 세 번째 범주는 적절한 인프라의 제공이다.

제도 구축institutional building은 기술발전의 첫 번째와 두 번째 특성-불완전한 교역가능성 및 경험과의 밀접한 관련성-을 공유하는 것으로서, 본질적으로 공공재 성격이 크다. 이미 언급한 바와 같이, 제도가 제공하는 두 개의 결정적 서비스는 정보비용을 축소하는 것, 그리고 상호의존적 투자의사 결정을 특징으로 하는 조정 실패를 해결하는 것이다. 관련된 제도들 중 많은 것은 민간부문이 직접 만들

---

3) 라틴아메리카·카리브해 경제위원회(Economic Commission for Latin America and the Caribbean)이며, UN 기구이다.

수 있다: 공공재 (또는 클럽재club-good) 성격을 지닌 정보를 공유하고, 노동자 훈련 시설을 공동으로 개발하며, 새로운 시장에 침투하기 위한 전략적 동맹이나 상호보완적 투자를 장려하기 위한 진흥기관을 만들어내는 생산자 조직 등이 그것이다. 하지만, 이들 서비스는 강한 공공재 성격으로 인해 적정 수준보다 적게 제공되기 쉽다. 기업 간의 경쟁압력이 그러한 제도들을 만들고 강화하는데 주요한 장애가 되는 것이 아주 일반적이다.

탄력적 요소 공급

혁신과 상호보완성이 강한 경제성장 효과를 일으키는 능력은 혁신적인 부문들에 대한 생산요소의 공급이 얼마나 탄력적인가에 결정적으로 의존한다. 혁신적인 활동들이 자본과 노동을 끌어들이고 그들의 확장에 필요한 천연자원에 접근할 수 있는 능력이 지닌 결정적인 역할은 앞서 *정형화된 사실stylized fact*로 설명하였다. 또한 혁신적 활동이 장기금융을 이용할 수 있는 가능성이 중요한 역할을 수행한다는 점과, 금융서비스는 교역불가능한 부분이 많다는 사실 둘 다 언급한 바 있다.

슘페터(1961)는 탄력적 자본 공급을 경제성장에 대한 혁신의 효과를 촉진하기 위해 필수적인 것으로 강조하였다. 좀 더 폭넓게 말해, 탄력적 요소 공급은 투자-따라서 총수요-가 단기 경제활동뿐 아니라 장기성장을 주도하는 케인즈주의적 및 칼레키주의적 모형에서 결정적인 역할을 한다(칼도어 1978; 로빈슨 1962; 테일러 1991). 이 모형들이 분명히 밝힌 바와 같이, 탄력적 요소 공급은 몇 가지 방법, 즉 (1) 실업 또는, 좀더 일반적으로는, 저수준으로 고용된 자원이 존재함에 의해서(이 또한 앞서 강조한 이슈이다); (2) 더 많은 소득의 기업 이윤으로의 재분배 노력을 통한 자본축적의 내생적 자금조달에 의해서; (3) 지역간·국가간 요소 이동에 의해서; (4) 경제활동 참가participation in the labor force,[4] 특히 여성의 경제활동 참가를 높일 수 있게 하는 사회적 구조재편social reorganization에 의해서; 그리고 (5) 생산요소 공급 제약을 타파할 수 있는 (예를 들어 노동부족에 대응하기 위하여 토

---

4) 고용 관련 통계에서 경제활동인구labor force는 성인(한국은 15세 이상, 미국은 16세 이상)인구 중 비경제활동인구(전업학생, 주부, 구직단념자, 은퇴자 등)를 제외한 것이며, 취업자와 실업자로 구성된다. 참고로 경제활동참가율labor force participation rate은 경제활동인구를 전체 성인인구로 나눈 것이다.

지생산성을 향상시키거나 자본집약적인 기술 발전을 유발하는) 기술 변화에 의해서 보장될 수 있다.

개발도상국 세계에서 탄력적 노동공급은 개발도상국 생산구조의 특징인 이중 구조 또는 구조적 이질성, 즉 생산성이 높은 활동과 낮은 활동이 공존함으로써 보장된다.13 상당한 저수준 고용(또는 비공식 고용)을 특징으로 하는 생산성이 낮은 활동들은, 경제성장률이 급등할 때에는 필요한 노동을 공급하고, 생산성이 높은 부문의 역동적 고용 창출이 없을 때에는 과잉 노동공급을 흡수하는 잔여 부문 residual sector으로서의 역할을 한다. 이중 구조 모형에서 하고 있는 *전통부문*과 *근대부문* 사이의 구분은 관련된 구조가 확실히 더 복잡하기 때문에 개발도상국 세계의 이러한 특징을 묘사하는 데에는 부적절하며; 생산성이 낮은 활동들이 항상 새로 만들어져서 과잉노동을 흡수하는데, 이러한 사실은 *전통적*이라는 라벨label이 아주 부적절한 것이 되게 한다. 실제, 지난 수십 년 동안 저성장 개발도상국의 한 가지 전형적인 특징은 과잉노동 — 구조조정된 부문에서 발생한 과잉노동을 포함한다 — 을 흡수하는 생산성이 낮은 (비공식적) 부문의 확대였다. 또한, 생산성이 높은 부문과 낮은 부문은 그 구조가 이질적이다. 이런 현상을 기술하기 위해 중남미 구조주의자들(핀투Pinto 1970)이 만든 *구조적 이질성*이라는 용어가 더 적절하며, 따라서 이후 이 장에서 사용할 것이다.

교육수준의 상승에 따라 저수준 고용이 숙련노동자를 점점 더 위협할 수 있다. 국가간 노동 이동은 아마도 비숙련노동자의 경우보다 숙련노동자의 경우에 더 중요한 추가적인 조정메커니즘을 제공한다.14 이는 교육수준 상승이 비록 성공적 경제발전을 위해 중요하지만 경제성장 모멘텀의 변화를 만들어 내는 데는 소극적인 역할passive role을 하게 될 수 있는 이유다.

로스(2000, 3장)가 논한 바와 같이, 다음의 세 가지 특징은 생산성이 높은 활동에 대한 탄력적 노동공급이 이루어지기 위해 필수적이다: (1) 생산성이 낮은 활동의 낮은 자본집약도로서, 이 점 때문에 이러한 활동들은 주로 자가고용 근로자self-employed workers로 구성되게 될 것이며, 따라서 이들의 소득은 한계생산성이 아니라 평균생산성에 의해 결정된다; (2) 특정 재화 및 서비스 공급에 있어서(예를 들어 어떤 소비재의 생산·마케팅과 일반적인 단순 서비스의 제공에 있어서) 생산성이 낮은 부문과 높은 부문 사이의 경쟁; 그리고 (3) 생산성이 높은 활동에서의 임금 프리미엄, 예를 들어 효율임금efficiency wages[5]과 관련된 임금 프리미엄.

구조적 이질성이 함의하는 바는 혁신적 활동들이 만들어내는 역동성과 연계의 강도가 경제 전체의 노동력 사용에 있어서 효율성, 즉 (다른 생산요소 특히 토지의 저수준 사용뿐 아니라) 노동의 저수준 고용의 정도를 결정한다는 것이다. 경제 전체 수준에서 볼 때 이 과정은 비슷한 특성을 지닌 칼도어주의적 성장-생산성 관계를 생기게 하는 것이지만, 이는 학습과 그리고 전략적 상호보완성의 발전과 연관되어 있는 미시·중시경제적 차원의 동태적 규모의 경제에 부가적인 것이다.

이 관계는 개발도상국의 경제 전체 생산성 증가를 이해하는데 핵심적인 것으로, 생산성 증가가 대개 역동적 경제성장의 원인이기보다는 *결과*인 이유를 나타낸다. 더욱이 이는 미시적 생산성 추세와 경제 전체의 생산성 추세가 다르게 나타날 수 있음을 함의한다. 실제로 어떤 경제주체들이 경쟁환경이 만들어낸 인센티브나 그들 자신의 학습노력으로 인해 기업 수준에서 급속한 생산성 증가를 경험하고 있을 수 있다는 사실은 경제 전체의 생산성도 동일한 변화를 보일 것임을 반드시 의미하지는 않는다. 그러한 과정 자체는 혁신적 활동에서 고용 감소를 유발할 수 있으며, 이는 생산성이 높은 다른 부문에서의 고용 증가로 상쇄되지 않으면 저수준 고용을 증가시키게 되고, 따라서 경제 전체의 생산성 증가에 역효과를 미칠 것이다. 이렇게 증가한 저수준 고용(그리고 궁극적으로 실업)의 부정적 효과가 미시경제적 효율성 이득을 압도할 수 있으며, 이는 매우 경쟁력 있는 일군의 기업들로 인하여 경제 전체의 생산성증가율 하락이 동반되는 역설paradox을 만들어 낼 수도 있다. 사실, 이는 1990년대 중남미의 한 특징이었다(ECLAC 2000, 1장).

탄력적 요소 공급의 개념은 천연자원과 인프라에도 똑같이 적용될 수 있다. "잉여물 출구vent for surplus" 모형은 유사한 조정메커니즘을 제공하는 것으로서, 여기에서는 경제성장에 수반되는 생산성 증가는 기존의 유휴idle 또는 저활용underutilized 천연자원 개발의 결과이다. 인프라, 특히 운송네트워크는 작게 나눌 수 없는 성격이 강하며, 주요 인프라 프로젝트는 그 편익이 장기에 걸쳐 있을 수 있다. 이 점이 지니는 한 가지 흥미로운 함의는, —교육에 대한 투자뿐 아니라— 인프라의 긍정적 효과가 다양한 내생적 성장 문헌에서 강조되는 것처럼 그것들이 만들

---

[5] 근로자의 생산성을 높이기 위해 기업 스스로 균형임금보다 높은 임금을 지급하는 것을 말한다.

어내는 외부효과를 반영할 뿐 아니라, (심지어 장기간에도 가변적인 활용도로 나타나는) 그것들의 고정적 또는 준고정적 특성도 반영할 수 있다는 것이다. 따라서 (예를 들면 급속한 도시화 기간 동안의) 인프라에 대한 "빅 푸시big push"와 연관된 낮은 생산성 증가 기간 이후 높은 생산성 증가가 뒤이어 발생할 수 있다. 이와 유사하게, 교육에 대한 빅 푸시는 경제성장률 상승으로 곧바로 이어지지 않을 수 있으나; 혁신 추진의 결과로 교육받은 노동력이 역동적 활동에 급속히 흡수되면, 이에 따라 생산성증가율이 높아질 수 있을 것이다.

혁신, 상호보완성 및 탄력적 요소공급의 상호작용

이들 요인의 상호작용은 구조적 전환과 그 특징인 동태적 효율성 수준에 대하여 근본적인 원동력essential driving force을 제공한다. 강한 상호보완성이 수반되면 혁신은 더 많은 노동자가 역동적 활동에 흡수되도록 할 것이다. 이에 따른 결과는 높은 투자와 가속화된 기술적 학습 및 제도적 발전의 선순환일 것이다. 또 한편으로는, 파괴적 힘destructive forces이 압도적일 수 있는바, 생산성과 경제성장의 둔화, 투자 감소, 잉여노동력의 저생산성 활동에의 흡수에 따른 구조적 이질성 증가, 생산감소 및 선진공업국 대비 기술격차 확대라는 악순환을 야기할 수 있다. 다음 절에서 살펴보는 것과 같이, 이러한 구조적 및 거시경제적 요인들 사이의 긍정적인 피드백은 상호 강화reinforce로 작용한다.

지금까지의 분석을 바탕으로, 표 3.1은 구조적 변화 과정에 대한 분류를 보여주고 있다. 먼저 두 극단적인 경우를 구분하는데, 이 둘을 깊은deep 그리고 얕은shallow 구조적 전환이라고 부를 것이다. 깊은 구조적 전환은 강한 학습(유발된 기술혁신을 포함)과 상호보완성(군집·특화의 경제와 지식파급)의 특징을 가지며, 따라서 강한 미시·중시경제적 동태적 규모의 경제, 그리고 저수준 고용 감소에 따른 추가적인 생산성 효과라는 특징을 가진다. 이는 대체로 개발도상국 세계에서 급속히 성장할 때 나타나는 사례이다. 다른 한편으로, 얕은 구조적 전환은 학습과 상호보완성 모두가 약한 특징을 가진다. 고전적으로 나타나는 얕은 구조적 전환으로서는 조립활동에 투입된 노동을 제외하고는 소재·부품 등의 국산화율local contents이 아주 제한적이거나 심지어 전혀 없는 고립적enclave 수출산업의 발전이 있다.

[표 3.1] 구조적 변화 과정의 분류

학습과정	상호보완성	
	강 함	약 함
강 함	깊은 Deep	짧은 호흡 Short-breath
약 함	노동 흡수 Labor-absorbing	얕은 Shallow

또한, 구조적 전환 과정 분류에는 두 가지 혼합적 사례가 있다. 하나는 강한 학습과 약한 연계성(예를 들면 높은 수입필요성에 기인한)을 결합한 것이다. 이러한 유형의 과정에서는 역동적인 부문에서 기업 수준의 높은 생산성 증가를 만들어내기는 하지만, 아울러 강한 구조적 이질성을 만들어낼 수 있다. 과거의 몇몇 수입대체 활동이 이러한 종류이다. 이는 짧은 호흡 short-breath 사례라고 부를 수 있는데, 부문적·시스템적 효과가 제한적임에 따라 초기의 혁신적 효과가 곧 소진되기 때문이다. 두 번째 혼합적인 사례는 강한 연계성과 약한 학습과정(관련기술이 단순함에 기인함)의 특징을 가진다. 이 유형의 구조적 전환에서는 기업 수준의 생산성 증가는 느릴 것이나, 전략적 상호보완성과 저수준 고용 감소와 관련된 경제 전체의 생산성 효과가 크게 발생한다. 노동집약적 수출의 발전이 딱 들어맞는 사례이다. 이러한 종류의 상황을 노동흡수 labor-absorbing 사례라고 부를 것이다.

이러한 분류는 국제경쟁력의 원천과 강도를 이해하는데 지극히 유용하다. 상호보완성은 이와 관련하여 결정적인 역할을 한다. 얕은 구조적 전환 과정에서, 경쟁력은 어떠한 시스템적 특징 systemic features도 지니지 않는다. 실제로, 천연자원 개발과 관련된 경우가 아니면 해당하는 활동들은 본질적으로 자유롭게 어디서든 할 수 있다. 천연자원 개발의 경우라 하더라도 입지적으로 자유롭다고 할 수 있는데, 이는 자원이 소진되면 그 활동은 쇠퇴하고 뒤에 발전이라고 할 만한 것이 거의 남겨지지 않을 것이라는 의미에서이다. 학습은 강하나 상호보완성이 약한 짧은 호흡의 경우, 경쟁력은 기업 고유의 firm-specific 장점에 기초할 것이나, 기업이 입지를 옮길 수 있으므로 경쟁력 우위가 불안정해질 수 있다. 그러나, 깊은 혁신의 경우와 그 정도는 약하나 노동흡수 전환의 경우, 경쟁력의 근본적인 원천은 시스템적인 것다. 이 경우 특화패턴은 더욱 안정적이게 된다. 심지어 도전에 직면했을 때에도 기존에 구축된 기술적 역량과 보다 폭넓은 발전 역량이 내생적인 적응적 혁신을 만들어낼 수 있다.

글로벌화는 국제 공급자 네트워크를 대규모로 사용하고 연구개발 노력을 중앙 집중화함으로써 새로운 활동으로의 진입비용을 줄이며, 글로벌 수준에서 특정 다국적기업 또는 부문의 생산성 증가를 촉진할 수 있다. 그러나 글로벌화는 또한, 각 지역의 관점에서 보면 얕음을 심화시키거나 기껏해야 짧은 호흡의 특성을 지니는 구조적 변화 과정들을 만들어낸다.[15] 따라서, 역동적 기업의 급속한 생산성 증가가 특정 국가 또는 지역의 급속한 GDP 성장을 수반하지 않을 수 있다. 이에 따른 저수준 고용의 증가는 경제 전체의 낮은 생산성 증가로 귀결될 것이다. 이 경우, 문제는 기업 수준에서의 낮은 생산성 증가 또는 미시경제적 효율성의 부족에 있는 것이 아니라는 것을 강조해야 한다. 문제는 실제로, 수출과 GDP 성장 사이의 약한 관계를 만들어내는 구조적 전환 과정이 가진 부정적 특성에 있다.

요인들 사이의 이러한 상호작용은 앞서 언급한 발전과정의 또다른 특징-경로의존성-도 설명한다. 이미 언급한 바와 같이, 학습과정은 대개 자기강화적self-reinforcing인 특화패턴을 발생시킨다. 그러나, 획득한 역량이 무형intangible인 정도가 클수록, 강한 구조적 충격(1990년대에 빅뱅이라고 불렸다)은 영구적인 역효과를 지닐 수 있는데, 이는 파괴가 일어나는 활동의 무형자산이 상실되고 새로운 활동에서 무형자산을 발전시키는데는 (학습) 시간이 걸리기 때문이다. 여기에는 제도적 과정의 경우도 포함된다: 과거의 제도가 파괴되고 새로운 제도가 발전하는데는 시간이 걸린다. 이러한 여건 아래에서는 기업의 방어적 구조조정(고정자산투자를 최소화하는 생산활동의 합리화)이 두드러질 것이다.[16]

부정적 거시경제적 충격 또한 파산기업들의 무형자산의 큰 상실로 이어질 수 있는데, 이는 또한 자중손실deadweight losses을 야기한다. 게다가 이는 장기적으로 성장가능성에 부담이 되는 과잉부채로 이어질 수 있다. 끝으로, 급속한 구조적 변화와 거시경제적 격변의 시기에는 불확실성이 증가하는데, 이는 과거의 패턴이 미래가 어떠할지에 관한 기대의 형성에 어떠한 종류의 가이드도 되지 않기 때문이다. 그래서 거시경제적 기대는 학습, 즉 시행착오의 영향을 받게 되며, 단기 성장경로와 장기 성장경로 사이의 연계를 강하게 한다(헤이만 2000). 더욱이 이는 기업 측면에서 투기적 행태뿐 아니라 방어적 구조조정을 조장한다. 그러나, 이러한 효과는 앞의 단락에서 논의한 바 있는 연결관계에 부가하여 나타나는 것으로서, 구조적 충격 그 자체에 대한 반응과 관련이 있다는 것을 강조할 필요가 있다. 그래서, 거시경제적 불안정성이 충격을 수반하지 않는 경우라 하더라도 방어적 반응이 두드러질 수 있으며, 특히 새로운 구조적 환경에서 성공할 수 있는 것이 거의 없다고 보는 기업에 있어서 그렇다.

끝으로, 표 3.1의 분류는 구조적 전환에 따른 어떤 사회적 효과들을 이해하는데 도움이 된다. 두 개의 특정한 이슈가 이와 관련이 있다: 구조적 전환이 생활수준에 미치는 효과와 구조적 이질성이 변화에 미치는 효과가 그것인 바, 이는 다시 소득분배에 영향을 미친다. 이와 관련하여, 깊은 구조적 전환은 생활수준의 급격한 상승을 특징으로 하는데, 반면 얕은 전환의 경우에는 정반대이다. 구조적 이질성의 변화는, 전자의 경우에는 혁신의 성격, 특히 혁신이 노동을 필요로 한다는 특성에 의존할 것이다. 따라서, (오늘날 전 세계적으로 기술변화의 일반적 특징인 것 같은) 숙련노동 편향성skilled-labor bias을 특징으로 하는 깊은 구조적 전환은, 비록 구조적 이질성과 소득불균등 증대를 동반하나, 생활수준의 급격한 상승이 발생하게 할 수 있다. 다른 한편, 짧은 호흡과 노동흡수 구조적 전환 사이의 근본적 차이는 구조적 이질성에 대하여 극명하게 다른 영향이다: 전자는 이질성을 증가시키지만, 후자는 명백히 반대일 것이다. 이러한 의미에서 노동흡수 전환은 저소득 국가에게 가장 매력적인데, 이는 노동흡수 전환이 단순한 기술에 기초하고 있으나 형평성에 대하여 긍정적 효과뿐 아니라 (생산성이 높은 부문으로의 노동흡수를 통해) 강한 수렴효과를 지닐 수 있기 때문이다. 낮은 진입비용 때문에 이들 활동은 수익성이 낮은 경향이 있으며, 국제수요가 급속히 증가하지 않으면 교역조건 악화가 일어날 수 있다(이는 여러 가지 이유가 있지만, 선진공업국이 이러한 부류의 생산을 개발도상국으로 이전하는 것을 둔화시키는 경우, 선진공업국의 보호주의에 기인한다).

구조적 동학과 거시경제적 동학 사이의 관계에 대한 단순한 모형화

구조적 동학과 거시경제적 성과 사이의 상호관련성은 경제성장과 생산성 사이의 이중적 관계를 사용하여 모형화formalize할 수 있다.[17] 한편으로, 경제성장은 앞 절에서 살펴본 세 가지 경로를 통해 생산성에 대해 긍정적 효과를 지닌다: (1) 학습 및 유발된 혁신과 관련된 미시경제적 특성의 동태적 규모의 경제;[18] (2) 부문

내 및 부문간 외부경제의 활용과 관련된 것(군집·특화의 경제와 지식파급); (3) 저수준 고용에 있어서의 변화(생산성이 높은 활동이 확대되면서 저수준 고용 근로자를 끌어들이는 것 또는 대안적으로 생산성이 낮은 산업이 과잉노동을 흡수하는 것)가 만들어내는 긍정적인 관계가 그것이다. 숙련노동자 풀pool과 인프라 사용에 있어서의 변화 또한 이러한 종류의 관계를 만들어낼 것이다. 칼도어(1978 1장 및 2장)의 용어를 사용하면, 이러한 생산성 및 생산 증가 사이의 관계를 *기술진보함수technical progress function*라고 부를 것이다.[19]

이 관계를 그림 3.1에서 TT곡선으로 나타낸다. 곡선의 위치는 생산성 증가를 결정하는 다른 요인에 의해 결정된다. 생산성 증가 관련 다른 요인들은 앞 절에서 살펴보았는데 다음과 같다: (1) 국제 계층구조 상 위치와 확보된 생산·기술 역량과 관련한 기회의 집합; (2) 이들 기회에 대한 기업가의 반응(이는 기업가의 "혁신성innovativeness" 정도라고 부를 수 있다); (3) 기업이 직면하는 인센티브(경쟁환경과 관련된 것이 이후 우리의 논의에서 초점이 될 것이다); 그리고 (4) 관련된 제도의 질 등이다.

두 번째 관계는 반대의 인과관계에 초점을 맞춘다: 생산성 증가는 경제성장을 높인다. 이 관계는 그림 3.1의 GG곡선으로 나타내는데 경제성장에 관한 문헌에서 강조되는 전통적인 거시경제적 관계이다. 다양한 경제학설들이 적어도 네 개의 경로를 식별하였다. 첫째, 기술변화는 총공급을 증가시킨다. 둘째, 기술변화는 새로운 투자기회를 만들어내며, 이 메커니즘을 통해 총수요를 견인한다; 금융 이용가용성은 이 과정을 촉진하는데 결정적인 역할을 한다. 셋째, 국내 저축 또는 대외 자금조달이 완전히 내생적이지 않은 경우, 저축 또는 국제수지가 총수요에 대한 유효한 제약이 될 것이며, 그래서 곡선의 모양을 결정할 것이다.[20] 넷째, 기술변화는 국제경쟁력을 향상시키고, 무역수지에 영향을 미치며, 그에 따라 총수요에 영향을 미친다; 그 경제가 외환제약을 겪는다면, 무역수지 적자 축소는 이 제약을 완화하고 그래서 또한 총공급효과를 지니게 된다.

TT곡선이 총생산함수가 아니라는 것을 유념하여야 한다. 그대신, TT곡선의 우상향 (+) 기울기는, 어떤 시점에 자원의 저수준 활용이 존재하며, 따라서 성장이 자원배분 개선을 유발한다(그리고 성장 부족은 특히 노동의 저수준 고용을 통해 자원이 잘 배분되지 못하게 한다)는 것을 함의한다. 그리하여 성장이 만들어

내는 선순환 효과를 통해, 성장은 총공급효과, 특히 유발된 생산성 개선 효과를 지닌다. 하지만, 케인즈주의적 성장모형에서의 전형적인 총수요 효과는 GG함수에서 파악된다. 유사하게, 상호보완성이 수요(케인즈주의적 승수Keynesian multiplier의 변화)효과뿐 아니라 공급(군집·특화의 경제와 지식파급)효과를 지님을 강조할 필요가 있다. 공급효과가 TT함수에서 파악되는 반면, 수요효과는 GG곡선에 영향을 미친다. 경제가 외환제약을 겪는다면, 이와 관련된 수입의존도의 변화는 이 경우 GG함수에 영향을 미칠 총공급 효과도 지닐 것이다.

두 곡선의 기울기가 (+)이기 때문에, 두 곡선이 파악하는 효과는 상호 강화하며, 따라서 번갈아 나타나는 긍정적 피드백을 만들어내고, 또한 부정적 피드백도 만들어낼 수 있다. 안정적 균형은 그림 3.1의 (가)와 같이 TT곡선이 GG곡선보

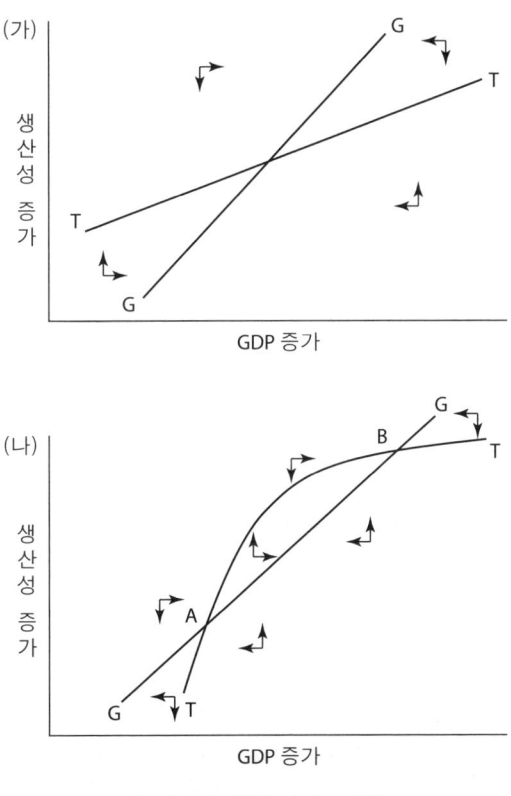

[그림 3.1] 생산성과 GDP 동학

다 완만할 때 존재한다. 케인즈주의적 모형과 외환갭 모형 – 여기에서 고려하는 두 개의 거시경제적 클로저closures – 에서, GG곡선의 기울기는 생산성에 대한 투자·수출·수입의 탄력성에 의해 결정될 것이다; 이들 탄력성이 상대적으로 낮으면 GG곡선의 기울기가 가파르고[6], 탄력성이 높으면 GG곡선은 평평할 것이다. 기술진보함수의 결정요인이 주어진 경우, TT곡선은 다음과 같은 조건이 우세할 경우 평평해질 것이다[7]: (1) 미시·중시경제적 동태적 규모의 경제가 강하지 않은 경우; (2) 노동의 저수준 고용이 심하지 않은 경우; 그리고 (3) 고정생산요소가 장기에 있어 아주 중요하지 않은 경우.

그러나, 초기에 (비숙련 그리고/또는 숙련) 노동의 저수준 고용 또는 인프라의 저수준 활용이 큰 상황에서, TT곡선의 기울기가 가파를 수 있다. 따라서 그림 3.1의 (나)는 TT곡선의 기울기가 초기에는 가파르나 경제성장률이 높아짐에 따라 완만해지는 경우를 보여준다. 이 경우, B점이 그림 3.1의 (가)에서와 비슷하게 안정적 균형이며, A점은 불안정적 균형이다. 안장점saddle point A에서 벗어나면 경제는 높은 수준의 새로운 안정적 균형점 B로 가거나, 아니면 저성장 함정으로 갈 것이다. 명백히, 곡선의 위치에 따라 폭발적인 선순환 또는 악순환을 만들어 낼 수 있는 다른 가능성들이 존재할 수 있다. 또한, 어떠한 것도 균형이 항상 (+)의 성장률에서 일어날 것을 보장하지 않는다.

여기서 보인 관계는 중기 또는 장기적 성격을 지닌 것으로 이해되어야 한다.[21] 그러나, 우리가 분석하고 있는 과정들 중 다수가 일정 기간 안에 일어나는 것이기 때문에 모형의 정상상태steady state[8] 특성은 실제로 흥미가 없다. 실제로 혁신은 기술진보함수를 이전시키는 "스퍼트spurt"로 볼 수 있으나, 혁신이 확산되어 시간이 지남에 따라 약해지는 경향이 있다. 그러므로 어떤 새로운 혁신 물결은 그림 3.2에서와 같이 TT곡선을 T′T′ 곡선으로 위로 움직이고 기울기를 가파르게 하며, 그럼으로서 생산성 및 소득 증가 모두를 가속화한다. 그러나, 이러한 특정 혁신 물결이 완전하게 활용되고, 혁신의 구조적 효과가 완전하게 전파되면, 그림

---

[6] 탄력성이 낮으면 가로축으로 표시되는 어떤 주어진 크기의 경제성장 상승을 위해 필요한 세로축으로 표시되는 생산성 증가가 클 것이기 때문에 GG곡선의 기울기가 가파르게 된다.
[7] 이들 조건은 경제성장 상승에 따른 생산성 증가를 작게 하며, 따라서 가로축으로 표시되는 어떤 주어진 크기의 경제성장 상승에 대해 세로축으로 표시되는 생산성 증가가 작기 때문에 TT곡선의 기울기가 완만해진다.
[8] 균형에 이르러 시간이 지나도 변화가 없는 안정적인 상태를 이른다.

3.2의 TT곡선으로 다시 하향이전하고 기울기가 완만해진다. 이때 생산성 및 GDP 성장이 둔화될 것이다.[22] 또한 (약화된 "동물적 충동animal spirits"으로 인해) GG함수가 왼쪽으로 움직이면 생산성 및 GDP 성장의 둔화가 가팔라질 것이다.

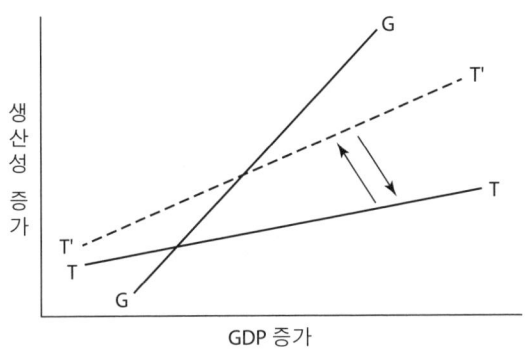

[그림 3.2] 새로운 혁신 물결의 효과

어떤 좋은 거시경제적 충격—외환제약 경제에서 대외 자금조달에 대한 접근의 개선과 케인즈주의적 모형에서의 투자에 긍정적 영향을 미치는 장기적 기대 또는 장기 투자자금 조달의 개선—은 그림 3.3에서와 같이 GG곡선을 G'G' 곡선으로 오른쪽으로 움직일 것이다. 기술진보함수에 요약되어 있는 미시·중시·거시적 관계는 이제 좋은 거시적 효과를 증폭시킨다. 부정적 거시경제적 충격은 반대의

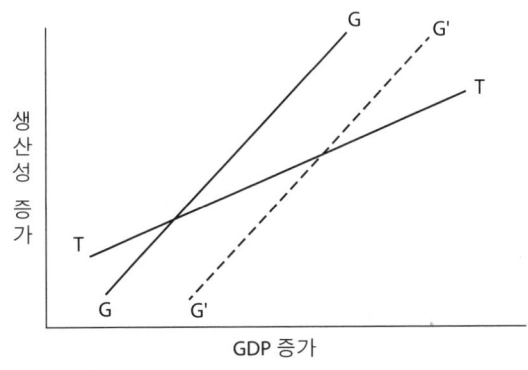

[그림 3.3] 좋은 거시경제적 충격의 효과

제3장 동태적 효율성 113

효과를 지닐 것이다. 여기에는 거시경제적 불안정성을 증대시키는 모든 요인들이 포함될 수 있다. 이 글의 앞 부분에서 논의된 고려사항들과 관련하여, *어떠한* 형태의 불안정성도 중요하며, 이러한 것에는 여러 가지가 있지만 특히 물가수준 또는 주요 상대가격의 불안정성, 경기변동 강도의 증가, 또는 공공·민간부문 부채의 지속가능성에 부정적 영향을 미치는 요인 등이 포함된다.

이 단순한 모형을 경제자유화 과정이 성장에 미치는 효과를 분석하는데 사용할 수 있다. 이를 위해, 경쟁과 혁신율 사이의 어떤 특정한 관계를 가정하여야 한다. 이 점에서, (슘페터까지 거슬러 올라가는) 어느 한 경제사상의 전통은 대기업이 혁신의 이익을 내부화할 수 있는 능력 - 이는 시장집중도와 혁신 사이의 (+)의 관계를 만들어낼 수 있다9) - 을 강조하였다. 이러한 전통과는 반대로, 자유화 견해를 지닌 신고전학파가 방어하는 바는 경쟁압력의 부족을 생산성에 부정적 효과를 지니는 요인으로 본다.

개혁과 생산성 사이의 또다른 관계 - 이는 앞서 언급하였다 - 는 구조적 충격을 특징짓는 불확실성이 기업들로 하여금 방어적 자세를 취하게 할 수 있다는 사실과 관련된다. 따라서, 어떤 충격에 대한 최초의 반응은 혁신과 투자의 새로운 물결이 아니라 합리화rationalization일 수 있다. 전자는 불확실성이 줄어든 뒤에 시차를 두고서만 일어날 수 있다. 만약 그렇다면, TT곡선은 영향을 받지 않거나 실제로 부정적 영향을 받을 수 있으며, 경쟁 증가에 따른 생산성에 대한 효과는 단지 일시적transitional일 것이다.

경쟁과 혁신에 관한 신고전학파 가정이 맞다면, 경제를 경쟁(대외경쟁을 포함)에 개방하는 것은 TT곡선을 위로 옮긴다. 이 경우에 자유화는 과거의 국가 개입주의적 환경state interventionist environments이 억압하였던 혁신성을 어느 정도 속박에서 벗어나게 한다. 국내 기업은 또한 수입 투입물·자본재에 대한 접근이 더 좋아질 것이다. 그러나, 이것만이 중요한 것이 아니다. 국내적 연계성과 기존 기술역량의 파괴는 반대의 효과를 지닐 것이다. 동태적 규모의 경제가 약한 활동에의 특화는 TT곡선을 더욱 평평하게 하는 경향이 있을 것이다. 기업이 위축되면 혁신적

---

9) 이는 슘페터가설에 관한 것이다. 시장구조와 혁신에 관한 슘페터가설은, 독점적 시장구조가 혁신을 촉진시키는데 도움이 되므로, 독점은 특정 시점에서는 경제의 효율성을 저해할 수 있으나, 동태적인 관점에서는 혁신을 촉진시키므로 완전경쟁보다 효율적이며, 특정 시점에서의 효율성 손실을 충분히 보상한다는 것이다.

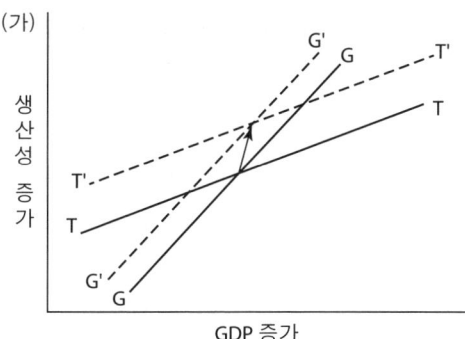

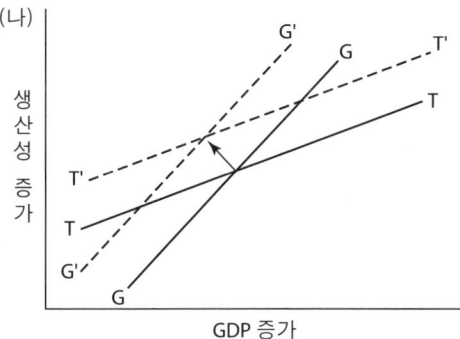

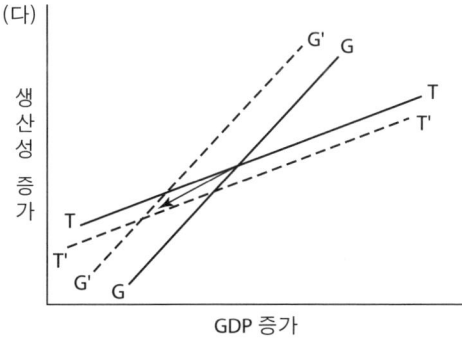

[그림 3.4] 사례 (가) : 강한 TT 효과, 약한 GG 효과
사례 (나) : 약한 좋은 TT효과, 강한 GG 효과
사례 (다) : 부정적 TT 및 GG 효과

인 활동과 관련된 고정비용을 커버할 수 있는 기업의 역량도 하락할 것이다. 이러한 역효과를 표현하는 한 가지 방법은 비록 경쟁이 생산성 증가에 미치는 미시경제적 효과가 (+)일 수 있더라도 중시경제적 (구조적) 요인이 반대일 수 있다고 이야기하는 것이다. 따라서 TT곡선에 대한 개혁의 순효과net effects는 불분명하다. 다른 한편, 케인즈주의적 메커니즘 또는 외환제약 경제의 특징인 공급효과를 통해, 무역 개혁이 만들어내는 수입성향의 증가는 GG곡선을 왼쪽으로 이동시키게 될 것이다.

그림 3.4는 (다른 결과도 가능하나) 세 가지 가능한 결과를 보여준다. 사례 (가)에서는 TT곡선에 대한 신고전학파 효과가 강하며, 약하게 GG곡선을 이동시키는 역효과를 압도한다. GDP와 생산성 증가 모두 빨라진다. 사례 (나)에서는 GG곡선에 대한 효과는 강한 반면, TT곡선에 대한 신고전학파 효과는 여전히 있으나 상대적으로 약하다. 생산성 증가는 빨라지나 전반적인 경제성장은 둔화된다. 이것이 지니는 함의의 하나는 노동의 저수준 고용과 실업이 증가하는 것이다. 사례 (다)에서는 TT곡선에 대한 부정적인 구조적 효과가 경쟁의 긍정적 효과보다 크며, 따라서 GDP 및 생산성 증가 모두 하락하게 한다. 저수준 고용과 실업이 급격하게 증가한다. 이는 자유화가 성장을 가속화할 것이라고 일반적으로 추측할 수 없다는 것과 자유화 옹호자가 강조하는 미시경제적 관계가 부정적인 구조적·거시경제적 효과에 의해 압도될 수 있다는 것을 함의한다.

정책적 함의

앞서의 분석은 인적자본의 형성과 인프라의 개발뿐 아니라 기본적인 사회적 계약의 안정성, 사업활동의 보호 및 효율적인 국가 관료를 보장하는 제도가 경제성장에 중요한 것은 확실하지만, 그 자체만으로는 성장 모멘텀에 영향을 미칠 가능성이 낮은 기본구조적 조건framework conditions의 역할을 한다는 것을 시사한다. 앞서의 분석은 또, 역동적인 생산적 발전productive development과 그것을 뒷받침하는 특정 제도들이 시장메커니즘에 따라 자동적으로 생기는 것이라는 가정은 잘못된 사실에 의해 입증된 것이기 때문에 버려야 한다는 것을 시사한다.

개발도상국 세계에서 급속한 성장을 위한 열쇠는 생산구조의 역동적인 전환을 목적으로 하는 전략을 (넓은 의미에서의) 적절한 거시경제적 여건 및 안정성과 결합하는 것이며; 성장의 분배효과distributive effects를 개선하기 위해, 그러한 전략은 생산구조의 구조적 이질성을 줄이는 것을 목표로 하는 정책으로 보완되어야 한다.

구조적 동학에 초점을 맞추는 것은 정책당국이 성장을 가속화하기 위해 목표로 삼아야 하는 특정 정책분야를 식별하는데 도움이 된다. 따라서, 다음과 같은 것들을 하기 위한 노력이 이루어져야 한다: (1) 넓은 의미에서 혁신, 그리고 이와 관련된 기술·생산조직·마케팅 분야에서의 학습과정을 장려하라; 개발도상국의 혁신이 주로 선진공업국으로부터 생산부문을 이전하는 것과 관련성이 큰 정도만큼, 생산구조의 다변화 전략은 혁신 증대에 핵심적이다. (2) 긍정적인 수요효과를 발생시키며 무엇보다도 해당 부문 및 경제 전체의 경쟁력 발전으로 귀결되는 공급효과를 발생시키는 상호보완성의 발전을 장려하라; 공급효과의 경우, 교역불가능한 투입물과 특화된 서비스에 대해 특별히 관심을 집중하여야 하며, 특히 특화된 투입물과 서비스(지식, 물류 및 마케팅 서비스)를 생산하는 부문의 발전, 강하고 심화된 국내 금융시스템, 그리고 적절한 인프라의 측면에서 그렇게 해야 한다. (3) 소기업의 발전이 훈련, 기술확산, 적절한 자금조달 경로, 그리고 다양한 형태의 소기업 협회의 진흥과 대기업과 소기업의 생산적·기술적·상업적 관계의 진흥을 통해 이루어지도록 장려하라.

현재의 글로벌 여건 아래에서 이러한 정책을 위한 기본 틀framework로서 역할을 하여야 하는 전략들의 다섯 가지 필수적인 특징을 다음과 같이 식별할 수 있다. 첫째, 개발도상국을 역동적인 글로벌 시장에 통합시키는 것을 강조하여야 한다. 둘째, 역동적인 혁신과정을 위해 결정적으로 중요한 개별 기업가의 이니셔티브와 정보 및 경제주체 간 조정 증대를 목적으로 하는 제도의 설립 사이에 적절한 균형이 존재하여야 한다. 제도 설립과 관련하여, 다양한 공공·민간기관의 조합이 각국의 전통에 맞게 고려되어야 한다. 더 나아가서, (예를 들면 통합과정의 기본 틀 안에서의) 초국가적인supranational 제도들, 국가적인national 제도들, 그리고 지방(분권화된)local(decentralized) 제도들의 다양한 조합도 디자인하여야 한다. 셋째, 수평적인 정책들과 선별적인 정책들의 조합이 있어야 한다. 실제로, 정책이 경쟁력 강화를 도모한다면 성공적 특화패턴의 강화와 (비교우위를 창출하는) 새로운 부문의 육성을 목적으로 하는 어느 정도의 선별성selectivity은 필수적이다. 더욱이, 예산제약 아래에서 "수평적" 정책은 상세하여야 하며, 따라서 필연적으로 선별적이게 된다. 이러한 종류로서 분명한 사례는 기술발전·수출진흥 자금에 의한 자원배분이다. 수평적 정책에 암묵적 선별성이 있다는 것을 인식하면, 대안적인 중립적 입장neutral stance의 경우에 비해 희소한 자원을 더 잘 배분하게 될 것이다. 넷째, 모든 인센티브는 성과에 기초하여 주어져야 하며, 이는 암스덴(2001)의 용어를 사용하면 "상호적 통제 메커니즘reciprocal control mechanisms"을 만들어낸다(하우스만과 로드릭 2003도 참고). 실제로, 제도적 구조 그 자체는 스스로의 학습경로 내에서 주기적으로 평가를 받아야 한다. 끝으로, 소기업이 성장을 위해 또 구조적 전환의 사회적 결과 개선을 위해 제공하는 기회들에 대해 특별한 관심을 가져야 한다.

하나의 복잡한 이슈가 국제규범, 특히 세계무역기구 규범의 틀과 양자·다자간bilateral and plurilateral 자유무역협정의 물결과 관련된다. 이와 관련하여, 비록 기존 협정 아래에서도 가능한 묘책의 여지maneuvering room를 활용하는 데 우선순위를 두어야 하는 것은 확실하지만, (UN의 논쟁에서 광범위하게 사용된 용어를 빌리면) 더 큰 정책공간policy space을 개발도상국 당국들이 이용할 수 있게 하여야 한다고 생각되는데, 그 이유는 정책 자율성이 무역협상에서 심각하게 제한되어 왔기 때문이다. 특히, 이 장에서 제시한 분석에 따르면, 개발도상국 당국이 혁신을 장려하고 경제발전에 필수적인 상호보완성을 창출하기 위해 선별적인 정책과 성과기준을 적용하도록 허용되어야 한다.

과거에는 국가 개발은행들이 새로운 활동들을 위한 자본 (특히 장기자본)의 이용가능성을 보장하는데 있어서 개발도상국 세계에서 결정적인 역할을 하였으며, 많은 지역에서는 여전히 그렇게 하고 있다. 민영화된 금융부문들이 이들 개발은행을 적절히 대체할 수 있을지 여부는 불확실하다. 민간 투자은행업과 벤처캐피탈이 가장 좋은 대안이나, 과거와 최근의 경험을 보면 이들이 개발도상국에서 적정한 규모로 확대하는 것은 자동적으로 이루지지 않으며; 실제 이들의 활동은 몇몇 선진공업국에 크게 집중되어 있다. 따라서 이러한 종류의 국제 서비스에 대한 접근은 혁신적인 활동들을 위한 금융을 보장하기 위해서는 극히 중요할 수 있으나, 중소기업에게는 불리하고 다국적기업이나 대기업에게는 유리한 편향성이 강하게 나타날 수 있다.

앞에서의 분석이 지니는 추가적인 함의는, 구조적 전환이 "한 번에 모든 것이 이루어지는once and for all"과정－이는 구조개혁에 관한 현재의 시각에 내재된 믿음이다－이 아니라는 것이다. 오히려 구조적 전환은 영속적인 과업으로서, 그 이유는 구조적 전환 과정이 지속적이며 각 단계에서 경제발전을 막는 장애에 직면할 수 있기 때문이다. 개발도상국에서의 혁신적 활동들이 대개 산업중심국가에서 과거에 만들어진 부문·기술의 확산에 따른 것인 만큼, 어떤 특정 시점에 이들 활동을 육성 대상으로서의 새로운 *유치 부문들*infant sectors의 집합(즉 유치 수출산업 infant export activities)으로 고려할 수 있다. 이와 관련하여, 개발도상국에서 유치 부문들의 성장을 진전시키기 위한 적절한 인센티브 및 제도와 함께, 이들 부문을 개발도상국으로 이전하는 것을 촉진하고 장려까지 하는 무역규범을 통해 이전을 진흥하는 수단들을 디자인하는 것이 필요하다. 과거에 혁신적인 활동을 진흥하기 위해 개발된 수단들이 이 목적으로 사용될 수 있으나, 상호의존성이 커진 세계경제에서 새로운 부문들의 성공적인 발전을 보장하는 것과 관련된 특정 이슈들을 해결하기 위해서는 기존의 수단들을 재조정하거나 새로운 제도가 만들어져야 할 것이다.

이 분석의 마지막 함의는 전환과정이 결코 순조롭지 않다는 것이다. 파괴는 창조의 한결같은 벗이며, 구조적 이질성은 경제발전 과정의 다양한 국면에서 증가할 수 있는 지속적인 특성이다. 분배 측면의 긴장distributive tensions은 아마 두 요인 모두와 관련될 것이다. 이와 관련하여, 어떤 유일무이한 쿠즈네츠 경로Kuznets trajectory[10]도 존재하지 않는데, 그 이유는 구조적 전환 또는 거시경제적 불균형의 결과로 경제발전 과정의 중간 단계에 구조적 이질성이 증가하는 기간들이 있을 수 있기 때문이다. 이러한 맥락에서, 역동성이 낮은 산업에서 역동성이 높은 산업으로 자원 이전을 촉진하는 것, 구조적 이질성을 증가시키는 전환과정을 회피하는 것, 그리고 생산성이 낮은 산업을 업그레이드하고 생산성이 높은 산업과의 긍정적 관계를 만들어내기 위해 노력하는 것은 보다 공정한 경제발전 과정을 이루는데 있어서 결정적인 요소일 것이다.

---

10) 쿠즈네츠의 역 U자형 가설에 관한 것이며, 이 가설은 경제발전 초기단계에는 소득분배의 불평등이 증가하나 일정한 소득수준에 이르고 나면 불평등이 줄어들기 시작한다는 것으로, 선진국들의 장기에 걸친 성장경험에서 도출되었다.

주 석

이 장의 내용은 *Beyond Reforms: Structural Dynamics and Macroeconomic Vulnerability* (스탠포드대학교 출판부, ECLAC 및 세계은행이 공동으로 2005년 발간)에 실린 논문을 수정한 것이다. 이 논문의 원저작권은 UN ECLAC에게 있다.

1. 최근의 문헌이 광범위하다. 가장 유용한 것들 가운데, 로머Romer(1986), 루카스Lucas(1988), 테일러(1991), 넬슨1996), 아기온과 호이트(1998), 로드릭1999, 2007), 로스(2000, 2013), 배로Barro와 살라이마틴Sala-i-Martin(2003), 오캄포, 라다Rada 및 테일러(2009), 린Lin(2012), 스티글리츠와 그린월드Greenwald(2014)를 보라.
2. 이 개념은 신고전학파 최적성장모형에서 사용되는 동태적 효율성의 개념과 완전히 다름에 유의하라.
3. 예를 들어 이스털리 외(1993)와 프리쳇(2000)을 보라.
4. 그럼에도 불구하고, 이들 변수 중 몇몇과 경제성장의 관계가 전통적으로 가정하는 것보다 훨씬 약하다는 것도 주장되어 왔다. 이는 특히 물적·인적자본과 관련하여 주장되어 왔다. 이스털리(2001, II부)를 보라.
5. 중간적인 대안도 있을 수 있다: 몇몇 변수가 성장 모멘텀을 가속화한다는 의미에서 성장을 "일으키지cause" 않을 수 있으나, 성장을 막을 수는 있다. 실제, 이는 이미 지적한 바와 같이 거시경제적 안정성의 경우에 해당된다.
6. 크립스Cripps와 탈링Tarling(1973)이 지적한 바와 같이, 이 패턴은 2차 세계대전 이후 황금기 post-WWII golden years에 늦게 산업화한 국가의 성장경험에 의해서도 확인된다.
7. 이후에서 기업 수준에서 특화가 증가하는 현상(범위의 경제)을 특화의 경제economies of specialization라고 부를 것인데, 이는 (아담 스미스Adam Smith의 연구에서와 같이), 그러한 특화의 기회가 시장규모에 의해 결정되며 그래서 우리가 아래에서 상호보완성이라고 부르는 중시경제적mesoeconomic 효과의 일부라고 가정할 것이기 때문이다.
8. 이는 중남미에서의 국가주도 산업화 시기를 분석할 때 일반적으로 무시된다. 수입대체는, 시대적 환경의 차이를 고려하여 보면, 1960년대 중반부터 시작된 선진공업국 세계가 개발도상국 수출에 대해 점진적이나 불완전하게 개방하였던 시기에 비해, 1930~1950년대의 폐쇄적 세계경제에서(그리고 19세기 후반 및 20세기 초의 산업화된 국가들의 세계를 특징짓는 보호무역주의 물결 속에서)는 보다 더 합리적이었던 것이 명백하다(베르톨라Bértola와 오캄포, 2012).
9. 기술 아웃소싱, 그리고 정보통신기술의 몇몇 특성이 기술 추종자technological followers가 기술의 학습 및 적응에 투자할 필요성을 줄였을 수 있다. 그러나, 그것들이 새로운 활동의 발전과 이들 활동과 관련된 투자 사이의 일반적인 관계를 완전히 제거하지는 않았다.
10. 뛰어넘기leapfrogging는 최신 (예를 들면 현대 정보통신) 기술의 채택에 관하여 일반적으로 사용되며, 어떤 특정 지역에서 이전의 기술이 사용되지 않았던 경우에도 그러하다. 그러나, 이

는 특정 시기에 특정 활동이 성공적으로 발전하기 위한 단지 한 가지 필요조건이다. 뛰어넘기는 국제 경제계층구조에서의 부상을 반드시 수반하지는 않으며, 이와 같은 의미로 뛰어넘기라는 용어가 사용되는 것이 적절하다.
11. 특히 넬슨과 윈터Winter(1982), 넬슨(1996), 도시 외(1988)를 보라. 그리고, 개발도상국과 관련하여, 카츠Katz(1987)와 랄(1990, 2003)을 보라. 유사한 개념이 "지식자본"이 "인적자본"의 한 형태인 몇몇 버전의 신성장이론에서 발전되었으며, 인적자본은 다음의 세 가지 고유한 특성을 지닌다: 특정한 사람들에 체화되며, 상당한 외부효과를 발생시킬 수 있으며, 획득비용이 든다(루카스, 1988). 그러나, 이들 이론은 이러한 속성의 기본적인 결과를 파악하지 않는다: 기업에 특정적임firm specificity과 어떤 주어진 생산부문 안에서 이질적 생산자가 공존하는 것. 이러한 사실은 "대표적 생산자representative producer"의 개념이, 경쟁의 속성과 시간이 지남에 따라 기업간·지역간·국가간 성장률의 차이가 확대되는 것을 결정하는데 핵심적 역할을 하는 요소를 제거하는 추상화라는 것을 시사한다.
12. 이는 또한 기술 창출에도 적용될 수 있다. 이러한 의미에서, 주요한 혁신들의 확률은, 심지어 그것들이 명백한 연구개발 노력의 결과인 경우에도, 기업의 축적된 기술지식과 생산경험에 의존한다.
13. 그동안 지적한 바와 같이, 이 요인은 선진공업국 세계에서도 전혀 없지는 않았다(크립스와 탈링 1973을 참고).
14. 이것은, 이주하는 숙련노동자가 이주한 국가에서 반드시 생산성이 높은 산업에 종사할 것임을 의미하지는 않는다. 사실상, 인적자본의 순손실net loss이 있을 수 있다.
15. 얕은 혁신의 한 가지 특별한 사례는, 그것이 (공급자 네트워크의 변화에 의해) 국내적인 수요 연계성을 약화시키고 연구개발을 해외에 집중시키는 경우, 다국적기업이 국내 기업을 인수하는 것이다. 값싼 노동력을 이용하여 단순 조립하여 수출하는 마킬라 수출Maquila exports은, 비록 저수준 고용을 줄일 수 있으며 조직·마케팅 혁신을 전파하는 메커니즘의 역할을 할 수 있으나, 비슷한 성격을 지닌다. 이러한 수출은 또한 시간에 지남에 따라 심화되고 점진적으로 국내적인 연계를 만들어낼 수 있으며, 그래서 노동흡수 혁신이 될 수 있다.
16. 이는 중남미 구조개혁에 대한 ECLAC 프로젝트의 핵심적인 결론인데, 이 프로젝트는 구조개혁에 대한 반응의 분류를 발전시켰다. 이 분류에 따르면, 공격적인offensive 자세는 단지 시차를 두고 - 특히 새로운 제도적 환경이 정착된 뒤에 - 나타난다. 스탈링스Stallings와 페레즈(2000) 및 카츠(2000)를 보라.
17. 이 모형의 초기 버전에 관해서는, 오캄포와 테일러(1998) 및 오캄포(2002)를 보라. 수학적 모형화는 오캄포, 라다 및 테일러(2009, 8장)가 제공한다.
18. 새로운 기술이 새로운 설비에 체화된 정도가 클수록, 급속한 성장이 야기하는 높은 투자율은 생산성 증가 효과가 클 것이며, 그래서 목록에 추가되어야 한다.
19. 이 주제에 관한 문헌에 따르면, 이를 칼도어-베르돌 함수Kaldor-Verdoorn function라고 부를 수 있다.

20. 거시경제적 조정에서의 갭gaps 분석에 관한 자세한 내용은 테일러(1994)를 참고하라. 잘 알려진 바와 같이, 저축의 조정은 경제활동의 변화(케인즈주의적 메커니즘), 저축성향이 높은 부문과 낮은 부문 사이의 소득재분배 특히 자본소유자와 근로자 사이의 소득재분배(칼레키주의적 메커니즘), 그리고 무역수지의 변화(대외저축external savings)를 통해서 일어난다. 어떤 메커니즘이 강한가에 따라 인플레이션 갭과 소득분배 투쟁이나 대외 갭external gaps이 일어날 것이다. 이 이슈들에 대한 자세한 분석에 관해 테일러(1991)를 보라.
21. 단기적인 가동률 변화와 관련된 생산성과 경제성장률 사이의 단기적 관계도 있다. 그러나 이러한 효과는 GG곡선에서 벗어나는 것으로 보아야 한다.
22. 물론, TT곡선이 원래의 위치로 돌아오지는 않을 것이다. 그림 3.2에서 원래 위치로 돌아오는 것으로 표현한 것은 단순화를 위해서이다.

참고 문헌

Aghion, Philippe, and Peter Howitt (1998), *Endogenous Growth Theory,* Cambridge, Mass., MIT Press.

Amsden, Alice (2001), *The Rise of the Rest: Non-Western Economies' Ascent in World Markets,* London, Oxford University Press.

Arthur, W. Brian (1994), *Increasing Returns and Path Dependence in the Economy,* Ann Arbor, University of Michigan Press.

Bairoch, Paul (1993), *Economics and World History: Myths and Paradoxes,* Chicago, University of Chicago Press.

Balassa, Bela (1989), *Comparative Advantage Trade Policy and Economic Development,* New York, New York University Press.

Barro, Robert J., and Xavier Sala-i-Martin (2003), *Economic Growth,* New York, McGraw-Hill.

Bértola, Luis, and José Antonio Ocampo (2012), *The Economic Development of Latin America since Independence,* New York, Oxford University Press.

Chang, Ha-Joon (1994), *The Political Economy of Industrial Policy,* London, Macmillan and St. Martin's Press. Second edition, London, Macmillan Press, 1996.

Chenery, Hollis, Sherman Robinson, and Moshe Syrquin (1986), *Industrialization and Growth: A Comparative Study,* The World Bank, Oxford University Press.

Cripps, T. F., and R. J. Tarling (1973), "Growth in Advanced Capitalist Economies 1950-1970," *Occasional Paper* 40, University of Cambridge, Department of Applied Economics.

Dosi, Giovanni, Christopher Freeman, Richard Nelson, Gerald Silverberg, and Luc Soete eds. (1988), *Technical Change and Economic Theory,* Maastricht Economic Research Institute on Innovation and Technology (MERIT)/The International Federation of Institutes for Advanced Studies (IFIAS), London and New York, Pinter Publishers.

Easterly, William (2001), *The Elusive Quest for Growth: Economists' Adventures and Misadventures in the Tropics,* Cambridge, Mass., MIT Press.

Easterly, William, Michael Kremer, Lant Pritchett, and Lawrence Summers (1993), "Good Policy or Good Luck? Country Growth Performance and Temporary Shocks," *Journal of Monetary Economics,* 32, December.

ECLAC (Economic Commission for Latin America and the Caribbean) (2000), *Equity, Development and Citizenship,* Santiago, Chile.

──── (1990), *Changing Production Patterns with Social Equity,* Santiago, Chile.

Eichengreen, Barry, Donghyun Park, and Kwanho Shin (2012), "When Fast Growing Economies Slow Down: International Evidence and Implications for China," *Asian Economic Papers,* 11, pp. 42-87.

──── (2013), "Growth Slowdowns Redux: New Evidence on the Middle-Income Trap," *NBER Working Paper* no. 18673.

Fajnzylber, Fernando (1990), "Industrialization in Latin America: From the 'Black Box' to the 'Empty Box,' " *Cuadernos de la CEPAL,* no. 60, Santiago, Chile.

Fujita, Masahisa, Paul Krugman, and Anthony J. Venables (1999), *The Spatial Economy: Cities, Regions and International Trade,* Cambridge, Mass., MIT Press.

Freeman, Chris, and Luc Soete (1997), *The Economics of Industrial Innovation,* 3d ed., Cambridge, Mass., MIT Press.

Furtado, Celso (1961), *Desarrollo y Subdesarrollo,* Colección Cuadernos 196, Buenos Aires, Editorial Universitaria.

Gerschenkron, A. (1962), *Economic Backwardness in Historical Perspective,* Cambridge, Mass., Harvard University Press.

Grossman, Gene M., and Elhanan Helpman (1991), *Innovation and Growth in the Global Economy,* Cambridge, Mass., MIT Press.

Hausmann, Ricardo, and Dani Rodrik (2003), "Economic Development as Self-Discovery," *Journal of Development Economics,* 72: 603-633.

Helleiner, Gerald K. ed. (1994), *Trade Policy and Industrialization in Turbulent Times,* New York, Routledge and UNU/WIDER.

Heymann, Daniel (2000), "Major Macroeconomic Upsets, Expectations and Policy Responses," *CEPAL Review,* no. 70 (LC/G.2095-P), Santiago, Chile.

Hirschman, Albert O. (1958), *The Strategy of Economic Development,* New Haven, Conn., Yale University Press.

Kaldor, Nicholas (1978), *Further Essays on Economic Theory,* London, Duckworth.

Katz, Jorge (2000), *Reformas estructurales, productividad y conducta tecnológica,*

Santiago, Chile, Economic Commission for Latin America and the Caribbean (ECLAC)/Fondo de Cultura Económica.

——— (1987) "Domestic Technology Generation in LDCs: A Review of Research Findings," *Technology Generation in Latin American Manufacturing Industries,* Jorge Katz ed., London, Macmillan.

Keesing, Donald B., and Sanjaya Lall (1992), "Marketing Manufactured Exports from Developing Countries: Learning Sequences and Public Support," in Gerald K. Helleiner ed., *Trade Policy, Industrialization, and Development: New Perspectives,* New York, Oxford University Press and WIDER.

Krugman, Paul (1990), *Rethinking International Trade,* Cambridge, Mass., MIT Press.

Lall, Sanjaya (1990), *Building Industrial Competitiveness in Developing Countries,* Paris, OECD Development Center.

——— (2003), "Technology and Industrial Development in an Era of Globalization," in Ha-Joon Chang ed., *Rethinking Development Economics,* London, Anthem Press, chap. 13.

Lewis, W. Arthur (1969), *Aspects of Tropical Trade, 1883-1965,* Stockholm, Almqvist & Wicksell, Wicksell Lectures.

——— (1954), "Economic Development with Unlimited Supplies of Labor," *Manchester School of Economic and Social Studies,* 22, May.

Lin, Justin Yifu (2012), *The Quest for Prosperity: How Developing Countries Can Take Off,* Princeton, N.J., Princeton University Press.

Lucas, Robert E., Jr. (1988), "On the Mechanics of Economic Development," *Journal of Monetary Economics,* 22, 1, July.

Maddison, Angus (2001), *The World Economy - A Millennial Perspective,* Paris, Development Centre Studies, OECD.

——— (1991), *Dynamic Forces in Capitalist Development: A Long-Run Comparative View,* London, Oxford University Press.

Myint, H. (1971), *Economic Theory and the Underdeveloped Countries,* New York, Oxford University Press.

Nelson, Richard R. (1996), *The Sources of Economic Growth,* Cambridge, Mass., Harvard University Press.

Nelson, Richard R. and Sidney G. Winter (1982), *An Evolutionary Theory of Economic Change,* Cambridge, Mass., Belknap Press of Harvard University Press.

Ocampo, José Antonio (2008), "A Broad View of Macroeconomic Stability," in Narcis Serra and Joseph E. Stiglitz eds., *The Washington Consensus Reconsidered,* New York, Oxford University Press, chap. 6.

——— (2005), "The Quest for Dynamic Efficiency: Structural Dynamics and Economic Growth in Developing Countries," in José Antonio Ocampo ed., *Beyond Reforms: Structural Dynamics and Macroeconomic Vulnerability,* Palo Alto, Calif., Stanford

University Press, World Bank, and ECLAC, chap. 1.
──── (2002), "Structural Dynamics and Economic Development," in Valpy FitzGerald ed., *Social Institutions and Economic Development: A Tribute to Kurt Martin*, Institute of Social Studies, Dordrecht, Kluwer, chap. 4.
──── (2001), "Raul Prebisch and the Development Agenda at the Dawn of the Twenty-First Century," *CEPAL Review*, no. 75, December.
──── (1986), "New Developments in Trade Theory and LDCs," *Journal of Development Economics, 22*, 1, June.
Ocampo, José Antonio and Lance Taylor (1998), "Trade Liberalisation in Developing Economies: Modest Benefits but Problems with Productivity Growth, Macro Prices, and Income Distribution," *Economic Journal*, 108, 450, September.
Ocampo, José Antonio, Codrina Rada, and Lance Taylor (2009), *Growth and Policy in Developing Countries: A Structuralist Approach*, New York, Columbia University Press.
Ohlin, B. (1933), *Interregional and International Trade*, Cambridge, Mass., Harvard University Press.
Perez, Carlota (2002), *Technological Revolutions and Financial Capital. The Dynamics of Bubbles and Golden Ages*, Edward Elgar, Cheltenham, UK.
──── (2001), "Technological Change and Opportunities for Development as a Moving Target," *CEPAL Review*, no. 75, Santiago, Chile.
Pinto, Aníbal (1970), "Naturaleza e implicaciones de la 'heterogeneidad estructural' de la América Latina," *El Trimestre Económico*, vol. 37, no. 1, México, D. F., Fondo de Cultura Económica, January-March; reprinted in *Cincuenta años del pensamiento en la CEPAL*, vol. 2, Santiago, Chile, CEPAL/Fondo de Cultura Económica, 1998.
Prebisch, Raúl (1964), *Nueva política comercial para el desarrollo*, Mexico, Fondo de Cultura Económica.
──── (1951), "Theoretical and Practical Problems of Economic Growth" (E/CN.12/221), Mexico City, Económic Commission for Latin America (ECLA).
Pritchett, Lant (1997), "Divergence, Big Time," *Journal of Economic Perspectives*, 11, 3, summer.
──── (2000), "Understanding Patterns of Economic Growth: Searching for Hills among Plateaus, Mountains and Plains," *World Bank Economic Review*, 14, 2.
Robinson, Joan (1962), *Essays in the Theory of Economic Growth*, London, Macmillan.
Rodríguez, Francisco, and Dani Rodrik (2001), "Trade Policy and Economic Growth: A Skeptic's Guide to the Cross-National Evidence," *NBER Macroeconomics Annual 2000*, vol. 15, Ben S. Bernanke and Kenneth Rogoff eds., Cambridge, Mass., MIT Press.
Rodrik, Dani (2014), "The Past, Present and Future of Economic Growth," in Franklin Allen et al., *Toward a Better Global Economy*, London, Oxford University Press,

chap. 2.

──── (2007), *One Economics, Many Recipes: Globalization, Institutions and Economic Growth,* Princeton, N.J., Princeton University Press.

──── (1999), *The New Global Economy and Developing Countries: Making Openness Work,* Overseas Development Council, Washington, D.C.

Romer, P. M. (1986), "Increasing Returns and Long-Run Growth," *Journal of Political Economy,* 94.

Ros, Jaime (2013), *Rethinking Economic Development, Growth and Institutions,* London, Oxford University Press.

──── (2000), *Development Theory and the Economics of Growth,* Ann Arbor, University of Michigan Press.

Rosenstein-Rodan, P. N. (1943), "Problems of Industrialization of Eastern and South-Eastern Europe," *The Economic Journal,* 53, June-September.

Schumpeter, Joseph (1962), *Capitalism, Socialism and Democracy,* 3d ed., New York, Harper Torchbooks.

──── (1961), *The Theory of Economic Development,* London, Oxford University Press.

Solow, Robert M. (2000), *Growth Theory: An Exposition,* 2d ed., New York, Oxford University Press.

──── (1956), "A Contribution to the Theory of Economic Growth," *Quarterly Journal of Economics,* 70, 5.

Stallings, Barbara, and Wilson Peres (2000), *Growth, Employment and Equity: The Impact of the Economic Reforms in Latin America and the Caribbean,* Santiago, Chile, Economic Commission for Latin America and the Caribbean (ECLAC)/Fondo de Cultura Económica.

Stiglitz, Joseph E., and Bruce Greenwald (2014), *Creating a Learning Society: A New Approach to Growth, Development, and Social Progress,* New York, Columbia University Press.

Taylor, Lance (1994), "Gap Models," *Journal of Development Economics,* 45: 17-34.

──── (1991), *Income Distribution, Inflation, and Growth. Lectures on Structuralist Macroeconomic Theory,* Cambridge, Mass., MIT Press.

van Wijnbergen, Sweder (1984), "The Dutch Disease: A Disease After All?" *Economic Journal,* no. 94.

PART II
개발금융

—— 제 4 장 ——

불확실성, 투자, 그리고 금융
Uncertainty, Investment, and Financing

– 국가 개발은행의 전략적 역할 –

주앙 카를로스 페하즈 João Carlos Ferraz

> 개발은행은 고유의 특성을 가지고 있는 기관이며,
> 예외적인 사례가 아니다.

국가 개발은행national development banks(DBs)은 종종 개발도상국 또는 불완전한 금융시장에서 전형적으로 존재하는 "특이한exotic" 기관으로 간주되곤 한다. 전 세계에서 경제발전, 특히 제2차 세계대전 이후의 경제발전에 있어 국가 개발은행들이 적절하게 공헌해 온 바 있지만, 최근의 두 가지 경제현상은 개발은행에 대한 대개의 이념 편향적인 평가의 허점을 밝히고 여러 다른 경제권에서 수행한 개발은행의 전략적 역할을 조명하는 데에도 도움이 된다.

그 첫 번째 현상으로는 최근의 금융위기를 들 수 있다. 심각한 금융위기 시의 국가, 그리고 공공정책의 중요성에는 의문의 여지가 없다. 여러 다른 국가 또는 지역들의 경험에서 볼 수 있듯이, 극단적으로 심각한 금융환경에서는, 가장 최근의 위기 상황에서처럼, 다양한 형태와 내용을 가진 즉각적이고 효과적인 조치들이 요구된다. 확장적인 통화·재정정책이 결정적인 역할을 하기는 했지만, 여러 나라들에서 개발은행이 수행한 경기 대응적인countercyclical 역할 또한 민간은행들이 신용 공급을 축소함에 따라 절실히 필요해진 신용을 경제시스템에 제공한다는 면에서 대단히 중요했다고 할 수 있다. 개발은행의 두 번째 역할은 개발 관점에서 더욱 중요한 것으로서, 구조적 변환을 유도하기 위한 관여engagement와 관련된 것이다.

본 장에서는 국가 개발은행들의 구조적인 특징과 함께, 장기 투자를 위한 금융에서의 그들 역할에 대해 고찰하는 것을 목표로 하고 있다. 지금부터 주장하는 것들은 세 가지 주요 논의의 흐름에 따라 전개되고 있다. 첫째, 투자 및 이를 위한 금융의 과정은 여러 유형의 불확실성과 강력한 상호 연관성을 가진다는 것. 둘째, 다양한 경제들에서 개발은행들이 수행하는 역할을 올바르게 평가하기 위해서는 개발은행의 구조, 행태, 그리고 성과에 대해 정확하게 이해해야 한다는 것. 셋째, 개발은행들이 (자원배분을 통해) 특정한 또는 여러 유형의 불확실성과 밀접하게 연관되어 있는 대단히 도전적인 투자 프로젝트들에 대해 기꺼이 지원하고자 하는 의지를 보여 왔다는 것 등이다. 이와 같은 분석은 좋을 때나 나쁠 때나 각각 발전단계는 달라도 경제구조 변환을 위해서는 개발은행이라는 존재가 적절하다는 것을 보여주고 있다. 그럼에도 불구하고 개발은행과 관련해서는 앞으로도 해야 할 일들이 많으며, 본 장에서는 이처럼 고유한 특성을 지닌 이들 기관에 대한 연구 의제들을 제안하고자 한다.

본 장은 서론과 결론을 포함하여 모두 일곱 개의 절로 이루어져 있다. 이어지는 절에서는, 우선 금융시장의 본질에 대해 간략하게 논의한다. 그리고 거기에서부터 불확실성과 금융에 관한 논의를 지속적으로 이어감으로써 이후의 절들에서 다루어지는 실증적 분석을 위한 토대를 제공한다. 네 번째 절은 개발은행의 구조적이고 조직상의 특성을 기술하기 위해 정량적, 정성적 정보를 제공한다. 다섯 번째 절에서는 대표적인 국제적 개발은행 네 곳에 대해 핵심 역량, 활동 분야, 재무적 성과 등에 초점을 맞춘 비교분석이 이어질 것이다. 여섯 번째 절은 투자와 관련된 불확실성에 직면하여 개발은행이 거둔 성과에 대한 분석에 집중하고 있다. 마지막 절에서는 주요 연구결과와 주장들을 요약하고 개발은행에 대한 연구 의제를 제시한다.

금융시장은 효율적으로 작동하는가?

개발은행들이 지난 수십 년간 지녀 온 중요성에 비추어 볼 때, 그들에 대한 지적인 토론은 충분하지 않았다.

보다 기본적인 차원에서 상호 연관되어 있기도 한 두 가지 논쟁의 구도를 파악할 수 있다. 먼저, 강한 이념적 편향성을 나타내는 측에서는 민간 금융시장의 미덕이 엄연히 존재하는 상황에서 개발은행이 얼마나 불필요한 존재인지를 입증하고자 하는 반면, 개발은행의 옹호자들은 민간 금융시장이 가지고 있는 위험을 입증함으로써 투자자금 공급에 있어 국가의 능동적 역할이 필요하다고 주장하고자 한다. 두 번째는 개발은행을 비판하는 사람들이 공격수단으로 대단히 선호하는 것으로서, 정치가 개발은행의 효율성과 유효성에 큰 영향을 미친다는 것이다. 통상 이러한 유형의 문헌들은 출발 시점부터 이미 답이 정해져 있기 때문에, 특정 경제에서 개발은행이 수행하는 역할에 대해 올바르게 이해하는데 실질적으로 도움이 되지 않는다.

하지만 본질을 다루는 연구도 존재한다. 루나-마르티네즈Luna-Martinez와 비센테Vicente(2012), 그리고 페하즈Ferraz와 알렘Além, 마데이라Madeira(2013)가 살펴보았던 것처럼, 그런 연구들은 주로 경제성장에 있어서의 금융시스템의 역할에 관한 보다 광범위한 연구 프로그램의 일환으로 이루어진다. 본 논문의 목적을 달성하기 위해서는 두 가지 다른 접근법을 활용하는 것이 적절할 것이다. 하나는 역사적인 또는 제도적 성격의 접근법이며 다른 하나는 개념적 측면에 기반한 접근법으로, 후자는 금융억압financial repression 및 신용할당credit rationing이라는 서로 다른 이론적 갈래로 세분할 수 있다.

역사적/제도적 접근법은 거셴크론Gerschenkron(1973)의 연구에 크게 영향 받은 것으로, 시기와 국가에 따라 다르게 나타나는 금융시스템의 구조적 특징을 알아내는데 초점을 두고 있다. 이들은 하나의 단일한 금융구조를 일반적인 모델로 인식하지 않으며, 금융시스템은 각국의 변화하는 필요에 따라 발전하며 자본시장과 민간 은행신용, 공적 금융 사이에는 끊임없는 상호작용과 위상의 변화가 일어난다고 주장한다.

하지만, 민간업계에 대한 구축(驅逐)효과crowding-out effect, 금융의사 결정과 관련하여 정치적 영향력이 행사될 가능성을 "열어놓는 것openness", 그리고 특정 경제적 집단에 대한 자원의 임의적 배분("승자 고르기picking winners") 등 특히 이 세 가지 주요 쟁점과 관련하여 개발은행을 비판하는 학자들도 있다(라자리니Lazzarini 외 2015). 마추카토Mazzucato와 펜나Penna(2015), 그리피스-존스Griffith-Jones(2013),

레젠데Rezende(2015)의 연구는 특히 이러한 비판들에 대해 논의를 전개하고 이들 주장이 가진 약점을 보여준다.

"구축효과"에 대한 주장에 대해서는 민간업계가 단기적 영업활동을 선호한다는 점을 내세운다. 즉, 민간 금융기관은 주로 단기적인 영업활동을 통해 이익을 얻지만, 그들의 자산과 부채로는 장기자금을 지속적으로 공급하기 어려워 부정적인 결과를 초래하게 된다는 것이다. 이러한 관점에서, 개발은행은 장기적인 안목의 대차대조표를 가지고 구조적으로 (장기)투자를 지원할 준비가 되어 있으며, 심지어는 잘 하면 민간업계를 끌어들일 수 있는 새로운 틈새niches 금융시장을 "출범inaugurate"시킬 수도 있다. 이러한 의미에서 이들의 개발 관련 역할을 고려하여 "유인crowding in" 기관이라는 말로 개발은행을 더 잘 표현할 수도 있다.

정치적 영향력과 관련된 주장에는 두 가지 차원이 있다. 먼저, 전략적 중요성을 가지는 공적 기관으로서의 개발은행이 권한을 보유한 당국이 정치적 영역에서 정한 정책적 방향과 우선순위를 따라야 하는 것은(대부분이 따르고 있다) 자연스럽고 정당한 것이다. 정치적 우선순위 배분은 민주주의 국가에서 국민들이 투표를 통해 특정한 개발 관련 방침에 대한 선호를 정할 때 그 중요성이 더욱 분명해진다. 두 번째로는, 정실주의cronyism의 위험을 어떻게 경감시킬 수 있을까? 이 경우에 대해서는 개발은행은 명시적으로 분리된 기능, 인적 의존 없는 합의제 의사결정 과정, 그리고 독립적인 이사회를 보유해야 하며, 외부적으로는 명확한 은행감독을 받아야 한다. 이러한 것들이 개발은행이 정치권력의 영향에 대응하여 올바르게 방어할 수 있게끔 갖추어야 할 요소들이다.

마지막으로, 자금의 재량적 배분이라는 쟁점과 관련해서 많은 비판이 있다. 금융 "억압"이라는 접근법을 지지하는 사람들에게 있어서, 경쟁시장의 대원칙이 지배하고 있으며 따라서 시장 메커니즘은 금리의 신축적 변동을 통해 금융자원의 수요와 공급을 최적의 상태가 되도록 조절할 충분한 능력이 있다(걸리Gurley와 쇼Shaw 1955; 매킨넌McKinnon 1973). 금리를 통제하려 하거나 또는 공적 금융기관을 통한 시장개입은 실패할 수밖에 없으며, 시장개입은 금리를 균형금리보다 못한 수준으로 유도함으로써 시장의 효율적 조정을 막고 결과적으로 민간 금융기관들의 발전을 저해한다는 것이다.

개발은행 비판론자들은 승자 고르기는 정당화될 수 없다고 주장한다. 이는 관료집단bureaucracies이 승자를 올바로 선택할 수 있는 적절한 수단과 지식을 가지고 있지 못하거나, 또는 승자들은 시장에서도 자금을 조달할 수 있는 것이 일반적이기 때문이다. 이러한 비판의 가장 중요한 결함과 구조적 약점은, 투자자가 투자에 필요한 자금을 조달하기 위해 시장금리보다 높은 금리를 지불하고자 하더라도 은행이 자금지원을 거절하거나, 또는 주어진 기회비용 하에서 투자를 정당화하기 어려운 수준의 가격을 책정하는 상황(신용할당)이 발생할 가능성을 인식하지 못하고 있다는 것이다. 이와 같은 상황에서는 "가격"(금리)의 불일치보다는 공급의 제한이 중요한 문제로 떠오르게 될 것이다. 그러므로 신용할당 측면의 접근은 개발은행의 존재를 정당화하는 것으로서, 개발은행이 투자에는 필요하나 민간 금융시스템에서는 제공되지 않는 신용을 공급하기 때문이다.

그러나 신용의 수요와 공급 사이의 상호작용 외에, 공적 기관이 개발 유도 역할을 수행할 수 있다는 점을 고려하게 되면 논쟁이 훨씬 더 심화된다. 이쪽 방면으로는 폴라니Polanyi(2001)로부터 영향 받은 마추카토와 펜나(2015)가 "시장을 형성하고 창출하는데 있어서"의 국가의 역할을 옹호한다. 만약 투자자금을 공급하는데 있어 다양한 시장을 통한 포트폴리오 접근 방식을 활용하고자 하는 경우, 국가는 이러한(시장을 형성하고 창출하는) 역할을 수행함으로써 위험을 부담하고 또한 보상도 얻을 수 있게 되는 것으로서, 이는 산업정책과 관련하여 로드릭Rodrik(2013)이 옹호하고 있는 입장이기도 하다.

개발을 구조적 변화로 이해하여 주목하면, 불확실성이라는 개념이 근본적인 중요성을 가지게 된다. 구조적 변화에 기반한 개발 과정이라는 말은 미래에 일어날 일들에 대한 확률적 정보가 존재하지 않는다는 것을 내포한다. 자원배분을 위한 의사결정 시점과 결과가 나오는 시점 간에는 시차가 있으므로, 의사결정 주체는 미래 수익에 대한 기대에 따라 행동하게 된다. 게다가 상당 부분 자원배분에 관한 의사결정은 돌이킬 수 없다. 이렇게 자원배분의 성질에 따라 영향은 다르다 하더라도, 모든 경제적 의사결정에는 불확실성이 존재하고 있다. 예를 들어 단기적인 생산의사 결정은 덜 복잡하므로 과거의 사례로부터 적절히 어림잡아서 늘 하듯 그렇게 이루어진다. 그런데, 투자의사 결정은 케인즈Keynes(1936, 1939)가 지적한 바와 같이 훨씬 더 복잡한 양상을 띤다.

투자의사 결정은 예상되는 수익성과 유동성에 따라 분류한 다양한 종류의 자산에 자본을 투입하기 위한 여러 가지 선택에 바탕을 두고 이루어진다. 한 쪽 끝이 화폐를 보유하는 선택이라면 이는 유동성은 가장 높으나 수익성은 극히 낮은 의사결정이며, 이와 반대되는 극단적 선택으로는 장기적인 투자가 있다. 이러한 논의와 관련하여, 레젠데(2015)는 개발은행의 역할에 대해 시장실패의 개념이 아닌 금융 불안정성의 이론에 기반을 둔 실질적인 논의가 이루어질 필요가 있다고 지적하고 있다. 투자의 본질, 여러 다양한 종류의 불확실성, 그리고 금융이 어떤 연관성을 가지는지에 대해서는 후술하고자 한다.

투자에 불확실성이 원천적으로 내재되어 있다면, 이에 대한 구체적 파악이 필요하다!

경제의 구조적 변환을 이끄는 개발 프로젝트들이 맞게 되는 불확실성을 예비적 시도 차원이기는 하지만 논리적 관점에서 네 가지로 나누어 볼 수 있다. 즉, 프로젝트 자체의 복잡성, 투자기간, 주된 경제여건, 그리고 개발과 관련된 예기치 못한 도전 등이 그것이다. 이러한 불확실성들이 투자 프로젝트, 특히 경제의 구조적 변환을 이끌어 내는 프로젝트에 본질적으로 내재되어 있다면, 그러한 프로젝트를 위한 금융은 어떻게 이루어져야 하는가? 자본시장과 민간은행들만으로 충족될 것인가? 그렇지 않으면, 개발은행이 프로젝트와 관련한 불확실한 금융의 뒤를 받치는 유일한 주체가 될 수 있는가? 만일 민관의 협력이 다양한 방식으로 널리 시행되면 금융산업이 보다 활기를 띠고 개발은 더 용이해지지 않을까?

구조적 변환이라는 목표 하에서, 개발 프로젝트는 지방, 지역 또는 국가적 수준에서 경제를 변화시키려는 목적을 가진다. 개발 프로젝트 가운데 인프라 및 혁신 프로젝트가 특히 중요하다. 또한, 개발 프로젝트는 중소기업을 지원하거나 인수합병을 통해 특정 일군의 기업들을 강화함으로써 기술적이거나 또는 기업 수준에서의 규모와 범위의 경제, 그리고 기업 국제화를 촉진하는 것과도 연결될 수 있다.

개발 프로젝트의 복잡성은 특히 기술혁신과 관련될 때 높다.[1] 기술진보에는 매우 큰 불확실성이 내재되어 있는 것이다. 혁신과정은 과학적 지식, 그리고 서로 다른 기술의 융합에 점점 더 의존하고 있다. 결과적으로 혁신은 기업들, 과학 관련 기관, 그리고 기술 연구기관 간의 협력에 의존하며, 따라서 광범위하고 다양한 역량을 포괄하는 것이다. 그러므로 혁신을 둘러싼 불확실성은 아직 존재하지 않는 무엇인가를 추구하기 때문에 유발되기도 하지만, 기업 또는 연구기관과 같은 혁신주체들이 상호보완적인 기술역량을 가지며 따라서 "혁신을 이루어내는 융합과정"으로 나아갈 수 있는 협력자들을 규합하는 것이 필요하기 때문에도 유발된다고 할 수 있다.

불확실성의 두 번째 원인은 투자기간과 관계가 있다. 불확실성은 특별히 장기간에 걸친 추진과정을 수반하는 투자에 영향을 미치는데, 특히 "단기주의short-termism"가 자본시장을 지배하는 세계에서는 더욱 그렇다. 라조닉Lazonick(2013)에 따르면 투자기간은 매우 중요한 것으로서, 이는 이에 상응하는 미래 기대수익에 부채를 묶어 놓아야 하는 투자자들과 직접적으로 관련이 있기 때문이다.

불확실성의 세 번째 원인은 개발과 관련된 예기치 못한 도전과 연관이 있는 것으로서, 이는 어느 정도 정확성을 가지고 예측할 수 있다. 예를 들자면 (고령화와 같은) 정량적인 인구 추세는 비교적 잘 판단할 수 있다. 반면, 그 결과와 영향, 그리고 특히 정책적인 대안은 미리 파악하기 어렵다. 기후변화와 같은 다른 현상에 대해서도 명시적으로 이야기할 수는 있겠지만, 그것의 실제 존재 여부 또는 잠재적 결과와 처방에 대한 의견 일치는 어려울 수도 있다. 이들 두 가지 경우 모두 새로운 시장이 생겨나고 새로운 기업들도 등장하며 새로운 투자가 일어날 것임을 예상할 수 있으나, 성공 가능성의 관점에서는 모두 불확실성이 높다. 그러므로 이들에 대한 금융은 손실 및 보상의 정도가 큰 미지의 리스크 파라미터risk parameters 하에서 이루어지게 될 것이다.

마지막으로, 불확실성은 주된 경제여건, 특히 장기적인 거시경제의 안정성에서 발생한다. 경제성장, 장기금리, 환율 등의 수준과 변동성에 대한 (가능한 범위까지의) "예측가능성foreseeability"은 투자자들의 위험감수 성향과 투자 프로젝트에 대한 장기자본 배분 성향에 직접적으로 영향을 미친다. 경제위기 시에는 불확실성이 증가하며 경제주체들, 특히 금융부문은 경기에 순응하는 쪽으로 행동하려는 성향이 있다. 그러므로 거시경제가 불안정할수록 신용은 더욱 비싸지고 희소해지며 소수에게 집중되는데, 이때가 바로 재융자refinancing 메커니즘이나 금융지원이 가장 절실히 요구되는 시기이다.

반대로 성장단계에서는, 경제주체들은 자원을 더 위험한 자산에 배분하려는 경향을 띤다. 이는 비자발적이거나 또는 자발적으로도 일어날 수 있는데, 집단적 낙관주의가 이끄는 쏠림 현상 herd behavior을 따르는 것이 그 예이다. 덜 보수적인 기대가 점점 더 늘어날수록 은행과 기업은 재무 상태를 점점 더 공격적으로 가져가게 되고, 그들의 금융안정성은 기대 수익흐름의 달성 여부에 의존하게 된다. 하지만 이 과정에서 은행들이 낮아지고 있는 리스크를 채무자들에게 전가하면서 은행이 안전을 확보할 여지를 축소시키고, 따라서 과도한 부채를 일으키는 경향과 위험의 과소평가를 유발하는 것이다(크리겔Kregel 1997; 민스키Minsky 1982, 1986).

투자 프로젝트와 관련된 시장실패, 정보비대칭, 각종 위험, 그리고 (특히) 다양한 종류의 불확실성은 자본시장과 민간은행이 그들 스스로 투자 프로젝트에 필요한 자금을 공급할 역량이 있는지 엄격하게 점검할 것을 요구한다. 그런데, 이것이 바로 개발은행을 위한 자리이다. 개발은행은 여러 수단을 통해 투자 프로젝트의 불확실성을 최소화하는데 있어 핵심적인 역할을 수행할 수 있다.

페하즈와 알렘, 마데이라(2013), 코칭요Coutinho와 페하즈, 마르케스Marques(2015)는 개발은행을 분석하는데 유용한 개념들을 명확히 하려 시도한 바 있다. 그들은 개발은행을 이해하는데 도움이 되는 다섯 가지 구체적인 개발은행의 역할을 지적한다. 첫째, 개발은행은 새로운 경제적 활동 또는 능력·역량의 확대, 새로운 영역 개척, 격차 축소, 실패 보정, 외부효과 유도를 위해 자금을 공급하는데 있어 인내심을 보유한 기관이다. 둘째, 개발은행은 금융시장을 공동으로 발전시키는데 있어 수행하는 역할이 있다. 즉 개발은행은 특정한 정책 수행에 참여하거나 새로운 금융 분야를 개척함으로써 장기금융 산업의 육성에 기여한다. 셋째, 최근의 금융위기에서 널리 알려졌듯이, 개발은행은 특히 경기 대응적인 역할을 맡을 때 금융시스템의 안정에 기여한다. 넷째, 국가 기관으로서 자금공급의 원천, 장기적 기반의 자산과 부채, 잘 정의된 임무, 그리고 공적인 이해관계에 봉사해야 하는 내부자원(인력, 기술, 절차, 수단)의 측면에서 개발은행의 안정성은 매우 중요하다. 마지막으로, 개발은행은 "정부정책의 지원자policy supporters"이다. 그들은 국가 또는 지방의 정책개발과 장기계획 수립을 지원하는데 있어 능동적 역할을 가지고 있다. 따라서 개발은행이 그러한 과업을 수행하는 경우, 효율적인 (금융) 투자의사 결정으로 발생한 이익을 사용하거나 (국가를 통해 사회에) 분배하는데 있어 개발은행에 필적할 만한 것이 없다.

레젠데(2015)는 브라질의 경험에 바탕을 두고 개발은행의 세 가지 역할을 소개하고 있는데, 첫째는 경기 대응적 역할이고, 둘째는 생산성과 인프라, 지식기반 활동을 유도하기 위한 개발금융 촉진이며, 셋째는 자본시장의 발전이다.

마추카토와 펜나(2015)도 유사한 관심을 가지고 있다. 그들에 있어, (국가 투자은행state investment banks으로 이름 붙여진) 이들 기관은 경기 대응적 역할, 자본의 개발 (또는 개발과 관련된) 역할, 새로운 벤처기업 지원 역할, 그리고 개발 관련 도전에 대한 대응 역할을 수행함으로써 어느 경제에서든지 개발 유도가 가능하다. 경기 대응적 역할은 개발은행의 상시적인 특성이다. 즉, 이는 경기 하강기에만 작동되는 것이 아니며, 특히 위험 회피를 최소화하고 유휴 능력의 활용을 이끌어내기 위해 시행되어야 한다. 개발과 관련된 역할은 여러 상이한 학파들 사이에서 비교적 공감대가 존재하는 분야로서, 외부효과가 큰 분야(인프라, 혁신, 중소기업 등)에서 수행된다. 하지만 저자들은 더 나아가 전략적인 교역과 국제적 경쟁력을 보유한 기업(국가 챔피언national champions)을 만드는데 있어 개발은행의 능동적인 역할을 옹호하고 있다. 그러나 저자들이 강조하는 것은 벤처기업 지원 역할과, 그리고 개발과 관련한 도전에 대응하는 역할이다. 이들 기관은 위험을 감수하고 결과적으로 보상을 획득하는, 매우 슘페터적인Schumpeterian 방식으로 기업가들의 사업 "발굴 과정discovery process"에서 그들을 지원한다. 개발은행은 "시장의 무지blindness of market"에 맞서 "무언가 일으키는making things happen" 능동적인 주체들이다. 개발과 관련한 도전에 대응함으로써, 개발은행은 "시장을 형성하고 창출shaping and creating markets"하며 구조적인 변화를 유도한다.

위에서 언급된 저자들은 비슷한 분석적 관심과 개념적 명제들을 가지고 있다. 그들 모두에 있어 일치하는 점은, 개발은행은 금융산업 내에서 대립이 아닌 협력을 통해 각기 다른 시점에서 각기 다른 경제들의 구조적 변화를 유도하는데 있어 수행하는 적절한 역할이 있다는 의미에서 임무 지향적mission-oriented인 기관이라는 인식이다. 더욱이(그리고 이는 반드시 강조되어야 하는 이슈이다), 개발은행은 공공의 소유이므로 그 임무는 정치적 영역에서 정의된다. 다시 말해, 개발은행이 지향하는 임무는 주어진 기간 동안, 권한을 가진 당국에 의해, 공공을 위해 정해진 정책 우선순위에 부합하도록 결정되는 것이다.[2]

이러한 이해를 바탕으로 투자를 위한 금융의 원천, 그리고 시장과 국영기관

사이의 관계에 대한 논의의 틀을 잡아야 한다. 금융시스템에서 국가의 역할과 시장의 역할에 대해 명확한 일반화(또는 선호) 관계를 제시하는 것은 거의 불가능하다. 물론 개발은행은 불확실성 집약적uncertainty-intensive 성격의 벤처기업에 대한 성공적 장기투자를 위해서는 필요조건일 수 있지만, 그 자체로는 충분조건이 아니다. 개발은행이 그들의 임무를 다하기 위해서는, 고전적인 슘페터적 의미에서 위험을 기꺼이 감수하려는 기업가들과 더불어 사회 내에서 효과적인 과학기술 인프라가 필요하다. 이에 더하여, 장기금융 참여에 있어 개발은행과 기꺼이 협력하고자 하는, 위험을 선호하는 금융업계의 존재는 대단히 중요하다. 투자의 미개척 영역이 매우 광대하고, 단일 기관의 자금력을 넘어설 수 있다는 점에서 이는 매우 중대한 문제이다.

개발은행이란 무엇인가?

개발은행은 1940년대 후반, 전후 재건에 뒤이은 하나의 제도적 혁신이었으며, 실제로 많은 나라에서 설립되었다. 그 이래로 개발은행들은 선진국을 포함, 여러 나라의 경제성장 과정의 배후에서 재건사업뿐만 아니라 구조적 변환을 지원하는 중요한 역할을 수행해 왔다. 현재 개발은행과 경제와의 관계는 작지 않다. 2013년 국제개발금융클럽International Development Finance Club(IDFC) 23개 회원기관들은 모두 합쳐 약 2.8조 달러에 달하는 자산 기반을 가지고 있다. 개별 기관이 그들의 경제에서 가지는 상대적인 중요성은 분명 다르다. 그림 4.1에서 볼 수 있듯이, GDP 대비 자산 비율은 인도네시아의 경우 0.5%에서 중국, 브라질, 독일의 경우 14% 이상으로 다양하게 나타나고 있다.

개발은행은 또한 소유구조(전부, 또는 일부 공개), 활동의 초점(제한적, 또는 포괄적), 영업형태(1차first-tier, 또는 2차second-tier), 자금조달 원천, 규제 환경, 지배구조, 기업 규모, 포트폴리오, 재무적 성과 측면에서 각기 다른 모습을 보인다.

루나-마르티네즈와 비센테(2012)는 90개 개발은행들에 대해 설문조사를 실시하고, 그들을 위임된 업무에 따라 분류하였다(표 4.1 참조). 그 가운데 대략 절반이 포괄적인 업무범위를 가지고 있는 반면, 나머지 절반은 매우 구체적인 테마나 분야에 관한 업무를 가진 것으로 나타났다.

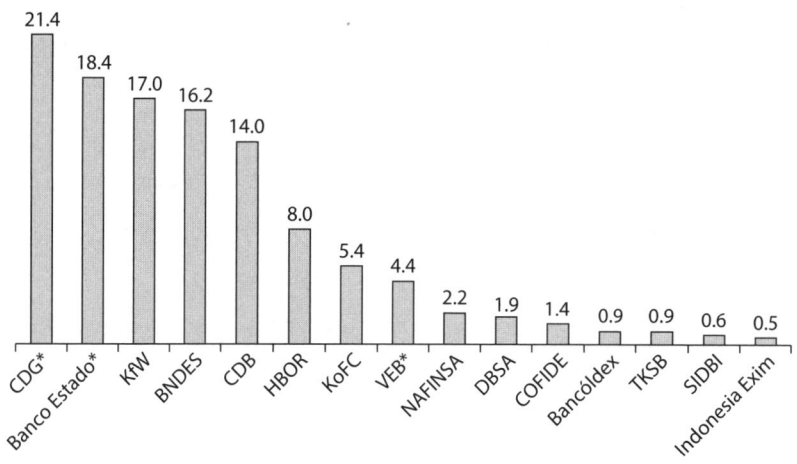

[그림 4.1] IDFC[2] 관련 개발은행들의 GDP 대비 자산[1] 비율(%, 2013년 현재)

주 : 1) 해외 투/융자와 관련된 자산을 제외하는 것은 불가능함
2) 국제협력을 위해 설립된 다자multilateral 은행이나 기관들은 그들의 투/융자가 여러 국가들과 관련되어 있으므로, 본 그림에서는 제외함
* 이들 기관은 개발금융 이외 다른 기능도 수행하고 있기 때문에, 이들의 자산 규모는 개발과 실제로 관련되어 있는 자산을 나타내지 못함
(2009년 한국 정부는 KDB 민영화 추진의 일환으로 정책금융 기능을 분리, KoFC를 설립하였으나, 이후 KDB의 민영화 중단 및 양 기관 통합이 결정됨에 따라 KoFC는 2015년 KDB로 통합되었음 - 옮긴이)

자료 : 각 기관 연차보고서

[표 4.1] 개발은행에 위임된 업무의 범위

포괄적 업무	47%
구체적 업무	53%
농 업	13%
중소기업	12%
국제무역	9%
주택사업	6%
인 프 라	4%
지방정부	3%
산업 및 기타	6%

주 : 90개 개발은행 대상 설문조사 결과
자료 : 루나-마르티네즈와 비센테(2012)

비록 개발은행의 단일한 형태는 없으나, 공통적으로 관련된 몇 가지 특성을 찾아보는 것은 가능하다. 일반적으로 개발은행은 기획, 산업·무역 또는 재정 담당 정부부처에 속해 있다. 그들이 위임받은 업무는 개발계획이 가진 목표와 밀접하게 연관되어 있으므로, 그들을 임무 지향적 기관이라고 부르는 것은 합리적이다.

여러 나라의 발전 과정에서, 개발은행들은 민간 금융시스템이 적절한 금융 지원을 제공할 수 없었던 새로운 활동의 시작이나 기존 경제활동의 확대를 지원해 왔다. 이들 분야는 해당 국가의 성장과 구조적 변환에 잠재적으로 기여하며, 적절한 사회적 수익률social returns을 가진 긍정적 외부효과를 창출하는 분야와 대부분 일치한다.

개발은행의 업무 우선순위가 각국의 실물경제 및 금융산업의 발전에 맞게 시간에 따라 변하는 것은 주목할 만하다. 또한 신용시장의 틈새를 개발하고 민간 부문의 진입과 성장을 위해 기반을 마련하려는 목표 하에, 개발은행이 차후에 민간부문에 통합될 수 있는 역할을 일시적으로 수행하는 경우도 있다. 이 경우 개발은행은 특정 분야의 신용시장에서 선도자first mover 역할을 맡아, 위험과 불확실성이 완화된 뒤 민간부문이 진입할 수 있는 길을 열어 놓는다.

개발은행에 대한 몇몇 정의는 연구문헌에서 찾아 볼 수 있다(루나-마르티네즈와 비센테 2012; UN-DESA 2005). 전반적으로, 개발은행과 관련된 개념들은 비교적 서로 밀접한 관계에 있다. 본고에서 개발은행이란, 국가에 의한 통제를 받으며 성장, 발전 및 구조적 변화를 유도하기 위해 시장 분야나 특정 부문 또는 특정 지역에 대해 위임된 업무를 가진 은행 또는 금융기관으로 간주한다.

구조, 행태, 그리고 성과 : 사례 비교

이 절에서는 중국개발은행China Development Bank(CDB), 독일재건은행KfW, 브라질개발은행BNDES, 일본정책금융공고Japan Finance Corporation(JFC)의 네 개발은행에 대해 분석한다. 이는 단순히 규모를 기준으로 선정되었는데, 이 은행들은 전 세계에서 가장 큰 개발은행들에 속한다. 표 4.2는 이들의 구조적 특성을 요약하고 있다.

본고의 분석 수준에서 이들 네 은행은 매우 유사한 구조적 특성을 가지고 있다. 그들은 국가에 의해 100% 통제되고 있고, 업무분야와 고객 측면에서 광범위한 임무를 가지고 있다. 그들은 직접 또는 금융업계를 통해 업무를 수행하고 있으며, 독립적인 이사회 구성원들을 보유하고 있다. 그들이 따르는 규제체제와 관련하여, BNDES는 공식적으로 민간은행에 적용되는 규정을 따르고 민간은행을 관할하는 동일한 당국에 의해 감독받는 유일한 은행이다. KfW와 JFC는 그들이 상대하는 정부부처에 의해 직접 규제받고 있으며, CDB는 중앙정부에 의해 규제받고 있다. 이러한 차이에도 불구하고, 그들 모두는 민간 부문을 지도하는 기본적인 건전성 규정prudential rules, 특히 바젤협약Basel Accord과 관련된 규정들을 준수한다. KfW는 자본규제capital requirements와 관련된 사항을 포함하여 독일 은행법의 일부 규정을 자발적으로 적용하고 있다. CDB는 「중국 상업은행 자본적정성 관리 가이드라인」Chinese Commercial Banks Capital Adequacy Management Guidelines[1]에 근거한 자기자본 요구 수준을 적용받는다.

이러한 측면은 신중하게 해석해야 한다. 이들 기관에게 민간은행들과 동일한 규제와 감독을 적용하는 것은 건전한 행태와 긍정적인 성과를 이끌어내게 한다. 하지만 이러한 규제는 장기금융을 위해 자본을 할당하려는 개발은행들의 능력

[표 4.2] 주요 개발은행들의 구조적 특성

국가	중국	독일	브라질	일본
은행명	중국개발은행 (CDB)	독일재건은행 (KfW)	브라질개발은행 (BNDES)	일본정책금융공고(JFC)
정부통제 업무분야 및 고객 대출 모델	100% 광범위함 1차/2차	100% 광범위함 1차/2차*	100% 광범위함 1차/2차	100% 광범위함 1차/2차
민간과 동일한 규제 독립적 이사회 보유 설립연도	아니오 예 1994년	아니오 예 1948년	예 예 1952년	아니오 예 2008년

* KfW는 국제 업무에서는 직접대출을 취급하고 있음
자료 : 페하즈와 알렘, 마데이라(2013)(각 기관 연차보고서에 근거)

---

[1] 중국은행업감독관리위원회(China Banking Regulatory Commission; CBRC)가 제정한 중국 상업은행들의 자본관리(capital management) 관련 지침

과 의도 측면에서 부정적인 결과를 낳을 수도 있다. 그러한 사례로는, 일반적으로 개발은행 대부분이 영업하는 것을 당연시하는 틈새시장인 고위험 대출과 관련하여, 바젤협약에서 언급하는 최저자본규제requirement of minimum capital를 들 수 있다. 이러한 규제들은 개발은행이 우량한 기업에 더 많은 대출을 제공하고, 위험이 높은 분야나 부문에 대한 자금공급은 축소하도록 유도할 수도 있다. 그러므로 영업활동에 있어 적정한 자본 기반과 높은 수준의 안전성을 유지하는 것이 가장 타당하겠지만, 개발은행에게 너무 엄격한 규정을 강요하는 것은 구조적 변환을 선도하는 프로젝트에 대해 자금을 공급하는 그들의 능력을 제한할 수 있는 것이다.[3]

자금조달과 관련하여 CDB와 KfW는 주로 시장에서의 채권 발행으로 자금을 조달하는데 비해, JFC와 BNDES는 재정적 또는 준(準)재정적para-fiscal 재원으로부터 자금을 조달한다. JFC와 KfW는 법인세를 납부하지 않으며, KfW와 CDB는 차입 시 명시적인 정부보증을 받고 있다.[4]

영업의 측면에서 보면, 이들 네 개발은행은 약간의 차이는 있지만 지원 분야가 동일하다(표 4.3 참조). 이들 네 기관 모두에는 자본시장에서의 영업활동에 더하여 인프라, 중소기업, 혁신, 기업 국제화, 녹색경제에 대한 금융지원 업무가 있다. 다만, 지원 수단 및 강도, 자원의 구체적 용도 측면에서 대체로 각 은행들은 개별 국가의 신용시장 특성과 경제발전 정도에 따라 이 같은 활동들에 대한 지원 방식이 달라지기도 한다.

[표 4.3] 주요 개발은행들의 지원 분야

	CDB(중국)	KfW(독일)	BNDES(브라질)	JFC(일본)
중소기업	O	O	O	O
농 업	O		O	O
인프라	O	O	O	
수 출		O	O	
혁 신	O	O	O	O
녹색경제	O	O	O	O
국제화	O	O	O	O
자본시장	O	O	O	O
국제금융협력	O	O		

자료 : 페하즈와 알렘, 마데이라(2013)(각 기관 연차보고서에 근거)

KfW, BNDES, 그리고 JFC는(CDB는 이용가능한 정보가 없다) 정책적 또는 기업 우선순위에 따라 서로 다른 분야나 고객에 대해 각기 다른 금리로 대출을 제공한다. 독일, 중국 그리고 일본의 경우 그 나라의 주된 개발은행이 지원하지 않는 빈틈에 대해서는 특정한 전문성이 있는 다른 기관이 자금을 공급한다. 예를 들어 중국과 일본의 경우, 수출지원은 전문화된 기관이 담당한다. 국제 업무에 대해서는, KfW와 CDB는 국제적 금융협력을 촉진하고 개발도상국들의 사회 경제적인 발전을 장려하는 명시적인 역할을 갖고 있다. 우리가 예상했듯이, 일반적으로 이러한 협력은 그 나라 기업들에게 이익이 될 수 있다.

성과 측면에서는, 이들 개발은행이 영업하고 있는 나라의 경제와의 관련성을 보여주는 지표는 찾기 어렵다. 하지만, 표 4.4는 이들 네 기관 모두 2013년 중 견고한 자산기반을 바탕으로 매우 건전한 재무적 성과를 나타냈음을 보여준다.

이들 네 개발은행(그리고 한국의 한국산업은행KDB)은 그 나라의 경제에 있어 매우 중요하다. GDP 대비 개발은행의 여신 비중은 최소 4.4%(일본)에서 14.1%(독일)까지 다양하다(그림 4.2). 하지만, 국가 전체의 여신 총계에서 개발은행 여신이 차지하는 비중을 살펴보면, 일본 1.7%, 한국 4.5%, 중국 7.7%, 독일 12.7%, 브라질 21% 등으로 큰 차이가 있다. 일본과 브라질간의 극단적 차이는 두 나라의 신용시장 발달 수준으로 가장 잘 설명되는데, 일본은 신용시장이 잘 발달된 반면 브라질은 신용시장 발달이 부진하기 때문이다.

[표 4.4] 주요 개발은행들의 경제적/재무적 성과(2013년)

	CDB(중국)	KfW(독일)	BNDES(브라질)	JFC(일본)
자산(10억 달러)	1,331.3	619.7	363.4	260.4
대출규모(10억 달러)	1,162.3	528.8	263.5	222.8
순이익(10억 달러)	13.0	1.7	3.6	(2.9)
부실대출 비율(%)	0.48	0.13	0.01	2.98
총자산이익률(%)	1.02	0.27	1.01	(1.13)
자기자본이익률(%)	15.07	6.21	15.34	(6.84)
종업원 수	8,468	5,374	2,859	7,361

주 : 상기 수치들은 미 달러화 대비 2013년 각국의 연평균 환율을 적용하여 산출되었음. 회계기준은 국제회계기준(IFRS)을 따랐음. 일본의 경우 회계연도가 상이하므로, 연차보고서는 2014.3.31일자로 마감된 정보를 반영하고 있음.
자료 : 각 기관 연차보고서

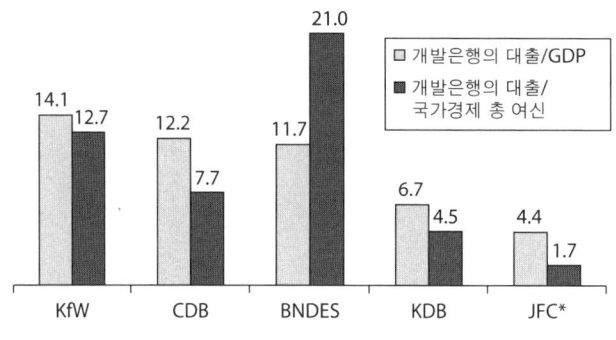

[그림 4.2] 주요 개발은행들의 국가경제에서의 중요성(%)

주 : KDB는 민영화 절차가 추진되었으나, 한국의 신정부는 일부 자산만을 매각하고 KDB를 공적 개발은행으로 유지하고자 하는 목표 하에 민영화 절차를 재검토하고 있음
자료 : 각 기관 연차보고서, 국제통화기금, 브라질 중앙은행, 국제금융협회(IIF), 세계은행, 독일 경제자문회의, KDB

브라질의 사례는 좀 더 깊이 탐구해 볼 가치가 있다. 브라질 금리의 기간구조는 단기금리가 높아서, 경제주체들이 유동성이 매우 높은 브라질 국채를 보유하도록 유도한다. 그러므로 은행들은 영업활동에서 높은 마진spreads과 낮은 레버리지leverage 비율을 나타내며, 따라서 높은 자기자본이익률returns on equity을 창출한다. 레젠데(2015, 11~12쪽)는 은행들의 데이터에 기반하여 다음과 같이 주장하고 있다.

단기대출 금리와 기업 및 소비자 대출을 위한 상업은행 조달비용 간의 차이는 장기금융에 비해 상당히 높다…금리의 높은 수준과 큰 변동성, 그리고 낮은 위험 조정수익률risk adjusted returns로 인해 장기자산의 매력이 떨어진다는 것이 어려운 점이다. 그러므로 국내 민간은행들은 장기금융을 제공하기 위한 장기 대출영업 포트폴리오를 확대하는데 관심이 없다.

요약하면, 이 절에서는 네 개의 대규모 개발은행들이 임무 지향적 기관으로서의 역할을 수행하기 위한 구조와 수단을 가지고 있다는 것을 보여주고 있다. 그들은 또, 적절한 경영성과를 거두어 금융의 지속가능성을 높이며, 이는 다시 각국 경제에서 그들이 수행하는 역할을 강화시키게 된다.

(부분적으로) 불확실성으로부터 길을 개척하는 금융 지원

앞서 "투자에 불확실성이 원천적으로 내재되어 있다면, 이에 대한 구체적 파악이 필요하다!"라는 절에서 주된 경제여건, 프로젝트의 투자기간, 프로젝트 자체의 복잡성, 그리고 자원배분에 대한 의사결정이 이루어지는 정치적·경제적 환경이라는 개발 프로젝트가 직면하는 네 가지 형태의 불확실성을 제시한 바 있다. 이 절에서는 각각의 불확실성 원천별로 개발은행의 성과에 대한 실증적인 정보를 제공하고자 한다.[5]

경제여건으로부터의 불확실성

개발은행은 경제의 안정성 유지에 기여할 수 있는데, 이는 최근 입증되듯이 경제위기 시에 일어날 가능성이 크다. 민간 금융시스템에서 신용경색이 진행되면서, 효과적이고 효율적인 개발은행을 보유한 국가들은 충격을 완화하거나 심지어 신용공급 감소를 상쇄하기 위해 개발은행을 활용했는데, 이는 총수요가 더 큰 폭으로 감소하는 것을 방지하는데 기여했다. 그림 4.3은 2008년과 2009년 중 BNDES와 CDB, 그리고 캐나다 사업개발은행Business Development Bank of Canada(BDC)[2]의 대출 증가율이 큰 폭으로 상승한 것을 보여준다. KfW의 대출은 유럽지역의 금융위기 기간과 맞물려 조금 더 늦은 시기에 증가하였다.

캐나다 컨퍼런스 보드Conference Board of Canada[3]는 경제적 안정성을 증진하는데 있어, 기존의 효과적인 개발은행의 중요성을 다음과 같이 강조하였다(2010, 1쪽).

> 일단 금융위기가 엄습하면, 정부가 이에 대응하여 신용지원을 제공할 역량 있는 기관을 만들어 내기에는 너무 늦다. 명확하게 위임된 업무권한, 경험 있는 전문 인력, 그리고 민간시장의 실패 시 금융수요에 대응하여 활동을 증가시킬 수 있는 재무적 역량을 가진 기관이 반드시 이전부터 존재해야 한다.

---

2) 캐나다 사업개발은행(Business Development Bank of Canada: BDC)은 1944년 캐나다 산업부 산하에 설립된 우리나라의 중소기업은행과 유사한 국책은행으로서, 중소기업에 대한 정책자금 대출과 다양한 역량강화 프로그램을 시행하고 있다.
3) 1954년 설립된 캐나다 오타와 소재 비정부·비영리 경제조사 및 정책연구기관

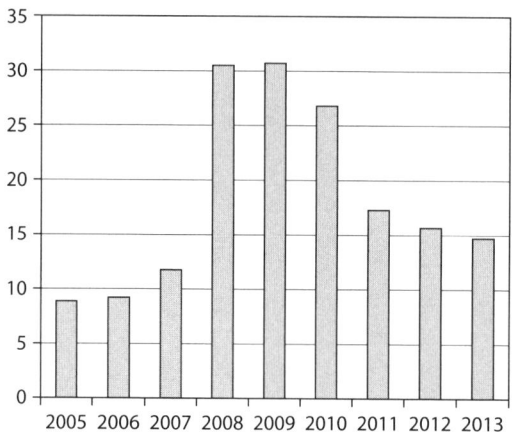

[그림 4.3A] 브라질개발은행(BNDES)의 연도별 대출증가율(%)

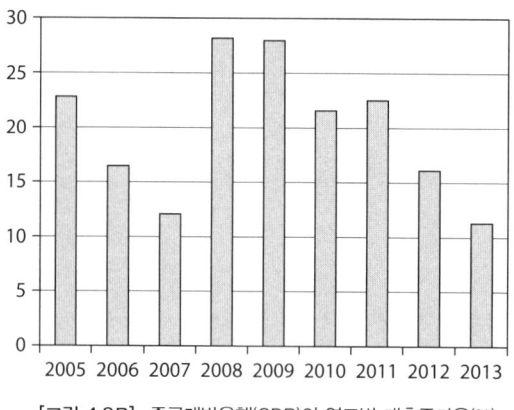

[그림 4.3B] 중국개발은행(CDB)의 연도별 대출증가율(%)

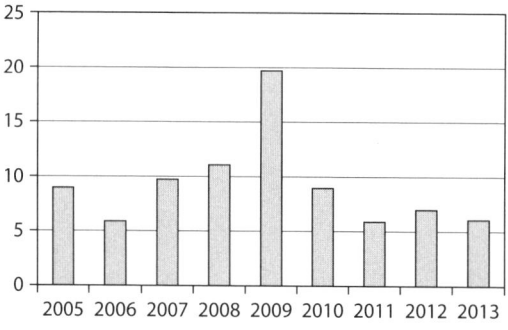

[그림 4.3C] 캐나다 사업개발은행(BDC)의 연도별 대출증가율(%)

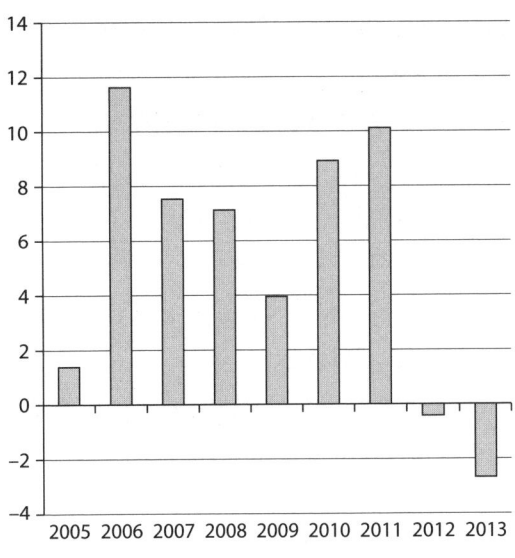

[그림 4.3D] 독일재건은행(KfW)의 연도별 대출증가율(%)

주 : BDC의 경우 회계연도는 타 은행들과 상이한 당해 연도 4월부터 다음 연도 3월까지임. 비교분석을 위해, BDC의 연도별 대출 증가율은 다음 연도 3월말 재무 상태를 고려하여 산출되었음.
자료 : 각 기관 연차보고서

최근의 위기는 중요한 교훈을 주고 있는데, 그것은 안정적이고 건전한 금융시스템을 유지하고자 하는 국가들에게는 활동적인 개발은행을 유지하는 것은 선택이 아닌 필수라는 것이다.

장기 투자기간으로부터의 불확실성

인프라 투자는 많은 자본이 소요되고 만기가 긴 투자의 대표적인 사례이다. 이러한 특성들은 어떤 프로젝트에 대해 평가하고 자금을 공급하는 것뿐만 아니라, 이를 민간 부문에 경제적으로 타당하고 매력 있도록 만드는 것이 어렵다는 것을 의미한다.

블룸버그Bloomberg(2014)는 2007~2013년 기간 에너지 분야(운송라인, 에너지 효율, 재생에너지)에 대한 개발은행의 자금공급 규모를 5,092억 달러로 추정했다. 첫 해의 자금공급 규모는 387억 달러였고, 이후 꾸준히 증가하여 현재는 매년 900억 달러 규모에 달하고 있다. 2013년 중 국가 개발은행들이 전체 자금공급의 73%를, 다자간multilateral 또는 지역 기구들이 나머지 27%를 담당하였다.

그림 4.4에서 보듯이, 브라질에는 국가의 인프라 투자와 BNDES의 자금공급 사이에 밀접한 관계가 존재한다. 2007~2013년 사이 중형 수력발전 플랜트들의 용량은 1.8기가와트(GW)에서 3.3기가와트로 확대되었고, 풍력발전 용량은 247메가와트(MW)에서 2기가와트로 확대되었다. BNDES는 각 용량 확대의 61%와 55% 규모에 달하는 투자를 지원하였다.

어떤 국가들은 민간은행 또는 자본시장을 통해 민간 경제주체들을 인프라 투자를 위한 장기금융에 참여시켜 왔다. 하지만, 이들 외 다른 국가들은 제도적, 정치적, 역사적 및 경제적인 어려움, 또는 심지어 성장에 대한 시급한 요구를 충족시킬 수 있는 메커니즘을 만들 필요에 대응하여, 금융의 적절한 발달을 촉진할 수 있는 공적 기관이 필요하다.

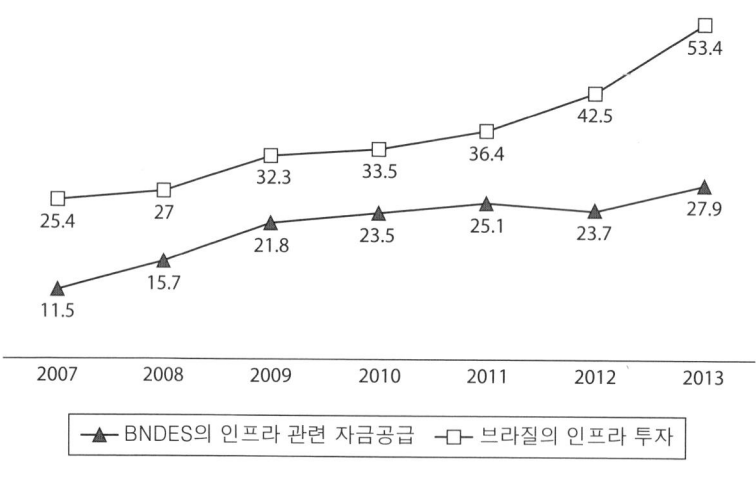

[그림 4.4] 브라질의 인프라 투자 및 BNDES의 인프라 관련 자금공급(10억 달러)

* 2013년은 추정치
자료 : BNDES, 브라질 인프라·기초산업협회(ABDIB), 브라질 전력규제청(ANEEL), 브라질 에너지연구소(EPE), Telebras 및 브라질 국가정보시스템(SNIS)

일본과 독일의 사례는 두 나라가 발전 단계상 앞서가고 있음을 감안할 때 매우 시사하는 바가 크다. 일본에서, 일본정책투자은행Development Bank of Japan(DBJ)[4]은 과거 인프라 투자를 위한 금융에 있어 매우 중요한 위치를 차지하였다. 그러나 인프라 부문에서의 민간 신용시장이 발달하면서 공적 자원의 필요성이 감소함에 따라 DBJ는 향후 민영화가 예정되어 있는 상태이다. 그러나 민영화 이후에도, DBJ는 비상사태(위기상황 또는 자연재해), 또는 일본 산업의 경쟁력 증진을 목적으로 하는 지속가능제품sustainable products[5] 개발(저탄소투자촉진법Low Carbon Investment Promotion Act)이나 산업재생 및 혁신(산업재생법Industrial Revitalization Act)과 관련된 특정한 경우에는 (재정 자원을 통한) 자금공급이 가능하다는 규정을 갖도록 되어 있다.

독일의 경우 KfW의 자금공급은 전후 재건사업 및 동독 현대화 사례에서와 같은 국가적 인프라 개발에 있어 대단히 중요한 역할을 수행했다. 하지만, 민간 장기신용의 발달에 따라 중요한 국가적 인프라 프로젝트를 위한 공적자금 공급 수단의 활용은 점차 감소하게 되었다. 2006~2009년 기간 동안 총 대출액에서 인프라 투자를 위한 공적자금의 비중은 약 30%에 불과했다(와겐버트Wagenvoort, 니콜라Nicola, 카펠러Kappeler 2010). 이에 따라 KfW는 인프라 부문의 국내 영업 초점을 도시 및 사회 인프라(도시 구조, 건물의 에너지 효율성, 학교, 병원, 유치원 등)와 재생에너지 인프라 분야로 재조정하였다.

런던정치경제대학London School of Economics and Political Science(LSE) 성장 위원회Growth Commission의 연구(2013, 25쪽)는 영국 정부에 인프라 투자 지원을 위한 은행을 설립할 것을 권고했는데, 이는 인프라 분야의 투자가 해당 분야에서 요구하는 수요를 충족시키기에 충분하지 않았기 때문이었다.

그러한 은행을 만들어야 할 충분한 이론적 근거가 있다. 이 은행은 자본시장에서의 핵심적 시장실패를 극복하기 위해 직접적이고 건설적인 방식으로 도움을 줄 수 있다. 특히 이 은행은 정책 리스크를 경감시키고, 협력을 통해 효율적으로

---

[4] 일본의 국영 개발은행으로 경제발전 및 SOC 개발, 지역경제 지원, 금융위기 대응 등의 역할을 수행하고 있다. 일본 정부는 DBJ를 2015년까지 민영화할 예정이었으나, 2008년 금융위기, 2011년 동일본 대지진 등에 따른 위기 대응 및 지역경제 지원 필요성 등으로 민영화를 유보한 바 있다.
[5] 친환경 제품에 사회성을 부여한 것으로, 지속 가능한 발전의 3대 축인 경제적 가치 창조, 환경에 대한 배려, 사회적 책임이 고려된 제품을 의미한다.(자료 : 지식경제용어사전, 산업통상자원부, 2010.11월)

위험을 완화하고 공유하는 방식으로 금융을 구조화하는데 도움이 될 수 있다. 이를 위해서는 지분투자equity와 구조화 보증structured guarantees을 포함한 전 범위에 걸친 금융수단이 필요할 것이다.

혁신에 따른 불확실성

개발은행은 혁신 프로젝트를 지원하는데 있어 두드러진 역할을 수행한다. 기업의 경쟁력 강화 외에도, 보건 분야 연구와 같이 혁신과 관련한 다양한 투자들이 특정 경제적 이익을 초월하여 우리 사회에 긍정적인 외부효과를 창출한다. 혁신 프로젝트에 대한 공적 기관의 자금공급은 매우 중요한 것으로서, 이는 혁신 프로젝트가 보다 큰 불확실성에 노출되어 있음으로 인해 그 결과가 민간 금융업계의 이익을 저해할 수도 있기 때문이다.

그림 4.5는 혁신 관련 프로젝트에 대한 자금공급에 있어 KfW의 성과를 넓은 범주로 구분하여 보여준다. KfW는 혁신경제 유발 활동에 매년 약 240억 유로를 할당한 것으로 나타난다.

브라질에서의 두드러진 특징은 혁신 관련 자금공급에 대한 BNDES의 참여

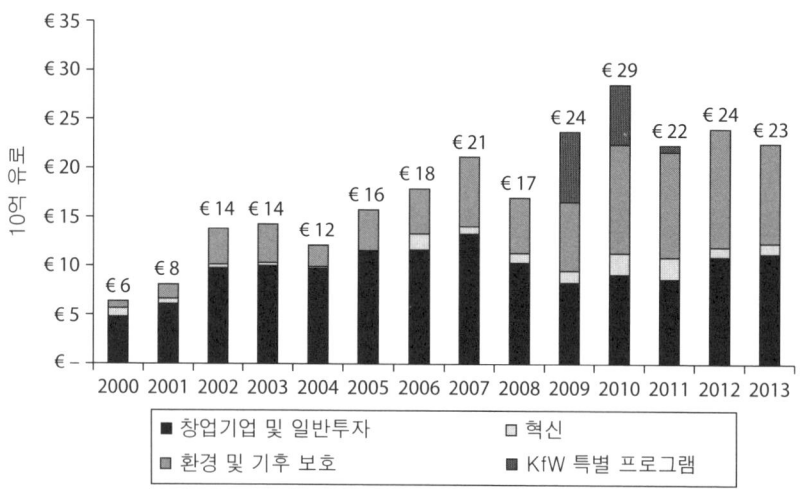

[그림 4.5] KfW 중소기업은행의 혁신 관련 자금공급(2000~2013년, 10억 유로)

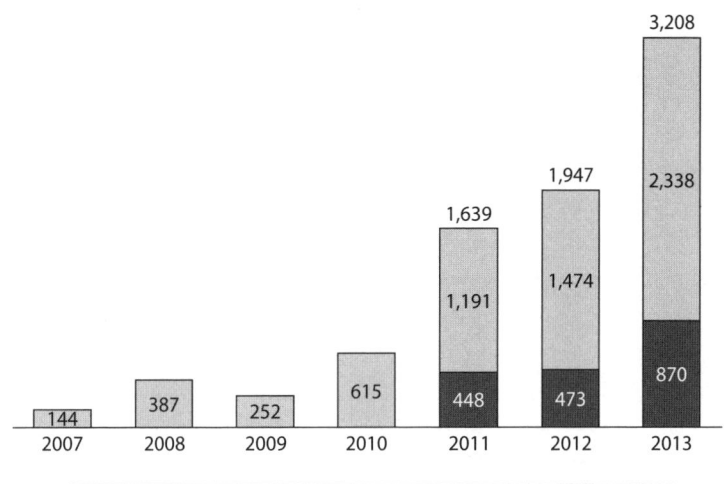

[그림 4.6] BNDES의 혁신 프로젝트에 대한 자금공급(경상가격, 10억 달러)

가 크게 증가하는 추세로서, 2007년 1.44억 달러 수준이던 자금공급 규모가 2013년에는 32억 달러로 증가하였다.(그림 4.6)

개발과 관련된 예기치 못한 도전에 따른 불확실성

기후변화는 사회적 관심이 증가하고 있는 주제이다. 기후변화의 진실성 여부, 범위, 그리고 선진국 및 개발도상국, 정부·비정부NGOs·민간 주체, 공공 및 민간 연구기관과 금융업계 등 다양한 주체들이 취해야 할 완화적인 조치에 대해 많은 논쟁들이 있다. 국제적인 협약이나 지역 차원의 조치들에 관계없이도 기후변화는 개발은행들의 우선적인 의제로 강력히 대두되었다(IDFC 2014). 즉, 환경적으로 지속가능한 프로젝트는 개발은행이 관심을 가지고 전념하는 하나의 분야가 되었다.[6] 그림 4.7은 2012년 중 기후변화 및 적응에 대한 자금공급의 원천을 비교 차원에서 보여준다. 이처럼, 새롭고 절실히 요구되는 투자의 미개척 영역에서 개발금융기관이 수행하는 전략적 역할은 명확하다. 개발금융기관들은 전체 자금 가운데 약 35%, 즉 1,230억 달러 규모의 투자자금을 공급하였다. 이 금액 가운데 국가 개발은행들은 60%를 담당하였다.

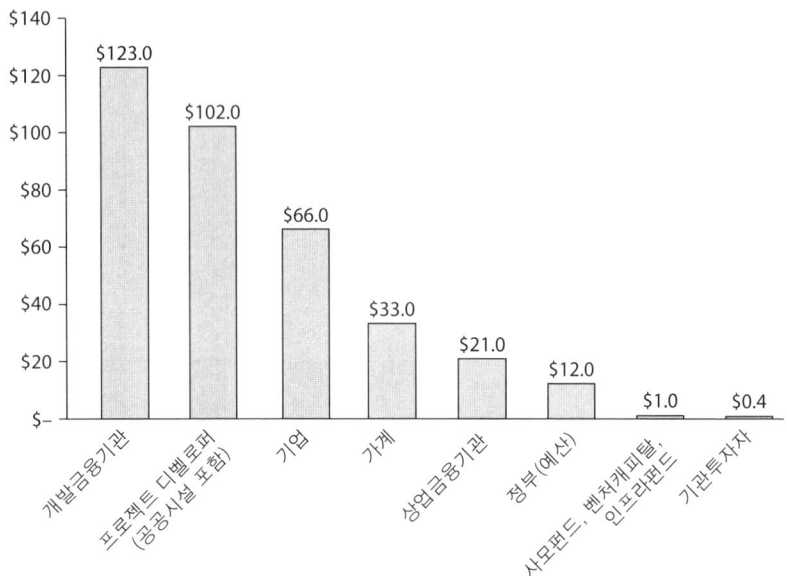

[그림 4.7] 2012년 중 기후변화 적응/완화 프로젝트 관련 자금공급 원천(10억 달러)

자료 : 기후정책 이니셔티브Climate Policy Initiative(2013)의 데이터에 근거한 펜나와 마추카토의 발표자료(Minds Seminar, Rio de Janeiro, 2014.7.28)

　이들 미개척 영역에서, 개발은행은 길잡이로서 뿐만 아니라 민간 금융업계가 조기에 참여할 수 있도록 촉진하는데 결정적인 역할을 수행할 수 있다. 이를 위해 개발은행은 다양한 수단을 활용하는데, 장기 펀드long-term funds 참여, 벤처캐피탈을 통한 기업 투자, 자산유동화securitization, 기업 및 고정금리채 시장fixed-income market에서의 지분보유shareholding, 그리고 프로젝트 위험 공유를 위한 협조융자joint financing와 같은 것들이 있다.

　벤처캐피탈을 통한 투자는 개발은행이 자본시장은 물론, 혁신적 기업의 발전을 자극할 수 있는 중요한 수단이다. 사모펀드를 통해서 개발은행은 기업을 성장시키고, 이후 기업공개IPO로 자본구조를 튼튼하게 함으로써 이미 설립된 기업의 발전에도 영향을 미칠 수 있다. 또한, 벤처캐피탈을 활용하여 중소기업과 혁신적 기업들에게 다가갈 수도 있다.

결 론

　　개발은행은 임무 지향적이고, 장기의 자산 및 부채 기반을 가지며, 경제의 구조적 변환을 촉진하는데 지속성 있게 기여하는, 견고한resilient 금융시스템의 기둥 가운데 하나이다. 그들은, 경제의 안정기뿐만 아니라 위기 시에도, 그리고 모든 발전단계의 국가들과 관련되어 있다. 불확실성이라는 맥락에서, 이들 기관은 금융시장을 포함한 시장과 기업을 육성하며 그들의 역할을 충실히 수행할 수 있다.

　　불확실성을 완화하는데 있어, 개발은행은 다음과 같은 고유의 자원과 역량을 동원할 수 있다.

- 다양한 불확실성 유형에 적합한 부채 또는 지분equity과 같은 광범위한 수단 제공. 여기에는 특별조건이 부여된 크레디트 라인credit lines with special conditions, 지원금grants, 신용보강 메커니즘credit enhancement mechanism, 직접투자, 창업자금seed 및 모험자본venture capital, 또는 주식펀드equity funds 등이 포함됨
- 관련 경제주체들 사이의 협업에 대한 지원 및 촉진
- 정책 입안 참여, 정책의 입안·시행 및 장기 계획 지원

　　물론, 개발은행이 필요하기는 하지만, 그 자체로서 위험 집약적인risk-intensive 벤처기업에 대한 장기 투자의 성공을 위한 충분조건은 아니다. 또한 사회는, 고전적인 슘페터적 의미에서, 기꺼이 위험을 감수하려는 기업가들과 역동적인 시장을 필요로 한다. 이에 더하여 위험을 선호하며, 장기금융에 기꺼이 참여하고자 하는 금융업계의 존재는 대단히 중요하다. 이러한 문제들은, 투자의 미개척 영역이 너무 광대하여 단일 기관의 자금력을 뛰어넘는 경우 매우 중대한 문제이다.

　　2008~2009년의 위기는 투자자금 공급이 급격히 감소하는 것을 방지하는 데 있어 능력이 검증된 공적 금융기관이 얼마나 중요한지 입증하였다. 취약한 금융시장 상황에서는 즉각적이고 효율적인 조치가 요구되는데, 선진국 및 개발도상국들에서 개발은행들이 거둔 성공적인 성과는 그들이 이미 폭넓은 경험을 가진 유능한 기관이었다는 점에 기인한 것이다. 이와 같이 개발은행은 특이한 기관이 아니며, 필수적인 공적 도구이자 민간 금융시스템의 동반자이다. 그러므로, 그들은

각 나라에 주어진 도전에 맞서기 위해 지속가능하고 역동적인 경제를 추구하는 금융시스템의 핵심적인 요소이다.

경제학과 정치학의 연구문헌들은 이들 기관에 대한 분석을 중요하게 다루지 않아 왔다. 여러 다양한 사회에서 그들이 수행하는 역할에 따라 올바른 가치평가assessment가 이루어지도록 하기 위한 노력이 시급하다.

다음 다섯 가지 영역에 대해 보다 깊이 있는 연구가 이루어져야 한다.

첫째, 분석의 틀이 개발되어야 한다. 올바른 개념에 기반을 두고 분석의 틀이 구축될 필요가 있다. 이 단계에서는, 시장실패, 신용할당, 금융억압, 불확실성 하에서의 투자 및 금융과 같은 개념들이 경제학 중심의 분석 틀을 구체화하는데 잘 작동하며 또 적절한지 그 범위에 대해 판단해 볼 필요가 있다. 정치학 또는 정치경제학적 시각에서 볼 때, 임무 지향적인 업무관행, 관료주의와의 절연insulation, 민간·공공의 상호작용, 국가·시장 간 중재와 같은 개념들이 검토되어야 한다.

둘째, 개발은행들의 최근 진화를 체계적인 방식으로 보여주기 위해, 단일 기관의 경제적·재무적 성과에 대해 적절한 지표들을 활용한 실험적 계량분석quantitative exercises이 대차대조표에 근거하여 이루어져야 하며, 또 비교분석도 이루어져야 한다. 이들 분석은 개발은행들 간에 벤치마크뿐만 아니라 민간 업계와 관련하여 비교 정보도 제공할 수 있다.

셋째, 개발은행의 역량과 이들의 제도적·경제적 강점 및 약점의 원천에 대한 심층분석이나 비교연구는 최적의 업무관행을 정의하기 위해 반드시 필요하다.

넷째, 개발은행이 임무 지향적으로 수행하는 역할 범위와 관련한 것도 실험적 연구로서 시도해 봐야 할 핵심 연구과제이다.

다섯째, 개발은행의 효율성과 유효성을 평가해야 한다. 개발은행은 공적 기관이므로, 그들의 사회에 대한 기여를 입증해야만 한다. 또 이러한 분석들은 그들의 임무를 충실히 수행하기 위한 내부적인 학습의 원천이 될 수 있다.

주 석

주앙 카를로스 페하즈는 리우데자네이루 연방대학교 경제연구소Instituto de Economia, Universidade Federal do Rio de Janeiro의 부교수Associate Professor이다. 2007.5~2016.5월까지 BNDES, 즉 브라질개발은행의 부행장이자 상임이사로 근무하였다. 이 논문은 페하즈와 알렘, 마데이라(2013) 및 코칭요와 페하즈, 마르케스(2015)의 주장과 연구결과에 바탕을 둔 것이며, 또한 2014.6월 5~6일 요르단과 2015.2월 19~20일 뉴욕에서 개최된 산업정책과 변환 회의Industrial Policy and Transformation Meeting에 관한 IPD와 JICA의 태스크포스의 논평에도 도움을 받았다. 논문의 내용에 대한 모든 책임은 저자에게 있으며, 이 논문은 BNDES의 입장과는 무관하다.

1. 프리먼Freeman(1982)은 기술적 불확실성, 시장 불확실성 및 일반적 사업 불확실성을 강조했다. 프리먼과 소티Soete(1997)에서는 기술적, 상업적, 그리고 조직 관련 불확실성으로 유형의 분류가 변경되었다.
2. 임무 지향적 기관이란 기업, 연구소, 대학과 같이 혁신의 창출 및 확산과 직접적인 관련이 있는 조직을 정의하기 위해 국가 혁신 시스템 관련 연구문헌에서 널리 사용되고 있는 개념이다 (프리먼 1987; 넬슨Nelson 編 1993).
3. 이는 본고의 범위에는 포함되지 않으나, 정책당국의 많은 관심과 더욱 세밀한 논의가 요구되는 중요한 문제이다.
4. KfW법 발췌:
"연방 공화국은 KfW에 대한 대출, KfW가 발행한 부채증권, KfW가 체결한 선도거래 및 옵션 계약, 기타 KfW에게 제공된 여신, KfW의 명시적 보증 하에 제3자에게 제공된 여신과 관련된 KfW의 모든 채무를 보증한다…공공정책 목적에 봉사하는 공적인 법률상 기관으로서…KfW는 법인세 납부의무를 지지 않는다…진흥은행promotional bank으로서 이익극대화를 추구하지 않는다. 다만, KfW는 진흥활동 지원 및 사업규모 성장을 위한 자본기반 강화에 필요한 전반적인 수익성 수준을 유지하는 것을 추구한다. KfW의 이익배당은 금지되며, 이는 대신 법정준비금 및 특별준비금으로 할당된다."
5. 이는 탐색적exploratory, 비체계적unsystematic 시도로 보아야 하며, 개발은행이 해당 경제 내에서 불확실성을 최소화하기 위해 수행하는 역할을 가지고 있는지 여부를 조사하기 위한 것으로서, 대부분 연차보고서에서 얻은 이용 가능한 데이터에 기반을 둔 것이다.
6. 혁신과 환경적 지속가능성은 관련성이 높고도 명확한 접점을 가지는 것으로, 이는 보다 높은 에너지 및 환경적 효율성의 추구에는 다양한 유형과 강도의 혁신이 요구되며, 그 결과도 그러한 혁신을 낳는 경향이 있기 때문이다.

참고 문헌

Bloomberg. 2014. "New Energy Finance, Renewables Research Note." September 29.
BNDES (Banco Nacional de Desenvolvimento Econômico e Social). *Annual Reports from 2002 to 2013*. Rio de Janeiro: BNDES.
CDB (China Development Bank). *Annual Reports from 2002 to 2013*. Beijing: China Development Bank.
Climate Policy Initiative. 2014. *The Global Landscape of Climate Financing*. Venice: CPI.
Conference Board of Canada. 2010. *Lessons from the Recession and Financial Crisis*. Ottawa: BDC, Legislative Review.
Coutinho, L., J. C. Ferraz, and F. S. Marques. 2015. "Development, Uncertainty, and the Role of State Investment Banks." In *Mission-Oriented Finance for Innovation: Rethinking Public & Private Risks and Rewards,* M. Mazzucato and C. Penna, 97-104. Science Policy Research Unit, University of Sussex.
Development Bank of Japan. *Annual Report 2012*. Tokyo: Development Bank of Japan.
Ferraz, J. C, A. C. Além, and R. F. Madeira. 2013. "A Contribuição dos Bancos de Desenvolvimento para o Financiamento de Longo Prazo." *Revista do BNDES* (1), 5-42.
Freeman, C. 1987. *Technology Policy and Economic Performance, Lessons from Japan*. London: Pinter.
Freeman, C., and L. Soete. 1997. *The Economics of Industrial Innovation*. London: Pinter.
Gerschenkron, A. 1973. *El atraso economico en su perspectiva histórica*. Barcelona: Ediciones Ariel.
Griffith-Jones, S. 2013. "The European Investment Bank: Lessons for Developing Countries." *WIDER Working Paper*.
Gurley, J. G., and E. S. Shaw. 1955. "Financial Aspects of Economic Development." *American Economic Review* 45: 515-38.
International Development Financial Club (IDFC). 2014. The Club of Experts in Sustainable Development Financing, mimeo. Frankfurt.
Japan Finance Corporation. 2013. *Annual Report 2012*. Tokyo.
Keynes, J. M. 1936. *The General Theory of Employment, Interest and Money*. London: Macmillan.
Keynes, J. M. 1939. The Process of Capital Formation. *The Economic Journal,* September.
KfW Bankengruppe. *Annual Reports from 2002 to 2013*. Frankfurt, KfW.
Korea Development Bank Financial Group. 2013. *Annual Report 2012*. Seoul: KDB.
Kregel, J. A. 1997. "Margins of Safety and Weight of the Argument in Generating Financial Instability." *Journal of Economic Issues* 31(2): 543-8.

Lazonick, W. 2013. "The Financialization of the U.S. Corporation: What Has Been Lost, and How It Can Be Regained." *Seattle University Law Review* 36: 857-909.

Lazzarini, S. G., A. Musacchio, R. Bandeira de Mello, and R. Marconi. 2015. "What Do State Owned Development Banks Do? Evidence from BNDES, 2002-2009." *World Development* 66: 237-53.

LSE Growth Commission. 2013. *Investing for Prosperity: Skills, Infrastructure and Innovation.* London: London School of Economics.

Luna-Martinez, J., and C. L. Vicente. 2012. "Global Survey of Development Banks." *Policy Research Working Paper 5.969,* The World Bank, February.

Mazzucato, M., and C. Penna. 2015. *Beyond Market Failure: The Market Creating and Shaping Roles of State Investment Banks.* Levy Economics Institute, *Working Paper 831.*

McKinnon, R. I. 1973. *Money and Capital in Economic Development.* Washington, D.C.: Brookings Institution.

Minsky, H. 1982. *Can "IT" Happen Again? Essays on Instability and Finance.* New York: M. E. Sharpe.

Minsky, H. 1986. *Stabilizing an Unstable Economy.* New Haven, Conn.: Yale University Press.

Nelson, R. R., ed. 1993. *National Systems of Innovation: A Comparative Analysis.* New York: Oxford University Press.

Polanyi, K. 2001 [1944]. *The Great Transformation: The Political and Economic Origins of Our Time.* Boston, Mass.: Beacon Press.

Rezende, F. 2015. "Why Does Brazil's Banking Sector Need Public Banks? What Should BNDES Do?" Levy Economics Institute, *Working Paper 825.*

Rodrik, D. 2013. "Green Industrial Policy." *Princeton University Working Paper.*

UNDESA (United Nations-Department of Economic and Social Affairs). 2005. "Rethinking the Role of National Development Banks." *Revised Background Document.*

Wagenvoort, R., C. Nicola, and A. Kappeler. 2010. "Infrastructure Finance in Europe: Composition, Evolution and Crisis Impact." *EIB Papers* 15(1): 16-40.

─── 제 5 장 ───

개발은행의 역할
The Roles of Development Banks

― 유럽, 그리고 전 세계의 투자를 촉진하기 위해 어떻게 행동해야 하는가? ―

스테파니 그리피스-존스 Stephany Griffith-Jones · **지오반니 코지** Giovanni Cozzi

    금융부문은 실물경제를 지원해야 한다. 이러한 중요하고 긍정적인 역할을 수행하기 위해 금융부문은, 저축을 장려하고 자금을 모으며, 모인 자금을 저렴한 비용으로 중개하고, 개인과 기업의 위험 관리를 도울 뿐 아니라, 저축이 효율적인 투자(혁신 및 구조개혁을 위한 투자 포함)로 연결될 수 있도록 기능하여야 한다. 산업정책의 맥락에서 금융부문은 새로운 산업에 자금을 공급하고 기존 산업을 강화하며, 국가적·지역적 개발을 위한 전략 지원에 도움이 되어야 한다. 이상적으로 말하면, 금융부문은 사회가 생산성 제고를 위해 소중한 학습의 습득과 축적을, 그것도 동적인dynamic 차원에서 도울 수 있다(스티글리츠와 그린월드Greenwald 2014).

    금융은 경제 전반에 걸쳐 미치는 영향이 큰 만큼, 금융부문이 여타 경제부문에 해를 끼치지 않아야 한다는 원칙도 충실히 지켜져야 한다. 그러므로 대규모 비용을 수반하며 경제성장이나 고용, 투자에 악영향을 미치는 위기상황이 금융부문으로부터 유발되는 일은 없어야 하며, 있더라도 최소한에 그쳐야 한다.

    최근 수십 년 동안 민간 금융시스템은 대체로 이러한 금융의 기능 어느 것도 그다지 잘 수행하지 못했다.[1] 민간 금융시스템은 위험을 관리하기 보다는 위험을 초래하였고, 이로 인해 여러 주요 위기상황을 유발하였다. 민간금융은 호황기에는 과다한 신용을 공급한 반면, 위기가 진행되는 동안 그리고 위기가 종료된 후에도 오랜 기간 동안은 신용할당credit rationing 경향을 드러냄으로써 운전자본 뿐만 아니라, 특히 투자를 위해 필수적인 장기자금 공급이 제한되는 결과를 야기하였다는 점에서 매우 경기 순응적인deeply procyclical 모습을 보였다. 평온한 시기, 그리고 그보다 더한 것은, 격변의 시기 모두 민간금융은 기업의 성장 및 일자리 창출에 필요한 혁신과 기술 투자를 위한 장기자금을 충분히 공급하지 않았으며, 인프라, 재생에너지, 에너지 효율성과 같은 중요한 부문에 대한 자금공급 역시 충분하지 못했다. 산업정책의 맥락에서 보면, 민간 금융시스템은 하나같이 다양한 위험을 감수하려고 하지 않으며, 특히 최근 들어서는 신산업·신기술 개발에 필요한 충분한 규모의 장기자금 공급을 꺼리는 경향을 보이고 있다.

　　이러한 민간금융 부문의 문제들로 인해, 공적 개발은행들이 효과적으로 수행할 수 있는 긍정적인 역할에 대한 관심이 점차 증대되어 왔다. 최근 몇 해 들어서는 점점 더 광범위한 영역에서 국가national, 지역regional 또는 다자간multilateral 개발은행들이 수행하는 중요한 역할에 대한 인식이 높아지고 있다. 이들 개발은행은 2007년 시작된 북대서양 지역(미국, 유럽 등)의 금융위기 당시, 민간신용의 붕괴 및 자금유입 감소 등으로 어려움에 처한 개발도상국들에 경기 대응적인countercyclical 금융을 지원하는 중요한 역할을 수행하였다. 더욱이, 국가 또는 지역 차원의 장기적 개발전략 추진 수단에 대한 필요성이 더욱 커졌다는 인식도 점차 높아지고 있다. 이는 현대적 의미에서의 "산업정책"의 가치와 함께, 경제개발을 독려하고 선도하며 민간의 혁신 및 구조적 변환을 위한 비전vision과 역동적인 추진력을 제공하는 이른바 "기업가형 개발 국가entrepreneurial and development state"의 중요성에 대한 인식이 높아지고 있는 추세에도 부합하는 것이다(장하준Chang 2002; 웨이드Wade 2003; 마추카토Mazzucato 2013). 스티글리츠와 그린월드(2014)는 여기에 매우 중요한 차원을 추가하여, 지속적인 성장은 생산성 향상을 위한 학습사회와 지식경제의 창출을 필요로 하며, 공적 개발은행은 이를 뒷받침하는 중요한 제도적 수단이라고 주장한다. 실제로 개발은행은 금융시장, 그리고 지식시장 양쪽에서의 시장실패 극복을 동시에 지원할 수 있다.

　　여러 국가와 지역 또는 단일 국가 차원에서, 공공부문과 민간부문에 자금을 공급함으로써 개발전략과 비전의 실행, 그리고 이에 필요한 자금조달을 지원하는 개발은행의 역량은 많은 지지를 받아 왔다. 또 개발도상국이나 신흥경제국뿐만 아니라 선진국에서도 역시 개발은행 역할의 중요성이 강조되어 왔던 점은 매우 흥미로운 사실이다. 유럽연합 회원국들의 은행인 유럽투자은행European Investment Bank(EIB)은 유로존Eurozone의 금융위기 당시, 그리고 금융위기 이후에도 민간대출의 위축에 대응하여 장기 대출을 제공하는 매우 중요한 역할을 수행하였다. 1956년 설립 이래, EIB와 유럽연합구조기금EU Structural Funds[1]은 공동시장의 창출을 지원하고 빈곤한 지역과 부유한 지역 사이의 경제적 격차를 축소하기 위해, 개별 국가간 인프라를 상호 연결하는데 대규모의 중요자금을 지원해 왔다(그리피스-존스 외 2006 참고). 최근에는 재생에너지의 원활한 전송을 위한 유럽 내 "스마트smart" 전력 그리드electricity grid 구축에 필요한 자금조달을 지원하고 있다.

  유럽 개별 국가 수준에서 보면 독일의 공적 개발은행이면서 지금은 상업은행으로도 독일 내에서 두 번째로 큰 독일재건은행KfW은, 금융위기 당시 중소기업에 대해 경기 대응적인 대출을 증가시키거나 재생에너지 및 혁신 투자와 같은 핵심적 분야에 대한 주요 자금을 지원함에 있어 매우 긍정적인 역할을 수행한 바 있다. 유럽에서는 이와 같은 KfW의 사례가 다른 국가들이 참고할만한 가치 있는 모델로 인식되며 주목받고 있다. 예를 들어, 프랑스는 새로운 공적 개발은행을 설립하였고, 영국도 유사한 기관을 설립하는 것을 고려하고 있다. 유로존 부채위기와 관련하여 몇 가지 바람직한 정책대응 가운데 하나가, 경우에 따라서는 KfW와 EIB의 강력한 지원 하에, 아일랜드, 그리스, 포르투갈과 같은 국가들에서 중소기업 지원에 중점을 둔 개발은행 또는 개발금융 메커니즘을 만들어 낸 것이었다.

  브라질개발은행BNDES이나 안데스 지역의(그리고 남미지역으로 확장하고 있는) 안데스개발공사CAF[2], 그리고 중국, 한국, 인도 등과 같은 신흥경제국의 여러 개발은행들이 보유한 좋은 경험 역시 신흥시장 및 선진경제국들에게 매우 중요하며 바람직한 교훈을 제공하고 있다. 예를 들어, BNDES는 생명공학이나 재생에너지와 같은 중요 신산업 분야에 대해 금융을 지원하면서 이에 따르는 주요 위험을 감수해 왔다. 더 나아가, 칠레 같은 국가들은 목재뿐만 아니라 종이, 셀룰로오스를 생산하는 임업 등 주요 수출품 생산 분야에 대해 민간투자를 촉진하고 자금을 공

---

1) 유럽연합구조기금은 유럽연합 내 부유한 회원국과 가난한 회원국 사이의 경제적 격차를 축소하기 위해, 상대적으로 가난한 회원국에 지원되는 유럽연합의 개발지원기금이다.
2) Corporacion Andina de Fomento(안데스개발공사). 영어명은 Andean Development Corporation.

급하기 위해 개발은행을 활용해 왔다. 이러한 경험들은 개발은행이 선도적으로, 또는 민간과 협의하면서 국가나 지역 정부가 정한 우선순위에 따른 신산업과 신기술 관련 투자를 이끌어 왔음을 보여주고 있다.

"바람직한 개발은행에 대한 사례 분석" 절에서는 개발도상국과 신흥국, 그리고 선진국 경제에서도 개발은행이 더 큰 역할을 수행해야 하는 이유를 분석하고 상세히 설명할 것이다.

"통상적 상황Business as Usual으로부터 투자 주도형 글로벌 뉴딜New Deal까지" 절은 장기적인 변화와 혁신을 위한 투자를 지원함으로써 금융위기 이후 경제의 전반적인 회복과 성장을 도모하는데 있어 개발은행이 수행할 수 있는 긍정적인 역할을 잘 보여준다. 이 절에서는 캠브리지 알파메트릭스 모델Cambridge Alphametrics Model(CAM)을 이용하여, 2020년까지의 기간 동안 전 세계 및 유럽지역 경제운영 방식에 서로 다른 가정을 전제하였을 때 전 세계 및 유럽지역의 경제 관리 시스템economic governance systems에 일어날 수 있는 경제적 변화상을 제시하고 있다. 여기서는 "통상적 상황business as usual", "투자 주도형 유럽경제 회복European investment-led recovery", 그리고 "전 세계적 투자진작책 추진global investment stimulus"이라는 세 가지 주요 시나리오가 주어지게 된다.

"통상적 상황" 시나리오는 성장과 고용을 촉진하기 위한 정부의 계획이 세계적인 투자 부진으로 인해 제약받는 상황을 그리고 있다. 결과적으로, 거시경제 측면의 유럽의 모습은 유로존 남부지역 국가들(이탈리아, 스페인, 그리스, 포르투갈 등)의 긴축정책에 따른 부정적인 영향과 함께 눈에 띄는 효과적인 투자전략 부재 등으로 인해 장기간에 걸친 저성장을 겪게 되는 것으로 나타난다.

"투자 주도형 유럽경제 회복" 시나리오의 경우, 세계경제는 국가들 간에 조율된 글로벌 투자진작책이 없기 때문에 경기회복에 여전히 어려움을 겪게 된다. 그러나 유럽의 거시경제적인 결과는 세계 경제에 비해 좀 더 긍정적으로 나타나는데, 이는 경제성장을 촉진하고 일자리를 창출하기 위해 유럽이 대규모 민간투자 진작과 함께 확장적인 재정정책 기조를 채택한다고 가정하고 있기 때문이다. 여기서 EIB와 유럽 각국의 개발은행들은 민간투자를 진작하기 위해 중요하고 커다란 역할을 수행하게 된다.

글로벌 차원의 경기부양 조치를 내용으로 하는 세 번째 시나리오는 전 세계적 차원의 경제적 조치들이 의미 있는 경제적 이득의 증진으로 이어질 수 있음을 보여주고 있다. 여기서는 투자 주도형 "글로벌 뉴딜"의 취지에 걸맞게 선진국과 개발도상국 모두 대규모의 민간투자 진작책을 시행하는 것으로 가정한다. 이는 궁극적으로 보다 빠른 세계경제 성장과 상당한 규모의 고용증진을 가져오게 되는데, 이러한 투자에 소요되는 자금을 공급하는데 있어 유럽뿐 아니라 세계적으로도 개발은행들이 중요한 역할을 하는 것으로 가정하고 있다. 한편, 유럽지역의 경제성장과 고용 목표가 민간투자뿐 아니라 정부의 지출 및 투자에 의해서도 뒷받침되는 것으로 가정되는데, 전체적으로 볼 때 이 시나리오는 유럽의 투자주도형 회복이 글로벌 차원의 투자주도형 회복과 결합되는 것을 가정하고 있는 셈이다.

여기서 제시되는 두 가지의 대안적 투자 시나리오는, 지역 또는 국가 개발은행의 역할이 확대되고 이들이 필요자금을 공급하는 것을 바탕으로 투자가 획기적으로 증가할 것으로 가정하고 있으며, 유럽지역 그리고 세계적인 맥락에서, 또한 특히 개발도상국들에게 있어서 개발은행의 역할에 대한 시뮬레이션을 제공하고 있다. 개발은행을 활용한 이와 같은 방법이 가지는 중요한 이점들 가운데 하나는 상당히 제한적인 공적 자원을 가지고도 레버리지 효과를 통해 대단히 큰 효과를 얻을 수 있다는 점이다. 실제로 이뿐만 아니라 다른 경우에도, 공적 개발은행은 민간은행이나 민간 투자자와 공동으로 자금을 지원하는 것은 물론 민간 자본시장에서의 채권발행 등을 통해 대출자금을 조달함으로써 그들이 보유하고 있는 공적 자원의 몇 배에 해당하는 효과를 거둘 수 있다는 이점이 있다. 공적 개발은행이 보유하는 공적 자원의 조성은 주로 납입자본의 증가를 통해 이루어진다.

유럽의 지도자들은 이미 2012년 중에 100억 유로를 투입하여 EIB의 납입자본금을 두 배로 증액하는 선견지명적인 조치를 취했는데, 이로 인해 최소 600억 유로 규모에 달하는 EIB의 추가적인 대출이 가능하게 되었다. 더욱이 EIB의 대출이 총 대출액의 50% 만큼 타 금융기관과 공동으로 대출하는 것을 조건으로 하고 있는 점을 감안하면, EIB의 납입자본금 두 배 증액에 따른 추가적인 대출의 전체 규모는 최소 1,200억 유로에 달할 것이다. 우리는 100억 유로를 EIB에 더 투입하여 납입자본금을 증액함으로써, 적어도 비슷한 규모의 대출이 추가적으로 일어날 수 있도록 촉진하고 결과적으로 민간투자의 대규모 증가로 이어질 수 있도록 할 것을 제안한다. 시뮬레이션 결과, 공공투자의 감소가 일어나지 않도록 긴축적 재정정책을 다소 완화하는 경우, 이러한 정책 전략을 채택하게 되면 유럽연합 내에서 절실히 필요로 하는 500만개의 일자리를 추가적으로 창출할 수 있는 것으로 나타났다.

바람직한 개발은행에 대한 사례 분석

이론적 틀

개발은행들의 규모와 경제적 중요성에도 불구하고 개발은행의 역할과 이를 뒷받침하는 근거에 대한 학술적 연구는 놀라울 만큼 거의 이루어지지 않았으며, 이에 대한 논의는 금융부문의 바람직한 특성과 구조에 관한 보다 광범위한 토론의 맥락에서 다룰 필요가 있다.

제2차 세계대전 이후 30여 년 동안 금융부문은 선진국과 개발도상국 모두에서 그 기능을 꽤 잘 수행했다고 말할 수 있다. 이 기간 중 국가 개발은행, 그리고 다자간 개발은행들이 설립되었으며 가치 있는 역할을 수행하였다. 반면, 국내 민간금융 부문은 상대적으로 작은 규모였으며, 매우 엄격한 규제를 받았다.

그러나, 당시에 부르던 표현대로 "금융적으로 억압된financially repressed" 시스템은 비효율적일 것이라는 정책적인 우려가 존재했으며, 이론적 관점에서 금융시장이 효율적이라는 아이디어에 따라 민간금융 부문에 대해 최소한으로 규제하는, 또는 전혀 규제를 하지 않는 형태의 금융자유화가 장려되었다(걸리Gurley와 쇼Shaw 1955; 매킨넌McKinnon 1973). 그러나 이러한 과정 뒤에는 값비싼 댓가를 수반하는 금융위기가 빈번하게 발생하였다. 디아즈-알레한드로Diaz-Alejandro(1985)는 일찍이 이를 "금융억압은 가고, 금융위기가 도래하였다Good-bye financial repression, hello financial crisis"라는 말로 통찰력 있게 종합적으로 표현하였다. 효율적 금융시장을 주장하는 학파에게 개발은행과 같은 공적 금융기관의 존재는 당연히 부정적인 것이었다. 그 결과 개발은행들은 때로는 공정한 방식으로, 그러나 때로는 불공정한 비판을 받았으며 그들의 역할은 많은 국가에서 급격하게 축소되었다. 가장 역설적인 상황 가운데 하나는, 신자유주의적neoliberal 접근의 지배가 심화되던 당시, 그 자체로서 매우 중요한 공적 개발은행인 세계은행이 자신의 대출에 정책적 제한조건을 부과함으로써 개발도상국들로 하여금 자국 개발은행의 활동을 축소하도록 나서는데 상당한 역할을 했다는 것이다.

　　대안적인 이론적 접근으로서 신용할당을 강조하는 것이 있다. 신용할당 상황에서는 투자자가 투자자금 조달을 위해 시장금리보다 높은 금리를 지불하고자 하더라도 은행이 자금지원을 거절할 수 있다. 이러한 관점에서, 신용할당론적 접근법은 민간 금융시스템에서는 이용할 수 없었던 투자에 필요한 신용을 공급한다는 점에서의 개발은행의 존재를 정당화하는 것이다.

　　개발은행의 존재에 대한 또 하나의 이론적 접근은 금융시장에서의 시장실패 이론과 관련된다(스티글리츠와 바이스Weiss 1981; 스티글리츠 1990). 신용할당은 시장의 효율적 기능을 저해하는 불완전한 정보 또는 정보비대칭으로 인해 금융시장이 올바르게 작동하지 못하게 될 때 발생한다. 차주(借主)들이 프로젝트의 기대수익에 대해 대주(貸主)들보다 더 많은 정보를 가지고 있는 경우 신용의 공급에 비해 더 큰 신용 수요가 존재하게 되며, 이러한 신용의 초과수요는 금리를 높이는 것으로는 조정되지 않는다. 더욱이 이러한 시장의 불완전성은 역선택(逆選擇)과 도덕적 해이로 인해 더욱 증폭된다.

　　스티글리츠(1994)는 금융시장에서의 시장실패는 고질적이기 쉬운데, 이는 금융시장이 특별히 정보 집약적information-intensive이어서 불완전한 계약뿐만 아니라 정보의 미비와 불균형을 다른 경제부문에서 보다 더 심각하고 파괴적으로 만들기 때문이라고 주장하였다. 그러므로 스티글리츠가 통찰력 있게 주장한 바와 같이, 시장실패는 금융시장의 중요한 부분에서 정부실패보다 더욱 확대되는 경향이 있다. 이 경우 정부의 시장개입은, 그로 인한 이익이 비용을 초과한다면, 여타 경제부문에 비해 더 바람직하다고 할 수 있다. 이는 유능한 공적 개발은행과 강력한 민간 금융시장 규제를 활용하는 "정부의 보이는 손visible hand of government"을 확고하게 지지하는 첫 번째 사례인 것이다.

　　스티글리츠와 그린월드(2014)는 더 나아가 지식과 정보 시장 역시 시장 불완전성이 매우 크며, 지식과 정보는 기본적으로 공공재라고 주장한다. 그렇기 때문에, 정부는 생산성 향상을 위해 학습사회를 이룩하기 위한 명확한 역할을 가지고 있다. 학습사회를 이룩하기 위한 제도적 수단 가운데 하나는, 아마도 개발도상국과 신흥국 경제에서 더욱 그러하겠지만, 우수한 개발은행이다. 장기금융을 제공하는 것 이외에도 개발은행은 금융지원을 통해 혁신을 위한 구체적인 유인

incentives을 제공할 수 있다. 더욱이 개발은행은 보다 장기적인 시각을 가지고 있으므로, 구체적 분야에서의 혁신, 그리고 "어떻게 학습할 것인가를 터득"하는데 있어, 전문성이 축적되고 상호 조정 및 자금지원이 이루어질 수 있도록 도모할 수 있다. 개발은행은 이러한 과업을 수행하는데 있어 당연히 공공 또는 민간의 관계자들과 협력해야 하며, 실제로도 협력하고 있다. 문헌적으로는 충분히 연구되어 있지 않으나, 대부분의 민간 금융기관들은 이와 같은 지식과 학습을 축적하고 장려하는 역할을 효과적으로 완수할 수 없다. 왜냐하면 민간 금융기관은 주로, 아니면 전적으로 단기적인 이익에 집중하며 과거 경험이나 미래에 나타날 외부효과externalities에는 관심을 갖지 않는 경향이 있기 때문이다. 그러므로 개발은행이 이러한 공백을 메워줄 필요가 있다.

보완적인 이론의 관점에서 볼 때, 몇몇 평론가들(예를 들어, 페하즈Ferraz와 알렘Além, 마데이라Madeira 2016; 크리겔Kregel 1988; 레이Wray 2009)은 은행뿐만 아니라 투자자들 사이에도 유동성 선호가 존재하며, 이로 인해 경제 전반에 걸쳐 신용공급의 제한이 유발된다고 주장한다. 국가 내 또는 국제적으로 잘 발달된 금융시스템이 존재하는 경우에도 투자에 필요한 신용의 공급이 부족할 수 있다. 그러므로 앞서 지적한 바와 같이 개발은행의 중요성은 시장실패를 기반으로 하고 있으나 시장실패의 문제를 넘어서는 것이라고 할 수 있다. 금융시스템이 충분히 발전되어 있더라도, 미래에 대한 불확실성을 전제하는 경우 자원을 필요로 하는 새로운 분야와 프로젝트의 특성에 따라 은행은 때때로 신용을 전혀 제공하지 않거나 불충분하게 제공하기도 하는 것이다. 특히 장기적인 신용의 경우에는 더욱 그러하다.

따라서 개발은행의 존재는, 미래 경제발전을 위해 자금투입을 필요로 하나 성공 여부는 매우 불확실한 새로운 분야와 투자 프로젝트가 존재한다는 점에 의해 정당화된다고 할 수 있다(마추카토 2013). 그렇기 때문에, 기대수익의 불확실성이 덜 한 분야나 투자 프로젝트를 선호하는 민간 금융시스템으로는 이들 분야에 자금을 충분히 공급할 수 없다. 이러한 분야나 프로젝트들은 종종 대단히 복잡하고 높은 비용을 수반하게 되므로, 경제 전반에 걸친 긍정적인 효과(바람직한 외부효과, 예를 들어 탄소배출 저감을 통한 재생에너지의 기후변화 완화 측면)를 평가하거나 또는, 그리고 동시에 사회적 이익이 사적인 이익을 능가하는지 여부를 평가하는데 있어 정교한 전문적 지식을 필요로 한다.

금융시장의 운영 전반에 있어 가장 핵심적인 결함으로는 금융시장에 '잔치판feast'과 '기근femine'이 잇달아 나타나는 "붐-버스트boom-bust" 경향을 들 수 있는데, 이는 국내금융시장과 국제금융시장 모두에서 나타나는 현상이다. 케인즈Keynes(1936)와 민스키Minsky(1977)의 이론적 전통을 기반으로, 킨들버거Kindleberger(1978)는 역사적으로 금융위기는 이전 시기의 '과잉excesses'에 대한 대응이라고 분석하였다. 이러한 과잉은 자유화는 많이 이루어졌으나 적절한 규제는 받지 않는 금융시장에서 분명히 더 크게 발생한다. 민간금융의 경기 순응적인 특성을 고려할 때, 금융시장에 대한 경기 대응적인 규제가 필요할 뿐만 아니라 공적 개발은행이 단기, 그리고 특히 장기의 경기 대응적인 자금공급을 수행할 필요가 있다는 것을 알 수 있다(그리피스-존스와 오캄포Ocampo 2014). 브라이Brei와 슐라렉Schlarek(2013), 루나-마르티네즈Luna-Martinez와 비센테Vicente(2012)의 연구는 국가 개발은행이 수행하는 경기 대응적인 역할에 대한 중요한 실증적 증거를 보여주고 있으며, 그리피스-존스 외(2012)와 오캄포 외(2012)의 연구는 지역 및 다자간 개발은행의 경기 대응적인 역할에 대한 실증적인 증거를 제시하고 있다.

개발은행의 바람직한 기능과 특성

앞서 설명한 이론적 배경과 실증적 증거들은 개발은행이 수행하고 있고 또 수행하여야 하는 역할을 정의하는데 도움을 준다.

국가, 지역 또는 다자간 개발은행들이 수행해야 하는 네 가지 기능은 대단히 중요한데, 이들은 다음과 같다. (1) 경기 대응적인, 특히 투자를 뒷받침하기 위한 경기 대응적인 금융의 제공, (2) 자금공급을 통한 역동적 성장 비전과 전략 지원 및 구조적 변환과 학습 증진 지원, (3) 레버리지 효과와 선별적 보조금 등을 통한 광범위한 재원의 동원, (4) 공공재에 대한 금융(컬페퍼Culpeper, 그리피스-존스, 티틀먼Titelman, 발간 예정).

두 번째 기능과 관련하여, 불확실성을 기피하는 민간금융이 스스로는 절대로 투자하지 않는 분야로서 새로 시작되는 분야 또는 기존 분야의 심화 등에 대한 투자자금 공급을 위해 공적 개발은행이 수행하는 가치 있는 역할이 특히 강조되고 있다. 이러한 경우 개발은행은 (민간금융으로는) 전혀 진척되지 않는 그와 같은 과업을 추진하기 위한 비전을 제공할 뿐만 아니라 대출이나 지분투자 등을 통해 필요 재원의 일부를 제공할 수 있다(마추카토 2013). 이를 위해 개발은행은 새로운 분야 및 기술에 자금을 공급하기 위한 전문지식과 전략적 비전을 갖추어야 한다.

개발은행이 장기금융을 제공할 수 있고, 개발과 관련하여 장기적인 시각을 가지고 있으며, 민간금융에 비해 낮은 수익률을 요구한다는 사실은 이를 더욱 용이하게 한다. 개발은행은 또한 개발 사업을 지원할 뿐만 아니라 자신만의 전문지식을 축적하고, 이를 투자자와 차입자에게 전달할 수도 있다. 그러므로 개발은행은 지식 및 자원 측면의 격차를 해소하는데 기여할 수 있다. 이는 개발은행에게는 매우 어려운 도전과제이기는 하나, 또한 아마도 개발은행의 가장 중요한 역할일 것이다. 예로서는 EIB가 재생에너지의 원활한 전송에 필요한 유럽 내 "스마트" 전력 그리드 구축을 위한 자금지원에 참여하고 있는 것을 들 수 있다.

한편 개발은행은 중요한 외부효과가 존재하는 분야나 활동에도 자금을 지원할 필요가 있는데, 중요한 외부효과가 존재한다는 것은 사회적 수익이 시장수익보다 높다는 것을 의미하며, 환경적인 외부효과가 존재하는 경우가 그 전형적인 사례이다. 흥미로운 점은 공적 개발은행, 그 중에도 두드러지는 것은 EIB가 프로젝트를 평가할 때 탄소의 "그림자shadow" 가격(시장가격보다 높다)을 반영함으로써 순수한 상업적인 기준과 함께 환경을 고려하는 방식으로 평가한다는 것이다. 이는 특정 프로젝트의 추진을 위해서는 선별적이고 한시적인 보조금 제공이 필요할 수 있음을 의미한다. 유럽연합의 경우 이러한 보조금은 유럽위원회European Commission의 재원에서 제공 가능하며, 또한 지원되고 있다. 마지막으로, 장기적으로 민간금융이 위축되거나 더 심하게는 고갈되는 경우에 대응하여, 투자와 혁신, 일자리 창출 및 성장을 유지하기 위한 개발은행의 경기 대응적인 역할이 매우 중요하다. 수요 부진을 동반하는 자금 측면의 불확실성은 민간투자를 위축시키는 중요한 요인이며, 이는 스태그네이션stagnation이나 저성장 상태를 불필요하게 연장시킬 수 있다. 개발은행은 이 두 가지를 해결하기 위해 개입할 수 있는 것이다.

더 넓게 보면, 개발은행을 옹호하는 입장에서 다각화의 혜택이라는 관점에서의 다른 사례가 있다. 주로 민간(대형)은행에 중점을 두고 있는 구조에 비해 보다 다각화된 금융구조는 몇 가지 장점을 가질 수 있다. 첫째, 이는 서로 다른 유형의 금융기관들 사이의 경쟁을 촉진하여 효율성을 높일 수 있는데, 금융기관이 부과하는 마진spreads에 대한 경쟁을 예로 들 수 있다. 둘째, 보다 다각화된, 특히 상호 연관된 리스크가 없는 금융시스템은 체계적인 리스크를 낮춤으로써 금융 안정에 기여할 수 있다. 셋째, 다양한 유형의 금융기관들이 서로 다른 강점을 가지고 있다면,2 한 가지 유형의 금융기관에 의해 금융구조가 자연스럽게 결정되거나 지배되는 경우에 비해 다각화된 금융시스템을 보유함으로써 포용적이고 역동적인 성장 달성을 지원하는 금융부문의 기능이 더욱 강화될 수 있다.

실제로 금융부문(특히, 자유화되어 규제를 거의 받지 않는 상태에 있는 금융부문)이 경제성장에 문제점으로 작용하는 경우 금융부문의 발전을 위해서는, 순수한 자유시장의 이념에 의해 주도되거나 금융시장 내의 대리인agents의 이해관계에 과도하게 좌우되지 않고 실용적인 정책을 추구할 필요성이 특히 크다. (민간 또는 공공과 같은) 서로 다른 유형의 금융기관 가운데 '어느 하나 아니면 다른 것' 식의 태도를 취하기보다는 이들 사이에 최적의 업무관행best practice을 장려하고 시너지 효과를 창출하기 위한 가장 좋은 방법을 모색하는 것이 중요하다. 어느 부문이 보다 역동적이기 위해서는 초창기에 개발은행의 촉매와 같은 역할이 필수적이다. 공적 개발은행은 민간은행과 공동으로 자금을 지원할 뿐만 아니라, 특히 중소기업에게는 민간은행을 경유하는 등의 방법으로 점차적으로 대출을 늘리고 있다. 더욱이 공적 개발은행의 대출에 있어서는 민간기업이 높은 비중을 차지한다. 민간과 공공을 창의적으로 결합하고 서로 건설적으로 협력하게 하는 역량은, 포용적이며 환경적으로 지속가능한 성장에 대한 요구에 부응하기 위해 금융시스템이 갖추어야 할 필수적인 특성이다. 이러한 의미에서, 완벽하지는 않지만 독일 금융부문이 발전시키고 운영해 온 방식, 예를 들어 공공 및 민간은행, 협동조합은행cooperative banks, 그리고 민간 투자자들의 협력을 통해 재생에너지에 대해 성공적으로 자금을 지원하는 방식은 매우 좋은 사례를 보여주고 있다.

공공 및 민간은행이 상호 협력하여 긍정적인 시너지 효과를 창출하는 것은 실제로 매우 가치 있는 일이다. 그러나, 특정 부문에서의 폐해(예를 들어 민간 투자은행이나 헤지펀드의 과도한 금융위험 부담, 또는 지나치게 복잡하고 불투명한 금융상품의 활용 등)가 공적 개발은행에게 전이되지 않는 것 또한 중요한데, 이는 향후 여러 가지 위험을 야기할 수 있기 때문이다. 공적 개발은행은 새로운 분야나 기술, 새로운 시장 등에 진출하는 것에 수반되는 불확실성에 따르는 경제적 위험을 떠안을 능력도 있고 감수해야 하지만, 높은 위험이 잠재된 단기 고수익의 민간 금융상품에 투자하거나, 이를 모방함으로써 순수한 금융위험만을 떠안는 것은 안 된다. 개발은행이 일반대출이나 단순 지분투자와 같은 간단하고 투명한 금융수단을 선호하는 것은 특히 북대서양 지역의 금융위기 사례에 비추어 볼 때 정당한 것으로 보인다. 예를 들자면, 주식 또는 주식과 유사한 금융상품은 개발은행이 새로운 분야나 기술을 발전시키고 자금을 지원하는데 있어 감수하는 높은 위험을 보상할 수 있는 이점이 있는데, 이는 높은 이익이 발생하는 경우 가치 상승분의 일부를 수취함으로써 이루어진다. 개발은행은 이와 같이 수익성 있는 프로젝트의 가치 상승분의 일부를 수취하여 이익을 거두고 자신의 자본을 증가시킴으로써 미래의 새로운 활동에 투자할 수 있게 된다.

또 하나의 중요한 고려사항은 전체 여신 규모 대비 개발은행 여신의 규모이다. 개발은행이, 특히 혁신과 구조변화에 대한 의미 있는 영향을 미치고 필요한 경우 경기 대응적인 역할을 충실히 수행하기 위한 핵심적인 투자를 지원하는 관점에서, 그들의 기능을 올바로 수행할 수 있는 의미 있는 여신 규모에 대한 중요한 사례가 있다. 즉, 북대서양 지역의 금융위기 기간 및 그 이후의 사례와 재생에너지 투자와 같은 공공재 금융 사례 등이 바로 그것이다. KfW가 독일에서 상업은행들 중 두 번째로 크며, 독일경제에서 전체 은행여신 가운데 12.7%의 비중을 차지하고 있다는 사실은 주목할 만하며 흥미로운 점이다. 지역 개발은행 및 다른 형태의 개발은행 여신을 합치면, 독일에서 공적 은행이 차지하는 여신 비중은 전체 은행여신의 약 25%에 달하고 있다. 이는 독일경제가 유럽에서 가장 역동적인 경제이며, 선진 공업제품을 포함하여 세계적인 혁신역량과 경쟁력을 보유하고 있다는 사실과 특별한 관련이 있다. 이와 같이 혁신과 성장, 고용창출을 지원하는데 있어 KfW가 수행하는 역할은 중요한 연구주제이나, 관련 연구는 매우 부족한 실정이다. 브라질의 경우 BNDES는 전체 은행여신 가운데 21%에 달하는 높은 비중을 차지하고 있으며, 장기금융에 있어 특히 높은 비중을 차지하는 등 혁신과 산업정책 수행의 주요 수단으로 활용되고 있다(페하즈와 알렘, 마데이라 2016 참조).

마지막으로 효과적인 개발은행이 가져야 할 바람직한 특성은, 전략적 분야의 우량 프로젝트에 대한 자금공급을 위해 개발은행은 민간 부문과의 긴밀한 대화를 통해 공동의 비전과 전문지식을 개발해야 한다는 것이다. 하지만 개발은행은 편협한 사적 또는 정치적 이해관계에 사로잡히지 않아야 하는데, 왜냐하면 이는 개발은행이 자신의 보유 자원을 남용하고 자신이 수행해야 하는 중요한 역할로부터 이탈하도록 만들기 때문이다. 그러므로 우수한 지배구조는 개발은행에 있어 필수적인 요소라고 할 수 있다.

통상적 상황으로부터 투자 주도형 글로벌 뉴딜까지

이번 절에서는 2015년부터 2020년까지 기간 동안의 세계 경제와 유럽에 대한 세 가지 가능한 정책대안을 검토한다. 첫 번째는 변화가 없는 통상적 상황 시나리오로서, 여기서는 재정수지 적자를 GDP의 3% 이내로, GDP 대비 부채 비율을 60% 이하로 감축하기 위해 유럽의 긴축정책이 유지되는 것으로 가정한다. 다시 말해, 유럽 국가들은 정부부채 감소를 위해 지속적으로 지출을 삭감하면서 재정수입 증가분을 지키려 할 것이다. 이는 특히, 유로존 남부지역은 2014년 GDP의 23%에 달하는 정부지출 규모를 2020년까지 21%로 줄일 것으로, 영국은 2014년 GDP의 23%에서 2020년 22%로 정부지출을 감소시킬 것으로 가정하고 있는 경우를 말한다.

이 시나리오에서는 융커 플랜Juncker Plan(유럽위원회 2014)으로 널리 알려진 3,150억 유로 규모의 새로운 유럽투자계획Investment Plan for Europe에 특별히 주목한다. 유럽투자계획 실행의 결과 유럽연합 내 GDP 대비 투자 비율은 2015년 15%에서 2020년 17%로 증가하는 것으로 되어 있으며, 그럼으로써 이 시나리오에서는 향후 5년 이내에 유럽투자계획에 따라 할당된 자원의 85%가 유럽연합 전체에 걸쳐 투자율을 높이는데 투입되는 것으로 가정한다. 다만 굳이 말하자면, 이 투자계획에 따라 투입되는 자원이 그와 같은 대규모 투자를 촉진시키는데 충분하지 않을 것이라는 우려가 존재하는 상황에서, 이는 다소 낙관적인 가정일 수도 있다.

전 세계에 대해 살펴보면, 통상적 상황 시나리오는 수익성의 부진 예상과 부채가 많은 몇몇 국가들의 지속적인 긴축, 그리고 상대적인 저성장 환경 등에 직면한 가운데 민간투자가 억제되는 세계를 그리고 있다. 그렇기 때문에 전 세계 GDP 대비 투자 비율은 2014년 21.4%에서 2020년에는 22%로 약간밖에 증가하지 않는 것으로 하였다.

통상적 상황 시나리오와 대조를 이루는 것으로서, 공공 및 민간투자의 현저한 증가를 통해 지속가능한 경제회복의 기반이 조성되는 두 가지 대안적인 예측이 있다. 이 가운데 첫 번째 대안인 투자 주도형 유럽경제 회복 시나리오에서는 유럽연합 내의 민간투자가 2014년 GDP 대비 15%에서 2020년에는 20%로 크게 증가하는 것으로 가정한다. 통상적 상황 시나리오와 비교하면, 이는 2020년까지 명목 금액으로 약 5,300억 유로의 추가적인 자원이 투자를 목적으로 유럽연합 내에 투입되는 것을 의미한다. 이처럼 큰 규모의 투자 증가를 상정한 것은 최근 폴란드 재무장관인 마테우스 스츄렉Mateusz Szczurek이 촉구한 유럽 전역에 걸친 7,000억 유로(유럽연합 GDP의 5.5%) 규모의 투자 프로그램[3] 제안에 바탕을 두고 있다(스츄렉 2014a).

이를 위한 투자자금 조달과 관련하여 유럽연합 회원국 및 기구들은 대출기관들에 자본을 공급하는 역할을 담당함으로써 신용의 확장을 통해 민간투자가 늘어날 수 있도록 지원하게 된다. 이와 관련하여 현재 여러 가지 제안들이 있는데, 예를 들어 코지와 그리피스-존스(2014)의 최근 연구는 제한적인 공적 자원을 활용하되 중요한 승수효과를 얻을 수 있는 두 가지 유망한 경로에 대해 강조하고 있다. 첫째는 EIB의 납입자본금을 증가시키는 것이다. 동 연구에서는 2012년 단행된 100억 유로 규모의 성공적인 증자 경험을 바탕으로 EIB에 대한 100억 유로의 추가적인 증자를 제안하고 있는데, 2012년의 증자로 인해 EIB는 최소 800억 유로의 추가적인 대출이 가능하게 되었으며, 이는 총액 기준으로 1,600억 유로 규모에 달하는 대출증가 효과를 가져왔다.

두 번째는 유럽연합의 예산을 활용하는 것으로서, 즉 EIB가 위험이 높아 대규모 프로젝트에 투자하지 않는 연기금 및 보험회사와 같은 민간자본과 공동으로 대규모 프로젝트에 자금을 지원하는 것이다. 금융위기 이전에는 ING와 같은 채권보증회사mono-line insurers[4]들이 이러한 위험을 흡수하였으나, 위기 이후 채권보증

---

[3] 폴란드 재무장관 마테우스 스츄렉은 2014년 9월 4일 브뤼겔Bruegel 연구소 연차총회 연설에서 기존 유럽투자기금European Investment Fund과는 별도로 유럽의 경기회복을 위한 공공투자 확대를 위해 유럽연합 회원국들의 출자로 7,000억 유로 규모의 유럽투자펀드European Fund for Investment(EFI)를 설립할 것을 제안하였다.
[4] 모노라인(mono-line)이란 기업이나 금융기관 등이 발행한 채권에 대한 보증업무를 전문적으로 수행하는 채권보증회사를 말한다. 채권 등 금융상품에 대한 보증업무만을 수행하는 회사를 모노라인이라 하며, 부동산 등 기타 각종 자산이나 재해 등에 대한 위험까지도 보증하는 회사는 멀티플라인(multiple-line)이라고 한다. 금융위기 당시 서브프라임 모기지 관련 채권의 부실로 인해 해당 채권의 원리금 지급을 보증한 모노라인들이 대거 부실화되었으며, 이로 인해 이들 모노라인이 보증한 여타 채권들의 연쇄적인 신용등급 하락이 발생한 것이 금융위기의 심화를 초래한 주요 원인 가운데 하나가 된 바 있다.

회사들이 이러한 일을 맡는 것은 매우 어렵게 되었다. 이러한 이유로, 우리는 유럽연합 예산 대비 비중으로 보면 소액에 불과한 50억 유로를 매년 위험준비금risk buffer으로 EIB에 할당할 것을 제안한다. 동 자금은 유럽연합의 예산으로 충당할 수 있을 것이며, 유럽연합 예산 일부를 소규모로 조정할 수도 있을 것이다. 이처럼 매년 50억 유로의 자금이 할당되는 경우 EIB는 연간 100억 유로의 추가적인 대출이 가능하며, 이를 통해 연간 200억 유로까지 투자를 증가시킬 수 있을 것이다(코지와 그리피스-존스 2014; 그리피스-존스와 코지 2016).

투자자금 조달을 위한 또 다른 실행 가능한 제안에는 7,000억 유로 규모의 유럽투자펀드[5]를 설립하는 것이 있다. 동 펀드는 먼저 유럽연합 회원국들이 자본금 납입과 보증을 통해 총 1,050억 유로를 마련하고, 이를 바탕으로 하여 금융시장으로부터의 차입을 통해 조성될 수 있을 것이다(스츄렉 2014b). 이는 각국의 공동 행동계획으로 실행이 가능할 것이나, 중요한 것은 동 펀드의 설립을 위한 유럽연합 회원국들의 기여분이 안정성장협약Stability and Growth Pact[6] 상의 재정조정목표를 설정하는데 고려되어서는 안된다는 것이다. 국가 개발은행들은 그들이 기반을 두고 있는 국가들의 민간투자를 공동으로 지원하는 중요한 역할도 할 수 있다. 이와 관련한 흥미로운 모델은, 최근 아일랜드 내 중소기업 자금지원을 위해 설립된 새로운 공적 투자기구인데, 이 기구는 아일랜드 공적연금기금Irish public pension fund이 출자하였으며 EIB와 독일 KfW에 크레디트라인credit line을 보유하고 있다.

투자 주도형 유럽경제 회복 시나리오의 중요한 두 번째 측면은 유럽연합 전체 차원에서 보다 확장적인, 또는 덜 긴축적인 재정정책을 추진하는 것이다. 이와 관련하여 이 시나리오에서는, 투자와 고용을 큰 폭으로 증가시킴으로써 경제성장률을 높이는데 필요한 경제적 모멘텀을 창출하려는 시도로, 유럽의 정부들은 GDP 대비 정부지출 비중을 유지하거나 증가시키게 된다. 정부지출은 유로존 남부지역에서 더 큰 폭으로 증가하는데, 이 지역에서의 정부지출은 2014년 GDP의 22.8%에서 2020년 23.8%로 증가하는 것으로 가정한다. 유로존 북부지역의 정부

---

5) 각주 3) 참조
6) 1997년 유럽연합 회원국들에 의해 채택된 재정건전화 및 재정정책 관련 협약으로서, 유럽연합 단일 통화인 유로화의 가치 안정을 위해 개별 회원국들은 자국의 재정수지 적자를 GDP의 3% 이하로, 정부부채를 GDP의 60% 이하로 유지하도록 규정하고 있다.

지출은 이보다 다소 작은 2014년 GDP의 23%에서 2020년 23.5%로 증가하게 된다. 다만, 영국의 정부지출은 2014년 수준인 GDP의 23%를 유지하는 것으로 한다.

이 시나리오에서 정부지출 증가분은 주로 유럽의 투자주도 성장전략에 따른 경제성장으로부터 발생하는 세수 증가분에 의해 조달된다. 또한 정부지출 증가로 인한 재정적자 압력을 완화시키기 위해, 특히 고소득층에 대한 직접세 증세로 인한 세수 증가와 함께 탈세 등 세금 관련 부정행위에 대한 보다 강력한 단속이 이루어지는 것으로 가정한다. 정부 재정수입은 유로존 남부지역에서는 2014년 GDP의 16.3%에서 2020년 19%로, 북부지역에서는 2014년 GDP의 12%에서 2020년 22%로, 그리고 영국에서는 2014년 GDP의 17%에서 2020년 19%로 증가하게 된다.

마지막으로 세계경기 회복 측면에서 가장 밝은 전망의 시나리오인 전 세계적인 투자진작책이 추진되는 경우에 대해 살펴보자. 여기에서, 목표는 투자 주도형 유럽경제 회복 시나리오를 세계적인 맥락으로 발전시킴으로써 투자 촉진과 지속가능한 경제성장이 전 세계적 차원에서 이루어지도록 하는 것이다. 특히 이 시나리오는 선진국과 개발도상국 모두 민간투자 진작을 위한 정책을 시행하는 것을 가정하고 있다. 이러한 가운데 국가 또는 지역 개발은행은 개발도상국에 있어 시장격차를 해소하고 인프라 프로젝트 및 기술발전을 위한 자금공급과 경기 대응적 금융을 지원하는데 핵심적인 역할을 수행할 수 있다(그리피스-존스와 타이슨Tyson 2013). 앞서 언급했듯이 브라질, 인도, 중국 등의 국가는 성공적으로 역할을 해 온 개발은행을 보유하고 있으며, 이들 개발은행은 공공 및 민간투자를 촉진하고 필요한 자금을 지원하는데 있어 중요한 역할을 수행하고 있다. 선진국뿐만 아니라 다른 신흥 개발도상국에서도 개발은행을 설립하거나 기존 개발은행(의 역할)을 확대하는 것이 바람직할 것이다. 기존의 지역 또는 다자간 개발은행의 대출 및 투자 지원을 확대함으로써 이와 같은 국가 개발은행의 활동을 보완할 수도 있다. 더욱이 브릭스 BRICS[7] 주도 하의 신개발은행New Development Bank(그리피스-존스 2014 참조) 또는 새로운 아시아인프라펀드Asian Infrastructure Fund가 설립되는 경우, 신흥 개발도상국에서의 투자 증대를 위한 보다 중요한 지원이 제공될 수 있을 것이다.

---

[7] BRICS는 2000년대 들어 빠른 경제성장세를 보였던 브라질Brazil, 러시아Russia, 인도India, 중국China, 남아프리카공화국Republic of South Africa의 5개 신흥경제국을 의미한다.

전 세계적인 투자진작책을 추진하는 시나리오에서는 전 세계 GDP 대비 민간투자 비율이 2014년 21.4%에서 2020년 23.8%로 증가한다. 전 세계 GDP 대비 민간투자 비율이 2020년까지 22%에 그치는 등 민간투자의 증가가 상대적으로 더딘 통상적 상황 시나리오와 비교할 때, 이는 매우 큰 증가폭이지만 실현 가능한 수치이기도 하다.

CAM 모델(자세한 내용은 박스 참조)은 현재 전 세계를 지역(예를 들어 저소득 아프리카 지역, 남아메리카 지역, 유럽연합, 유로존 남부 및 북부지역 등) 및 대규모 국가(예를 들어 미국, 브라질, 중국, 인도 등)로 구분하고 있으며, 개별 국가 또는 지역 수준별로 민간투자의 증가가 반영되도록 프로그램 되어 있다. 예를 들어, 전 세계적 투자진작책 추진 시나리오 하의 저소득 아프리카 지역에서의 민간투자는 2014년 16.4%에서 2020년 17.8%로 증가한다. 이러한 예측은 민간투자에 대한 특정한 가정 없이 2020년까지 기간의 추세를 예측하고 있는 통상적 상황 시나리오와는 큰 대조를 보이고 있는데, 통상적 상황 시나리오 하에서 이 지역의 민간투자는 2020년까지 14.4%로 급격하게 감소하는 것으로 나타난다. 브라질의 민간투자를 살펴보면, 전 세계적 투자진작책 추진 시나리오에서는 GDP 대비 2014년 16.3%에서 2020년 17.8%로 증가하는데 반해, 통상적 상황 시나리오에서는 2020년에는 GDP의 15.4%까지 감소하게 된다.

전 세계적 투자진작책 추진 시나리오는 선진국에서도 큰 규모로 투자가 증가한다는 것을 가정하고 있다. 유럽연합의 경우, 투자 주도형 유럽경제 회복 시나리오 하의 투자와 정부지출, 소득에 대한 가정이 전 세계적 투자진작책 추진 시나리오에서도 그대로 반영된다. 미국의 경우, 전 세계적 투자진작책 추진 시나리오에서는 민간투자가 GDP 대비 2014년 15.8%에서 2020년 19.5%로 증가하는 것으로 가정한다. 민간투자 증가를 위한 공공투자 확대 또는 공적 기관 설립이나 메커니즘의 수립 등이 그러한 재원의 공급경로가 될 수 있다. 이처럼 민간투자가 증가하는 경우 미국에서 투자는 2000년대 초반의 수준까지 증가하게 될 것인 바, 이는 2020년 투자가 GDP 대비 17.2% 수준에 그치는 통상적 상황 시나리오와 비교할 때 의미 있는 투자증가를 나타내는 것이다(통상적 상황 시나리오 및 전 세계적 투자진작책 추진 시나리오 하에서 GDP 대비 비율로 표시된 투자의 역사적 및 향후 예측 결과에 대한 보다 완전한 목록은 표 5.1 참조).

캠브리지 알파메트릭스 모델Cambridge Alphametrics Model(CAM)

세계 경제에 적용되는 캠브리지 알파메트릭스 모델(CAM)은 세계 경제 전체, 여러 나라들로 구성된 국가블록, 그리고 주요 개별 국가들의 역사적 추세에 대한 중장기 예측을 수행하는데 주로 사용되는 비전통적인 거시경제모형이다. 이 거시모형에는 경제가 중장기적으로 회귀하고자 하는, 단일한 잘 정의된 어떤 균형경로도 존재하지 않는다. CAM은 개방형 불균형 시스템으로서, 여러 가지 다른 성장률과 목표를 가정함으로써 매우 다양한 결과들을 시뮬레이션 할 수 있다(크립스Cripps 2014).

CAM은 예측을 수행하는데 있어 1970년부터 이용 가능한 가장 최근 연도까지(본 논문의 경우 2014년까지)의 연속적인 역사적 데이터를 모형의 변수로 활용한다. 예측에 이용되는 데이터 모음으로는 UN 산하 개별 기구들에서 발표된 미국 달러 및 기타 다른 통화 단위로 표시된 시계열 데이터들이 있다.

CAM에서 세계 경제는 하나의 통합적인 시스템이며, 그 안에서 서로 다른 국가나 블록들의 행동은 지리적 측면이나 발전 수준, 금융 상태 등 그들이 처한 특정한 상황으로 인해 시간의 경과에 따라 지속적으로 달라지며 변화한다. 이 거시모형은 모든 블록들에 대해 공통의 정체성과 행태방정식을 상정하고 있는데, 이는 그들이 동일한 세계 경제의 일부라는 개념을 반영하는 것이다. 이러한 공통적 구조로 인해 패널추정 방법의 이용이 가능하게 된다(크립스 2014).

이 모형에서는 다른 중요한 행태적 제약이 모형에 개입되지 않는 한 총수요와 기술진보가 주요 동인drivers으로 작용한다. 그러므로 장기 성장률은 세계 전체의 총투자 및 정부지출 증가를 반영하는 것으로 이해하는 것이 가장 적절하다. 이 변수들은 다시 경제주체들의 신뢰와 기대, 그리고 정부정책을 반영한다(크립스 2014).

시나리오별 예측 결과

　이번 절에서는 앞서의 세 가지 시나리오에서 언급하였던 가정 및 구체적 세부 내용 하에서 CAM 모델을 이용하여 도출한 예측 결과에 대해 설명한다. 표 5.2는 시나리오별 평균 GDP 성장률에 대한 과거 및 향후 예측 결과를 나타내고 있다. 세계 경제는 전 세계적 투자진작책 추진 시나리오에서 더 빠르게 성장하는 것으로 나타나는데, 이는 전 세계 대부분의 지역이 높은 투자율에서 비롯된 혜택을 받기 때문이다.

　통상적 상황 시나리오에서는 2015~2020년 기간 동안 전 세계 평균 GDP 성장률이 유럽연합 내 지속적인 긴축정책과 체계적인 투자진작책의 부재로 인해 2.7%로 하락하는 것으로 나타나고 있다.

　통상적 상황 시나리오에서 2015~2020년 기간 동안 유럽연합의 평균 GDP 성장률은 2000년대 초반의 수준을 크게 하회하는 1.8%에 그치고 있다. 우리가 희망한 대로, 유럽연합의 민간투자는 GDP 대비 15%에서 2020년에는 약 18%까지 증가하고 있는데(표 5.1 참조), 이는 앞서 언급한 바 있는 유럽투자계획에 따른 가용재원 규모 확대에 기인한 것이다. 그러나 이 투자계획의 규모가 유럽의 경기를 진작하기에 충분히 크지 않다는 점은 분명하다. 이 투자계획이 잠재적으로 갖고 있는 긍정적인 효과는 정부지출이 지속적으로 감소함에 따라 더욱 약화되며, 이는 궁극적으로 총수요와 생산을 부진하게 만들게 될 것이다.

　실제로, 투자 주도형 유럽경제 회복 시나리오는 EIB와 국가 개발은행들의 중요한 역할을 바탕으로 하는 보다 큰 규모의 유럽에 대한 투자계획(향후 5년간 7,500억 유로 규모)과 확장적 재정정책이 결합되는 경우, 2015~2020년 기간 동안 평균 GDP 성장률이 3%에 달하게 될 만큼 훨씬 더 긍정적인 경제성장의 성과를 낳을 수 있음을 보여주고 있다. 특히 유로존 남부지역이 혜택을 보게 되는데, 2015~2020년 동안 이 지역의 평균 GDP 성장률은 통상적 상황 시나리오에서는 1.6%에 불과하였으나 투자 주도형 유럽경제 회복 시나리오에서는 3.3%로 크게 상승하는 것으로 나타난다. 더 나아가면, 세계 경제에서 유럽이 차지하는 비중을 고려할 때 유럽의 이러한 대안적인 정책기조는 전 세계 경제에도 유익한 영향을 미칠 것이다.

[표 5.1] 주요 국가블록 및 개별 국가들의 GDP 대비 투자 비율(%)

		역사적 비율						예측 비율					
		1990	1995	2000	2005	2010	2014	2015	2016	2017	2018	2019	2020
유럽 연합*	통상적 상황	18.7	16.6	18.6	17.9	16.0	15.3	15.8	16.3	16.8	17.2	17.6	17.7
	전 세계적 투자진작							16.0	16.8	17.7	18.5	19.2	19.7
미국	통상적 상황	18.8	18.4	20.5	20.3	15.5	15.8	16.2	16.5	16.8	17.0	17.1	17.2
	전 세계적 투자진작							17.1	18.0	18.6	19.0	19.3	19.5
브라질	통상적 상황	18.0	15.9	15.0	14.2	16.5	16.3	16.2	16.1	15.9	15.7	15.5	15.4
	전 세계적 투자진작							16.8	17.2	17.4	17.6	17.7	17.8
남아메리카 (브라질 제외)	통상적 상황	11.6	18.5	15.7	17.2	18.6	20.7	20.4	20.1	19.8	19.5	19.3	19.1
	전 세계적 투자진작							20.8	20.8	20.9	20.9	20.9	21.0
인도	통상적 상황	21.6	22.8	21.0	27.1	28.9	25.4	24.5	24.5	24.3	24.2	24.1	23.9
	전 세계적 투자진작							25.6	26.2	26.0	26.0	26.0	26.0
중국	통상적 상황	22.0	29.5	31.1	34.6	40.3	37.9	35.8	35.7	35.4	35.1	34.9	34.7
	전 세계적 투자진작							35.5	35.8	36.2	36.4	36.6	36.8
남아프리카	통상적 상황	16.3	13.2	12.7	14.4	16.4	16.7	16.8	16.7	16.4	16.1	15.7	15.4
	전 세계적 투자진작							17.1	17.4	17.6	17.7	17.8	17.8
아프리카 저소득 지역	통상적 상황	11.7	12.0	11.4	11.7	15.2	16.4	17.2	16.6	16.0	15.3	14.8	14.4
	전 세계적 투자진작							16.9	17.2	17.5	17.6	17.7	17.8
세계 전체	통상적 상황	20.3	19.5	19.8	20.5	21.1	21.4	21.4	21.6	21.8	21.9	22.0	22.0
	전 세계적 투자진작							21.7	22.3	22.8	23.2	23.5	23.8

주 : 1990~2014년의 데이터는 역사적으로 실현된 비율이며, 2015~2020년의 데이터는 예측된 비율임.
 * 전 세계적 투자진작책 추진 시나리오 하에서의 유럽연합의 투자에 대한 가정은 투자주도형 유럽경제 회복 시나리오에서의 가정과 동일함.

[표 5.2] 평균 GDP 성장률의 역사적 수준 및 향후 예측(%)

	역사적 수준			통상적 상황	투자주도형 유럽경제 회복	전 세계적 투자진작책 추진
	2000~2004	2005~2009	2010~2014	2015~2020	2015~2020	2015~2020
전 세계	3.0	2.2	2.9	2.7	3.1	4.3
유럽연합	2.3	1.0	1.0	1.8	3.0	4.1
미 국	2.7	0.9	2.4	1.3	1.4	2.5
브라질	3.0	3.6	3.1	3.0	3.2	4.7
기타 남아메리카	2.3	5.5	4.5	2.8	3.0	4.3
인 도	5.9	8.1	6.0	6.0	6.2	7.5
중 국	9.2	11.4	8.6	8.9	9.1	11.4
남아프리카	3.6	3.7	2.7	0.8	1.0	2.4
아프리카 저소득 지역	6.0	6.4	6.0	3.1	3.3	4.8

전 세계적 투자진작책 추진 시나리오는 세계 각 지역들이 공공투자 확대와 국가 및 지역 개발은행의 역할 강화를 통해 투자율을 높이는 조치들을 시행한다는 점에서 앞서의 두 시나리오에 비해 훨씬 더 낙관적인 시각을 보여주고 있다. 이 시나리오에서는 2015~2020년 기간 전 세계 민간투자의 평균 증가율이 7% 수준에 달하는 것으로 나타나고 있는데, 이는 통상적 상황 시나리오에서의 민간투자 증가율에 비해 훨씬 더 높은 수준이다. 세계적으로 투자율이 높아지면 전 세계 GDP 성장률도 높아지게 된다. 예를 들어 전 세계적 투자진작책 추진 시나리오에서는 2015~2020년 기간 남아프리카 지역의 평균 GDP 성장률은 2.4%에 달하는 반면, 통상적 상황 시나리오에서는 0.8%에 불과한 것으로 나타났다. 아프리카 저소득 지역의 평균 GDP 성장률은 전 세계적 투자진작책 추진 시나리오에서는 4.8%인 반면, 통상적 상황 시나리오에서는 3.1%에 그치고 있다. 전반적으로, 2015~2020년 기간의 평균 세계 GDP 성장률이 4.3%에 달하게 되는 등 세계 경제는 전 세계에 걸친 투자 확대로 인해 커다란 혜택을 보게 된다.

또한, 긴축기조를 탈피하는 유럽연합의 대안적 정책 및 전략의 영향과, 그것이 고용과 정부부채, 재정적자 등에 대해 의미하는 바를 살펴보는 것이 중요하다. 주류 평론가들이 그와 같은 정책대안들에 대해 정부부채를 증가시키고 재정적자 확대를 초래하기 때문에 경제적으로 실현 가능성이 없는 정책이라고 때때로 비판하는 상황을 고려할 때 이는 특히 중요하다고 할 수 있다.

그림 5.1은 앞서 세 가지 시나리오 하에서의 유로존 남부지역과 영국의 GDP 대비 정부부채 비율의 변화를 보여주고 있다. 통상적 상황 시나리오와 비교할 때, 대

[그림 5.1A] 유로존 남부지역의 GDP 대비 정부부채 비율

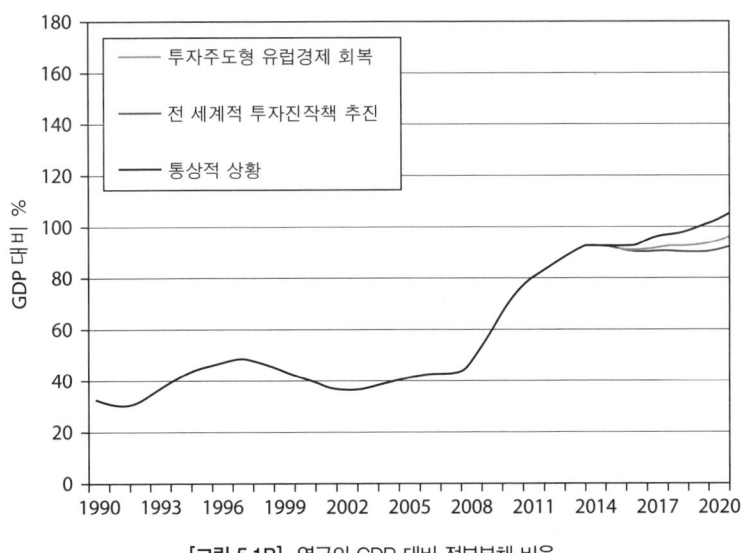

[그림 5.1B] 영국의 GDP 대비 정부부채 비율

제5장 개발은행의 역할 179

안적인 투자 주도형 시나리오들이 GDP 대비 부채 비율 측면에서 보다 좋은 결과를 가져오는 것으로 나타난다. 세 가지 시나리오 모두에서 정부부채 규모가 안정성장협약에서 제시하는 기준인 GDP 대비 60%를 상회하는 것으로 예측되었으나, GDP 성장에 있어서의 혜택으로 부채 비율이 통상적 상황 시나리오에 비해 낮은 수준으로 유지된다는 것이 투자 주도형 시나리오들이 가지는 중요한 이점이라고 할 수 있다. 유로존 남부지역의 경우 전 세계적 투자진작책 추진 시나리오 하에서 GDP 대비 부채 비율은 2020년까지 135% 선에서 진정세를 보이며, 투자 주도형 유럽경제 회복 시나리오 하에서는 144%까지 완만하게 상승할 것으로 예상된다. 가장 우려스러운 것은 통상적 상황 시나리오 하에서의 GDP 대비 부채 비율의 변화 양상인데, 경기부진으로 인해 GDP 대비 부채 비율은 2020년까지 급격히 상승하여 168% 수준에 다다를 것으로 예측되었다. 영국의 경우 2020년까지 GDP 대비 부채 비율은 전 세계적 투자진작책 추진 시나리오에서는 93%, 투자 주도형 유럽경제 회복 시나리오에서는 98%를 기록할 것으로 예상되는 반면, 통상적 상황 시나리오에서는 역사적인 상승세가 지속되는 가운데 2020년에는 107%까지 상승할 것으로 예측되고 있다.

또한 대안적인 투자 주도형 시나리오들은 특히 통상적 상황 시나리오에 비해 유럽연합의 재정적자를 크게 개선시키는 것으로 나타난다. 여기서도 개발은행의 역할이 특히 중요한데, 그들은 제한된 공적 자원을 자본금으로 활용하여 상당한 규모의 민간투자를 일으킬 수 있듯이, 그들은 민간은행 및 투자자들과 함께 공동으로 자금을 투자하고 지원하기도 한다. 표 5.3은 유로존 남부지역과 영국의 GDP 대비 순정부대출net government lending 비율에 대한 예측 결과를 보여준다. 이

[표 5.3] 유로존 남부지역 및 영국의 GDP 대비 순정부대출 비율(%)

		역사적 비율			예측 비율	
		2000	2008	2012	2015	2020
유로존 남부지역	통상적 상황	-1.0	-4.0	-6.1	-5.9	-5.1
	투자주도형 유럽경제 회복				-4.9	-4.0
	전 세계적 투자진작책 추진				-4.9	-3.6
영 국	통상적 상황	3.5	-4.9	-7.9	-4.7	-4.3
	투자주도형 유럽경제 회복				-4.6	-3.9
	전 세계적 투자진작책 추진				-4.5	-3.9

들 두 지역은 북대서양 지역 금융위기가 시작된 이래 유럽연합 내에서 가장 큰 재정적자를 시현하였던 지역들이다.

재정적자 감축 측면에서 살펴볼 때, 유로존 남부지역에서는 전 세계적 투자진작책 추진 시나리오 하에서 더욱 긍정적인 결과가 도출된다. 이 시나리오에서는 GDP 대비 순정부대출 비율이 2012년 −6.1%에서 2020년에는 −3.6%로 감소한다. 투자 주도형 유럽경제 회복 시나리오 역시 통상적 상황 시나리오에 비해 더 양호한 결과를 보이고 있는데, 통상적 상황 시나리오에서는 GDP 대비 순정부대출 비율이 2020년에도 여전히 −5%대에 머물러 있는 반면 투자 주도형 유럽경제 회복 시나리오에서는 2020년까지 −4% 수준으로 감소하게 된다. 영국의 경우 두 가지 대안적인 투자 주도형 시나리오들은 재정적자 감축 측면에서 유사한 결과를 보여주고 있다. 두 시나리오 모두 GDP 대비 순정부대출 비율은 2020년까지 −3.9%로 감소한다. 이는 영국의 재정적자가 2020년 GDP 대비 −4.3%로 감소하는 통상적 상황 시나리오에 비해 보다 개선된 결과이다.

세 가지 시나리오 하에서의 GDP 대비 부채 비율과 재정적자에 대한 분석을 통해, 유럽 및 전 세계 차원의 투자 주도형 전략은 성장률 제고뿐만 아니라 정부부채 감축 및 재정적자 개선의 측면에서도 유럽에 중요한 이득이 될 수 있다는 것을 알 수 있다. 더 나아가, 대안적인 투자 주도형 시나리오들은 유럽연합의 실업 감소 측면에서도 중요한 이득을 가져온다. 표 5.4는 세 가지 대안적인 시나리오 하에서 유로존 북부지역과 남부지역의 노동인구 대비 실업자 비율에 대한 예측 결과를 대조하여 보여주고 있다.

[표 5.4] 유로존 북부 및 남부지역의 노동인구 대비 실업자 비율(%)

		역사적 비율			예측 비율	
		2000	2008	2012	2015	2020
유로존 남부지역	통상적 상황	11.1	8.8	17.8	19.0	15.5
	투자주도형 유럽경제 회복				18.8	14.2
	전 세계적 투자진작책 추진				18.7	13.3
영 국	통상적 상황	6.9	6.8	5.7	6.0	6.7
	투자주도형 유럽경제 회복				5.9	6.1
	전 세계적 투자진작책 추진				5.7	5.3

세 가지 시나리오 모두 유로존 남부지역의 실업률이 크게 감소하는 것을 볼 수 있는데, 이는 앞서 언급한 바 있는 융커 플랜에 따른 투자재원 증가에 힘입은 것이다. 하지만, 이 지역의 실업률도 전 세계적 투자진작책 추진 시나리오 하에서 가장 낮은 것으로 나타나는데, 2012년 17.8%이던 노동인구 대비 실업자 비율이 2020년에는 13.3%로 감소할 것으로 예측되었다. 경제위기 기간 동안 유로존 북부지역에서는 실업이 크게 증가하지 않았다. 이 지역의 실업률 역시 통상적 상황 시나리오에 비해 대안적인 투자 주도형 시나리오 하에서 보다 크게 개선될 것으로 예측되고 있다.

결 론

최근 몇 해 들어 국가, 지역 또는 다자간 개발은행들이 수행하는 중요한 역할에 대한 인식의 폭이 넓어지고 있다. 2007년 시작된 북대서양 지역 금융위기 당시 민간신용의 붕괴 및 개발도상국 자금유입 감소 등에 대처하기 위한 경기 대응적 금융을 제공하는데 있어 이들이 수행한 바람직한 역할은 전반적으로 높은 평가를 받고 있다. 더욱이, 국가 또는 지역 차원의 장기적 개발전략 추진 수단에 대한 필요성이 커지면서, 이에 대한 인식도 더욱 높아지고 있다. 이는 현대적 의미에서의 산업정책의 가치와 함께, 경제개발을 장려하고 선도하며 민간의 혁신 및 구조적 변환을 위한 비전과 역동적인 추진력을 제공하는 "기업가형" 개발 국가의 중요성에 대한 인식이 높아지고 있는 추세에도 부합한다. 스티글리츠와 그린월드(2014)는 여기에 성공적이고 지속적인 성장에는 생산성 향상을 위한 학습사회와 지식경제의 창출이 필요하다는 대단히 중요한 관점을 추가하였으며, 공적 개발은행은 이를 뒷받침하는 중요한 제도적 수단이다. 실제로 개발은행은 금융시장, 그리고 지식시장 양쪽에서의 시장실패 극복을 동시에 지원할 수 있다.

우리는 지금까지 개발은행이 수행하는 역할에 대해 분석하고 이에 대한 이론적 토대에 대해 알아보았으며, 최근 몇 년 동안 진행된 과도한 재정긴축의 완화와 결부하여 개발은행의 역할 확대가 투자, 경제성장, 고용 및 GDP 대비 정부부채 비율 감축에 긍정적인 효과를 가져오는 것을 보여주는 세 가지 대안적인 시나리오에 대한 시뮬레이션을 해 보았다. 시뮬레이션 결과, 유럽 차원이든 세계 경제

차원이든 모두 전 세계적 투자진작책이 추진될 경우 투자, 경제성장, 그리고 고용에 있어 훨씬 더 큰 효과를 가져오는 것으로 나타났다. 전체적으로 종합하면, 이 장에서의 분석 결과는 경제 회복과 지속가능한 발전을 위해서는 대안적 경제정책을 채택해야 할 필요성이 있다는 점과, 또한 지속가능하며 고용 주도의 투자전략을 추진하는데 있어 개발은행이 수행하는 역할이 중요하다는 점을 강력히 제시하고 있다.

주 석

우리에게 이 논문을 쓸 것을 권유한 아크바르 노먼과 조셉 스티글리츠, 그리고 2014년 6월 요르단에서 개최된 워크샵에서 논문의 초안을 발표할 기회를 준 일본국제협력기구JICA에게 감사한다. 또한, 연구를 수행하는 과정에서 최상의 지원을 해 준 에드워드 그리피스-존스Edward Griffith-Jones에게도 감사한다.

1. 가장 주목할 만한 예외적인 사례는 아마도 매우 성공적이었던 동아시아의 일부 신흥경제국들에서 찾을 수 있을 것이다.
2. 몇 가지 점을 정형화하여 예로 들자면, 개발은행은 경기에 대응한 자금공급에 능하며, 민간의 인프라 투자를 위한 장기금융 제공뿐만 아니라 새로운 분야의 투자와 혁신을 지원하는 데에도 강점을 가지고 있다. 반면, 민간은행들은 국제 무역신용 제공 및 대기업 수요에 맞춘 자금공급 등에 우수하다.

참고 문헌

Brei, M., and A. Schlarek. 2013. "Public Lending in Crisis Times." *Journal of Financial Stability* (9-4): 820-30.

Chang, H. 2002. *Kicking Away the Ladder: Development Strategy in Historical Perspective: Policies and Institutions for Economic Development in Historical Perspective.* London: Anthem Press.

Cozzi, G., and S. Griffith-Jones. 2014. Recovering Investment, Jobs and Growth in Europe. A Proposal. FEPS Policy Viewpoint No. 9. November.

Cripps, F. 2014. "Macro-model Scenarios and Implications for European Policy. Technical Appendix." In *Challenged for Europe in the World 2030*, eds. J. Eatwell, T. McKinley, and P. Petit, 351-368. Farnum: Ashgate.

Culpeper, R., S. Griffith-Jones, and D. Titelman. Forthcoming. "Multilateral Development Banks." In *Global Governance and Development,* eds. J. A. Alonso and J. A. Ocampo. London: Oxford University Press.

Diaz-Alejandro, C. 1985. "Good-Bye Financial Repression, Hello Financial Crash." *Journal of Development Economics* 19(1-2): 1-24.

European Commission. 2014. "An Investment Plan for Europe." Communication from the Commission to the European Parliament, the Council, the European Central Bank, the European Economic and Social Committee, and the Committee of the Regions and the European Investment Bank. Communication Number: Com 903 final.

Ferraz, J. C., A. C. Alem, and R. F. Madeira. 2016. "Development Banks Contribution to Long Term Financing." Paper for UN-DESA. Available at *https://web.bndes.gov.br/bib/jspui/handle/1408/7522.* Access date 25 February 2016.

Griffith-Jones, S. 2014. "A BRICS Development Bank: A Dream Coming True?" UNCTAD Discussion Paper No. 215.

Griffith-Jones, S. and G. Cozzi. 2016. "Investment-Led Growth: A Solution to the European Crisis." In *Rethinking Capitalism: Economics and Policy for Sustainable and Inclusive Growth,* ed. M. Mazzucato and M. Jacobs. London: Wiley-Blackwell.

Griffith-Jones, S., A. Steinherr, and A. T. Fuzzo De Lima. 2006. "European Financial Institutions: A Useful Inspiration for Developing Countries?" In *Regional Financial Cooperation,* ed. J. A. Ocampo, 136-63. Baltimore, Md.: Brookings Institute Press.

Griffith-Jones, S., M. Kollatz-Ahnen, L. Andersen, and S. Hansen. 2012. "Shifting Europe from Austerity to Growth: A Proposed Investment Programme for 2012-2015 FEPS." Initiative for Policy Dialogue, Columbia University & ECLM (Economic Council of Labour Movement, Denmark) Policy Brief.

Griffith-Jones, S., and J. A. Ocampo. 2014. "Helping Control Boom-Bust in Finance through Countercyclical Regulation." In *Towards Human Development: New Approaches to Macroeconomics and Inequality,* eds. G. A. Cornia and F. Stewart. London: Oxford University Press.

Gurley, J. G., and E. S. Shaw. 1955. "Financial Aspects of Economic Development." *American Economic Review* 45: 515-38.

Griffith-Jones, S., and J. Tyson. 2013. "The European Investment Bank. Lessons for Developing Countries." WIDER Working Paper No. 2013/019, UNU-WIDER.

Keynes, J. M. 1936. *The General Theory of Employment, Interest and Money.* UK: Macmillan.

Kindleberger, C. P. 1978. *Manias, Panics, and Crashes: A History of Financial Crises.* New York: Basic.

Kregel, J. A. 1988. "The Multiplier and Liquidity Preference: Two Sides of the Theory of Effective Demand." In *The Foundations of Keynesian Analysis,* by A. Barriere. London: Macmillan.

Luna-Martinez, J., and C. L. Vicente. 2012. "Global Survey of Development Banks." Policy Research Working Paper 5.969. The World Bank. February.

Mazzucato, M. 2013. *The Entrepreneurial State.* London: Anthem Press.

McKinnon, R. I. 1973. *Money and Capital in Economic Development.* Washington, D.C.: Brookings Institute.

Minsky, H. P. 1977. "A Theory of Systemic Fragility." In *Financial Crises,* eds. E. Altman and A. Sametz. New York: Wiley.

Ocampo, J. A., S. Griffith-Jones, A. Noman, A. Ortiz, J. Vallejo, and J. Tyson. 2012. "The Great Recession and the Developing World." In *Development Cooperation in Times of Crisis,* eds. J. A. Alonso and J. A. Ocampo, 17-81. New York: Columbia University Press.

Stiglitz, J. E. 1990. "Financial Markets and Development." *Oxford Review of Economic Policy* 5(4): 55-68.

Stiglitz, J. 1994. *Whither Socialism?* Cambridge, Mass.: MIT Press.

Stiglitz, J., and B. C. Greenwald. 2014. *Creating a Learning Society: A New Approach to Growth, Development, and Social Progress.* New York: Columbia University Press.

Stiglitz, J., and A. Weiss. 1981. "Credit Rationing in Markets with Imperfect Information." *The American Economic Review* 71(3): 393-410.

Szczurek, M. 2014a. "Investing for Europe's Future." Vox, CEPR Policy Portal. Available at http://www.voxeu.org/article/investing-europe-s-future. Access date 24 February 2015.

Szczurek, M. 2014b. "Quantifying the Macroeconomic Impact of the European Fund for Investment." Analytical Note. 2014 Annual Meeting. Bruegel Institute. Available at. Accessed: 25 February 2015.

Wade, R. 2003. *Governing the Market.* Princeton, N.J.: Princeton University Press.

Wray, L. R. 2009. "An Alternative View of Finance, Saving, Deficits, and Liquidity." Working Paper 580, Levy Economics Institute of Bard College.

── 제 6 장 ──

일본 산업정책 제도의 블랙박스
Inside the Black Box of Japan's Institution for Industrial Policy

– 개발은행, 민간부문 및 노동에 대한 제도적 분석 –

고 시마다 Go Shimada

성공 요인으로서의 제도, 그 안에는 무엇이 있을까?

과거 BRICS(브라질, 러시아, 인도, 중국, 남아프리카공화국) 개발은행 development bank이라 불리던 신개발은행 New Development Bank이 만들어지면서, 공적 개발은행 public development banks 역할의 중요성이 새로이 강조되고 있다.[1] 민간 금융 시스템은 최근 수십 년 동안 그 역할을 제대로 수행하지 못하였다. 공적 개발은행의 이론적 근거는 민간 금융시장에서는 제공되지 않는 장기신용을, 이를 필요로 하는 주체에게 제공하는 데에 있다(그리피스-존스 Griffith-Jones 2014).[2] 그러나 금융시장의 효율성과, 특히 개발은행의 역할에 대해서는 컨센서스가 이루어진 바는 거의 없다. 일례로 여러 나라의 개발은행과 정책금융 policy-based finance의 성과를 검토한 세계은행(World Bank, 1989)에 따르면, 이들의 성과가 만족스럽지 않으며 희소한 자원을 낭비한 것으로 나타나기도 했다.

개발은행에 대한 부정적 평가가 있기는 하나, 이러한 부정적 평가는 일본과 한국 등 동아시아의 성공 사례(비타스 Vittas와 조 Cho 1996) 및 최근의 중국, 브라질 등 신흥 경제에서의 사례와는 상충된다. 많은 학자들은 이 나라들의 사례가 너무 특이한 면이 있어서 다른 나라에도 적용할 수 있는지에 대해 의문을 제기한다. 칼로미리스 Calomiris와 힘멜베르그 Himmelberg(1995)는 1963년부터 1991년까지 일본의 공작기계산업machine tool industry을 연구하여 정부의 금융중개financial intermediation가 일본내 투자를 촉진하는 데 도움이 된다는 사실을 발견하였다. 동시에 이들은 정치적 포획political capture의 위험성을 지적하며 일본의 사례는 "대표성이 없는 사례"라고 주장한다(칼로미리스와 힘멜베르그 1995, 27).[3] 이 주장이 옳다면 이 모델을 다른 국가에 도입해서는 안될 것이다.

본고에서는 일본의 사례로부터 신흥개도국emerging economies and less developed countries에 적용할 수 있는 보편적 교훈들을 검토해볼 것이다. 많은 저자들은 일본의 개발은행의 성공에 기여한 제도적 요인으로 민관협력public-private partnerships (PPPs)의 광범위한 활용, 효과적인 모니터링 시스템 창출, 신뢰할 수 있는 비전의 개발 및 보급 등을 언급했다(비타스와 조 1996, 292; 세계은행 1993). 만약 제도구축institution building이 주된 요인이라면, 특정국가에서 그 장치가 효과적이도록 하기 위해 어떻게 이러한 제도를 구축하거나 변형할 수 있을까? 그러나 아직 제도적 변화 틀institutional change framework 하에서 개발은행 시스템을 분석한 문헌은 없다(마호니Mahoney와 텔렌Thelen 2010; 마츠오카Matsuoka 2011). 이 논문은 이러한 연구 상의 갭을 메우기 위해 일본의 사례를 검토하고, 특히 산업정책을 위한 제도적 장치의 일부로서 일본의 개발은행에 초점을 맞추어 분석하고자 한다.

본 논문의 나머지 부분은 다음과 같이 구성된다. 다음 절에서는 개발은행의 장단점을 살펴본다. 그 다음으로 부흥금융금고RFB, 復興金融金庫(Fukko Kinyu Kinko)와 일본개발은행Japan Development Bank(JDB)에 중점을 두고 일본의 사례를 살펴볼 것이다. 마지막 절에서는 산업정책을 위한 제도적 틀의 한 부분으로 일본의 개발금융 Japan's development banking을 분석한다.

개발은행들의 장단점

우선, 공적 개발은행과 그리고 이와 관련하여 엄격한 규제가 이루어지는 국내 금융환경으로 인해 경쟁적 시장에 비해 명목금리가 낮게 유지됨으로써(대출자와 차입자간 모두의 경제적 유인을 왜곡하게 됨) 금융시장을 비효율적으로 만든다는 비판이 있다.[4] 둘째, 이러한 유형의 개입이 종종 지대추구rent seeking, 부패 및 시장구축crowding out을 초래한다는 주장도 있다. 셋째, 개발은행 프로그램이 종종 우선순위와 무관한 목적nonpriority purpose에 빈번히 사용되면서 결국 부실여신을 초래하곤 한다. 더욱이 일단 개발은행이 개입하면 이들이 실시하는 대출을 회수하기는 어렵다. 이 문제는 정치적 포획political capture으로 알려져 있다.5 궁극적으로 우리는 개발은행의 정당성이 무엇인가에 대한 의문을 제기해야만 한다.

시장실패: 정보의 비대칭성

시장실패 이론은 공공개발은행을 옹호하는 이론적 배경을 제공한다. 시장실패의 한 예는 불완전 정보imperfect information 또는 정보 비대칭information asymmetry이다(스티글리츠Stiglitz와 바이스Weiss 1981; 스티글리츠 1994; OECF 1991).6 이는 민간기업에 대한 정보공개가 제한적이어서 "역선택adverse selection(대출 불가능한 신청자에게 자금을 지원함)", "도덕적 해이moral hazard(무책임한 차입자에게 자금을 지원함)" 및 "신용할당credit rationing"이 발생하는 개발도상국에서 특히 중요하다(자피Jaffee와 스티글리츠 1990). 대출에 따른 위험은 알기가 어렵고 따라서, 민간은행은 개발도상국에 돈을 빌려주기가 어렵다. 이를 보상받기 위해 금리는 차입자가 감당하기에 너무 높아지게 된다.7 이에 따라 민간기업의 자금조달비용은 매우 높아지며 가용자금의 양도 적정 수준을 훨씬 하회하게 된다. 금융기관이 회사의 현재 상황을 파악하고 위험을 조사하고 대출하는 것이 어렵기 때문에 대출자는 위험회피적이게 된다. 이러한 조건 하에서 금융공급과 수요는 최적 수준에 이르지 못한다. 예를 들어, 새로운 분야와 신기술에 대해서는 자금이 과소공급되는 경향이 있으며, 그 결과 학습은 위축된다.8 이것이 투자의 불확실성에 따른 직접적인 결과이다.

이 상황에서 새로운 회사에 자금을 제공하려는 은행이 있다면, 다른 은행들은 그 회사의 신용기록history of credit을 참고함으로써 일종의 학습효과를 누릴 수 있다. 이를 통해 대출위험은 상당히 줄어들게 된다. 그러나 다른 은행의 "무임승차free ride"를 허용하게 됨으로써, 최초 대출은행은 대출시행으로 발생한 모든 위험조정비용risk-adjusted costs을 회수할 수는 없다. 이러한 문제로 인해 은행들은 초기 역할을 수행하는 것을 꺼리게 된다(칼로미리스와 힘멜베르그 1995). 반면 정부 개발은행government development banks은 대출보증 또는 재할인대출rediscount loan을 제공하고 혁신과 구조변환structural transformation을 촉진함으로써 시장실패 보정에 중요한 역할을 담당하는데, 이는 (때로는 보조금 등을 포함하는) "적정 조건appropriate terms"으로 단기 및 장기금융을 지원하는 형태로 이루어진다.

일본의 경우 JDB 및 수출입은행Export-Import Bank(EXIM)과 같은 공공금융중개기관public financial intermediaries은 민간은행이 주선하는 신디케이션이 성공할 수 있도록 (작은 비중으로, 하지만 정부보증 형태로) 참여한다. 금융시장 접근에 어려움을 겪는 기업들의 성장을 위해서는 이러한 대출이 필수적이기 때문이다.[9]

시장실패: 외부효과

시장실패의 또 다른 예는 외부효과externalities다. 예를 들어, 환경오염은 외부효과의 전형적인 사례이다. 시장은 환경오염비용을 내부화하는 방향으로 작동하지 않는다(사적 이익과 사회적 이익 사이에 상당한 불일치가 존재한다). 정부는 환경오염과 그 위험을 예방하기 위한 투자를 촉진해야 하며, 이 경우 외부효과를 상쇄하기 위해 정부는 환경(또는 공해)세와 같은 세금을 도입하여 비용을 내부화해야 한다. 그러나 정부가 이러한 세금을 도입하는 것은 정치적으로 어려울 수 있다.

그 대신 정부는 일종의 보조금으로서 저리의 장단기금융을 제공할 수 있다. 일단 이러한 종류의 대출이나 보조금이 도입되면, 민간기업은 이를 차지하기 위해 서로 경쟁하게 된다. 해당 민간기업과 지속적이고 장기적인 거래를 하는 정부은행이 있다면, 정부은행은 이러한 보조금이나 대출을 제공하는 것이 필요한지에 대하여 효과적으로 평가할 수 있다. 이것이 정부은행을 정당화하는 또 하나의 논리다(OECF, 1991; 오쿠다Okuda와 쿠로야나기Kuroyanagi 1998).

외부효과가 항상 부정적인 것만은 아니다. 경제발전을 고려할 때 양의 외부효과positive externalities도 존재한다. 예를 들어, 선도적 기업이 부담하는 "발견비용cost of discovery"은 모방자에게 이익이 된다. 즉, 시골지역에 대한 투자는 일자리 창출은 물론 도시지역의 경제활동 과밀현상을 완화하여 민간기업뿐만 아니라 사회 전체에 도움이 될 수 있다. 따라서 양의 외부효과는 경제발전을 위한 산업정책 수립의 핵심이 될 수 있다.

위험, 규모의 경제 그리고 그 밖의 것들

정보 비대칭과 외부효과 이외에, 리스크는 정부가 개입해야 하는 또 다른 영역이다. 특정 사업의 투자위험이 너무 높을 경우, 정부중개기관은 리스크를 풀링하고 pooling 사회화하고 분산시키는 데에 효과적인 도구가 될 수 있다(OECF, 1991). 고위험 사례에는, 보다 긴 회수기간gestation period이 요구되는 산업(민간기업이 비용을 회수하기까지 참을성 있게 기다릴 수는 없다), 혁신(알려지지 않은 기술이지만 유익할 수도 있다), 규모의 경제 문제(투자가 작을 경우 수익도 작고 이윤을 낼 수 없다) 등이 포함된다. 개발도상국에는 장기대출시장이 존재하지 않기 때문에 민간기업이 수익성 높은 벤처조차 투자하기 어렵다. 이 경우 정부는 시장을 만들고, 사업이나 투자를 촉진하는 대출을 제공하기 위해 개입할 필요가 있다(오쿠다와 쿠로야나기 1998).

마지막으로, 개발도상국에서는 금융시장이 과점시장이 되는 경향이 있고, 은행은 초과수익을 거둔다. 이상적으로는 정부는 카르텔을 제거하고 새로운 금융기관의 진입을 촉진하기 위해 개입해야 하지만, 기존 은행들의 반대 때문에 개발도상국 정부가 이런 종류의 정책을 추진하기는 정치적으로 어렵다. 이 경우 과점시장을 우회하기 위해 카르텔을 제거하는 것 보다는 개발은행이 시장에서 경쟁의 효용성을 증진시키기 위한 효과적인 도구가 될 수 있다(오쿠다와 쿠로야나기 1998).[10]

이러한 정당성 때문에 개발은행은 실제로 다양한 경제에서 중요한 역할을 수행한다. 예를 들어 그리핀스-존스(2014)에 따르면 독일정부 소유의 개발은행인 KfW는 독일경제에서 총 은행신용의 12.7%를 차지한다. 브라질의 BNDES는 21%이다. 특히 동아시아에서 금융부문의 정부정책은 투자를 장려하고 저축을 촉진하는 안정적인 은행시스템을 만드는데 기여했다. 이처럼 개발은행은 지역 내 금융접근성을 향상시키고 특히 학습 집약적인 분야에 장기금융을 제공함으로써 산업정책 및 구조변환의 주요 수단이 되었다(스티글리츠와 우이Uy 1996; 스티글리츠와 그린월드Greenwald 2014).[11]

그러나 이러한 정당성에도 불구하고 어려움도 있다(오쿠다와 쿠로야나기 1998). 그 중 하나는 대출신청, 특히 민간은행이 거절한 대출신청을 평가하는 것이 복잡하고 비용이 많이 든다는 점이다. 여기에는 영세기업micro, 소기업small 및 사회적 기업이 신청한 대출이 포함된다. 이런 회사들에 대한 대출이 재무적으로 항상 성공적이지는 않기 때문에, 개발은행의 경우 압박으로 작용한다. 대개 개발은행은 재무적으로 건강하고 수익성이 높을 것이라고 생각하지만 이들이 수행하는 업무는 본질적으로 위험하고 복잡하다.

따라서 재무적인 수익성을 검증하기보다, 정량적으로 측정하기는 어렵지만 경제사회적 편익에 중점을 둘 필요가 있다. 다시 말해, 개발은행의 영향을 객관적으로 측정하고 평가하기가 어렵고, 또 그렇기 때문에 개발은행은 정치적으로 취약한 위치에 놓이게 된다. 더욱이 정부가 개발은행에 자금을 투입해야 하는 경우, 정부적자가 악화되고 인플레이션 압력이 증가할 수 있다(오쿠다와 쿠로야나기 1998). 또 다른 어려움은 지대추구이다. 예를 들어, 일본에서는 1948년 쇼와 덴코 Showa Denko 스캔들이 있었고, 인도네시아에서는 1994년에 정부소유 개발은행인 BAPINDO의 부당한 신용보증 스캔들이 있었다.[12]

일본의 사례: 산업정책의 한 부분으로서의 개발은행

앞서 살펴본 바와 같이 개발금융은 도전적이기도 하고 장단점도 가지고 있다. 그렇다면 일본의 사례를 어떻게 평가할 것인가? 일본은 2차 세계대전 이후의 산업정책으로 잘 알려져 있는데, 이 시기에 개발은행은 중요한 역할을 수행하였다. 정부는 "최초 은행initial bank"의 임무를 떠맡아,[13] JDB, EXIM 등을 통해 신용을 제공하고 사업을 촉진하였으며 이 과정에서 JDB와 EXIM은 서로를 보완하였다.[14]

그러나 예금을 수취하는 금융중개기관도 있었다. 우편저금시스템postal-savings system이 주된 예금수취기관이었다. 즉 일본 정부는 예금을 모으는 한편 산업발전에 자금을 할당하는 양쪽에서 모두 중요한 역할을 하였다. 우편은행시스템postal banking system은 22,000개의 영업소를 갖고 있었으며 1980년대 일본 예금 총액의 약 20%를 보유하고 있었다(사카키바라Sakakibara와 펠드만Feldman 1983).[15] 또한 일본우정공사The Japan post는 자산규모가 300조엔 이상인 최대금융기관이기도 하다. 우정공사는 전통적으로 자산의 약 75%를 일본 국채에 할당한다. 그렇다고 우정공사가 투자자인 것은 아니다. 이 기금은 재무성의 자금운용부Portfolio Management Department(PMD, 資金運用部(Shikin Unyo Bu))에 위임되어 있다.[16] 사카키바라와 펠드만에 따르면, PMD는 1950년대 초반까지 주로 중앙 및 지방 정부를 지원하였다. 1949년 닷지라인Dodge plan line 정책에 따른 균형예산규칙balanced budget rule 이후, PMD는 재정투융자프로그램Fiscal Investment and Loan Program(FILP, 財政投融資(Zaiseitoyushi))을 통해 개발은행에 자금을 할당하기 시작했으며, 할당된 자금은 "예산 외 항목off-budget"으로 처리되었다.[17]

개발은행의 역할을 생각해 보기 위해서는 JDB에만 초점을 맞추기보다 다른 관련된 이해관계자들도 포함시켜 생각할 필요가 있다. 우리는 개발은행을 산업발전을 위한 제도의 한 부분으로서 살펴보아야 한다. 살펴볼 수 있는 대부분의 연구 문헌들도 동아시아에서 제도의 중요성을 강조한다(예: 비타스와 조 1996).[18] 예를 들어 세계은행 연구(World Bank, 1993, 358)는 다음과 같이 기술하고 있다.

[일본, 한국, 대만 및 중국처럼 급속하게 경제가 성장한 국가에서는 유능하고 독립적인 관료와 은행이 프로젝트를 선택하고 모니터링하였으며, 각자의 수출 실적을 신용할당의 주요 척도로 적용하였다...오늘날 신용할당에 성과기반 기준을 일관되게 적용할 수 있는 제도적 자원이 있는 개발도상국은 거의 없다.]

달리 말하면, 그들의 관점은 성공한 동아시아 국가들이 다른 개발도상국들과 차별화되는 요소는 바로 제도의 질institutional quality이라는 것이다. 따라서 개발은행 및 관련 이해관계자의 제도적 측면을 보다 면밀히 검토하면 유용할 것이다.

제도에는 공식적(예: 법적) 및 비공식적(예: 전통적 규칙 및 사회적 규범) 구조를 통해 서로 상호작용함으로써 사회를 형성하는 다양한 행위자가 포함된다(시마다Shimada, 2015a; 마츠오카 2009; 노스North 1990; 올슨Olson 1982).[19] 오스트롬Ostrom(2005)은 제도를 규칙이 구조화된 상황rule-structured situation으로 정의하며, 제도를 통해 개인들이 공동체나 네트워크로서 집합적인 행동을 통해 그들이 직면한 문제를 해결할 수 있다고 주장한다. 적절하게 시행될 경우, 법치와 법 체계는 불확실성과 거래비용을 줄인다.

개발은행의 맥락에서 볼 때 이러한 행위자에는 정책체제(정책 입안자); 통산성Ministry of International Trade and Industry(MITI), 재무성Ministry of Finance(MOF) 등 부처(관료); RFB 및 JDB와 같은 개발은행; 그리고 민간부문(산업협회 및 민간기업)이 포함된다. 이 장에서는 그 외에 노동조직도 포함할 것이다. 나중에 살펴보겠지만, 노사관계와 생산성 운동은 전후 일본의 개발은행 업무를 보완하는 역할을 수행하였다.

노스(1990), 올슨(1982), 아오키Aoki(2010) 및 오스트롬(2005)은 제도적 요소가 경제성과에 미치는 역할을 분석하였다. 노스와 올슨은 "전통적인traditional" 생산요소(예: 토지, 금융자본, 천연자원 및 기술)의 1인당 분배로는 1인당 소득의 불평등을 충분히 설명하지 못한다고 언급했다. 그들의 견해에 따르면, 제도와 사회적 자본social capital이 그 차이를 결정하는 주요 요인이었다(시마다 2014, 2015b).

제도가 강화되면 경제나 사회의 역량도 향상될 것이다(시마다 2009). 하나의 제도가 강해지면 제도 자체의 역량도 강화된다(마츠오카 2009).[20] 일본에 있어서 산업발전을 위한 제도적 틀institutional framework이 그림 6.1에 요약되어 있다. 이러한 제도의 집합 전체를 하나의 제도로 생각할 수 있는데, 이것이 튼튼해지면서 일본의 성장역량도 강화되었다.

그렇다면 이러한 제도는 일본에서 어떻게 확립되고 변화했을까? 다음 장에서 우리는 일본 전후 시기에 개발은행이 어떻게 생겨났는지를 살펴볼 것이다. 그 이유는 전쟁 직후의 시기는 제도의 본질을 정의하는데 매우 중요하기 때문이다(경로의존성path dependence).

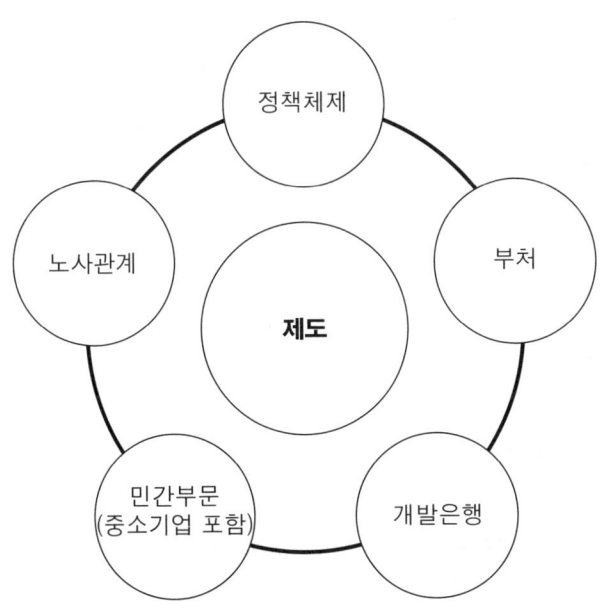

[그림 6.1] 일본 산업정책을 위한 제도적 틀

[표 6.1]

단계 I	단계 II	단계 III
형성 전 기간	형성 기간	고정 단계
2차 세계대전 종료 및 2차 세계대전과 JDB 설립 사이의 중대한 전환점까지	1952-1970년대	1980년대 이후

자료 : 시도우와 코흐(2009, 692)에 근거하여 저자가 수정

    시도우Sydow와 코흐Koch(2009)가 논한 바와 같이, 제도의 경로의존성은 (1)형성 전 기간preformation period("중대한 전환점critical juncture"을 포함), (2)형성 기간formation period, 그리고 (3)고정 단계lock-in phase 등 세 단계로 구분할 수 있다(표 6.1 참조). 중대한 전환점은 경로의 방향성이 결정될 때 발생한다. 형성 기간에는 선택된 경로를 통해 제도가 형성된다. 이 기간 동안 사회경제적 혜택을 극대화할 수 있도록 제도가 설계된다. 고정 단계에서는 이전 패턴을 기반으로 모든 선택이 이루어짐에 따라 어떠한 신축성도 허용되지 않는다. 이 경우 제도는 더 이상 효과적으로 작동할 수 없다. 잘 알려진 예로 QWERTY keyboard layout을 들 수 있다: ABC layout이 더 편리할 수 있지만 기술이 고정되어 있고 모든 사람들이 이미 그 기술을 배웠기 때문에 QWERTY layout이 지속적으로 사용된다(데이비드David 1985).

    이 틀을 사용해 보면, 다음 절에서 볼 수 있듯이 제2차 세계대전과 JDB 설립 사이의 기간은 중대한 전환점이었다. 따라서 우리는 개발은행의 설립에 특히 집중하여 일본 제도의 기원을 검토함으로써 다음 장을 시작하고자 한다. 우리는 다음 여섯 가지의 핵심적 측면에서 일본 제도를 살펴볼 것이다 : (1)개발은행의 자율성; (2)개발은행의 높은 평가역량; (3)부문 간 보완성(수평적 그리고 수직적 파급효과)과 은행; (4)포괄적이며 분권화된 PPP; (5)이해관계자 간의 장기거래; (6)노사관계.

기원: 형성 기간을 위한 중대한 전환점

부흥금융금고(RFB Reconstruction Finance Bank) 또는 Fukko Kinyu Kinko

    제2차 세계대전 이후, 1947년부터 1949년까지 주요 산업에 자금을 공급한

RFB가 설립되었다.21 당시 일본 경제는 특히 산업생산industrial production이 정체되어 있었다.22 1946년 석탄생산은 전년도 대비 39.1%에 불과했다. 이는 수입물량 제한 조치로 인해 원자재가 부족하였고(그리고 생산원가 상승), 재벌기업(일본에서는 財閥(Zaibatsu)로 알려져 있음)을 해체시키려는 일본 내 미군정청U. S. General Headquarters(GHQ)의 결정이 있었기 때문이다.

다음 단계에서 이루어진 산업발전을 위한 제도의 발전을 고려한다면, 이 두 가지 결정은 중요한 것이었다. 정부는 원자재 부족으로 민간부문과 긴밀히 협력해야 했다. 부족한 자원을 효과적으로 활용하기 위해 생산성 향상도 정책이슈가 되었다. 그리고 재벌기업의 해산으로 인해 정부와 민간부문 간 관계가 본질적으로 바뀌게 되었다. 우리는 이러한 변화를 단계적으로 살펴볼 것이다.

그 당시 금융기관들은 부실채권이 쌓여 재건자금을 공급하기가 어려웠다. 이러한 한계와 더불어 잘못된 경제정책(예: 가격통제)과 전력부족으로 인해 일본 경제는 끔찍한 침체를 겪게 되었다. 모든 물품이 부족한 상황 속에서 일본 정부가 그 경제상황을 헤쳐 나가기 위한 기본적인 인식은 두 가지였다.

가장 먼저 돌파해야 할 과제는 생산의 증가였다. 당시 생산 증가와 인플레이션 억제 중 무엇이 우선인지에 대한 논란이 있었으나, 1956년 총리가 된 탄잔 이시바시Tanzan Ishibashi와 같은 정치인들은 생산 증가를 강력하게 지지했다(오키타 Okita 1990).23 정부는 생산을 늘리기 위해 자금을 마련할 필요가 있었지만, 이러한 자금조달이 인플레이션을 초래할 것으로 예측되었다. 이 주장과는 반대로 생산이 늘어날수록 재화시장은 결국 균형을 이룰 것이므로 인플레이션 징후는 점진적으로 해결될 것이라는 의견도 제기되었다.

두 번째 우선순위는 석탄생산량 증가였다. 당시에는 주둔군이 철도 및 난방을 목적으로 거의 모든 석탄을 사용하였다. 이에 따라 산업생산용으로 사용될 수 있는 석탄, 특히 수출지향 기계산업export-oriented machinery industry을 위한 석탄은 없었다.24 이 문제를 해결하기 위해 히로미 아리사와Hiromi Arisawa를 장으로 하는 정부 석탄위원회가 설립되었다. 그는 동경대의 교수이자 잘 알려진 우선순위생산시스템priority production system(傾斜生産方式, keisha Seisan Hoshiki)을 기획한 사람이었다. 이 시스템에서는 생산을 늘리기 위해 필요한 모든 자원이 석탄 부문에 할당되었다. 석탄 생산이 증가하면서 철, 비료 및 전기 같은 기초제품도 공급되었다. 이러한 기초제품의 생산 증가는 일종의 순환고리를 만들어 냄으로써 석탄뿐만 아니라 쌀과 밀의 생산도 늘어나게 되었다.

당시에는 석탄을 생산하는 민간기업도 자금이 부족해 자금조달이 필요했다. 자원과 돈의 부족을 해결하기 위해 우선순위생산시스템이 만들어졌고 RFB가 이 시스템에서 핵심적인 역할을 했다. 이 정책의 우선순위 분야는 석탄, 전기, 화학비료 및 운송(1948년에는 RFB 자금의 70%가 이 분야에 지원되었다)이었다(오카자키Okazaki와 우에다Ueda 1995). 오카자키와 우에다가 말했듯이 일본 정부는 세수 부족으로 인해 산업에 보조금을 지급할 수 없었기 때문에, RFB의 자금은 기업에 대한 암묵적인 보조금implicit subsidies으로 사용되었다. RFB의 금융지원은 1949년 4월 닷지 플랜(금융 및 통화 긴축)이 시행될 때까지 계속되었다.[25]

RFB의 기여에 대해서는 다른 견해도 있었다. 한편으로 석탄과 철강에 대한 금융지원이 일본 재건에 중요한 기여를 한 것으로 여겨졌다. 또 다른 한편으로는 RFB가 저축이 아닌 BOJ를 통해 자금을 조달하였기 때문에 RFB가 인플레이션의 주요 원천으로 간주되었다. 왜냐하면 BOJ가 RFB 채권의 대부분을 매입하면서 시장에 통화공급이 늘었고 인플레이션이 초래되었기 때문이다.[26] 이러한 인플레이션은 "RFB inflation" 또는 "Fukkin inflation"으로도 불리지만 사실은 정부계획의 의도된 결과이기도 하였다(타니무라Tanimura 1981). 그러나 인플레이션에도 불구하고, 생산은 놀랄만한 회복을 이루었다. 그 이후, 정부의 주요 정책 우선순위는 생산회복에서 인플레이션 억제로 옮겨갔다. GHQ의 격려에 힘입어, 일본 정부는 강력한 디플레이션 조치를 단행했다. 이러한 통화긴축 조치에는 RFB의 신규 신용거래의 중단이 포함되었다.[27]

게다가 RFB는 지대추구 행위(뇌물 수수, 정치적 영향력 행사 및 건전성이 낮은 기업에 대한 금융지원)의 중심으로 간주되었다. 이러한 비판은 1948년 6월 쇼와덴코 스캔들Showa Denko scandal 이후 확대되었다.[28] 나중에 차관을 역임한 히로시 타니무라Hiroshi Tanimura는 그 당시 재무성 임원이었으며 RFB를 담당하고 있었다. 그는 중국에서 있었던 강연에서 "RFB의 업무는 매우 바쁘고 어려웠고 유혹의 위험이 컸다"고 언급했다(타니무라 1981, 4, 일본어 번역).[29] 나중에 살펴보겠지만 이 스캔들은 JDB 자체에 대한 제도 설계와 주변 이해관계자들에게 심대한 영향을 끼쳤다.

RFB의 경우 의사결정 메커니즘 상 외부조직이 의사결정과정에 개입하는 것이 가능하였기 때문에 자율성이 취약하였다. 이러한 외부조직에는 경제안정화기구Economic Stabilization Agency(Anpon)와 부흥금융위원회Committee for Reconstruction Fund(復興金融委員会, Fukko kinyu iinkai)가 포함된 가운데, 대출결정의 책임은 이들 조직들에 분산되었다. RFB가 폐지되었을 때(RFB 1950), RFB는 금융기관이면서 정책수행기관policy implementation organization이라는 이중적 특성을 갖고 있었으며, 후자의 특성이 더 강조되었음이 밝혀졌다. 이러한 취약점을 인식하여 JDB는 외부세력으로부터의 강력한 자율성(공공금융기관 독립성의 중요성)을 바탕으로 설립되었다.30

일본개발은행(JDB)의 설립: 자율성과 평가역량

JDB는 1951년에 설립되어 RFB의 활동을 이어 받았으나, 산업발전을 촉진하기 위해 정치세력으로부터의 독립성은 더 강화되었다. JDB는 자신만의 평가에 근거하여, 그리고 정치적 편향political bias 없이 자율적으로 대출을 결정할 수 있었다. 이러한 정치적 독립성은 개발은행에 대한 적절한 제도 설계에 있어서 매우 중요하다. 개발은행 업무의 위험 중에는 비생산적인 지대추구와 정치적 포획political capture이 있다. JDB의 자율성 덕분에 정부/개발은행과 정치인이 더욱 적절한 관계를 유지할 수 있었으며, 그 결과 JDB는 지대추구의 문제를 피할 수 있었다. 더 정확히 말하자면, RFB의 실패로 인해 JDB는 자체자금조달 원칙principle of self-finance(自融資総称(Syushisosho))을 확립할 수 있었다. JDB의 경우 두 개의 중요한 원칙이 있었다(타케다Takeda 2009). 하나는 자체자금조달이며, 다른 하나는 민간은행과의 보완성이었다. 우리는 다음 장에서 이를 살펴볼 것이다.

이러한 독립성은 JDB의 수준 높은 대출평가와 프로젝트 감시를 통해 더욱 강화되었다.31 높은 평가역량과 재무적 독립성financial independence에 힘입어 대출 부도율은 매우 낮은 수준에서 유지되었다. 자체자금조달 원칙을 준수하고 낮은 연체율을 유지함으로써 JDB는 신뢰할 수 있고 역량 높은 은행으로서의 명성을 획득할 수 있었다.32 이러한 평판의 영향으로 JDB로부터 자금조달이 이루어지는 것은 민간은행이 참고할 만한 "신호signal"가 되었다. JDB의 연체기록을 보면 대출이 많았던 1956-1965년 기간에도 0.01%였고, 민간은행에 비해 훨씬 낮았다.33 이처럼 높은 역량과 자율성은 JDB를 설명하는 중요한 특징이었다.

산업정책의 일부로서의 JDB 대출: 보완성과 양의 외부효과

JDB 대출의 또 다른 중요한 측면은 이것이 생산성 운동, 세금, 보조금 등과 같은 정부의 산업정책의 일부였다는 점이다.[34] 광범위한 지침을 제공하는 국가의 5개년 계획이 수립되면 JDB를 포함한 대출기관은 대출정책과 함께 어떤 차주에게 신용을 확대할 것인지를 결정하였다. 그리고 그 결정은 독립적으로 이루어졌다.

보완성complementarity: 수평적 및 수직적 파급효과

JDB는 초기에는 시장금리보다 상당히 낮은 특별금리special interest rates로 기초산업에 자금을 제공했다(오구라Ogura와 요시노Yoshino 1984). 기초산업에는 전기, 철강, 조선 및 석탄채굴업이 포함되었다. 이러한 산업은 서로 보완적이기 때문에 분야 간 협력을 통해 상호이익(또는 양의 외부효과positive externalities)을 거둘 수 있다. 뒤에서 이 점을 다시 설명할 것이다. 산업 간에 보완성complementarity이 존재함에 따라 JDB의 대출은 "유인효과crowding-in effects"를 염두에 두고 목표산업target industries에 대한 일종의 보조금 형태로 활용되었다.[35]

기초산업이 발전한 후에는 기계공구, 자동차 부품 등과 같은 제조업이 목표산업이 되었다.[36] 이 산업들이 목표산업으로 선정된 것은 다른 산업에 미치는 파급효과spillover effects가 크다고 여겨졌기 때문이며(칼로미리스와 힘멜베르그 1995), 아무런 기준이 없이 승자가 뽑히는 형식의 개입이 아니었다. 산업 간 보완성 때문에 목표산업이 상황에 따라 변경될 수 있는 유연성이 존재하였다. JDB를 제도의 일부로 본다면, 분야 간 보완성 또는 파급효과는 JDB 대출의 중요한 특성들 중 하나이다.

양의 외부효과에는 두 가지 종류가 있다; 하나는 수평적 외부효과이고 다른 하나는 수직적 외부효과이다. 전자는 한 분야에서 다른 분야로의(혹은 산업분야 간의) 외부효과이다(그림 6.2). 후자는 대기업에서 지원산업들supporting industries, 주로 중소기업으로의 외부효과이다.

이 중 수직적 외부효과의 추구는 JDB가 갖고 있는 특징 중 하나이다. 일본에서는 99% 이상의 고용이 중소기업을 통해 창출되어 왔다. 중소기업들은 일본 경제의 경쟁력을 높일 뿐만 아니라 국민들의 생활수준을 향상시키는데도 중요한 위치를 차지하고 있다. GHQ의 가이드를 받아 수직적 외부효과를 지원하기 위해, 1948년 상공부Ministry of Commerce and Industry 산하에 중소기업청Small and Medium Enterprise Agency이 설립되었다(이후 MITI로 재편되었다).

GHQ는 재벌기업들(財閥, Zaibatsu)이 2차 세계대전 이전과 도중에 일본의 군국주의를 제도적으로 지지했다고 주장했다. 따라서 재벌해체는 점령 초기부터 GHQ의 첫 번째 우선순위 중 하나였다. 중소기업청이 설립되기 1년 전인 1947년에 독점금지법이 제정되었다. GHQ의 목표는 경제력의 집중을 막고, 사업을 시작하고 싶은 모든 이에게 동등한 기회를 주는 것이었다.

그런데 이들 회사가 JDB의 대출을 받기에는 너무 규모가 작았기 때문에 이러한 움직임을 뒷받침할 수 있도록 다른 금융기관들도 설립되었다. 1949년 소기업small enterprises의 수요를 뒷받침하기 위해 국민금융공고National Finance Corporation (NFC, 國民金融公庫(Kokumin Kinyu Kouko))가 설립되었다. 그리고 1953년에는 중소기업에 대해 장기신용을 제공하기 위해 일본중소기업금융공고Japan Finance Corporation for Small and Medium Enterprise(JAMAE, 中小企業金融公庫(Chusho kigyo kinyu kouko))도 정부 금융기관으로 설립되었다. 이점에서 보면, 중소기업으로의 파급효과들은 2차 세계대전 직후 일본의 새로운 제도들에 이식되었다. 이는 차후에 논의할 노사관계와 관련이 있다.

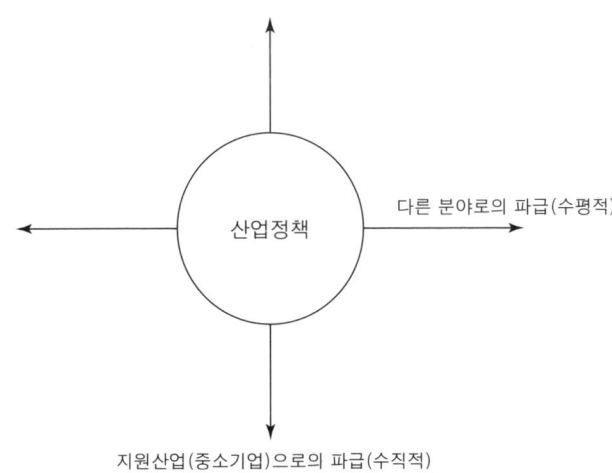

[그림 6.2] 양의 외부효과

은행 간의 보완성

보완성complementarity의 또 다른 측면으로 은행 간의 보완성이 있다. 이는 JDB의 또 다른 중요 운영원칙이었다. JDB 대출과 관련하여, 대출금 규모보다는 특정회사가 JDB로부터 대출받을 수 있다는 발표 자체가 중요했다. 이는 민간은행들에게 중요한 신호가 되어(정부 산업정책에 대한 신호효과) 민간은행들이 대출을 제공(대리비용 절감)하는 것을 가능하게 했기 때문이다(호리우치Horiuchi와 오타키Otaki 1987; 호리우치Horiuchi와 수이Sui 1993; 우에노Ueno 1978). 결국 JDB 대출은 위험을 낮춤으로써 민간은행의 대출을 촉진시켰다.

일본의 경우, 민간기업들은 소위 주거래은행main bank이라 불리는 특정은행을 통해 주로 자금을 차입했기 때문에 금융시장에서의 정보 비대칭이 중요한 문제였다.37 회사와 주거래은행 간의 결속은 장기간의 거래를 통해 이루어졌다. 주거래은행시스템은 많은 회사들이 정보 격차information gap를 줄일 수 있는 하나의 방법이었지만, 주거래은행을 제외한 다른 시중은행들이 소외되는 문제가 있었다. 그런데 JDB 대출은 이렇게 소외된 은행들에게 중요한 정보를 제공한다. 다시 말해, JDB는 금융시장에 존재하는 정보 비대칭성에 따른 공백을 보완하는 역할을 수행하였다.1) 게다가, 이 기간 동안 주식시장은 여전히 미성숙 단계였기 때문에 기업금융에 있어서 주식의 역할도 매우 작았다.

이러한 JDB의 역할은 전쟁 이후 재건을 시작하는 시기에 특히 중요했다(시마다 2015c). 그 당시 많은 중소기업들이 역사가 짧고 은행거래 기록이 없어 이들 기업에 대한 대출위험 평가가 어려웠다. 그러나 JDB 대출은 정부가 특정기업 및 분야를 지원한다는 신호를 전달함으로써 위험을 낮추는 역할을 하였다. 또한 이러한 정보는 JDB 대출이 이익 극대화보다는 더 폭넓은 목적을 가지고 있어 편의(偏倚)가 없는unbiased(믿을 수 있는) 것으로 간주되었다. 이와 관련하여, 호리우치와 수이(1993)는 JDB 대출이 정보효과information effect를 통해 차주의 투자지출에 양의 영향을 미치는 것을 발견하였다.38

---

1) 이는 JDB가 정보 비대칭에 따른 소외영역 즉 시장실패를 보완하는 역할을 수행한 것으로 이해될 수 있다.

민간은행으로의 이전

호리우치와 수이는 은행업이 점차 효율화됨에 따라, 아직 장기관계를 구축하지 않은 신생기업들에게 신용을 제공하는 역할을 제외하면 JDB의 중요성은 줄어들었다고 주장한다. JDB는 스스로를 신생기업들에 대한 최초 대출기관으로 간주하였으나, 이들 기업들에게 충분한 민간자금이 공급될 준비가 되었을 때에는 한 걸음 물러났다.39 이러한 과정은 면밀한 관찰이 필요한데, 칼로미리스와 힘멜베르그(1995)는 다른 나라들과 달리, 일본의 신용프로그램credit programs은 높은 사회적 비용을 유발하지 않았다고 주장한다. 이들은 기계도구산업에 대한 일본 은행의 대출을 조사하면서 EXIM과 JDB의 대출을 장기신용은행Long-term Credit Bank(LTCB) 및 일본흥업은행Industrial Bank of Japan(IBJ)과 비교하였는데 정부자금의 장기적인 점유는 없다고 결론을 내렸다. 시중은행들과 비교할 때 EXIM과 JDB는 동일 기업에 덜 빈번하게 대출하였으며 그리고 그 기간도 짧았던 것으로 나타났다.

PPP: 포괄적이고 분권적인 관료 다원주의

❖ 포괄성 Inclusive

지대추구와 정치적 포획의 위험성과 관련하여, 일본을 연구하는 많은 저자들은 정부와 민간의 상호작용이 중요하다고 지적한다(칼로미리스와 힘멜베르그 1995; 비타스와 조 1996). 이는 일본에서 매우 광범위하고 빈번하게 이루어지는 상호작용으로 현재는 민관협력public-private partnership(PPP)이라고 불린다.

1950년대 중반 일본의 경제 회복은 철강 부족으로 지연되었다. 이 문제는 이해관계자들 간 조정을 이끈 민관협력포럼인 "심의협의회제도deliberative council system"를 통해 해결되었다. 이 협의회는 산업 대표, 관료, 학자 등으로 구성되었으며 산업정책과 관련된 모든 중요한 결정을 내렸다.

MITI, 그리고 이와 관련된 산업 협회들industrial associations은 기계류 수출 철강심사위원회Screening Committee of Steel for Exporting Machinery를 설립하였다. 이들은 25,000톤의 필요 철강 공급을 확보하기 위해 협력했다(오카자키 2001). 또한 MITI는 교통부Ministry of Transport와 같은 다른 관련 부처와 협력하여 필요한 인프라를 구축하고 산업 간의 여러 문제(예: 철강과 해운산업의 협회들 간의 문제)를 해결하였다.[40] 이러한 제휴들 결과로 일본기업의 경쟁력이 높아지게 되었다. 일례로 철강 가격이 미국과 경쟁할 만한 수준으로 하락하였고, 이에 힘입어 일본 기계산업의 경쟁력이 높아지기도 했다. 다시 말해, PPP는 일본의 경제 성장을 저해하는 병목현상을 해결하는데 있어 중요 수단으로 활용되었다.

중요한 점은 이러한 상호작용이 활발했을 뿐만 아니라 포괄적이기도 하다는 것이다. 상호작용에는 기업가(숲 산업), 노동자, 학자, 은행가, 정치인 그리고 관료 등 다양한 이해관계자들이 포함된다. 국가적 우선순위로 인정받기 위해서는 이해집단 간 경쟁이 필요했다. 호리우치와 수이(1993)는 MITI와 민간기업 간 정보교환을 중개하는 JDB의 역할을 정보효과information effect라고 불렀다.[41] 이것은 특히 1950년대 후반 MITI가 산업정책을 시작했을 때 정말 그랬다.[42] 호리우치와 수이에 따르면 MITI와 JDB사이의 정보교환은 양 방향으로 이루어진 것으로 나타났다. MITI는 자체 모니터링과 조사에 근거해 JDB에게 개별기업들을 추천했으며, JDB도 MITI의 산업정책 수립에 도움을 줄 수 있는 산업발전 가능성에 대한 정보뿐만 아니라 민간기업들과 관련된 정보를 적극적으로 제공하였다.[43]

❖ 관료 다원주의 Bureau Pluralism

아오키(1988)는 이러한 PPP시스템을 관료 다원주의 또는 구획화된 다원주의bureau pluralism or compartmentalized pluralism라고 불렀다.[44] 그 당시에는 조직 간의 노동 이동성이 낮았으므로 각 조직에 대한 소속감(또는 충성도)이 매우 높았다. 다른 나라와는 달리 일본의 노동시장에서는 종신고용lifetime employment이 일반적인 관행이었다. 한 조직 내 구성원(특히 지도자) 각자에게 조직의 효율성을 극대화하려는 강력한 유인이 있었던 것이다.

각 민간기업이 가진 이해관계사항은 일본철강협회Japan Iron and Steel Association와 같은 경제·산업협회economic and industrial association로 모아졌다. 그리고 MITI 내에 있는 해당산업 담당 산업국bureau of the industry이 정부 내에서 협상과 조정역할을 담당하였다.[45] 오카자키(2001)는 이러한 시스템을 관료주의적인 동시에 다원적인 것으로 특징지었다.[46] 주무부처가 모든 이해관계자와 관료부서를 조율하고 정부부처가 경제협회의 뜻에 따라 움직인다는 측면에서 다원적이라고 할 수 있다.47 이와 관련하여 오카자키는 흥미로운 사실의 하나로서 다원주의와 PPP가 일본이 가진 혁신현상이라는 점을 지적하였다.

2차 세계대전 이전 시기에도 비슷한 상황이 있었지만, 오카자키의 분석을 보면 세 가지 차이가 있었다. 첫째로, 전쟁 이전 기간 동안 정부가 기획한 회의에는 산업협회 대표자는 거의 없었다. 둘째, 대부분의 협회회원들은 재벌기업Zaibatsu과 상공회의소 출신이었다. 다시 말해, 그들은 산업특정적인 이해industry-specific interest를 대표하지 않았다. 오히려, 그 당시 협회는 선택된 대기업 소유주와 지리적 대표성(상공회의소)에 기반을 둔 기구였다. 셋째, 전후 시대와는 달리 대부분의 조정역할이 관료보다는 정치인들에 의해 수행되었기 때문에 많은 협회회원들이 정치인이었다. 요약하자면 전쟁 이전 기간 동안 정부-기업 간의 관계는 전후 관료 다원주의와는 매우 달랐다. (표 6.1에 제시한 것과 같이) 제도적 변화 틀 측면에서 볼 때 이 단계는 제도 형성 전 기간으로 볼 수 있다.

중대한 전환점critical juncture이라 할 수 있는 변화는 2차 세계대전과 JDB 설립 사이의 시기에 찾아왔다. 이는 전쟁 동안 정부가 항공기와 선박을 생산하기 위해 막대한 자원을 필요로 하면서, 이러한 자원을 동원하기 위해 철강협회Iron and Steel Control Association와 같은 산업들의 협회가 이용되었기 때문이다(오카자키 2001; 오카자키와 오쿠노-후지와라Okuno-Fujiwara 1999). 오카자키(2001)에 따르면 전쟁 당시 정부와의 협력 경험이 쌓이면서 산업별 협회의 위상은 크게 높아졌으며 전후 일본 경제체제의 중요한 토대가 되었다.48 주요 사례 중 하나는 앞서 보았던 우선순위생산정책priority production policy을 들 수 있다.

이상에서 보듯이 PPP는 일본 산업발전을 위한 일본제도 중 핵심 요소이다. PPP가 적절하게 작동하면서 정부의 산업정책은 더 실용적이고 실현가능하게 되었다. 또한 PPP로 인해 JDB의 대출은 산업(수직 및 수평) 간 그리고 은행 간에 보완성을 촉진시키는 요인으로 작동하게 되었다. 하지만 여기에는 빠진 부분이 있다. 그것은 바로 노사관계나 생산성 운동의 역할이다.

노사관계: 생산성과 동반성장

GHQ는 2차 세계대전 직후 일본 해방의 일환으로 일본 공산당의 지도자인 토쿠다 큐이치Tokuda Kyuichi와 시가 요시오Shiga Yoshio와 같은 정치범을 석방했다. 엄밀히 말해 GHQ의 목적은 일본을 비독재적이고 비군사적인 나라로 만드는 것이었다. 지금의 시각으로는 이상한 결정이지만, 점령 초기에는 GHQ와 공산주의 지도자들이 긴밀하게 협력했다. GHQ 정책에 따라 1945년과 1946년에 근로자의 권리와 관련된 다양한 법률과 규정이 통과되었다.

그러나 이 협력은 오래가지 못했다. 노동운동이 너무 적극적이고 급진적으로 변했기 때문이다. 1946년 전후 첫 번째 노동절May Day 직후 일부 단체는 식량을 요구하며 시위를 시작하였다. 시위는 일본 전역에 퍼졌으며 심지어 왕실에 대항하는 일까지 발생하였다. 그러자 1946년 5월 20일, 더글러스 맥아더 장군General Douglas MacArthur은 시위와 집단적인 무질서에 대한 경고문을 발표하였다.

GHQ의 정책이 바뀌었음에도 노동운동은 일본 전역으로 지속적으로 퍼져 나갔다. 1946년 10월, 30만명이 넘는 민간부문 노동자들이 파업에 동참하여 더 높은 임금과 노동시간 단축을 받아냈다. 노동운동이 강력해짐에 따라 정부와 노동운동 간의 갈등은 심화되었으며 노동당은 1946년 2월 1일 총파업을 촉구했다. 상황은 매우 긴박해졌고 갈등의 해결은 요원해 보였다. 한 노동운동 지도자는 충돌 도중 부상을 입기도 했다. 결국 GHQ는 하루를 남기고 총파업을 금지하였으며, 이것이 GHQ 정책의 전환점이 되었다.

GHQ의 노동정책은 1949년 중화인민공화국의 설립과 미·소 냉전과 같은 국제 상황에 의해서도 영향을 받았다. GHQ가 노동운동을 억압하려 했지만, 시모야마 사건Shimoyama incident(7월), 미타카 사건Mitaka incident(7월), 마쓰카와 사건Matsukawa incident(8월)으로 인해 충돌은 더욱 심화되었다. 진실은 아직 밝혀지지 않았지만, 대체적으로 노동운동이 개입한 것으로 의심된다. 1950년에 GHQ는 정부와 언론계 뿐만 아니라 민간기업에서 공산주의자 색출 작업에 착수했다.

이 시기는 일본이 생산능력을 늘리고 산업정책을 수행하기 위한 기관을 설립하려는 노력에 착수한 시기이다. 따라서 정부와 민간기업에게는 노사관계를 관리하는 것이 매우 중요했다. 또한 정부와 민간기업들이 자원이 부족한 상황에서 제한된 자원으로 생산량을 최대화하기 위하여 생산성을 증가시키려고 한 것은 당연한 일이었다.

예를 들어, 도요타Toyota의 경우 1949년 GHQ가 실시한 인플레이션 억제 조치antiinflationary measure로 인해 생산이 급감했다. 1950년에 도요타는 수많은 파업 등 노동조합과의 길고 격렬한 전투 끝에 2,000명의 근로자를 해고하고 도요타 창업자인 키이치로 도요타 Kiichiro Toyota를 사임시켰다. 이 해고는 노조와의 초기 합의에 반(反)한 것이었기 때문에 상황은 더욱 악화되었다. 그러나 같은 해 한국전쟁이 발발하면서 미국이 엄청난 양의 트럭을 주문함에 따라 도요타는 이전보다 적은 수의 근로자로 생산을 더 늘려야만 했다(반 드리엘van Driel과 돌프스마Dolfsma 2009, 62). 이러한 상황에서 생산성 개선에 대한 필요가 커졌고 경영진은 노동자와 건설적으로 협력해야만 했다.

2차 세계대전 후 미국의 원조 정책

1951년 산업합리화 심의협의회the deliberative council of industrial rationalization는 정부에 생산성 증가를 위한 조직을 설립할 것을 제안했다. 미국국제개발처United States Agency for International Development(USAID)의 전신인 미국의 대외활동본부Foreign Operations Administration(FOA)가 이러한 움직임을 지원했다.

이 기간 동안 미국은 마샬플랜Marshall Plan 및 포인트포계획Point Four Program의 일부로서 생산성 운동을 적극적으로 지원했다. 미국의 도움으로 영국에서는 영미생산성협의회Anglo-American Council on Productivity(AACP)가 설립되었다. 1948년에서 1952년까지 미국은 영국으로부터 66개 사절단(총 900명)을 받아 들였는데, 대부분의 비용은 미국 정부가 부담했다. AACP에 이어 덴마크(1949), 터키(1949), 오스트리아(1950), 서독(1950), 네덜란드(1950), 트리에스테(1950), 벨기에(1951), 이탈리아(1951), 스위스(1951), 그리스(1953), 스웨덴(1953), 프랑스(1954) 등에서 비슷한 생산성 센터가 설립되었다. 이러한 생산성 운동의 구심점으로서 유럽생산성기구European Productivity Agency(EPA)도 설립되었다.

실제로 미국 정부는 일본의 생산성 센터Japan Productivity Center(JPC) 설립에 있어 유럽 국가의 표준적인 관행이었던 정부, 민간 부문, 노동계의 삼자협력체 tripartite combination를 제안하였다(JPC 2005). 1954년 일본 정부와 미국 정부 간에 생산성 향상을 위한 원조협정을 체결하는 회의가 개최되었다. 회의 직후에 MITI는 JPC를 준공공재단semipublic foundation으로 설립하기로 결정하였으며 일본 내각도 미국으로부터 원조를 받는데 동의했다.[49]

그러나 노동계(総評(Sohyo) 또는 일본노동조합총평의회General Council of Trade Unions of Japan)는 이 움직임에 반대하였다. 그들은 생산성 운동이 노동정복을 위한 도구라고 생각했다. 1955년 JPC가 설립되었을 때 일본노동조합총평의회는 참가하지 않았다. 같은 해 JPC는 노동자 측과 함께 하고자 노력하면서 생산성 운동의 3대 원칙을 선언했다.50 이것은 노동계와 건설적으로 협력하기 위한 일종의 경영진의 약속이었다. 원칙은 다음과 같다.

1. 고용의 확대Expansion of employment. 장기적으로 생산성 향상은 고용확대로 이어져야 한다. 그러나 국가경제의 관점에서 직무재배치 또는 기타 조치를 통해 잉여 인력의 실업을 방지하는 정책을 수립함에 있어서 민관협력은 필수적이다.
2. 노사 간 협력Cooperation between labor and management. 노사는 특정한 기업환경을 고려하여 생산성 향상을 위한 구체적인 방법을 연구하고 논의하는데 협력하여야 한다.
3. 생산성 결실의 공정한 분배Fair distribution of the fruits of productivity. 생산성 향상에 따른 결실은 국가경제의 상황에 맞추어 노사, 관리자 및 소비자에게 공정하게 분배되어야 한다(JPC 2005, 38).

이상에서 보듯이 상기 원칙은 경쟁력 제고보다는 고용을 향상시키고 실질임금을 높이며 삶의 수준을 높이는 것이 목표임을 알 수 있다. 이 점은 일본의 생산성 운동의 본질을 이해하는데 매우 중요하다.

1955년 6월 노동계는 생산성 운동의 8가지 원칙을 발표함으로써 상기 원칙에 부응했다. 그들은 산업민주주의industrial democracy의 중요성을 강조했다. 기본적으로 노동계의 원칙은 JPC의 세 가지 원칙에 부합했다; 9월에 그들은 손을 잡기로 합의했으며 이것은 전투적이었던 노사관계의 성격을 협력적으로 바꿔 놓았다.

미국의 원조는 1955년에 시작되어 1961년까지 계속되었다. 그리고 FOA에서 개편된 국제원조협력처International Cooperation Administration(ICA)가 이러한 원조를 관리했다. 7년이라는 이 시기 동안 미국은 일본의 393개팀(3,986명)을 초청했다. 각 팀은 철강, 전기, 신발 제작 및 자동차 부품과 같은 산업분야를 대표했다. 미국의 원조가 중단된 후에도 일본은 계속해서 미국에 사절단을 파견했다. 1965년에 그 수는 568개팀, 6,072명에 달했다(JPC 2005).

동반성장

미국의 도움으로 많은 관료와 업계 사람들이 생산성 향상에 대한 연구를 진행하였으며, 이는 일본의 제조업 부문에 중요한 영향을 미쳤다. 특히 도요타생산시스템Toyota Production System(TPS) 또는 *Kaizen*(改善)은 생산성 운동을 통해 탄생된 것으로 일본 전역에 확산되었다. 동 시스템은 일본의 생산성을 대폭 향상시켰다. 이 외에도 생산성 운동의 3대 원칙에서 나타난 것처럼 성장은 폭넓게 이루어졌다 (시마다 외 2013).

일본의 경제성장 역사는 기록적이기도 했지만, 더욱 중요한 특징은 소득분배가 상당히 평등하게 이루어졌다는 점이다(버드솔Birdsall과 사봇Sabot 1993; 세계은행 1993).[51] 특히 지니계수Gini coefficient는 1960년대에 급속히 개선되었다. 1963년에 0.31이었던 지니계수는 1971년에 0.25로 떨어졌다(오타케Otake 2003).

노사 간 공동협력이 없었다면 개발은행의 개입을 포함한 산업정책의 영향은 달라졌을 것이다. 1960년대와 1970년대에 일본은 이러한 전체적인 제도적 틀 아래에서 높은 경제성장을 달성할 수 있었다.

일본의 제도: 분권화된 구조와 번영의 공유 shared prosperity

우리는 지금까지 산업정책에서의 일본 제도와 관련된 이해관계자들이 어떤 일을 했는지를 살펴봄으로써 JDB의 전후 맥락을 짚어보았다. 요약하면, 제도의 특징은 다음과 같은 주요 개념으로 집약된다 : (1)개발은행의 자율성; (2)개발은행의 높은 심사역량; (3)부문 간 보완성(수평적 및 수직적 파급효과)과 은행; (4)포괄적이고 분권화된 PPP; (5)이해관계자 간의 장기적 거래; (6)협력적 노사관계.

이러한 특징의 기저에는 두 가지 중요한 고려사항이 있었다. 하나는 구조상의 분권화였고, 다른 하나는 번영의 공유였다. 앞에서 보았듯이 제도는 하향식이 아닌, 분권화의 특징을 갖고 있다. 첫째, JDB의 자율성은 자체적인 출구전략exit policy을 갖고 언제든지 민간은행에게 소임을 넘겨줄 수 있음을 의미했다. 이러한 이유로 JDB는 정치적 포획 및 지대추구를 피할 수 있었다. 둘째로, 부처 내에서도 권력은 상부에 집중되어 있지 않았다. 실제로 각 부처관료는 정책을 결정하고 조정할 권한을 가졌다. 셋째, 제도 전반에 걸쳐 다양한 정책 개입, 생산성 운동(경영에 대한 상향식 접근법)과 법(예: 독점 금지, 노동권)을 바탕으로 분권화된 메커니즘이 구축되었다.

번영의 공유는 제도의 본질적 특징인 분권화된 구조에서 비롯된 것으로 마치 동전의 뒷면과도 같았다. 양의 외부효과를 통해 산업부문 간 상호이익이 존재했다. 산업부문 간 상호이익이 있었으므로 다른 부문들도 산업정책의 혜택을 받았다. 그리고 위에서 언급한 바와 같이 중소기업도 정부의 금융지원(장기신용 제공 포함)이 더해지면서 이러한 혜택을 공유할 수 있었다. 중소기업은 심지어 대기업 系列(Keiretsu)과의 장기거래를 통해서도 이익을 얻었다. 이러한 장기적인 연계를 통해, 많은 경우 대기업들은 중소기업의 발전에 중대한 영향을 미치는 기술교육을 중소기업에게 제공하였다. 마지막으로, 우리가 보았듯이 노사 간의 공정한 이익 분배 메커니즘은 생산성 운동 초반에 구축되었다. 이렇게 구축된 제도 상의 두 가지 특징이 일본의 급속한 경제성장을 이끈 원동력이었다는 점은 거의 틀림없다.

개발도상국에 대한 정책적 함의를 분석하기 전에, 고정 단계Lock-in phase를 간략히 살펴보는 것이 적절할 것으로 보인다.

고정 단계

1980년대 후반 이후, 과거에 잘 작동했던 제도적 장치는 경제환경 변화에 잘 대응하지 못 하였다. 우리의 제도적 틀에 따르면(그림 6.1 참조), 일본 제도는 고정 단계에 진입한 것이었다.

이 단계는 일본 경제의 구조적 변화와 관련이 있다. 전후 기간에는 산업 간에(예: 중공업 및 기타 제조업 부문)에 상호이익 또는 양의 외부효과(이해상충이 존재하지 않음)가 있었다. 석탄산업의 이익은 철강산업과 건설업계에 장기적으로 도움이 되었다.[52] 이러한 상황에서 일본의 PPP는 분권화된 구조를 가진 매우 효율적인 의사결정 시스템이었다. 산업발전이 국가의 최우선 과제였을 때 동 시스템은 매우 효과적이었다. 그러나 수십 년이 지나 급속한 경제성장과 구조변환이 일어난 후에는, 국가정책의제national policy agenda가 산업발전뿐만 아니라 환경오염과 질적성장 등의 기타 이슈로까지 확대되었다.

동 시스템은 산업들과 기업체들 간의 보완성이 존재하던 기간에 작동했다. 정부의 산업정책은 상호이익이 있으면 점차 변화하는 경제수요와 목표를 달성하기 위한 방향으로 조정되었다. 그러나 그 연결성이 너무 강해지자 동 시스템은 변화에 저항하게 되었고 경제에 부담이 되기 시작했다. 다시 말해, 부처와 기존 기업들이 기득권을 지키기 위해 변화에 저항하면서 필요한 개혁도 이루어지지 않았다. 이에 따라 JDB의 금융지원 필요성도 감소하였으며 JDB의 역할 변화가 구상되고 있었다.

어떤 제도도 이러한 고정 단계를 피할 수는 없다. 일단 이 단계에 갇히게 되면, 제도 및 기관은 본래의 역동적인 본질을 회복하기 위해 노력할 필요가 있다. 그러나 이 문제는 이 책의 범위를 벗어난다. 이제 우리는 경제를 성장하도록 작동시킬 수 있는 제도를 구축하는 방법을 생각해 보기로 한다.

개발은행이 해야 할 것과 하지 말아야 할 것

한국과 대만의 빠른 변혁기에 개발은행이 존재했던 것처럼 브라질, 중국, 말레이시아와 같이 빠르게 성장하는 신흥경제국에도 성공적인 역할을 수행하는 개발은행들이 있다. 각 개발은행은 지대추구 및 정치적 포획과 같은 문제를 극복하고 시장을 보완하기 위해 자체적으로 노력한다. 최근 산업정책에 대한 관심이 부활하면서 개발은행이 수행할 수 있는 역할에 대한 논의가 부상하고 있다. 개발금융을 활성화하는데 있어 일본의 제도로부터 어떤 교훈을 얻을 수 있을까?

자율성 Autonomy과 높은 역량 High Capacity

일본 사례연구에서 알 수 있듯이 어느 국가와 어느 상황에서도 지대추구는 발생할 수 있다. 문제는 지대추구 사건이 발생한 이후 국가나 은행이 문제를 어떻게 해결하는가이다. 만일 국가가 이 문제에 대응할 수 있다면, 지대추구와 정치적 포획을 피하는 시스템은 적절히 유지될 것이다. 우리가 JDB의 사례에서 본 것처럼, 자율성은 전체 제도뿐만 아니라 JDB의 근간을 이룬다. 자율성이라는 특징이 있었기 때문에 민간은행은 JDB의 대출평가(신호효과 signaling effect)를 높게 평가했다. 이러한 자율성이 없었다면 JDB는 지대추구와 정치적 포획에 쉽게 굴복했을 것이다.

기존 어느 기관의 자율성을 확보하기 위해서는 여러 가지 방법이 있다. 마호니와 텔렌(2010, 15)은 제도변화 경로를 크게 (1)교체, (2)계층화, (3)점진적 변화 및 (4)전환의 네 가지 유형으로 구분했다.

1. 교체Displacement: 기존 제도 또는 규칙의 제거 및 새로운 제도의 도입
2. 계층화Layering: 기존 제도 위에 새로운 제도 또는 규칙 도입
3. 점진적 변화Drift: 환경의 변화로 인한 기존 제도 또는 규칙의 의미와 영향의 변화
4. 전환Conversion: 전략적 재배치로 인한 기존 규칙의 변경

이러한 틀은 (1)정치체제의 현상유지 지향성과 (2)기관(제도) 변화에 대한 저항성 각각의 강약을 기준으로 표 6.2처럼 네 가지로 분류할 수 있다(마츠오카 2011; 키타야마Kitayama 2011).

JDB 사례의 경우 동 기관은 RFB의 기능부진을 극복하기 위해 네 가지 유형 중 "교체"를 바탕으로 설립되었다. 이를 통해 JDB는 대출결정에서 자율성을 확보하게 되었다. 국가의 상황에 따라 자율성을 확보하는 방법에는 계층화와 전환과 같은 다양한 방법이 있다. 개발은행을 설립하거나 운영하는 경우 자율권을 부여하는 것이 가장 필수적이다.

대출심사 역량을 쌓는 것도 기존 제도의 바탕 위에 구축된 개발은행이 성공을 거두기 위한 기초가 된다. 이것은 우리의 틀을 적용하면 계층화layering에 해당한다. RFB가 설립되었을 때 새로 고용된 사람은 10.6%에 불과했다. JDB는 RFB 직원 중 근본적으로 잔류하기를 원했던 모든 직원을 고용했지만 고위 경영진의 고용은 승계하지 않았다. JDB의 모든 고위 간부(과장 직급 이상, *Kacho*)는 RFB의

[표 6.2]

정치체제의 현상유지 지향성		기관(제도) 변화에 대한 저항	
	강함	강함 점진적 변화	약함 전환
	약함	계층화	교체

자료: 키타야마(2011:54)를 근거로 저자가 수정

외부에서 새로 선임되었다(오카자키 2009). 이들은 일본은행Bank of Japan, Hypothec은행 勸業銀行(Kangyo Ginko)과 일본흥업은행Industrial Bank of Japan 출신들이었다. 이는 RFB 출신 직원으로 JDB를 운영하는 것이 적절하지 않다는 논의가 있었기 때문이다. 어떤 기관도 아무런 기반 없이 갑자기 설립될 수는 없다. 따라서 JDB는 고위 경영진을 유능하고 경험이 풍부한 직원으로 교체하는 계층화를 잘 이루어 냈다. 축적된 지식과 경험(인적자본human capital)이 없었다면 JDB가 대출평가의 질을 유지하기 어려웠을 것이다.

네트워크

하나의 기관으로서 JDB가 성공할 수 있었던 것은 이해관계자들과 강력한 네트워크를 구축하고 있었기 때문이다. JDB는 다른 민간은행과 업무를 효과적으로 분담하였다. 이 때문에 JDB는 민간기업의 신뢰를 얻었다. 수직적 및 수평적 외부효과는 이러한 네트워크를 강화시키는데 기여했다. 제도 안의 노동도 건설적이었다. 모든 참여자가 장기적인 관점을 가지고 있었고, 장기거래로 인해 거래비용도 매우 낮았다.

따라서 강건한 네트워크는 성공적인 산업정책 수행에 필요한 제도를 구성하는 또 다른 요소로 보인다. 제도적 네트워크를 강화하려면 구성원들은 서로 간의 기대이익을 공유할 필요가 있다. 그러한 기대가 존재한다면 모든 이해관계자들은 함께 일하는데 열정을 가질 것이다. 산업정책은 이런 종류의 광범위한 기반을 어떻게 구축할지를 감안해야 할 필요가 있다.

분권화된 시스템: 고유한 측면

일본의 역사로부터 얻은 정책적 함의를 다른 나라에 적용할 때, 어떤 특정한 측면은 일본에만 국한된다는 사실을 기억해야 한다. 이 사실을 인정하지 않고 일본의 모델을 다른 국가에 기계적으로 적용하는 것은 위험할 수 있다. 일본만의 고유한 측면unique aspect 중 하나는 조직 간의 노동 이동성labor mobility이 낮다는 점이다. 일본은 평생고용시스템lifetime employment system으로 유명하다. 일본 사람들은 일단 대학을 졸업한 후 일자리를 얻게 되면 평생 동안 같은 조직에 머무르게 된다. 단기적으로 임금은 그리 높지 않으나 근속연수가 길어질수록 임금은 높아진다. 따라서 근로자들은 한 조직에 머무를 유인이 있다. 고위 경영진의 경우에도 마찬가지이다.

평생고용시스템 하에서 사람들은 자신이 속한 회사나 조직에서 일하는 방식에 대해 장기적인 관점을 가질 수 있다. 또한 단기적인 개인 이익보다는 조직 이익을 극대화하려는 유인이 강하다.

반면 다른 나라에서는 일본보다 사람들의 이동성이 더 큰 경향이 있다. 이러한 나라에서는 특정기관 내 이해관계자 간의 네트워크 구조는 다를 것이다. 어느 경우든 장기적인 거래 자체는 정보의 비대칭성 최소화하는데 유용할 것이다. 따라서 네트워크를 강화하는 방법은 해당 국가와 제도의 특성에 따라 고려될 필요가 있다.

다른 나라와 비교할 때, 일본은 관료 다원주의에서부터 상향식 접근 방식, 공장현장관리(예: 품질관리) 등에 이르기까지 의사결정 측면에서 보다 분권화되어 있다. 이것은 일본 제도의 또 다른 고유한 면이다. 만약 하향식 접근법이 적용되는 국가라면, 보다 강력한 제도를 수립하는 경로를 만들 필요가 있을 것이다. 이 경우에서도 번영의 공유는 이해관계자의 단합을 불러온다는 점에서 핵심적인 요소다.

결 론

일본 사례에서 살펴보았듯이 개발은행과 제도가 효과를 거두기 위해서는 개발은행의 자율성과 높은 역량이라는 두 가지 근본요소가 필요하다. 이러한 기반을 확립하는 방법에는 여러 가지가 있다. JDB의 경우에는 뇌물수수 사건을 계기로 자율성과 계층화할 수 있는 역량을 갖게 되었다.

설령 개발은행의 역량이 높다고 하더라도 JDB의 경우 중소기업금융과 같이 조직 내 인적자원으로 처리할 수 있는 업무에는 한계가 있다. 작업량이 너무 많으면 개발은행이 평가의 질을 유지하기 어려울 것이다. 따라서 제도적 틀 내에서 분업은 산업정책의 효과성을 확보하는데 중요한 요소이다. 이해관계자 간의 경계구분이 명확하면 공동작업 수행이 수월해짐으로써 거래비용과 위험 부담을 줄일 수 있다. 그리고 이 과정을 통해 제도는 더욱 강력해질 것이다. 비록 일본 사례가 노동 이동성이 낮고 의사결정과정이 분권화되어 있는 경우를 다루고 있어 고유한 측면이 있지만, 지금까지 논의한 점들은 사회와 경제를 위해 제도가 작동할 수 있도록 하는데 있어 전 세계 보편적인 교훈으로 남는다.

마지막으로, 어떤 제도가 정체되었을 때 고정 단계 진입은 불가피하다. 국가가 얼마나 빨리 그 제도를 변환시킬 수 있는가 하는 것이 제도의 역동성을 유지하는 열쇠이다. 제도를 수립하거나 혹은 개혁할 때 이러한 사항을 고려한다면 성공 가능성은 크게 높아질 것이다.

주 석

고 시마다는 시즈오카대학교University of Shizuoka의 부교수로서 콜럼비아대학교Columbia University와 일본국제협력기구JICA 연구소의 방문학자이자 와세다대학교Waseda University의 부연구원이다.

1. 공공개발은행에는 유럽연합의 유럽투자은행European Investment Bank of European Union, 독일의 KfW, 브라질의 BNDES 등이 있다.
2. 금융부문의 역할은 혁신적이고 구조적인 변화를 촉진하면서 지속적이고 포괄적인 성장을 달성하기 위해 경제 내의 저축과 투자를 촉진하는데 있다.
3. "... 일본에서 산업부문에 대한 직접신용이 효과적으로 운영된 것이 전형적인 사례가 아니었다는 점에 주목할 가치가 있다. 많은 국가에서 정부개입은 비효율적인 차입자에 대한 자금 지원과 특별이익을 통한 공적자금 확보로 인해 막대한 비용을 초래하였다."(27쪽)
4. 이것은 다시 말해 금융압박financial repression이다(매킨넌McKinnon 1973; 라인하트Reinhart, 커크가드Kirkegaard와 스브란시아Sbrancia 2011).
5. 이러한 우려 때문에 "서방정부는 (직접, 그리고 국제금융기구들을 통해서) 개발도상국이 금융시장 규제를 완화하고 자유화하도록 강력하게 추진하였다"(스티글리츠와 그린월드 2014, 402).
6. 2008년부터 JICAJapan International Cooperation Agency라는 이름으로 재조직된 해외경제협력기금(OECF 1991)은 다음과 같은 경우에 정부개입이 보장된다고 언급하였다 : "(1) 특정 활동에 너무 큰 투자위험이 존재할 때(대규모, 장기 회수기간, 첨단기술 및 시장개발의 필요성에 기인); (2) 농촌지역에서 일자리를 늘리고 도시지역의 과도한 집중을 방지하는 농촌산업의 경우처럼 사적 이익과 사회적 이익 사이에 상당한 불일치가 있을 때; (3) 외환을 획득하여 다른 성장산업이 가진 국제수지 제약을 완화할 수 있는 산업의 경우; (4) 오염통제 및 환경보호를

위한 투자의 경우 (5) 신생산업이 높은 사회적 설치비용set-up costs에 직면할 때; (6) 정보문제로 인해 중소규모 산업의 대출이 어려워질 때(칼로미리스와 힘멜베르그 1995, 3-4)"

7. 다른 한편으로 이것은 가난한 사람들에게 소액금융지원microfinance이 필요한 이유이기도 하다. 소액금융기관이 없다면 가난한 사람들이 자금을 차입할 수 있는 방법이 없다.
8. 스티글리츠와 그린월드(2014)는 학습에서 외부효과의 중요성을 강조하였다. 외부효과가 존재할 때 사적 이익은 사회적 이익과 크게 차이가 나게 된다. 이것은 시장실패의 또 다른 예이다.
9. 스티글리츠와 그린월드(2014)는 국내은행은 자국투자를 촉진할 수는 있지만 외국은행은 그렇지 않다고 주장한다. 이들에 따르면 외국은행은 국내금융기관 외부에서 자금을 끌어들이고 국외로 투자하며 학습사회learning society의 형성을 방해한다. 외국은행은 국내에 투자를 하더라도 정보가 적기 때문에 중소기업에 더 작게 투자한다. 따라서 스티글리츠와 그린월드는 국내자본에 대한 접근이 산업정책의 핵심적인 도구라고 주장한다.
10. 킨들버거Kindleberger(1978)는 역사적인 관점에서 이전의 초과지출로 인해 금융위기가 발생했다고 주장한다. 민간금융은 경기순응적이며 시장은 잘 규제되지 않는다. 이는 경기역행적인 단기 및 장기금융에 대한 또 다른 정당성을 제공한다(그리피스-존스와 오캄포Ocampo 2014; 오캄포 외 2012).
11. 스티글리츠와 그린월드(2014)는 이를 금융제약(financial restraint, 은행에 대한 진입 및 예금금리를 약하게 제한함)이라 가정하고 있다.
12. 골든 키Golden Key라는 인도네시아 대기업에게 발행한 4억 3,500만달러의 신용장으로 서부 자바에 있는 석유화학 공장에 설비를 갖추기 위해 발급되었다. 골든 키는 자금을 인출해갔으나, 설비는 갖춰지지 않았다. 이 회사는 다른 사기혐의에도 연루되었다.
13. 일본의 경우 민간기업은 주로 민간은행으로부터 자금을 차입한다(1959-1963년 기간 중 차입금의 29.4%는 민간은행에서, 2.7%는 정부신용으로부터 나온 것임). 다른 나라의 정부신용government credit 수치를 보면 미국(1959-1963)은 0.1%, 영국(1964-1968)은 1%이다. 이 수치를 비교해보면 일본의 경우 정부신용이 이 나라들보다 상대적으로 더 큰 역할을 한다고 말할 수 있다(호리우치와 오타키 1987).
14. 칼로미리스와 힘멜베르그(1995)는 공작기계산업을 조사하면서 JDB의 역할이 감소함에 따라 EXIM 은행의 역할이 늘어났다는 것을 발견하였다.
15. 전국 각지에 지사를 두고 있기 때문에 농촌지역에서 예금 수취를 보다 쉽게 할 수 있었다. 또한 사카키바라와 펠드만(1983, 20)은 이 시스템으로 인해 다른 기관들 간의 예금 수취 경쟁이 더 치열해졌다고 언급하였다.
16. PMD는 또한 국민연금으로부터 자금을 받았다.
17. 사카키바라와 펠드만(1983, 21)에 따르면 이 기금은 JDB와 Housing Finance Corporation과 같은 정부금융중개기관에 할당된 기금의 절반 정도의 규모를 갖고 있었으며, 주요한 정부 직접투자 역할을 맡은 FILP에 전달되었다. FILP의 목표 투자분야는 1950~1960년대에 대

규모 산업프로젝트, 대외무역금융 및 중소기업금융이었으며 1970년대 모기지금융으로 옮겨 갔다.
18. 비타스와 조(1996, 292)는 특정한 경제적 및 제도적 요인들을 포함하여 일본과 한국의 성공요인을 분석한다. 경제적 요인에는 가격안정 유지, 수출재 생산 지향, 국내 경쟁 촉진, 민간부문에 대한 의존, 그리고 산업화에 대한 편향 등이 포함된다. 제도적 요인은 광범위한 PPP의 사용, 효과적인 모니터링 시스템의 창출, 그리고 무엇보다도 신뢰할 수 있는 비전의 개발과 보급이다.
19. 노스(1990)는 사회에서 사람들의 행동방식을 형성하는 "게임의 규칙"(1990, 3)을 제도라고 간주한다.
20. 마츠오카(2009)는 제도적 변화의 단계를 3단계로 분류하였다. 시스템형성단계system-making stage; 시스템작동단계system-working stage; 그리고 자기관리단계self-management stage.
21. RFB는 1947년에 설립되어 일본 경제를 재건하고 BOJ가 매입한 채권발행을 통해 자금을 조달하였다.
22. 전후시기의 한 가지 중요한 측면으로 모든 정치인과 정부 공무원이 위기의식을 공유하였다는 점을 들 수 있다. 경제안정화기구Anpon의 부국장을 역임한 시우조 이나바Syuzo Inaba는 "1947-1948년 첫 번째 경제회복 계획을 수립할 때 모두가 동의했던 점은…경제적 독립성이 없다면 정치적 독립도 불가능하다는 것이었다. 즉, 전쟁 이전의 경제수준을 회복하고 무역의 균형을 유지할 수 있다면 일본은 독립국가가 될 수 있다."고 말했다(이나바 1990).
23. 일본흥업은행 전 총재였던 나카야마Nakayama(1990)는 과도한 차입과 과잉대출 이슈에도 불구하고 생산의 증가가 우선순위라고 언급하였다. 전쟁 직후, 그리고 RFB 설립 이전에 일본 흥업은행은 소헤이Sohei가 전무이사managing director로 있었던 회복자금조달국Recovery Funding Bureau을 설립하였다.
24. 수출지향 기계산업은 일본 경제회복의 원동력으로 간주되었다. 다른 아시아 국가들에 비해 섬유산업이 뒤처지면서 발생한 잉여노동을 수출지향 기계산업에서 흡수할 것으로 보았기 때문이다(오카자키 2001).
25. RFB 대출의 대부분은 적자조달대출deficit-financing loan(赤字融資, akaji yushi)로서 민간기업의 적자를 보상하여 경영을 가능하게 하는 것이 목적이었다. 닷지 플랜은 경상적자를 커버하기 위해 국채 발행을 금지하였다. 정부는 금융시장으로부터는 차입할 수 없었지만, 우정저축예금에서 자금을 빌릴 수 있었다(사카키바라와 펠드만 1983).
26. 1947년부터 1949년까지의 운영기간 동안 RFB가 발행한 채권금액은 1,190억엔이었다. BOJ는 이 중 70%를 인수하고 은행채를 38% 증가시켰다(호리우치와 수이 1993).
27. 오카자키와 우에다(1995)는 개별 기업수준의 자료를 분석한 결과, RFB의 대출이 부실기업에게 제공된 반면 JDB로부터 융자받은 회사의 성과는 다른 회사들보다 훨씬 뛰어나다는 것

을 발견하였다. 이 결과를 통해 오카자키와 우에다는 RFB의 대출정책 변화가 긍정적인 영향을 미쳤고, 결국 전쟁 중 계획경제wartime command economy에서 시장지향적 시스템으로 전환하는데 큰 역할을 했다고 결론지었다.
28. 쇼와 덴코Showa Denko의 회장은 RFB 대출을 받기 위해 전 총리(히토시 아시다Hitoshi Ashida)와 부총리(스에히로 니히오Suehiro Nihio)에게 뇌물을 제공하였다.
29. 이러한 이유로 RFB의 대출정책은 "가격수정에 따른 즉각적인 산업금융 조치"로서 필수적인 장비구매만을 지원하기 위해 적자조달대출을 포기하는 방향으로 변경되었다(価格補正に伴う当面の産業金融対策, Kakaku hosei nitomonau tomen no sangyokinyu taisaku). GHQ / SCAP에 의한 "경제안정의 3가지 원칙"(企業 三 原則, Kigyo san gensoku) 또한 정책변화에 영향을 미쳤다.
30. 오카자키(2009, 36-41)는 JDB를 자율적으로 만드는 방법을 잘 설명하고 있다.
31. 칼로미리스와 힘멜베르그(1995, 4)는 "[JDB는] 민간 채권단을 위한 펌프에 성공적으로 시동을 건 것을 자랑스럽게 생각한다"고 강조하였다.
32. 자금조달원은 채권발행이 아닌 우정저축예금을 통한 것이다. JDB는 일본수출입은행 및 중소기업금융Small Business Finance(SBFC)과 함께 산업에 필요한 신용을 제공하는데 중요한 역할을 담당하였다. 일본은행(BOJ) 또한 "창문정책window policy"을 통해 민간은행의 대출을 장려하였다(칼로미리스와 힘멜베르그 1995).
33. JDB의 금리는 시장금리보다 1~2% 낮았다.
34. 비타스와 조(1996, 282)는 산업정책의 목적을 다음의 네 가지로 요약하였다: 동태적 비교우위의 측면에서 유망산업을 선별한다; 쇠퇴하는 산업의 연착륙을 지원한다; 중소기업을 지원한다; 성장산업에 필요한 인프라를 제공한다.
35. 일부 저자들은 이 효과를 정보효과information effect(호리우치와 수이 1993), 카우벨효과 cowbell effect(히가노Higano 1986), 포컬포인트focal point(이토Ito 외 1988), 펌프프라이머 pump primer(칼로미리스와 힘멜베르그 1995)라고 부른다. 그들은 특별금리特別金利(Tokubetsu kinri)와 기준금리基準金利(kijun kinri)의 두 가지 신용유형을 제시한다. 호리우치와 수이(1993)는 개별기업에 공급되는 신용의 양이 민간은행에 비해 매우 작다고 강조하였다. JDB 대출의 비중은 1950년대 전반에 3.5%였고 1950년대 후반에는 2.0% 이하로 하락하였다.
36. 그러나 흥미롭게도 호리우치와 수이(1993)는 목표산업이 빠르게 성장하는 산업이 아니라 오히려 정체되고 쇠퇴하는 산업(예: 전기, 해운 및 석탄)이라고 주장했다. 칼로미리스와 힘멜베르그(1995)도 이 점을 언급했다. 석탄 및 광산산업은 처음에는 파급효과가 높다는 이유로 지원받았지만, 나중에는 해당부문 근로자의 원활한 이탈을 돕기 위해 지원이 이루어졌다.
37. JDB와 민간금융 구축 간의 상관관계를 고려할 때 주거래은행시스템에 대해서도 생각해 볼 필요가 있다. 은행시스템 전체를 고려하지 않고서는 신흥개발도상국에서 얻은 교훈은 오해

를 불러일으킬 수 있다. 시어드Sheard(1989)와 같은 일부 저자들의 주장에 따르면 주거래은행시스템은 대출에 따른 이익과 비용을 공유하기 위해 주거래은행 간에 협력하여 외부효과를 내부화하는 시스템이다(모니터링비용 지출에 있어서 무임승차자가 없음).

38. 호리우치와 수이(1993)는 JDB의 지원을 받는 SME(처치그룹treatment group)와 지원을 받지 않는 SME(통제그룹control group)가 1964-1988년 기간 동안 투자한 것을 비교하였다. 이 연구에서 그들은 JDB 대출이 통제그룹에 비해 지원그룹의 투자를 증가시킨다는 것을 발견하였다. 또한 이들은 지원그룹 중소기업이 JDB로부터 3년간 지원을 받은 후에는 민간금융에 접근할 수 있었다는 사실을 발견하였다. 이것은 JDB의 지원이 정보효과를 가졌음을 의미한다. 이들 연구에 따르면 주거래은행이 없는 중소기업의 경우 정보효과가 더 큰 것으로 나타났다. 이 결과를 바탕으로 이들은 JDB와 주거래은행이 역할이 상호모방적이라고 주장한다.

39. 비타스와 조(1996, 286)는 일반기계 생산자에 대한 대출을 비교한다. 이들은 JDB 대출이 시간이 지나면서 감소하였음을 발견하였다. 1960년대 후반 JDB 대출증가율은 3.7~5.3%이었고 1980년대에는 0.8~2.6%로 하락했다. 반면, 같은 기간 동안 민간은행인 일본흥업은행의 대출은 그대로 유지되었다. 다시 말해, JDB는 경제구조 변화에 유연하게 대응한 것으로 나타났다.

40. 오카자키(2001)는 협력의 세부적인 내용을 설명하였다.

41. 히가노Higano(1986)는 이것을 카우벨 효과cowbell effect라고 불렀다.

42. 1956년 "기계공업 진흥을 위한 특별조치법"(機械工業振興臨時措置法, *Kikai-kogyo Sinko Rinji Sochi Hou*)이 그 예이다.

43. 호리우치와 수이(1993)에 따르면 JDB가 보유하고 있는 정보는 곧 정책입안자와 개별기업의 내부정보로 간주되었기 때문에 민간은행들에게는 일종의 신호가 되었다.

44. 칼로미리스와 힘멜베르그(1995)는 이 과정을 미국의 정치체제와 비교하였다. 미국에서는 특정한 로비집단이 의회 위원회에 영향력을 행사한다.

45. 오카자키(2001)에 따르면 1970년대 일본에 528개의 산업협회가 존재하였다.

46. 오카자키(2001)는 MITI에 의해 설립된 산업구조협의회Industrial Structure Council를 조사하여 관료 다원주의의 조직적 측면과 역사적 기원을 검토하였다.

47. 오카자키(2001, 336)는 이 시스템을 "고도로 분권화된 시스템a highly decentralized system"이라고 언급하였다. 그의 분석에 따르면 이 시스템에는 하위수준의 작업을 조정하는 강력한 중앙권력이 존재하지 않는다.

48. 일본 정부는 1948년 경제회복을 위한 장기전략을 수립하기 위해 경제회복계획위원회를 설립하였다. 이 위원회에는 산업별로 4개의 지회four branches가 있었다. 채광과 제조; 식품과 필수품; 국제무역; 운송. 이 지회의 위원장은 주로 일본석탄협회, 일본철강협회, 일본면직협회, 일본화학산업협회 등 산업협회의 회장이 맡았다.

49. 토쿠나가 히사추구Tokunaga Hisatsugu가 Anpon에서 MITI에 합류했을 때, 그는 생산성 향상

운동을 연구하기 위해 미국으로부터 초청을 받았다(미국은 모든 이동비용을 부담했다). 몇 년 후 그는 MITI의 차관이 되었다. 생산성 향상 운동의 기본 아이디어는 주주, 노동 및 소비자 간에 이윤을 공유하는 것이었다. 토쿠나가는 나중에 생산성 향상 운동을 돌아보며 "노사관계를 개선시키고 이를 민간기업에 보급하는 것을 촉진할 수 있는 좋은 수단이라고 생각했다."라고 말했다(토쿠나가 1990, 1, 일본어 번역) 그는 JPC Japan Productivity Center를 설립하였고, 정부는 매년 3백만엔을 지출하여 이 운동을 3년간 지원하였다.

50. 이 선언은 1944년 국제노동기구International Labor Organization(ILO)의 필라델피아 선언으로부터 영향을 받았다.

51. 세계은행(1993)이 논한 바와 같이, 1970년대와 1980년대에 이 지역의 포용적인 성장inclusive growth을 이끈 주체는 제조업이었다. 산업부문은 고용기회를 제공하였으며 시골의 비숙련 노동력을 생산에 활용하였다. 급속한 산업화 시대에 주요 도시의 산업들은 이주 노동자들을 끌어들였다.

52. 다른 한편으로 이는 정부와 민간기업이 누리는 집합적인 위험분담체계collective risk-sharing framework라고 말할 수 있다.

참고 문헌

Aoki, M. 2010. "'Individual' Social Capital, 'Social' Networks, and Their Linkages to Economic Game." *Annual World Bank Conference on Development Economics 2010, Global Lessons from East Asia and the Global Financial Crisis*. Washington, D.C.: World Bank.

──. 1988. Information, Incentives, and Bargaining in the Japanese Economy. New York: Cambridge University Press.

Birdsall, N., and R. H. Sabot. 1993. "Virtuous Circles: Human Capital Growth and Equity in East Asia." *Background Paper for The East Asian Miracle*. Washington, D.C.: World Bank. Policy Research Department.

Calomiris, Charles W., and Charles P. Himmelberg. 1995. "Government Credit Policy and Industrial Performance." *Policy Research Working Paper*, No. 1434. Washington D.C.: World Bank.

David, P. 1985. "Clio and the Economics of QWERTY." *American Economic Review* 75(2): 332-7.

Griffith-Jones, Stephany. 2014. *The Case and Role for Development Banks:The European Example*. Mimeo. Submitted to the IPD (Initiative of Policy Dialogue) taskforce meeting in Jordan.

Griffith-Jones, Stephany, and Jose Antonio Ocampo. 2014. "Helping Control Boom-

Bust in Finance through Countercyclical Regulation." In *Towards Human Development: New Approaches to Macroeconomics and Inequality*, eds. Giovanni Andrea Cornia and Francis Stewart. Oxford: Oxford University Press.

Higano, Mikiya. 1986. "The Examination Power of Financial Institution *(Kinyu kikan no Shinsa Noryoku)*." Tokyo: University of Tokyo Press (in Japanese).

Horiuchi, Akiyoshi, and Masayuki Otaki. 1987. "Finance: Government Intervention and the Importance of Bank Lending". In *The Macroeconomic Analysis of the Japanese Economy*, eds. K. Hamada, M. Kuroda, and A. Horiuchi. Tokyo: University of Tokyo Press (in Japanese).

Horiuchi, Akiyoshi, and Qing-Yuan Sui. 1993. "Influence of the Japan Development Bank Loans on Corporate Investment Behaviour." *Journal of the Japanese and International Economies*, 7: 441-65.

Inaba, Syuzo. 1990. Minutes from the Fourth Seminar on Learning from Post-War Japan. Unpublished minutes of internal study meeting. Tokyo: Japan Development Bank. May 10. 1990 (in Japanese).

Ito. M., K. Kiyono, M. Okuno and K. Suzumura. 1988. Economic Analysis of Industrial Policies (Sangyo Seisaku no Keizai Bunseki). Tokyo: University of Tokyo Press (in Japanese).

Jaffee, Dwight, and J. E. Stiglitz. 1990. "Credit Rationing." *Handbook of Monetary Economics*, vol. 2, chap. 16, eds. B. M. Friedman and F. H. Hahn. Vancouver, B.C.: Elsevier.

JPC (Japan Productivity Center, *Syakai Keizai Seisansei Honbu*). 2005. *The 50 Years History of Productivity Movement.* Tokyo: JPC (in Japanese).

Kindleberger, C. P. 1978. Manias, Panics, and Crashes: A History of Financial Crises, New York: Basic Books, revised and enlarged, 1989, 3rd ed. 1996.

Kitayama, Toshiya. 2011. Institutional Development of Welfare State and Local Government. Tokyo: Yuhikaku (in Japanese).

Mahoney, J., and K. Thelen, eds. 2010. *Explaining Institutional Change: Ambiguity, Agency, and Power.* Cambridge: Cambridge University Press.

Matsuoka, Shunji. 2011. "Institutional Approach to Asian Regional Integration." In *The Development of Asian Regional Integration*, eds. S. Matsuoka and Hiroshi Katsumada. Tokyo: Keiso-shobo (In Japanese).

――. 2009. "Capacity Development and Institutional Change in International Development Cooperation." *Journal of Asia Pacific Studies* 12: 43-73.

McKinnon, Ronald I. 1973. *Money and Capital in Economic Development.* Washington D.C.: Brookings Institution Press.

Nakayama, Sohei. 1990. Minutes from the Sixth Seminar on Learning from Post-War Japan. Unpublished minutes of internal study meeting. Tokyo: Japan Development

Bank. October 1 (in Japanese).
North, D. C. 1990. *Institutions, Institutional Change and Economic Performance.* Cambridge: Cambridge University Press.
Ocampo, Jose Antonio, et al. 2012. "The Great Recession and the Developing World." *Development Cooperation in Times of Crisis.* New York: Columbia University Press.
OECF (Overseas Economic Cooperation Fund). 1991. "Issues Related to the World Bank's Approach to Structural Adjustment-Proposal from a Major Partner." *OECF Occasional Paper* No. 1. October. Tokyo.
Ogura, Seiritsu, and Naoyuki Yoshino. 1984. "Taxation and Fiscal Investment and Loan Program". In *The Japanese Industrial Policy*, eds. R. Komiya, M. Okuno, and K. Suzumura. Tokyo: University of Tokyo Press (in Japanese).
Okazaki, Tetsuji. 2001. "The Government-Firm Relationship in Postwar Japan: The Success and Failure of Bureau Pluralism." In *Rethinking of the East Asia Miracle*, eds. J. Stiglitz and S. Yusuf. New York: Oxford University Press.
―――. 2009. "The Role of the Reconstruction Finance Bank (RFB)." In *Policy Finance in Japan,* vol. 1, eds. Hirofumi Uzawa and Takeda Haruhito. Tokyo: University of Tokyo Press (in Japanese).
Okazaki, Tetsuji, and Kazuo Ueda. 1995. "The Performance of Development Banks: The Case of the Reconstruction Finance Bank." *Journal of the Japanese and International Economies* 9(4): 486-504.
Okazaki, Tetsuji, and M. Okuno-Fujiwara. 1999. "Japan's Present-Day Economic System and Its Historical Origins." In *The Japanese Economic System and Its Historical Origins*, eds. T. Okazaki and M. Okuno-Fujiwara. New York: Oxford University Press.
Okita, Saburo. 1990. Minutes from the Fifth Seminar on Learning from Post-War Japan. Unpublished minutes of internal study meeting. Tokyo: Japan Development Bank. July 18. 1990 (in Japanese).
Okuda, Hidenobu, and Masaaki Kuroyanagi. 1998. *Development and Finance* (in Japanese). Tokyo: Nihonhyoronsha (in Japanese).
Olson, Mancur. 1982. *The Rise and Decline of Nations: Economic Growth, Stagflation, and Social Rigidities.* New Haven, Conn.: Yale University Press.
Ostrom, Elinor. 2005. *Understanding Institutional Diversity.* Princeton, N.J.: Princeton University Press.
Otake, Fumio. 2003. "Was There the Expansion of Income Inequality?" In *Income Inequality and Social Hierarchy in Japan* (in Japanese), eds. Y. Higuchi and the Ministry of Finance. Tokyo: Nihon Hyoronsha.
Reinhart, Carmen, Jacob Kirkegaard, and Belen Sbrancia. 2011. "Financial Repression Redux." *Finance and Development* 48:22-26.

RFB (Reconstruction Finance Bank, Fukko Kinyu Koko). 1950. *Retrospective of the RFB Loan* (in Japanese). Tokyo: RFB.

Sakakibara, Eisuke, and Robert A. Feldman. 1983. "The Japanese Financial System in Comparative Perspective." *Journal of Comparative Economics* 7: 1-24.

Sheard, Paul. 1989. "The Main Bank System and Corporate Monitoring and Control in Japan." *Journal of Economic Behavior and Organization* 11: 399-422.

Shimada, Go. 2015a. "Towards Community Resilience? The Role of Social Capital after Disasters." In *The Last Mile in Ending Extreme Poverty*, eds. Laurence Chandy, Hiroshi Kato, and Homi Kharas., Washington, D.C.: Brookings Institution.

──. 2015b. "The Economic Implications of Comprehensive Approach to Learning on Industrial Development (Policy and Managerial Capability Learning): A Case of Ethiopia." In *Industrial Policy and Economic Transformation in Africa*, eds. Akbar Noman and Joseph Stiglitz. New York: Columbia University Press.

──. 2015c. "What Are the Macroeconomic Impacts of Natural Disasters? The Impacts of Natural Disasters on the Growth Rate of Gross Prefectural Domestic Product in Japan." In *Growth Is Dead, Long Live Growth: The Quality of Economic Growth and Why It Matters*, eds. Lawrence Haddard, Hiroshi Kato, and Nicolas Miesel. Tokyo: JICA.

──. 2014. "A Quantitative Study of Social Capital in the Tertiary Sector of Kobe: Has Social Capital Promoted Economic Reconstruction since the Great Hanshin Awaji Earthquake?" JICA Research Institute Working Paper, No. 68.

──. 2009. "The Political Economy of the United Nations Development System: UN Reform Debates the 1969 Jackson Report to the Coherence Panel Report of 2006, and the Possibilities of Future UN Reform." *The United Nations Studies*, No. 10 (June 2009). Tokyo: The Japan Association for United Nations Study.

Shimada, Go, Toru Homma, and Hiromichi Murakami. 2013. "Industrial Development of Africa." In *Inclusive and Dynamic Development of Africa*, ed. Hiroshi Kato., JICA. Tokyo: JICA.

Stiglitz, Joseph E. 1994. *Whither Socialism?* Cambridge, Mass.: MIT Press.

Stiglitz, Joseph E., and Andrew Weiss. 1981. "Credit Rationing in Markets with Imperfect Information." *The American Economic Review* 71(3): 393-410.

Stiglitz, Joseph E., and Bruce Greenwald. 2014. *Creating Learning Society? A New Approach to Growth, Development and Social Progress*. New York: Columbia University Press.

Stiglitz, Joseph E., and Marilou Uy. 1996. "Financial Markets, Public Policy, and the East Asian Miracle." *The World Bank Research Observer* 11(2): 249-76.

Sydow, J., and J. Koch. 2009. "Organizational Path Dependence: Opening the Black Box." *Academy of Management Review* 34(4): 689-709.

Takeda, Haruhito. 2009. "Introduction." In *Policy Finance in Japan*, vol. 1, eds. Hirofumi Uzawa and Takeda Haruhito. Tokyo: University of Tokyo Press (in Japanese).

Tanimura, Yutaka. 1981. 'The Development of Japanese Economy and the Roles of Financial and Monetary Policies." Abstract from Seminar in China held in May. unpublished minutes from the the Seminar on Learning from Post-War Japan. Tokyo: Japan Development Bank (in Japanese).

Tokunaga, Hisatsugu. 1990. Minutes from the Third Seminar on Learning from Post-War Japan. Unpublished minutes of internal study meeting. Tokyo: Japan Development Bank. April 6. (in Japanese).

Ueno, Hiroya. 1978. *Economic System in Japan* ("Nihon no keizai seido"). Tokyo: Nihon Keizai Shinbunsha (in Japanese).

Van Driel, Hugo, and Wilfred Dolfsma. 2009. "Path Dependence, Initial Conditions, and Routines in Organizations: The Toyota Production System Re-examined." *Journal of Organizational Change Management* 22(1): 49-72.

Vittas, Dimitri, and Yoon Je Cho. 1996. "Credit Policies: Lessons from Japan and Korea." *The World Bank Research Observer* 11(2): 277-98.

World Bank. 1989. World Development Report 1989. New York: Oxford University Press.

———. 1993. *The East Asian Miracle: Economic Growth and Public Policy*. Oxford: Oxford University Press.

―― 제 7 장 ――

개발은행과 산업금융
Development Banks and Industrial Finance

- 인도의 경험과 교훈 -

디팍 나야르 Deepak Nayyar

    이 장의 목표는 1950년 이래 개발도상국의 산업화 과정에서 개발금융기관 development finance institution의 역할을 분석하는 것이지만, 인도에 초점을 맞추어 개요를 설명하고 경험을 평가하여 산업화의 후발주자인 다른 나라에 도움이 될 만한 교훈을 도출하고자 한다. 제1절은 광범위한 측면에서 개발도상국의 산업화 추격 catch-up in industrialization 과정의 큰 그림을 그려보고자 한다. 특히 국가마다 다른 형태를 보이기도 하고 설사 중대한 영향을 미치지는 않았다 하더라도 산업화에는 필수적이었던 정부의 지원역할 supportive role of governments에 대해 주안점을 두고자 한다. 제2절에서는 개발은행의 존재이유를 설명하기 위해 거시적 macro, 중간적 meso, 미시적 micro 수준에서 산업정책 industrial policy에 대한 논리를 수단 및 목표 측면에서 고찰하기로 한다. 제3절은 1940년대 후반부터 2000년대 초반까지 인도 개발금융기관의 진화와 그 이후의 급격한 축소과정 downsizing을 서술한다. 제4절은 인도의 산업화를 위한 자금공급에 있어 개발금융기관의 거시경제적 중요성, 최근 자금공급의 축소 원인, 그리고 산업금융의 대안적 원천의 부상에 대해 논의한다. 제5절에서는 인도 개발금융기관의 성과를 평가하여 성공과 실패로부터 얻을 수 있는 교훈에 대해 살펴본다. 제6절에서는 인도의 경험을 다른 산업화 후발주자의 경험과 비교할 수 있는 국제적인 관점을 제시한다.

I. 산업화 추격

20세기 후반과 21세기 첫 10년 동안 지역과 국가들 사이의 확산 정도가 균등하지는 않았지만 개발도상국들은 급속한 산업화를 이루었다. 이러한 산업화 추격은 1950년대 초에 시작되어 1970년대 초에 모멘텀을 얻었다. 이 과정의 바탕에는 생산과 고용관계에 있어서의 구조적 변화가 중요한 요소로 내재하고 있었으며, 이로써 농업의 비중은 감소하였고, 동시에 제조업과 서비스업의 비중은 상승하였다.

1970년부터 2010년 사이 단 40년 만에 극적인 변화가 일어났다(나야르Nayyar 2013). 불변가격 기준으로 전세계에서 개발도상국 제조업이 차지하는 부가가치는 1/12에서 1/3로, 현재가격 기준으로는 1/8에서 1/5로 상승했다. 마찬가지로 전세계 제조업 수출에서 개발도상국이 차지하는 비중은 1/12에서 2/5로 상승했다. 산업화로 인해 제조품, 특히 중간기술 및 첨단기술 제품medium-technology and high-technology goods의 비중은 수출과 수입에서 모두 상승한 반면 1차상품과 자원기반 제품의 비중은 하락하면서 전세계 교역구성에 큰 변화가 발생하였다.

그러나 산업화는 지역 간에 매우 고르지 못했다: 산업화의 대부분이 아시아에 집중되어 있었으며, 라틴 아메리카는 대략 정체상태를 유지했고 아프리카는 오히려 퇴보하였다. 산업화 확산의 경우, 같은 지역 내 국가 간 불평등은 더욱 심각하였다.

라틴 아메리카의 아르헨티나, 브라질, 칠레, 멕시코, 아시아의 중국, 인도, 인도네시아, 한국, 말레이시아, 대만, 태국, 터키, 그리고 아프리카의 이집트와 남아프리카공화국 등과 같이 산업화의 확산은 소수 국가에 집중되었다. 사실 개발도상국 내에서 Next-14라 불리는 이들 국가들의 경제적 중요성은 경제규모(GDP와 인구에 반영), 세계경제 참여정도(무역, 투자 그리고 이주에 반영) 그리고 산업화(제조업 수출과 산업생산에 반영) 측면에서 압도적인 수준이었다(나야르 2013). 또한 Next-14 내에서도 상당한 경제적 다양성이 존재했다. 그러나 두드러진 다양성에도 불구하고, 지리, 경제규모, 경제적 특성과 개발모델의 유사성을 바탕으로 이들을 하나의 클러스터(cluster)로 분류할 수 있다. 심지어 클러스터 전반에 걸쳐 이들 국가를 산업화의 경로에 올려놓은 세 가지 공통요인이 있는데 바로 초기 여건initial conditions, 제도·기관[1]enabling institutions 및 정부의 지원supportive governments이다. 이러한 요인들은 아시아의 일본이나 유럽의 핀란드와 같이 지금은 산업화된 초기 후발주자들의 산업화에도 중요한 요인으로 작용했다고 말할 수 있다.

제조업 산출 및 산업생산 측면에서 관찰된 결과를 보면, 식민지 독립 이후의 시기에 개발전략과 경제정책이 후발국가의 산업화에 필수적인 기반을 마련하는 데 상당한 기여를 하였다. 되돌아 보면, 초기 여건을 조성하고 제도를 갖추어 전략적 개입을 하는 국가의 역할이 Next-14 국가들 산업화 과정의 핵심이었음은 확실하다(나야르 2013). 실제, 산업화 추구에 있어서의 역할의 성격과 목적에는 차이가 있을지라도, 거의 모든 개발도상국에서 정부의 역할은 결정적이었다(에반스Evans 1995; 웨이드Wade 1990; 롤Lall 1997; 암스덴Amsden 2001). 시장과 개방성openness을 강조한 나라들의 경우, 정부의 개입은 시장실패를 최소화하는데 있었다. 그리고 주안점은 가격이 올바르게 책정되고, 산업화를 위한 기술을 들여오는 것이었다. 개방성을 완화, 보정, 또는 통제하는 국가의 개입을 강조한 나라들은 정부실패government failure 최소화에 힘썼다. 이들 국가의 경우를 보면, 제도를 바로잡고 산업화에 필요한 기술을 구축하는 것을 강조하였다. 물론 이렇게 정해진 역할은 영원불변의 것은 아니어서 산업화와 경제발전을 거치며 진화해 가기도 했다(바두리Bhaduri와 나야르Nayyar 1996; 나야르 1997).

초기 단계에서 정부의 개입은 에너지, 운송 및 통신에 대한 투자로 물적 인프라를 구축하고, 교육을 통한 인적자원 개발 등 초기 여건을 조성하려는 것이었다. 산업화 후기 단계에 이르면 이러한 정부 역할의 성격과 정도에 변화가 나타났는데 즉, 기능적, 제도적 그리고 전략적 차원의 것이었다. 기능적 개입functional intervention은 특정한 것이든 일반적인 것이든 시장실패를 교정하려 한 것이었다. 또, 제도적 개입institutional intervention은 시장지배govern the market에 관한 것으로서, 시장 참여자를 위한 게임의 규칙을 설정하고, 시장 및 기관들을 규제하는 틀을 만들려고 하였다. 전략적 개입strategic intervention은 산업화의 장기목표를 달성하기 위해, 산업정책과 기술정책뿐만 아니라 환율과 금리를 활용하여 여러 부문에 걸쳐

---

[1] enabling의 개념은 일정한 변화와 혁신이 시도될 때 이를 가능케(enabling) 한다는 의미에서 '기능화'라는 용어를 사용할 수 있으나, 본 논문에서는 산업화를 추진하는데 필요한 제반 제도 및 기관을 의미하고 있어 이를 감안하여 '제도·기관'으로 번역한다.

상호 연계되어 있는 시장을 이끌어 나가려 하였다.

이들 국가에서 산업화를 지원 또는 육성하는 제도·기관체계enabling framework는 1950년대 후반 또는 1960년대 초반에 구축되었다. 그 시점이 일치하는 것은 우연이 아니다. 이 시기는 아시아와 아프리카의 경우 식민지에서 벗어난 초기였으며, 하나의 이데올로기로서 개발계획development planning이 라틴 아메리카를 포함한 거의 모든 지역에서 부상하던 때였다. (경제발전) 따라잡기를 위해 산업화는 이들의 공통적인 열망이었다. 중국과 인도뿐만 아니라 아르헨티나, 브라질, 칠레, 멕시코, 인도네시아, 말레이시아, 한국, 대만, 태국, 터키, 이집트 등에서 제도적 틀의 기초가 정부 주도 하에 만들어졌다(암스덴 2001). 그 수단으로 산업정책, 무역정책, 기술정책을 활용하는 것이든, 기획부처planning offices나 산업관련 위원회, 금융기관 등을 설립하는 것이든, 이러한 틀은 모두 산업진흥 및 산업투자에 관한 것이었다. 이러한 시각에서 산업부문 투자를 위한 장기자금을 제공하는 개발은행은 특히 중요했다. 그리고 그 목표는 국가마다 공공부문과 민간부문에 대해 각각 다른 강조점을 두는 상황에서 자국기업의 생산, 투자 및 혁신 역량을 창출하는 것이었다(롤 1990). 이러한 기관의 탄생과 발전은 산업화와 개발과정에서 필수적인 부분이었다(장하준Chang 2007). 그리고 제도·기관들이 존재해야만 하는 이유는 통설처럼 단순히 재산권을 보호하고 거래비용을 낮추기 위한 것만은 아니었다(노스North 1990). 분명히 정책관련체제policy regimes에 관한 것만이 아니었음도 분명하다. 초기 단계에서는, 미래의 변화경로가 다른 것으로 밝혀진다고 하더라도 후발주자들에게는 산업화 과정을 지원하는 제도·기관들을 만들어내는 것이 국가의 중요한 역할이었다.

II. 산업정책과 개발금융

산업정책은 사람들에 따라 다른 의미로 해석될 수 있다. 일부 사람들의 경우 산업정책은 지역정책과 정부조달을 통한 산업진흥, 관세보호, 공공투자 및 R&D 지원에서부터, 유망한 산업을 유치하거나 숙련 노동력을 양성하는 등의 광범위한 정부개입까지를 포함한다(라이히Reich 1982; 핀더Pinder 1982). 반면 어떤 사람들에게는 산업정책이란, 글로벌 경쟁력을 유지하기 위해 국가경제 내 특정산업을 발전시키거나 축소하는 정부의 개입을 요약하는 말로 통한다(존슨Johnson 1984). 또 다른 사람들에게는 특정지역, 산업 또는 기업을 대상으로 이루어지는 선별적이거나 selective 또는 차별적인discriminatory 개입의 형태를 의미한다(린드백Lindbeck 1981; 란데스만Landesmann 1992). 이처럼 다양한 의미가 존재하지만 좀 더 정확하게 정의를 내린다면 산업정책은 특정경제가 효율적인 성과를 산출하도록 특정산업 또는 기업을 직접적인 대상으로 하여 이루어지는 정책이라고 할 수 있다(장하준 1996). 그러나 여기서 산업정책이 의미하는 바를 논의하려는 것은 아니다. 어떤 경우든 이 주제에 대해서는 문헌이 광범위하게 존재하며, 이 문헌들은 경제이론 영역인 전략적 무역정책strategic trade policy과 그리고 실무 영역으로서 전략적 기술정책 strategic technology policy의 영역까지 확장된다. 그러나 산업정책은 내용context과 국면 conjuncture에 따라 형성되는 것으로서 산업정책의 개념 및 설계가 공간과 시간에 따라 특수성을 갖는다는 점을 인식하는 것이 중요하다. 따라서 산업정책을 수행하기 위한 수단들은 공간과 시간에 따라 달라질 수 있다. 그러나 결론은 항상, 시장에만 의존하는 것이 불가능함에 따라 정부가 개입을 통해 추진하게 된 산업화의 결과에 관한 것이다.

　　산업정책은 개발의 후발주자 국가가 산업화 과정을 시작하고 유지하는데 있어 어떤 형태로든 없어서는 안 될 핵심적인 부분이다. 산업정책은 초기 여건을 조성하기 위한 필수 요소이며 제도·기관을 만드는 데에도 필요하다. 산업정책은 선도자든 촉매자이든leaders or catalysts 상관없이 정부가 지원 역할을 수행할 수 있도록 해주는 기본 토대다. 이러한 정부의 개입은 개발의 단계에 따라 서로 다른 형태로 나타날 수 있다. 그러나 산업화라는 것은 실천과 행동을 통한 학습과 연관을 맺는 것이어서learning by doing 산업정책이 항상 중요하게 된다. 이와 정반대인 상황 counterfactual을 보면 이 명제가 타당함을 보여주는데, 일례로 일부 국가의 경우 과거의 탈산업화deindustrialization는 실천·행동이 없었으며, 그럼으로써 학습이 이루어지지 않았던 것에서 비롯되었다. 현재 많은 국가에서 산업화가 부재한 것은 장기적인 이력현상[2]hysteresis의 결과일지도 모른다.

---

2) 이력현상의 사전적 의미는 어떤 물리량이 그 때의 물리조건만으로 결정되지 않고 그 이전에 그 물질이 경과해 온 상태의 변화과정에 의존하는 현상을 의미한다. 좀 더 쉽게 말하면 외부적인 힘에 의해 어떤 물체의 성질이 변화되었을 때 변화의 원인이 제거되었음에도 불구하고 본래의 상태로 되돌아가지 않는 현상을 뜻한다. 이력현상이 경제학에서 활발하게 논의되기 시작한 것은 1970년대 두 차례의 오일쇼크를 겪으면서 실업률이 높아졌다가 1980년대 경기가 회복되었지만 유럽의 실업률이 지속적으로 높은 수준에 머물러 있는 현상을 설명하기 위해서였다.

결과 측면에서 볼 때, 성공과 실패는 정부 개입의 성격과 질에 달려있다. 따라서 산업정책은 만병통치약이 아니며 편익과 비용이 존재한다. 성공한 국가에서는 편익이 비용을 크게 상회하지만 재앙적인 상황에 직면한 국가에서는 비용이 편익을 훨씬 능가한다. 그러나 결과는 성공과 실패로만 이루어지는 것이 아니며 시간의 흐름에 따라 성공과 실패가 혼재하기도 한다. 더욱이 산업화를 학습하는 과정에서 비용은 일찍 표면화되지만 편익은 시차를 두고 발생한다. 따라서 산업정책은 특정시점이 아닌 기간에 대해서 평가되어야 한다. 물론 산업정책의 논리에는 정적인 측면과 동적인 측면이 모두 존재하지만, 산업화에 있어서 시점 간 고려가 중요함을 감안할 때 동적인 측면이 훨씬 더 중요하다. 따라서 실질적인 문제는 어떻게 산업정책의 효과성을 높여서 의도한 결과를 산출하느냐 하는 것이다. 이와 동시에, 산업정책과 관련된 위험은 산업정책이 없었을 때의 위험과 비교하여 고려되어야 한다. 결국, 정부실패와 시장실패는 모두 피할 수 없는 현실이다.

산업정책의 의미에 대한 담론은 제쳐두고, 거시적 수준, 중간 수준, 미시적 수준에서 산업정책을 생각해볼 수 있다. 이것은 일반적 개입과 선별적 개입general and selective interventions 사이의 구별을 모호하게 만들기도 하지만 실제에서 관찰되는 현실을 반영하고 있다.

거시적 수준에서 보면, 정부는 경제전반에 걸쳐 산업보호와 수입대체를 통해 국내시장을 위한 제조업으로 산업화를 촉진하고, 세계시장에 대한 제조업으로 수출지향적 산업진흥을 촉진하는 것을 추구한다. 규모가 큰 국가에서 전자(제조부문의 산업화)는 소비재뿐만 아니라 중간재 및 자본재에서도 산업화를 학습하려는 목적에서 강조되고, 수출은 기업이 시장을 확장하는 과정상의 최종 종착점이 된다. 반면 규모가 작은 국가의 경우 노동집약적인 제조소비재에 초점을 두면서 산업화를 배우려고 하는 목적으로 인해 후자(수출지향적 산업진흥)가 중요하며, 그 결과 수출은 기업이 시장을 확장하는 시발점이 된다. 두 그룹 모두에서 일부 후기산업화 추구 국가들은 전략적 목적을 위해 무역정책과 환율을 혼합하여 사용한다. 무역정책은 수출 부문에 대해서는 개방적이지만 다른 부문에 대해서는 제한적인 비대칭의 특징을 갖고 있는 반면, 환율은 장기간 저평가된 채 유지되고, 이로써 국내산업은 세계 제조업 시장에서 경쟁력을 갖게 된다.

중간 수준에서는 특정산업을 대상으로 유망산업을 발전시키거나 사양산업을 쇠퇴시키고자 하는 방향으로 정부 개입이 이루어진다. 이렇게 하는 가운데 일부 후기 산업화 국가들은 전략적으로 통화정책monetary policy을 활용하며, 희소한 투자자원의 분배에 영향을 미치기 위하여 산업별로 금리차이differential interest rates를 두기도 한다. 이러한 관행은 일본과 한국에서 완벽히 만들어졌다. 그러나 자본자유화capital account liberalization를 통해 국제금융시장과 통합되어 있는 국가의 경우 금리의 전략적 사용은 불가능하지는 않으나 훨씬 어렵다. 반면, 자본통제capital control를 유지하는 국가에서는 실현이 가능하다. 물론 선별된 산업selective industry에 대한 정부의 전략적 지원은 다른 정책수단을 통해 가능한데, 세계무역기구World Trade Organization(WTO)의 의무 또는 규칙과 양립할 수 있는 경우이다. 아직 일부 자유가 존재하기는 하지만, 다자간 성립된 규칙은 확실히 이러한 정책적 여지policy space를 축소시켰다.

미시적 수준에서 볼 때, 국내시장이나 세계시장에서 선별된 기업에 대한 정부 지원은 해당기업이 경영 혹은 기술역량을 배양하거나 수평적, 수직적으로 확장하도록 장려함으로써, 그 기업이 생산과 마케팅에서 규모의 경제를 실현하여 글로벌 브랜드를 개발하고 대형 국제기업으로 성장하도록 돕는 것을 목적으로 한다. 일본과 한국이 한 것처럼 또는 중국과 브라질이 시도하는 것처럼 정부 지원의 근본적인 목표는 승자를 골라서 챔피언을 만드는 것이다. 그러나 현실은 훨씬 더 복잡하기에 정부 지원은 지대rents나 후원patronage으로 전락할 수도 있다. 정부 지원의 성공 여부는 국가의 성격과 행정시스템의 유효성에 달려있다. 따라서 제도화된 통제메커니즘이 요구된다.

개발은행의 경제적 논리는 간단하다. 산업화 후발국가의 자본시장은 불완전하다. 따라서 산업부문에 진입을 모색하고 있는 신생기업들은 학습기간 동안의 손실을 만회하는 것은 고사하고, 그 사회에 적용되는 할인율social rate of discount과 비슷한 금리로 초기 투자자금을 조달하는 것이 매우 어렵다는 것을 알게 된다. 투자 전망이 들쭉날쭉하고 수익이 시차를 두고 발생할 경우 문제는 더욱 심각하다. 이러한 상황에서 회사는 학습자본learning capital을 필요로 하는 제조역량 창출에 과소투자하거나 심지어 투자를 못할 수도 있다. 자본시장이 군소화되어fragmented 있는 경우 대부분의 자금조달은 자체조달로 이루어진다. 왜냐하면, 새로운 기업가나 기업이 어떤 가격으로도 자본을 조달할 수 없기 때문이며, 설사 가능하더라도 금리가 너무 높아 투자의 가치가 없어지기 때문이다. 특히 초기 손실이 높고 학습기간이 길어 새로운 기업이 필요로 하는 자금에 비분할성[3] indivisibility이 존재하는 장기금융의 경우 문제는 훨씬 심각하다. 이러한 일련의 제약 조건은 유치산업(幼稚産業)을 둘러싼 논의에 있어서 개발은행의 존재이유에 대한 핵심적 근거가 되는 부분이다(코덴Corden 1974; 장하준 2002).

산업화 후발국가는 본질적으로 위험이 너무 커서 자본시장이나 상업은행이 충족시키지 못하는 유치단계 제조업 분야의 선도기업에 대한 자금수요를 충족시키고자 개발은행을 만든다. 결과적으로 개발은행은 위험의 사회화socialization of risk를 대표하는데, 이는 산업화 초기 단계에 자금조달 관련 위험을 개인이 아닌 사회가 부담한다는 것을 의미한다. 사회적 목표와 사적 목표 사이에 괴리가 있는 한에는 단기 또는 중기적으로 개발은행이 낮은 수익률을 감수하는 것은 정당화될 수 있는데 그 이유는 내부정보의 이점을 활용할 수 있는 인내자본patient capital의 수익률이 장기적으로 훨씬 높기 때문이다.[4] 사실, 개발금융기관이 정부에서 나오는 영향력을 활용하여 특별한 지위(지대rent)를 획득하고 이를 바탕으로 시장 특징의 하나인 조정실패coordination failure를 해결함으로써 학습기간에 발생하여 사회가 부담한 비용을 보상할 수 있다는 제안은 설득력을 가진다.

III. 인도 개발금융의 진화

인도 개발금융에 대한 이론적 근거도 다른 후발 국가들이 산업화를 통해 경제발전을 추격하고자 하는 기대에서 개발은행을 설립하게 된 근거와 거의 같았다. 개방경제 그리고 규제 받지 않는 시장을 특징으로 가졌던 식민지 시대는 탈산업화

---

[3] 비분할성이란 일정량 이하로 쪼갤 수 없는 것을 의미하는 것으로 규모의 경제와 관계가 있다. 특정제품을 생산하는 과정에서 유발되는 여러 비용 중에는 제품의 생산량이 줄어들면 이와 함께 비용이 줄어드는 경우도 있지만, 제품의 생산량이 줄어도 비용이 함께 줄지 않는 경우가 있다. 이처럼 생산량이 줄어도 투입된 생산요소가 줄지 않아 비용을 줄이기 어려운 경우가 비분할성에 해당된다. 본문에 제시된 장기금융의 경우 성격상 일정금액 이상의 대규모 자금일 가능성이 높아 일종의 비분할성이 존재하게 된다. 이는 결국 업력이 짧고 정보비대칭이 큰 신생기업에게는 자금조달을 제약하는 요인이 될 수밖에 없다.

[4] 인내자본은 투자의 불확실성이 높고 회수기간이 장기이지만 인내할 수 있는 자본이다. 인내자본은 대출, 주식, 메자닌 등 다양한 형태와 방식으로 공급된다. 사회적 경제조직에 대한 장기간의 무담보 대출 등도 인내자본으로 불리는데, 이 경우는 투자자의 수익성만이 아니라 사회후생의 극대화를 목표로 장기간에 걸쳐 공급된다. 특히 4차 산업혁명의 혁신기술에 대한 투자가 불확실하고 장기이며 사회전반에 미치는 파급효과(spillover effect)와 외부효과(externalities)가 크다는 점을 고려할 때, 이러한 인내자본의 개념은 가장 적합한 투자 개념이라 할 수 있다. 또한 신성장 산업 지원 등과 같이 인내자본 공급이 충분하지 않을 경우 국가차원의 산업정책 또는 정책금융이 타당성을 가질 수 있다.

와 저개발 상태에 있었다. 따라서 독립 당시 상황은 산업화에 그다지 도움이 되지 않았다. 국내 저축률과 투자 수준은 매우 낮았고 금융부문은 낙후되어 있었으며, 중앙은행은 인도 경제 내 금융자산의 절반 가까이를 차지하고 있었다(골드스미스 Goldsmith 1983). 상업은행이 금융자산의 약 1/3을 소유하고 있었지만, 당시 제조업 또는 인프라 투자에 대한 예측불가능성, 위험 그리고 투자회수와의 시차로 인해 산업화 자금조달에 있어서는 중요한 역할을 수행할 수 없었다. 또한 은행이 산업금융industrial finance을 제공하는 경우에 불가피하게 발생하는 유동성과 만기 불일치liquidity and maturity mismatch때문에 문제는 더욱 복잡했다. 기업자금의 원천이 될 수 있는 부채(주식은 말할 필요도 없이)와 같은 장기금융을 위한 시장은 거의 존재하지 않았으며, 국내 기업가들이 스스로 축적한 자본의 양도 충분하지 않았다. 따라서 제조기업이나 산업부문에 장기개발금융long-term development finance을 제공하는 기관의 설립은 거의 필수적이었다.

돌이켜 보면, 인도에서 이러한 기관들의 진화과정은 1940년대 후반부터 1960년대 중반, 1980년대, 1990년대 후반에서 2000년대 초반 등 세 단계로 구분이 가능하다.

첫 번째 단계는 산업화가 시작된 단계로서 가장 중요한 단계였다. 이 단계에는 전국규모의 장기대출기관, 주(州)별기관, 투자기관으로 일컬어지게 되는 기관 등 세 가지 종류의 기관들이 있었다.

기간대출을 취급하는 금융기관들term-lending financial institutions은 서로 시기를 달리하며 만들어졌다. 인도산업금융공사Industrial Finance Corporation of India(IFCI)는 1948년에 기업 및 협동조합 부문corporate and cooperative sectors의 중기업과 대기업에 장기신용을 제공하기 위해 의회 입법을 통해 설립되었다. 인도산업신용투자공사 Industrial Credit and Investment Corporation of India(ICICI)는 1913년의 회사법에 의거하여 1955년에 세계은행의 지원을 받아 민간의 산업 부문을 진흥시키고 기업들의 투자로 인한 외환수요를 충족시키기 위해 설립되었다. 인도산업개발은행Industrial Development Bank of India(IDBI)은 1964년에 의회 입법을 통해 산업발전을 위한 장기금융을 제공하고 국가 차원의 우선순위에 따라 대출 등의 활동을 조정하는 마디금융기관nodal financial institution으로 설립되었다. 동 기관의 역할은 자금조달을 넘어 프로젝트, 경영 및 구조조정 관련 자문역할과, 재금융refinancing, 기술개발 및 은행서비스로까지 확대되었다. 이러한 국가기관들의 본질적인 목표는 산업 부문에 민간 투자를 유도하기 위한 장기금융을 제공하는 것이었다. 따라서 이 기관들의 주요 자금원천은 법정 유동성규제 요건을 충족시키기 위해 상업은행이 설정할 수 있는 시장금리보다 낮은 금리로 발행한 정부보증채bonds guaranteed by the government와 인도중앙은행으로부터 양허조건on concessional term으로 조달한 자금이었다.

같은 기간 동안 연방제도 내에 있는 주(州)의 금융수요를 충족시키기 위한 기관도 생겨났다. 주금융공사State Financial Corporations(SFCs)는 1951년 의회 입법으로 만든 제도·기관체계를 통해 1950년대에 설립되었는데, 각 주에 있는 제조 중소기업에게 장기금융을 제공함으로써 투자를 촉진하고 고용을 창출하며 산업을 확산시키는 것이 주 역할이었다. 동일한 목표 하에, 산업개발공사State Industrial Development Corporations(SIDCs)는 루피화 대출, 채권모집, 보험인수, 벤처캐피털, 시설리스, 종합금융merchant banking 등의 형태로 중소 제조기업을 지원하기 위하여 1956년 국가회사법national Companies Act of 1956을 근거로 설립되었다. 두 기관의 주요 목표는 중소기업의 산업금융 접근성을 제고하고 산업화의 지리적 확산을 촉진하는 것이었다. 그 대가로 이들 기관은 각각의 주정부로부터 양허조건의 자금을 조달할 수 있었다. 실제 SIDCs의 유일한 소유자는 주정부였다.

세 번째 구성 요소인 투자기관investment institutions은 이러한 역할에 있어서 특별했다. 투자기관의 기원은 1956년 보험사업 국유화로부터 비롯되었으며, 정부가 100% 소유한 인도생명보험공사Life Insurance Corporation of India(LIC) 설립으로 이어졌다. 국내 농촌지역 및 가난한 사람들이 생명보험에 접근할 수 있도록 하는 것이 목표였다. 다음은 뮤추얼 펀드로서 인도단위신탁Unit Trust of India(UTI)이 1964년에 의회 입법을 통해 설립되었다. 소규모 저축자에게 투자기회를 제공하는 것이 설립 목표이었다. 마지막으로 종합보험공사General Insurance Corporation(GIC)는 이미 국유화된 4개의 특정 보험사업을 자회사로 둔 지주회사 형태로 1973년에 설립되었다. 설립 목표는 다양한 형태의 보험에 대한 접근성을 확대하는 것이었다. 이들 기관들은 가계의 저축을 동원하고 보험가입 습관을 확산시키며 개인저축에 대한 수익을 높일 수 있는 길을 열어줌으로써 필요 자금을 조달하였다. 이들 기관의 자금원천은 분명 개인이든 가계든 거의 모두 소규모 저축자들이었다. 따라서 대출이나 주식 형태의 장기개발금융을 제공하는 것은 당연하게 이들 기관의 이차적 목표가 되었다. 투자기관은 정부가 소유하고 있으면서 업무 특성상 만기불일치 문제가 해결됨에 따라 산업금융을 제공할 수 있는 잠재적 원천이 되었던 것이다.

두 번째 단계는 1980년대에 집중되었다. 이 시기는 재금융기관refinancing institutions과 부문별 특화sector-specific 또는 특수기관specialized institution의 설립이 특징이었다. 이들 기관의 목표는 산업 부문에 대한 금융지원과 제조기업에 대한 장기 대출을 넘어서 개발 초기에 인식하지 못했거나 혹은 개발 후기 단계에 새롭게 떠오른 수요를 충족시키는 것으로 확대되었다. 새로이 설립된 재금융기관은 거의 없었다. 농촌개발은행National Bank for Agricultural and Rural Development(NABARD)은 입법을 통해 1981년에 설립되었는데, 동 은행은 국가단위로 정점에 있는 기관으로서 농업, 농촌산업화, 마을산업, 수공예 및 기타 경제활동에 신용을 제공하여 농촌지역의 발전을 촉진하고자 하였다. 그 전까지는 인도중앙은행Reserve Bank of India과 농업재금융공사Agricultural Refinance Corporation가 이 역할을 수행했다. 국영주택은행National Housing Bank(NHB)은 입법을 통해 1988년에 인도중앙은행의 완전자회사로 설립되었으며, 특수주택금융기관specialized housing finance institutions을 지원하고 주택대출을 위한 자금을 모으는 것이 목표이었다. NHB는 융자뿐만 아니라, 주택금융회사들을 규제하는 역할도 수행하였다. 인도중소기업개발은행Small Industries Development Bank of India(SIDBI)은 산업 분야의 소규모 기업에 자금을 제공하고 유사한 활동을 수행하고 있는 기관들의 기능을 조정하고자 하는 목적으로 1989년 IDBI(인도산업개발은행)의 완전자회사 형태로 의회 입법을 통해 설립되었다(인도중앙은행, 2004).

그럼에도 부문별로 특화된 특수기관은 더 많이 설립되었다. 주택도시개발공사Housing and Urban Development Corporation(HUDCO)는 1970년에 공공부문 주택금융을 제공하기 위해 설립되었지만, 얼마 지나지 않아 협력 및 기업 프로젝트cooperative and corporate projects에 금융을 지원하는 등 기능이 다변화되었다. 농촌전기공사Rural Electrification Corporation(REC)는 1970년에 인도의 농촌지역과 준도시지역의 전력프로젝트에 대한 금융지원을 위해 설립되었다. 그러나 대부분의 특수기관들은 1980년대에 설립되었다. 인도수출입은행Export-Import Bank of India(EXIM Bank)은 수출 부문에 신용을 제공하고 국제무역을 촉진할 목적으로 1981년 입법을 통해 정부가 100% 소유한 형태로 설립되었다. 1986년에는 인도해운신용투자공사Shipping Credit and Investment

Corporation of India(SCICI), 전력금융공사Power Finance Corporation(PFC) 그리고 인도철도금융공사Indian Railway Finance Corporation(IRFC)가 각각 해운, 전력 및 철도 부문에 대한 기관금융institutional finance을 제공하기 위해 설립되었다. 1987년에는 신재생에너지, 1989년에는 관광업 지원을 위한 개발금융기관도 설립되었다(인도중앙은행 2004).

세 번째 단계는 금융부문 개혁 및 규제완화가 이루어졌던 1990년대 초반부터 2000년대 중반까지로서, 동 시기에는 인도 개발금융기관의 대변혁기였다. 그 결과 10년 후인 2010년대 중반의 풍경은 놀라울 정도로 다른 모습을 보인다.

이 변화는 1990년대 후반에 시작된 것으로 대부분 그 후에 모멘텀을 얻은 금융부문의 개혁과 규제완화에 기인하는 것이다. 우선 IFCI를 제외한 개발은행은 상업은행으로 전환되었다. ICICI는 성공적으로 변화했지만, IDBI는 그렇지 못했다. 투자기관도 개발금융 영역에서 점차 철수했다. 이에 따라 ICICI는 2001-02년, IDBI는 2004-05년, UTI는 2003-04년에 산업 부문에 대한 장기대출을 중단하였다. IFCI와 GIC의 대출도 2003년부터 2004년 사이 매우 낮은 수준으로 축소되었다. SFCs와 SIDCs도 2003-04년에 대출을 중단했다.

그러나 이러한 공백을 메우기 위한 대체적인 메커니즘이 만들어진 것으로 보이지는 않는다. 그 대신 인프라 투자에 집중하는 두 개의 기관들이 새롭게 신설되었다. 인프라개발금융회사Infrastructure Development Finance Company(IDFC)는 1997년 민간기업으로서 인프라 부문에 자금을 유도하는 임무 아래 상업적으로 실행가능한 기반 위에 인프라 부문 자금을 제공하는 민간자본 성장을 촉진하기 위해 설립되었다. 인도인프라금융유한회사India Infrastructure Financing Company Limited(IIFCL)는 운송, 에너지, 수도, 위생, 통신, 상업인프라 등 실행가능한 인프라 프로젝트에 장기금융을 제공하고자 2006년 100% 정부소유회사로 설립되었다. 동 기관은 국내 자본시장에서 채권보유자의 이자면세부 정부보증채government-guaranteed bonds의 형태로 재원을 조달함에 따라 저비용 자금에 대한 접근성을 확보하고 있으며 민관협력public-private partnership 프로젝트에 우선순위를 두고 있다. 이렇게 개발금융 규모가 축소되면서 개발은행의 역할도 급격하게 약화되었다. 유일하게 남아있는 장기대출 금융기관은 SIDBI이며, 산업 부문에 대출을 수행하는 유일한 투자기관은 LIC이다. 흥미로운 점은 이들 기관의 대출 활동이 수익성을 갖고 있다는 것이다. NABARD, NHB 및 SIDBI와 같은 재금융기관도 사업을 지속하면서도 수익을 거두고 있다. 특수기관들 중에는 EXIM Bank, REC, PFC, IRFC 및 HUDCO가 활발히 영업을 전개하면서 수익을 거두고 있지만 다른 기관들은 수익, 활동 면에서 그렇지 않다(인도중앙은행 2004).

IV. 산업화를 위한 금융

개발금융의 진화는 산업화 금융을 제공한 정부 주도 금융기관government-led institution의 역할 변화를 통해 파악이 가능하다. 표 7.1은 1970-71년에서 2012-13년까지의 기간 동안 장기대출기관, 투자기관, 주정부기관으로 세분화하여 동 기관들의 총자금공급total disbursement에 대한 자료를 제시한다. 물론 이들 기관의 대출은 훨씬 더 일찍 시작되었지만, 1960년대 후반 총자금공급은 연 8억루피로 큰 규모가 아니었다. 그 이후 총자금공급은 1970-71년 20억루피에서 1980-81년 140억루피로, 1990-91년 1,410억루피에서 2000-01년 7,420억루피로 증가하였으나, 2005-06년에는 2,210억루피로 감소하였다가 2012-13년에는 8,880억루피로 다시 회복되었다. 이상의 추세는 총자금공급과 그 구성 요소들을 분해한 시계열 자료를 보여주는 그림 7.1에 보다 명확하게 드러난다. 그림 7.1에서 보듯이 총자금공급은 1970년대에 완만한 증가세, 1980년대 급격한 팽창, 그리고 1990년대에 경이적인 성장을 보인 후 2000년대 상반기에 급격한 축소를 나타냈으며, 이후 회복되면서 명목기준으로는 초기의 최고수준을 상회하고 있다.

각 기관들의 상대적 중요성은 시간이 지남에 따라 변한 것으로 나타났다. 1970-71년부터 2000-01년까지 30년 동안, 장기대출금융기관(IFCI, IDBI 및 ICICI)은 전체 총자금공급 가운데 약 2/3에서 3/4을 차지하였다. 1989-90년까지는 주정부기관(SFCs 및 SIDCs)과 투자기관(LIC, GIC 및 UTI)이 나머지 부분을 동일한 비중으로 차지하였지만, 이후 1990-91년에 대출을 개시한 SIDBI의 자금공급이 서서히 늘어나면서 주정부기관의 비중이 급속히 감소했다. 2001-02년에 시작된 장기대출금융기관의 급격한 자금공급 감소는 이들 기관의 자금공급이 무시할 만한 수준으로까지 떨어진 2005-06년에 종료되었다. 개발금융기관 전체 총자금공급은 2006-07년부터 회복되었고 2008-09년까지 초기의 최고치를 다소 상회하였으나, 이는 전적으로 SIDBI와 LIC의 자금공급에 기인하는 것이었다.

현재가격 기준으로 본 총자금공급의 추세는 개발금융기관의 대출 성장을 과장할 가능성이 있다. 그러나 불변가격 하에서 시계열을 구축하기 위한 적절한 디플레이터를 찾는 것은 어려운 일이다. 반면 적절한 거시경제변수와의 비교를 통해 절대 수치를 표준화하는 것은 훨씬 간단하다. 표 7.2는 1970-71년에서 2012-13

[표 7.1A] 인도 개발금융기관의 자금공급 추이(십억루피) : 1970-71 ~ 2000-01

연도	인도산업금융공사 (IFCI)	인도산업신용투자공사 (ICICI)	인도산업개발은행 (IDBI)	인도중소기업개발은행 (SIDBI)	인도생명보험공사 (LIC) 종합보험공사 (GIC) 인도단위신탁 (UTI)	주금융공사 (SFCs) 산업개발공사 (SIDCs)	총계
1970-71	0.2	0.3	0.6	–	0.1	0.4	1.6
1971-72	0.2	0.3	0.8	–	0.1	0.5	1.9
1972-73	0.3	0.4	0.8	–	0.2	0.6	2.3
1973-74	0.3	0.4	1.4	–	0.3	0.8	3.2
1974-75	0.4	0.8	2.0	–	0.6	1.1	4.6
1975-76	0.3	0.6	2.2	–	0.3	1.3	4.7
1976-77	0.5	0.7	3.4	–	0.5	1.4	6.5
1977-78	0.6	0.9	4.1	–	0.6	1.5	7.7
1978-79	0.7	1.1	6.2	–	0.5	2.0	10.5
1979-80	0.9	1.4	7.5	–	1.9	2.7	14.4
1980-81	1.1	1.9	12.6	–	1.6	3.7	20.9
1981-82	1.7	2.6	15.0	–	2.3	5.1	26.7
1982-83	2.0	2.8	16.0	–	2.0	6.1	28.9
1983-84	2.2	3.3	19.8	–	3.6	6.7	35.6
1984-85	2.7	3.9	22.0	–	5.1	8.0	41.7
1985-86	4.0	4.8	28.0	–	9.0	9.7	55.5
1986-87	4.5	7.0	32.6	–	9.4	12.2	65.7
1987-88	6.6	7.7	40.0	–	11.5	13.9	79.7
1988-89	10.0	10.9	33.8	–	16.1	15.3	86.1
1989-90	11.2	13.6	51.2	–	16.5	17.0	109.5
1990-91	15.7	19.7	45.0	18.4	28.4	18.7	145.9
1991-92	16.0	23.5	57.7	20.3	42.1	22.2	181.8
1992-93	17.3	33.2	67.1	21.5	94.0	22.5	255.6
1993-94	21.6	44.1	81.0	26.7	78.8	22.6	274.8
1994-95	28.4	68.8	106.7	33.9	65.1	29.3	332.2
1995-96	45.6	71.2	107.0	48.0	65.0	41.5	378.3
1996-97	51.6	111.8	114.7	45.8	71.2	42.8	437.9
1997-98	56.5	158.1	151.7	52.4	86.1	35.3	540.1
1998-99	48.2	192.3	144.7	62.9	96.5	38.0	582.6
1999-2000	32.7	258.4	170.6	69.6	127.6	35.8	694.7
2000-01	21.6	316.6	174.8	64.4	127.9	36.4	741.7

년까지 총자금공급의 추세를 총국내고정자본형성gross domestic fixed capital formation과 제조업의 부가가치에 대한 백분율로 나타낸 것이다. 표를 보면 개발금융기관 대출의 거시경제적 중요성이 시간이 지남에 따라 급속하게 커졌음을 보여준다. 제조업 부문의 총고정자본형성 대비 비중으로 볼 때, 총자금공급은 1970-71년 10%에서 1980-81년 30%, 1990-91년 36%, 2000-01년 49%로 증가했다가 2005-06년에는 6%로 급격히 하락했으나, 2012-13년에는 약 14% 정도로 회복하였다. 민간 제조업 부문의 총고정자본형성 대비 총자금공급 비중이 훨씬 더 높았으며 특히 동 비중이 1970-71년 약 25%에서 2000-01년에 75%로 급등했다는 점에 주목할 필요가 있다. 제조업 부가가치 대비 비중으로 볼 때, 총자금공급은 1970-71년 3%에서 1980-81년 9%, 1990-91년 20%, 2000-01년 24%로 증가했지만, 2005-06년에는 4%로 급격히 감소했으며, 2012-13년에는 7% 정도로 회복되었다. 물론 10년 단위의 관측은 드러내는 만큼 숨기는 것이 있을 수도 있다.

[표 7.1B] 인도 개발금융기관의 자금공급 추이(십억루피) : 2001-02 ~ 2012-13

연도	인도산업금융공사 (IFCI)	인도산업신용투자공사 (ICICI)	인도산업개발은행 (IDBI)	인도중소기업개발은행 (SIDBI)	인도생명보험공사 (LIC) 종합보험공사 (GIC) 인도단위신탁 (UTI)	주금융공사 (SFCs) 산업개발공사 (SIDCs)	총계
2001-02	10.7	258.3	110.1	59.2	116.5	17.5	572.3
2002-03	17.8	–	66.1	67.9	79.0	27.0	257.8
2003-04	2.8	–	49.9	44.1	169.9	8.6	275.3
2004-05	0.9	–	61.8	61.9	89.7	–	214.3
2005-06	1.9	–	–	91.0	117.7	–	210.6
2006-07	5.5	–	–	102.3	277.6	–	385.4
2007-08	22.8	–	–	151.0	284.6	–	458.4
2008-09	33.1	–	–	283.2	623.6	–	939.9
2009-10	60.5	–	–	319.4	537.6	–	917.5
2010-11	84.0	–	–	388.0	401.4	–	873.4
2011-12	56.8	–	–	418.1	519.7	–	994.6
2012-13	15.0	–	–	406.8	466.5	–	888.3

자료 : 인도중앙은행, *Handbook of Statistics on the Indian Economy and Report on Currency and Finance*, 각호

주 : 맨 오른쪽 열에 있는 수치는 IFCI, ICICI, IDBI, SIDBI, LIC, GIC, SFCs와 SIDCs가 제공한 자금공급의 총계를 의미함. 1990-91년 이전에는 SIDBI가 IDBI의 일부였음. 2003-04년~2012-13년 동안 LIC, GIC와 UTI의 대출비중이 월등히 높은 것은 대부분 LIC 때문임. 2003-04년~2012-13년 동안 GIC의 자금공급이 평균적으로 LIC 자금공급의 4%에 불과했다는 점은 주목할 만함

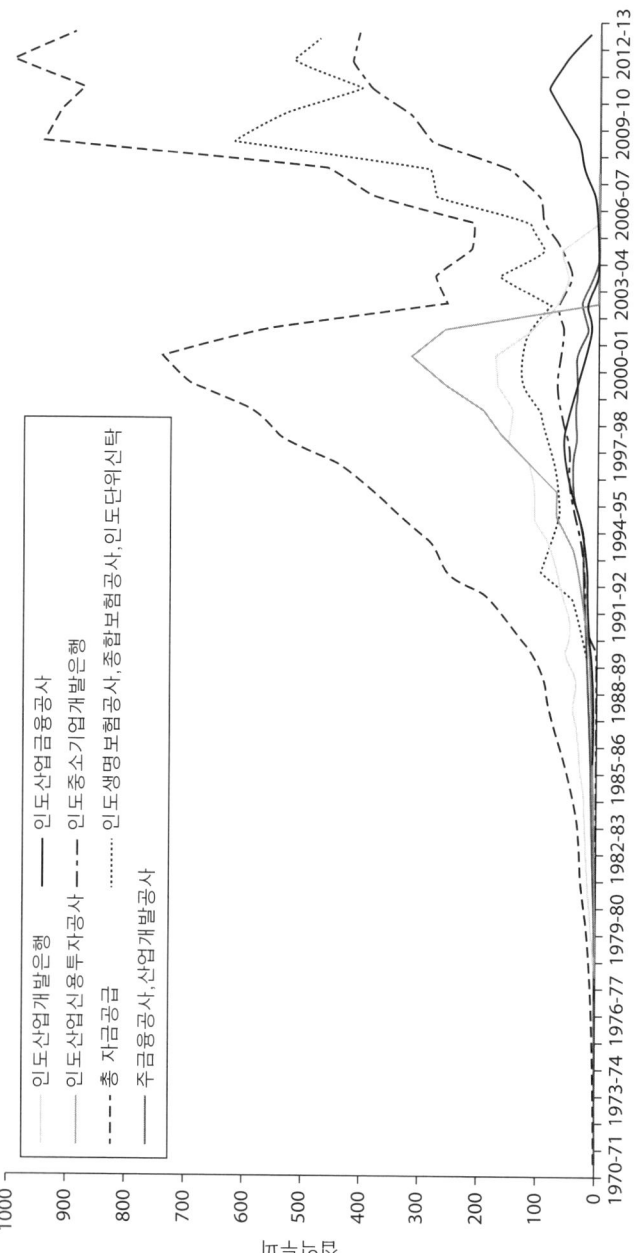

[그림 7.1] 인도 개발금융기관의 자금공급 추이: 1970-71 ~ 2012-13

238 산업정책의 효율성, 다양성, 그리고 금융

[표 7.2] 개발금융기관 대출의 거시경제적 중요성 : 1970-71 ~ 2012-13

연도	제조업 총고정자본형성 대비 총자금공급	제조업 부가가치 대비 총자금공급	연도	제조업 총고정자본형성 대비 총자금공급	제조업 부가가치 대비 총자금공급
1970-71	9.4	2.6	1991-92	36.6	19.5
1971-72	10.9	2.8	1992-93	44.3	23.6
1972-73	11.0	3.1	1993-94	43.7	21.9
1973-74	14.5	3.5	1994-95	46.6	21.5
1974-75	14.1	3.9	1995-96	31.5	19.5
1975-76	11.3	3.9	1996-97	30.4	19.9
1976-77	16.0	4.8	1997-98	34.1	23.5
1977-78	16.5	5.1	1998-99	34.8	23.3
1978-79	19.9	6.1	1999-2000	45.2	25.6
1979-80	27.0	7.3	2000-01	48.9	24.2
1980-81	29.8	9.4	2002-03	17.7	7.4
1981-82	26.9	10.3	2003-04	14.5	7.0
1982-83	25.9	10.2	2004-05	7.4	4.7
1983-84	26.4	10.6	2005-06	6.1	4.0
1984-85	25.0	11.0	2006-07	8.6	6.1
1985-86	29.2	13.2	2007-08	8.3	6.3
1986-87	31.3	14.2	2008-09	20.7	11.5
1987-88	35.5	15.1	2009-10	16.2	9.9
1988-89	30.8	13.9	2010-11	12.8	8.1
1989-90	31.9	14.6	2011-12	14.7	8.0
1990-91	35.8	17.0	2012-13	14.0	6.7

자료 : 표 1과 인도중앙통계청Central Statistical Organization, National Account Statistics
주 : 비중(%)은 인도중앙통계청에서 매년 발행하는 National Account Statistics에 제시된 현재가격 기준 제조업의 총고정자본형성 및 부가가치에 대한 수치와 표1의 총자금공급에 대한 수치로부터 계산되었음

이상의 추세는 동일한 시계열 자료를 표시한 그림 7.2에서 보다 명확하게 나타난다. 그림 7.2를 보면 제조업 부문의 총고정자본형성에 대한 총자금공급 비중이 1970년대 중반과 1980년대 초반에 일시 하락하였지만 1970년대 초반에서 1990년대 중반까지 지속적으로 상승하다가 1990년대 후반에 크게 하락함에 따라 2000-01년에 최고치를 기록한 것으로 나타났다. 그 이후 2005-06년에 가장 낮은 수준으로 하락했으며 이후 수년간 완만한 회복세를 보였지만 1970년대 중반에 비해 훨씬 낮은 수준인 것을 확인할 수 있다. 한편 제조업 부가가치 대비 총자금공급 비중은 40년 동안 거의 동일한 추세를 보여준다. 실제로 두 비중 간에 수준의 차이가 있고 후자(그림 7.2)의 변동성이 작은 것을 제외하면 두 그래프는 매우 유사한 궤적을 따른다.

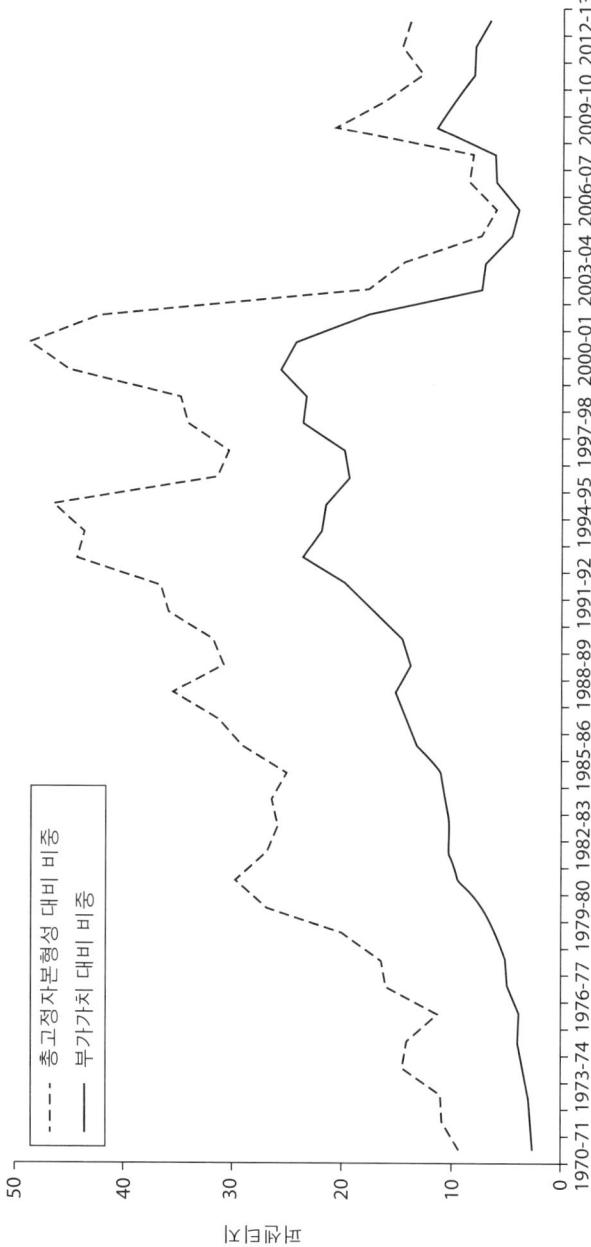

[그림 7.2] 제조업 총고정자본형성 및 부가가치 대비 개발금융기관의 총지급금 추이: 1970-71 ~ 2012-13

IFCI, IDBI와 ICICI의 3개 장기대출금융기관(1980-81년에서 2002-03년 사이의 기간)에 국한되기는 하지만, 인도 개발금융기관 자금공급의 산업별 구성에 대해서도 고려할만한 가치가 있다. 총자금공급이 2000-01년에 최고치를 기록하였지만 세 개의 기관이 1980년대와 1990년대 총자금공급의 2/3를 차지하였기 때문에 그림 7.2는 합리적인 근사치라 할 수 있다. 이러한 증거는 주요 산업 부문에 대한 자금공급의 구성을 보여주는 표 7.3에도 제시되어 있는데, 동 표는 통계량 처리가 가능한 비율로 나타나도록 5년간의 연평균을 보여주고 있다. 개발금융기관의 자금공급 구성을 보면 1980년대 전반기 중 4분의 1 이상에서 2000년대 초의 1년까지 기간 동안 자원기반 제조와 시멘트의 점유율이 꾸준히 감소했음을 알 수 있다. 금속 및 금속제조의 비중은 2000년대 초반 감소한 것을 제외하고 1980년대 1/8에서 1990년대 1/6로 증가했다. 광의의 자본재 부문에 해당하는 기계 및 운송장비 비중은 2000년대 초반에 감소했음에도 불구하고 약 1/8로 거의 변화가 없었다.

[표 7.3] 인도 개발금융기관의 자금공급 구성(연평균 %) : 1980-81 ~ 2002-03

	산업	1980-81 ~ 1984-85	1985-86 ~ 1989-90	1990-91 ~ 1994-95	1995-96 ~ 1999-00	2000-01 ~ 2002-03
1	자원기반 제조 *	27.6	18.3	21.2	14.7	10.6
2	화학, 비료 및 의약품	13.6	17.2	20.4	16.1	11.7
3	정유와 석유	0.0	0.0	0.8	9.0	7.7
4	시멘트	6.4	5.9	5.8	4.3	3.4
5	금속 및 금속제조	7.6	9.4	13.3	12.8	9.4
6	기계 및 운송장비	11.8	11.1	12.4	12.4	8.3
7	인프라 †	6.7	9.8	8.0	14.1	15.9
8	서비스 ‡	15.5	16.1	8.0	9.8	23.7
9	기타 산업	10.8	12.2	10.1	6.8	9.3
10	총계	100.0	100.0	100.0	100.0	100.0
11	총자금공급(십억루피)	(95.5)	(247.9)	(619.3)	(1704.8)	(701.5)

자료 : IDBI, 인도 개발금융 보고서
주 : 개발금융기관은 IFCI, ICICI 및 IDBI를 의미함. 5개년 연평균은 산업별 연간 자금공급 수치를 활용하여 계산하였으나 2000-01 ~ 2002-03 동안의 연평균은 3개년치만 계산함. 위 표에 있는 총자금공급 수치는 자료원이 달라서 다른 표나 그래프에 제시된 총자금공급 수치와 일치하지 않으며 상기 세 개의 장기대출 기관에만 한정
　* 자료기반 제조에는 음식, 종이, 고무, 섬유 및 삼베 포함
　† 인프라에는 발전, 통신, 도로/항만/교량, 및 산업단지 포함
　‡ 서비스는 호텔, 병원, 도로수송, 오락 및 기타 포함

화학, 비료 및 의약품의 비중 추세는 1990년대 상반기에 약 1/5(20%)로 최고치를 기록하면서 역 U자 형태를 보였다. 반면 서비스 비중은 2000년대 초반에 약 25% 수준으로 정점을 보이는 U자 형태를 나타내 정반대의 추세를 보였다. 인프라 부문의 비중은 시간이 지남에 따라 증가했으나, 최고치를 기록한 2000년대 초에 이르러서도 1/6 이하에 머물렀다. 게다가 부문별 특화기관도 인프라, 시골지역의 전화사업, 전력 및 철도 부문에 일정 수준의 자원을 제공하였다. 따라서 국가 및 주정부가 할당한 자원이 인프라 투자를 위한 주요 자금조달 원천이었던 것이다.

  2000년대 초 단기간에 대부분의 투자기관이 산업금융을 제공하는 역할에서 철수한 것과 동시에 국가 및 주정부 차원에서 장기대출금융기관이 쇠퇴한 것은 혼란스러워 보일지도 모른다. 그러나 그것은 사고도 우연의 일치도 아니었다. 오히려 1990년대 중반 (주도하지는 않았다 하더라도) 세계은행이 영향을 주어 시작된 금융부문 개혁이 구조조정차관structural adjustment loans 제공 조건의 결정적인 요소로 작용하면서 장기대출금융기관의 쇠퇴에 직·간접적으로 영향을 미쳤다.[5] 이 과정에서, 대출을 줄이고 개발금융기관을 단계적으로 퇴출시키라는 직접적인 압력도 있었으며, 이러한 압력은 간접적으로 개혁의 다른 요소와 함께 더 강화되었다. 무엇보다 인도중앙은행과 정부보증채 발행을 통해 양허적 조건concessional terms으로 조달할 수 있는 자금이 급감하면서, 개발금융기관의 차입비용이 크게 상승하였다. 동시에 프로젝트파이낸싱 업무가 허용된 상업은행과의 경쟁도 치열해졌다. 이 상황에서 개발금융기관의 수익성 하락은 자기실현적 예언self-fulfilling prophecy과 다름이 없었다. 개발금융기관의 문제는 부실자산nonperforming asset 축적을 초래한 과거의 잘못 때문에 더욱 복잡해졌다. 개발금융기관들이 서로의 지분을 보유한 데서 기인하는 전염효과contagion effect로 문제점들이 더욱 두드러졌다. 몇 몇 관찰자들과 분석가들도 당시를 평가하며 이러한 문제들을 강조했다(마써Mathur 2003; 바지파이Bajpai 2004; 카루나가란Karunagaran 2005). 그러나 대부분의 비평가들이 개발금융기관을 바로잡을 것을 주장하기는 했지만 폐쇄를 해결책으로 제안하지는 않았다. 사실 실질적인 결정은 정부가 내렸지만, 관(棺)의 마지막 못을 박은 것은

---

[5] 구조조정차관은 세계은행이 1980년부터 개발도상국의 국제수지 적자폭 개선을 지원하기 위해 제공한 차관으로 기존의 세계은행 차관이 대형 프로젝트 사업지원에 국한된 것과는 달리 차입국의 대외채무상환 등 광범위한 용도로 사용되는 특징이 있다. 동 차관은 차입국의 국제수지 적자축소를 주목표로 삼고 있는 만큼 차입국의 경제정책에 국제수지 적자 보전 대책을 반영하는 것을 우선적으로 요구한다.

인도중앙은행이 구성한 위원회가 발표한 보고서였다. 동 보고서는 개발금융기관의 비즈니스 모델은 정부지원이 없이는 더 이상 지속가능하지 않으며, 상업은행과 자본시장이 더 잘 할 수 없을지라도 이들 개발금융기관의 역할을 수행할 수는 있다고 결론을 내렸다. 이에 따라 동 위원회는 주정부 차원의 장기대출금융기관을 폐쇄하고, 국가수준의 장기대출금융기관은 은행banks이나 비은행금융회사nonbanking financial companies로 전환해야 한다고 권고했다. 실제로 인도중앙은행 위원회는 의회 입법으로 설립된 개발금융기관 중 재금융기관인 NABARD, NHB와 SIDBI 그리고 EXIM 은행만 존속하는 것으로 명시적으로 제안했다(인도중앙은행, 2004). 모든 권고사항은 수용·이행되었으며 반대 목소리는 거의 없었다(EPW Research Foundation 2004). 물론 LIC를 제외하고 공식적으로 권한formal mandate을 위임받은 적이 없는 투자기관들은 단순히 대출을 철회하기만 하였다. 소유주인 정부의 공식적인 지시는 필요하지 않았던 것이다.

  이러한 정책의 결과, 당시까지 산업부문에 투자가능한 자원을 제공하는데 중요한 역할을 담당해온 개발금융기관의 자금지원이 축소됨으로써 대체 자금조달원(alternative sources of funding)에 대한 필요성이 생겨나게 되었다. 처음에는 기업의 유보이익과 기존의 준비금 등 내부자금internal funds으로 상황을 모면하였다. 이를 반영하듯 기업의 총자금조달total corporate financing에서 내부자금의 비중은 1985-86년에서 1999-2000년까지 약 33% 수준을 유지하다가 2000-01년에서 2004-05년 동안에는 60% 이상으로 증가했다(인도중앙은행 2006, 268). 이 결과는 이익창출에 따른 것이었는데, 이를 가능하게 한 몇 가지 근본적인 요인은 다음과 같다. 우선 경제호황으로 매출이 증가했다; 실질임금은 정체되었으나 생산성이 증가했다; 명목금리nominal interest rates가 급격히 하락했다; 그리고 세금감면으로 기업이익에 대한 세금이 감소했다. 이에 따라 기업의 총자금조달에서 나머지 부분, 즉 외부자금의 비중은 약 66%에서 40% 미만으로 감소했다. 그리고 기업의 외부자금 중 개발금융기관이 차지하는 비중도 이자와 감가·감모상각비의 합(즉 현금유입)이 총자금공급을 초과함에 따라 1990년대 약 10%에서 2000년대 상반기에는 2%까지 하락했다. 그러나 기업자금조달 중 상업은행의 대출비중이 1990년대 상반기 8%에서 1990년대 후반에는 12%로, 2000년대 초반에는 18%까지 상승함에 따라 상업은행으로부터의 차입이 기업의 대체 조달수단으로 부상하게 되었다. 회사채조달 비중이 7%에서 -1%로 떨어진 가운데 주식시장이 호황을 보였음에도 불구하고 자기자본조달이 차지하는 비중이 1990년대 상반기 19%에서 2000년대 상반기에 10%로 하락한 것은 놀라운 일이다(인도중앙은행 2006, 268).

그러나 주식발행을 통한 자금조달은 1990-91년에 430억루피에서 2004-05년 1,310억루피로 세 배 증가하였다. 주식발행을 통한 외부자금 조달은 2007-08년에 6,360억루피로 최고 수준을 기록했으나 2008-09년 글로벌 금융위기를 거치며 1,610억루피로 급감하였다. 이후 2012-13년에는 같은 수준인 1,610억루피에 머물렀다(인도중앙은행 2013, 146). 조달주식 중 공모주식이 아닌 사모주식이 압도적으로 많은 부분을 차지하고 있었다는 점에 주목할 필요가 있다.

이러한 맥락에서 볼 때, 기업의 자금조달을 위한 두 가지 중요한 산업금융의 원천이 새롭게 부상했다는 점에 주목할 필요가 있다. 우선 국내 채권시장이 사모발행 경로를 통해 중요한 공급자로 부상했다. 그러나 금융위기 이후 자본계정 자유화와 해외 저금리 기조와 맞물려 자국의 급격한 금리상승으로 인해 대외상업성 차입이 점점 더 중요한 재원으로 대두되었다. 이는 두 가지 결과를 초래하였다. 차입기업의 입장에서 보면, 시간이 지남에 따라 환율평가절하로 인한 효과가 금리차이interest rate differential로 인한 효과를 상쇄하는 수준을 넘어서게 되었다. 이 과정에서 경제전체적으로 대외부채external debt가 2001년 3월말 1,010억달러에서 2007년 3월말에는 1,720억달러로, 2013년 3월말에는 3,900억 달러로 증가하게 되었다. 이 중 정부부채government debt는 같은 기간 400억달러에서 각각 460억달러와 680억달러로 증가하였으며 비정부부채nongovernment debt는 610억달러에서 1,260억달러와 3,220억달러로 증가하였다. 후자의 경우, 외부차입은 기본적으로 기업이 차입한 것으로서 240억달러에서 410억달러와 1,210억달러로 증가하였다(인도중앙은행 2013, 243-6). 분명히 산업 부문 투자를 위한 이러한 자금조달방식은 기업부문뿐만 아니라 인도 경제에도 매우 큰 외채부담external debt service을 초래하였다.

V. 성과 평가 및 경험으로부터의 교훈

앞선 논의에서는 인도의 산업화를 위한 자금조달에 있어 개발금융의 진화 및 역할에 대해 개괄적으로 설명하고자 하였다. 다음의 논리적 단계는 인도 개발금융기관의 성과를 평가하는 것으로서, 이를 통해 산업화 후발국가들이 인도의 경험으로부터 교훈을 얻을 수 있을 것이다. 흥미롭게도, 성공과 실패 모두에서 배울 점이 있다.

돌이켜 보면, 독립한 인도에서 개발금융기관들이 산업금융을 제공하는데 상당한 기여를 한 것은 분명하다. 이들 기관의 총자금공급은 1950-51년에 인도 제조업의 총고정자본형성 대비 10분의 1에 불과하였지만, 이 비중은 약 5배 가까이 증가하여 2000-01년에는 거의 절반에 달했다. 공공 부문은 정부재원으로 투자재원을 마련하였으므로 개발금융기관의 자금공급에서 공공 부문이 차지하는 비중은 극히 일부였으며, 그 결과 이들 기관의 대출은 대부분 민간 부문에 제공되었다. 이에 따라 개발금융기관의 중요성은 더욱 커갔다. 민간 부문의 총고정자본형성 대비 총자금공급의 비중은 1950-51년 25%에서 2000-01년 75%로 증가했다. 만약 개발금융기관들이 없었다면, 산업 부문에 이 정도의 민간투자를 유도한다는 것은 어려웠을 것이다. 이렇듯 개발금융기관이 없었을 경우를 가정하여 생각해보는 것은 중요하다.

또한 개발금융기관의 범위가 넓어 구조가 복잡해졌다는 점도 주목할 가치가 있다. 국가전체 또는 주차원에서 존재하였던 장기대출금융기관들은 전통적인 금융기관으로서 그 수가 많았던 점을 제외하면 다른 금융기관과 크게 다르지 않았다. 1990년대에 그 상대적 중요성이 약해지고 또 다시 2000년대 초반에 급속히 하락하였지만, 장기대출금융기관은 20년 이상 인도 산업화를 위한 자금조달에서 가장 중요한 원천이었다. 또한 정부 소유의 보험회사를 통해 가계 저축을 동원하는 투자기관이나 소규모 저축자를 위한 뮤추얼 펀드가 산업 부문에의 중요한 장기대출기관으로 기능했는데, 이러한 형태는 다른 곳에서는 찾아보기 힘든 비전통적인 것이었다. 이 방식은 만기불일치로 인한 문제를 초래하지 않고 가계의 저축을 기업의 투자로 전환시키는 새로운 방식이었다. 1990년대와 2000년대를 거치며 장기대출기관이 사라지면서 이들의 상대적 중요성은 더욱 커졌다. 농업 또는 농촌 개발, 주택 그리고 소규모 산업 지원을 목표로 하는 재금융기관은 대출 및 대출촉매기능 그리고 규제기능(일반적인 것으로 볼 수는 없다)까지 여러 가지의 기능을 수행했지만, 영향은 상당히 효과적이었으며 승수효과multiplier effects 측면에서도 중요성이 컸다. 게다가 특정부문으로 특화된 특수기관들도 있었다. 이 중 수출입은행 등 일부 기관은 대부분의 국가에 공통적으로 존재했지만, 일부 다른 기관들은 일반적이지는 않지만 인도에만 존재하는 경우가 많았다. 그런데 이들 기관의 경우 규모나 파급범위가 크지 않았기 때문에 유용한 역할을 수행했음에도 그 영향력은 제한적이었다. 또한 정부가 제공하는 양허적 자금에 대한 접근도가 축소되면서 이들 기관의 문제점도 나타나게 되었다.

개발금융을 부문 간에 할당하는 데 있어 기본이 되는 이론적 근거나 체계적인 접근법이 보이지 않는다는 점은 다소 놀랄만하다. 제조업 하위 부문 간에 이루어지는 장기대출기관 자금공급의 분배가 중간 혹은 미시적 차원의 산업정책에 근거하여 추진되는 것은 물론 산업정책과도 연관되지 않았던 것으로 보인다. 제약부문에서조차 초점이 없었다는 것도 놀라운 사실이다. 그런데도 상품특허product patents는 아니지만 방법특허process patents를 허용한 1970년의 특허법Patents Act of 1970이 근본적으로 인도의 제약산업을 개발도상국형 제약산업으로 탈바꿈시킨 일종의 전략적 산업정책strategic industrial policy이었다. 산업금융 공급industrial finance disbursement의 상대적 중요성은 1990년대 중반 이후 하락했다. 대규모 수출과 관련된 섬유 및 의류 부문의 운명도 마찬가지였다. 이와 유사하게 이륜차, 상업용 차량 또는 자동차 부품을 제조하는 회사도 산업금융에 접근할 수 있는 특별한 권리나 우선권을 받지 못했다. 이러한 상황에서 정보기술이 수면 위로 떠오르지 않았던 것은 놀라운 일이 아니다. 아마도 부문 간의 자원배분이 대출기관보다는 차입자에 의해 이루어졌다고 보는 것이 타당할 것이다. 실제로 일부 기업가, 기업 또는 사업체business houses들이 보유하고 있었던 개발금융기관에 대한 우선접근권preferential access이 대출 여부를 결정하는 중요한 요인이었을 것이다. 정부후원government patronage이 중대한 영향을 발휘했음은 분명하다. 개발금융기관의 포트폴리오에서 부실자산 비중이 상승하는 것은 불가피한 결과였다.

이러한 측면에서 차입기업과 개발금융기관들의 관계가 대출자체를 넘어서 확장되지는 않았다는 점은 언급할 필요가 있다. 어떤 때는 대출연장에 필요한 실사과정도 제한적이거나 불완전하였다. 경우에 따라 대출이 실행된 후에도 차입자의 채무상환능력debt servicing capacity을 재검토하거나 감시하지 않는 경우도 존재하였다. 이와 유사한 것으로, 제조기업의 지분을 취득해 이사회에 후보자를 지명할 자격이 있는 대출기관이나 투자기관들도 침묵하는 파트너의 역할을 수행하는데 그쳤다. 지명된 이사들은 소액주주의 이익은 말할 필요도 없이 그들이 대표하는 기관의 이익을 보호하기보다는 현상유지를 선호하였으므로, 회사발기인이나 대주주로부터 독립적으로 행동한 경우는 거의 없었다.

인도의 경험에서 몇 가지 분명한 교훈을 얻을 수 있다. 근본적인 교훈은 단순하다. 산업화 초기 단계에서 개발금융은 필수적일 뿐만 아니라 산업화 과정에 박차를 가하는 데 있어서 거의 필요조건에 해당된다. 물론 개발금융기관은 상업적 규범과 개발수요 사이에 균형을 맞추어야 한다. 그러나 접근성과 가격이 모두 중요한 영역의 경우 개발금융이 없으면 신생 제조부문에 대한 민간투자는 매우 어려울 뿐만 아니라 실행자체도 어려울 것이 분명하다.

인도 개발금융기관의 복잡한 구조를 통해 몇 가지 긍정적인 교훈을 얻을 수 있다. 하나는 다양한 기관들이 전략적 목적의 기능을 수행했다는 것이다. 장기대출기관은 민간부문의 제조 기업에 장기개발자금을 제공하고, 동시에 이 큰 나라의 여러 지역에 있는 소규모 산업도 장기개발금융에 접근할 수 있도록 하기 위하여 주단위기관state-level institutions에게 일부 업무이양도 있었다. 또한 전국 단위로 영업하는 소규모 산업을 지원하는 개발은행도 중소기업에 대한 집중적인 지원을 강화하였다. 또 재금융기관은 농업, 농촌개발 그리고 주택과 같은 중요한 영역에서 양허성 금융concessional finance을 통해 승수효과를 발생시키고 지리적인 확산을 촉진하였다. 부문별로 특화된 특수기관은 다른 원천으로 지원하기에는 적합하지 않았던 부문에 개발금융을 제공함으로써 중요한 목적을 달성하였으며, 이들 기관의 이러한 보완적 역할은 유용한 것이었다. 또 다른 하나는 개발금융기관의 지원이 가진 특질이 만들어낸 차별성이다. 개발금융기관의 대출은 산업 부문의 기업들에게 금융자원을 제공하는 것이었는데, 만약 이러한 대출이 없었다면 기업들은 투자를 위한 신용을 충분하게 그리고 양허적 조건으로 확보하는 것이 불가능했을 것이다. 이는 정부나 중앙은행이 이들 기관에 양허적 조건으로 금융을 제공하거나 또는 정부보증채, 면세채 등의 발행을 통해 국내 자본시장에 우선적으로 접근할 수 있게 해주었기 때문에 가능했다.

또한 인도의 경험은 누락과 과오omission and commission의 오류를 보여준다. 이러한 실수로부터 배우는 것이 중요하며, 어느 부분이 수정되어야 할지도 분명하다. 대부분의 산업화 후발국들과는 달리 인도의 개발금융기관은 인프라 부문에 대출하지 않았다. 오랜 시간이 흐른 뒤 이 문제를 바로잡기는 했지만, 너무 늦은 상태였다. 인프라 투자를 위한 자금조달을 국가와 주정부에게 전적으로 의존한 것이 실수였다. 그리고 이후 단계에서는 국내든 국외든 민간투자가 인프라 개발금융을 제공하리라 기대한 것 또한 못지 않은 실수였다. 민간투자는 기껏해야 유용한 보완책은 될 수 있었겠으나, 결코 대체품이 될 수는 없었다. 또 다른 누락오류는 개발금융기관 대출과 산업정책의 목적 또는 분야별 자원배분의 우선순위를 놓고 조정이 이루어지지 않았다는 것이다. 비록 이것이 미시적 차원에서는 어려웠다 할지라도, 어떤 종류의 전략적 목적이 중간 수준이나 거시적 차원에서 마련될 수도 있었을 것이다. 실제로 몇 몇 산업 부문(예: 제약)이 산업금융에 우선적으로 접근할 수 있도록 했다면 이러한 전략적 선택은 실현가능할 뿐만 아니라 바람직한 것이었을 것이다. 심각한 과오의 오류도 있는데 즉, 개발은행의 역할이 너무 빨리 약해졌고 이들 기관이 폐쇄되었다는 것이다. 인도의 경우 너무 이른 것이었다. 실제로 브라질, 중국, 한국과 같은 개발도상국과 독일, 일본 등 일부 선진국에서 개발은행은 여전히 건재하다.

인도에서는 대출기관과 투자기관이 산업화를 위한 자금조달 수단을 제공하기는 했으나 이들 기관에게 필수적인 통제 메커니즘이 없었던 관계로 산업정책의 도구가 되지 못했다는 점을 인식하는 것이 중요하다. 후자(산업정책)의 경우 두 가지 속성이 필수적이었지만 인도에는 없었다. 첫째, 신용에 대하여 가격과 접근성을 통해 성과는 보상을 하지만 성과를 내지 못한 것에 대해서는 불이익을 줄 수 있는 균형 잡힌 유인·억제체계incentives and disincentives를 마련할 필요가 있었다. 둘째, 지대를 획득하기 위한 정부와 기업 간 또는 개발은행과 기업 사이의 담합을 막을 수 있는 제도화된 견제와 균형 시스템이 요구되었는데, 이것이 없는 상황에서 부실자산이 쌓이는 것은 피할 수 없었다. 시간이 경과하고, 이러한 과정들이 제도화되면서 이해관계자들이 자신의 이익 추구를 위해 영향력을 행사하는 방향으로 통제 메커니즘이 변화하게 되었다; 그러나 이러한 제도화된 과정institutionalized processes은 기업뿐만 아니라 개발은행과 정부의 경제적 행위에 대해 규율을 부과했으며, 나아가 어느 한 이해관계자나 심지어 공모하기를 원하는 두 이해관계자들의 과도한 자기이익추구 행위를 제한하기도 하였다. 그러나 인도의 경우 이러한 구조적 결함이 개발금융 시스템의 개념과 설계에 내재하고 있었으며 이를 바로잡는 시도는 쉽지 않았다. 이렇게 실패한 점도 역시 중요한 교훈을 주고 있다.

VI. 국제적인 관점

개발금융의 역사적 기원은 주식시장 중심의 금융시장을 갖고 있는 영국이나 미국과는 대조적으로 산업화를 위해 은행 중심의 금융시스템을 발전시킨 서유럽 국가들에서 찾을 수 있다. 프랑스에서는 1840년대 후반에 산업 및 인프라 개발을 위해 장기금융기관이 설립되었다. 독일에서는 *Kreditbanken*이 1870년대에 신생 제조부문에 대한 투자자금을 제공하기 위해 탄생했다(거셴크론Gerschenkron, 1962). 이들 기관은 독일과 일본에서 제2차 세계대전이 끝날 무렵 전후 재건과 산업화를 지원하기 위한 산업금융의 롤 모델이었다. 독일재건은행KfW은 1948년 마셜플랜Marshall Plan의 일환으로 독일 정부 소유은행으로 설립되었다. 마찬가지로, 일본개발은행Japan Development Bank도 1951년에 일본 정부에 의해 설립되었다.

20세기 후반 라틴 아메리카와 아시아의 산업화 후발국의 경험에서도 개발은행의 중요성을 확인할 수 있다. 설명하기 쉬운 몇 가지 사례를 인용하는 것이 의미가 있는 것으로 보인다. 설립연도 기준으로 가장 빠른 주자는 1934년 멕시코의 Nacional Financiera(NAFINSA)와 1939년 칠레의 Corporacion de Fomento de la Produccion(CORFO)가 있다. 하지만 대부분의 개발금융기관은 1950년대에 설립되었다. 인도의 경우 IFCI는 1948년, ICICI는 1955년, IDBI는 1964년에 설립되었고, 브라질에서는 1952년에 브라질개발은행BNDES, 한국에서는 1954년에 한국산업은행Korea Development Bank(KDB), 터키에서는 1950년에 터키산업개발은행Industrial Development Bank of Turkey(TSKB), 태국에서는 1959년에 산업금융공사Industrial Finance Corporation of Thailand(IFCT)가 설립되었다. 말레이시아와 대만에서는 정부의 금융지원을 받는 상업은행이 일종의 개발은행대리surrogate development banks로서 동일한 기능을 수행하였다. 외국자본이 참여한 공기업으로서 주식시장에 상장되어 있는 싱가포르개발은행Development Bank of Singapore(DBS)은 1968년 후반에 설립되었으며, 1994년에는 중국개발은행China Development Bank(CDB)이 100% 정부 소유로 설립되었다. 이들 다양한 개발금융기관들의 설립 목적은 장기대출을 통해 투자자금을 지원하고 산업발전을 촉진하는 것이었다.

산업화의 초기 단계인 1950년부터 1980년까지의 기간 동안 라틴 아메리카와 아시아에 있는 개발은행 총자금공급의 상당한 부분을 인프라 투자를 위한 대출이 차지하였다. 브라질, 멕시코와 한국의 경우 동 비중이 같은 기간 1/4에서 1/2로 증가하였고, 그 이후 수십 년 동안에는 인프라 금융수요가 충족되면서 점차 축소되었다. 유일한 예외는 인도의 개발은행으로 인프라 대출은 개발은행 대출의 20분의 1에도 미치지 못했다(암스덴 2001). 산업화의 후기 단계에서 개발은행은 제조업 투자를 위한 금융지원을 위해 공공 부문뿐만 아니라 민간 부문의 국내기업에게 대출을 제공하였다. 사실 1980년대 브라질, 인도, 한국, 멕시코, 태국, 터키와 같은 국가에서 제조업 부문에 대한 총투자 대비 개발은행의 비중은 1/5~2/5 수준이었다(암스덴 2001). 브라질과 인도의 경우 동 비중은 1990년대에도 지속적으로 높은 수준을 유지했다. 또, 산업금융의 재원이 시간이 지남에 따라 다양해지기는 했지만, 이들 대부분의 국가에서 개발금융의 공급은 총고정자본형성 중 제조업 부문의 비중 증가와 밀접한 관련을 보인다.

  개발금융의 재원sources of funding은 국가별로 그 구성요소가 다양하고 시간이 지남에 따라 변한다는 특징이 있다. 우선, 개발은행은 정부재정을 통한 직접충용grants from the exchequer이나 정부의 장기무이자대출을 통해 간접적으로 자금을 조달하였으며, 일부의 경우는 양자 공여기관bilateral donors이나 세계은행과 지역개발은행과 같은 다자금융기관이 제공하는 외국차관이 재원으로 활용되었다. 그러나 이러한 지원은 국가소유은행state-owned bank, 우체국 및 연기금이 보유하고 있는 공공예금에 의존하는 예산 외 거래off-budget transaction를 통해 이루어졌다. 또, 이러한 거래는 일반적으로 정부 총예산의 범위를 넘어서는 것으로서 의회 감사나 정치적 절차를 거치지는 않았다. 반면 정부는 자원배분에 대하여 막대한 영향력을 행사하였다.

  산업정책의 도구로서의 개발은행의 성공은 상황과 환경에 의해 좌우되었다. 한국에서 산업은행은 놀라운 성공을 거두었다. 브라질에서는 BNDES가 중요한 역할을 수행하였다. 일부 국가에서는 지대추구rent-seeking행위로 인해 부실자산이 만들어 졌을 수도 있다. 부실자산 비중은 분명히 국가마다 또 시간이 흐름에 따라 변한다. 그러나 브라질, 칠레, 인도, 멕시코, 싱가포르, 태국 그리고 터키의 산업화를 위해 개발은행이 필수적인 금융을 제공했다는 데에는 의문의 여지가 없다. 말레이시아와 대만에서도 개발은행의 대리은행이 이와 같은 역할을 수행하였다. 한편 개발은행이 전혀 발전하지 않은 아르헨티나는 그 대가를 치러야만 했다. 많은 시간이 흐른 후, 중국의 CDB는 1990년대 초반에 시작된 산업화의 물결 속에서 효과적이고 가치 있는 역할을 수행하였다.

회고해 보면, 아시아 및 라틴 아메리카 국가에서 공통적으로 발견된 세 가지 요소를 고려할 때, 개발은행이 여러 가지 기능을 수행한 가운데 산업화의 후발주자로서 이들 국가가 각자의 길을 개척하는 데 필수적이었음은 분명하다. 첫째, 개발은행은 인프라 투자를 위한 자금을 지원함으로써 산업화를 위한 초기 여건을 마련하는 데 도움을 주었다. 둘째, 개발은행은 제도·기관의 중요한 부분으로서 시장만으로는 충족시킬 수 없는 제조업 부문의 투자를 지원하였다. 셋째, 개발은행은 중간 및 미시적 수준에서 정부 산업정책의 중요한 도구였으며 선별된 산업 또는 기업에 희소한 투자자원을 할당하였다.

산업금융의 원천으로서 개발은행의 중요성은 세기가 바뀌면서 인도뿐만 아니라 다른 지역에서도 축소되었다. 2003년 싱가포르는 DBS를 상업은행으로 전환하고 DBS Bank로 개명하였다. 2004년 태국의 IFCT는 Thai Military Bank에게 매각되어 상업금융으로 흡수되었다. 터키의 TSKB는 현재 터키 최대 상업은행이 과반수의 주식을 보유하고 있는 민간소유 투자은행으로 변화되었다. 다만 일본은 이들 국가와 달랐다는 점에 주목할 필요가 있다. 일본개발은행Japan Development Bank(JDB)은 설립 50년 후 1999년에 해체되었지만 지역개발에 초점을 둔 새로운 임무를 부여받은 일본정책투자은행Development Bank of Japan(DBJ)이 JDB를 대체하였다. 또한 2008년에는 기존 4개의 정책금융기관들을 합병하여 정부가 100% 소유한 일본정책금융공고Japan Finance Corporation(JFC)가 설립되었다.[6]

2000년대 초반에는 개발은행의 역할이 인도뿐만 아니라 몇 몇 개발도상국가에서도 약화된 것으로 보인다. 이는 정부가 양허자금concessional funds을 점진적으로 축소한 데 기인하였는데, 이러한 축소는 어느 국가에서나 금융부문 규제 완화와 개혁의 필수적 요소이었기 때문이다. 시간이 흐르면서 후기 산업화 국가의 경우 자본시장이 발전하고 민간과 공공 부문 모든 영역에서 상업은행이 산업에 대한 장기금융을 제공하기 시작함에 따라 개발은행의 상대적인 중요성이 하락했을 수

---

[6] JFC는 2005년 11월 고이즈미 내각이 공표한 "정책금융개혁의 기본방침"에 근거하여 설립된 기관이다. 동 기관은 중소기업금융공고Japan Finance Corporation for Small and Medium Enterprise(JASME), 농림어업금융공고Agriculture, Forestry and Fisheries Finance Corporation(AFC), 국민생활금융공고National Life Finance Corporation(NLFC) 등 3개 금융공고와 국제협력은행Japan Bank for International Cooperation(JBIC)를 통합하여 설립되었다. 한편 JFC의 국제업무 부문으로 편입되었던 JBIC는 2008년 글로벌 금융위기를 계기로 2012년 4월 JFC로부터 다시 분리·독립하여 해외 정책금융을 담당하고 있다.

도 있다. 그러나 이러한 선택은 국내 자본시장이 충분히 발달한 후에나 가능한 일이었다. 하지만 개발은행조차도 자국내 자본시장이 출현함에 따라 정부의 직접적인 지원 없이 자금을 조달하는 것이 가능하게 되면서 혜택을 누릴 수 있었다.

이러한 일련의 발전과정을 경험한 국가의 경우 개발은행의 거시경제적 중요성이 축소되는 것은 놀라운 일이 아니다. 그러나 이러한 현상이 모든 곳에서 일어나는 일이 아니라는 점을 인식하는 것이 중요하다. 대부분의 국가에서 자금공급 통계가 이용가능한 것이 아니기 때문에 국제비교는 어렵다. 표 7.4는 2000년, 2005년 그리고 2010년말 현재 자료가 이용가능한 국가들에 대해서 GDP 대비 개발금융기관의 대출잔액을 보여주고 있다. 멕시코와 터키와 같은 일부 국가의 경우 동 비중이 2000년대에 꾸준히 하락하여 낮은 수준을 유지하다가 2010년에는 1%를 하회하고 있음을 알 수 있다. 인도의 경우 동 비중은 2000년 7.4%에서 2005년 2.2% 그리고 2010년 0.8%로 훨씬 더 급격히 하락하였다.[1] 그러나 한국은 2000년 8.6%에서 2010년 6.8%로 감소폭이 훨씬 작았다. 반면 브라질과 중국에서는 반대의 추세를 보였다. 2000년과 2010년 동안 동 비중을 살펴보면 브라질은 6.4%에서 9.7%로, 중국은 6.8%에서 11.2%로 증가하였다. 한편 선진국인 독일과 일본은 훨씬 더 놀라운 차이를 보이고 있다. 2000년과 2010년 동안 동 비중이 독일은 8.5%에서 15.9%로 증가하였으며 일본에서는 JDB의 폐쇄 이후 3%의 낮은 수준을 보이다가 7.2%(DBJ와 JFC 합산기준)로 상승하였다. 이 시기 동안 브라질과

[표 7.4] GDP 대비 개발금융기관의 대출잔액 비중(%) : 국제비교

	2000	2005	2010
브라질 (BNDES)	6.4	6.5	9.7
중국 (CDB)	6.8	9.4	11.2
인도 (ICICI, IFCI, IDBI 및 SIDBI)	7.4	2.2	0.8
한국 (KDB)	8.6	6.2	6.8
멕시코 (NAFINSA)	2.7	1.7	0.9
터키 (TSKB)	NA	0.04	0.1
독일 (KfW)	8.5	11.5	14.9
일본 (DBJ + JFC)	3.2	2.8	7.2

자료 : BNDES, CDB, ICICI, IFCI, IDBI, SIDBI, KDB, NAFINSA, TSKB, KfW, DBJ 및 JFC의 연차보고서
주 : DBJ의 경우 2000년 자료는 이용불가능하며 3.2%는 2002년도의 GDP 대비 대출잔액 비중의 근사치를 나타냄. 2010년 일본에 대한 수치는 DBJ와 JFC의 합계로서 후자가 4.4%에 해당됨

중국이 멕시코와 인도에 비해 훨씬 더 우수한 산업화 성과를 거둔 이유는 다양하고 복잡하다. 그러나 브라질과 중국에서는 개발금융기관이 강한 존재감을 가졌지만 멕시코와 인도에서는 미미한 존재감을 가지고 있었다는 사실이 반드시 산업화 성과 차이를 설명하는 이유의 일부여야 함은 틀림없다.

주 석

2014년 6월 5~6일 동안 요르단에서 열린 IPD-JICA 워크샵과 2015년 2월 19~20일 동안 콜럼비아대학교에서 열린 워크샵에서 본 발표에 대해 통찰력있는 질문과 유익한 코멘트를 해 주신 참가자들 분들께 감사를 드린다. 또한 본 연구에 귀중한 도움을 주신 아툴 산가네리아Atul Sanganeria 에게도 감사를 표한다.

1. 2000년대에 LIC는 지속적으로 산업 부문에 장기대출을 공급했다. 이에 대한 증거는 연간 자금공급 기준으로 표 7.1에 제시되어 있다. 그러나 LIC 대출잔액에 대한 자료는 보험정책 관련 대출과 기타 모든 대출을 포함하는 총대출이므로, 매년말 기준으로 산업 부문에 제공된 장기 대출잔액에 대한 통계는 존재하지 않는다. 따라서 위에서 언급한 비중에는 IFCI, ICICI, IDBI 및 SIDBI는 포함되지만 LIC는 포함되어 있지 않다.

참고 문헌

Amsden, Alice H. 2001. *The Rise of the Rest: Challenges to the West from Late Industrializing Economies*. New York: Oxford University Press.

Bajpai, G. N. 2004. "Development Financing in a Changing Environment." *Economic and Political Weekly*. 29 May: 2212-15.

Bhaduri, Amit, and Deepak Nayyar. 1996. *The Intelligent Person's Guide to Liberalization*. New Delhi: Penguin.

Chang, Ha-Joon. 1996. *The Political Economy of Industrial Policy*. London: Macmillan.

———. 2002. *Kicking Away the Ladder: Development Strategy in Historical Perspective*. London: Anthem.

———. 2007. Institutional Change and Economic Development. London: Anthem.

Corden, W. M. 1974. Trade Policy and Economic Welfare. Oxford: Clarendon Press.

EPW Research Foundation. 2004. "Reviving DFIs: An Urgent Need." Economic and Political Weekly. 19 June: 2544-50.

Evans, Peter. 1995. *Embedded Autonomy: States and Industrial Transformation*. Princeton,

N.J.: Princeton University Press.

Gerschenkron, Alexander. 1962. *Economic Backwardness in Historical Perspective.* Cambridge, Mass.: Harvard University Press.

Goldsmith, Raymond W. 1983. *Financial Development of India:* 1860-1977. Delhi: Oxford University Press.

Johnson, C. 1984. "The Idea of Industrial Policy," in *The Industrial Policy Debate,* ed. C. Johnson. San Francisco: Institute of Contemporary Studies.

Karunagaran, A. 2005. "Should DFIs be Revived?" *Economic and Political Weekly.* 19 March: 1247-52.

Lall, Sanjaya. 1990. *Building Industrial Competitiveness in Developing Countries.* Paris: OECD Development Centre.

──. 1997. "Imperfect Markets and Fallible Governments: The Role of the State in Industrial Development." In *Trade and Industrialization,* ed. Deepak Nayyar, 43-87. Delhi: Oxford University Press.

Landesmann, M. 1992. "Industrial Policies and Social Corporatism." In *Social Corporatism*, eds. J. Pekkarenin, M. Pohjola, and R. Rowthorn, 242-79. Oxford: Clarendon Press.

Lindbeck, A. 1981. "Industrial Policy as an Issue of the Economic Environment." *The World Economy* 4(4): 391-406.

Mathur, K. B. L. 2003. "Development Financial Institutions at the Crossroads." *Economic and Political Weekly.* 22 February: 799-806.

Nayyar, Deepak. 1997. "Themes in Trade and Industrialization." In *Trade and Industrialization*, ed. Deepak Nayyar, 1-42. Delhi: Oxford University Press.

──. 2013. *Catch Up: Developing Countries in the World Economy.* London: Oxford University Press.

North, Douglass C. 1990. *Institutions, Institutional Change and Economic Performance.* London: Cambridge University Press.

Pinder, J. 1982. "Causes and Kinds of Industrial Policy," in *National Industrial Strategies in the World Economy*, ed. J. Pinder. London: Croom Helm.

Reich, R. 1982. "Why the U.S. Needs an Industrial Policy," *Harvard Business Review,* January-February. https://hbr.org/1982/01/why-the-us-needs-an-industrial-policy.

Reserve Bank of India. 2004. *Report of the Working Group on Development Financial Institutions.* Mumbai: Reserve Bank of India.

──. 2006. *Report on Currency and Finance 2005-06.* Mumbai: Reserve Bank of India.

──. 2013. *Handbook of Statistics on the Indian Economy 2012-13.* Mumbai: Reserve Bank of India.

Wade, Robert. 1990. *Governing the Market: Economic Theory and the Role of Government in East Asian Industrialization.* Princeton, N.J.: Princeton University Press.

PART III
실제 사례와 제언

제 8 장

산업정책의 재조명
Industrial Policy Revisited

- 새로운 구조경제학 관점 -

저스틴 이푸 린 Justin Yifu Lin

도 입

어떻게 경제성장을 촉진할 수 있을까 하는 것은 적어도 1776년 아담스미스 Adam Smith의 『국부론 The Wealth of Nations』 출판 이후 지속된 경제담론과 연구주제였다. 과거의 이론들이 시장과 정부가 경제발전을 촉진(또는 억제)하는데 있어서 어떻게 역할을 하는지에 대해 연구해 온 바 있으나, 성장에 대한 연구는 여전히 어떤 특정 국가의 성장을 유지하고 가속화하기 위한 실행 가능한 정책수단이 무엇인지를 알아보는데 있어 상당한 방법론적 어려움과 도전에 직면해 있다. 특히, 경제발전에서 정부의 역할은 논쟁의 여지가 있다.

주류 경제학자들은 상대적인 가격이 적정하게 형성되고 그럼으로써 자원배분의 효율성을 높이데 시장 메커니즘이 필수적이라는데 동의한다. 그러나 성공적인 국가의 경험을 보면 산업 변환을 촉진하는 데 종종 정부가 중요한 역할을 한다는 것을 보여주기도 한다.

산업정책은 과거나 현재 모두 경제발전을 촉진하기 위해 정부가 적극적으로 사용하는 중요한 수단이다. 역사적 증거들을 보면 서유럽과 북아메리카 등 오래된 산업강국들과 동아시아의 신흥 산업국을 포함하여 농업에서 근대 및 선진국으로 성공적인 전환을 한 모든 국가에서 정부가 필연적인 조정 inevitable coordination 과 외부성[1] 문제externality problems를 극복하기 위하여 개별기업을 지원하는 적극적인 역할을 하였음을 보여주고 있다. 사실, 고소득 국가의 정부는 오늘도 그렇게 하고 있다. 그러나 개발도상국의 경우 거의 모든 정부가 그 역할을 수행하려고 시도했으나 안타깝게도 대부분 실패했다.

제2차 세계대전 이후 대부분의 사회주의 국가와 개도국 정부들은 선진국에서 널리 자리잡은 자본집약적 산업을 구축하려고 시도했다(린Lin 2011). 이같은 비교우위무시전략comparative advantage defying(CAD)은 1950년대와 1960년대를 지배한 사고인 구조주의structuralism에 의해 옹호되었다(린 2003과 2009). CAD 전략 하에서는 정부가 우선순위 산업 내에 있는 기업들을 보호하였는데, 관련기업에 시장독점을 허용하기도 하고, 이자율 제한, 자국통화 과대평가, 원자재가격 통제 등의 방법으로 기업들의 투자·운영 비용을 절감할 수 있도록 하였다.

사회주의 국가에서의 국가 계획, 그리고 非사회주의 개발도상국에서의 신용할당, 투자, 진입 허가 등 CAD전략에 의한 정부의 개입은 불가피하게 자금, 외환, 원자재의 광범위한 부족을 불러왔다. 결국, CAD 산업정책을 채택한 사회주의 국가, 개도국에서는 몇몇 선진 산업들이 확립될 수는 있었지만, 이는 필연적으로 비효율적인 자원 배분, 노동 인센티브의 억제, 만연한 지대(地代)[2] 추구 행동, 소득분배의 악화, 저조한 경제성과로 이어졌다. 산업정책의 목표가 선진국과 개도국간 격차를 줄이는 것이라면, 대체로 1세대 산업정책은 실패하였다.

산업정책 효율성 측면에서의 이러한 실패에도 불구하고, 모든 국가는 경제발전을 촉진하기 위한 산업정책을 지속적으로 채택하고 있다. 다행히, 산업정책을 적극적으로 실행함으로써 선진국과의 격차를 따라 잡거나 간극을 상당히 좁히는 성공적인 몇몇 사례가 있었다. 예를 들어, 일본은 1950년 1인당 소득이 미국의 1/5 수준인 개발도상국에서 출발하여 궁극적으로 고소득 국가, 세계 두 번째 규모의 경제대국으로 성장하였다. 이러한 일본의 성장은 농업경제에서 산업화경제로 전환된 1950년대와 1960년대에 9.6%라는 놀라운 연평균 성장률을 기록하였기에

---

1) 어떤 경제 활동이 당사자가 아닌 제3자에게 편익이나 비용을 발생시켰는데 그것이 가격체계에 반영되지 않아 자원배분에 비효율성을 초래하는 경우
2) 임금 소득과 같이 노력하여 얻는 소득이 아니라 토지를 소유하였을 때 얻는 지대와 같이 독점적 지위나 권리를 활용해 벌어들이는 불공정한 소득

가능하였다. 아시아의 호랑이로 불리는 홍콩, 한국, 싱가포르, 대만 등의 국가들은 대외 지향적이고 시장 친화적인 발전전략을 통해 1960년대 초에서 1990년대 사이 연평균 7% 이상의 성장률을 기록함으로써 선진국과의 갭을 줄일 수 있다는 것을 보여주었다.

최근에는 중국, 브라질, 인도 등 몇몇 대국이 빠르게 성장하면서 새로운 글로벌 성장축으로 자리매김 하고 있다(세계은행 2011). 이러한 높은 성장률 덕택에 빈곤은 크게 감소했다. 1981년에서 2005년 사이 하루 생계비가 1.25달러 미만인 사람들의 비율이 52%에서 절반인 26%로 줄었다. 이러한 빈곤의 감소는 중국에서 가장 두드러졌다. 1981년 중국은 전체 인구의 84%가 빈곤 속에 살았다. 2005년에 이르기까지 이 비율은 개도국의 평균보다 훨씬 낮은 16%까지 떨어졌다. 성장보고서 Growth Report에 나타났듯이 급속한 성장을 경험한 모든 국가는 헌신적이고 신뢰할 수 있는 유능한 정부를 가지고 있다(성장위원회 Growth Commission 2008). 의심할 여지가 없이 산업정책을 효과적으로 실행하는 것은 유능한 정부의 유일한 특징이다.

그런데 왜 일부 산업정책은 성공한 반면 다른 산업정책들은 실패했는가? 경제 발전 과정에서 정부의 행동이 정말로 필요한가? 그렇다면 정부는 어떻게 적절한 산업정책을 통해 올바른 전략을 찾아내고 경제발전을 용이하게 할 것인가? 우리가 실패한 개발시도와 몇 가지 성공사례를 통해 배우고, 경제성장의 본질과 결정요인을 탐구하고 그리고 정책입안자들에게 자국의 성장잠재력을 발휘할 수 있는 도구를 제공할 수 있다면 가난은 한두 세대 이내에 과거의 기억이 될 수 있다.

이 장은 산업정책을 경제발전의 도구로 사용하는데 실패한 이유에 대해 새로운 구조경제학적 분석을 제공할 것이다. 실패가 만연한 것은 물려받은 부존구조 endowment structure 대비 발전수준에 적합한 산업을 찾아내는 좋은 지침을 내놓지 못한 정부의 무능에 주로 기인한다고 주장한다. 이 장은 다음과 같이 구성되어 있다. 2절은 새로운 구조경제학의 주요 아이디어를 소개한다. 3절에서는 역동적인 경제성장 과정에서 조력자로서의 국가 역할에 대한 논리를 설명하고, 세계 각국의 초기 산업발전 전략에서의 중요한 교훈들을 간략히 살펴보는 한편 오늘날 선진국의 구조적 변화 과정에서 국가의 역할을 분석한다. 또한 개도국 정부가 산업을 한 단계 높이고 경제적 다양성을 촉진하기 위해 정책적 개입을 채택하려 시도한 유사한 사례를 검토하여 성공 또는 실패 이유를 분석한다. 4절은 새로운 구조경제학의 기초(린 2011) 위에서 '성장성 발굴 및 촉진' growth identification and facilitation이라는 새로운 접근 방식을 기반으로 한 산업정책 수립의 기본 틀을 제공한다(린과 몽가 Monga 2011). 5절은 결론이다.

새로운 구조경제학

경제 발전과 전환transition은 현대경제연구에서 있어 가장 어려운 이슈 중 하나다. 대공황 이후 가장 심각한 위기인 글로벌 금융위기는 각종 경제학 이론들을 되짚어보게 한다. 따라서 지금 이 시점이 경제학자들이 발전이론들을 재검토하기에 적절한 시점이라고 할 수 있다.

현대 경제성장의 본질을 분석한 새로운 구조경제학New structural economics(NSE) (린 2011, 2012)은 경제발전과 산업정책을 다시 생각할 수 있는 틀을 제시한다. NSE의 출발점은 현대경제 발전의 주요 특징이 지속적인 기술혁신, 산업 고도화, 경제적 다양성이며, 이들은 한 나라의 노동생산성과 1인당 소득의 지속적인 증가를 가능하게 한다는 관찰로부터 시작된다.

NSE는 현대경제 발전은 요소 부존factor endowments, 즉 노동, 자본, 천연자원의 가용성에서 출발해야 한다고 제안한다. 요소부존은 특정한 시점 한 나라 경제에 주어진 것으로서 시간이 지남에 따라 변할 수 있다. 어느 한 나라 경제의 최적 산업구조, 즉 특정 시점에 그 나라 경제를 대내외적으로 가장 경쟁력이 있게 만드는 산업구조는 그 나라의 비교우위로 내재되어 있으며 비교우위는 그 시점 그 나라 경제의 주어진 부존구조endowment structure에 의해 결정된다[1]. 따라서 비교우위에서 벗어나려고 할 경우 그 경제는 저조한 성과를 보일 수 있다.

자본이 축적되면 그 나라 경제의 요소 부존자원 구조가 진화하게 되고 산업구조는 이전의 최적 상태에서 벗어나게 된다. 그들이 단순히 기존 산업에 더 많은 실물자본이나 노동력을 추가함으로써 성장하려고 시도한다면 그 경제는 궁극적으로 수익 감소로 이어진다. 이러한 경우 기업들은 시장경쟁력 유지를 위해 산업과 기술을 업그레이드할 필요가 있다.

한 나라의 경제가 산업발전에서 자신의 비교우위를 따를 경우 그 나라는 국내와 세계 시장에서 가장 경쟁력이 있는 산업들을 갖게 될 것이다. 그 결과 그들은 시장 점유율을 최대화하고 잠재적으로 최대 잉여를 창출할 것이다. 자본투자도 가장 큰 수익을 올릴 것이다. 결과적으로, 가계 부문은 가장 높은 저축성향을 갖게 되어 국가 부존구조를 보다 빠르게 업그레이드할 것이다.

비교우위를 좇아 산업을 발전시키는 개도국은 발전과정에서 낙후되어 있는 backwardness 이점을 누리며 선진국보다 빠르게 성장할 수 있다. 개도국의 기업들은 학습과 빌려오는 방식으로 새로운 비교우위와 일치하는 산업 및 기술 혁신들을 선진국으로부터 습득함으로써 선진국과의 산업 및 기술 혁신 격차에서 오는 이득을 얻을 수 있다.

그렇다면 질문은 '한 나라의 경제를 비교우위와 일치하는 방식으로 성장하도록 어떻게 보장할 것인가'이다. 자본, 노동, 천연자원의 상대가격이 부존구조상 이러한 생산요소의 상대적 부족을 반영하고 있다면 이익극대화를 목표로 하는 대부분의 기업들은 비교우위와 일치하는 산업에 진입하도록 유도될 것이다. 왜냐하면 그렇게 하는 것이 기업 측면에서 생산비용을 최소화하고 시장에서 경쟁력을 유지하는 방법이기 때문이다. 이러한 상대가격 시스템은 경쟁시장 시스템에서만 존재한다. 일반적으로 그렇지 않은 개발도상국에서는 제품 및 요소 시장에서 효과적인 경쟁을 창출하고 보호할 수 있도록 정부가 다양한 시장제도들을 개선하는 조치를 취하는 것이 필요하다.

그러나 지속적인 산업 업그레이드의 일부 비용과 편익은 개별 기업이 내부화internalize할 수 없다. 첫째, 새로운 산업에 진입하려면 기업은 생산기술과 제품시장에 대한 정보를 갖고 있어야 한다. 그러한 정보를 자유롭게 이용할 수 없다면 각 회사는 정보를 검색·수집·분석하기 위해 자원을 투자해야 한다. 새로운 산업에 진입하려고 시도하는 퍼스트무버First-movers는 잘못된 산업을 목표로 할 경우 실패할 수도 있고, 그 산업이 그 나라의 새로운 비교우위와 일치하는 산업이면 성공할 수도 있다. 성공할 경우, 그들의 경험은 다른 잠재적 진입자들에게 귀중한 정보를 무상으로 제공한다. 따라서 그들은 새로운 시장 진입자들과의 경쟁으로 인해 독점적 지위를 누리지 못할 것이다. 더욱이, 퍼스트무버는 종종 종업원들을 새로운 비즈니스 프로세스와 기술에 대해 교육하는데 자원을 투입해야 하며, 이후에는 종업원들이 퍼스트무버의 경쟁자들에게 고용될 수도 있다. 퍼스트무버가 실패하는 상황에서도 나쁘지만 그 경험은 다른 회사에 유용한 지식을 제공한다. 하지만 그들로서는 스스로 실패의 비용을 부담해야 한다. 다시 말해, 퍼스트무버가 행하는 투자의 사회적 가치는 대개 개인적인 가치보다 훨씬 크며, 성공에 따른 퍼스트무버의 이익과 실패 비용 사이에는 비대칭성이 존재한다. 이러한 외부적 이슈들은 개별 기업들이 스스로 산업구조를 업그레이드하는 것을 꺼리게 하는 요인이 된다.

둘째, 한 국가가 산업과 기술 사다리ladder를 올라가게 되면 다른 많은 변화들이 요구된다. 기업들에 의해 사용되는 기술은 더욱 정교해지고 자본요구량이 증가하며 생산 및 시장 규모도 커진다. 시장거래도 점점 더 공정하게 일어나게 된다. 유연하고 원활한 산업·기술 업그레이드 프로세스는 교육·금융·법률 제도들 등 소프트 인프라와 도로, 고속도로, 항만시설, 전력공급 등 하드인프라에서의 동시적 개선을 요구한다. 그 결과 새로 업그레이드 된 산업의 기업들은 거래비용이 줄어들어 생산 가능한 영역에 도달할 수 있게 된다(해리슨Harrison과 로드리게즈-클레어Rodriguez-Clare 2010). 하드 그리고 소프트 인프라 개선은 개별회사의 의사결정을 넘어서는 조정을 필요로 한다.

따라서 경제발전은 외부성과 이에 따라 요구되는 조정이라는 특징을 지닌 역동적인 과정이다. 의심할 여지없이, 시장은 주어진 발전단계에서 효과적인 자원배분을 달성하는데 필요한 기본 메커니즘이지만 역동적인 경제성장은 한 나라 경제가 한 단계에서 다른 단계로 이동할 수 있도록 외부성과 조정 이슈의 극복에 정부가 적극적이고 촉진적인 역할을 하도록 요구한다. 정부는 (1) 부존구조의 변화로 결정된 새로운 비교우위와 일치하는 새로운 산업에 대한 정보를 제공하고; (2) 관련 산업에 대한 투자와 필요한 인프라 개선사항을 조정하고; (3) 새로운 산업 및 신기술 도입 초기단계에서 외부성 활동에 대해 보조금을 지급하고; (4) 사회적 자본의 부족과 기타 무형적인 제약을 극복하기 위해 인큐베이션incubation 또는 외국인 직접투자를 유치함으로써 새로운 산업의 발전을 촉진한다.

요약하면, NSE의 틀은 세 가지 가닥으로 되어있다 : (1) 우선, 국가 비교우위에 대한 이해(그 비교우위는 부존구조의 진화 가능성으로 정의된다); (2) 주어진 발전단계에서 최적의 자원배분 메커니즘인 시장에 의존; (3) 산업고도화 과정에서 조력자로서의 국가의 역할에 대한 인식. 이로써 NSE는 가장 성공적인 개도국들의 경제적 성과를 설명하는 데 도움을 주게 된다.

구조적 변화, 효율적 시장 그리고 조력자로서의 정부

NSE의 원칙을 바탕으로 하면, 산업정책이 경제발전에 필수 불가결한 이유는 분명하다. 시장은 자원배분에 대한 인센티브를 제공하지만 그 인센티브는 충분하지 않다. 왜냐하면 경제발전에는 산업고도화와 그에 따른 하드·소프트 인프라 개선이 포함되기 때문이다. 이러한 고도화와 개선들은 기업들의 거래비용과 투자수익에 큰 외부성을 가지고 있어 관련된 조정inherent coordination을 필요로 한다. 따라서 효과적인 시장 메커니즘에 더하여 정부가 구조적 변화를 촉진하는 데 적극적으로 참여해야 한다.

선진국은 글로벌 최첨단 영역에서 시행착오를 통하여 스스로 만들어낸 새로운 지식을 기반으로 산업 발전과 다각화를 이루어가는 것에 비해, 추격 과정에 있는 개도국은 글로벌 산업계 영역 안에서 움직이며 후발국으로서의 이점을 누리게 된다. 즉 선진국의 기존 기술 및 산업 아이디어를 차용할 수 있고 혁신을 얻는 방법은 선진국 기업들이 사용한 것보다 비용이 적게 들고 덜 위험한 것이다(크루그만Krugman 1979). 따라서 시장시스템market system에 전념한 개도국에서, 만약 기업이 후발국의 이점을 활용하는 방법을 알고 정부가 산업 고도화 및 다변화 과정에서 정보, 조정, 외부성에 대한 보상externality compensation을 사전에 제공한다면 개도국은 선진국보다 훨씬 더 빨리 성장할 수 있고 고소득 국가 진입이라는 목표를 달성할 수 있다(린 2009). 결국 18세기 이전의 영국; 19세기 독일, 프랑스, 미국; 20세기 일본, 한국, 대만, 중국, 싱가포르, 말레이시아 등 동아시아 경제국들이 이에 해당한다(암스덴Amsden 1989; 장하준Chang 2003; 거셴크론Gerschenkron 1962; 웨이드Wade 1990).

많은 실패와 몇몇 성공한 경우 등 국가 개입의 역사적, 동시대적 경험을 살펴보는 것은 산업정책이 왜 유용한 도구인지에 대한 두 가지 실질적인 이유를 이해하는데 도움이 되는데 즉, 첫째 조정의 내용들은 산업에 따라 다를 수 있으며, 둘째 정부의 자원과 역량은 제한적이다. 따라서 정부는 이들을 전략적으로 사용할 필요가 있는 것이다.

오늘날 가장 앞선 선진국들도 한때는 정부개입에 상당히 의존하여 발전takeoff 및 추격catch-up 과정을 시작하고 이를 촉진시켰다는 충분한 역사적 증거가 있다. 정부개입은 그들로 하여금 강력한 산업기반을 구축하고 장기간에 걸쳐 성장 모멘텀을 유지할 수 있게 하였다. 서구의 초기 경제변화를 가져온 무역·산업 정책에 관한 리스트List(1841)의 유명한 설문 조사에서, 그는 정부들이 다양한 정책개입을 통해 국내 산업을 보호하거나 심지어는 특정 산업의 발전을 지원하였으며 그 중 많은 부분이 성공적이었고 국가 산업발전의 기반이 되었다고 서술하였다.

마찬가지로 장하준(2003)은 현재 선진국의 대부분이 산업혁명을 겪었던 시기(1815년 나폴레옹 전쟁이 끝나고 1914년 1차 세계대전이 시작될 때까지)의 경제발전을 살펴보았다. 그는 이 국가들이 추격 전략을 성공적으로 실행할 수 있게 한 다양한 국가개입 패턴들을 정리하였다. 서구 산업의 성공이 종종 자유방임과 자유시장 정책에 기인한다는 전통적 견해와 달리, 역사적 증거는 산업, 무역 및 기술정책을 사용한 것이 성공적인 구조변화의 주요 요소임을 보여준다. 여기에는 빈번한 수입관세 사용 또는 유치산업 보호를 위한 수입금지에서부터 독점허용을 통한 산업촉진, 정부소유 공장으로부터 저렴한 조달, 다양한 보조금, 민간 파트너십, 정부의 직접투자(특히 영국과 미국) 등에 이르기까지 다양한 것들이 있다(트레빌콕 Trebilcok 1981). 영국을 따라 잡으려는 모든 유럽 국가들은 기술정책에 심혈을 기울였다. 첫 번째 산업혁명의 중반 때까지 기술이전의 주요 경로는 새로운 지식을 상징하는 숙련공의 이동이었다. 프랑스 등 후발주자들은 영국으로부터 대규모의 숙련공을 확보하려고 시도했으나 영국정부는 1719년부터 한 세기 이상 그들의 이주를 금지하였다. 새로운 기술이 기계에 구현되면 이 또한 정부의 통제 하에 놓이게 되었다: 18, 19세기에 "도구와 기구"의 수출을 금지하는 다양한 법률이 채택되었다.

산업화 초기 정부개입 형태는 다양하다. 일본은 정부가 조선, 광산, 섬유 등의 분야에서 많은 공장('시범공장pilot plants')을 만들었는데 이들 공장 대부분은 저렴한 가격에 민간으로 이전되고 이들에게 보조금도 지급하였는데 이는 산업화와 다각화 과정을 시작하는 데 도움을 주었다. 심지어 국영기업이 제대로 그 역할을 수행하지 못했을 때에도 이러한 다수의 국영기업들의 실패사례는 민간부문의 급성장을 불러오기도 하였다. 메이지 유신(明治維新) 기간 동안 일본에서 가장 주목할 만한 사건은 부실 국영기업의 실패로부터 생기를 찾은 섬유산업을 들 수 있다. 민간기업들은 국영기업으로부터 기술과 경영을 배우고 다양한 프로세스 혁신들을 도입하여 당시 비교우위에 있던 저렴한 노동력으로 값 비싼 장비를 대체함으로써 성공을 거두었다(오츠카Otsuka, 래니스Ranis와 색손하우스Saxonhouse 1988).

선진국 정부들은 공식적으로 산업정책이라는 이름으로 발표하지는 않았지만 산업의 고도화와 다각화를 지원하기 위한 다양한 조치들을 지속적으로 채택하고 있다. 이러한 조치들은 일반적으로 기초 연구, 위임, 방위 계약의 할당, 대규모 공공 조달에 대한 지원을 포함한다. 또한 지방정부도 종종 민간기업들을 특정지역에 유치하고 새로운 투자를 이끌어내기 위해 모든 종류의 인센티브를 제공한다. 이러한 모든 조치의 적용은 특정 산업 또는 상품을 발굴하는 과정을 필요로 하는데 이는 "대상 산업(제품) 고르기picking winners"에 해당한다.

거의 모든 개도국들은 국가 주도의 구조적 변화에 있어서 초기, 특히 2차 세계대전 이후의 모델을 재현하려고 시도해 왔다. 동유럽과 아시아의 계획경제에서 라틴 아메리카, 아시아, 아프리카 및 아랍 세계 등 좌파 성향이나 심지어 자유주의 정권에 이르기까지 많은 정부는 산업 발전과 고도화를 촉진하기 위해 다양한 정책수단들을 채택했다. 동아시아에서 약간의 성공이 있었지만, 이러한 시도들의 대부분은 기대했던 결과들을 만드는데 실패했다(크루거와 턴서Tuncer 1982; 랠Lal 1994; 팩Pack과 새기Saggi 2006).

좋은 예가 1950년대 철, 철강, 화학 등 중공업으로 특징지워진 이집트의 산업화 프로그램이다. 이 나라의 1인당 소득은 당시 세계에서 가장 중요한 철강 생산국가였던 미국의 약 5%였다. 정부가 값 비싼 보조금 또는 보호를 지속적으로 제공하지 않는 한, 이집트 기업은 민간부문으로부터 투자를 유치할 수 없는 상황이었다. 이들을 '생존 불가능한nonviable' [2] 기업이라고 표현할 수 있는데, 다른 말로 하면 이러한 기업은 잘 관리된다 하더라도 개방적이고 경쟁적인 시장에서 생존할 수 없다는 의미이다. 정부가 보조금 또는 보호를 제공하지 않는 한 어느 누구도 그러한 회사에 투자하거나 계속해서 운영하려고 하지 않을 것이다. 따라서 구조주의가 주장하는 것처럼 개발도상국에서의 자본집약적 산업이 부재한 것은 시장 경직성market rigidity에 원인이 있는 것이 아니라 개방적이고 경쟁적인 시장에서 해당 기업들이 생존할 수 없기 때문에 발생한다[3].

국가의 제한된 재정으로 인해 생존이 불가능한 기업들에 대한 대규모 보호와 보조금은 불가능해졌다. 이러한 상황에서 정부는 소위 우선순위 부문의 기업들에 시장독점권을 부여하고, 금리를 억제하고, 자국통화를 고평가하고, 원재료 가격을 통제하는 행정조치를 통해 생존 불가능한 공공기업에 대한 투자와 운영 원가를 줄여야 했다(린 2009). 이러한 상황에서 정부의 지원을 받는 기업들은 개방적이고 경쟁적인 시장에서는 살아갈 수 없다. 그들의 생존은 높은 관세, 쿼터 제한, 보조적인 신용 등 많은 보호와 대규모 보조금에 달려있다. 이러한 조치에 포함된 대규모 지대(地代)는 쉽게 정치적 포획political capture의 대상이 되며, 어려운 지배구조 문제를 야기한다(린 2011).

이에 반해, 가장 성공적인 아프리카 국가들 중 하나인 모리셔스는 1970년대에 섬유, 의복과 같은 노동집약적인 산업을 목표로 하여 커다란 성공을 거두었다. 이 산업들은 홍콩에서 성숙산업이었으며, 홍콩은 모리셔스에게 "나침반 경제 compass economy"였다. 두 경제는 동일한 부존구조를 가지고 있으며, 1970년대 모리셔스의 1인당 국민소득은 당시 홍콩의 약 절반이었다. 모리셔스 정부는 수출가공구역에 홍콩 투자를 유치하기 위해 모리셔스 산업개발청Mauritius Industrial Development Authority과 수출가공구역 개발청Export Processing Zones Development Authority을 만들었다. 비전은 홍콩 모델을 기반으로 하여 모리셔스를 세계적 수준의 수출허브로 성장시키는 것이었다. 종합해 보면, 이들은 모리셔스가 경제발전 주도국으로 올라서게 되는데 기여했다.

역사적으로 추격 단계catch-up stage에서 성공한 나라들은 모두 산업정책을 통해 산업고도화를 촉진했으며, 그들의 산업정책은 유사한 부존구조와 다소 높은 1인당 소득을 가지면서 역동적으로 성장하는 국가의 산업들을 목표로 했다. (1) 영국은 16, 17세기 네덜란드 공업; 영국의 1인당 GDP는 네덜란드의 약 70%. (2) 독일, 프랑스, 미국은 19세기 후반 영국 산업; 이들 국가의 1인당 소득은 영국의 60 ~ 75%. (3) 메이지 유신 시대 일본은 프러시아의 산업(1인당 GDP는 프러시아의 약 40%), 1960년대에는 미국의 산업(1인당 GDP는 미국의 40%). (4) 1960년대에서 1980년대 한국, 대만, 중국, 홍콩, 싱가포르는 일본의 산업; 1인당 소득은 일본의 약 30%. (5) 1970년대 모리셔스는 홍콩의 섬유 및 의류 산업; 1인당 소득은 홍콩의 약 50%. (6) 1980년대 아일랜드는 미국의 정보, 전자, 화학, 제약 산업; 1인당 소득은 미국의 약 45%. (7) 1990년대 코스타리카는 메모리칩 패키징 및 테스팅 산업; 1인당 GDP는 이 부문에서 중심국이었던 대만의 약 40%였다.

따라서 산업정책이 성공하기 위해서는 경제의 잠재적 비교우위latent comparative advantage와 부합하는 부문을 목표로 해야 한다. 잠재적 비교우위는 그 나라가 가진 생산요소 비용은 낮지만 거래비용이 국내 및 국제 시장에서 경쟁력을 갖추기에는 너무 높은 산업을 말한다. 정부가 기업이 위험 및 거래 비용을 줄일 수 있도록 조정해 주고 외부성 문제를 극복하도록 돕는다면 기업은 생존이 가능하고 경쟁력을 갖추게 될 것이다. 그러나 문제는 정부가 경제의 잠재적 비교우위에 부합하는 부문을 어떻게 선점할 수 있는가 하는 점이다.

이에 대한 즉각적인 답은 유사한 부존구조와 다소 높은 소득을 가지고 있으면서 역동적으로 성장하는 국가의 산업을 대상으로 하는 것이다. NSE의 원칙에 근거해 보면, 산업 고도화는 부존구조의 변화로 인해 비교우위가 변하는 것을 의미한다. 유사한 부존구조를 가진 국가들은 유사한 비교우위를 가지고 있다. 역동적으로 성장하는 국가의 산업들은 국가의 비교우위와 일치해야 한다. 일부 산업은 국가가 성장하고 부존구조가 고도화됨에 따라 비교우위를 잃을 것이다. 이러한 "일몰sunset" 산업은 후발주자에게 있어 잠재적인 비교우위가 될 것이다. 유사한 부존구조를 가진 국가들에 있어 선구자의 성공적이고 역동적인 산업발전은 후발주자의 산업정책에 대한 청사진을 제공한다. 5절에서는 비교우위를 가진 산업을 발굴하고 촉진하기 위한 보다 자세한 안내지침을 제안한다.

성장성 발굴과 촉진 방안

역사적으로 그리고, 현대에 나타난 증거는 성공적인 모든 국가의 경우 산업 고도화와 다각화를 촉진하는 데 항상 정부가 중요한 역할을 한다는 것을 보여 주지만 오랫동안 논란이 되었던 어떤 아이디어를 검증하기에는 충분하지 않을 수 있다. 정부개입이 구조적 변화의 필수 불가결한 요소라는 생각에 동의하는 많은 경제학자들도 정책수립의 지침이 되는 보편적인 틀이 없다는 점에서 산업정책에 대해 반대 입장을 고수해 왔다.

이 장에서는 산업정책이 경제발전을 촉진시키는데 필수적이라는 것을 정당화하는데 있어서 성공적인 산업정책 형성에 지침이 되는 몇 가지 기본원칙을 체계화하고자 한다. 첫 번째 단계는 국가가 잠재적 비교우위를 가질 수 있는 새로운 산업을 확인하는 것이며, 두 번째는 이러한 이점을 지닌 산업의 출현을 저해하는 제약 조건을 제거하고 국가의 경쟁력 우위를 확보할 수 있는 조건들을 조성하는 것이다. 세부적으로는 다음의 6단계 프로세스를 제안한다.

    (1) 개도국 정부는 역동적 성장을 이루고 있는 국가들 중 비슷한 부존구조를 가지고 있으며 1인당 소득이 자국보다 100% 높거나 그 나라의 20년 전 소득이 현재 자국과 유사한 국가들이 20년 동안 생산해 온 교역 재화와 서비스 목록을 찾아볼 수 있다. 이 단계로 정부의 업무수행과오, 기득권 그룹에 의한 지대추구 행위 등을 막는다.

    (2) 그 목록에 있는 산업들 중에서 정부는 이미 국내 민간기업들이 이미 진입한 산업들을 대상으로 우선권을 부여할 수도 있고 다음 사항들을 확인해야 할 것이다 : (a) 이들 기업의 품질향상을 방해하는 장애물 (b) 다른 민간기업들이 해당 산업에 진입하는 것을 제한하는 장벽. 이는 가치사슬 분석value-chain analysis이나 하우스만Hausmann, 로드릭Rodrik과 벨라스코Velasco(2008)가 제안한 성장진단 체계growth diagnostic frame와 같은 다양한 방법들을 조합하여 수행할 수 있다. 그리고 나서 정부는 이러한 제약조건들을 제거하기 위한 정책을 시행하고, 무작위대조실험[3] Randomized controlled experiments을 사용하여 그 효과가 이 정책들을 국가로 확대시 나타나도록 보장해야 한다(듀플로Duflo 2004). 이 단계에서는 기존 국내기업이 소유하고 있는 암묵적 지식[4]을 활용하는 것이다.

    (3) 목록에 있는 산업들 중 일부는 국내에 완전히 새로운 것일 수도 있고 아니면 소수의 국내 기업만이 수출을 하고 있는 경우도 있다. 그러한 경우, 정부는 단계(1)에서 확인된 고소득 국가의 기업들이 이러한 산업에 투자하여 저렴한 노동 비용을 활용할 수 있도록 특정 조치를 취할 수도 있다. 정부는 민간기업이 이러한 산업들에 활발히 진출하도록 인큐베이션 프로그램을 만들 수도 있다. 암묵적 지식이 존재하지 않는다면, 정부는 그것을 외국에서 들여오거나 자체적으로 양성하도

---

[3] 데이터의 편차(bias)를 줄이면서 두 개 이상의 조건을 비교하기 위한 실험 방법으로, 실험 설계 시 데이터를 무작위로 실험군(experimental group)과 대조군(control group)으로 분류하여 실험하는 연구법
[4] 대체로 경험에 의하여 얻어지기에 전달이나 표현이 쉽지 않은 지식을 말하며 어떤 분야에 경험이 많은 사람일수록 암묵적 지식이 많다.

록 할 수 있다.

(4) 개도국 정부는 단계(1)에서 확인된 거래가능한 상품이나 서비스 목록상의 산업 외에도 민간기업이 자체적으로 발견한 것들에도 세심하게 주의를 기울여야 하며, 또 이러한 산업의 규모를 키울 수 있도록 지원해야 한다. 이렇게 할 때, 한 나라의 경제는 이전 단계에서 찾아내지 못한 새로운 기술 혹은 지역이 가진 독특한 이점에서 나오는 기회들을 놓치지 않게 될 것이다.

(5) 열악한 인프라나 우호적이지 않은 사업환경을 가진 개도국에서는 정부가 산업단지industrial parks 또는 수출가공구역export processing zones에 투자하여, 목표로 하는 산업에 기꺼이 투자할 수 있는 국내 민간기업 또는 외국기업을 유인하기 위해 필요한 개선조치를 취할 수도 있다. 인프라 및 비즈니스 환경개선은 거래비용을 절감하고 산업발전을 촉진할 수 있다. 그러나 예산과 역량의 제약으로 인해 대부분의 정부는 전체 경제를 적절한 기간 내에 바람직한 방향으로 개선할 수는 없다. 따라서 산업단지 또는 수출가공구역의 인프라 및 비즈니스 환경개선에 집중하는 것이 보다 관리하기 쉬운 대안이다. 산업단지와 수출가공구역은 또한 산업클러스터링을 장려하는 이점이 있다. 이 단계는 정부가 조정기능을 실질적으로 수행할 수 있도록 보장하는 것이다.

(6) 정부는 또한 단계(1)에서 확인된 목록의 산업에 종사하는 국내 개척기업이나 외국인 투자자에게 인센티브를 제공하여 그들이 투자를 통해 창출한 비경합 공공지식nonrival public knowledge을 보상하여야 한다. 이러한 인센티브는 시간과 금융비용 측면에서는 제한이 있어야 한다. 그것들은 기업소득세의 한시적 면제, 공동투자에 대한 직접 신용제공, 또는 주요 장비를 수입하는 경우 외환보유고에 대한 우선적인 접근권 등과 같은 혜택이다. 인센티브는 독점적 이익, 높은 관세 부과 또는 기타의 형태 왜곡일 필요는 없으며, 또 그렇게 되어서도 안된다. 그로 인해 지대추구와 정치적 약탈의 위험을 피할 수 있다. 새로운 산업을 자기 힘으로 성공적으로 발굴한 단계 (4)의 기업에 대해, 정부는 그들이 경제 발전에 기여한 공로를 인정할 수 있다. 이 단계에서는 외부성 이슈와 관련이 된다.

위의 과정을 통해 확인된 산업들은 국가의 잠재적 비교우위와 일치해야 한다. 선도기업pioneer firms이 성공적으로 들어오면 다른 많은 기업도 이 산업에 진출하게 된다. 정부의 촉진자로서의 역할은 주로 정보의 제공, 하드·소프트 인프라 개선, 외부성에 대한 보상에 한해야 한다. 위의 접근방식을 통한 정부의 지원은 개도국이 후발국의 이점을 활용하고 역동적이고 지속적인 성장을 실현하는 데 도움이 될 것이다.

위에 설명한 6단계 절차에서는 구속력이 있는 제약 구속조건들을 찾아내는 몇 가지 방법들을 언급하였다. 다음은 성장을 식별하고 촉진하는 프레임워크가 어떻게 기존의 방법들을 보완하고 거기에 새로운 지식을 추가하는 지에 대해 설명한다.

(1) 사업 및 투자 환경Business and investment environment 개도국 기업들이 직면하고 있는 많은 잠재적 제약들의 심각성에 대해서는 인식기반 데이터perception-based data와 기업실적에 대한 정량적 데이터를 기반으로 한 확고한 경험적 지식이 있다. 하지만 이 아이디어는 워싱턴 컨센서스[5]Washington Consensus에 기반을 둔 것으로서 그 목표는 모든 최적 조건들이 충족된 상태에서 최선의 제도들을 도입하는 것이다. 예를 들어, 대부분의 사하라 사막 이남 기업들은 투자환경의 많은 부분이 비즈니스 개발과 정교한 기술 적용에 장애가 된다고 생각하는 경향이 있다. 중소기업은 특히 금융과 토지에 대한 접근성에 대해 우려하고 있다. 대기업은 노동규제와 숙련공의 가용성을 그들의 활동에 주된 제약들로 인식하는 경향이 있다. 공통적으로는 부패와 전력, 통신, 운송 및 물과 같은 네트워크 유틸리티에 대해 우려하고 있다(젤브Gelb, 라마차드란Ramachadran, 샤Shah와 터너 2007).

기업 관련 정책 및 제도적 환경을 정확히 담아내고자 하는 투자환경 조사는 그 유용성에도 불구하고 오용되거나 잘못 해석될 수 있다. 첫째, 정부가 그러한 모든 변화들을 도입할 능력이 없을 수 있다. 경제정책들은 이를 이행하는 국가의 역량을 반영해야 한다. 새로운 산업을 발굴하고, 해당 산업의 발전을 촉진하기 위해 정부가 가진 제한적인 자원에 대한 우선순위 결정은 개도국의 성공적인 성장전략

---

[5] 미국의 정치경제학자인 존 윌리엄슨이 89년 자신의 저서에서 남미 등 개도국에 대한 개혁 처방을 "워싱턴 컨센서스"로 명명한 데서 유래. 이후 90년대 초 IMF, 세계은행, 미국 정치경제 학자들과 행정부 관료들의 논의를 거쳐 정립되었는데 주된 내용은 무역 및 자본의 자유화, 탈규제, 긴축재정, 민영화 및 정부 개입 축소 등임

을 위해서 필수적이다. 재정적 자원과 실행 역량이 제한적이기 때문에 각국 정부는 우선순위를 정하고, 어떤 특정 노력들과 시설들을 개선할 지 그리고 성공사례를 만들기 위해 공공서비스를 어떤 분야에 최적으로 배치할지에 대해 결정해야 한다. 덩 샤오핑Deng Xiaoping은 시장경제로의 전환 초기에 실용주의적 지혜를 설명하면서 국가의 공동번영을 위해 소수의 지역과 사람들이 부자가 되는 것을 허용하였다. 이런 지역 및 산업의 역동적인 성장은 정부의 재정수입의 증가로 이어지고, 이는 정부가 나중에 다른 지역 인프라를 개선하는데 활용될 수 있을 것이다.

둘째, 투자 환경 조사에 대한 또 다른 관심사는 최선의 제도는 발전단계별로 다를 수 있다는 것이다. 각기 다른 발전 수준의 국가들은 부존구조의 차이로 인해 상이한 경제구조를 갖는 경향이 있다. 초기 발전단계에 있는 국가의 생산활동은 노동집약적이거나 자원집약적인 경향이 있으며, 대개 기존의 성숙한 기술에 의존하여 "성숙하고mature", 잘 정립된 제품을 생산한다. 채굴과 대규모 농장plantation을 제외하고 노동력과 자원을 많이 소비하는 생산은 '규모의 경제'가 제대로 적용되지 않는다. 그들의 기업규모는 비교적 작으며, 시장거래는 종종 비공식적이며 친숙한 사람들이 있는 지역시장에 한정된다. 이러한 종류의 생산 및 시장 거래가 원활하도록 하기 위해 필요한 하드·소프트 인프라는 비교적 간단하고 초보적인 것이다. 발전의 스펙트럼 상 완전 반대편에 있는 고소득 국가들은 전혀 다른 부존구조를 보여준다. 상대적으로 풍부한 요소는 일반적으로 천연자원이나 노동이 아닌 자본이다. 그들은 규모의 경제를 가진 자본집약적인 산업에서 비교우위를 갖는 경향이 있다. 하드인프라(전력, 통신, 도로, 항만 시설 등)와 소프트인프라(규정·법적 프레임워크, 문화적 가치시스템 등)의 다양한 형태들은 거래에 있어 장거리, 대규모라는 특성을 지닌 국가 및 세계 시장의 요구를 따라야 하는 것들이다.

따라서 최적의 제도라는 것은 발전수준에 따라 달라질 수 있다. 그리고 발전수준이 각기 다른 개도국들에게 최선의 제도들을 열거하는 것은 다소 무의미한 것이기도 하다.

투자환경 조사에는 한계점이 두 가지 더 있다. 첫째, 아직 존재하지는 않지만 잠재적 비교우위를 가진 산업에 대한 정보는 제공하지 않는다. 그리고, 조사가 이루어진 산업은 그 산업이 앞서 있는 것(비교우위에 반하는 특정 발전전략의 유산)이거나 또는 근본적으로 경쟁력이 없어짐으로써(국가발전에 따른 임금인상의 결과) 그 나라의 비교우위와 일치하지 않을 수도 있다. 둘째, 그러한 조사는 퍼스트무버에 대하여 보상이 이루어지도록 하거나 퍼스트무버가 전달한 메시지에 연계된 외부효과가 증진되도록 하지는 않는다.

  (2) 성장진단Growth diagnostics. 개혁에 필요한 항목들의 수에 비하여 '성장성 발굴 및 촉진' 프레임워크는 최선의 제도들이 아닌 제약조건들에 초점을 맞추고 있다(하우스만 외 2008). 성장진단 접근법은 특정 국가가 관련 제약조건들을 파악할 수 있는 의사결정트리decision-tree 방법론을 제공한다. 개도국의 저성장 원인들에 대한 분류법taxonomy으로부터 시작하는데, 일반적으로 개도국은 높은 금융비용(사회적·경제적 수익이 낮거나 또는 사회적 수익률과 사적 수익률 간에 큰 차이가 있기 때문) 또는 낮은 투자수익률로 인해 어려움을 겪는다. 진단 분석에 있어서의 주요 절차는 이러한 조건들 중 어느 것이 진단하고자 경제에 대하여 보다 정확하게 설명하는지를 파악하는 것이다.
  성장진단 프레임워크가 성장에 대한 정책토론을 시도하고는 있지만, 그 초점과 모델의 세부내용은 상당부분 거시 경제적인 것이다. 이것은 이해할 만하다; 결국 성장은 거시 경제적 개념이며, 부문별 수준으로 분석하면 부문 간 상호작용과 절충 문제가 제기될 것이기 때문이다.
  성장진단 프레임워크에 대한 주된 우려사항은 그것이 여전히 기존 생산활동을 기반으로 한 정보에 의존한다는 사실이다. 즉 이러한 활동들은 국가가 비교우위를 갖지 않는 산업들에 있을 수 있으며, 국가가 잠재적 비교우위를 가진 신흥산업에는 관련 기업이 없을 수도 있다. 잠재적인 비교우위를 가진 산업을 찾기 위해 성장진단 프레임워크를 사용하는 것은 상당히 여러 가지 고려를 해야 하는 일이다.
  (3) 제품공간Product space. 하우스만과 클린저Klinger(2006)는 한 국가의 수출품의 정교화 수준이 진화한 것을 조사한 결과, 제품공간 상에서 "인근nearby" 제품으로 이동하는 과정에서 산업고도화 프로세스가 더 쉬워진다 것을 발견했다. 이는 모든 개별 산업분야가 지식, 물리적 자산, 중간 투입물, 노동기술, 인프라, 재산권, 규제요건 또는 기타 공공재와 같이 매우 구체적인 투입물을 필요로 하기 때문인

데, 이미 정립된 산업은 이러한 모든 투입물을 확보하는데 잠재된 실패요인들을 어떻게든 극복해낸 것이다. 그런데 새로운 산업의 출현을 막는 장벽은 기존 투입물에 약간의 적응만을 요구하는 인근 산업에 대해서는 구속력이 덜하다.

이 아이디어는 기존 분야의 기업들이 제품 공간에서 인근 섹터로 성공적으로 업그레이드하고 다각화하는 데 도움이 되는 암묵적 지식을 소유하고 있다는 사실에 근거한다. 그러나 NSE의 관점에서 볼 때 이 기존 부문들은 과거의 잘못된 개입으로 인해 잘못 선택된 부문들일 수도 있다. 그 나라가 잠재적인 비교우위를 가지고 있는 부문들 중 어떤 것은 그 나라로서는 완전히 새로운 것일 수 있는데 암묵적 지식은 외국인 직접투자를 통해 가져올 수도 있다. 비교우위와 성장성 발굴 및 촉진 아이디어는 원숭이가 가까운 나무로 점프하는 것과 유사하지만 여기에서 제안된 단계는 그들에 의해 제안된 제품공간 분석보다 훨씬 쉽게 구현할 수 있다.

(4) 무작위대조시험Randomized control trial. 이 개념은 MIT Poverty Lab의 연구원들에 의해 채택되었는데, 그들은 발전 프로젝트 또는 프로그램의 영향을 평가할 때 성장 추구quest for growth가 다시 중심점이 되어야 한다고 제안한다. 그들은 가장 효과적인 프로그램이 국내 또는 국제 수준으로까지 확장될 수 있기 위해서는 신뢰할만한 영향 평가가 필요하다는 아이디어에서 시작하여, 어떤 프로그램은 작동하고 어떤 프로그램은 작동하지 않는지에 대하여 알아내어 그 결과를 활용할 수 있는 무작위대조시험(RCT) 또는 사회적 실험을 설계한다(듀플로와 크래머Kremer 2003). 그들의 접근방식은 표준적인 종합적 성장 패러다임이, 상당 부분 그리고 실수로, 합리적 대표 대리인 가정the assumption of a rational representative agent에 의존한다는 주장에 바탕을 두고 있다. 이 새로운 연구는 국가 환경과 마이크로 에이전트들 내에 존재하는 이질성heterogeneity을 강조하면서, 발전분석과 정책에 있어 개별 가계들과 기업들의 이질성을 설명하고자 시도한다. 그것은 특정 마이크로 프로젝트의 효과를 이해하기 위한 유용한 도구들을 만들어 냈다. 그러나 RCT는 현지화된 발전경험에서 얻은 교훈을 실제로 다른 지리적 또는 문화적 영역으로 이전할 수 있다는 점을 가정하더라도, 발전전략의 설계에 직면한 정책 입안자에게 유용한 전반적인 지침을 제공하는 데 여전히 부족하다. 요약하면, 그들은 조리법recipe 대신 재료ingredients를 찾는다.

결론

이 장은 산업정책, 특히 개도국의 산업정책에 대한 NSE의 시각을 제공한다. 계속 증가하는 평균 노동 생산성과 1인당 소득을 반영하는 경제발전은 기술, 산업, 하드·소프트 인프라의 지속적인 구조 변화의 과정이다. 각기 다른 수준의 경제발전 단계에 있는 국가들의 경제구조의 차이는 부존구조 차이로 인해 발생한다. 한 산업에 속해 있는 기업들이 개방적이고 경쟁이 치열한 시장에서 생존할 수 있는 것은 그 산업이 한 나라의 경제적 구조상 비교우위에 있을 경우에만 그렇다. 과거 발전에 대한 사고는 선진국을 참고로 선진국이 예전에 가지고 있었지만 그들은 갖고 있지 않은 것(구조 스펙트럼 상 현대, 대규모, 자본집약적인 산업)을 개도국이 구축하거나, 선진국은 상대적으로 잘 할 수 있었고 개도국이 할 수 없었던 것(신자유주의적 워싱턴 컨센서스에서의 경영환경과 거버넌스)을 개도국이 하도록 권고하였다. 새로운 발전사고의 세 번째 물결인 NSE는 개도국이 현재 가지고 있는 것(부존구조)을 기반으로 잘 할 수 있는 것(비교우위)을 확장할 것을 조언한다.

모든 개도국은 그 정부가 자국 비교우위를 따라 후발주자latecomer advantage들의 이점을 활용할 수 있는 올바른 산업정책을 가지고 있다면 수십 년 이내에 역동적 성장을 이루고 두 세대 내에는 중산층 또는 고소득 국가가 될 잠재력이 있다. 정부의 산업정책이 이러한 바람직한 결과를 달성하려면 발전에 대한 사고의 변화가 필요하다.

주석

원래는 중국 경제 저널China Economic Journal 2014; 7 : 382.에 게재

1. 국가의 경쟁우위는 국내 산업이 다음 네 가지 조건을 충족시키는 상황을 말한다. (1) 그들은 국가의 풍부하고 상대적으로 저렴한 생산요소를 집중적으로 사용한다. (2) 그들의 제품들은 거대한 국내 시장을 가지고 있다. (3) 각 산업은 클러스터를 형성한다. (4) 각 산업의 국내 시장은 경쟁력이 있다(포터Porter 1990). 한 국가의 비교우위는 경쟁자보다 낮은 기회비용으로 재화 또는 서비스를 생산하는 상황이다. 포터가 열거한 경쟁우위를 위한 첫 번째 조건은 국가의 부존자원으로 결정되는 비교우위 산업이어야 한다는 것이다. 세 번째, 네 번째 조건은 산업이

국가의 경쟁우위와 일치하는 경우에만 유지된다. 따라서 네가지 조건들은 비교우위와 국내 시장규모라는 두 가지 독립적인 조건으로 축소될 수 있다. 이 두 가지 독립적인 조건 중 비교우위가 더 중요하다. 이는 한 산업이 국가의 비교우위와 상응하는 경우 그 산업의 제품이 글로벌 시장을 가지기 때문이다. 이러한 이유로 세계에서 가장 부유한 국가들의 상당수는 규모가 작다(린과 렌Ren 2007)

2. 정상적으로 관리되는 회사가 정부의 보호 또는 보조 없이 자유롭고 경쟁이 치열한 시장에서 사회적으로 받아들일 수 있는 이익을 얻을 것으로 기대된다면 그 회사는 생존 가능하다. 기업의 생존능력에 영향을 미치는 많은 요소가 있을 수 있다. 여기서 기업의 산업, 제품 및 기술 선택이 그 나라의 부존구조에 의해 최적으로 간주되는 것에서 벗어날 경우 정상적으로 관리되는 기업이라도 사회적으로 받아들일 수 있는 이익을 얻을 수 없다는 것을 설명하기 위해 '비생존능력' nonviability이라는 용어를 사용한다.

3. 크루그만(1981, 1987, 1991), 마츠야마Matsuyama(1991)와 같은 수익체증을 기반으로 한 모델들, 머피Murphy, 슐레이퍼Shleifer, 비쉬니Vishny(1989)와 같은 투자의 조정에 기반한 모델들은 각 나라의 부존구조가 동일하고, 따라서 기업이 시장실패를 극복하고 빈곤 평형 함정poor-equilibrium trap을 피할 수 있도록 정부가 도움을 주면 기업은 왜곡이 없고 개방적인 경쟁시장에서도 생존할 수 있을 것으로 추정한다. 이러한 모델들은 자국 기업들이 비슷한 발전단계에 있는 다른 국가 기업들과 경쟁할 수 있도록 지원하는데 있어 정부의 역할을 고려할 때 적절하게 사용될 수 있다. 그러나 그러한 모델은 개도국이 선진국을 따라잡으려 할 때 정책지침으로는 적합하지 않은데, 이는 개도국과 선진국의 부존구조가 다르기 때문이다. 정부의 도움으로 개도국이 선진 자본집약적 산업에서 규모의 경제를 가진 기업을 설립할 수 있을 것이다. 그러나 인적·물리적 자본이 부족하기 때문에 개도국 산업 내 기업의 비교 생산원가는 같은 산업의 선진국 기업의 비교원가보다 높을 것이다. 따라서 기업들은 왜곡되지 않고 개방적이며 경쟁이 치열한 시장에서 여전히 생존이 불가능할 것이다. 그렇기 때문에 정부는 그들이 설립된 후에도 지속적으로 기업을 지원하고 보호할 필요가 생긴다.

참고 문헌

Amsden, A. H. 1989. *Asia's Next Giant.* New York: Oxford University Press.
Chang, H.-J. 2003. *Kicking Away the Ladder:Development Strategy in Historical Perspective.* London: Anthem.
Chenery, Hollis B. 1961. "Comparative Advantage and Development Policy." *American Economic Review* 51(March): 18-51.
Duflo, E. 2004. "Scaling Up and Evaluation." In *Annual World Bank Conference on*

Development Economics 2004, ed. F. Bourguignon and B. Pleskovic. Washington, D.C.: World Bank.

Duflo, E., and M. Kremer. 2003. "Use of Randomization in the Evaluation of Development Effectiveness." Paper prepared for the World Bank Operations Evaluation Department, July.

Gelb, A., V. Ramachadran, M.K. Shah, and G. Turner. 2007. "What Matters to African Firms? The Relevance of Perception Data." Policy Research Working Paper No. 4446. Washington, D.C.: World Bank.

Gerschenkron, A. 1962. *Economic Backwardness in Historical Perspective: A Book of Essays.* Cambridge, Mass.: Belknap.

Growth Commission. 2008. *The Growth Report: Strategies for Sustained Growth and Inclusive Development.* Washington, D.C.

Harrison, A., and A. Rodriguez-Clare. 2010. "Trade, Foreign Investment, and Industrial Policy for Developing Countries." In *Handbook of Economic Growth,* vol. 5, ed. D. Rodrik, 4039-213. Amsterdam: North-Holland.

Hausmann, R., and B. Klinger. 2006. "Structural Transformation and Patterns of Comparative Advantage in the Product Space." Working Paper No. 128. Cambridge, Mass.: Harvard University Center for International Development.

Hausmann, R., D. Rodrik, and A. Velasco. 2008. "Growth Diagnostics." In *The Washington Consensus Reconsidered: Towards a New Global Governance,* ed. N. Serra and J. E. Stiglitz, 324-54. New York: Oxford University Press.

Krueger, A. O., and B. Tuncer. 1982. "An Empirical Test of the Infant Industry Argument." *American Economic Review* 72: 1142-52.

Krugman, P. 1979. "A Model of Innovation, Technology Transfer, and the World Distribution of Income." *Journal of Political Economy* 87(2): 253-66.

———. 1981. "Trade, Accumulation and Uneven Development." *Journal of Development Economics* 8(2): 149-61.

———. 1987. "The Narrow Moving Band, the Dutch Disease, and the Competitive Consequences of Mrs. Thatcher." *Journal of Development Economics* 27(1/2): 41-55.

———. 1991. "History versus Expectations." *Quarterly Journal of Economics* 106(2): 651-67.

Lal, D. 1994. *Against Dirigisme: The Case for Unshackling Economic Markets.* San Francisco: International Center for Economic Growth, ICS.

Lin, Justin Yifu. 2003. "Development Strategy, Viability and Economic Convergence." *Economic Development and Cultural Change* 53: 277-308.

———. 2009. *Economic Development and Transition.* Cambridge: Cambridge University Press.

———. 2011. "New Structural Economics: A Framework for Rethinking Development."

The World Bank Economic Research Observer 26(2): 193-221.

──. 2012. *New Structural Economics: A Framework for Rethinking Development and Policy.* Washington, D.C.: World Bank.

Lin, Justin Yifu, and C. Monga. 2011. "Growth Identification and Facilitation: The Role of the State in the Process of Dynamic Growth." *Development Policy Review* 29(3): 264-90.

Lin, Justin Yifu, and Ruoen Ren. 2007. "East Asian Miracle Debate Revisited" (in Chinese) *Jingji Yanjiu (Economic Research Journal)* 42(8): 4-12.

List, F. 1841 [1930]. *Das Nationale System der Politischen Ökonomie (The National System of Political Economy),* vol. 6, *Schriften, Reden, Briefe.* A. Sommer (ed.). Berlin: Reinmar Hobbing.

Matsuyama, K. 1991. "Increasing Returns, Industrialization and Indeterminacy of Equilibrium." *Quarterly Journal of Economics* 106(2): 616-50.

Murphy, Kevin M., Andrei Shleifer, and Robert W. Vishny. 1989. "Industrialization and Big Push." *Journal of Political Economy* 97: 1003-26.

Otsuka, K., G. Ranis, and G. Saxonhouse. 1988. *Comparative Technology Choice in Development: The Indian and Japanese Cotton Textile Industries.* London: Macmillan.

Pack, H., and K. Saggi. 2006. "Is There a Case for Industrial Policy? A Critical Survey." *World Bank Research Observer* 21(2): 267-97.

Porter, M. E. 1990. *The Competitive Advantage of Nations.* New York: Free Press.

Trebilcok, C. 1981. *The Industrialization of Continental Powers, 1780-1914.* London: Longman.

Wade, R. 1990. *Governing the Market.* Princeton, N.J.: Princeton University Press.

World Bank. 2011. *Global Development Horizons: Multipolarity: The New Global Economy.* Washington, D.C.: World Bank.

──── 제 9 장 ────

산업정책의 다양성
Varieties of Industrial Policy

― 모델, 패키지 그리고 변화주기 ―

안토니오 안드레오니 Antonio Andreoni

도 입

지난 20년 동안 글로벌 제조업의 풍광landscape은 심대한 구조적 변화를 겪으며 새로운 모습으로 탈바꿈하여 왔다. 이러한 구조적 변화 역동성dynamics은 주로 국가 제조업 시스템 전반에 걸친 상호의존성의 증가와 그 내부에서의 변화들이 견인하여 왔으며 또 기반이 되는 부문과 기술들의 변화에 의해 야기되기도 하였다. 이러한 점에서 글로벌 금융위기는 국가와 지역들 사이에 존재하는 제조업 생산의 양극화, 재분배 문제 등 현재 진행되고 있는 구조적인 문제들의 추세를 가속화하고 있다. 脫산업화deindustrialization(전략적인 제조업을 잃게 됨), 날로 증가하는 무역 불균형trade imbalance, 감소하는 기술적 동력technological dynamism 등 이 모두는 선진 산업경제 국가들에 있어 주된 관심사가 되어 왔다. 한편 중산층 국가middle-income countries들에서는 글로벌 기술 주도권 경쟁과 함께 글로벌 제조업의 생산과 수출 분야에서 비중을 확보하려는 신흥 거대 국가들로부터 각국 정부가 받는 위협이 점점 증가해 왔다. 마지막으로, 개도국은 천연자원 채굴에 초점을 둔 성장 모델의 지속 가능성에 대해 점점 더 의문을 제기하면서 각 부문에서 내부 그리고 부문간 한 단계 발전시키려는 조치들을 시도해 왔다.

이 장은 이러한 발전과정을 통제하고 그것들이 만들어내는 도전과제들에 대응하기 위해 최근 여러 주요 산업경제 국가들이 설계하고 시행해온 다양한 산업정책들을 분석하고 비교하고자 한다. 특히 이 장은 미국, 일본, 독일 등 3개 선진국에 초점을 맞추고 있는데 이들 선진국의 산업정책은 역사적으로 각기 자국의 대륙에서는 "학습의 지표learning benchmark"가 되어 왔다. 여기에 추격단계에 있는 국가들로는 브라질, 중국, 남아프리카공화국 등 3개국을 고려하는데, 이들 국가들은 다양한 크기와 다른 근본적인 차이에도 불구하고 산업정책 실험과 혁신을 위한 주요 참고지표이자 현장이다.

국가 산업정책 경험이 각기 달리 나타나는 것은 그들의 제도적, 구조적, 정치경제적 차이에서 뿐만 아니라 정부의 행위government action가 이루어지는 정책공간policy space과 이론적 논거가 다양한 데서 비롯된다. 이 장에서는 국가 산업정책들에 대한 분류, 비교, 유형화 방식을 기반으로 공식 정부정책 문서에 나타난 산업정책을 실행하는 새로운 패턴과 경향들을 알아내고 비교한다. 이러한 패턴들과 추세들에 대해 특정한 제도적 해결방안과 정책수단들의 세부 참고자료들을 제공하여 논의하기로 한다. 특히 이 장은 시간의 경과, 즉 여러 변화주기transformation cycles 상의 특정국가들이 채택한 다양한 산업정책의 거버넌스 모델과 정책수단 패키지에 초점을 두고 있다.

이 장에서는 산업정책 거버넌스 모델과 관련하여 하향식top-down과 상향식bottom-up 정책 개입을 결합한 다층모델multilayered models이 존재함을 설명한다. 다층 거버넌스 모델multi-layered governance model은 각기 다른 지역, 국가 또는 연방 정부에 의해 관리되는데, 산업정책 패키지 구성에 있어 유연성을 높이며 정책설계, 모니터링, 정책집행에 있어서도 더 많은 선택가능성selectivity을 부여한다. 그러나 이 모델은 잘 정비된 제도적 인프라를 구축하고, 정부의 모든 담당자들 간에 산업정책 통제의 조정industrial policy governance coordination을 이루는 것을 필요로 한다.

물론 개별 정책수단들은 기술, 금융, 인프라 등 한 국가 제조업 시스템의 각기 다른 투입요소들을 목표로 삼을 수 있고, 시스템의 여러 차원(기업들, 부문들, 제조업·산업 시스템, 거시경제 프레임워크)에서 다양한 효과를 내도록 할 수도 있다. 하지만 이 장에서는 전반적인 산업정책 패키지의 구성과 관리가 어떻게 국가 경쟁력 우위의 주된 원천이 되는 지를 강조하여 보여주게 된다. 정책수단들은 본질적으로 상호의존적이며 순환집적관계circular and cumulative relationships에 의해 연결되어 있다. 정책 패키지 안에 있는 산업정책 수단들을 조정하는 문제는, 즉 서로 다른 정책수단들의 상호의존성, 그리고 그것들이 집적하는 효과를 관리해야 하는, 근본적으로 필요한 대응이다. 여러 상이한 정책수단들 간의 상호 의존성은 여러 가지 요소에 의해 결정되는데, 여기에는 규모, "긴밀한 정책 보완성"(예를 들어 기술정책과 부문정책 간), 시간 범위 또는 기간 등이 포함된다.

    정책수단들은 대개 다루는 특정한 목표 또는 도전과제에 따라 서로 기간을 달리하여 운영된다. 이들의 성공 여부는 다음 두 가지 요인에 달려있다. 첫 번째는 정부가 정책의 시간 프레임을 관리할 수 있는 정도(때로는 장기간의 지원을 보장한다거나, 그리고 또 다른 환경에서의 경우 정책이 생산적인 것에 역으로 작용하거나 비생산적인 지대(地代)를 창출할 때에는 그 정책을 제거해버림), 두 번째 요인은 변화주기에 정책수단들을 동기화synchronization of policy measures하는 것이다. 이 개념은 정책 사이클이 특정한 어느 한 정부의 행동에 연결된다는 일반적인 생각을 넘어, 특정 시점 정부의 산업정책 수단들뿐만 아니라 이전 정부에 의해 도입되어 여전히 작동중인 수단들과 제도들까지도 포함하여 산업정책 행위 사이클을 인식하려 제기된 것이다. 이러한 수단들은 모두 종합적으로 국가 제조업 시스템에 작용하게 되는 산업정책 패키지를 구성하는 것이다.

    이 장은 다섯 개의 주요 절로 나뉜다. 첫 부분 "도입"에 이어 두 번째 절인 "산업정책 다양성의 동인(動因)"에서는 산업정책 다양성의 중요 동인들, 즉 산업정책의 형성요인, 정책공간에서의 차이점을 소개한다. 국가들의 산업구조에 따라 각국 정부는 각기 다른 정책문제들(어떤 부문의 구조상 변화, 기술 업그레이드, 글로벌 가치사슬과의 통합 등)뿐만 아니라 정책기회(현저한 기술 경쟁력, 시장접근성, 제도적 강점)도 마주하게 된다. 정부가 이러한 문제를 해결하고 특정기회를 포착하는 방식은 그 나라가 특징적으로 가지는 제도적 환경, 즉 그 나라의 제도적 설계구조와 정치적인 문제해결 능력에 달려 있다. 산업정책의 공간도 또한 다른 무엇보다도 역사적으로 그 순간에 지배하고 있는 일군의 정책논거에 좌우된다.

    세 번째 절인 "산업정책의 형성요인 : 산업구조와 제도적 환경"에서는 국가의 정책패키지를 구성하는 다양한 산업정책 모델들과 수단들을 분석하는데 쓰인 주된 주요 방법론을 전개한다. 이 장에서는 또 서로 다른 변화주기들을 각 정책패키지가 가진 상이한 수단들의 시간 범위나 기간에 기초하여 구분한다. 여러 기존 연구가 공헌한 성과를 바탕으로 산업정책 분석을 위한 분류학적 접근법도 제시한다.

네 번째 절인 "산업정책의 다양성"에서는 제시된 방법론을 미국, 일본, 독일, 브라질, 중국, 남아프리카공화국 등 6개 국가 사례에 적용해본다. 이들 나라 각각에 대해 산업정책의 궤도, 현재의 산업정책 모델, 패키지 및 변화주기에 대해 자세한 설명을 제공한다. 여러 정책 수단과 제도들 범위 내에서 각국에서 채택된 가장 두드러진 수단, 도구 또는 제도에 초점을 맞추고 있다. 이러한 수단, 도구 또는 제도는 오늘날의 산업정책 실행의 최전방에 위치해 있는 것들이다. 마지막 절인 "새로운 산업정책 프론티어 : 부상하는 글로벌 트렌드와 실제"에서는 주요 산업경제국에서 나타나는 산업정책의 새로운 경향, 다양성과 함께 융합 경향 등을 도출하기 위해서 여러 국가들을 비교, 분석해본다.

산업정책 다양성의 동인(動因)

지난 두 세기 동안 일정 수준의 산업화와 발전에 도달한 모든 국가들은 광범위한 산업, 기술 및 제조업 정책을 시행해 왔다. 국가의 산업정책 경험과 그 공통적이며 근본적인 목표(산업구조 및 기술기반시설의 변화)에는 많은 유사성이 있으나 산업정책의 경로에는 뚜렷한 다양성이 있음을 입증하는 중요한 역사적 증거가 있다(존슨Johnson 1982; 홀Hall 1986; 도어Dore 1986; 오키모토 1989; 암스덴Amsden 1989; 웨이드Wade 1990; 스티글리츠 1996; 에반스Evans 1995; 장하준 2002; 치몰리, 도시Dosi와 스티글리츠 2009; 스티글리츠와 린Lin 2013; 노만Noman 외 2011; 마추카토 2014; 슬라짜르-시린나흐Salazar-Xirinachs, 누블러와 코즐-라이트Kozul-Wright 2014).

이러한 다양성은 각각의 시점에서의 국가 산업정책(예를 들어, 구체적인 목표들, 수단들, 복합적인 조치들)이 당시의 역사적, 상황적 긴장에서 비롯된다는 사실에서 연유한다. 특히, 정책이 유발하는 이 긴장은 한 나라의 과거(물려받은 산업구조와 제도적 환경)와 그 미래(정부의 산업비전) 사이에 존재한다. 오늘날 우리가 관찰하는 산업정책의 다양성을 풀어내기 위해서는 각국의 산업정책이 발전 궤적에 따라 설계, 시행, 집행되는 정책의 형성요인을 이해하는 것이 중요하다. 더욱이 산업 비전과 정책을 수립함에 있어 정부는 전체를 아우르는 산업정책의 이론적 논거들에 따라 추진력을 얻게(또는 제한) 된다는 것을 감안할 때, 여러 가지 서로 다른 이론적 논거들이 역사적 단계가 각각 다른 상태에서 열게 되는 (또는 닫게 되는) "정책 공간"이 무엇인지 파악하는 것이 중요하다. 달리 말하면, 정책 입안자에게 주어진 선택의 여지는 정부가 자국 경제의 발전과 변화에 있어서 자신들이 지니는 관계와 역할을 어떤 방식으로 이해하고 있는지를 반영하는 것이다.

산업정책의 형성요인 : 산업구조와 제도적 환경

산업정책의 형성요인은 주로 국가의 산업구조(특히 세계 시장에서 주요 경쟁자들과 관련한)와 더불어 산업정책 수단들이 직간접적으로 고안되고, 시행, 집행되는 제도적 환경에 의해 정의된다. 각기 다른 발전 단계에 있는 국가들은 상이한 산업구조(예를 들어, 서로 다른 부문과 수출 바스켓basket 구성, 기술 인프라, 제조업 시스템 조직, 시장 집중도)를 가지고 있다. 표 9.1에서 제시된 산업진단은 선정 국가들의 이러한 차이점을 단적으로 보여준다.

이러한 구조적 차이의 결과 중국, 브라질, 남아공과 같은 개도국의 산업정책들은 완전히 새로운 부문들의 신설(예를 들어 부문별 정책), 기술의 흡수와 개발, 특정제품 품질 표준화(예를 들어 기술, 무역 및 표준화 정책) 등과 같은 수많은 도전들에 직면해 있다. 이에 반해 선진국 경제는 1990년대 중반부터 글로벌 제조업 환경의 극심한 변화와 글로벌 금융위기에서 경험한 "제조업 상실(퇴조)manufacturing loss"에 대응하여 각기 다른 정책수단들에 의존해 왔다(안드레오니 2015a). 구체적으로 보면, (1) 생산기반의 재구축(예를 들어, 인센티브, 보조금, 내부생산 능력을 높이기 위한 선진적 제조업 관련 공공투자) (2) 글로벌 기술 경쟁에서의 우위 확보(예를 들어, 임무 지향적 정책과 하이테크 전략) 등이다.

미국, 독일, 일본 등 선진국 그룹 내에서조차 그들 간 산업구조의 현저한 차이(예를 들어, 부문별 및 기술적 강점)로 인해 산업정책 개입방식이 다소 달랐다. 수출에 있어 자동차, 전자 등 전통적인 두 부문에 의존해 온 일본은 산업기반의 회복력을 증대하고 다양화하기 위한 조치들을 취했다. 이에 반해 독일은 다양하고 잘 조직화된 제조업 시스템 덕분에 국가적인 녹색 어젠더에 의해 주도되는 기술전환에 집중할 수 있었다. 마지막으로 미국은 듀퐁DuPont, IBM 등 국가 챔피언들이 생산과

[표 9.1] 선정 국가들의 산업구조 (기준년도: 2000년, 단위: US$)

	제조업 1인당 부가가치(MVA)	제조업 1인당 수출액	총 제조업 대비 미디엄 하이테크 제조업 비중	GDP 대비 제조업 비중	제조업 수출액 대비 미디엄 하이테크 제조업 수출 비중	총 수출액 대비 제조업 부가가치 비중	세계 제조업 부가가치 대비 해당국 비중	세계 제조업 무역액 대비 해당국 제조업 수출액 비중
일본	7,993.99	5,521.02	53.70	20.39	79.75	91.62	14.13	6.53
미국	5,522.09	2,736.13	51.52	14.85	64.74	76.76	24.04	7.97
독일	4,666.91	13,397.43	56.76	18.57	72.34	86.81	5.32	10.22
중국	820.02	1,123.62	40.70	34.16	60.52	96.25	15.33	14.06
브라질	622.10	667.55	34.97	13.51	36.30	67.30	1.71	1.23
남아프리카공화국	567.27	991.15	21.24	14.93	45.66	68.32	0.39	0.45

자료 : UNIDO INDSTAT & UNCOMTRADE.

R&D 활동을 해외로 이전함에 따라 제조업 기반이 수년에 걸쳐 축소(GDP 대비 비중이 15% 미만으로 하락)되자 다시 다른 접근방식을 취했다. 연방정부는 중요한 생산시설 재건과 제조업 역량 확대에 대한 투자를 늘렸다(오설리반O'Sullivan 외 2013).

다양한 정책수단들(다양한 산업구조에 의해 촉발)이 결정, 시행되는 방식은 국가의 제도적 환경과 관련된다. 실제 국가의 제도적 환경은 정도의 차이가 있으나 산업구조와 함께 발전한다. 이는 최빈(最貧)개도국least developed countries(LDCs) 등과 같은 산업화 초기 단계의 국가들 또는 신속하게 脫산업화 과정을 겪어온 영국 등과 같은 국가들이 단순히 제조업 기반을 재건하는 문제에만 직면하지 않는 이유이기도 하다. 오히려 그들은 산업부문과 해당 부문에 대한 정부의 정책적 행동을 지원할 수 있는 지역적, 국가적 기관들을 재건한다는 측면에서 제도적 문제에 맞닥뜨리게 된다.

국가의 제도적 환경에는 정부 기관 및 부서, 개발은행, 중급 수준의 R&D기관, 산업협회, 상공회의소 등과 같은 다양한 기관이 있다. 이들은 각기 다른 형태를 취할 수 있고 산업 관련 복수의 기능을 수행할 수도 있다. 장하준(2007, 23)은 제도적 형태와 제도적 기능을 구분하는 것에 대한 중요성을 다음과 같이 강조했다. "매우 일반적인 수준에서, 경제발전을 촉진하려 한다면 기관들이 수행해야 할 특정 기능들이 존재하고, 이러한 기능들을 가장 잘 수행할 수 있는 특정 형태의 기관들이 존재한다. 그러나 문제는 '필수적'이라고 하는 기능에 어떤 것들이 있는가에 대한 합의나 이러한 기능들과 특정 형태의 기관들 사이의 연계성에 대한 확실한 설명이 어렵다는 것이다."

실제로 동일한 제도적 기능이 다른 기관들에 의해 실현될 수 있으며 이러한 기관들은 형태도 다르게 취할 수 있다. 게다가, 기관은 고립되어 일하지 않는다. 그것들은 통시적diachronic, 공시적synchronic 보완관계[1]에 의해 연결되어 있다 (아오키Aoki 2001). 예를 들어, 독일 제조업 시스템을 뒷받침하는 "깊이 있는thick" 제도 환경은 금융인프라(개발은행, 생산 중심의 지역은행), 기술인프라(프라운호퍼Fraunhofers, 산업협회와 같은 중간기관)를 모두 포함한다. 결정적으로, 이 두 인프라는 시간이 지나면서 발전되어 온 것이고, 제조기업들에게 통합적 지원을 제공한

---

1) 통시적은 시간의 흐름에 따른 개념, 공시적은 특정 시점을 말함.

다. 기관을 연결하고 기능을 분산시키는 이러한 복잡한 상호관계가 특정한 제도적 환경 하에서 공고하게 유지된다는 점에서 다른 어떤 국가들이 기관·제도를 도입하려고 시도하는 것이 때로는 성공에 이르지 못한다.

규제이론regulation theory과 자본주의 다양성 관련 문헌들은 이러한 상황을 이해하는 방법으로 이해집단 간 갈등에 기인한 다양한 제도적 환경의 타당성을 지적했다. 여러 문헌들을 통하여 정형화된 자본주의 시스템들을 구분해내고, 다양한 종류의 노동-시장 관계, 천연자원 관리시스템, 기업지배구조 모델, 혁신시스템에 대한 통찰력을 제공했다(보이어Boyer 1990; 홀과 소스키체Soskice 2001; 한케Hancke, 로데스Rhodes와 대처Thatcher 2007; 스토츠Stortz 2013; 워커Walker, 브루스터Brewste와 우드Wood 2014). 여러 가지 다양한 산업정책 관행, 그리고 산업구조의 전환과 제도적 환경의 변화 사이의 상호작용으로부터 국가의 산업정책 경로가 전개되는 방식에 대해서는 그동안 관심이 적었다(장하준과 로우손Rowthorn 1995; 안드레오니와 스카찌에리Scazzieri 2013; 장하준, 안드레오니, 쿠안Kuan 2013; 아크람Akram과 안드레오니 2015). 또, 산업구조와 제도적 환경들은 국경 안팎의 서로 다른 이해집단들 사이 상호작용과 갈등의 경쟁영역에 내재되어 있다(쿠안과 조모Jomo 2001).

제도적 환경은 어느 한 국가 내 여러 그룹들 사이의 이해, 그리고 상대적인 권력분산을 나타낸 것으로, 산업정책 다양성의 근원이라 할 수 있다. 이러한 이해와 권력의 분산은 또 그 동일한 산업구조에 내재된 상태로 특정 부문(예를 들어, 금융 對 산업, 선진 제조업 對 전통산업 또는 농업)이 지닌 영향력의 정도를 반영한다. 또한 어떤 하나의 동일한 부문 내에서도 여러 그룹의 영향을 반영한다(예를 들어, 수출지향적 기업 對 내수지향적 기업, 하이테크 기업 對 낮은수준기술 기업, 부문 별 가치사슬 기준으로 후방downstream 기업 對 전방upstream 기업, 국내 기업 對 외국 기업). 따라서 한 국가가 이루는 정치적 합의가 "다양한 형태 기업들의 세력관계holding power", "거버넌스를 가지는 특정기관들의 효율성 및 정책수단 선택"을 결정하며, 특히 학습과 관련한 지대[2] learning rents가 어떻게 관리되는지를 결정한다(쿠안 2013, 274).

요약하면, 오늘날 선진국과 개도국에서 관찰되는 다양한 산업정책 경로 그리고 그 성공에 관한 것은 산업구조, 제도적 환경, 정치적 합의를 연결하는 순환적

---

[2] 개도국의 생산성 향상은 혁신 보다는 학습에 의해 유도된다. 특히 선진국의 기술을 습득함으로써 사회적 편익이 증가하게 되는데 이때 개도국 정부가 기술 습득을 촉진하기 위해 기업들에게 제공하는 보조금 등이 이에 해당한다.

누적관계에 의해 결정된다. 이러한 이유로 우리가 여기서 제시한 산업정책의 다양성에 대한 비교 분석은 고려대상인 국가별의 구조적, 제도적, 정치적 경제 측면에 초점을 맞추고 있다.

산업정책 공간 : 정책의 이론적 논거 변화

2차 세계대전 이후 국가들은 세 번의 산업정책 (1940-1970, 1990년대에서 2000년 초, 2005년 이후) 변화를 경험하였다. 이러한 흐름은 '최고의 산업정책은 산업정책이 없는 것이다'라는 생각이 지배했던 1970-1990년 기간에만 잠시 중단되었다. 처음 두 번의 산업정책 시기 동안 산업정책 공간은 두 가지 주요 정책적 논거들로 정의되었다. 즉, 첫째, 자원부족, 생산요소들의 특수성 등 수요와 기술적인 보완성과 관련된 '구조적인 조정 문제들structural coordination problems' 그리고 둘째, 정보의 비대칭성, 외부성, 공공재에 의해 결정되는 '시장실패market failures'가 그것이다 (팩Pack과 새기Saggi 2006; 로드릭Rodrik 2007; 장하준 외 2013; 안드레오니와 장하준 2016).

이러한 모든 실패들은 정태적, 동태적 의미 모두를 가지며, "할당"과 "성장" 효율성 간의 상충관계trade-off을 의미하는 것이다. 2005년 이후 10년 동안 산업 및 혁신 정책과 관련한 논쟁이 서로 얽히며, 시스템적 실패systemic failure라는 새로운 종류의 실패가 점점 더 부각되었다. 반면, 적어도 최첨단의 경제라는 측면에서 기술이 밀고 수요가 견인하는 역동성에 대한 각 분야별 설명은 상대적으로 강조되지 않고 있다(소티Soete 2007; 라라냐Laranya, 우야라Uyarra와 플라나간Flanagan 2008). 본 절에서는 세 가지 유형의 정책적 논거를 좀 더 상세하게 분석한다.

구조적 조정과 관련한 문제는 동태적 측면에서 발생하는 시장실패, 특히 전략적 불확실성 때문에 발생하는 경향이 있다(장하준 1994; 린과 장하준 2009; 아기온Aghion 외 2012; 린 2012). 조정Coordination과 관련한 첫 번째 문제는 제조업에서 수요의 보완성complementarities, 그리고 규모에 따른 수확(익) 체증과 관련이 있다 (로젠슈타인-로단Roseinstein-Rodan 1957; 넉시Nurkse 1952). 각 분야와 산업은 많은 경우 발전 초기단계에서는 상호 연계된 활동과 관련하여 일련의 상호 보완적인 투자가 필요하다. 이는 그들의 수익이, 그리고 때로는 그 생존조차도, 전후방 연결고리를 통해 구조적으로 연결되어 있기 때문이다(허쉬만Hirschman 1958).

이러한 주장은 개도국뿐만 아니라 국가 간에도 적용되는데 왜냐하면 상호 연관된 새로운 핵심 실현기술 또는 생산활동에는 보완적인 투자가 필요하기 때문이다. 이것은 제조업 생산과 기술의 시스템적(그리고 부문 간) 성격을 감안할 때 더욱 그렇다(태시Tassey 2007). 각국 정부는 자국이 변화해가는 궤적에 맞추어 구조적 병목현상을 극복하고 시간에 따라 전략적 투자들의 적절한 조정을 도모할 수 있는 것이다(안드레오니와 스카찌에리 2013). 구체적으로 말하면, 사전보증계획ex ante guarantee scheme처럼 자금이 투여되는money transfer 요소를 포함할 필요도 없는 경우의 특정 보조금과 인센티브들을 채택할 수 있다(로드릭 2004, 14).

구조상 조정에 있어서의 두 번째 문제는 "경쟁 투자competing investment"가 있을 때 발생한다. 현대의 산업들에 있어서 대기업은 효율적인 생산규모를 달성하고자 기계 및 생산 능력에 대해 초기에 대규모 투자를 지속한다. 이러한 초기비용은 일반적으로 일정부분 정해져 있고 매몰비용의 성격을 띠기에 이 부문에서의 과점경쟁은 기업자산의 일부를 훼손하거나 파산을 초래할 수도 있는 가격전쟁으로 이어질 수 있다. 그래서 정부는 특정한 자본의 손실을 방지하기 위해 다양한 방법으로 사전에 개입할 수 있다. 예를 들어, 일본에서는 "진입허가entry licenses" 제도를, 한국에서는 수요진화에 따라 공급을 조정함으로써 인위적으로 시장을 "정리clear"하는 조건부진입제도conditional entry system를 채택했다(장하준 1994).

그러나 집단-행동의 문제collective-action problem는 투자뿐만 아니라 일시적인 투자중단이나 또는 산업부문 내의 구조적 변화와도 관련이 있을 수 있다. 불황카르텔[3]recession cartels, 그리고 협의 출구 메커니즘mechanisms of negotiated exit 등은 요소 이동성 제약에 따른 손실을 축소할 수 있도록 구조적 변화를 가져오게 하거나 또는 경기침체 기간에 대응하여 널리 사용되어 왔다. 이러한 상황에서 산업정책은 "보호적인protective" 요소, 즉 시장의 온전한 힘으로부터 일시적으로 보호함으로써 '패자를 돕는다'(장하준 2003, 262). 좀 더 일반적으로는, 국가는 구조 변화, 경제적 다양화, 전반적인 생산성 증가의 프로세서를 장려하고 유지하기 위해 '위험의 사회화socialization of risk' 메커니즘을 도입할 수 있는 것이다.

---

[3] 경제 불황으로 가격이 하락하여 기업들이 어려움을 겪게 될 경우 이를 타개할 목적으로 기업들이 합의를 통해 생산량을 축소하거나 설비를 제한.

시장실패의 이론적 논거는 정보문제information problem, 즉 불충분한 정보와 가격신호 부족이 과소 투자로 이어진다는데 있다(그린월드Greenwald와 스티글리츠 1986; 스티글리츠와 그린월드 2014). 자본시장 실패, 효과적인 주식시장의 부재 또는 회사 내부의 자금조달 자원 부족으로 인해 새로운 非전통적 산업 부문에 대한 투자가 엄격히 제한될 수 있다. 더욱이 가격 메커니즘은 "실제 존재하지 않는 자원(예를 들어, 새로운 기법과 기술)의 수익성에 대한 충분한 정보를 제공하지 못한다"(울-헤이크Ul-Haque 2007, 3). 이러한 시장실패에 대처하기 위해 정부는 장기대출, 벤처캐피탈 기법, 구제금융 같은 위험공유방식 등에 초점을 맞추고 있는 개발은행을 통해 직접 자본시장의 대리 기능을 수행할 수 있다(스티글리츠와 유서프Yusuf 2001). 또한 강력한 성과요건(예를 들어 수출시장에서의 성과요건)에 맞추어 한시적으로 보조금을 제공함으로써 유치산업infant industries을 육성할 수 있다(장하준 1994). 이러한 정책들 중 일부는 새로운 활동과 기술 투자에 큰 영향을 미치는 "자체 발견self-discovery" 과정에서의 정보의 외부성[4] informational externalities 및 "전유성[5] appropriability" 관련 문제를 해결할 수도 있다(하우스만Hausmann과 로드릭 2004; 로드릭 2004). 수익의 전유성 문제, 그리고 그에 따른 과소투자 문제는 특정성이 높은 공공재(태시 2007) 그리고 공공적으로 이용 가능한 제조역량 문제에 이르면 매우 심각한 것이 된다(피사노Pisano와 시히Shih 2012).

최근 몇 년 동안, 구조적 문제의 조정과 시장실패에 대한 이론적 논거들은 기술-혁신 동학techno-innovation dynamics 그리고, 다중공급 체인multisupply chain 중심으로 재편되는 글로벌 경제의 시스템적인 특성에 대하여 새로이 이해하게 되는 가운데 풍성해지고 또 부분적으로 재편되었다(밀버그Milberg와 윙클러Winkler, 2013). 프리만Freeman(1987), 룬드발Lundvall(1992)과 넬슨Nelson(1993)이 새로이 연 '혁신시스템' 관련 문헌은 새로운 혁신정책의 이론적 논거를 찾아내는 길을 열었다. 여기에는 인프라·제도적 문제; 기술적 고착화technological lock-in, 경로 종속성path dependency, 그리고 전환 실패transition failures; 연계 품질quality of linkages과 네트워크 구성 실패network configuration failures; 기업, 지역 네트워크 및 시스템 수준에서 학습

---

[4] 개별기업이 새로운 시장 개척 또는 제품 개발에 실패할 경우 이에 따른 투자비용을 혼자 부담하지만 만약 성공할 경우에는 최초 기업이 이익을 독점하게 되는 것이 아니라 다른 기업이 후발 주자로 참여하여 이익을 공유하게 되는 것

[5] 혁신에 의해 창출된 이익을 개발자가 배타적으로 확보할 수 있도록 하는 환경적 요인, 대부분의 기술혁신에서 개발자는 그 기술이 창출해내는 모든 사회적 잉여를 차지하지 못하는 것이 일반적

역학learning dynamics과 관련된 문제들이 포함된다(롤Lall 1992; 메트칼페Metcalfe 1995; 에드퀴스트Edquist 1997; 맬러바Malerba 2002; 클라인 울수이스Klein Woolthuis, 랭쿠이첸Lankhuizen과 길싱Gilsing 2005).

이러한 정책적 논거들 중 일부는 시스템적 또는 네트워크 실패systemic or network failures라는 이름의 산업정책 논쟁에서도 점차 채택된 바 있다(캐미네이드Chaminade 와 에드퀴스트 2006; 코에Coe, 딕켄Dicken, 헤스Hess 2008; 치몰리Cimoli, 도시와 스티글리츠 2009; 도드그슨Dodgson, 휴게스Hughes, 포스터Foster와 메트칼페 2011; 쿠즈네초프Kuznetsov와 사벨Sabel 2011; 웨이드 2012; 스티글리츠와 그린월드 2014). 이러한 연구들은 혁신 프로세스에 대하여 전체적인 개념 체계를 공유하고 있다. 이들에게 산업 시스템은 다층적 형태를 갖고 있는 것으로서, 이 시스템 하에서 기업, 연구센터, 중개자 등의 주체들은 생산과 혁신 성과를 결정하고 있는 수평적·수직적 상호 의존성 네트워크에 포함되어 있다. 시스템적 실패들은 지역 및 국가 산업 시스템 내부 그리고 이들 전반에 걸쳐 전개될 수 있는데 이들 모두 글로벌 공급망을 통해 상호 연결되어 있다.

선진국과 개도국 정부는 그들의 비전과 정책을 개발하면서 점점 더 새로운 조합의 복합적 정책 논리policy rational synthesis에 의존하고 있다. 즉, 고전적인 논거인 시장실패와 구조적인 조정에 혁신과 제조업 시스템 연구들에서 개발된 새로운 학습, 시스템적 실패 주장을 결합한다. 현대의 제조업체들은 여러 산업 및 국가에 걸쳐 있는 복잡한 생산자 네트워크를 통해 생산 프로세스를 조율한다. 현대의 제조업 시스템에는 다양한 부품, 재료, 생산시스템, 하위 시스템, 생산자 서비스, 제품 관련 서비스시스템에 기여하는 복잡한 상호의존성(종종 다양한 산업에 걸쳐)이 존재한다(태시 2007, 2014; 베르거Berger 2013; 밀베르그와 윙클러 2013; 로케Locke 와 웰하우슨Wellhausen 2014).

최근 산업정책 패키지의 다양성을 분석하기 위해 여기에서 전개하고자 하는 분류학적 접근법taxonomic approach은 이러한 시스템적 수준에서 작동하고 있는 정책들을 구분하고 주의를 기울이도록 고안되었다. "산업정책의 다양성"과 "새로운 산업정책 프론티어 : 부상하는 글로벌 트렌드와 실제" 절에서 실제 논의하겠지만, 이 새로운 복합적 정책논리의 주된 징후 중 하나는 정부들이 고전적인 부문별 경계를 뛰어 넘어 제조업 시스템 수준의 정책수단들에 점점 더 크게 의존하고 있다는 점이다.

산업정책의 다양성과 도전 : 분류학적 프레임

　시장, 구조적·시스템적 실패들은 정부에 글로벌 산업시스템 변화 상황을 반영하는 일련의 정책 논리들이 된다. 또한 그들은 산업정책의 공간을 확대하고 지역, 국가, 초국가적인 정부의 역할을 다시 생각하게 한다. 산업정책의 정의들은 이러한 이론적 근거들에 의해 모습을 갖춰온 것으로서 선택적(수직적이라고도 함)인가, 수평적인가의 차이로 구분되며, 전자는 기업 또는 부문별, 후자는 주로 거시 경제 정책적인 것을 말한다.

　국가 산업정책 패키지들을 비교 분석하는 것은 많은 경우 정책 논리들 그리고 다양한 정책수단들의 선택 정도degree of selectivity에 의존해 왔다. 예를 들어, 바이스Weiss(2011)는 정책 논리와 적용범위(예를 들면, 선택의 정도)에 따라 "시장에 기반한 수단들market-based measures"을 열거하는 분류법을 제안한다. 쿠츠네초프와 샤벨(2011)은 수직적 정책과 수평적 정책 차이에 입각하여 국별로 각기 다른 세대의 산업정책을 비교하고 있다. 벤하시네Benhassine과 라발란트Raballand(2009)는 보조금의 범위와 대비하여 선택성의 다른 정도를 고려하고 있다. 치몰리 등(2006)은 정책개입의 영역들과 이것들을 각각 뒷받침하는 정책 논리에 바탕을 둔 정책수단들을 구별하는 탐색 분류학exploratory taxonomy을 제안한다. 마지막으로 워윅Warwick(2013)은 정책영역과, 그리고 그것들이 지닌 수평적 또는 선택적 특성으로 구조화한 "산업정책 수단의 유형화typology of industrial policy instruments"를 제안한다.

　국가 혁신 및 제조업 시스템 문헌들에서도 이러한 유형의 분류학이 사용되었다. 예를 들어 클라인 울수이스, 랭쿠이첸과 길싱(2005)이 개발한 '혁신정책 시스템System of Innovationpolicy' 프레임워크는 "규칙들"(다양한 시스템 실패)과 "행위자들"(행위자 부재)을 비교한다. 도드그슨 외(2011)는 시장과 조정 논리 믹스에 따른 국가들의 궤적들을 비교하는 정책 접근방식을 취한다. OECD국가 중 일부 선택된 국가들에서 새로이 나타나고 있는 신흥 산업정책을 조사하기 위해 오설리반 외(2013)은 또 다른 산업정책 매트릭스를 제시한다. 이는 그 나라 생산시스템이 가진 서로 다른 "정책 개입 수준들"과 다양한 "요소 투입"의 대비를 통해 각국의 산업정책 믹스를 나타내고 있다.

　본 분석에서는 이러한 연구들을 토대로 산업정책의 다양성을 분석한다. 비교

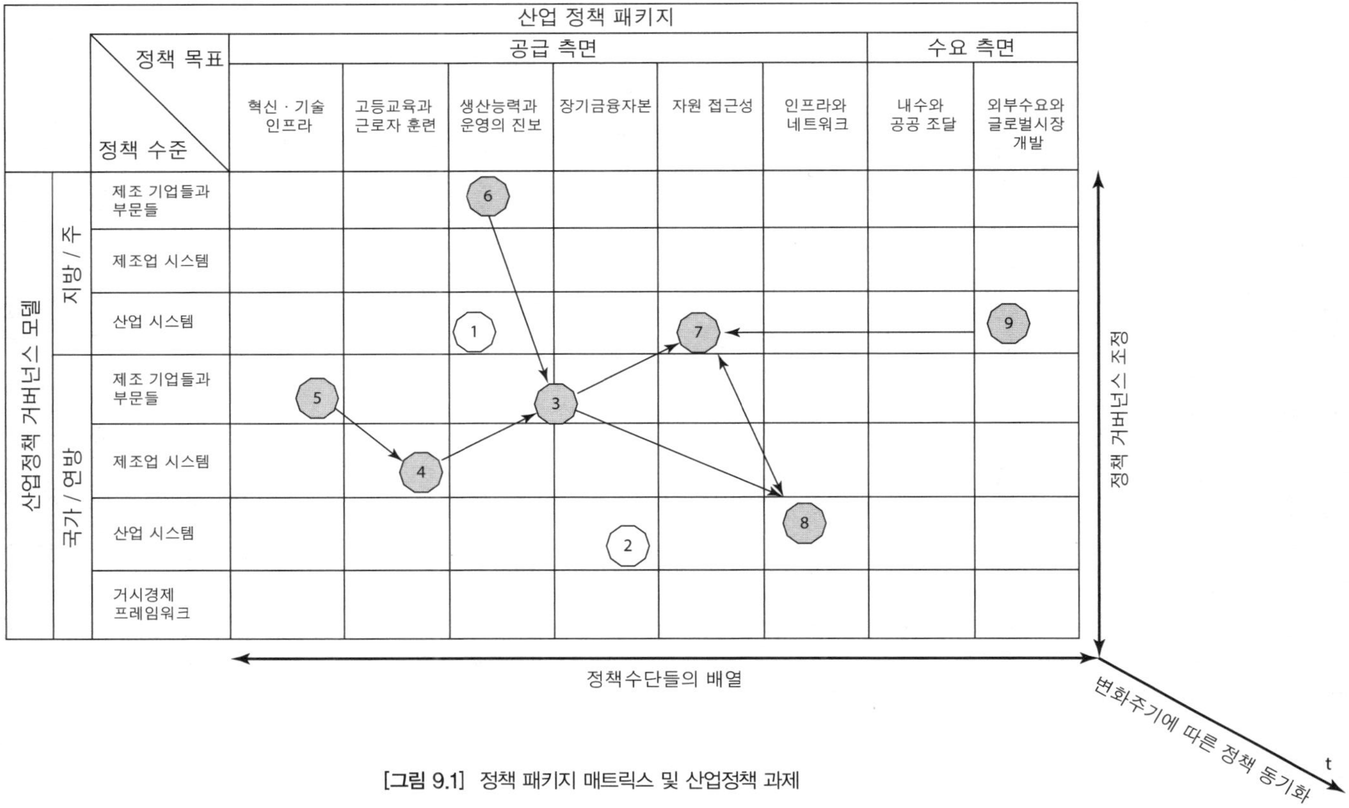

[그림 9.1] 정책 패키지 매트릭스 및 산업정책 과제

제9장 산업정책의 다양성 291

분석을 위해 여기서 개발한 분류학적 접근법은 각 국가의 정책수단 i = 1, 2,. . . n 에 대해 '정책모델'과 '산업정책 패키지'의 두 가지 복합적 차원과 시간 차원(변화주기)을 보여준다. 그림 9.1은 전반적인 분류학뿐만 아니라 산업정책 결정에서 정부가 직면하는 세 가지 주요 정책과제를 나타낸다. 첫째, 다층 산업정책 거버넌스 모델(정책 거버넌스 모델과 조정) 내에서 다양한 정책 대리인의 조정이다. 두 번째 문제는 산업정책 패키지(정책 패키지들과 수단들의 조정) 내의 서로 다른 정책수단 간의 누적 상호의존성의 존재와 관련된다. 세 번째 문제는 시간이 지남에 따라 정책수단 및 패키지를 동기화하는 것과 관련된 과제이다(변화주기에 따른 정책 동기화).

정책 거버넌스 모델과 조정

첫 번째 차원으로는 각기 다른 정책 거버넌스 모델들의 가능성을 설명하고자 한다. 정책모델은 한 국가가 산업정책과 그리고 정책의 설계, 구현 및 집행에 관여하는 여러 행위자들을 포함하는 틀을 짜는 방식에 따라 정의된다. 국가는 중앙계획 기반 전략central plan-based strategies 또는 다수의 분산된 이니셔티브 기반 수단들 decentralized initiative-based measures 내에서 산업정책을 수립할 수 있다. 전자의 경우, 정책모델은 하향식top-down, 즉 국가 또는 연방정부가 정책을 설계, 구현하고 실시하는 경향이 있다. 후자의 경우, 정책모델은 상향식bottom-up으로서, 국가와 연방 내의 여러 지역 또는 주state 행위자가 여러 산업정책을 조율하는 것을 의미한다.

이 상향식 모델bottom-up model은 개입에 있어 좀 더 선택적일 수 있으며 정책실행에 있어 어느 정도의 유연성을 허용하지만 기관들이 널리 확산되어 있지 않고 정부기능이 분산되어 있지 않은 국가는 해낼 수 없다. 또한 분산된 다수의 이니셔티브 기반 수단들은 일관성이 부족하거나 갈등과 중복의 소지가 있을 수 있다. 잘 발달된 제도적 환경에 의존할 수 있는 정부들은 이러한 산업정책 조정 문제를 피하기 위해 하향식 정책과 상향식 정책을 결합한 다층 정책모델을 채택했다. 하향식 모델에서의 목표, 목적과 정책수행은 국가 계획 또는 전략(브라질, 인도, 남아프리카, 동아시아 경제)으로 공식화된다. 더 다층화된 정책모델을 채택한 국가들은 몇 가지 특정 정책집행과 이니셔티브들에 의존하는데, 이것들은 보다 폭넓은 정책전략 내에서 재결합되는 것으로서, 정책전략은 이러한 정책들이 높은 수준의 투자를 필요로 하거나 또는 광범위한 차원의 국가 또는 연방정부의 이익에 영향을 미칠 수 있는 규모에 도달할 때 일관성을 보장하는 기능을 한다. 이것은 전형적으로 미국과 독일에서 일어났던 것으로, 일본에서는 그 사례가 적다.

정책 패키지와 정책수단의 배열 : 목표와 정책개입 수준

본 분석의 분류법에서 고려되는 두 번째 차원은 산업정책 패키지 내의 두 가지, 공급 및 수요 측면의 정책수단들을 포함한다. 공급 측면의 정책수단들은 특정 요소 투입정책들로 세분화된다. 공급 측면 목록은 혁신·기술 인프라(일반적으로 혁신·기술 정책들이며, 상업화 이전의 물품조달을 포함)에 영향을 미치는 정책으로부터 시작한다. 그 다음은 고등 교육, 근로자 훈련(일반적으로 교육 정책), 생산능력과 진일보한 제조 활동(일반적으로 제조 정책, 조건부 보조금과 인센티브, 매칭 보조금 제도 등)이 뒤따른다. 그리고 또 목록에는 장기자본 접근(일반적으로 은행·금융 규제, 중소기업 금융정책, 개발은행, 금리정책), 자원 접근(전형적으로 에너지·기술 정책), 마지막으로 인프라와 네트워크(일반적으로 인프라 및 표준화 정책) 등이 포함된다. 수요 측면의 수단들에는 국영기업이 기존 국외시장에 접근하고 새로운 시장을 개발할 수 있도록 하는 수단뿐만 아니라 표준적인 형태의 공공조달(다소 전략 지향적인)이 포함된다.

국가(또는 연방) 그리고 지역(주) 정책들 그리고 공급과 수요 측면에 대한 수단들 모두에 대해 개별 제조부문, 제조업 시스템, 산업시스템 등 세가지 가능한 정책 실행 수준들을 고려한다. 글로벌 제조업 시스템의 급격한 변화(태시 2007; 안드레오니와 그레고리Gregory 2013)는 표준적인 수준의 정책 실행을 넘어서도록 요구하게 되었는데 즉 부문(그리고 그 부문이 고도로 집중되었을 때 관련 특정회사들)과 그리고 거시경제 프레임워크를 넘어서는 것을 필요로 한다. 또한 이러한 이유로 제조업 시스템(제조업 전반에 걸쳐)과 산업시스템(건설, 에너지, 농업 포함) 전반에 작동하는 수단들이 있음을 확인한다.

국가별로 확인된 각 정책수단은 그림 9.1에서 보듯이 주요 두 차원에서 매핑되었으며, 할당된 양, 그리고 정책을 관리하는 정부기관에 대한 정보는 별도의 표(표 9.2, 9.3, 9.4, 9.5, 9.6, 9.7)로 제공하였다. 국가의 산업정책에 대한 분류학적 접근법은 개별 정책수단의 선택성 또는 효과성에 중점을 둔 기존의 비교분석을 뛰어 넘는 것으로, 개별 정책수단들을 연결하고 이들을 산업정책 패키지의 일부로 분석한다.

이 접근 방식을 정당화하는 주요 이유가 두 가지 있다. 첫째, 단일 정책수단의 효과는 제조업 시스템 내 동일한 회사, 부문, 특정기관에서 수행되는 다른 정책수단과의 연관성에 달려 있다. 정책은 독립적으로 작동하지 않기 때문에 다른 보완수단을 변경하거나 도입함으로써 정책효과가 향상될 수 있다. 또한, 문헌(아이진저Aiginger와 시이브Sieber 2006; 장하준 2010)에서 점차 인정받고 있는 바와 같이, 수평적 수단은 의도하지 않은 수직적 효과를 갖는 경향이 있다. 이로써 동일한 수준의 정책개입도 정책수단들이 요소 투입 생산성, 그리고 각 생산요소가 다른 제조 부문과 가치사슬에서 수행하는 다른 역할에 영향을 미치는 방식에 따라 다소간 선택의 여지가 있다(오키모토Okimoto 1989, 9). 다시 말해서 개별 산업정책의 효과성뿐만 아니라 선택성의 정도를 포착하기 위해 전체 산업정책 패키지 내에 각 정책들의 보완성을 검토할 필요가 있다.

둘째, 서로 다른 정책들(예를 들어 기술, 교육 및 공공조달 정책)의 결합효과는 정부가 각각 동일한 정책 수단을 다른 시기에 독립적으로 시행함으로써 달성할 수 있는 것과는 달라지는 경향이 있다. 중요한 사실은 정부가 실제 서로 상충하는 것처럼 보이는 정책을 포함하여 정책을 결합함으로써 인센티브 시스템, 기업의 행동 또는 수익의 분배를 사실상 바꿀 수 있다는 것이다.

스티글리츠(1996)는 동아시아에서 얻은 교훈에 대한 설명에서 단지 '상호작용하는 수단 패키지'(이로 인해 기업들은 내·외부 경쟁 압력의 다양한 유형에 노출)을 분석하는 것만으로도 이들 국가에 대한 이해가 가능하다고 강조한다. 장하준(2010, 100)도 정책옵션을 강조하면서, "동아시아에서 자유무역, 수출진흥(물론 자유무역이 아니다), 유치산업 보호가 횡단면으로나 (산업들이 항상 각 정책 카테고리에, 때로는 동시에 둘 이상 정책 카테고리에 놓임) 시간이 지남에 따라 (따라서 같은 산업은 시간이 지남에 따라 세 개 중 하나 이상의 정책 카테고리에 놓임) 유기적으로 통합되었다"고 말한다. 마지막으로, 란데스만Landesmann(1992, 242)은 스칸디나비아 국가들의 상황 하에서 이들 나라가 "방어적이면서 건설적인 정책의 흥미로운 혼합"을 어떻게 채택했는지 강조한다. 우리는 분류학적 접근법을 통해 이런 종류의 정책조합들을 조직화하여 보여주고 시스템 수준에서의 각각의 산업적 효과를 연구할 수 있다.

정책 동기화와 변화주기

정책수단들은 각기 다른 시계(視界)를 가진다. 어느 시점의 한 국가의 특징을 담는 산업정책 패키지를 재구성하기 위해 우리는 변화주기transformation cycle (T-cycle)에 대한 아이디어를 도입한다. 정책주기 개념이 일반적으로 특정한 어느 정부가 실행하는 것과 관련되는 한편, 변화주기는 일정한 시간 동안 활성화되고, 그 시간 프레임 내에서 포괄적인 정책패키지를 구성하는 정책수단 세트를 시작하는 것으로 정의된다. 이는 정의상 권력(정권) 정책주기 동안 그 권력이 도입한 정책 수단들과는 독립적이다. 각국이 변화주기 내에서 시간이 지남에 따라 정책들을 동기화하거나 하나의 변화주기에서 다른 변화주기로 전환하는 데는 여러 어려움을 겪게 되는데 이는 산업화 경로의 불연속성을 설명하는 것이기도 하다.

여기의 국별 사례 비교분석에서는, 각국의 마지막 변화주기에 시작하는 산업정책 수단들부터 검토하였다. 정책수단들이 이전 변환주기에서 채택되어 사용되었던 활성화 정책과 관련이 있는 것으로 확인되면 그 때마다 현재 산업정책 패키지에 포함하였다. 변화주기를 고려하게 되면 산업정책 분석에서 갖게되는 전형적인 문제를 피할 수 있다. 즉 현 정부가 시행하는(또는 단순히 브랜드가 변경된) 정책들과는 별개로 기업들이 마주하게 되는 산업정책 수단들의 전체 패키지를 이해하도록 해 주는 것이다. 같은 이유로, 정부는 산업정책 수단들 간에 발생할 수 있는 잠재적인 중첩이나 불일치를 해결하기 위해 산업정책의 전체적인 그림을 재구성하는 것이 어렵게 되므로 이러한 분석은 정부의 정책 결정단계에서도 도움이 될 수 있다(안드레오니, 프라티니Frattini와 프로디Prodi 2016).

국가별 분석을 다룬 다음의 절들은 새로운 트렌드, 공통적인 주제themes, 정책관행을 파악하는 것을 목표로 하고 있으며, 따라서 가장 최근 변화주기에 주로 초점을 맞출 것이다. 국가별로 배분금액, 관련된 정부기관들, 그리고 정책수단들의 목록으로 각 정책수단의 특정 변화주기를 보여줄 것이며 그림 9.1 매트릭스 내에서처럼 시각적 클러스터를 보여줄 것이다. 마지막으로 지역, 주 차원의 정책수단들은 여러 가지 다양한 경우의 수가 너무 많고 기록하는 데 따른 어려움을 감안하여 대표적인 것들만 골라서 논의하였다.

산업정책의 다양성

다음 절들은 3개 주요 선진국과 3개 주요 개도국의 산업정책 다양성에 대해 자세히 다룬다. 확인된 다수의 정책 수단과 제도들 가운데, 이 장은 각국이 채택한 여러 가지 독특한 수단, 도구와 제도에 초점을 맞추고 있다. 이러한 수단, 도구, 제도들은 오늘날의 산업정책 실행의 최전방에 있다. 마지막 절인 "새로운 산업정책 프론티어The New Industrial Policy Frontier"에서는 새로이 부상하며 주목받고 있는 정책 영역들을 기술한다.

미국 : 제조업 기반의 재건

알렉산더 해밀턴Alexander Hamilton의 제조업에 관한 보고서Report on the Subject of Manufactures 이후, 미국 정부는 다양한 산업, 무역 및 기술 정책을 채택하고 정제함으로써 개발적, 기업가적 주요 역할을 수행해 왔다(장하준 2002; 장하준 외 2013). 2차 세계대전과 그 이후 냉전기간 동안 미국은 장기조달계약, 보조금, 투자보장, 전략적 구제조치를 포함한 산업정책 패키지를 시행했다(마르쿠센Markusen 1996). 더 중요한 것은 연방정부가 주요 산업 이니셔티브와 기술혁신에 대한 관리 및 재정 지원뿐만 아니라 기초 연구개발 (R&D) (예를 들어, 국립 실험실 등)을 담당하는 산업정책기관 인프라를 설립하고 발전시켰다(블락Block 2008; 태시 2010; 마추카토 2014). 오늘날 주요 기관으로는 국방부, 국립 보건원, 국가과학재단National Science Foundation(NSF), 국가표준기술연구소National Institute for Standards and Technology(NIST), 에너지·농업부, NASANational Aeronautics and Space Administration 등이 있다.

오늘날 미국에서 가장 성공적인 산업정책 수단들 중 일부는 다양한 변화주기에 맞추어 도입되어 지속적으로 지원되어 왔다 (그림 9.2 참조). 중소기업청Small Business Administration(SBA)에서 운영하는 두 가지 프로그램, 즉 중소기업투자회사Small Business Investment Company(SBIC), 중소기업혁신연구Small Business Innovation Research(SBIR)와 중소기업기술이전Small Business Technology Transfer(STTR)의 경우가 이에 해당한다. 이 프로그램들은 기술 시스템이나 부품(때때로 틈새시장)의 개발 또는 스케일업에 관여하는 소기업small businesses, OEMsOriginal Equipment Manufacturers 그리

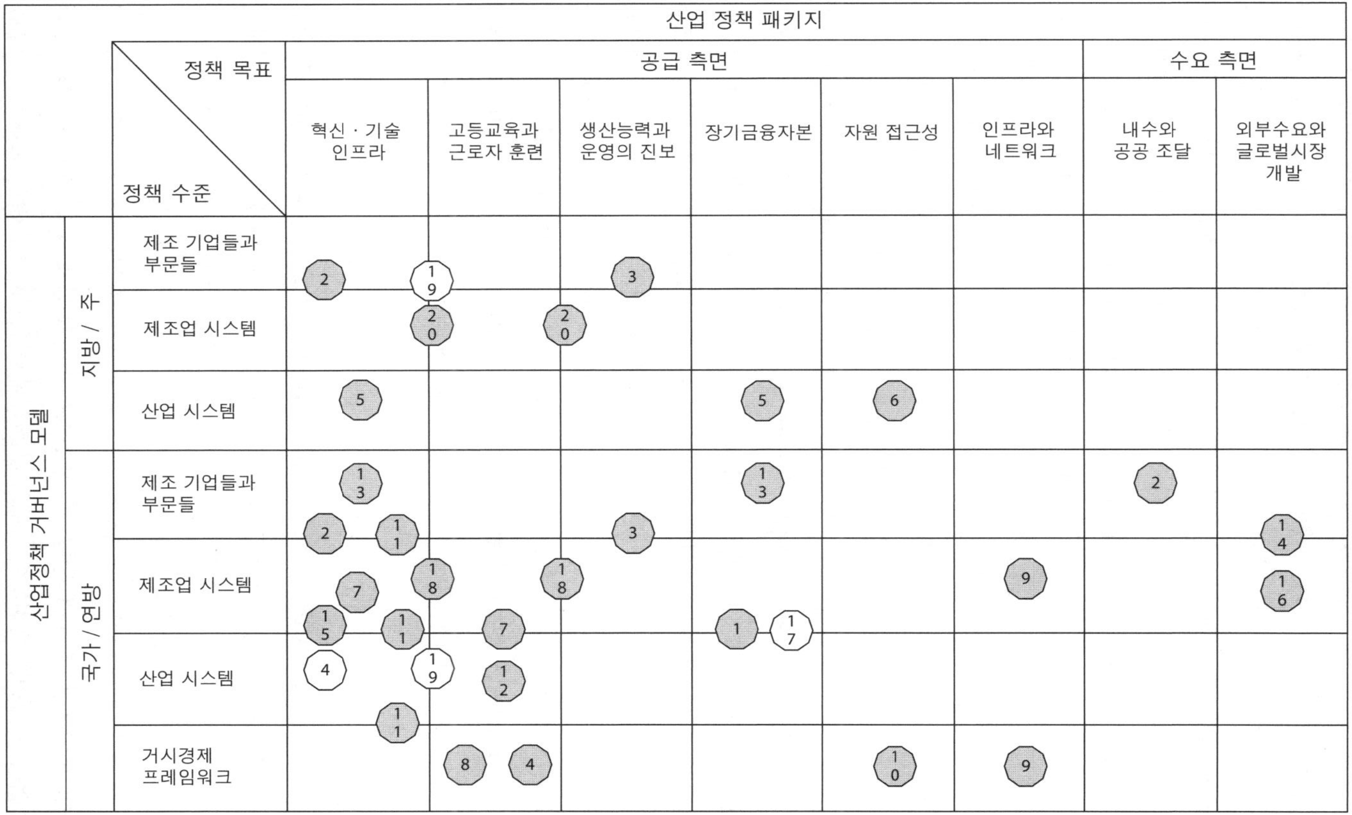

[그림 9.2] 미국의 정책패키지 매트릭스

고 전문 제조업 계약업체specialist manufacturing contractors에 대해 대출, R&D 보조금, 상업화전물품 공공조달을 지원한다. 2011년 SBIR증진법SBIR Enhancement Act에 따라 경제에 활력을 불어넣기 위해 자본금 기준 25~30억달러로 SBIR의 운영과 금융 능력이 확대되었다(웨스너Wessner와 울프Wolff 2012). 제조업 확장 파트너쉽Manufacturing Extension Partnership(MEP)은 1980년대에 시작된 또 다른 프로그램으로 부시 행정부에서 재개되었으며 최근에는 예산이 100% 증가되는 등 한층 강화되는 모습이다. 오늘날 MEP는 주와 지역에 60개 센터가 있으며 1,300명의 직원이 근무하고 있다(에젤Ezell과 앳킨슨Atkinson 2011).

 2000년도 이후 미국의 연방 및 주 정부는 세 번의 변화주기를 경험하였다. 첫 번째 주기(2000-2008)인 부시 행정부의 미국 경쟁력 강화 이니셔티브American Competitiveness Initiative는 주로 미국의 산업정책 가운데 전통적인 부문에 중점을 두었다. 구체적으로, 이 기간에는 (1) 기술, 금융, 세금 친화적인 비즈니스 환경을 제공함으로써 산업시스템의 경쟁력을 향상시키고, (2) 양자·다자간 협정을 통해 세계시장에 대한 접근을 보장하고, (3) 다양한 이니셔티브 기반, 미션 지향적인 기술정책을 북돋우는 것을 목적으로 하였다. 연방 차원의 이니셔티브는 또한 주마다의 고유한 제조업 특징을 반영하는 주 단위의 섹터별 정책에 의해 보완되었다. 이러한 이니셔티브에는 경제기회구역economic opportunity zones 설치뿐만 아니라 셰일가스용 새로운 파쇄 기술과 관련된 다양한 에너지 정책 및 이니셔티브가 포함되어 있다(오설리반 외 2013).

 2007~8년 금융위기 및 그 이후의 급격한 제조업 후퇴와 고용 위기는 전례가 없는 7,870억 달러의 경기 부양책과 함께 새로운 산업정책 변화주기의 시작을 알렸다. 2009년 미국 경기부양법American Recovery and Reinvestment Act(ARRA)은 정책영역의 거의 전체를 포괄하는 매우 명확한 정책패키지이다. 표 9.2는 산업들과 직접적으로 관련되는 ARRA 이니셔티브의 하위집합들에 초점을 맞추어 놓은 것이다. 일부 조치는 자동차 전체 산업의 특별 긴급구제ad hoc bailouts(예를 들어 제너럴모터스General Motors, 크라이슬러Chrysler)와 같은 당면한 국가 우선과제와 관련되어 있다. 또 다른 정책들은 미국 경제에서 새로이 부각되는 취약점들을 다루었다.

 오바마 행정부는 이러한 취약점에 대응하기 위하여 우선 주 차원의 이니셔티브와 연계된 약 1,000억 달러의 연방정부 투자를 통해 과학·기술·공학·수학 졸업생들, 그리고 숙련공의 극심한 부족 문제를 해결하고자 하였다. 통신, 에너지,

[표 9.2] 미국의 정책수단, 모델, 거버넌스, 변화주기, 예산

코드	명칭	R/N	변화주기		기관/부처명	10억달러
1	중소기업투자회사(SBIC)	N	1958	계속	중소기업청(SBA)	23
2	중소기업기술혁신(SBIR) (1992년 이후 중소기업기술혁신(SBIR)/ 중소기업기술이전(STTR))	N	1982	계속/개정	중소기업청(SBA)와 연방정부 11개 부처	자료 없음
3	제조업 확장 파트너십	R	1988	계속/개정	국가표준기술연구소(NIST)	자료 없음
4	미국경쟁력강화계획(ACI)	N	2006	2008	미의회(108)	5.9
5	경제 기회 구역	R	2006	2016	미 연방 및 주 의회(108)	10
6	시추기술과 셰일가스 이니셔티브	R	2005	계속	주(States)	자료 없음
7	나노생산, 수소기술, 지식통합생산에 대한 정부의 금융지원	N	2008	계속	국가과학기술위원회	128
8	미국 경기부양법(ARRA) 교육	N	2009	계속	주택부와 교육부	94
9	ARRA 교통수단	N	2009	계속	연방교통청, 교통부(DOT), 환경보호청(EPA) 교통·대기실 사무소(OTAQ), 에너지부(DOE)	40
9	ARRA 인프라	N	2009	계속	연방정부부처	34
10	ARRA 에너지와 환경	N	2009	계속	에너지부(DOE)의 에너지효율 및 재생에너지청(EERE)	51
11	ARRA 연구개발	N	2009	계속	연방정부부처	16
12	ARRA 훈련	N	2009	계속	연방정부부처	5
13	ARRA 농업	N	2009	계속	농무부(USDA)	1
13	ARRA 의료보호 및 의료보장	N	2009	계속	의료보호 및 의료보장 서비스 센터(CMS)	105
13	ARRA 제조업	N	2009	계속	미 의회(111), 미 에너지부(DOE)	7.3
14	국가수출확대정책(NEI)	N	2010	2014	국제무역기구	6
15	Race to the top (오바마 교육개혁 프로그램)	N	2010	2015	연방정부부처	6.9
16	수출입은행	N	2010	계속	미 의회(111)	자료 없음
17	소기업 일자리법	N	2010	2010	미 의회(111)	30
18	첨단 제조 파트너십(AMP) (로봇 공학, 첨단소재, 공정 효율, IT)	N	2011	계속	과학기술자문위원회(PCAST)	1
19	제조업혁신국가네트워크(NNMI)	N	2011	2015	과학기술자문위원회(PCAST)	1
20	AMP의 지속적 클러스터화 (지역 계획 육성, 나노기술과 소재에 대한 추가 투자 등)	R	2012	계속	국가과학기술위원회(NSTC)	자료 없음

교통 인프라 (예를 들어 도로, 그리드grids, 네트워크)를 해결하기 위해 야심찬 인프라 프로그램도 시작되었으며, 의료 부문(그리고 해당산업)은 1,000억 달러 이상의 대규모 지원을 받았다. 마지막으로, 에너지 분야의 기술 패러다임적 변화를 유도할 가능성이 시스템적 구조 변화와 지속적인 성장을 위한 새로운 경로로 채택되었다. 청정에너지 이니셔티브clean-energy initiatives, 즉 재생 에너지, 송전 프로젝트, 스마트 그리드smart grids에 대한 융자 보증, 배터리와 첨단자재에 대한 보조금 지원이 이루어졌다. 또한 첨단 연구 프로젝트 기구-에너지Advanced Research Projects Agency-Energy(ARPA-E)는 에너지 분야에서 새로운 임무 중심 연구 벤처를 조직하였다.

금융위기는 단순히 금융 부문의 근본적 문제만 드러낸 것은 아니었다. 즉, 미국의 성장과 혁신의 엔진인 국가의 생산시스템이 여러 가지 구조적 문제로 어려움을 겪고 있음도 명확히 드러냈다. 지속적인 무역 불균형, IBM·듀퐁 등 국가 챔피언들이 생산과 R&D센터를 해외에서 아웃소싱하는 것, 상대적으로 느린 기술역동성, 중요산업 역량의 약화 등이 이러한 문제의 모든 징후였다(피사노와 시하 2012; 베르거 2013; 안드레오니 2015a). 이것이 바로 오바마 행정부가 ARRA 정책패키지의 시행, 그리고 경쟁력전략(COMPETES, Small Business Jobs Act 등)의 지속 추진과 함께, 2010년부터 세 번째 변화주기에 들어간 이유이다. 새로운 산업정책 패키지는 제조업 시스템을 목표로 세계시장에서의 위상과 국내 제조업 기반을 강화하기 위한 여러 가지 선택 수단들에 초점을 맞추고 있다.

미국은 제조·기술 기반을 재건하기 위해 많은 조치들을 시행하였다. 정부는 MEP 강화와 함께 새로운 '제조업 혁신 국가네트워크' National Network for Manufacturing Innovation(NNMI)에 집중했다. 이는 첨단제조기술의 개발과 채택에 관여하는 지역별 연구소 망이다. 더욱이, 고급재료(예를 들어, 재료 제놈 이니셔티브 Materials Genome Initiative), 생산기술(예를 들어, 로봇센터Robotics Center, 부가 제조업 Additive Manufacturing 등)과 관련된 수많은 첨단기술 이니셔티브들이 글로벌 기술경쟁에 뛰어들기 위한 명확한 목표를 가지고 시작되었다. 이러한 노력의 상당 부분은 2012년과 2013년에 의회의 예산 배정으로도 이어졌다. 마지막으로, 많은 인센티브와 세금감면제도가 도입되었다(예를 들어, 역내조달insourcing 조립생산에 대해 20% 소득세 공제). 이들은 생산규모를 회복하고 전략적 부문들에서 산업적 공유지industrial commons를 재건하는 것을 목표로 했다(오설리반 외 2013).

미국의 수출을 증진하기 위해 두 가지 주요 계획이 출범되었다. '2010 국가 수출 이니셔티브National Export Initiative'는 무역진흥임무, 쌍무 이니셔티브 및 협약, 무역 관련기관 합동 센터Interagency Trade Enforcement Center의 창설과 자금조달을 증진시켰다. 수출입 은행의 운영과 재무역량이 확대되었으며, 수출지향 기업들이 전용자금을 지원받았다.

일본 : 산업 및 에너지 시스템 재구축

1950년에서 1980년대 중반까지 일본의 산업정책 경험은 다양한 연구를 통해 매우 상세하게 보고되고 있다(존슨 1982; 오키모토 1989; 장하준 외 2013 참조). 일본은 다양한 산업정책, 무역 및 경쟁 정책(예를 들어 수출, 투자, R&D 및 유틸리티 요금에 대한 보조금, 특혜성 세제, 외환배급, 카르텔관리 등)을 실험하고 시행하였다. 또한 심의회(기구)들deliberation councils과 통상산업성Ministry of International Trade and Industry(MITI) 중심으로 효과적인 거버넌스 모델들을 채택했다.

황금시대 일본의 산업시스템은 주요 산업분야(초기에는 중공업, 화학, 이후에는 자동차, 전자 등) 중심으로 발전했다. 또한 기계, 자동화, 로봇공학, 재료가공, 정밀한 시스템 부품들에 전문화된 수많은 중소기업을 육성했다. 중소기업은 산업 "피라미드" 시스템(케이레츠keiretsu)과 통합되어 육성되었고 공공부문으로부터 자금과 기술 지원을 받았다. 지난 한 세기를 돌아보면 중소기업에 대한 공적 지원은 일본의 산업정책에서 가장 두드러진 특징 중 하나이다. 중소기업 지원은 1990년 증시 폭락에 뒤이어 등장한 변화주기 동안 몇몇 다른 이니셔티브들(예를 들어 R&D 투자, 수출신용보험)과 합하여 총 (산업정책) 지출의 90%를 차지했다(장하준 외 2013).

독일 모델과 마찬가지로 일본의 금융인프라는 일본개발은행Japanese Development Bank(JDB), 일본장기신용은행Long-Term Credit Bank of Japan, 일본산업은행Industrial Bank of Japan(IBJ) 등 공공금융기관을 통해 장기금융을 제공하였다. '고세추시 센터Kohsetsushi Centers'라고 알려진 기술 인프라는 1902년에 설립되었으며 미국의 '농업확장 및 엔지니어링 실험 스테이션agricultural extention and engineering experimentation stations' 네트워크를 모델로 삼았다(오설리반 외 2013; 안드레오니와 장하준 2014; 안드레오니 2015b). 이 센터는 지역 현 단위로 운영되며 시험, 시험생산, 스케일업을 위한 다양한 준공공재quasi-public 기술지원뿐만 아니라 교육서비스를 통해 지역 내 중소기업들을 지원하기도 한다. 또한, 특정 분야를 중심으로 하는 다수의 센터들이 중소기업의 새로운 첨단기술 채택을 지원하고 공동으로 적용되는 연구를 수행한다. 금융과 기술 인프라는 오늘날에도 일본의 산업정책 계획의 골격backbone이다. 예를 들어, '고세추시 센터'는 약 262개의 지사(182개 센터)를 보유하고 있으며, 산업기술종합연구소National Institute of Advanced Industrial Science and Technology(AIST)와 같은 최첨단 연구기관이 이를 보완한다(에첼과 앳킨슨 2011; 오설리반 2011)(그림 9.3 참조).

1990년대 중반부터 일본 내에서 규제완화 의제deregulation agenda가 지배하면서 산업정책은 현저히 축소되었다. 새로 설립된 경제무역산업성Ministry of Economy, Trade and Industry(METI)은 5년 기간의 과학기술계획Science and Technology Plan(STP)을 채택하기 시작하였다. 이들은 주로 국가 지식기반 강화("Control Tower" 모델을 채택하여 정부가 고등 교육에 대한 자금배분을 수직화함)와 수많은 기술 영역(생명과학, 정보통신기술(ICT), 환경, 나노기술 등)에 대한 투자에 초점을 맞추었다. 세 번째 STP는 특히, "하드" 경제에서 주로 서비스, 디지털화, 디지털 가전, 로봇, 연료전지 기술을 근간으로 하는 "소프트" 경제로의 전환을 촉진하였다. 첫 번째 변화주기(1996~2009) 동안의 또 다른 주요 계획으로는 산업 클러스터 계획Industrial Cluster Plan이 있다. 이는 지역 내 산업, 대학, 연구센터 간의 지역 파트너십과 협력이라는 새로운 지역 혁신시스템("중요 지역들")을 수립하는 것을 목표로 하였다(네즈Nezu 2007) (표 9.3 참조).

일본이 다시 산업정책으로 복귀하게 된 것은 주로 2008년 글로벌 금융위기, 2011년 3월 일본 동북부 대지진이라는 두 가지 극적인 사건에 의해 촉발되었다. 두 사건은 일본의 산업·에너지 시스템의 약점, 그로 인한 구조조정의 필요성을 부각시켰다. 현재의 변화주기는 2009년 '새로운 성장전략New Growth Strategy'이라는 포괄적인 정책 패키지에서 시작되었다. 그 이후 여러 가지 이니셔티브들이 있어 왔다. 첫째, 일본 혁신네트워크공사Innovation Network Corporation of Japan(INCJ) 설립이 있었다. 이는 녹색 에너지, 전자, 정보기술, 인프라 관련 생명공학(예를 들어, 물 공급) 등 다양한 분야에서 혁신을 촉진하고 일본기업들의 가치를 향상시키기 위한 공공-민간 파트너십이다. INCJ는 자본금이 3,000억엔이며, 그 중 정부가 2,860억엔, 나머지는 26개 민간 기업이 투자하였다. 둘째, 새로운 산업의 비전(후

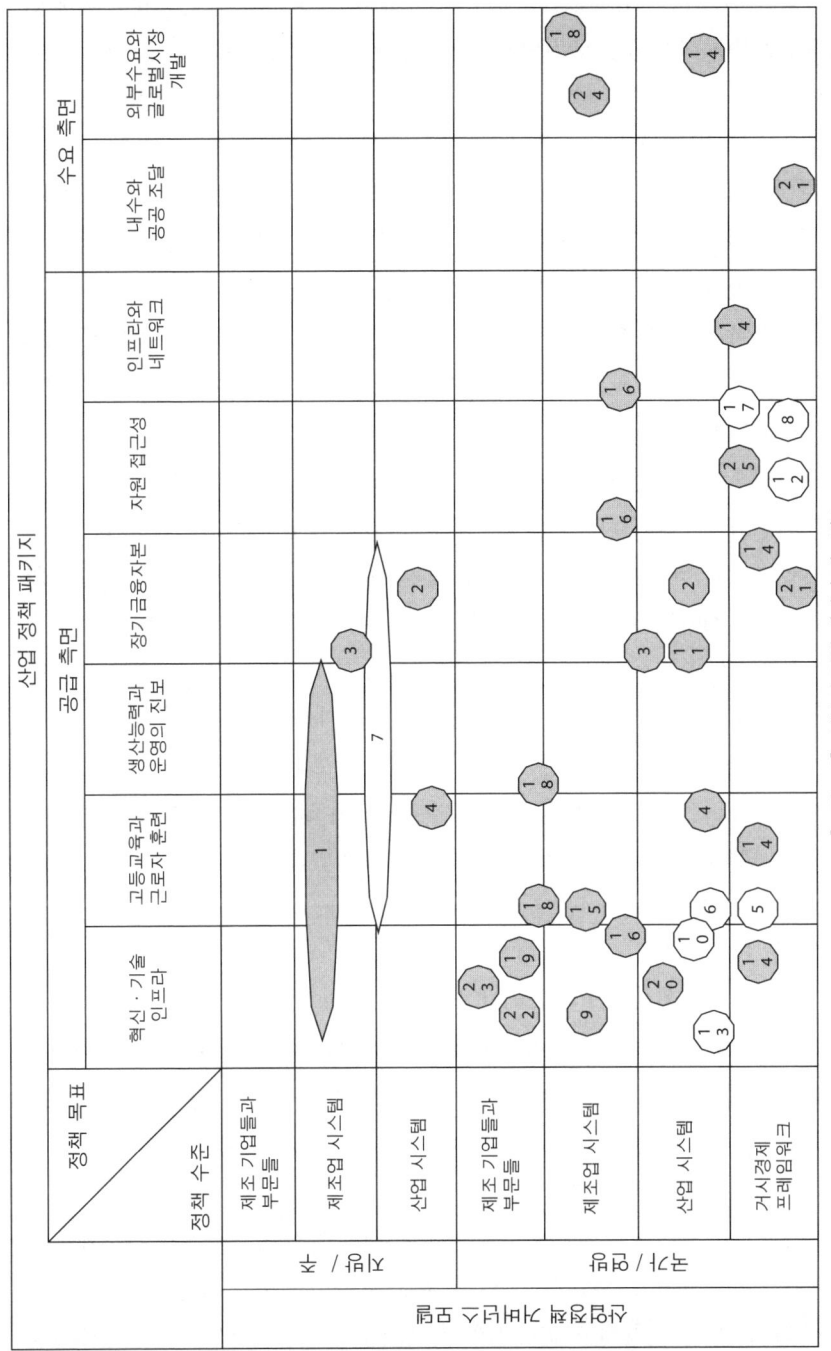

[그림 9.3] 일본의 정책 패키지 매트릭스

제9장 산업정책의 다양성 303

에 '산업구조 비전 2010Industrial Structure Vision 2010'으로 부름)을 수립하기 위해 산업구조위원회 아래에 있는 산업경쟁력위원회Industrial Competitiveness Committee가 설립되었다. 이 새로운 전략은 일본의 산업을 지원하기 위해 다섯 개 전략적 영역과 수많은 범분야적 정책들cross-cutting policies로 구성되어 있다.

일본의 산업구조를 다각화("단일 정상 모델에서 산맥 모델"로 변화)하기 위해 산업경쟁력위원회는 인프라 관련 산업(원자력, 수도, 철도); 환경·에너지 문제 해결 산업(스마트 커뮤니티, 차세대 자동차 등); 의료·간호·건강·보육 서비스; 최첨단 분야(로봇, 우주 등); 그리고 창조적인 산업 등 5개의 산업을 유망산업으로 정했으며, 각각에 대해 많은 정책수단들을 고안하여 현재 광범위한 산업정책 패키지에 통합되어 있다(표 9.3 참조).

범분야적 정책으로 정부는 상대적으로 표준적인 조치들(법인세 개혁, 연구개발 촉진, ICT 채택, 국가 직업자격제도의 수립)를 조합하는 방법을 채택했다. 또한 산업시스템 조직의 구조조정을 목표로 하여 좀 더 많은 선택적 조치들을 도입했다. 첫째, 정부는 세제우대, 보조금, 맞춤형 이민절차를 통해 기업과 사람들을 유치함으로써 일본을 아시아의 "고부가가치high-value 산업 허브"로 탈바꿈시키는 것을 목표로 하고 있다. 둘째, 정부는 새로운 시장 개척을 위해 국제 표준화, 표준과 인증의 전략적 관리를 촉진한다. 마지막으로 정부와 현은 그동안 국가 주요기업만을 대상으로 해온 중개intermediation 역할을 넘어 해외사업 확장과 글로벌 틈새시장을 공략하는 420만 중소기업도 직접 지원하고 있다.

금융위기를 계기로 구조조정과 산업구조 재활성화를 위한 주요 계획이 촉발된 한편, 도쿄 전력의 후쿠시마 원자력 발전소에 일어난 재난으로 일본의 전략적 가치사슬(특히 전자제품과 자동차)이 혼란에 빠지면서 일본은 새로운 에너지 계획을 필요로 하게 되었다. 지진 발생 직전 일본은 에너지 자립, 재생가능 에너지원 개발, 원자력, 그리고 CO_2 배출저감 측면에서 많은 야심찬 목표를 포함하여 새로운 기본 에너지 계획을 채택했다(듀필드Duffield와 우드올Woodall 2011). 가장 최근의 전략에너지 계획과 제4차 과학기술기본계획Science and Technology Basic Plan은 에너지 시스템에 대한 일본의 주요 관심사와 함께 회복력, 안정성, 유연성을 증진해야 하는 필요성을 반영하고 있다. 이 계획은 "다층적이고 다양화된 유연한 에너지 수급 구조"의 도입, 첨단 에너지절약 사회로의 발전, 중장기적으로 그리드 패리티grid

[표 9.3] 일본의 정책수단, 모델, 거버넌스, 변화주기, 예산

코드	명칭	R/N	변화주기		기관/부처명	10억엔
1	고세추시 센터	R/N	1902	계속	통상산업성/경제무역산업성 현	자료 없음
2	일본개발은행(JDB)	N	1951	계속	통상산업성/경제무역산업성	자료 없음
3	중소기업기본법(2013년 개정)	N	1963	계속	통상산업성/경제무역산업성	자료 없음
4	중소기업대학	R/N	1980	2001년 개정	문부과학성(MEXT)/현	자료 없음
5	제1차 과학기술기본계획		1996	2000	통상산업성(MITI)	17
6	제2차 과학기술기본계획	N	2000	2005	경제무역산업성(METI), 과학기술정책위원회(CSTP)	24
7	산업 클러스터 계획	R/N	2001	2010	경제무역산업성(METI)	자료 없음
8	에너지정책 기본법	N	2002	2006	경제무역산업성(METI), 과학기술정책위원회(CSTP)	자료 없음
9	산업기술종합연구소(AIST)	N	2001	계속	경제무역산업성(METI)	자료 없음
10	제3차 과학기술기본계획	N	2006	2010	경제무역산업성(METI), 과학기술정책위원회(CSTP)	25
11	중소기업 제조업강화법	N/R	2006	계속	경제무역산업성(METI), 국제에너지기구(IEA)	자료 없음
12	신(新)국가에너지전략(NNES)	N	2006	2010	경제무역산업성(METI), 국제에너지기구(IEA)	자료 없음
13	서비스산업정책		2007	2007	경제무역산업성(METI)	자료 없음
14	신성장전략		2009	계속	경제무역산업성(METI)	자료 없음
15	산업활력재생특별조치법	N	2009	계속	경제무역산업성(METI)	자료 없음
16	산업혁신기구(INCJ)	N	2009	2025	경제무역산업성(METI)	자료 없음
17	신(新)에너지기본계획	N	2010	2013	경제무역산업성(METI), 국제에너지기구(IEA)	자료 없음
18	신산업구조비전	R/N	2010	계속	경제무역산업성(METI)	자료 없음
19	차세대자동차 전략	N			경제무역산업성(METI)	자료 없음
20	제4차 과학기술기본계획	N	2011	2015	문부과학성(MEXT), 경제무역산업성(METI)	25
21	산업경쟁력강화법	N	2013	2013	경제무역산업성(METI)	자료 없음
22	간병 로봇 장치	N	2013	2017	경제무역산업성(METI)	자료 없음
23	정보 정책	N	2013		경제무역산업성(METI)	자료 없음
24	해외 사업 중소기업 지원을 위한 새 프레임워크(예: 의학 기술)	N			경제무역산업성(METI)	자료 없음
25	전략적 에너지 계획	N	2014	계속	경제무역산업성(METI), 국제에너지기구(IEA)	자료 없음

parity[6])의 달성을 포함하여 여러 가지 주요 개혁내용을 담고있다. 마지막으로, 원자력 정책의 재확립도 포함하고 있다.

독일 : 구성의 '장점'

2차 세계대전 이후 20년간 독일의 회복은 전략산업에 대한 막대한 투자(국민 소득의 약 20%)와 자본재 수출의 증가를 통해 이루어졌다. 과학 기반 화학산업의 바이엘Bayer과 바스프BASF, 전자, 전력 엔지니어링, 통신 분야의 지멘스Siemens 와 같은 회사는 전체 제조업 시스템의 산업적 동력이 되었다. 한편 첨단기술을 가진 중규모 기업들과 전문화된 하청업체-일명 미텔스탄트Mittelstand-밀집 네트워크는 정교한 생산기술(특히 공작기계 부문)을 개발해냈다. 심지어 폭스바겐Volkswagen이나 도이체 텔레콤Deutsche Telekom과 같은 국내기업이 민영화되었을 당시 연방이나 주 정부가 이들의 주식 중요 지분을 유지하였다(장하준 2013).

1949년에는 독일 산업정책의 중요한 축 중 하나인 프라운호퍼 대학연구소 Fraunhofer-Gesellschaft Institute가 만들어졌다(안드레오니 2015b). 그들은 제조업 관련 공동연구를 수행하며 전체 산업시스템(대·중소 기업, 공공 부문 포함)에서의 기술적 문제를 해결한다. 시간이 지나면서 네트워크는 57개 연구소(18,000명의 직원)로 성장하였으며 제품개발 아이디어 상용화, 개별기업과의 양자간 응용연구, 기술이전 계획뿐만 아니라 경쟁단계전 초기 공동연구joint precompetitive research, 시제품 제작 prototyping, 제조·스케일업 등에 전문화되어 있다. 최첨단 연구에는 광학optics, 포토닉스photonics, 미세전자기계시스템micro-electromechanical systems, 첨단복합소재advanced and composite materials, 고급기계가공advanced machining 등과 같은 다양한 분야와 기술 플랫폼이 포함된다. 해를 거듭하면서 스타인바이스 센터Steinbeis Centers(4,600명), 그리고 업계 협회들(예를 들어, 알리안츠 인트스트리에 포르슝Allianz Industrie Forschung 또는 AIF)이 지원하는 기타 섹터별 프로그램들이 이 중간단계 연구개발기관 네트워크를 보완해왔다. 또한, 고등교육과 기초연구 기관들(예를 들어, 막스 플랑크 소사이어티Max Planck Society)의 발전도 이루어졌다(앳킨슨과 에첼 2012).

---

6) 태양광, 풍력 등 신재생에너지 발전단가가 기존 화석에너지 발전단가와 같아지는 균형점

나중에 독일 모델(모델 도이칠란트Modell Deutschland)로 유명해진 두 번째 축 pillar은 산업자금을 전문으로 취급하는 공공 또는 준공공 은행으로 구성된 금융 인프라였다. 1947년에 설립된 독일재건은행 KfW는 직접 대출을 넘어 산업지원을 담당하는 은행들에 간접 대출하는 장기 리파이낸싱 은행이 되었다. KfW는 현재 연방정부(80%)와 대출기관들(20%)이 소유하고 있다. 금융 인프라에는 또 중소기업과 협력하는 공공 저축은행 및 신용협동조합의 다층 시스템도 포함된다.

모델의 세 번째 축은 노사관계의 규정으로 구성된다(비톨스Vitols 1997). 1950년대 이후, 근로기준법과 단체교섭법Collective Bargaining Law은 고용주 협회와 노동조합들 간 일련의 법적 구속력있는 부문별 협약을 도입했다. 이같은 제도들은 "엄격한" 운용이 이루어지는 견습제도와, 기술·연수기준 공인제도 등을 포함하는 연수시스템(직업훈련법Vocational Trading Law), 그리고 '유연성의 조율'concerted flexibilities이라고 불리는 제도를 채택함으로써 균형을 갖추고 있다.

슈뢰더Schroeder가 2003년 추진한 노동시장의 하르츠Hartz 개혁[7]은 종종 독일산업 경쟁력의 새로운 주된 동력으로 여겨지는 것으로서 실제 현실은 좀 더 복잡하다. 즉 자국의 산업 및 제도 인프라를 기반으로 삼아 독일의 노사관계는 하르츠 이전에 "산업 수준에서 기업 수준으로의 임금조정과정의 분권화" 과정을 거쳤다(더스트만Dustmann 외 2014, 168). 이러한 산업내 관계의 분권화 과정과 더불어, 첫 번째 산업정책 변화주기(2000-2005)는 환경의 지속가능성, 에너지 효율, 재생가능 에너지(독일 재생에너지법)에 대해 강조하는 것을 특징으로 하고 있다. 이러한 에너지 정책의 결과 독일은 현재 세계 최대의 광전지 시장(유럽시장에서 셀 75%, 모듈 60%의 생산 능력 보유)이 되었으며, 유럽 풍력발전 용량의 30%(세계 생산능력의 12%)를 보유하고 있다.(오설리반 외 2013). 이러한 변화는 적어도 독일의 산업경쟁력 확보에 노사관계 개혁만큼의 중요한 역할을 했다(스톰Storm과 나스테파드Naastepad 2015)(그림 9.4 참조).

---

7) 슈뢰더 정부는 2002년 3월 폭스바겐의 인사담당 이사인 피터 하르츠(Peter Hartz)를 위원장으로 하는 "노동시장에서의 현대적 서비스를 위한 위원회(Moderne Dienstleistungen am Arbeitsmarkt)"를 구성했다. 하르츠 위원회는 2002년 8월 16일 3년간 200만명의 실업자 감소 등 13개의 개혁안이 담긴 보고서를 의회에 제출하였고 2003년 1월부터 2005년까지의 기간 동안 4차례에 걸쳐 하르츠 개혁을 순차적으로 시행하였다. 하르츠 개혁은 일자리를 적극적으로 중재하는 한편 복지 혜택을 축소함으로써 실업자들의 구직활동에 대한 자발적인 이니셔티브를 강화하기 위한 개혁으로 독일의 만성적인 실업을 획기적으로 개선한 개혁으로 평가되고 있음(『東西研究』제29권 2호 (2017) pp.123-124)

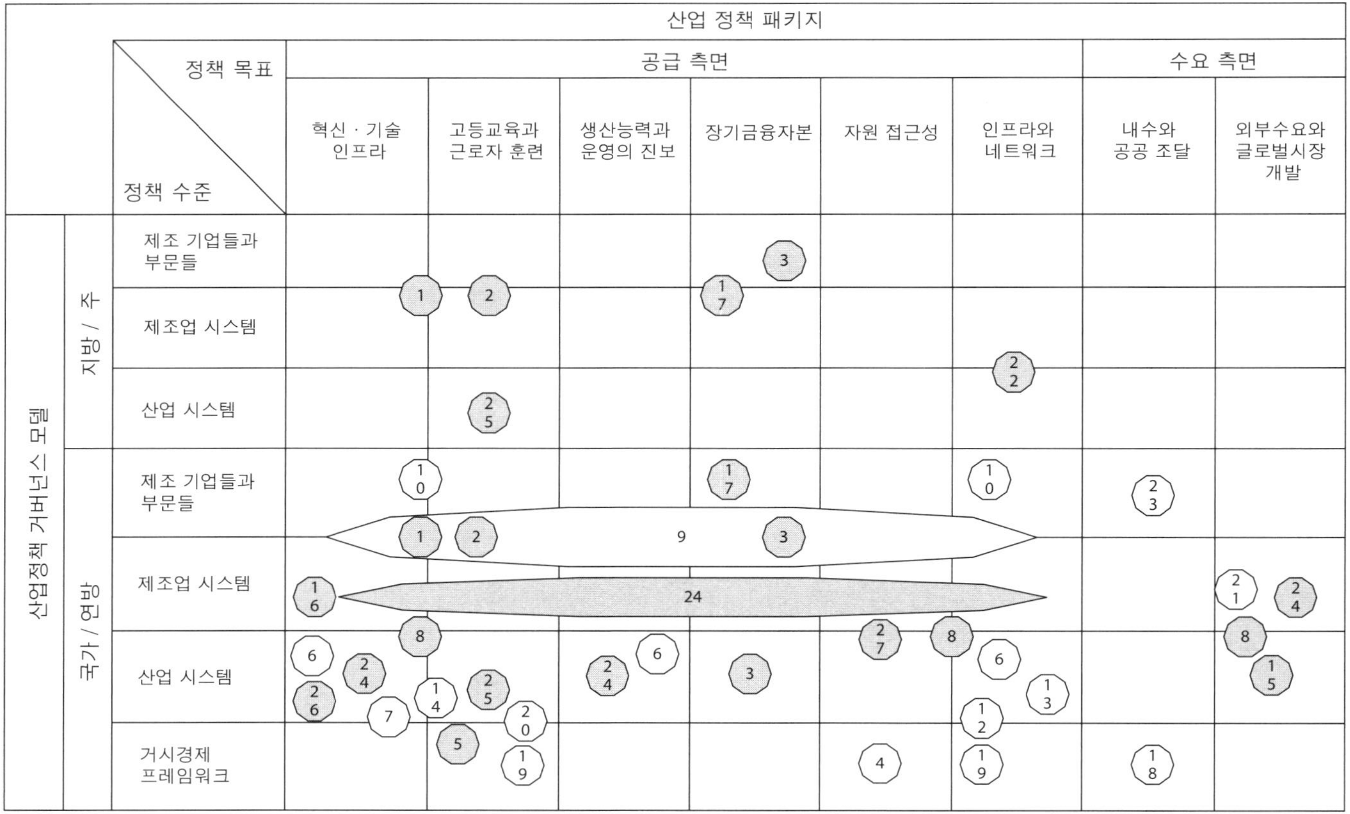

[그림 9.4] 독일의 정책 패키지 매트릭스

[표 9.4] 독일의 정책수단, 모델, 거버넌스, 변화주기, 예산

코드	명칭	R/N	변화주기		기관/부처명	10억유로
1	프라운호퍼 연구소	N/R	1949	계속/개정	독일연방정부 플러스	자료 없음
2	직업교육법과 슈타인바이스 센터	N/R	1970s	계속	연방교육연구부(BMBF)	자료 없음
3	장기금융지원(대출)	N/R	1950-80	계속	연방경제부, 연방교육연구부	자료 없음
4	독일 재생에너지법	N	2000	2010	독일연방정부 플러스	자료 없음
5	어젠다 2010	N	2003	계속	독일연방정부 플러스	자료 없음
6	하이테크전략(혁신에 대한 R&D 투자)	N	2006	2009	연방교육연구부, 경제기술부(BMWi)	6
7	하이테크전략(기초연구 투자)	N	2006	2009	경제기술부, 연방교육연구부	13
8	정보통신기술(ICT) 전략 2020(재생에너지 수출 기술)	N	2006	2009	경제기술부, 연방교육연구부	2
9	하이테크전략-나노기술	N	2006	2009	연방내무부(BMI), 경제기술부, 연방교육연구부, 연방노동사회부(BMAS)	0.64
	하이테크전략-생명공학	N	2006	2009	연방식품농업소비자보호부(BMELV), 경제기술부, 연방교육연구부	0.43
	하이테크전략-마이크로시스템 기술	N	2006	2009	연방교육연구부	0.22
	하이테크전략-광학기술	N	2006	2009	연방교육연구부	0.31
	하이테크전략-소재	N	2006	2009	연방내무부, 경제기술부, 연방교육연구부	0.42
	생산기술	N	2006	2009	연방내무부, 경제기술부, 연방교육연구부	0.25
	정보기술	N	2006	2009	경제기술부, 연방교육연구부	1.2
10	항공우주	N	2006	2009	경제기술부, 연방교통건설부(BMVBS)	3.9
11	자동차와 교통	N	2006	2009	연방내무부, 경제기술부, 연방교육연구부	0.77
12	보안과 서비스	N	2006	2009	경제기술부, 연방교육연구부	0.11
13	의료	N	2006	2009	연방보건부(BMG), 연방교육연구부	0.8
14	첨단기술 범분야 계획 (중소기업, 기술 스타트업 지원, 산업-과학 간 연계 도모)	N	2006	2010	독일연방정부	2.66
15	국제특허와 디지털 IP법 제도	N	2007	계속	연방환경부(BMU), 연방교육연구부	자료 없음
16	표준화 노력(DIN, 독일공업규격)	N	2007	계속	경제기술부	자료 없음
17	ZIM(중심 혁신 프로그램 미텔슈탄트)	N/R	2008	계속	경제기술부	3
18	제1, 2차 경기부양책(경기촉진)	N	2008	2009	경제기술부	20
19	공공인프라와 교육	N	2008	2010	연방교통건설부, 연방교육연구부	14
20	연방의 직업보호와 근대화	N	2008	2010	독일연방정부	50
21	대기업 특별 프로그램	N	2008	2010	경제기술부	자료 없음
22	지역 인프라 근대화	N	2008	2010	연방교통건설부, 경제기술부	10
23	신차에 대한 내수 부양	N	2008	2010	경제기술부	5
24	하이테크전략 2020	N	2010	2020	연방내무부, 경제기술부, 연방교육연구부	7.4
25	육성 정책	N/R	2011	2017	연방교육연구부	2.7
26	연구혁신협약	N	2011	2015	독일연방정부	자료 없음
27	에너지 정책	N	2011	2050	연방교통건설부, 경제기술부, 연방교육연구부	자료 없음

2000년대 중반부터 독일의 산업시스템은 두 차례의 주요한 변화주기를 경험하였다. 두 경우 모두 정책 비전과 주요 정책노선들이 하이테크 전략High Tech Strategy(HTS)으로 불리는 연방계획에 포함되어 있다. 하지만 이 계획의 시행은 물론, 프로그램과 방안 등으로 정책화하는 과정에는 다양한 연방정부 부처들과 주lander들도 참여하도록 하였다. 독일 모델은 주와 연방뿐만 아니라 주의 지방자치단체(아래)와 유럽의 기관(위)을 포함하는 진정한 다층 정책시스템이다. 이러한 정책들은 매우 복잡한 내용과 다양한 형태(예를 들어 지원금, 대출, 보조금, 보증, 참여)를 가지고 있음을 감안하여 표 9.4는 주요 정책 노선들에만 초점을 맞추고 있다.

2006년에서 2009-2010년까지 걸친 변화주기는 기술, 혁신, 제조업 정책, 규제를 포괄하는 전체 스펙트럼을 조정(그리고 보완하여 활용)하기 위한 야심찬 계획인 HTS로부터 시작되었다. 이 전략은 "독일은 비용으로 경쟁할 수는 없다"는 근본 전제에서 시작하여 세계화로 인한 새로운 도전과제를 해결하기 위해 고안된 것이다. 첫째, 이 전략은 보건(의료 기술과 혁신 서비스), 지속 가능성(자원·에너지 효율적 생산 프로세스), 통신 및 이동성(ICT, 기계 기술, 운송 관련 고급자재 포함)에서의 새로운 기회들을 활용할 수 있도록 설계되었다. 둘째, 이 전략은 횡단 기회(새로운 플랫폼 기술, 새로운 시장 등)가 존재하는 범분야적 활동에 있어서 여러 가지 파트너십을 구축하는 것을 목표로 삼았다. 이 전략은 또 이와 같은 새로운 테크노 산업의 벤처들techno-industrial ventures을 지적재산권, 제품표준, 공공조달 시스템과 관련한 새로운 법규들에 부합하도록 조율할 필요성을 인식하였다.

글로벌 금융위기와 함께 공공 인프라, 교육·경제 시스템의 근대화와 관련한 여러 가지 경기대응적 확장조치들도 시행되었다. 산업시스템에서 중추적 역할을 하는 독일 중소기업이 기술·금융 인프라 모두에서 상당한 지원을 받고 있음에도 정부는 중소기업의 투자, 기술혁신, 수출시장전략을 지원하기 위해 ZIM Zentrales Innovationsprogramm Mittelstand으로 알려진 새로운 프로그램을 도입했다. 대기업에 대해서도 독일은 KfW가 만든 특별 프로그램(예를 들어 보증 계획, 대출)을 통해 지원하고자 하였다. 더 나아가 전략 부문들(자동차 등)에서 내부수요를 진작시키기 위한 조치도 취해졌다. 다시, 위기에 대한 대응은 시스템(전체 시스템, 즉 산업 추진동력 및 중소기업 모두를 목표로 함)과 관련된 것이었으며, 정책수단들은 광범위한 정책 패키지와 궤를 같이 하였다.

현재의 변화주기는 2010년 '새로운 하이테크 전략 2020High Tech Strategy 2020'와 120개 이상의 수단들이 포함된 '새로운 에너지 정책패키지'의 출범과 함께 시작되었다. 새로운 HTS는 주로 2006년 프레임 워크를 기반으로 하고 있지만, 연방정부는 연구수월성(研究秀越性)research excellence의 중요성을 더욱 강조했다. 또한 기술 프로젝트(예를 들어 HTS의 일부로 시작된 새로운 ICT 전략 2020)와, 수출진흥 이니셔티브 등 구체적 과제임무 중심의 이니셔티브들을 결합하여 미래시장을 확보할 필요성에 좀 더 세밀하게 초점을 맞추기도 하였다. 이렇게 독일 산업정책의 시스템적이면서도 범분야적인 성격은 최근 Industry 4.0 문서에 요약된 새로운 "스마트" 산업 비전에서도 다시 나타난다. 여기에서 '스마트'란 제조업 전반의 기술통합을 의미하는 것으로서, 서비스, 스마트 제품, 내장형 시스템embedded systems 등을 포함하여 "사물 인터넷internet of things", 기타 여러 스마트 어플리케이션 등을 넘어서는 개념이다.

브라질 : "농-제조업", 산업금융 그리고 새로운 산업화의 경로

2차 세계대전 이후 브라질은 정책의 권력체제 변화에 따라 세 차례의 주요 산업발전 단계를 경험하였다(오캄포Ocampo 2006; 장하준 외 2013). 첫 번째 물결은 1980년까지 지속된 것으로, 부문별 발전(예를 들어 철강, 석유화학, 재생가능연료 정책), 무역보호(예를 들어 종가세[8] ad valorem tariffs 및 유사법) 분야에서 정부 선도적인 광범위한 계획이 도입되었다. 또한 정부는 기술 업그레이드(예를 들어 엠브라파Embrapa 내의 농업기술 연구, 엠브라에르Embraer에 사용된 항공기 기술)에서 중요한 역할을 담당했다. 그리고 1952년 공공 개발은행뿐만 아니라 1953년 페트로브라스Petrobras, 1956년 우시미나스Usiminas, 1962년 엘레트로브라스Eletrobras, 1969년 엠브라에르 등 전략적 제조부문에서 다수의 국영기업들이 설립되어 발전하였다.

이들 기업과 기관들 중 일부는 현재 브라질의 산업, 금융, 그리고 농업시스템의 각각 한 축을 담당하고 있다. 예를 들어, 브라질개발은행인 BNDESBrazilian Development Bank는 국내의 주요 장기금융기관이며, 자산, 자본금, 자금공급 기준

---

8) 물품가격으로 부과되는 관세

세계에서 규모가 가장 큰 장기금융기관 중 하나이다(페하즈Ferraz 외 2013). 또 엠브라파는 현재 라틴 아메리카에서 가장 큰 연구개발기관으로서 전국적으로 15개 국립테마센터National Thematic Centers, 16개 국가상품센터National Commodity Centers, 16개 지역자원센터Regional Resource Centers 등 총 47개 연구센터가 있으며, 9,284명의 직원과 연간 미화 10억 달러의 예산을 가지고 있다. 독일의 프라운호퍼와 마찬가지로, 엠브라파는 농업과 제조업 R&D, 교육, 시장과 농업 생산 간의 중요한 매개 역할을 수행한다. 뿐만 아니라 여러 부문에 걸쳐 지식, 기술 솔루션, 혁신을 연결하고 전달함으로써 다양한 형태의 부문간 학습을 용이하게 한다(안드레오니 2014; 안드레오니와 장하준 2014) (그림 9.5 참조).

1980년대와 1990년대 이 기간에 발생한 부채위기로 브라질 정부가 구조조정과 거시경제 안정화(Real Plan) 달성에 전념하면서 산업정책을 통한 개입은 줄어들었다. 이 두 번째 국면에서는 특별무역제도와 관세율 관련 총 가지 수가 줄었으며 상당수의 공기업이 민영화되었다.

1985년 설립된 과학기술혁신부Ministry for Science, Technology, and Innovation (MCTI)는 1990년대 후반이 되어서야 일련의 혁신정책을 추진하기 시작했다. 특히 1997년 MCTI는 과학기술발전 국가기금National Fund for Scientific and Technological Development(FNDCT)을 지원하기 위해 다양한 부문별 기금을 설치하였다. 이는 공공과 민간에서의 수입을 모으는 정부예산 기금으로서 대출(회수가능)과 교부금(회수 불가능)을 통해 기술 프로그램들을 지원한다(표 9.5 참조).

산업 발전과 정책의 세 번째 국면은 2003년 11월 첫 룰라Lula 정부와 함께 시작되었다. 이후 브라질의 산업정책은 부분적으로 산업 차원의 새로운 도전과 변화된 글로벌 경쟁 시나리오에 대응하며 세 차례 변화주기를 거쳤다(쿠퍼Kupfer, 페하즈와 마르쿠에스Marques 2013). 룰라 대통령 재임기간 중 첫 번째 변화주기는 2003년 산업기술무역정책Industrial Technology and Foreign Trade Policy(PITCE)이라는 새로운 정책패키지 발표와 함께 시작되었다. 브라질 산업개발청(ABDI)과 23명의 정부장관, BNDES 회장, 14명의 산업대표로 구성된 산업개발 협의회Council for Industrial Development(CNDI)는 새로운 PITCE를 조정하고 이행하기 위해 설립되었다. 이 두 기관은 또한 공공과 민간 부문(사기업, 대학, 연구기관, 정부기관, 노동조합) 간 대화가 원활해지도록 노력하기도 하였다.

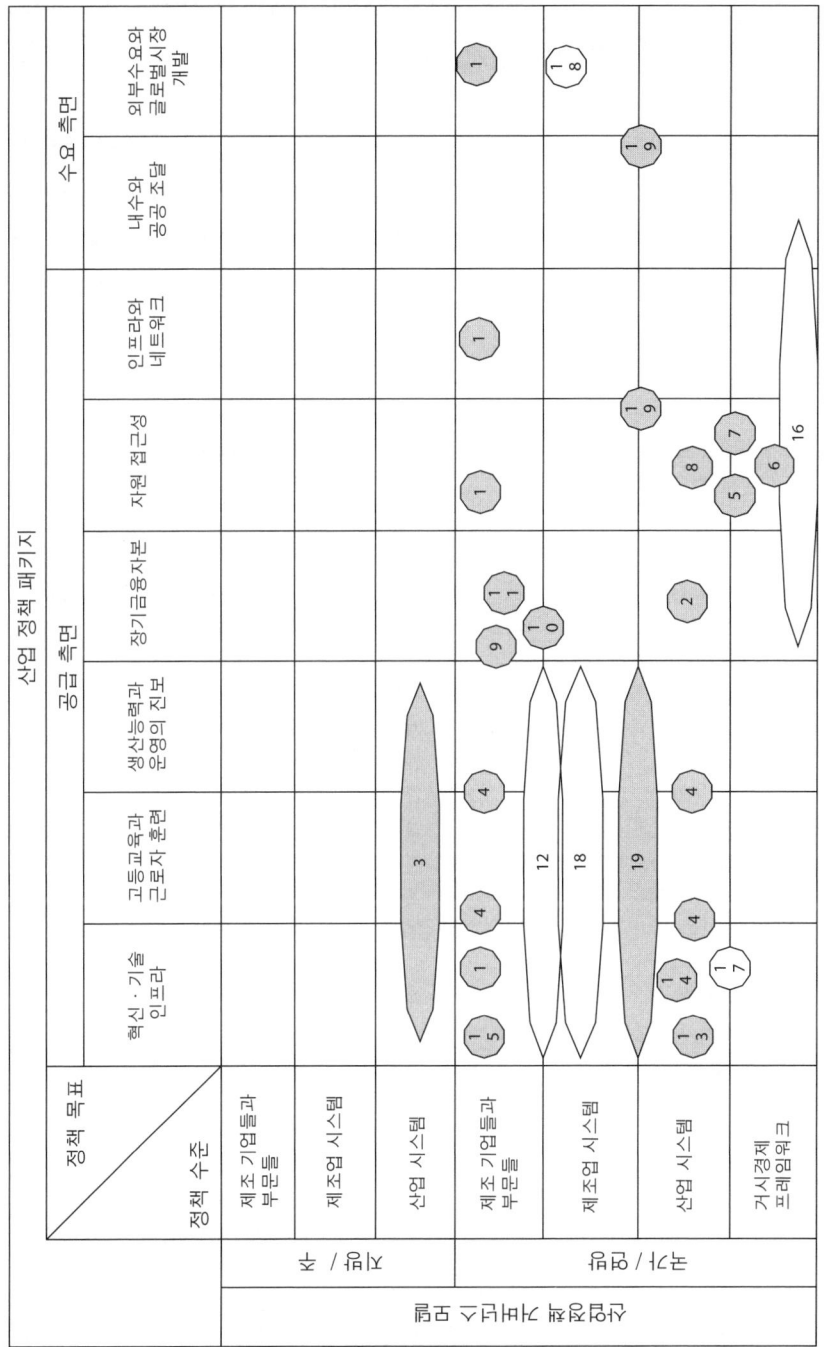

[그림 9.5] 브라질의 정책 패키지 매트릭스

제9장 산업정책의 다양성 313

PITCE는 두 가지 주요 목표를 가지고 있었다. 첫째, 주요 업종(반도체, 소프트웨어, 제약 및 의약, 자본재)에서의 기술개발 활성화, 고부가가치 제품의 수출 촉진을 통해 산업경쟁력을 제고하고자 하였다. 둘째, 석유·가스, 농업, 제약과 같은 산업에서 가치기회value opportunities를 포착하기 위해 과학·기술 시스템 발전과 함께 입법(특히 생명공학 기술, 나노기술, 바이오 매스/재생 에너지와 관련하여)을 진전시키고자 하였다. 산업 및 기술 정책은 모두 프로파르마Profarma(제약), 프로소프트Prosoft(소프트웨어) 등과 같은 매우 구체적인 금융지원 프로그램과 결합

[표 9.5] 브라질의 정책수단, 모델, 거버넌스, 변화주기, 예산

코드	명칭	R/N	변화주기		기관/부처명	10억달러
1	국영기업	N	1950s	계속		자료 없음
2	브라질개발은행(BNDES)	N	1952	계속		자료 없음
3	농업연구청(Embrapa)	R	1972	계속	농축산부(MAPA)	자료 없음
4	부문별 혁신 지원계획 (과학기술발전 국가기금(FNDCT))	N	1997	2007년 개정	과학기술혁신부(MCTI)	78
5	FNDCT 에너지	N	1997	계속	과학기술혁신부(MCTI)	
6	FNDCT 수자원	N	1998	계속	과학기술혁신부(MCTI)	
7	FNDCT 육상교통	N	1999	계속	과학기술혁신부(MCTI)	
8	FNDCT 광물 자원	N	2000	계속	과학기술혁신부(MCTI)	
9	FNDCT 우주탐험	N	2001	계속	과학기술혁신부(MCTI)	
10	FNDCT 정보학	N	2002	계속	과학기술혁신부(MCTI)	
11	FNDCT 농업관련산업	N	2003	계속	과학기술혁신부(MCTI)	
12	산업기술무역정책	N	2003	2007	과학기술혁신부(MCTI) 통상개발산업부(MDIC)	자료 없음
13	FNDCT 생명공학	N	2004	계속	과학기술혁신부(MCTI)	
14	FNDCT 의료	N	2005	계속	과학기술혁신부(MCTI)	
15	FNDCT 항공	N	2006	계속	과학기술혁신부(MCTI)	
16	성장촉진 프로그램(PAC)	N	2007	2010	통상개발산업부(MDIC) 과학기술부(MCT)	505
17	과학, 기술, 혁신 실행계획(PACTI)	N	2007	2010	과학기술부(MCT) 통상개발산업부(MDIC)	41
18	생산적 발전정책 계획(PDP)	N	2008	2010	통상개발산업부(MDIC)	자료 없음
19	브라질 마이오르 계획(경제개혁조치)	N	2011	2014	통상개발산업부(MDIC) 과학기술부(MCT)	571

되었다. 또한 브라질개발은행인 BNDES가 관리하는 "강한 산업Strong Industry" 그리고 "혁신 브라질Innovate Brazil"이라는 이름의 두 개 초(超)부문 프로그램(총 투자금액 44억 헤알)도 있었다.

더 나아가서 2004년에 시작된 일련의 개혁들은 "중복투자와 분산에 따른 비효율을 없애 다수의 펀드들의 투자가 연계·통합되어 정부정책에 맞추어 자금이 투자되도록 만들었다"(ABDI 2006, 20). 예를 들면, 2007년 FNDCT법의 제정(그리고 2009년 후속 법령)이 있는데, 이에 의한 국가기금은 15개의 부문 펀드에서 나오는 수익을 집중하여 모으기 시작했다(그리고 새로운 신용제공 상품도 채택). 이 기금 중 13개는 혁신, 창업(수직적 행동vertical action이라 칭함)에 대해 부문별 지원을 제공한 반면, 2개는 대학-산업 상호작용, 지식 이전, 과학·기술 기관 인프라(횡단적 행동transversal action이라 칭함)를 촉진하는데 지원하였다. 이 기금들은 응용산업연구(경쟁 전precompetitive 연구 포함), 시제품, 혁신상용화, 문제 중심의 기초연구, 지적재산권, 공공-민간 파트너십(PPP)에 자금을 지원하는 데 중요한 역할을 하고 있다.

룰라 집권기간 중 두 번째 변화주기는 2008년 5월에 시작되었으며, 주된 특징은 생산적 발전정책Productive Development Policy(PDP), 경기대응 및 전반적 성장촉진 프로그램Countercyclical Overall Growth Acceleration Program(PAC)이라는 야심찬 산업정책 패키지이다. PDP는 4가지 과제로 구성되었다. (1) GDP에 우선하여 총고정자본형성gross fixed capital formation(GFCF) 성장률 관리를 통한 확장 사이클 유지, (2) 수출품목의 다변화와 업그레이드, (3) 기술투자와 혁신의 촉진, (4) 산업시스템 재구성, 중소기업과 국가 산업동력 지원 등이다. PDP는 특정 거시목표와 연계된 425개의 정책 수단들(부문별, 시스템 실행들을 포함하는 34개 프로그램으로 조직화)로 구성된 복잡한 산업정책 패키지이다. 각 부문별 활동들은 전략영역에 있어서의 동원mobilization 프로그램, 경쟁력 강화 프로그램, 리더십 강화와 확장 프로그램 등 세 가지 주요 노선에 맞추어 PITCE 목표들을 확장한다(쿠퍼, 페하즈와 마르쿠에스 2013).

이 기간 동안 BNDES의 자금공급 기반이 많이 확대됨에 따라 2010년 국내 GFCF비율이 21%에 도달하였으며 자본재 교역에서의 크레딧라인에 대한 스프레드도 크게 축소되었다. BNDES는 또한 국영기업의 글로벌시장 점유율 확보 지원에 있어서 점점 더 중요한 역할을 담당하게 되었다(시행된 프로그램과 금융지원 방안에 대한 포괄적인 목록은 페하즈 외 2013 참조). 더 결정적인 것은 금리를 인하함에 따라 자연스럽게 자국 통화가치가 하락하였고 이로써 브라질의 수출지향 기업 경쟁력이 높아졌다.

브라질 마이오르[9] 계획Brasil Maior Plan(PBM)은 2011년에 발표되어 브라질 세 번째의 산업정책 변화주기의 시작을 알렸다. PBM을 뒷받침하고 있는 전략지도는 네 가지 상호의존적인 원칙과 목표를 제시한다. 첫째, 생산능력, 기업 R&D, 산업기술 측면에서 중요 역량을 강화한다. 둘째, 생산시스템의 구조적 업그레이드 와 재구성을 통해 가치사슬을 향상시킨다. 셋째, PBM은 1차 상품primary goods에서 전문화를 넘어 국내시장과 해외시장을 확대하고자 노력하며, 종국적으로 사회적·환경적 지속 가능성을 강화하고자 하였다. 이 지침들을 이행하기 위해 다양한 정책수단들이 채택되었다. 예를 들어 PBM은 조세감면, 무역구제 조치(예를 들어 반덤핑 조치), 자금조달, 수출업체(특히 중소기업)에 대한 대출 보증을 통해 생산체인을 강화하는 동시에 수출을 다각화하고 업그레이드하였다. 인프라 개발과 수요 측면에서의 개입(예를 들어, 정부 조달정책의 재정비)과 같은 체계적이고 장기적인 조치뿐만 아니라 보다 단기적인 조치들도 통합·포함되었다.

PDP에 맞춰, PBM은 생산 시스템 개념을 기반으로 정책목표를 재설계하고 있다. 그리고 산업정책의 효과성을 강화하고 공공-민간 협력(예를 들어, 부문별 경쟁력 협의회를 포함한 새로운 공공-민간 거버넌스 조직의 확립)을 장려하기 위한 새로운 수단들을 발굴하려 노력하고 있다(쿠퍼, 페하즈와 마르쿠에스 2013). 특히, 정책 패키지의 복잡성, 그리고 위에서 언급한 변화주기가 짧다는 점을 고려하면, 브라질은 현재 상이한 여러 정책수단들을 조율하는 제도적 문제에 대처하고자 하는 상황에 있다.

중국 : 중국 가격으로 일본 품질 수준에 도달

지난 세기 마지막 20년 동안, 중국은 시장경제로의 점진적 전환을 준비했다. 산업정책은 중국의 5개년 전략계획의 필수적 요소였다. 특히 이른 시기에 있

---

[9] 포르투갈어로 '더 큰', '더 높은' 이라는 뜻을 가지고 있음

었던 많은 시도와 정책수단들은 일본과 한국의 성공적인 경험에서 영감을 받았다. 6차 계획(1981-1985)에서 기술수입과 자체적인 역량 개발에 중점을 두면서 좀 더 차별성을 지닌 외부 지향적 접근방식을 보였지만 공식적으로 산업정책 개념이 도입된 것은 7차 계획(1986-1990)이다. 새로 설립된 산업정책국Industrial Policy Department은 전반적인 산업정책에 대한 접근법을 다듬기 시작하여 1994년 3월 '1990년대 국가 전략산업 계획 개요Outline of State Industrial Policies for the 1990s'라는 전략계획을 작성하였다(장하준 외 2013).

1989-1995년 변화주기의 주된 특징은 제조역량을 향상시키고 통합 산업시스템을 구축하기 위한 부문별 정책과 기술·클러스터 정책을 새로이 조합한 점이다. 정부는 5개 전략적 "산업 축industrial pillar"(자동차, 전자, 기계, 건설, 석유화학)을 선정하였다. 각 목표산업은 보완적 조치들(예를 들어, 관세와 비관세 장벽, 수입쿼터, 라이센싱 시스템, 세금 면제, 토지보조, 정책은행의 대출 지원 등)로 구성된 일련의 정책 패키지 지원을 받았으며, 국영기업에 대한 의존도는 높여 나갔다. 자동차와 반도체 산업은 기술이전을 댓가로 하는 시장 보호가 보장된 한편 기업의 생산규모 증가는 정부 주도의 M&A를 통해 이루어졌다(로Lo와 우Wu 2014).

가장 최근의 변화주기(2001년 이후)에 걸쳐서도, 그리고 최근의 합병·인수 사례(예를 들어, 중국전자공사China Electronics Corporation의 태양광 장비 제조업체인 아이리코 그룹Irico Group의 인수)에 이르기까지 산업내 통합정책은 지속되었다. 최근의 법안도 자동차, 철강, 시멘트, 조선, 알루미늄, 희토류 금속, 전자, 제약 산업에서 글로벌 챔피언을 만들 필요성을 재강조한 바 있다(MIIT 2013).

국가 "정책은행"과 지방정부는 기간산업, 특히 국영기업들에 대해 목표로 설정한 금융지원(그리고 특수조건)을 제공하는 데 있어서 중요한 역할을 담당했다. 중국수출입은행Export-Import Bank of China(Exim), 중국농업개발은행Agriculture Development Bank of China(ADBC), 중국개발은행China Development Bank(CDB)은 오늘날에도 여전히 산업정책을 이행하는데 중요한 역할을 담당하고 있다. 또한, 전반적인 금융 인프라의 경우 親산업개발에 대한 사명이 법에 의해 부여되었다. 이는 상업은행에 대한 중화인민공화국법(1995년) 34절 4장에 분명하게 나타나 있다. 이 법은 구체적으로 "상업은행은 국가경제비전과 사회의 진보에 따라, 국가 산업정책 하에서 대출 사업을 수행해야 한다"라고 명시하고 있다(장하준, 안드레오니와 쿠안 2013) (그림 9.6).

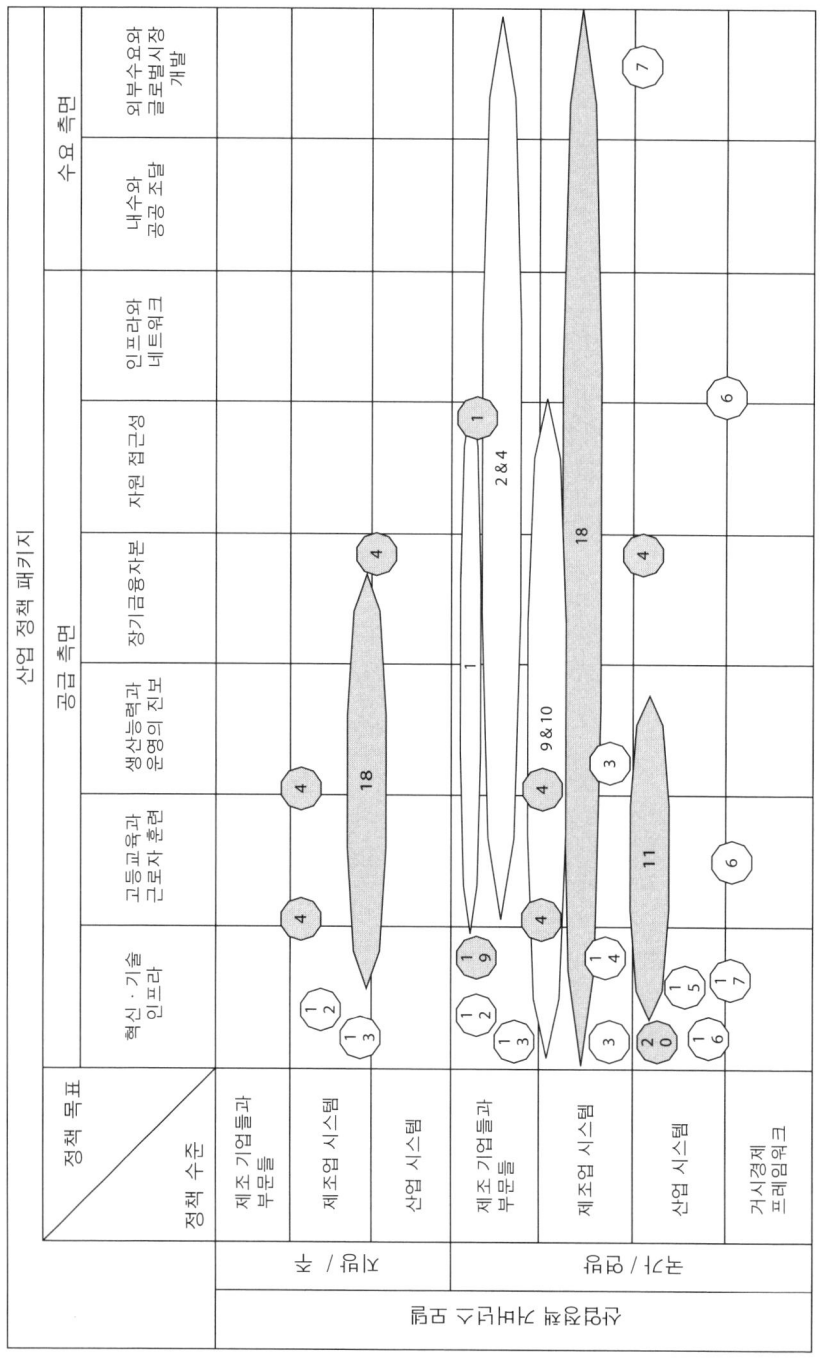

[그림 9.6] 중국의 정책 패키지 매트릭스

[표 9.6] 중국의 정책수단, 모델, 거버넌스, 변화주기, 예산

코드	명칭	변화주기		기관/부처명	10억달러
1	6차 5개년 계획	1981	1985	국가기획위원회(SPC)	자료 없음
2	7차 5개년 계획, 현재 산업정책 우선순위에 대한 결정(1989)	1986	1990	국가기획위원회(SPC)	자료 없음
3	전국 첨단기술발전계획, 863 플랜(7 회계년도)	1986	2001	국가기획위원회(SPC)	자료 없음
4	횃불 프로그램(7 회계년도)	1988	계속	국가 과학기술위원회	자료 없음
5	8차 5개년 계획, 1990년대 국가 산업정책 개요(1994)	1991	1995	국무원	자료 없음
	10개년 국가 경제사회발전 계획	1991	2000	국무원	자료 없음
6	9차 5개년 계획 (인프라, 산업, 교육 및 에너지 기반)	1996	2000	국무원	자료 없음
7	외국인직접투자 안내 규정	1995-7	2001	국무원	자료 없음
	2010년 장기 목표	1996	2010	국무원	자료 없음
9	10차 5개년 계획	2001	2005	국무원	자료 없음
	자동차 산업	2004	2012	국무원	자료 없음
	산업구조 조정	2005	2012	국무원	자료 없음
10	11차 5개년 계획	2006	2010	국무원	자료 없음
11	과학기술 중장기 발전계획	2006	2020	국무원	자료 없음
12	기계설비산업	2006	2012	국가발전개혁위원회(NDRC)	자료 없음
13	서비스 부문 발전 가속화	2007	2012	국무원	자료 없음
14	산업기술 정책	2009	2012	혁신정보기술부(MIIT)	자료 없음
15	정보기술산업	2009	2012	국무원	자료 없음
16	물류산업	2009	2012	국무원	자료 없음
17	문화산업	2009	2012	국무원	자료 없음
18	12차 5개년 계획	2011	2015	국무원	자료 없음
19	산업 구조조정 및 업그레이드 (12 회계연도)	2011	2015	중국공산당, 중앙위원회, 전국인민대표회의	자료 없음
20	7개 신흥전략산업 육성 (12 회계연도)	2011	2015	국무원	자료 없음

이 기간 동안 중국에서 가장 성공적인 산업정책 중 두 가지가 도입되었다(팬 Fan과 와타나베Watanabe 2006). 1986년 전국 첨단기술발전계획National High Tech Development Plan(863계획이라고도 함)에서는 중국 최초의 국가기술전략을 도입했다. 생명공학, 우주, 정보기술, 레이저기술, 자동화, 에너지, 신소재를 포함한 다수의 핵심기술이 목표로 설정되었다. 이 기술 계획은 수년에 걸쳐 업데이트되었으며 1992년 통신, 1996년 해양기술 등 최신 기술이 순차적으로 추가되었다. 횃불 프로그램Torch Program 이라고 하는 두 번째 프로그램은 1988년에 시작되어 (1) 과학기술 산업 단지(STIP), 소프트웨어 단지, 생산성 촉진 센터(혁신 클러스터)를 중심으로 한 첨단 클러스터 개발, (2) 첨단기술 창업 서비스(기술 비즈니스 창업보육센터), (3) 혁신을 위한 금융 서비스(이노펀드와 벤처가이딩 펀드InnoFund and Venture Guiding Fund)에 있어서의 조치들을 추진하였다.

혁신 클러스터 프로그램은 국가 하이테크존(SHTZs)과 특별경제구역(SEZs)의 발전과 연계되어 시행되었다. 공공 및 민간의 외국인 투자가 이루어진 지리적 분포 또한 중앙에서 계획되었다. 개방정책의 초기에는 광동 등 해안지역이 우선시 되었지만 최근에는 내륙 지역이 인프라 투자의 주요 목표가 되고 있다. 또 여러 도시들에 고유의 중추 산업을 가진 클러스터를 개발(예를 들어 순더Shunde는 전기제품, 샤오란Xiaolan과 같은 제조 도시는 자물쇠, 전자 음향장치, 구전Guzhen은 조명 부속품)하는 데 심혈을 기울이기도 하였다(짱Zhang 2013).

미국의 SBIR/STTR 프로그램(위 참조)에 비교되는 금융지원 프로그램의 발전에 힘입어 목표 분야와 지역에서의 집적의 경제Economy of agglomeration가 제고되기도 하였다. 1999년에 설립된 이노펀드는 새로운 기술과 제품 상용화에 투자할 의사가 있는 국내 하이테크 중소기업(500명 미만의 직원을 보유한 중국기업으로서 직원 30%는 기술자이어야 함)에게 대출이자 보조, 지분 투자를 제공한다. 설립이래 이노펀드는 9,000개 이상 기업 프로젝트들에 약 10억 달러의 자금을 공급하였다. 최근 2007년에는 과학과 금융 관련 부처Ministries of Sciences and Finance들이 공동투자, 교부금, 위험 보조금과 VC펀드에 직접 투자하는 프로그램인 벤처가이딩 펀드 등을 통해 이러한 계획을 보완하기도 하였다.

1990년대 후반의 시장자유화 의제는 중국의 산업정책 노력을 다소 축소시켰다(농업, 인프라, 건설, 서비스 등이 기간산업 목록에 포함됨). 그러나, 10번째 5

개년 계획(2001-2005)은 새롭게 체계화된 산업·기술 정책 노력의 시작을 알렸다. 가장 최근 중국의 산업정책 변화주기는 2002년 16차 전국 대회가 "산업화의 새로운 길a new path of industrialization"을 추구하면서 시작되었다. 이 비전은 후진타오 주석이 중장기 발전계획(MLP)에서 확인하며 발전된 것으로서 정부는 2020년까지 중국을 "혁신지향사회innovation-oriented society"로 전환시키고 2050년까지 "과학기술의 세계 선두주자world leader in science and technology"로 전환시키는 것을 목표로 하고 있다. 더 근본적으로 이 계획은 노동집약적 산업시스템에서 하이테크 그리고 자본집약적인 현대 제조시스템으로의 국가전환을 완수하려는 것이다(표 9.6 참조).

15년 계획인 MLP는 전통적인 부문별 세분화 계획으로부터 구조적, 기술적 변화에 대한 보다 체계적이면서도 범부문적인cross-sectoral 접근방식으로의 전환을 의미한다. MLP는 농업, 인구, 보건, 공공안전, 수자원, 광물, 제조, 에너지 등과 관련된 다수의 사회적·기술적 도전과제를 도출하였다. 그 중 가장 중요한 과제는 양대 축 정책패키지로 다루어졌다. 첫째, 이것들은 핵심기술 개발을 위한 16개의 공학·과학 대형 프로젝트로 구성된다. 이러한 기술에는 핵심 전자장치core electronic devices, 대규모 집적회로large-scale integrated circuits, 광대역 무선통신기술wideband wireless communication technologies, 고급 대형 가압경수형 원자로advanced large-scale pressured water reactors, 의약품pharmaceutical products, 대형비행기 기술과 항공 전자공학giant airplane technology and avionics, 새로운 형질변환 품종new transgenic breed varieties이 포함된다. 두 번째는 첨단기술 분야 8개 R&D 프로그램(첨단에너지, 첨단제조, 우주항공과 항공학, 생명공학, 정보, 레이저, 신소재, 해양기술)으로 구성된다. MLP 정책패키지는 세금 인센티브, 보조금, 기술표준 및 지적재산권의 개발, 민간 및 군의 연구 협력, 상업화전 기술 구매와 같은 다양한 정책수단 및 도구들로 구성되어 있다(카오Cao, 수트메이어Suttmeier와 사이몬Simon 2006).

2005년부터 제 11차 및 12차 5개년 계획의 일환으로 다수의 다른 정책수단들이 도입되었다. 정책모델에는 특히 부문별 정책과 관련된 국가계획을 이행함에 있어 점차 주, 시도 단위의 지방자치단체가 참여하도록 하였다. 여기에는 2011년 이후의 자동차, 태양광 부문 등의 정책사례들이 해당된다. 정책조정은 산업계획을 세우는 국무원 내 국가발전개혁위원회National Development and Reform Commission (NDRC)를 통해 이루어지지만 중국 공산당 중앙위원회CCP Central Committee와 지방정부의 의견도 취합한다(돈Dorn과 클라우티어Cloutier 2013).

　　이 새로운 정책모델은 또한 기술을 업그레이드함에 있어 중앙정부가 경쟁세력 관계를 충분히 활용할 수 있게 해주었다. 전통적인 수출 위주의 경쟁과 더불어 각기 다른 지역의 기업들(그리고 지방자체단체들)은 강력한 경쟁관계를 조성하여, 결과적으로 국내기술의 역동성을 제고하였다. 국영기업들도 또한 글로벌 기술경쟁에 참여했으며, 공적금융과 함께 인프라 투자의 주된 동력이 되었다. 도로, 고속철도와 같은 기반시설의 발전은 자동차의 국내수요를 증대시켰으며 전국 챔피언에게는 고속열차, 철도 네트워크와 같은 외국기술을 흡수, 개조, 개선할 수 있는 기회를 제공했다. 단 3년 동안의 기간 세계에서 가장 큰 고속철도 네트워크가 건설되었으며 국내 기술력으로 만들어진 열차는 최고 속도인 시속 500km를 기록했다.

　　부문별 정책들도 여러 '우선순위 투자 카탈로그'와 새로이 정해진 기간산업별로 업데이트되었다. 그리고 관련 산업들은 전략적 역할(2006년 사례 : 방위, 석탄, 발전·배전, 통신, 석유 및 석유화학, 민간항공, 해운업), 또한 성장 가능성(2007년 사례 : 대체연료 자동차, 생명공학, 환경·에너지절약 기술, 대체에너지, 첨단소재, 차세대 정보기술, 고급 장비제조)에 따라 선정되었다. 특히, 12차 5개년 계획은 면, 섬유, 의류, 생화학 물질, 자본재, 전기 제품, 신발, 석유와 관련 장비, 철강 등 많은 전통 산업을 목표로 삼았다. 또한 7개 전략적 신흥산업(에너지관리와 환경보호, 차세대 정보 기술, 바이오 산업, 고급 조립·제조 산업, 新에너지원, 첨단소재, 新에너지 자동차)과 하위산업 35개 프로젝트에도 초점을 맞추어 왔다(시이 2011).

　　이처럼 가속화된 구조변화 과정과 새로운 산업정책 접근의 결과 중국은 자주적 혁신(自主創新)의 길로 들어섰다. 최근의 MIT 연구(베르거 2013, 145)는 2005년까지의 국내 혁신역량의 증거는 제한적임을 보여 주었다. 하지만 첨단기술 분야의 기업들은 지난 4년 동안 복잡한 시스템 제품, 프로세스의 확장을 마무리하고, 고급 제품 디자인·제조로의 전환, 시장 출시시간 단축 등 스케일업 능력을 강화하였다. 기업들은 또한 재설계, 역설계 및 리엔지니어링 역량(해외 부품의 재구성, 기능·재료·제품특성의 변경)을 발전시켰다. 따라서 이들 기업은 중국의 새로운 산업화 정책의 성공 사례 중 가장 인상적인 예가 될 만큼 점차 "중국 현지 가격으로 일본 수준의 우수한 품질"의 제품을 생산할 수 있게 되었다.

남아프리카공화국 : 새로운 산업정책의 길?

남아공의 산업정책은 아파르트헤이트 기간apartheid period(1976-1993) 동안에는 천연자원을 기반으로 한 전방 산업에서 일부 성공이 있었지만 여러 가지 목표들과 내부적 긴장이 부담이 되면서 궁극적으로는 중장기 생존능력을 약화시키고 있었다(장하준 1998). "광물 에너지 복합단지minerals energy complex"를 설치하기는 하였으나 반가공된 상품에 특화된 산업들을 발전시킨 것 외에는 어떠한 부문별 다양화도 유발시키지 못하였다. 또한 사솔Sasol(석유 화학), 이스코Iscor(철강)와 같은 전략적 기업의 민영화에 따라 새롭게 등장한 독점기업은 후방 제조기업의 수입에 대하여 지대를 착취하고 이는 궁극적으로 그들의 경쟁력을 약화시키는 요인이 되었다(파인Fine과 러스톰지Rustomjee 1996).

아파르트헤이트가 종료되자 남아공 정부는 산업전략 프로젝트 "남아공의 제조업 성과 개선방안"으로 요약된 새로운 산업정책의 틀을 개발하고자 하였다. 새로운 산업정책 노력에 대한 같은 내용의 공약이 1995년에 발표된 무역산업부 Department of Trade and Industry(DTI)의 문서 "남아공 산업 부문의 국제 경쟁력 향상을 위한 조치Improving Manufacturing Performance in SouthAfrica"에도 분명하게 나타나 있다. 이러한 새로운 산업정책들은 수요 측면의 정책에서 공급 측면의 산업진흥으로의 근본적인 전환을 나타낸다. 투자 인센티브, 인력개발, R&D 지원, 생산방법이나 국제시장 상황 등에 대한 정보제공 등 새로운 계열의 정책수단들이 채택되기도 하였다(그림 9.7 참조).

이렇듯 공급 측면의 개입이 강조되기는 하였으나, 물리적, 인프라 측면에서 요구되는 투자와 비교해서는 그다지 관심이 크지 않았다. 하지만 이 문서들에 의해 좀 더 광범위한 거시경제, 교육 및 무역 정책에 대하여 조정 및 재정비 필요성에 대한 공감대가 형성되었다. 하지만 불행히도, 최근까지 그러한 조정을 위한 노력은 매우 광범위한 틀이나 상황에 따라 대응하는 정도(예를 들어, 2000년 신성장 경로)에 그쳤다.

1995년과 2007년 사이에는 자유방임주의적 경제개혁laissez-faire economic reforms이 상황을 지배하면서 이 시기 산업정책 개입도 산발적이고 연속성을 잃게 되었다(잘크Zalk 2014, 마무드Mahmood, 안드레오니와 장하준 2017). 이러한 정책

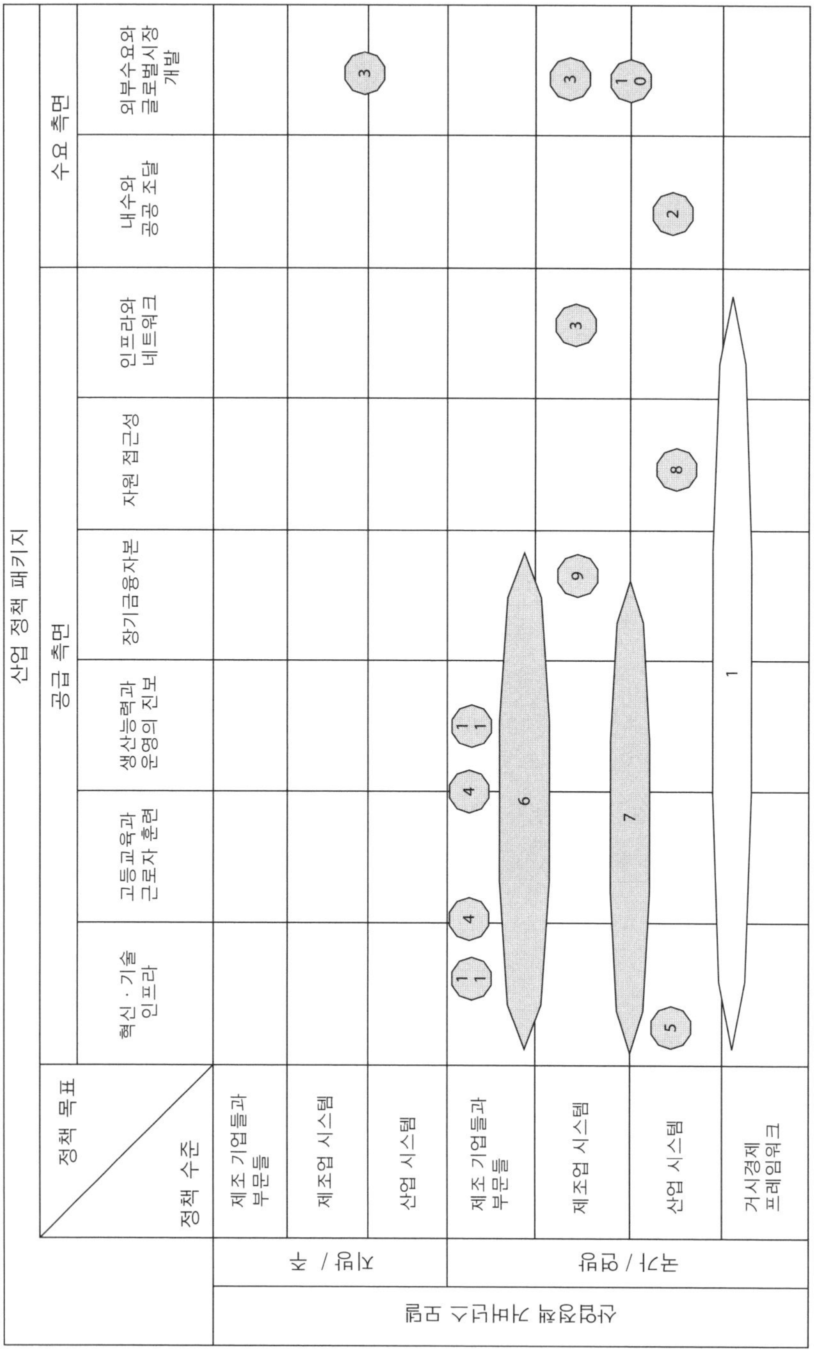

[그림 9.7] 남아프리카 공화국의 정책 패키지 매트릭스

들의 효과가 제한적인 것은 계속 이어지는 여러 가지 상황적 요인들 때문이다. 구체적으로 보면 제도적 취약성, 정부역량 부족, 강력한 경제적 이해집단의 정책 반대 등의 문제가 있었다. 또한 중간단계의 목표와 실행이 난관에 부딪힌 것은 말할 것도 없고, 비전도 제한적이며 수단들간 조율도 부족했다는 측면에서 정책자체에 문제가 있었다.

　남아공은 2007년 새로운 국가 산업정책의 틀National Industrial Policy Framework(NIPF)을 승인함으로써 1990년대 이후 첫 산업정책의 변화주기에 돌입했다(짤크 2014; 안드레오니와 뉴우어버그Neuerburg 2014). 4개의 주요 산업화 목표가 제시되었는데, (1) 비전통적 교역 부문의 다양화 및 고부가가치 제조업에 대한 강력한 지원, (2) 지식경제화를 향한 진전, (3) 노동집약적 제조업 발전을 통한 고용 창출, (4) 소외지역의 산업화와 취약계층 포용 등이다. NIPF는 2007년, 2010년, 2013년을 기준으로 하여 3년 주기의 산업정책 실행계획Industrial Policy Action Plans(IPAP)을 시행하였다(표 9.7 참조).

　IPAPs는 여러 측면에서 남아공의 산업정책 결정에 근본적인 전환을 가져왔다. 첫째, 실행계획의 설계는 민간부문과의 광범위한 협의에 기반하고 있으며, 더 광범위한 내각 차원의 정책조정도 도입되었다. 둘째, IPAPs는 산업화에 영향을 미치는 모든 정책들에 대한 조율과 재정비의 중요성에 중점을 두었다. 셋째, IPAPs는 하위 분야에서의 주요 제약요소 및 기회를 철저히 점검하고 확인하며 세부 실행계획을 짰다. 마지막으로, 최근 몇 년에 걸쳐, 정부예산 중에서 산업발전 관련의 비중이 점차 늘어났다. 재무부 예산에 따르면, 산업발전 정책에 대한 공공지출은 2010년 58억 랜드Rand에서 2013년 94억 랜드로 증가했으며, 2016년에는 약 120억 랜드에 달할 것으로 기대된다(안드레오니와 뉴우어버그 2014).

　IPAPs는 IPAP 부문별 개입Sectoral Interventions과 IPAP 횡단 개입Transversal Interventions의 두 개 축으로 구성된다. IPAP 2013/14 – 2015/16은 많은 부문별 개입을 특징으로 한다. 이는 크게 2007년에 이미 지원되었던 부문들(클러스터 1)과 질적으로 새로운 개입 영역들을 포함하여 몇 가지 추가적인 우선순위 부문들(클러스터 2)로 나뉜다. 클러스터 2는 녹색·에너지절약 산업, 후방산업인 광물선광(選鑛), 조선업을 포함한다. 추가적으로는 원자력, 첨단소재, 우주항공 등 고급제조(클러스터 3)의 역량 개발을 위한 장기 목표들도 있다.

클러스터 1 분야별 대상 프로그램들(농산물가공, 플라스틱·약학, 자동차, 의류, 직물, 신발·가죽, 금속제조, 비즈니스프로세스 서비스) 중에서 자동차 계획 Automotive Scheme(APDP)은 생산용 자산(기계, 장치 등)에의 투자를 유도하기 위해 현금 보조금을 지급한다. 또한 의류/섬유 계획 Clothing/Textiles Scheme(CTCP)도 노동인력의 기술수준을 높이거나 제품과 프로세스 개선에 투자할 수 있도록 개별기업에 보조금을 제공한다. 마지막으로 농산물가공 펀드 Agro-processing Fund는 개별기업들을 선정하여 전략과 실행계획 등을 함께 개발한다(DTI 2012).

IPAP 횡단 개입에는 공공조달, 경쟁정책, 혁신 및 기술, 절약 기술, 경제특구(SEZ), 지역통합, 개발무역정책, 산업금융 등 8가지 주요 영역이 있다.

산업금융의 일환으로 무역산업부 Department of Trade and Industry(DTI)는 보조금 매칭제도인 제조업 경쟁력향상 프로그램 Manufacturing Competitiveness Enhancement

[표 9.7] 남아프리카 공화국의 정책수단, 모델, 거버넌스, 변화주기, 예산

코드	명칭	R/N	변화주기		기관/부처명	10억달러
1	새로운 성장경로(NGP)	N	2000	계속	무역산업부(DTI)	자료 없음
2	공공조달우대정책 프레임워크법 (PPPFA)	N	2000	2011년 개정	무역산업부(DTI)	자료 없음
3	산업개발구역(IDZ) (2013년부터 특별경제구역SEZs)	N/R	2000	2013년 개정	무역산업부(DTI)	자료 없음
4	의류·섬유 경쟁력 프로그램(CTCP)	N	2001	계속	산업발전공사(IDC) 무역산업부(DTI)	자료 없음
5	산업혁신 지원 프로그램(SPII)	N	2005	계속	무역산업부(DTI)	0.01
6	산업정책 실행 계획 1, 2, 3(IPAP) (부문 프로그램)	N/R	2007	2016	무역산업부(DTI)	자료 없음
7	산업정책 실행 계획 1, 2, 3(IPAP) (부문간 횡적 프로그램)	N/R	2007	2016	무역산업부(DTI)	자료 없음
8	IPP 재생에너지 독립발전자 프로그램	N	2010	계속	에너지부	자료 없음
9	IPAP-제조업 경쟁력 향상 프로그램 (MCEP)	N	2012	2015	무역산업부(DTI)와 산업발전공사(IDC)	0.7
10	EMIA 수출홍보 투자지원계획	N	2012	계속	무역산업부(DTI)	자료 없음
11	자동차 생산·개발 프로그램(APDP)-종전의 자동차산업 발전 프로그램	N	2013	2020	무역산업부(DTI) 산업발전국(IDD)	자료 없음

Programme(MCEP)을 도입하여 현지 제조업체의 경쟁력 향상과 일자리 유지를 도모하였다(안드레오니와 뉴우어버그 2014). MCEP는 생산 인센티브 프로그램Production Incentive Program(PIP)과 산업자금대출기구Industrial Financing Loan Facility(IFLF) 두 개의 주요 하위 프로그램으로 구성된다. 기업들은 개별기업 또는 클러스터 차원에서 하나 또는 여러 가지 다른 하위 프로그램을 조합하여 신청할 수 있다. 신청 대상 적격 투자활동으로는 업그레이드 및 확장용 자본재, 청정생산과 자원 효율성 활동을 위한 녹색기술 개선, 신규 또는 기존 시장 개척, 제품 및 프로세스 개선을 위한 전사적 수준의 경쟁력 개선 활동, 관련 기술개발, 시장과 타당성 조사 수행 등이 포함된다. 2012-13 회계연도 동안 MCEP는 모든 지방 전체의 제조기업을 대상으로 한 지원에 197개 프로젝트(총 가치는 9억 9천 3백만 랜드이며 예상 총 투자는 약 42억 랜드)를 승인하였다.

또 하나의 횡단적 개입은 경제특구개발로서 많은 관심과 자금을 받았다. 남아공은 외국인투자를 유치하고 부가가치가 높은 상품의 수출을 촉진하기 위해 2000년에 산업개발구역Industrial Development Zone(IDZ) 프로그램을 마련했다. 2013년 특별 경제구역 법안이 통과됨에 따라 IPAP는 관련 입법 체계와 규정을 정비하고 소외지역의 지역개발 프로그램들과 연계하여 경제특구들에 대한 개혁을 시행하였다. 또 산업정책의 효과를 높이기 위해 2011년 공공조달우대정책 프레임워크법Preferential Procurement Policy Framework Act(PPPFA)을 개정하고, 전략적 조달을 촉진하기 위한 메커니즘을 다수 채택하였다.

마지막으로, IPAP 2013-14는 혁신 가치사슬 내 개입의 격차와 불균형이 존재하며, 그리고 기존 SPII 및 THRIP 프로그램에 대하여 재점검 및 재구성을 할 필요성이 있다는 점을 인식했다. 범분야 기술cross-cutting technology(예를 들어 첨단소재, 나노기술, 마이크로/나노 전자 장치)과 결합한 분야별 기술 플랫폼들에 대해 우선순위를 부여하기도 하였다. 그러나 대학이나 과학위원회에 설치된 비즈니스 창업보육센터를 제외하면 이러한 정책개입의 대부분은 각 부문별 자금 및 금융 수단에 의존한다. 중간 기관과 체계적인 기술향상을 위한 기타 기반시설의 개발에의 관심은 덜 기울인 것으로 보인다.

새로운 산업정책 프론티어 : 부상하는 글로벌 트렌드와 실제

산업정책 경로, 모델, 정책 패키지들이 국가별로 다양하기는 하지만 많은 주요 정책 영역과 관행들에 있어 공통요소가 등장하고 있다. 우선, 모든 국가들은 부문 정책들과 제조업 시스템 정책을 조합한 방식을 채택하고 있는데, 후자는 상호보완적인 산업부문들이 그룹 내에서 공생적인 발전(또는 구조조정)을 이룰 수 있도록 지원하기 위한 것이다. 따라서 제조업 정책에서 선택의 문제는 부문 간 경계를 넘어 연계에 초점을 맞추고 있다.

미국, 독일, 일본과 같은 국가에서는 부문별 정책이 주, 지역 또는 지자체 수준에서 운영되는 경향이 있지만 제조업 시스템에 관한 정책은 연방 또는 전국 수준에서 조율된다. 이들 국가에서 제조업 시스템 정책은 주로 "가능화$_{enabling}$"・"플랫폼" 기술을 선정하는 것뿐만 아니라 기술의 최전선 영역에서 새로운 벤처 사업들에 대하여 선택적 금융 지원을 제공하는 것으로 구성된다. 하향식과 상향식 접근법을 결합한 다층 산업정책 모델은 산업정책 패키지를 구성하고 효과적으로 관리하는데 있어서 좀 더 많은 더 큰 유연성을 제공한다. 그러나 연방 또는 국가 차원에서 강력한 정책 집행과 조정이 없다면 다층 정책모델은 다른 단계들과 불일치가 발생하여 서로에게 해를 끼칠 수도 있다.

중국과 브라질과 같은 개도국도 점차 제조업 시스템 정책을 채택하고 있으며 선진국 사례에서 볼 수 있는 다층 거버넌스 모델로 수렴하고 있다. 특히 중국은 부문선택정책, 그리고 지역산업 클러스터 개발에 지방정부를 참여(중재)시킨 바 있다. 브라질의 경우 정부의 능력과 제도적 역량(특히 기능적으로 더 향상된 법률시스템)이 점차 강화되면서 그 혜택을 누렸다. 그러나 부문별 정책들은 선택의 여지가 거의 없는(거의 모든 부문들이 목표를 갖고 있음) 반면, 제조업 시스템 정책은 기술과 사회기반시설의 약점 때문에 효과가 위협받고 있다. 마지막으로, 남아공은 전체 부문 정책패키지의 이행에 있어서는 여전히 추격상태인 형국이고, 제조업 시스템 정책은 극도로 양극화된 산업 시스템을 여전히 유지시키고 있다(소수의 전통적인 부문이 정부 지원을 많이 받음).

앞서 언급된 국가들은 그 다양성에도 불구하고 전반적인 제조 및 산업 시스템에 대한 기술과 금융 지원을 점차 강화해 왔다. 앞서 논의된 바와 같이, 이들 국가들의 기술·금융 인프라는 개입, 기능 그리고 제도형태 측면에서 매우 다르다. 독일, 미국, 일본 등과 같이 지난 세기 동안 기술 인프라가 발전된(제조업 시스템과 궤를 같이하며) 국가들은 하이테크 분야 활동에서 강력한 비교우위를 구축할 수 있었다. 독일의 '프라운호퍼', 일본의 '고세추시 센터', 미국의 'NNMI 연구소'는 응용 산업 및 제조 연구, 생산의 스케일업, 위험축소(특히 부상하는 신기술에 대한)에서 전문화를 이루고 있다. 그리고 이러한 "분산된diffused" 기술 인프라들을 현재 부상하고 있는 과제들(예를 들어 환경, 건강 이슈)에 관한 예측을 목표로 하는 "특정punctual" 임무 기반 이니셔티브들이 보완하고 있다.

선택적 학습과 산업지식의 제공selective learning and industrial knowledge provision을 이렇게 강조하는 것이 성숙한 산업시스템의 주된 특징이다. 중국과 같은 신흥 공업국들은 최근 기업 차원을 넘어 넓은 지역에 분산된 산업 R&D의 중간기관intermediate institutions 시스템에 대한 지원을 강화했다. 이는 주요 국내외 기업을 둘러싸고 있는 이슈로서 외부 경제, 공급망, 지식집약적인 산업 생태계 등을 발전시키고자 하는 중국의 노력을 반영하고 있다. 브라질은 농업기술 인프라를 성공적으로 발전시켰으며, 현재는 제조업을 업그레이드하기 위해 '엠브라파 모델'을 적용하려는 시도를 하고 있다. 한편 남아공은 주로 금융지원에 의존하고 있으며, 산업개발 그리고 공공-민간기술 인프라 개발을 위한 중간기관에 대해서는 그다지 많은 관심을 쏟지 않았다.

대출, 장기 융자, 매칭 보조금matching grants, 보증 등의 금융지원 계획은 앞서 언급된 모든 국가들(예를 들어, 미국의 SBIR, 중국의 이노펀드, 브라질의 FNDCT, 남아공의 MCEP)이 채택하고 있다. 그러나 이러한 제도의 효과는 제공되는 금융지원이 가진 선택조건selectivity(즉, 투자 조건과 그것에 첨부된 기술적 요구사항)의 정도에 달려 있다. 또한 효율성은 이러한 금융지원 계획을 관리하고 시행할 수 있는 금융인프라의 존재 여부에도 영향을 받는다. 독일뿐만 아니라 중국과 브라질은 공공적 금융계획을 시행하는 기업들의 장기전략을 설정, 조정, 지원할 뿐만 아니라 운영기관operational arm으로서의 기능을 개발은행에서 찾았다.

위에 언급된 모든 공급 측면의 조치들이 새로이 강조되고 있는 수요 측면의 산업정책과 연계되고 있는 경향이 점차 뚜렷해지고 있다. 글로벌 경쟁이 치열해짐에 따라 모든 국가들은 국내 수요에 대해서는 좀 더 전략적으로 집중된 공공조달

정책으로, 외부 수요에 대해서는 수출지향 기업에 대한 선택적 지원으로 대응하였다. 후자의 경우 세제혜택 또는 특수은행의 금융 지원(예를 들어 미국, 일본, 중국)을 통해 제공되었다.

분석대상 국가들에서 현재 채택하고 있는 선택적 조치들은 금융위기에 대응하여 예외적으로 시행된 경기대응적 정책의 영향을 받은(그 중 어떤 경우는 더욱 확대된) 측면이 있다. 예를 들어, 미국의 ARRA 프로그램은 교육뿐만 아니라 인프라 업그레이드와 개발에 대한 투자도 증가시켰다. 마찬가지로, 독일도 글로벌 금융위기 중 녹색기술 개발, 기업의 기술전환, 지속 가능성에 대한 투자를 크게 확대하였다. 중국은 심지어 이미 매우 높은 수준에 있는 내부 인프라 투자(예를 들어, 고속철도 네트워크 구축에 쏟은 3년 동안의 엄청난 노력)에 대해서도 투자를 늘려왔다. 이러한 정책들은 산업과 인프라 역량을 향상시켜 생산성을 높이고 거래비용을 절감하였을 뿐만 아니라, 경우에 따라 경기대응 투자를 장려하고 성장을 유지시키고자 금리 정책과도 함께 사용되었다.

산업정책들의 새로운 영역은 점점 더 복잡해지고 있다. 핵심적 산업정책 영역들은 모든 국가들에서 찾아볼 수 있는 특징적인 것이기는 하지만 나라마다의 상이한 산업궤도와 정책경로에 따라 다양성도 어느 정도 증가한다. 또, 지역 안팎에서 새로운 긴장관계도 나타나고 있다. 산업정책들은 여전히 연방이나 국가의 경계 내에서 수행되고 있지만 국가 생산시스템들의 통합이 진전되면서 각 국의 산업정책은 영향은 점차 국경을 넘어 영향을 미치고 있다. 아울러, 새로운 제조업 시스템의 복잡성으로 인해 산업정책 조정과 동기(同期)화 문제가 이전보다 훨씬 더 시급한 것이 되고 있다. 산업정책 패키지들을 채택하는 경우가 늘어나고는 있지만, 정책수단들을 조정하고 집행하는 문제는 상대적으로 더 명확한 거버넌스 모델을 채택한 나라들에게조차도 여전히 근본적인 문제로 남아 있다. 실제로 정책조정의 문제는 단순히 산업정책 패키지 내의 정책 세트뿐만 아니라 국가의 산업정책패키지와 거시경제 정책에도 관련되어 있다. "모든 경우에 적합한 one size fits all"식의 산업정책 전략은 없지만, 산업정책 경험들의 다양성을 이해하는 것은 정부정책의 상상력을 넓히고 산업정책 패키지 조정과 동기화를 개선할 수 있는 여지를 넓혀준다.

참고 문헌

ABDI (Brazilian Agency for Industrial Development). 2006. *An Industrial Policy for Brazil*. Brasilia: ABDI.

Aghion, P., M. Dewatripont, L. Du, A. Harrison, and P. Legros. 2012. "Industrial Policy and Competition." *NBER Working Paper 18048*.

Aiginger, K., and S. Sieber. 2006. "The Matrix Approach to Industrial Policy." *International Review of Applied Economics* 20(5): 573-601.

Akram, H., and A. Andreoni. 2015. "Welfare State and Industrial Transformations: The Dynamics of Inequality and the Challenge of Policy Alignment." SASE Annual Conference, London School of Economics, July.

Amsden, A. 1989. *Asia's Next Giant: South Korea and Late Industrialization*. New York: Oxford University Press.

Andreoni, A. 2014. "Structural Learning: Embedding Discoveries and the Dynamics of Production." *Structural Change and Economic Dynamics* 29: 58-74.

──. 2015a. "The Political Economy of Industrial Policy: After the Crisis, back on the Agenda." In *Handbook of Political Economy and Law*, ed. U. Mattei and J. Haskell. Cheltenham and Northampton: Edward Elgar.

──. 2015b. "The Variety of Public Goods Production, Technologies and Policy: New Insights from Engineering-Economics Twists." IASS mimeo, Potsdam.

Andreoni, A., and H.-J. Chang. 2014. "Agricultural Policy and the Role of Intermediate Institutions in Production Capabilities Transformation: Fundacion Chile and Embrapa in Action." Working paper, DRUID, Copenhagen, 16-18 June.

──. 2016. "Industrial policy and the future of manufacturing: theoretical reflections." *Economia e Politica Industriale. Journal of Industrial and Business Economics*, forthcoming.

Andreoni, A., F. Frattini, F. and G. Prodi, G. 2016. "Structural Cycles and Industrial Policy Alignment: The private-public nexus in the Emilian packaging valley." *Cambridge Journal of Economics*, forthcoming.

Andreoni, A., and M. Gregory. 2013. "Why and How Does Manufacturing Still Matter: Old Rationales, New Realities." *Revue d'Economie Industrielle* 144(4): 17-54.

Andreoni, A., and P. Neuerburg. 2014. "Manufacturing Competitiveness in South Africa: Matching Industrial Systems and Policies." South Africa-EU Strategic Partnership Conference, Johannesburg, 20-21 May.

Andreoni, A., and R. Scazzieri. 2013. "Triggers of Change: Structural Trajectories and Production Dynamics." *Cambridge Journal of Economics* 38: 1391-1408.

Aoki, M. 2001. *Toward a Comparative Institutional Analysis*. Cambridge, Mass.: MIT Press.

Benhassine, N., and G. Raballand. 2009. "Beyond Ideological Cleavages: A Unifying Framework for Industrial Policies and Other Public Interventions." *Economic Systems* 33(4): 293-309.

Berger, S. 2013. *Making in America. From Innovation to Market.* Cambridge, Mass.: MIT Press.

Block, F. 2008. "Swimming Against the Current: The Rise of a Hidden Developmental State in the United States." *Politics & Society* 36: 169-206.

Boyer, R. 1990. *The Regulation School: A Critical Introduction.* New York: Columbia University Press.

Cao, C., R. P. Suttmeier, and D. F. Simon 2006. "China's 15-Year Science and Technology Plan." *Physics Today*, 54: 1-38.

Chaminade, C., and C. Edquist. 2006. "Rationales for Public Policy Intervention from a Systems of Innovation Approach: The Case of VINNOVA." CIRCLE Working Paper, 2006/04, Lund University.

Chang, H. J. 1994. *The Political Economy of Industrial Policy.* Basingstoke, England: Macmillan.

———. 1998. "Evaluating the Current Industrial Policy of South Africa." *Transformation* 36: 51-72.

———. 2002. *Kicking Away the Ladder.* London: Anthem.

———. 2003. "Trade and Industrial Policy Issues." In *Rethinking Development Economics,* 257-76, ed. H-J. Chang. London: Anthem.

———. 2010. "Industrial Policy: Can We Go Beyond an Unproductive Debate?" In *Lessons from East Asia and the Global Financial Crisis*, ed. J. Y. Lin and B. Pleskovic. ABCDE, Annual World Bank Conference on Development Economics, Seoul.

Chang, H. J., ed. 2007. *Institutional Change and Economic Development.* United Nations University Press.

Chang, H. J., A. Andreoni, and M. L. Kuan. 2013. "International Industrial Policy Experiences and the Lessons for the UK." In *The Future of UK Manufacturing: Scenario Analysis, Financial Markets and Industrial Policy,* ed. A. Hughes. E-book. London: UK-IRC.

Chang, H.-J., and B. Rowthorn, eds. 1995. *Role of the State in Economic Change.* Oxford: Oxford University Press.

Cimoli, M., G. Dosi, and J. Stiglitz, eds. 2009. *Industrial Policy and Development. The Political Economy of Capabilities Accumulation.* Oxford: Oxford University Press.

Cimoli, M., M. Holland, G. Porcile, A. Primi, and S. Vergara. 2006. "Growth, Structural Change and Technological Capabilities. Latina America in Comparative Perspective." LEM Working Paper 2006/11.

Coe, N. M., P. Dicken, and M. Hess. 2008. "Global Production Networks: Realizing the Potential." *Journal of Economic Geography* 8(3): 271-95.

Dodgson, M., A. Hughes, J. Foster, and S. Metcalfe. 2011. "System Thinking, Market Failure, and the Development of Innovation Policy: The Case of Australia." *Research Policy* 40: 1145-56.

Dore, R. 1986. *Flexible Rigidities: Industrial Policy and Structural Adjustment in the Japanese Economy 1970-80*. London: Athlone Press.

Dorn, J., and T. Cloutier. 2013. *Report on Chinese Industrial Policies*. Atlanta, Ga.: King & Spalding.

Duffield, J., and B. Woodall. 2011. "Japan's New Basic Energy Plan." *Energy Policy* 39: 3741-9.

Dustmann, C., B. Fitzenberger, U. Schonberg, and A. Spitz-Oener. 2014. "From Sick Man of Europe to Economic Superstar: Germany's Resurgent Economy." *Journal of Economic Perspectives* 28(1): 167-88.

Edquist, C., ed. 1997. *Systems of Innovation: Technologies, Institutions and Organizations*. London: Pinter/Cassell.

Evans, P. 1995. *Embedded Autonomy: State and Industrial Transformation*. Princeton, N.J.: Princeton University Press.

Ezell, S. J., and R .D. Atkinson. 2011. *International Benchmarking of Countries' Policies and Programs. Supporting SME Manufacturers*. Washington, D.C.: Information Technology and Innovation Foundation.

Fan, P., and C. Watanabe. 2006. "Promoting Industrial Development through Technology Policy: Lessons from Japan and China." *Technology in Society* 28: 303-20.

Ferraz, J., C. Figueiredo, C. Leal, F. Marques, and M. Miterhof. 2013. "Financing Development: The Case of BNDES." In *The Industrial Policy Revolution I*, ed. J. Stiglitz and J. Y. Lin, 143-57. Basingstoke, U.K.: Palgrave.

Fine, B., and B. Rustomjee. 1996. *The Political Economy of South Africa: From Minerals-Energy Complex to Industrialisation*. London: Hurst.

Freeman, C. 1987. *Technology Policy and Economic Performance: Lessons from Japan*. London: Pinter.

Greenwald, B., and J. Stiglitz. 1986. "Externalities in Economies with Imperfect Information and Incomplete Markets." *Quarterly Journal of Economics* 101: 229-64.

Hall, P. 1986. *Governing the Economy: The Politics of State Intervention in Britain and France*. Oxford: Oxford University Press.

Hall, P. A., and D. Soskice. 2001. *Varieties of Capitalism: The Institutional Foundations of Comparative Advantage*. Oxford: Oxford University Press.

Hancke, B., M. Rhodes, and M. Thatcher. 2007. *Beyond Varieties of Capitalism*. Oxford:

Oxford University Press.

Hausmann, R., and D. Rodrik. 2004. "Economic Development as Self-Discovery," *Journal of Development Economics* 72(2), 603-33.

Hirschman, A. 1958. *The Strategy of Economic Development.* New Haven, Conn.: Yale University Press.

Johnson, C. 1982. *MITI and the Japanese Miracle: The Growth of Industrial Policy, 1925-1975.* Stanford, Calif.: Stanford University Press.

Khan, M. H., and K. S. Jomo. 2001. *Rents, Rent-Seeking and Economic Development.* Cambridge: Cambridge University Press.

Khan, M. 2013. "Technology Policies and Learning with Imperfect Governance." In *The Industrial Policy Revolution I,* ed. J. Stiglitz and J. Lin, 79-115, Basingstoke: Palgrave.

Klein Woolthuis, R., M. Lankhuizen, and V. Gilsing. 2005. "A System Failure Framework for Innovation Policy Design." *Technovation* 25: 609-19.

Kupfer, D., J. Ferraz, and F. Marques. 2013. "The Return of Industrial Policy in Brazil." In *The Industrial Policy Revolution I*, ed. J. Stiglitz and J. Lin, 327-40. Basingstoke: Palgrave.

Kuznetsov, Y., and C. Sabel. 2011. "New Open Economy Industrial Policy: Making Choices without Picking Winners." PREM Notes Economic Policy, World Bank, September, p. 116.

Lall, S. 1992. "Technological Capabilities and Industrialization." *World Development* 20(2): 165-86.

Landesmann, M. 1992. "Industrial Policy and Social Corporatism." In *Social Corporatism,* ed. J. Pekkarinen, M. Pohjola, and B. Rowthorn. Oxford: Oxford University Press, 242-79.

Laranja, M., E. Uyarra, and K. Flanagan. 2008. "Policies for Science, Technology and Innovation: Translating Rationales into Regional Policies in a Multi-Level Setting." *Research Policy* 37: 823-35.

Lin, J. 2012. *New Structural Economics-.A Framework for Rethinking Development and Policy.* Washington, D.C.: World Bank.

Lin, J., and H.-J. Chang. 2009. "Should Industrial Policy in Developing Countries Conform to Comparative Advantage or Defy It?" *Development Policy Review* 27(5): 483-502.

Lo, D., and M. Wu. 2014. "The State and Industrial Policy in Chinese Economic Development." In *Transforming Economies*, ed. J. M. Salazar-Xirinachs, I. Nubler, and R. Kozul-Wright. Geneva: ILO.

Locke, R., and R. Wellhausen, eds. 2014. *Production in the Innovation Economy.* Cambridge, Mass.: MIT Press.

Lundvall, B. A., ed. 1992. *National Systems of Innovation: Towards a Theory of Innovation and Interactive Learning.* London: Pinter.

Malerba, F. 2002. "Sectoral System of Innovation and Production." *Research Policy* 31: 247-64.

Markusen, A. 1996. "Interaction between Regional and Industrial Policies: Evidence from Four Countries." *International Regional Science Review,* 19(1/2): 49-77.

Mazzucato, M. 2014. *The Entrepreneurial State.* London: Anthem Press.

Metcalfe, S. 1995. "Technology Systems and Technology Policy in an Evolutionary Framework." *Cambridge Journal of Economics* 19: 25-46.

MIIT (Ministry of Industry and Information Technology of the People's Republic of China). 2013. *Guidance on Corporate Mergers and Acquisitions to Accelerate the Growth of Key Industries.*

Milberg, W., and D. Winkler. 2013. *Outsourcing Economics.* Cambridge: Cambridge University Press.

Mahmood, M., A. Andreoni. and H.-J. Chang. 2017. *Developing with Jobs: Manufacturing growth, productive employment and policies in developing countries,* Basingstoke: Palgrave Macmillan.

Nelson, R., ed. 1993. *National Innovation Systems: A Comparative Analysis.* New York: Oxford University Press.

Nezu, R. 2007. "Industrial Policy in Japan." *Journal of Industry, Competition and Trade* 7(3-4): 229-43.

Noman, A., K. Botchwey, H. Stein, and J. Stiglitz. 2011. *Good Growth and Governance in Africa. Rethinking Development Strategies.* Oxford: Oxford University Press.

Nurkse, R. 1952. "Some International Aspects of the Problem of Economic Development." *The American Economic Review* 42(2): 571-83.

Ocampo, J. A. 2006. "Latin America and the World Economy in the Long Twentieth Century." In *The Great Divergence: Hegemony, Uneven Development and Global Inequality,* ed. K. S. Jomo. New York: Oxford University Press, 44-93.

Okimoto, D. I. 1989. *Between MITI and the Market: Japanese Industrial Policy for High Technology.* Stanford, Calif.: Stanford University Press.

O' Sullivan, E. 2011. *A Review of International Approaches to Manufacturing Research.* Cambridge: University of Cambridge Institute for Manufacturing.

O' Sullivan, E., A. Andreoni, G. Lopez-Gomez, and M. Gregory. 2013. "What Is New in the New Industrial Policy? A Manufacturing System Perspective." *Oxford Review of Economic Policy* 29(2): 432-62.

Pack, H., and K. Saggi. 2006. "Is There a Case for Industrial Policy? A Critical Survey." *World Bank Researcher Observer* 21(2): 267-97.

Pisano, G. P., and W. C. Shih. 2012. *Producing Prosperity: Why America Needs a*

Manufacturing Renaissance. Boston: Harvard Business Review Press.

Rodrik, D. 2004. "Industrial Policy for the Twenty-First Century." Mimeo, Harvard University.

──. 2007. "Normalizing Industrial Policy." Working paper. Cambridge, Mass.: John F. Kennedy School of Government.

Roseinstein-Rodan, P. 1957. *Notes on the Theory of the "Big Push."* Cambridge, Mass.: MIT Center for International Studies.

Salazar-Xirinachs, J. M., I. Nubler, and R. Kozul-Wright, eds. 2014. *Transforming Economies.* Geneva: ILO.

Shih, W. 2011. "China's Five Year Plan, Indigenous Innovation and Technology Transfer and Outsourcing." Testimony before the US-China Economic & Security Review Commission, June 15.

Soete, L. 2007. "From Industrial to Innovation Policy." *Journal of Industrial Competitiveness and Trade* 7: 273-84.

Stiglitz, J. 1996. "Some Lessons from the East Asian Miracle." *World Bank Research Observer* 11(2): 151-77.

Stiglitz, J., and B. Greenwald. 2014. *Creating a Learning Society.* New York: Columbia University Press.

Stiglitz, J., and J. Y. Lin, eds. 2013. *The Industrial Policy Revolution I.* Basingstoke: Palgrave.

Stiglitz, J., and S. Yusuf, eds. 2001. *Rethinking the East Asia Miracle.* Washington, D.C.: World Bank.

Storm, S., and C. W. M. Naastepad. 2015. "Crisis and Recovery in the German Economy: The Real Lessons." *Structural Change and Economic Dynamics* 32: 11-14.

Stortz, C., B. Amable, S. Casper, and S. Lechevalier. 2013. "Bringing Asia into the Comparative Capitalism Perspective." *Socio-Economic Review* 11: 217-32.

Tassey, G. 2007. *The Technology Imperative.* Cheltenham and Northampton: Edward Elgar.

──. 2010. "Rationales and Mechanisms for Revitalizing US Manufacturing R&D Strategies." *Journal of Technology Transfer* 35: 283-333.

──. 2014. "Competing in Advanced Manufacturing: The Need for Improved Growth Models and Policies." *Journal of Economic Perspectives* 28(1): 27-48.

Ul-Haque, I. 2007. "Rethinking Industrial Policy." UNCTAD Discussion Papers No. 183.

Vitols, S. 1997. "German Industrial Policy: An Overview." *Industry and Innovation* 4(1): 15-36.

Wade, R. 1990. *Governing the Market: Economic Theory and the Role of Government in East Asian Industrialization.* Princeton, N.J.: Princeton University Press.

──. 2012. "Return of Industrial Policy?" *International Review of Applied Economics* 26(2): 223-39.

Walker, T., C. Brewster, and G. Wood. 2014. "Diversity between and within Varieties of Capitalism: Transnational Survey Evidence." *Industrial and Corporate Change* 23(2): 493-533.

Warwick, K. 2013. "Beyond Industrial Policy. Emerging Issues and New Trends." OECD Science, Technology and Industrial Policy Papers No. 2.

Weiss, J. 2011. "Industrial Policy in the Twenty-First Century." UNU-WIDER Working Paper, 2011/55.

Wessner, C. W., and A. Wolff, eds. 2012. *Rising to the Challenge: US Innovation Policy for Global Economy*. Washington, D.C.: National Academy of Sciences Press.

Zalk, N. 2014. "Industrial Policy in a Harsh Climate: The Case of South Africa." In *Transforming Economies*, ed. J. M. Salazar-Xirinachs, I. Nubler, and R. Kozul-Wright. Geneva: ILO.

Zhang, X. 2013. "Clusters as an Instrument for Industrial Policy: The Case of China." In *The Industrial Policy Revolution I*, ed. J. Stiglitz and J. Lin. Basingstoke: Palgrave.

─── 제 10 장 ───

산업전략
Industrial Strategies

− 질적 성장을 위한 학습사회를 향하여 −

아키오 호소노 Akio Hosono

성장과 발전을 위해서는 학습과 혁신이 결정적으로 중요하다는 점이 학자와 개발정책 입안자 그리고 실무자 사이에서 점점 더 강조되고 있다. 학계에서는 스티글리츠Stiglitz와 그린월드Greenwald가 2014년에 "학습사회 창조하기: 성장, 발전 그리고 사회적 진보에 대한 새로운 접근법Creating a Learning Society: A New Approach to Growth, Development, and Social Progress"이라는 책을 발간하였다(스티글리츠와 그린월드 2014). 이 책의 주된 메세지는 학습이 성장의 중심에 있어야 한다는 점과 아울러 혁신적인 경제를 만들고 학습을 촉진하는데 있어서 정부의 역할이 중요하다는 것이다. 최근 성장의 질에 대한 정책 논의에서는 혁신이 중요한 속성으로 고려되고 있다. 예를 들어 2010년 요코하마에서 합의된 아시아 태평양 경제협력기구(APEC)의 성장전략에 따르면, 혁신은 양질의 성장에 대한 다섯 가지 속성 중 하나로 언급되었다. 마찬가지로, 그 1년 뒤에 '질적 성장의 완성'을 주제로 중국 다롄Tailian에서 열린 여름 다보스 회의에서, 중국 총리는 높은 질적 성장을 달성하기 위한 다섯 가지 차원의 구성요소 중 일부로 기술과 혁신을 명시하였다.

본장에는 그러한 질적 성장을 위한 학습사회 창조에 효율적으로 접근할 수 있는 관점을 제시하고자 한다. (1) 포용적이고 혁신적인 성장 (2) 포용적이고 혁신적이면서 지속 가능한 성장, 그리고 (3) 포용적이며 혁신적이면서 내구력이 강한 성장에 대하여 국제 개발 협력의 사례를 통해 살펴볼 것이다. 이를 통해 각 사회 또는 국가는 특유의 도전과제를 가지고 있으며, 부존자원의 수준이 다양하고, 자신의 고유한 개발 어젠더를 가지고 있음을 알 수 있다.

호소노Hosono (2015a, 2015b, 2015c)는 산업 발전과 전환에 관련된 7개의 뛰어난 사례를 분석하였다: 태국의 자동차 산업, 방글라데시의 의류산업, 탄자니아의 쌀 생산, 케냐 사막(기후) 지역의 농림업, 브라질의 세라도Cerrado 농업과 농산업 개발, 싱가포르의 지식 집약 산업, 그리고 칠레의 연어와 조개 양식업. 이 사례들은 한편으로는 전환적 발전과, 다른 한편으로는 학습을 통한 지속적인 역량과 지식의 개발 사이에 상호 인과관계가 있음을 보여 준다. 여러 정부가 학습과 역량 개발을 촉진하고자 했던 것은 이러한 목적 때문이었으며 대부분의 경우에, 관련 기관들이 효과적으로 촉진자의 역할을 수행하였다.

이번 장에서는 이러한 뛰어난 전환 사례는 학습과정을 수반한 것이며 학습 역량이 있기에 가능하였다는 사실을 염두에 두고, 역량 개발을 위한 국제적 협력 사례를 살펴봄으로써 모멘텀을 만들고 유지하고 학습과정을 향상시키기 위한 효율적 접근법에 대해 논의하고자 한다. 따라서 여기서는 "학습의 관점"에서 사례분석을 하게 될 것이다. 이러한 사례들이 앞서 언급한 뛰어난 사례들처럼 반드시 직접적으로 전환을 만들어 낸 것은 아니지만, 한 사회의 학습과정에 중요한 영향을 끼쳤으며 따라서 회사나 조직, 지역 경제, 그리고 국가경제에 이르기까지 변화를 가능하게 하였다.

이상의 논의에 기반하여, 다음과 같은 연구질문을 던지고자 한다: 국가가 직면한 부존자원과 도전을 고려할 때, 어떤 산업 발전 전략과 접근법이 양질의 성장을 동반한 전환을 달성하기 위한 학습을 촉진하는데 있어서 효과적인가?

"분석적 관점에서 본 주요 이슈" 절에서는 주요 이슈에 대한 논의와 함께 분석적 관점을 제시하고자 한다. 다음으로 "특정 역량에 대한 학습 사례", "학습에 대해 학습하고 핵심 역량을 강화한 사례", "사례에서 얻는 교훈" 등의 절에서는 위에 언급된 세 가지 관점을 보여주는 몇 가지 사례를 제시하고 논의하며 마지막 절에서는 결론을 제시한다.

분석적 관점에서 본 주요 이슈

학습, 혁신 그리고 성장의 질

최근 성장과 개발에 대한 정책 논쟁에서는 경제성장의 질, 특히 일자리, 포용성, 지속가능성, 학습, 기술과 역량의 축적, 혁신 등에 대해 관심이 증가하고 있다.[1] 아시아 태평양 지역에서는 2010년 요코하마에서 APEC 지도자들이 "APEC 성장전략"에 합의한 바 있다.[2] 이 전략은 "성장의 질"을 개선하여 성장이 보다 균형적이고 포용적이며, 지속가능하고 혁신적이면서도 확고해야 한다는 점을 강조한다. 그로부터 10개월 후, 세계경제포럼은 연례 아시아 하계 다보스 회의를 개최하여 "질적 성장의 완성"라는 주제를 다루었는데 여기서 지속가능성, 포용성, 공정성, 균형과 기술, 혁신 등이 강조되었다. 보다 최근에는 아시아개발은행(ADB)이 아시아의 경제 전환을 다루는 보고서를 발간하였다. 이 보고서에 따르면 개발이란 일부 석유 부국에서처럼 중요한 전환 없이 일어나는 단순한 총량적 성장과는 구분되는 것이다.[3]

가장 최근에 22차 APEC 경제 지도자 선언에서는 "통합되고, 혁신적이며, 그리고 연결된 아시아 태평양을 위한 베이징 어젠더"를 통해 다음과 같이 언급하였다. "우리는 견고하고 지속가능하며 균형 있고 포용적인 역내 경제성장을 위한 건전한 정책적 환경을 만들고 정책 시너지를 창출해 내려는 목표 하에 거시경제 정책 협조를 강화하기로 합의하였다." 이 선언은 특히 다음과 같이 혁신적 성장을 강조하였다: "우리는 혁신을 경제적 성장과 구조개혁을 위한 중요한 지렛대로 인식한다. APEC의 공동번영 여부에 대한 전망은 혁신적 개발, 그리고 역내 경제 개혁 및 성장에 달려있을 것이며 이는 상호보완적이면서 동시에 상호증진적이기도 하다."

질적 성장에 대한 인식전환은 아시아의 각국 정부 차원에서도 이루어져왔다. 중국의 신세대 지도자와 정부는 2013년에 개최된 중국공산당 제3차 총회에서 구조개혁의 관점에서 의욕적이고 포괄적인 어젠더를 의결하였다. 여기서는 경제를 재조정하고, 사회적 불평등을 완화하고, 환경을 보호하고 기후변화 문제를 해결하는 것과 더불어, 도농 격차 문제를 해결하고 질적 성장을 촉진하는 것을 중요한 정책 어젠더로 선정하였다(왕Wang 2014). 일본에서는 "2012년도 일본 경제와 재정 보고서"에 질적 성장을 특집으로 다루었다(일본정부, 내각Government of Japan,

Cabinet Office 2012). 말레이시아, 태국, 인도, 부탄 그리고 베트남을 포함한 다른 아시아 국가에서도 비슷한 개념을 도입하였다. 예를 들어 말레이시아는 2012년에 포용적이고 지속가능한 성장이라는 틀 안에서 "새로운 경제 모델"이라는 정책을 개시하였다(UN-ESCAP 2013).

2015년에 일본정부는 개발원조를 대체할 개발협력헌장을 발표하였다. 이 헌장에 따르면, 개발에 대한 가장 중요한 과제는 질적 성장과 빈곤의 근절이며, 이러한 성장에서는 포용성과 지속가능성이 강조된다(일본정부, 내각 2015).

비록 앞서 언급한 문헌 사이에서 무엇이 양질의 성장을 구성하는지에 대한 정확한 정의는 서로 다르겠지만, 성장의 혁신성, 포용성 그리고 지속가능성이 우선순위라는 점은 공통적이다.

가장 중요한 부존자원으로서의 학습역량[4]

질적 성장에서 혁신이 중요하다는 인식이 점점 증가하고 있는 동시에, 학습, 지식의 축적 그리고 역량에 대한 논의도 심도있게 진행되고 있다. 치몰리, 도시 그리고 스티글리츠Cimoli, Dosi and Stiglitz(2009)는 "'대전환'이란 개인뿐만 아니라 조직에 있어서도 지식의 축적과 역량에 대한 중요한 변화를 의미한다"고 언급하였다. 또한 노먼과 스티글리츠Noman and Stiglitz(2012)는 "장기적 성공은 새로운 기술, 새로운 사업의 방식, 새로운 경제 관리기법 그리고 다른 국가를 다루는 방식 등에 대한 사회의 학습 정도에 따라 결정된다"는 점을 강조하였다.

최근에 스티글리츠와 그린월드(2014)는 학습사회를 구성하는 요소에 대한 보다 체계적이고 총체척인 분석을 제시하였다. 여기에서 그들은 "우리가 보기에 가장 중요한 부존자원은 사회의 학습능력(이것은 사회가 보유한 지식, 학습 자체에 대한 지식, 그리고 자신의 학습역량에 대한 지식에 의해서 영향을 받는다)이며, 학습능력은 특정한 어떤 것을 배우는 것을 말한다."고 언급하였다. 또한 그들은 국가의 정책은 지식과 학습 역량에 있어서 자신의 비교우위를 활용할 수 있도록 수립되어야 한다고 하였다. 또한 경쟁관계를 고려하면서 학습 능력과 학습을 학습하는 능력을 활용하는 동시에 역량과 능력의 개발을 지원할 수 있어야 한다(스티글리츠와 그린월드 2014)고 하였다.

부존자원, 산업전환 그리고 질적성장: 산업전략의 초점

　부존자원의 변화, 산업의 전환 그리고 질적 성장 사이의 연결고리는 산업 전략의 핵심 초점이 되어야 한다. 노먼과 스티글리츠에 따르면, 과거의 정책들은 정적인 틀을 사용해서 경제적 효율성을 높이는 데만 집중해왔다. 그러나 그들은 "개발의 본질은 동적이다. 말하자면, 중요한 것은 오늘의 비교우위가 아니라 동적인 비교우위이다"라고 주장하였다(노먼과 스티글리츠 2012). 린Lin (2012)은 비교우위의 변화에 대해 논의하는 과정에서, "학습과 발전에 도달하는 효율적인 길은, 각자의 부존자원 구조가 변함에 따라 달라지는 비교우위에 맞춰 과거의 장점을 활용하고 업그레이드하고, 새로운 산업으로 확산시키는 것이다."라고 주장하였다(린 2012).
　이와 더불어 산업 전환은 성장의 다른 속성과 관련될 뿐만 아니라 성장의 동력이기도 하기 때문에, 변화하는 부존자원과 전환의 맥락에서 성장의 질을 논의해야 한다. 따라서 산업 전략은 부존자원의 변화와 산업의 전환에 영향을 주는 공공정책에 보다 집중해야 한다.5 요컨대, 산업 전략은 부존자원, 특히 지식과 역량의 축적, 인프라, 인적자원, 사회적 자본, 자연 자원, 금융 자원, 기관 등등에 대한 학습능력을 강화해야 한다. 새로운 산업의 창조, 가치사슬의 심화 및 다양화 등을 통해, 부존자원의 변화를 최대한 이용하면서 산업의 전환을 촉진해야 한다. 산업전략은 산업 전환의 과정 속에서 바람직한 속성을 가진 질적 성장을 달성해야 하며, 이는 경제성장의 기초이자 성공요인이기도 하다.

학습 사회와 역량개발

　최근 원조 실무자들이 원조 효과성과 이후 개발의 효과성을 두고 논의한 내용에서도 역량개발은 역시 중심 이슈로 부각되었다. "원조 효과성에 대한 3차 고위급 포럼"에서 2008년에 채택한 "행동을 위한 아크라Accra 어젠더"는 역량개발 Capacity Development에 대해 강조하고 있는데, 이는 원조 효과성에 대한 모든 중요 분야의 공통 주제로 역량개발을 포함시킨 파리 선언보다도 더 역량개발을 강조한 것이다.6 2010년 9월에 "새천년 개발 목표Millennium Development Goals(MDGs)에 관한 유엔 정상 회의"의 최종 보고서에서는 반복적으로 역량과 역량개발의 중요성을 강조하고 있다. 이러한 추세의 기저에는 원조 기관, 원조 국가, 그리고 협력 국가 사이에서 역량의 부족이 발전적 결과를 위한 전환 정책에서 중요한 장애물이 되어 왔고 향후에도 장애물이 될 것이라는 우려가 깔려있다(호소노 등 2011).

최근 논의에서 역량개발 과정에서의 지식과 학습은 중요한 주제로 부각되었다. 클락과 오스왈드Clarke and Oswald(2010)는 상호학습에서도 역량개발이 이루어질 수 있다고 주장한다. 만약 역량개발이 상호 학습과정으로 인식된다면, 이것은 지식이 무엇인지, 그리고 어떻게 그것이 생성되는지에 대한 우리의 인식을 전통적인 지식의 전수 모형에서 지식의 공동창조 모형으로 전환시켜야 함을 의미한다(호소노 등 2011). 따라서 학습과 지식을 공동창조하거나 혁신적 해결책에 집중하는 역량개발 과정을 지원하는 국제적 협력은 개발도상국에서 학습 사회를 창조하는데 크게 기여할 수 있다.[7]

특정 역량에 대한 학습과 핵심 역량 강화 학습에 대한 학습

스티글리츠와 그린월드(2014)는 학습능력을 구분하면서 다음과 같이 언급하였다. "학습능력은 물론 한정적일 수도 있고 일반적일 수도 있다. 좁은 틈새시장을 목표로 한다면 특정 역량을 제고하는데 노력을 집중할 수도 있고 이러한 전략은 경제에 도움이 될 수도 있다. 반면 급속한 전환과 큰 불확실성의 시기에는 좀 더 일반적인 학습 역량을 제고하는 전략이 필요할 수 있다"(스티글리츠와 그린월드 2014). 또한 그들은 "지식 자체가 내생적인 것처럼 학습도 마찬가지이다. (특정 방식으로 실행되는) 일부 경제 활동은 학습을 용이하게 할뿐만 아니라 학습에 대한 학습을 촉진한다."고 하였다.(스티글리츠와 그린월드 2014). 역량개발에 관한 여러 연구도 역시 이러한 두 가지 유형의 역량을 언급한다. 역량개발을 하면 건강 관리나 도로 건설 기술과 같은 특정 기술요소도 개발되지만 소위 핵심역량 자체도 개발된다(호소노 등 2011). 여기에는 일반적이고 다양한cross-cutting 경쟁력과 집중력; 문제점과 핵심 이슈를 식별하는 능력; 계획, 예산, 집행 그리고 모니터링 능력; 그리고 가장 중요한 것은 지식과 기술의 습득 능력이 포함된다.(UNDP 1998; ECDPM 2008; JICA 2006, 2008). 특정 역량을 배우면 학습이 가능해지고 학습하는 능력은 특정 역량을 배우는데 도움이 된다.

학습의 결정요인

스티글리츠와 그린월드(2014)는 다음과 같은 요소가 학습에 있어서 중요한 결정요인이라고 밝혔다. (1) 학습 역량 (2) 지식에 대한 접근 (3) 학습에 대한 촉매제 (4) 올바른 인지 틀과 같은 창의적 마인드셋 (5) 교류를 통해 학습을 촉진하고, 올바른 인지 틀의 창조를 돕고, 학습 과정에 중대한 입력사항을 제공하는 사람과의 접촉.

역량개발에 대한 최근의 새로운 이론에서는 지식을 연속적인 인간 상호작용의 산물로 본다. 그 상호작용은 특정한 맥락 내에 존재하고, 그 안에서 지식과 혁신적 해결책이 상호 학습과정과 실제 경험을 통해 획득되고 공동으로 창조된다(호소노 등 2011). 이 과정에서 다음의 다섯 가지 요인은 본질적인 요소이다: 참여자의 주인의식Stakeholder ownership, 특정 동기, 상호 학습, 성장을 위한 경로 그리고 (외부 활동자를 포함한) 촉매제(호소노 2013).

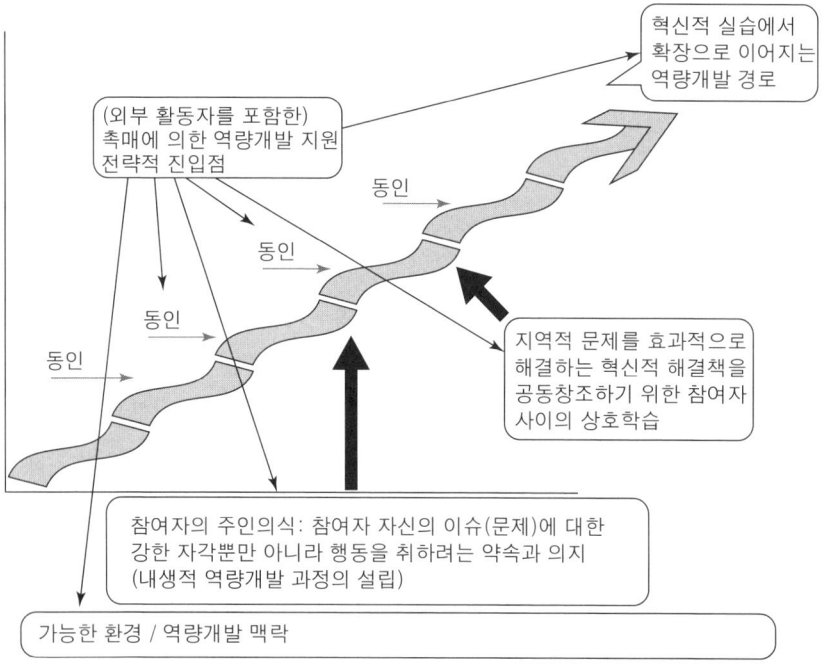

[그림 10.1] 동적, 내생적 그리고 지속적 과정으로서의 역량개발 (자료 : 저자, 호소노(2011)에 근거함)

그림 10.1은 동적이고 내생적이며 지속적인 과정으로서의 역량개발을 보여주고 있다. 우리는 이러한 과정을 통해 특정 역량과 (핵심 역량의) 학습에 대한 학습을 하게 된다. 이 과정에서 앞서 언급한 학습의 결정요인은 중요한 역할을 한다. 다만 상황에 따라 이들 간의 관계와 결과가 이 그림에서 표시된 것과는 다를 수는 있을 것이다.

❖ 학습을 위한 산업전략과 효율적 접근법: 연구 질문

본장의 연구를 수행하기 위한 중요한 질문은 "다양한 도전과제와 부존자원을 지닌 국가들이 어떤 산업전략을 구사해야 효과적으로 학습을 촉진해서 바람직한 성장의 질을 달성할 수 있는가"하는 것이다. 주로 다음 세 가지 분야에서의 국제 개발 협력기구의 경험을 활용해서 이 연구 질문에 대해 논의를 하고자 한다. (1) 포용적이고 혁신적인 성장에 대한 학습 (2)포용적이고, 혁신적이며 지속가능한 성장에 대한 학습 (3)탄력성과 인간의 안전을 강화하는 포용적이고 혁신적인 성장에 대한 학습. 위에서 언급한 사례는 다양한 연구 맥락에서 폭 넓게 수집된 자료들 중에서 선택된 것들이다. 이 장은 특히 실제로 학습의 결정요인이 어떻게 상호작용하면서 학습과, 학습에 대한 학습 과정에서 모멘텀을 만들어내고 촉진하고 유지하는지에 대해 집중적으로 살펴보고자 한다.

❖ 포용적이고 혁신적인 성장을 위한 학습

최근 수년 동안 국제사회에서 포용적 개발에 대한 관심은 점점 높아져 왔다. 2007년 세계은행 총재는 포용적이고 지속가능한 세계화에 기여하는 것이 세계은행 그룹의 비전이라고 선언하였다. 일본국제협력기구(JICA)는 포용적이란 단어를 2008년 비전 선언문에 포함시켰다. 1년 뒤 ADB는 포용적 성장을 "2020 전략"의 장기 전략 프레임워크의 세 가지 어젠더 중 하나로 설정하였다(ADB 2009). 앞에서 언급했듯이 2010년에 합의된 APEC 성장전략은 포용적 성장을 성장의 바람직한 다섯 가지 속성 중 하나로 포함하고 있다.[8]

본 문서에서 포용적 성장은 상호작용하는 두 가지 측면을 가지고 있다: 포용적 성장을 통해 모든 사람은 성장에 참여하게 되고 동시에 모든 사람은 성장의 혜택을 받게 된다.[9] 그러나 학습 사회라는 관점에서, 포용적 성장은 위에서 언급한 측면을 넘어서 혁신적 성장과 본질적 관련성을 가지고 있다. 성장을 위해 모든 사람의 장점을 활용할 수 있다면, 성장 자체는 정말로 포용적이면서 동시에 혁신적일 수 있다. 스티글리츠와 그린월드(2014)는 다음과 같이 주장한다. "왜 포용적 성장이 중요한지에 대한 우리의 주장은 한 국가의 가장 중요한 자원인 인간의 재능을 낭비한다는 관점이나 모든 사람이 자신의 능력껏 살아가는 것을 보장해주지 못하는 것과 같은 일반적인 주장을 넘어선다." 그들은 포용성을 촉진하는 정책을 쓰면 쓸수록, 위대한 학습을 촉진하게 된다고 주장하였다(스티글리츠와 그린월드 2014).

표 10.1에서는 특정 역량에 대한 학습이나, 일반적이고 핵심적인 역량을 학습하기 위한 학습을 목적으로 하는 국제 협력 프로그램의 몇 가지 중요한 접근법을 보여주고 있다. 아래에서는 어떻게 포용적이고 혁신적인 성장이 학습을 통해 달성될 수 있는가에 대해 분석하였다. 먼저 특정 역량의 학습에 대한 두 개의 사례를 논의하고자 한다. 하나는 케냐의 소규모 원예 강화 프로젝트(SHEP)인데, 개별 농부의 학습에 대해 집중하고 있다. 다른 하나는 방글라데시의 지방정부 공학부서(LGED) 사례인데, 조직 학습에 대해 집중하고 있다.

이 두 사례 이후에 학습에 대한 학습 또는 일반적/핵심적 역량에 대한 학습에 관한 세 가지 사례에 대해 논의하고자 한다. 첫 사례에서 (요리용 스토브를 개

[표 10.1] 특정 역량을 위한 학습과 학습에 대한 학습의 접근방법

	특정 역량을 위한 학습에서 학습에 대한 학습으로	학습에 대한 학습에 직접 집중하기 (핵심역량의 제고)
개인의 학습에 집중하기	점진적으로 학습에 대한 학습을 가능하게 하는 특정 목적을 위한 역량개발 (예, 소규모 원예 강화 프로젝트)	생활 개선을 위한 학습에 대한 학습
개인과 집단, 양자의 학습에 집중하기	개인과 집단의 학습에 대한 학습을 가능하게 하는 특정 목적을 위한 역량개발	일촌일품 운동을 통한 포용적 사업의 창조와 개발을 위한 "학습에 대한 학습"
조직의 학습과 제도 설립에 집중하기	조직의 학습에 대한 학습을 가능하게 하는 특정 목적을 위한 역량개발 (예, 지역정부 공학부서)	카이젠, JIT, TQM, 지식관리와 다른 운동 등을 통한 학습에 대한 학습

선하는 것과 같은) 소득 증대와는 다른 종류의 개선을 다루는 생활개선 프로그램을 살펴보고자 한다. 이 사례는 농촌 여성들로 하여금 일상생활에 존재하는 수많은 문제들을 인식하고, 이들을 해결해야 한다는 생각을 갖게 하는 것을 주요 목적으로 하는 사례이다.

따라서 이 프로그램들의 목적은 체험을 통해 배우고 다양한 차원에서 생활을 개선토록 노력하는 방법을 학습하는 것이다. 이 접근법은 생활의 개선을 시작으로 해서 접근하기 때문에 생산을 통해서 소득을 개선하는 접근법보다 훨씬 안전하다는 장점이 있다. 또한 농촌 생활을 개선하고 생활의 문제에 대한 해결책을 찾아가는 과정은 학습에 대한 학습뿐만 아니라 생산활동의 개선까지도 유도할 수 있다. "한 마을 한 제품One Village One Product(일촌일품)" 운동이 탄생한 일본 오이타에서 생활 개선 프로그램을 경험한 여성은 나중에 일촌일품 운동의 생산활동을 효과적으로 촉진시킬 수 있었다. 두 번째 사례는 일본과 태국 그리고 다른 국가의 일촌일품 프로그램에 대해서 논의하고자 한다. 마지막으로 학습에 대해 학습하기 또는 핵심 역량의 획득에 관한 세 번째 사례는 개선kaizen, JIT(Just In Time), TQM(Total Quality Management), 지식관리 등과 같이 기업과 조직에서 활용하고 있는 활동에 관한 것이다.

특정 역량에 대한 학습 사례

사례1: 소규모 농부가 시장 수요에 대응할 수 있는 역량을 개발함으로써 포용적·혁신적인 성장이 이루어진 학습사례: 케냐에서의 SHEP와 SHEP UP 운동[10]

케냐는 시장에 대한 접근성이 좋고 농부들의 능력이 뛰어나기 때문에 농업 분야에서 다양한 사업화의 잠재력이 큰 국가이다. 아프리카에서는 원예상품에 대한 수요가 증가해왔다. 케냐의 원예시장은 2000년 이후에 연평균 20%씩 성장하였다. 원예상품의 60%이상은 소규모 농부가 생산했는데, 이들은 원예상품 판매로 높은 소득을 누렸다. 케냐의 곡물 생산과 비교해보면, 원예농업은 노동 집약적이고 복잡한 기술이 필요하며 씨앗이나 비료 그리고 농약 같은 투입물도 많이 들었다. 적절하게 원예농업을 관리할 경우 토지 생산성은 더 높았다. 이런 전제를 바탕으로, 케냐 정부는 2006년에 소규모 원예농업 강화 프로젝트(Smallholder Horticultural Empowerment Project, SHEP)를 시작하였다(아이카와Aikawa 2013). SHEP은 소규모 원예농가의 역량을 개발하는 것이 주요 목적이었다.

SHEP과 SHEP UP(SHEP Unit Project)은 전체 시장의 크기가 작고 개별 농가의 생산이 아주 미미하긴 하지만 원예농업이 하나의 산업이라는 것을 전제로 시작하였다. 이런 전제에 따라 시장 수요에 따라 반응하는 능력 개발을 장려하기 위해 일련의 활동을 추진하였다. 이것은 전략의 시작이면서 궁극적인 목표이기도 했다. 많은 아프리카 국가들은 생존지향적인 농업을 상업적인 벤처ventures로 전환하도록 장려하고 있다. 그러나 아프리카의 소규모 농부들은 다른 사업에서와 같이 합리적 의사결정에 따라 농사를 지어왔지만 이를 어떻게 벤처로 전환할지는 잘 알지 못하고 있었다. SHEP과 SHEP UP이 이 차이를 채워주었다(아이카와 2013).

1990년대 이후, 많은 기부자들이 가치사슬 개발을 지원해왔다. 그들의 지원은 생산과 판매로 이어지는 공급사슬의 하류, 즉 수확 후 과정과 판매에 집중되는 경향이 있었다. 반면 SHEP과 SHEP UP은 농부들이 적용할 수 있는 방식으로 생산에서 판매에 이르는 모든 과정에 걸쳐 소규모 농부를 지원하였고, 활동을 설계하고 그 방법을 개선하는 과정에서 농부를 항상 중심에 두었다(아이카와 2013). 그 결과 SHEP은 뛰어난 성과를 이루었다.[11] 이 접근법은 사하라 이남의 10개 아프리카 국가뿐만 아니라 팔레스타인, 엘살바도르에도 소개되었다.

아이카와(2013)는 SHEP의 학습과정을 다음과 같이 설명한다:

> 다양한 기술이 프로젝트에 도입되었다. 그것은 농부들이 쉽게 구할 수 있는 재료를 사용하였으므로 단순하고 적절하였다. 사실 케냐는 이미 연구소 중심으로 일정수준 이상의 기술적 노하우를 보유한 국가이기 때문에, 문제는 어떻

게 새로운 기술을 개발할 것인가가 아니라 농부의 관점에서 기존의 기술을 어떻게 사용하고, 실질적으로 활용할 수 있는가였다. 이러한 이해를 바탕으로, 이 프로젝트는 끈 실twine을 사용해서 올바르게 씨를 뿌리는 기술과 같이 농부들이 학습한 순간 바로 사용할 수 있는 기술을 도입하는데 집중하였다. 원예업에 대한 풍부한 지식을 가진 케냐 전문가와 외부인의 관점에서 조언을 할 수 있는 일본 전문가가 공동으로 이러한 기술에 대한 안내를 해주었다. 농부에게 새로운 기술을 소개할 때조차도 반드시 현지에서 구할 수 있는 재료와 기술을 사용할 수 있도록 하였다. 여기에는 모래주머니Do-no를 이용한 도로의 유지보수, 발효유기농 비료Bokashi, 다루기 쉬운 제초도구 등이 포함되었다.

아이카와(2013)는 농부들 자신이 수행한 시장조사결과에 근거해서 생산할 목표작물을 스스로 결정할 때 농부들이 눈에 띄게 열의를 느꼈다고 주장한다. 이어서 이것은 농부들이 스스로 깨닫고, 현장 실습을 통해 기술을 더욱 철저히 배울 수 있도록 동기를 부여하게 되었다. 농부들이 자신의 생산물을 판매하는데 성공할 때, 이런 성공적인 경험은 자신감을 촉진하고, 더 큰 동기를 부여하게 된다. 그리하여 전체 과정은 서로 보완적이면서 상승작용을 하게 되는데 이는 강화된 본질적 동기부여와 강화된 기술수준의 상호작용으로 설명할 수 있다. 이는 결국 지속가능한 성장으로 이어지게 된다(아이카와 2013).

사례2: 농촌 인프라 개발 측면에서의 역량개발을 통한 포용적·혁신적 성장에 대한 학습: 방글라데시의 지역정부 공학부서(Local Govenment Engineering Department; LGED)[12]

2001년 작성된 국가 농촌 개발 정책(National Rural Development Policy; NRDP)과 1차(2005년), 2차 빈곤감축전략보고서(Poverty Reduction Strategy Papers; PRSPs, 2008년)에서 밝힌 바와 같이, 방글라데시 정부의 최우선 순위

과제는 농촌 인프라의 개발과 유지였다. 반(半)자율적인 지방정부의 공학 부서(LGED)는, 1960년대 유명한 코밀라 모형Comilla model의 조직 구성요소를 물려받은 농촌 작업 단위Cell가 일련의 조직적 변화를 통해 발전한 것이었다.[13] 후지타Fujita(2011)에 따르면 LGED는 조직적으로 크게 발전하였다. 이 기간 동안 만 명 이상의 인원으로 구성된 고도로 집중화된 LGED는 농촌 인프라의 공급과 유지에 있어서 전문성과 우수성 측면에서 확고한 명성을 쌓았다(World Bank 2009). LGED는 지역 이해관계자(정부와 수혜자)들과 긴밀하게 작업하여 프로젝트의 모든 단계에서 광범위하게 참여하였다. 노동 집약적 기술을 도입하여 빈민에게 고용기회를 제공했고 인프라의 건설과 유지·보수에는 현지 자원을 사용하였다. 이렇게 LGED는 지역 정부와 지역 공동체의 역량개발에 있어서 그 역할을 점점 키워왔다. 농촌 인프라 프로젝트는 전국적으로 확산되었다. 오늘날 LGED는 방글라데시에서 가장 큰 공공 분야 조직이 되었고, 그 예산은 정부 전체 개발 예산의 14%에 달한다(후지타 2011).

LGED의 사업모델은 조직학습을 지원하는 것이다. 도로, 마을시장 그리고 공동관개와 같은 농촌 인프라는 개별적으로 볼 때는 상대적으로 소규모이기 때문에 1~2년 이내에 신속하게 구현할 수 있고, 실패를 하더라도 LGED에게 큰 위험은 되지 않았다. 이런 특성 때문에 LGED는 프로젝트를 단기간에 성공과 실패로 구별한 뒤 새로운 기술을 도입할 수 있었다. 이런 요소는 경험의 축적과 지식에 도움이 되었다. LGED에 대한 2008년 평가 보고서에서는 "이 조직은 다양한 수준에서 조직원들 간에 상호학습과정을 반영하여, 새로운 실험과 기술을 신속히 도입하였다."라고 밝히고 있다(윌버 스미스 협회Wilbur Smith Associates 2008). 이해관계자들간의 상호작용을 통한 상호학습은 지역에서 필요한 것에 대해 명확히 밝히고 이해하는데 있어 중요하다. 이것은 지역의 지식과 자원을 식별하고 지역의 수혜자와의 공조를 이끌어 내는 혁신적 해결책을 가능하게 한다. 이 사례는 상호학습과 신뢰가 수혜자와 이해당사자의 문제를 해결할, 지역적으로 적절하고 혁신적인 해결책을 발견하는데 중요하다는 것을 보여준다.

학습에 대해 학습하고 핵심 역량을 강화한 사례

사례3: 일본과 개발도상국의 농촌 생활개선seikatsu kaizen **프로그램을 통한 포용적이고 혁신적인 성장에 대한 학습**[14]

농촌 생활개선 프로그램은 2차 세계대전부터 20여 년간 일본에서 진행되었다. 사토Sato (2003)는 일본 전후 경제/사회적 개발과정은 농촌지역의 다양한 생활 개선을 통해 얻은 성과라는 관점에서 "사회적 개발"에 대한 계획이 없이는 불가능하였다고 강조한다. 그 당시 일본 농촌지역의 사회적 개발을 위한 키워드는 생활개선이었다. 일본은 신속하고 광범위하게 고속 성장의 과실을 배분할 수 있었는데, 이는 농촌 생활개선 운동으로 불리는 사회개발 프로그램이 고속성장 기간보다 20년 앞서 기반을 닦아 놓았기 때문에 가능하였다.

1945년 여름, 식량부족, 영양부족, 건강악화 그리고 열악한 위생환경 같이 오늘날 많은 개도국이 직면하는 문제에 일본도 직면하였다(사토 2003). 생활개선 운동은 이런 환경 속에서 시작되었다. 이 운동은 여성들이 자신의 생활 속에서 문제를 찾아내고, 이슈를 설정하고, 생활개선 계획을 수립하고, 정책을 적용하며 모니터링하는데 적극적으로 참여하도록 하는 운동이다(JICA 2003). 일본의 생활개선 확산 활동가들은 농촌 여성으로 하여금 자신들의 일상생활에서 존재하는 수많은 문제를 깨닫고, 그것을 문제로서 인식하도록 돕는 촉진자 역할을 하였다.

사실, 일본 농촌의 많은 문제들은 예를 들어 요리용 스토브 같은 일상 생활에 뿌리박고 있었다. 농촌 여성들은 바닥에 놓인 부엌 화로를 허리를 굽혀 사용해야 하였다. 여성들은 요리하는 동안 앞으로 허리를 구부려야 하는데, 육체적으로 힘든 자세였다. 그리고 집안에는 통풍장치도 없었기 때문에 연기는 눈에 문제를 일으켰다. 일상생활문제에 대한 전국적 해결책으로 허리 높이에 스토브를 설치하고 굴뚝을 만들기 시작하였다. 개선된 작업복과 고영양 식품 같은 혁신 또한 도입되었다. 그러나 이것은 농촌 여성들 스스로가 요리용 스토브, 불편한 작업복, 매일 먹는 음식의 문제에 대해 인식하게 되면서 개선 방안을 찾기 시작했기 때문에 가능하였다. 즉 확산 활동가들이 그냥 외부에서 개선된 요리용 스토브를 가져오지는 않았던 것이다(사토 2003).

농촌 생활 개선 운동이 성공할 수 있었던 가장 중요한 요인 중 하나는 생활 확산 운동가(일명, 가정 조언자home advisers)로 활동한 여성들의 헌신이었다. 여성 가정 조언자는 남성 농업 조언자(농업 확산 운동가)와 함께 확산 프로그램에서 활동하였다. 미즈노Mizuno(2003)에 따르면, 농촌 생활 개선의 목적은 농업가계의 생활 기술을 개선하여 생활을 개선하고, 생각하는 농부를 양성하는 것이었다. 이러한 목적의 배경에는 생산과 생활의 개선이 동등하게 중요하고, 생활문제에 대한 개선책과 농촌생활의 개선은 생산활동의 개선을 가져올 것이라는 인식이 있었다. 이러한 인식은 생산을 개선하는 것이 자동적으로 생활의 질을 개선할 것이라고 주장하는 생산 중심 접근법과 비교되는 점이다.

각 현에 생활 확산 운동가를 지원하기 위해서 특정 이슈별 전문가들이 투입되었다. 이를 통해 음식, 의류 그리고 주거에 생활 확산 운동가에게 조언을 하는 시스템이 구축되었다. 확산 프로그램은 농림수산부에서 설계하였지만 비용의 일부는 현(縣)정부가 부담하였다. 이러한 이유로, 중앙정부로부터 통합된 지시가 이루어지면서도, 지방 정부의 예산한도 내에서 각 현의 독특한 프로그램들이 수행되었다. 보건복지부와 교육부 같은 부처 역시 농촌생활개선운동을 지원하였다. 농촌생활확산 운동가의 교통수단으로 초록 자전거가 제공된 반면 공공보건 간호사는 흰색 자전거를 타고 다녔다. 전후 일본의 농촌생활개선 프로그램의 초기 성과를 대략 보면 1956년 3월말에는 5,461개의 가정 생활개선 실천그룹이 만들어졌다.

개선의 가장 일반적인 대상은 요리용 스토브였고 다음으로는 예비 식량의 준비와 작업복의 개선 등이었다. 1956년의 요리용 스토브 개선에 관한 전국조사 결과에 따르면, 220만 가구(농촌가구의 38%)가 요리용 스토브를 개선했고, 158만 가구(27%)는 농촌생활 개선운동 도입이후에 개선했으며, 147만 가구(25%)는 1년 이내에 요리용 스토브 개선을 계획하고 있었다(미즈노 2003).

이 운동은 아시아뿐만 아니라 남미와 아프리카의 개도국에 소개되었다

(APO 2003; Instituto de Desarrollo 2013; JICA 2013a). 카리브 연안 국가(코스타리카, 도미니카 공화국, 엘살바도르, 과테말라, 온두라스, 멕시코, 니카라구아 그리고 파나마)들도 비슷하게 이 방법을 도입하여 지역의 연결망을 구축하여 지식의 씨 뿌리기를 시작하였다. 도미니카 공화국은 보다 나은 지역 개발을 촉진하는 정부기관을 설립하였다(JICA 2013a and 2015).

사례4: 포용적 사업의 초기육성에 있어서 포용적이고 혁신적인 성장에 대한 학습: 일촌일품 운동

일촌일품운동은 (인구 123만명의) 오이타 현에서 1979년 시작되었다. 이 지역은 어려운 경제적 시기를 지나고 있었고, 많은 젊은이들이 떠나고 있었다. 이러한 상황에서, 일촌일품운동은 경제적 발전을 촉진하기 위해 적극적으로 활용되었다.

최초에 이 운동은 지역에서 생산한 특산품을 만들어 팔기 위한 것이었다. 일촌일품운동은 지역 활동이라는 아이디어에서 나왔는데, 이는 에너지, 창의성, 그리고 경제 회복을 위해 지역의 자원을 사용하려는 주민의 욕구에 근거를 두었다. 세계적으로 인정받기 위해, 지역 생산물의 품질은 국내외 시장 표준을 만족해야 하였다. 지역사회의 지속적인 노력 덕분에, 오이타의 새로운 상품이 대거 시장에 소개되었고 경제가 활성화되었다. (다른 지방에서 독립성을 약화시켰던) 지역에 대한 보조금 대신, 현 정부는 각 지역사회에 생산품질 개선을 위한 기술과 시장조사, 광고 등을 지원을 하였다. 판매량 증대, 신시장 개척 및 지원을 위해 오이타 일촌일품운동 협동조합을 만들었다. 이러한 활동은 포용적 사업[15]과 산업단지 cluster설립을 촉진하였고, 사업의 초기육성을 위한 모델로서 고려되었다.

일촌일품운동의 세 가지 원칙은 (1)현지자원에 근거하면서도 국제적으로 수용되는 상품과 서비스의 창조, (2)자조와 창조, 그리고 (3)인적자원의 개발이다. 쿠로카와, 템보와 빌렘Kurokawa, Tembo, and Willem te Velde (2010)은 "이 세 원칙에서 공통적인 것은 지역의 소유권을 강조한다는 점이다"라고 말한다. 더 나아가 "첫 원칙은 '세계적으로 생각하고 지역적으로 행동하라'라는 모토를 통해 가장 잘 표현되고 있다"라고 설명한다. 지역 주민들은 물질적 그리고 문화적 풍요 속에 사람들의 자부심을 체화하는 세계적으로 판매 가능한 상품과 서비스를 만들고 싶어 한다. 어떤 상품이나 개발의 이면에 있는 이야기는 소비자의 관심을 끄는데 도움이 된다. 이러한 향토적인 풍미는 지역 생산품의 가치를 제고하고, 지역 인력과 물적 자원을 사용하며 지속가능한 경제활동을 하는데 도움이 된다. 일촌일품운동에서 자립과 창조는 판매 가능한 상품과 서비스를 개발하는데 중요하다. 왜냐하면 지방의 지식과 본능은 지역에 숨겨진 보물을 발견하는데 도움을 줄 수 있기 때문이다. 모든 지역적인 것들은 잠재적으로 가치가 있다. 하지만 그 잠재력이 현실이 될 수 있느냐 여부는 지역 주민들의 활동과 노력에 달려 있다.

따라서 학습에 대해 학습하는 것은 일촌일품운동의 핵심 요소 중 하나이다. 하라구치Haraguchi (2008)는 이런 활동에서 "상호작용하는 학습 과정"은 일촌일품운동을 효과이고 지속가능한 농촌 개발 수단으로 만든다고 강조하고 있다. 그는 일촌일품운동 농부들이 자신의 상품을 시장에 내놓은 것은 그들의 생산활동에서 마지막 과정이 아니라고 주장한다. 소매판매자와 소비자와 함께 직접 상호작용하는 것을 포함하여, 지속적인 개선을 위해 상품의 품질, 가격, 생산량에 대한 피드백을 얻고 학습하는 과정은 앞에서 논의한 SHEP과 유사해보인다.

하라구치는 다음과 같이 말한다.

학습역량을 강화하기위해 어떤 일촌일품운동 농부는 자신의 생산물을 이용해 요리를 하는 자신의 협동가게와 식당을 차려서 고객과의 연결을 견고하게 한다. 이런 활동은 생산자로 하여금 소비자와 상호작용하도록 하고, 자신의 상품에 대한 직접적인 코멘트를 얻을 기회를 제공한다. 이것은 자신들의 생산물을 이용한 혁신적인 요리를 도입하여 부가가치를 늘리고 생산을 촉진하는데 도움이 된다. 농부들은 고객의 피드백을 수집하고 생산자 그룹 내에서 공유하고 공동학습하면서 생산과 판매를 지속적으로 개선하게 된다.

하라구치(2008)는 "본질적으로 원자재의 생산부터 처리, 판매 그리고 서비스까지 가치사슬을 따라 여러 단계에 참여함으로써, 일촌일품운동 생산자는 자신들의 학습기회를 극대화한다"라고 결론 내렸다. 게다가 이러한 포괄적 정보는 가치사슬의 다른 단계에서의 직접적 경험과 함께 새로운 아이디어를 생산하는데 도움을 준다. 자신의 활동에서 학습기회를 강화하고, 일촌일품운동 그룹의 구성원 간에 아이디어를 공유하므로써, 지속적으로 보다 나은 판매전략 달성이라는 목적을 향해 협업하게 되는 것이다.

태국정부는 국가적 경제 구조조정의 일환으로 농촌경제의 다양화와 활력제고를 위한 수단으로서 2001년 일 탬본 일 상품(One Tambon One Product; OTOP) 개발 정책을 시작하였다. OTOP는 일촌일품 운동과 같이 공동체 구성원의 참여와 지역 자원을 사용하여 농촌 경제의 발전을 촉진하는 것을 목적으로 한다. 일촌일품 운동이 상향식 방법인데 비해 OTOP가 하향식 방법이라는 차이가 있기는 하지만, 중요한 효과들이 있었다. 예를 들어 와타나시리Wattanasiri(2005)는 OTOP의 혜택은 경제적인 것에 국한되지 않았고 지역 공동체 리더쉽과 자부심이 결과적으로 성장하였다라고 말한다. 지역 상황에 대한 지식은 지역 수준에서만 얻을 수 있기 때문에, 지식의 확산을 촉진하는데 있어서 내무부the Ministry of the Interior의 지원을 받는 OTOP의 하부위원회의 역할은 아주 중요하였다 (쿠로카와, 템보, 빌렘 2010).

말라위는 일촌일품 운동을 2003년에 소개하였다. 사하라 이남 아프리카에서는 최초였다. 일촌일품 운동은 농촌 공동체의 경제적 활동을 지원하고, 지역의 원자재에 부가가치를 더하여 새천년 개발 목표(MDGs)를 달성하는데 도움을 주며 효율적인 수입 대체를 지원할 수 있을 것으로 기대되었다(쿠로카와, 템보, 빌렘 2010). 10년 뒤, 말라위의 일촌일품 운동 참가자는 (100개 그룹 이상) 28천명으로 증가하였다.[16]

일촌일품 운동은 그 활동에 있어서 공동체 구성원들이 지배적으로 참여할 뿐만 아니라, 여성의 참여가 크다는 점에서 포용적이다. 태국의 북동지역의 일촌일품 운동 멤버의 거의 90%가 여성이고 말라위와 일본에서는 많은 일촌일품 운동 그룹에서 다수의 여성 구성원을 볼 수 있다(쿠로카와 템보, 빌렘 2010). 일본과 여타국가의 경험에 근거해서, 일촌일품 운동은 많은 아시아, 아프리카 남미 국가에 도입되었다.

사례5: 일본, 미국, 싱가포르와 기타국가에서의 개선, JIT, TQM 그 이외 것 등을 통한 포용적이고 혁신적인 성장

일본에서의 경험[17]

대부분 일본 제조업체는 미국 통계학자이면서 컨설턴트인 윌리엄 에드워드 데밍William Edwards Deming박사가 1950년 생산과 품질에 대한 통계적 통제 과정에 대한 일련의 강의를 수백명의 일본 기술자와 경영자에게 한 이후에야 처음으로 품질과 생산 운동을 시행하였다. 1947년 데밍 박사가 일본에 오기 이전에는 도요타와 같은 단지 소수의 일본기업만이 미국 주도의 품질에 대한 통계적 통제의 중요성을 인식하고 있었다. 그는 1951년에 수행된 일본의 전국 센서스 계획을 지원해달라는 미군의 요청으로 방문하게 되었다. 이때 일본기업들은 미국에서 개발된 불량 제품을 제거하기위한 샘플링과 검사에 관한 통계적 품질관리(statistical quality control; SQC)를 처음 도입하였다. (일본어로 부도마리, 수율이라고 하는) 산출률을 개선하거나 불량 제품 비율을 줄이기 위한 조치들이 있었고, 이러한 목적을 위한 품질관리(quality control; QC)는 생산성도 함께 높였다.[18]

개선을 동반한 품질통제 서클: 전선Front Line에서 학습에 대한 학습 접근법

일본식 QC는 공장 실무수준에 적용되면서 점진적으로 통합되어갔다. 미국

이나 기타 국가에서 사용하는 하향식 방법대신, 일본에서는 상향식 접근법이 적용되었다. 많은 일본기업에 있는 QC전문가의 지도에 따라 QCC(quality control circle)로 알려진 팀이 동시에 조직되거나 만들어 졌다. 생산현장에서는 3~10명의 노동자들이 각 QCC에 참여하였다. 그들은 결함있는 제품의 원인과 제품이나 생산방법을 개선할 가능성을 찾아냈다. 이시카와Ishikawa (1990)[19]에 따르면, 전사적인 품질통제활동의 일환으로 수행된 QCC 활동의 기본적 철학은 (1)기업문화의 개발과 개선에 기여하고, (2) 인간성이 존중받고, 가치있는 인생을 만드는 활기찬 직장을 만들고 (3) 사람들의 무한한 잠재력을 이끌어 내고 능력을 개발하는 것이었다(이시카와 1990).

여기서 포용적 성장의 실제 의미에 관해 스티글리츠와 그린월드(2014)는 다음과 같이 강조하였다. 포용적 성장은, 국가 구성원 모두가 자신의 능력을 최대로 발휘할 수 없다면 국가의 가장 귀중한 자원인 인적 자원이 낭비되는 것이라는 견지에서 본질적으로 혁신적 성장이다(스티글리츠와 그린월드 2014).

일본 과학자와 공학자 연합에 등록된 QCC 숫자는 1970년대 중반에 5만개에서 2001년에 42만개로 늘었다. 같은 기간에 QCC 참가자의 수는 5만에서 320만 명으로 늘었다(DBJ and JERI 2003, 59). QCC와 함께 품질과 생산 개선을 위한 일본식 방법이 대거 개발되고 지속적으로 개선되었다. 가장 폭넓게 구현되었던 것 중 하나는 5S로 알려진 것인데, 정리, 정돈, 정조, 청결, 예의를 의미한다. 이 단어들은 각각 구조, 시스템화, 위생화, 표준화 그리고 자율을 상징한다.[20] 오늘날 5S는 품질, 생산 그 이외의 것에 대한 지속적 개선에 관한 일본식 접근법인 "카이젠"에 대한 효과적이고 부드러운 진입점으로 여겨지고 있다. 카이젠은 일본식 개념인데, 문자 그대로 보면 개선 또는 지속적 개선으로 번역될 수 있다. 카이젠을 엄격히 정의하기는 힘든데, 품질과 생산성 영역에서 점진적 운동과 활동에 상응하며, 각 공장 수준의 맥락에서 아주 유연하게 적용될 수 있기 때문이다. 5S와 같은 여러 방법은 일반적으로 QCC와 같은 팀 단위로 실행된다.

TQM: 조직 학습에 대한 효과적 접근법

일본식 QC는 공장 수준에서 회사 전체까지 규모를 점점 키워갔다. QC는 디자인, 마케팅, A/S, 기계와 재료 구매 등 다른 부서에도 도입되었다. 동시에 모든 근로자, 경영진과 기술자, 감독관, 사무직 그리고 현장 라인의 생산직 근로자까지 QC에 참가하였다. 일본에서 발전한 이 상향식이고 총제적인 접근법은 일본식 전사적 품질관리companywide quality control(CWQC) 또는 TQC(Total Quality Control)로 불린다.

TQM(Total quality management)은 CWQC 또는 TQC에 근거한 경영시스템과 전략의 일종이고, 1980년대에 많이 홍보되었다. DBJ와 일본경제연구소가 편집한 TQM과 QCC 핸드북에 따르면, TQM은 다수의 경영 관행, 철학 그리고 조직이 사업을 하거나 물건을 만들고 종업원과 고객 등과 상호작용하는 방법을 개선하는 수단이다. 카이젠(일본어로 지속적인 개선)은 이러한 철학의 하나이다. 이 핸드북에 따르면, 유럽뿐만 아니라 캐나다, 남미 그리고 미국에서 일본기업이 성공한 것은 TQM 덕분이다. TMQ은 이제 아시아 전역에서 펼쳐지고 있는 개념이기도 하다.

TQC/TQM과 학습기업 창조의 효과

일본의 TQC/TQM의 중요한 영향 중 하나는 1970년대 석유파동 후 자동차 산업의 발전 과정에서 볼 수 있다. 이 기간 동안 TQC는 에너지 절약활동과 자원 유지 수단으로 확장되었다. TQC는 다양한 산업에 영향을 주었고, 일본 산업발전을 위한 가치 있는 질적 프레임워크로서 확고하게 기반을 세웠다.

토요타 생산 시스템(TPS)은 가장 체계적이고 발전된 일본의 TQC 또는 TQM 시스템으로 볼 수 있다. 토요타 방식(The Toyota Way)[21]의 저자인 리커 Liker (2004)가 "토요타는 린 생산 - 토요타 생산 시스템(TPS)로도 불리는 - 을 창조하여, 지난 10년 동안 거의 모든 산업에서 도요타의 제조와 공급 사슬 철학 그리고 방법론으로의 세계적 변환을 촉발시켰다."고 말한다. 그는 또한, "TPS는 린 또는 린 생산으로 알려졌는데, 이는 유명한 두 권의 베스트셀러인 '세계를 변화시킨 기계: 린 생산 이야기(The Machine That Changed the World: The Story of Lean Production)'(워맥, 존스, 루스Womack, Jones, and Roos 1990)와 '린 사고(Lean Thinking)(워맥과 존스 1996)'에서 따온 용어였다"라고 말한다. 이 저자들은 린 생산에 대한 자신들의 연구는 TPS와 토요타에 의한 TPS의 발전에 기반한 것이라고 명확히 밝히고 있다(워맥, 존스, 루스 1990, 리커 2004).

1990년대에 MIT의 국제 자동차 프로그램과 앞서 말한 연구에 기반한 베스트셀러 작업을 통해 세계 제조업계는 린 생산을 발견하는데, 이는 토요타가 공급 사슬 내의 스피드에 집중함으로써 10년 전에 개발한 것이었다. 도요타는 이를 통해 프로세스의 각 단계에서 낭비를 제거하여 리드타임을 단축하며, 안전과 사기를 개선하면서 최고의 품질과 저비용을 달성하였다(리커 2004). 각 단계의 낭비를 제거하여 리드타임을 줄인다는 아이디어는 JIT(Just-in-Time)와 관련되어 있다. 간단히 말해서 JIT는 정확한 수량과 아이템을 정확한 시간에 전달해주는 것을 말한다. JIT의 강점은 매일 변하는 고객 수요에 대응할 수 있도록 해준다는 점이다. 이것이 바로 토요타가 필요로 했던 것이었다(리커 2004).

리커(2004)는 TPS에서 학습의 중요성을 강조하였다: "나는 토요타가 지속적인 개선과 특정 수준에 종업원 참여를 확대시켜 인류사에서 천재적인 학습 기업의 소수 사례를 창조하였으며, 이는 작지 않은 성취라고 믿는다"(리커 2004). 그는 "토요타 방식의 정점은 조직학습이다"라고 말한다. 문제의 근본적 원인을 식별하고 발생을 예방하는 것은 토요타의 지속적인 학습 시스템의 핵심이다(리커 2004). 학습 기업의 개념은 스티글리츠와 그린월드(2014)가 연구했던 학습회사에 대한 탐험적 연구와 유사하다. 이것은 학습하는 거시환경과 함께 중요한 학습 구조를 형성한다. 학습 기업의 중요성에 대해 그들은, 조직 내부에서 수많은 학습이 이루어지고 기업 안에서는 수많은 지식이 존재하기 때문이라고 말한다. 이는 노나카, 토야마 그리고 히라타Nonaka, Toyama, and Hirata (2008)의 관점과 관련되어있다. 그들은 "기업이 현실을 어떻게 인식하고 해석하는지, 어떻게 조직 내외부의 참여자와 상호작용하고, 다양한 주관적 해석을 기업의 보편적 지식 자산으로 객관적이며 타당하게 집합적 지식으로 합성하는지를 설명할 수 있는 지식기반기업의 이론이 필요하다"라고 말하였다.

미국에서의 경험

DBJ와 JERI(2003)는 미국에서의 TQM 초기과정을 다음과 같이 요약하였다.[22] 2차 세계대전 동안, 미 육군과 해군은 적극적으로 품질관리를 도입하여 군사적 하드웨어 생산을 극대화하였다. 미국표준국(ANSI)은 군사표준을 만들고 이 아이디어를 뿌리내리기 위한 세미나를 열었다. 반면 1970년에 와서 미국 산업은 세계시장에서 경쟁력을 잃어가고 있었다.

1980년에 NBC방송은 "일본이 할 수 있는데 우린 왜 못하는가"라는 유행어를 만들었다. 방송은 일본의 성공은 데밍Deming과 그의 원칙에 대한 일본식 추가항목을 교육시킨 덕분이라고 결론 내렸다(안쉬츠Anschutz 1995). 이 방송 전에 데밍은 널리 알려진 인물은 아니었지만, 이 방송 덕에 데밍의 아이디어가 보다 수용성이 높은 미국 시청자에게 전달·호소되는 기회가 마련되었다. 방송직후 미국 레이건 행정부는 일본 따라잡기 운동을 시작하였다. TQM은 포드 자동차 회사에 도입되었고 많은 기업이 따라나섰다. 나중에 레이건 대통령은 1987년에 말콤발드리지 국가 품질 대상Malcolm Baldrige National Quality Award을 만들었는데, 2000년까지 일본이 성취했던 품질수준을 넘어서기 위한 회복운동을 신속하게 추진하려는 데 목적이 있었다.

1986년 후반에, MIT는 "산업생산성 위원회"라는 2차 세계대전 이후 주요 국가 이슈에 대한 첫 위원회를 소집하였다. 연구의 목적은 미국 산업 생산성 저하 문제를 해결하는 것이었는데 생산성 저하 문제는 국가경제를 위협할 정도로 아주 심각하다는 것을 인식하게 되었다(데르투조스, 레스터, 솔로우Dertouzos, Lester, and Solow 1989). 16명의 위원들은 모두 MIT 교수들이었다. 궁극적인 목적은 생산성 향상을 지속할 수 있는 강력한 추천안을 만드는 것이었다(데르투조스, 레스터, 솔로우 1989). 위원회의 보고서 "미국 제품: 생산성 신기술의 회복(Made in America: Regaining the Productive Edge)"에서는 미국기업이 해외경쟁자에게 뒤진 분야는 생산물과 생산과정의 품질 및 신뢰성을 지속적으로 개선하는 잠재력 개발(능력)이라는 것을 발견하였다(데르투조스, 레스터, 솔로우 1989). 보고서는 "기존의 생산물과 생산과정을 수정하고 지속적으로 개선시키는 것이 누적되면 그 효과는 아주 클 수 있고 기술혁신을 위한 노력을 넘어설 수도 있다"고 하였다. 또한 "장기적으로 기술진보는 점전적인 개선과 혁신적 변화 양자 모두가 필요하고, 양자의 균형점을 찾는 것이 지속적인 도전과제이다"라고 하였다. 브랜스콤(Lewis Branscomb 1987)은 일본기업이 이 두 접근법을 결합하는데 효율적이었다고 하였다.23

반면 워맥, 존스 그리고 루스(1990)는 위에서 언급한 MIT의 IMVP(International Motor Vehicle Program)에 참가하게 된 동기를 다음과 같이 말하였다.

결론적으로, 북미와 유럽의 자동차 산업은 포드의 대량생산시스템을 약간 개량한 기술에 의존하였고, 이 기술은 일본기업이 개척한 일련의 새로운 아이디어와는 경쟁이 되지 못하였다. 심지어 우리는 그 방법론에 대한 이름도 붙이지 못한 상태였다. 서구 기업들은 일본 경쟁기업으로부터 배울 수도 없었던 것으로 보인다. 대신에 무역장벽과 같이 경쟁의 방해물을 만드는데 집중했고 이로 인해 중요한 이슈를 다루는 것이 지체되었다. 북미와 유럽이 일본의 위험으로부터 자신을 숨겨버리고, 그 과정에서 이 신기술이 가져다 줄 보상과 번영의 기회를 차버리는 것은 아닐까 걱정스러웠다. 이 과정을 막기 위해 취할 수 있는 수단은 새로운 일본의 기술을 자세히 연구하는 것이라고 느꼈다. 결국 서구의 낡은 대량생산기술에 비교되는 "린 생산"이라는 이름을 붙였다.

그러나 DBJ와 JERI (2003, 47)에 따르면 TQM은 미국에 처음 퍼졌을 때에는 잘 조직화되지 못하였다.

주란J. M. Juran박사에 따르면, 점차 상위 경영자가 이러저러한 기술을 단순히 가져오는 식으로 "단편적 대응pecking away"을 해서는 달성될 수 없다는 것이 명확해 졌다. 대신 품질 노하우(또는 품질에 대한 규정) 전체를 전사적으로, 모든 기능과 잘 조정된 방법으로 모든 부서의 모든 업무수준에 적용해야한다는 것을 배웠다. 처음에는 TQM에 대한 표준적 정의도 합의하지 못하였다. 결국 TQM 개념은 회사들 사이에서나 문헌에서 조차도 불명확하였다. 국가 표준 기술원이 사용한 기준이 발표되고 나서야 이러한 혼란이 줄어들기 시작했고, 이 기준은 미국 말콤 볼드리지 국가 품질 대상(볼드리지 대상)의 평가기준으로 사용되었다. 1990년대 초까지, 이렇게 볼드리지 대상의 평가기준으로서 TQM이 폭넓게 노출되면서 이 정의는 가장 광범위하게 수용된 정의가 되었다.

이러한 관점에서 스티글리츠와 그린월드(2014)는 중요한 관찰을 하게 된다. 그들은 1970년대에서 1980년대 초반 사이, 그리고 1980년대 후반부터 1990년대 사이에 미국 제조업의 성과를 분석한 결과를 논의하였다.

이 두 기간 사이에 미국 제조업 생산성은 0.9%에서 2.9%로 2.0%p 상승하였다. 이것은 우연히도 미국의 실질이자율 상승기(보통 기술에 대한 과소투자를 불러오는)와 일치했고, 이 기간 동안 재정은 적자였고, 연구개발 지출은 감소했으며 미국 교육의 성과에서 감지할 만한 개선(표준 테스트 기준으로 볼 때)도 이루어 지지 않았다. 생산성 향상은 신기술 때문도 아니었다. 그러한 기술은 G7 경제에 공통적으로 접근 가능했기 때문이다. 문제의 기간 동안 미국의 연간 제조업 생산성 증가율은 G7 국가 대비 1.9% 높았다. 그러니까 생산성 개선은 미국에 특정한 것이지 일반적 현상은 아니었다. 미국 제조업에서 변한 것은 벤치마크, 전사적 품질관리 그리고 리엔지니어링 같은 절차의 엄정한 구현을 통해 생산경영을 개선코자 강력한 집중력을 쏟았다는 점이다. 우리식 표현으로 말하자면, 학습에 대한 강화된 집중이라고 할 수 있다. 미국은 학습하는 방법에 대해 학습한 것이다.[24]

이 경험으로 학습과정은 미국에서도 마찬가지로 TQM 같은 접근법과 밀접하게 관련되어 있음을 확인할 수 있다. 이는 일본에서의 경험과 더불어, 우수한 질적 성장에 대한 동인이라고 할 수 있는 학습 기업과 학습 사회로 가는 효율적 방안에 대한 시사점을 제공한다.[25]

싱가포르에서의 경험[26]

싱가포르는 품질과 생산성 운동을 체계적으로 도입한 최초의 동남아 국가였다. 전 총리 리콴유Lee Kuan Yew에 따르면, 강한 국제 경제력을 갖춘 지식 집중적 산업구조로의 이행은 싱가포르가 가진 유일한 자원인 260만 명의 인적자원 개발을 통해서만 가능하다(JPC 1990).[27] 리 총리의 관심은 싱가포르의 노동력을 조직화하고 동기를 부여해서 산업을 현대화하고 역량을 잘 활용 하는데 있었다. 1981년 4월 생산성 위원회가 기업, 노동자 조직, 정부 관료, 학계의 대표로 설립되었다.

위원회는 일본과, 다른 자연자원이 없는 국가의 생산성 운동 경험을 검토하였다. 그리고 싱가포르 생산성 개발 촉진을 위한 주요조직으로 지정된 국가생산성위원회(National Productivity Board; NPB) 의장에게 보고서를 제출하였다. 1983년 6월 싱가포르 생산성개발프로젝트(SPDP)가 일본정부의 지원으로 시작되었다.

약 15,000명의 기술자, 경영자 그리고 교수들이 프로젝트에 참여하였다. 싱가포르 출신의 200명의 기술자, 경영자 그리고 교수들이 일본에서 개최된 훈련과정에 참여했고, 200명 이상의 일본 전문가들이 싱가포르로 파견되었다. 그리고 100권 이상의 교재와 다른 훈련자료들이 이 프로젝트를 위해 준비되었다. SPDP 기간과 그 이후에, 제조업 분야의 노동 생산성은 연평균 5.7% 증가하였다. 1990년에 SPDP가 종료되었을 때, 싱가포르의 90%의 노동자가 생산성 개발 활동에 참여하게 되었다. 1986년에 그 수치는 54%에 불과하였다. 2001년, 전체 노동력의 13%가 QCC에 참여하였는데, 1983년 SPDP가 시작할 당시에는 0.4%에 불과하였다.

NPB의 활동은 상당한 모멘텀을 얻었는데, 기업과 노동자 사이에 생산성의 중요성에 대한 인식이 확산되는 인식단계(1982 - 1985)에서 시작하여 작업장에서 생산성 향상을 위해 구체적인 프로그램으로 인식을 전환시키는 실행단계(1986 - 1988)를 거쳐 마지막으로 생산성 운동을 촉진하는 팔로우업follow-up 단계(1988 -

현재)까지 진행되었다. NPB는 싱가포르 표준 및 산업연구원과 1966에 합병하여 생산성 및 표준 위원회Productivity and Standards Board(PSB)가 된 뒤, 생산성의 연성 기술soft skill과 기술적 측면을 생산성 운동에 함께 도입하게 되었다. PSB는 나중에 기능이 강화되고 재편되어 2002년에 표준, 생산성 및 혁신 위원회(SPRING)로 전환되었다. NPB, PSB 그리고 현재의 SPRING은 싱가포르의 산업개발과 경제전환에서 있어서 다양한 범용 기술General-Purpose Technologies, GPTs을 확산시키는데 중요한 역할을 수행하였다. 이를 통해 싱가포르의 근로자와 기업 사이에서 학습을 위한 학습과정을 촉진하였다. 따라서 카이젠 프로젝트는 싱가포르의 성장의 기초를 닦았으며, 국가 산업 구조를 업그레이드하는데 기여하였다(JICA 2014, 4).

다른 개발도상국에서의 경험

JICA의 카이젠, 품질 그리고 생산성에 대한 본격적인 지원은 1983년, 위에서 언급한 싱가포르에서의 프로젝트를 시작했던 때로 거슬러 간다. 거의 30년에 걸쳐 카이젠을 소개하는 다양한 종류의 협력 활동이, 약 50개국에서 JICA에 의해서 수행되었다. 카이젠과 관련된 활동은 JICA뿐만 아니라 아시아 생산성 기구(APO), 일본 생산성 센터, 해외 인적 자원 및 산업 개발협회의 노력을 통해 아시아에서 폭넓게 발전하였다. 아프리카에서도 몇몇 카이젠과 관련된 운동이 시행되었다(시마다Shimada 2015). 가르시아알카라즈, 말도나도마르시아스 그리고 코르테스로블스Garcia-Alcaraz, Maldonado-Marcias, and Cortes-Robles (2014)에 따르면, 남미에서는 요즘 상급 경영자가 생산지역을 매일 둘러보고, 개선 기회를 찾아내고, 그 결과를 팔로업follow up하고 지속적으로 개선하고 지원하는 것이 아주 보편화되었다. 특히 린 방식은 미국으로 수출하는 공산품을 제조하는 멕시코 공장에서 자주 사용되고 있다(가르시아알카라즈, 말도나도마르시아스 그리고 코르테스로블스 2014).

이런 경험을 통해 카이젠과 관련된 운동이 다양한 문화적, 사회경제적 환경에서도 실천될 수 있음을 확인할 수 있다. 특별히 일본인의 특성에만 맞는 것은 아니라는 것이다(우에다 2009, 호소노 2009b, 시마다 2015).

사례에서 얻는 교훈

위에서 살펴본 다섯 가지 사례에서, 그 다양성에도 불구하고, 학습을 위한 학습 관점에서 공통된 몇 가지 특징을 찾을 수 있다: (1) 학습과정에 진입하기 쉬운 입구가 존재한다. (2) 비용과 위험은 크지 않다. (3) 행동을 통한 학습과 혁신적 해결책을 함께 창조하기 위한 상호학습에 초점을 둔다. (4) 학습은 생활의 개선, 포용적 사업, 품질과 생산성 개선, 혁신의 증진 같은 목적에 본질적 기여를 한다. 이 각각을 아래에서 보다 상세히 검토하겠다.

학습과정을 시작하기 위한 용이한 진입점

SHEP의 사례에서는 연구소에서, 특정 수준의 기술적 노하우가 이미 달성되어 있었다. 즉 "사전적으로 존재하는" 지식기반이 이미 존재하고 있었다. 문제는 농부의 관점에서 현존하는 기술을 어떻게 검증하는가 그리고 어떻게 실제 활용하지 하는 방법에 있었을 뿐이다. 이러한 이해를 바탕으로, SHEP은 즉시 학습하는 순간에 바로 사용 가능한 기술의 도입에 집중하였다. 프로젝트는 새로운 기술이 지역에 존재하는 재료 및 기술과 호환가능한지를 확인하였다. LGED의 경우, 농촌 인프라의 특징, 예를 들어 규모가 작다든지 위험이 낮다는 것 등이 LGED로 하여금 짧은 시간 안에 프로젝트의 성공과 실패를 구별해 낼 수 있게 해주었고 새로운 기술을 도입하고, 학습에 기여하고 더 나아가 지식기반을 발전시킬 수 있도록 해주었다. 생활개선 접근법의 경우, 일본과 다른 아시아 국가에서 가장 전형적인 개선 목적은 간단한 용수 공급 시스템을 건설하거나, 농번기 동안 공동조리, 아동보호 제도를 만들거나, 요리 스토브와 화장실을 개선하거나, 보존된 음식을 준비하거나, 노동복을 개선하는 것이었다. 일촌일품 운동에서 지역주민들과 그룹은 유망한 지역 산물을 스스로 발견하고 지역 시장에 판매를 시작하도록 "격려받았다." 카이젠 운동에서, 첫 번째 활동은 보통 5S전략이었는데, 이는 어느 노동자나 할 수 있는 것이었다.

저비용 저위험

두 가지 비용을 고려해야하는데, 하나는 지식과 기술을 습득하기 위한 비용이고 두 번째는 활동을 구현하는 비용(운영비용)과 신규투자와 같은 여타 비용(시작 비용)이다. 모든 다섯 가지 사례에서 지식과 기술은 무료 공공재였다. 활동을 구현하기 위한 비용은 0이거나 거의 들지 않았다. 다섯 가지 사례 중 가장 비용이 낮은 활동은 생활개선이었는데, 이것은 거의 위험도 없었다. SHEP에서는 농부들 자신이 수행한 시장연구를 통해 위험을 낮출 수 있었다. 농부들은 무료로 공급된 기술을 적용할 수 있었다. 일촌일품 활동은 실질적으로 투자를 거의 들이지 않고 시작할 수 있었다. 비용은 낮은 편이었는데, 합리적 수준의 지역 재화와 서비스의 비용만이 필요했었다. 카이젠과 관련 운동은 보통 큰 투자를 필요로 하지 않았다. 5S와 다른 활동은 조직이나 워크플로우 등등을 수정하기만 하면 가능했기 때문이다. 그럼에도 불구하고 품질과 배송, 생산성 등에서 그 효과는 아주 컸다.

행동으로 학습하기, 상호 학습, 공동창조, 인지기술의 강화와 학습에 대한 학습 능력

스티글리츠와 그린월드(2014)는 "우리는 행동함으로써 배운다"라고 말하였다. 모든 다섯 사례에서, 개인과 조직은 다른 이로부터 배움이나 상호학습을 통해 학습하고, 함께 창조적 해법을 만들어 해결해야 할 이슈를 해결하였다. SHEP의 경우, 농부들은 자신들이 직접 수행한 시장조사를 근거로 결정을 내렸고, 이것은 농부들의 인지 능력과 동기를 강화시켰다. 농부들은 학습을 학습할 수 있었다. LGED의 경우, 참여자들 사이의 상호작용을 통한 상호학습은 지역의 필요성을 식별하고 명확히 이해하는데 중요한 역할을 하였다. 동시에 이를 통해 지역에 대한 지식과 자원을 식별하고 창조적 해결책을 지역의 수혜자와의 파트너쉽을 통해 개발할 수 있었다. 이 사례는 상호학습과 신뢰가 수혜자와 참여자의 필요를 충족시키기 위한, 지역적으로 적절한 혁신적 해결책을 발견하는데 얼마나 중요한지를 보여준다.

생활개선운동의 경우, 농촌 여성 자신들이 용기를 얻어 적극적으로 자신의 생활 조건에서의 문제점을 식별하고 생활개선계획을 만들어 낼 수 있었다. 이 운동은 생활의 개선뿐만 아니라 학습과정 특히 학습에 대한 학습의 능력을 제고하는데 기여하였다. 일촌일품 운동의 경우, 참여자와 집단은 원재료의 생산과 가공, 마케팅과 서비스를 포함한 가치사슬을 따라 다양한 단계에 참여함으로써 학습기회를 극대화할 수 있다. 이러한 행동을 통한 학습과 상호학습에 근거한 포괄적 지식은 새로운 아이디어와 혁신적 제품을 만드는데 도움을 주었다. 자신들의 활동에서 학습기회를 강화하고 일촌일품 그룹의 구성원 사이에 아이디어를 공유하면서, 그들은 지속적으로 보다 나은 마케팅 전략을 만들어 내었다.

카이젠과 관련 운동의 경우, 현업front-line에서 근무하는 사람들이 카이젠 활동을 통해 상호학습의 혜택을 얻고 학습을 위한 학습능력을 강화하기 위한 효율적 접근 방법으로 QCC를 고려할 수 있었다. TQM은 조직학습에 대한 효율적 접근법으로 고려될 수 있었다. 이러한 접근법들은 모든 사람이 능력껏 생활하고 포괄적이며 혁신적인 성장을 가능하도록 보장한다.

혁신적 해결책, 포괄적 사업, 품질, 생산성 그 이외의 것들에 대한 학습의 영향

학습은 연구된 다섯 가지 사례에 다양한 방법으로 혁신적 해결책의 공동창조에 기여하였다. 포용적 사업을 통한 새로운 사업의 시작, 지속적인 품질 개선과 생산성 향상을 통한 산업의 발전 등을 들 수가 있다. 생활개선운동과 LGED는 상호학습을 통해 농촌의 농부들이 직면하는 문제에 대한 혁신적 해결책을 만든 사례이다. SHEP과 일촌일품 운동 사례에서 보았듯이 학습은 포용적인 사업을 시작하는데 필수적이고, 혁신적이고 포용적인 성장을 이루는데도 필수적이다.

학습은 또한 생산성뿐만 아니라 품질과 혁신에도 기여한다. 세계은행(2015)에서 언급되었듯이, 생산성 향상은 생활수준을 끌어올리는데 중요하다. 그리고 생산성 증가는 생산요소를 늘리거나–인적 자본, 물리적 자본과 기술 등–또는 요소를 보다 잘 활용함으로써 가능하다. 학습은 두 방향 모두에서 생산성의 향상에 기여한다. 먼저 학습은 새롭고 혁신적인 방법으로 부존자원의 효율적 활용을 가능하게 한다. 다음으로, 학습–본질적으로 학습에 대한 학습–은 가장 중요한 부존자원인 학습능력의 향상을 통해 비교우위의 변화에 기여함으로써 산업의 변환을 가능하게 한다. 표 10.2은 학습의 렌즈를 통해 전통적 기술 변환 접근방법과 위에서 언급한 방법을 비교한 것이다.

혁신적이고 포용적이며 지속가능한 성장에 대한 학습

녹색경제는 지속가능한 개발과 빈곤 퇴치를 위한 방안이 될 수 있다. 유엔 환경 프로그램(UNEP 2011)이 개최한 Rio+20 회의를 위해 준비한 녹색 경제 보고서에서 강조된 바와 같이, 유네프(2010)는 녹색경제를 인간의 복지와 사회적 평등을 개선하는 동시에 환경적 위험과 생태적 위협을 유의하게 감소시키는 경제라고 정의한다. 따라서 포용적 녹색 경제의 실현은 혁신적 해결책이 필요하다.

지속가능성과 환경적 측면은 개발의 모든 과정에서 충분히 고려되어야 하기는 하지만, 자연자원이 변환을 위한 필수적 부존자원인 경우에는 이러한 측면에 관한 관심이 특별히 더 필요하다(OECD 2008).

[표 10.2] 학습역량 강화를 위한 상이한 접근법의 비교

	전통적 기술 이전	역량개발 접근법	생활개선운동 (개인)	일촌일품 운동 (집단과 개인)	카이젠, QCC, JIT, TQM 등(조직)
학습	학습없이 기술적 격차를 채움	특정 과제를 해결하는 상호학습과 혁신적 해결책에 대한 공동창조	생활개선 달성을 위한 상호학습과 혁신적 해결책에 대한 공동창조	포용적 사업의 보육과 촉진을 위한 상호학습과 혁신적 해결책에 대한 공동창조	품질개선, 생산성, 점진적 혁신을 위한 상호학습과 혁신적 해결책에 대한 공동창조
학습에 대한 학습	학습에 대한 학습기대불가	항상 학습에 대한 학습에 집중하지는 못함	학습에 대한 학습에 집중	학습에 대한 학습에 집중	학습에 대한 학습에 집중
지역적 조건	미고려	완전히 고려	완전히 고려	완전히 고려	완전히 고려
포용적이고 용이한 응용	미고려	완전히 고려	완전히 고려	완전히 고려	완전히 고려
비용과 위험	상대적으로 높음	상대적으로 낮음	아주 낮음	낮음	낮음
구현 조직	-	JICA를 포함한 기부자	JICA(아시아, 남미)	JICA와 JETRP (아시아, 아프리카, 남미)	주로 JICA, APO, JPC, HIDA(아시아, 아프리카, 남미)

사례6: 포용적 녹색 경제에 대해: 케냐의 농림업

케냐 국토의 약 83%는 건조 또는 반건조 지역(ASALs)이고 지구 온난화와 기후변화에 취약하다. 이 결과 이 지역의 빈곤율은 아주 높은 상황이다. 따라서 케냐가 직면한 가장 심각한 도전은 ASALs의 사막화를 해결하는 것이다. 즉 지역의 빈곤을 해결하면서 생태와 환경을 유지하는 것이다. 포용적 녹색경제의 도입과 강화가 이 광대한 지역의 생존에 필수적이라는 뜻이다.

케냐는 전체 에너지 소비의 70% 이상 그리고, 약 90%의 가정 에너지 소비를 장작과 숯에 의존하고 있다. 장작과 숯의 수요증가와 더불어 인구 증가, 과잉방목 그리고 무질서한 개간 등이 결합하여 밀림지역이 황폐화 되었다. 이것은 장작과 숯 공급에 큰 어려움을 줄 뿐만 아니라 토지의 생산력 감소와 자연 환경의 파괴로 이어졌다(JICA 2003b). 게다가 기후변화의 영향으로 많은 ASALs의 환경은 더욱 악화되었다.

이 문제를 해결하기 위한 몇 가지 혁신적 해결책이 개발되었고 많은 곳에 도입되었다. 그 중 가장 중요한 것은 "지역민에게 삼림 자원의 소유와 경영권을 부여하여 경제발전과 삼림자원의 보전을 동시에 달성하는 삼림업 구현"으로 정의되는 사회적 삼림업이다(JICA 2003b). 이것은 지속가능한 개발과 빈곤 감축으로 가는 길이라는 포용적 녹색 경제와 아주 비슷한 개념이다. 사회적 삼림업을 촉진하기 위해 개발되고 배포된 효율적 수단은 "농장형 삼림"이다.

20년 이상의 기간 동안 3번의 연속적인 케냐-일본 프로젝트의 도입을 통해 케냐 반건조지역의 사회적 삼림업은 강화되고 가시적인 결과를 낳았다. 이 프로젝트들에서 케냐 삼림연구원Kenya Forestry Research Institute은 프로젝트 구현을 위한 업무를 대행했는데, 건조 및 반건조 지역에서의 기본적인 수목 보육과 식목 기술 등을 개발하였다. 이와 함께 핵심 농업인의 역량은 케냐-일본 기술 협력 프로젝트를 통해 강화되었다. 이 확산을 위해, 농업분야에서 기존에 존재하던 확산 방법인 "농업 현장 학교 접근법Farmers Field School; FFS"을 혁신적으로 수정하여 임업 분야에 적용하였다. FFS를 통해, 묘목생산, 과수(망고, 그레빌라 등) 식목, 가금류

기르기, 야채 경작, 퇴비의 활용 그리고 마구간 짓기 등의 다양한 기술이 확산되었다(JICA 2013c). 이 모든 수단을 통해, JICA뿐 아니라 케냐 삼림 서비스, 케냐 삼림업 연구원, 농업인 지원자와 농부들은 점진적으로 위에서 언급한 도전적 과제에 대한 적절한 해결책을 개발하였다. 그들에게는 일련의 기술적이고 제도적인 혁신이 기초가 되어주었다. 그들은 시너지를 창출하여 사회적 삼림업을 완전히 활용할 수 있게 되었다.

FFS는 주인의식을 키우고, 공동체를 강화하였고, 농부들의 역량과 삼림업에 대한 지식을 강화하였다(JICA 2009, 15). FFS를 통해 개별 농부와 농부 집단 그리고 주변의 농부들은 지속적으로 묘목 생산과 식목을 하고 있다. 그들은 망고, 묘목, 목재 그리고 장작 같은 사회적 삼림업 생산물을 판매하기 시작하였다. 이러한 활동을 통해 농부들은 자신의 생활을 개선할 방법에 대해 점점 더 자각하게 되었다. FFS를 졸업한 농부들이 이웃과 주변지역 농부들에게 농경과 사회적 삼림업에 대해 조언을 주고 있어, 사회적 삼림업과 관련한 폭 넓은 활동의 확장이 기대되고 있다(JICA 2009, 15-16). 가장 중요한 성과는 나무의 성장이 녹색경제를 향한 전반적인 사회적 삼림업 프로젝트의 목표달성과 함께 농부들의 생활 향상에 기여하고 있다는 점이다.

자연 자본이 변환의 중요한 역할을 담당하는 경우에는, 포용성, 지속가능성, 탄력성, 혁신성 같은 성장의 질에 있어서 중요한 속성 사이에 존재하는 시너지와 상충에 대해 이해하는 것이 가장 어렵다. 이러한 사례의 분석을 통해 지속성 및 포용성과 함께 질적 성장을 효율적으로 달성하는 방안을 지적해 낼 수 있다. 앞서 칠레의 연어와 브라질의 세라도 농업에서 관련된 관점에 대해 논의한 바가 있다(호소노 2015).

사례로부터 배우는 교훈

이전 절에서 논의한 학습의 몇몇 측면은 위 사례에서도 관찰할 수 있다. 용이한 진입점은 FFS 접근법에서 볼 수 있고, 농부들은 공공재로서 농림업에 대한 지식에 무료로 접근할 수 있었다. 상호학습과 혁신적 해결책에 대한 공동창조가 또한 중요하였다. 설명한 바와 같이, 케냐 삼림 서비스, 케냐 삼림 연구원, 농업인 지원, 농부와 JICA는 지역적 도전을 해결할 적절한 해결책을 점진적으로 개발하였다. 생산활동이 점진적으로 도입되었기 때문에 비용과 위험은 낮았다. 전체 과정에서 학습은 혁신적이고 포용적인 사업 발전을 통해-UNEP에 의해 포용적이고 지속가능한 성장으로 정의된-녹색 성장을 시작하고 결합하는데 중요한 역할을 하였다.

강화된 탄력(성)을 갖춘 포용적이고 혁신적 성장을 위한 학습

개발도상국의 탄력성을 강화하고 재해에 대한 위험관리에 대한 포괄적인 접근법을 형성하기 위해 다음 세 가지 측면이 중요하다. 첫째, "재건설을 향하여: 재앙을 넘어선 희망Towards Reconstruction: Hope Beyond the Disaster, Reconstruction Design Council in Response to the Great East Japan Earthquake (2011)"에서 논의된 바와 같이 위험의 예방과 위험의 감소 모두가 중요하다. 둘째, 기후변화의 영향 및 도시화 등등과 같은 시간에 걸친 위험의 변화를 고려하는 것이 필요하다. 셋째, 특히 개발도상국의 경우 정부, 공동체, 주민의 가용성affordability이 충분히 고려되어야 한다.

일반적으로 위험관리의 표준적 틀에서 중요한 것은 위험의 회피 또는 예방, 축소, 이전(보험) 등이다. 재해 위험관리의 역량 강화에 더하여 위험 회피의 관점에서 공공작업, 내진 건물 규정 그리고 토지 사용 규제에 대해 품질 기준을 확보하는 것이 중요하다. 위험 감소를 위해 재해 전(前) 투자와 내진 건축이 중요하다. 재해 위험관리의 이런 측면에서 탄력성을 강화하기 위해, 사례7에서 확인했듯이 포용적이고 혁신적인 접근법이 중요하다.

사례에서 얻는 교훈

이전 절에서 논의된 학습의 결정요소는 통합된 재해 위험관리 사례에서도 관찰할 수 있다.

사례7: 탄력성 강화를 위한 재해 위험관리의 통합적 접근법에 대하여: 중앙 아메리카의 보사이, 타이신, 겐사이 그리고 그것을 넘어서까지[28]

중앙 아메리카 국가는 자연 재해에 가장 취약한 것으로 알려져 있다. 중앙 아메리카 통합시스템(SICA) 소속 국가의 대통령들은 2010년에 10월 30일에 통합 재해 위험 관리의 중앙 아메리카 정책Central America Policy of Integrated Disaster Risk Management; PCGIR을 도입하였다. 이는 재해위험을 줄이고 예방하기위한 지역적 협약을 갱신하자는 요구에 따라 이루어졌다. 이를 통해 중앙아메리카의 안보와 발전에 관한 통합된 비전에 기여하고자 하는 것이 이 정책의 목적이다. PCGIR은 지역의 자치와 탄력성을 강화하여 재해에 대한 대응과 위험 축소를 위한 지역적 역량 개발의 중요성을 부각시키고 있다. 이 지역의 보사이Bosai (재해 예방) 프로젝트는 일본의 협력을 받아 PCGIR을 구현하기 위한 중요한 원칙pillar을 제정하였다.

효고 행동 기준Hyogo Framework of Action; HFA이라는 지역 발전 보고서는 지역 재해 위험관리와 관련한 HFA 우선순위를 정하는 두 가지 지표를 만들었다: "하부/지역적 조기경보 시스템의 존재"와 "하부/지역적 지식과 정보 공유 메카니즘의 가용성." 보사이의 중요한 성과 중에는 이러한 지역적 지표의 달성을 향한 진전에 기여하였다는 점이다. 위험 문해력의 관점에서, 보사이는 주민이 자신의 공동체의 위험을 완전히 이해하고 공동체, 지자체, 국가기관 사이에서 부드럽게 의사소통을 유지할 수 있도록 자신의 행동을 취하는데 집중한다. 동시에 지역사회가 반복적인 논의와 현장조사를 통해 위험 지도작성risk mapping을 구현하도록 지원한다.

보사이 맥락에서 역량 개발은 지역사회가 위험 지도risk map와 재해 관리 계획을 준비하고 스스로 개선토록 하는 것을 목표로 한다. 지속적인 개선 즉 카이젠의 관점에서 이것은 공동체가 지속적으로 변화하는 위험에 대응하는 역량을 개발하도록 돕는다. 공동체 수준에서 그리고 동시에 지방 정부 수준에서의 역량개발을 통해 지진, 홍수, 산사태를 포함한 다양한 재해에 효과적으로 대응하고 위험 지도, 조기경보시스템, 재해 예방계획, 대피계획 그리고 긴급 대응 계획 같은 구체적인 행동을 취할 수 있는 역량을 강화하였다.

보사이 프로젝트에서, 목표 공동체에서 재해 취약성을 낮추고 재해 위험 관리 역량을 강화하는 저비용의 해결책을 혁신적으로 공동 개발한 몇몇 사례가 있었다. 파나마, 코스타리카, 온두라스 그리고 엘살바도르의 몇몇 공동체는 자발적인 노동에 대한 참여와 약속을 늘리면서, 폐타이어를 이용한 제방 구축, 옹벽 같은 소규모의 위험완화 작업을 수행하였다. 또 다른 우수 사례는, 강우 장치 또는 측우기를 설치한 경우이다. 구체적으로는 공동체가 조작하는 홍수 경보기, 자동 경보 시스템이 달린 하천수위 감시기 등이 있다. 역량 개발 과정을 통해 참여자 사이에 효과적인 상호학습과 창조적 해결책의 공동창조가 이루어 질 수 있었다.

목표 공동체의 경험에 근거하여 국가 수준의 과정이 각 국가에서 진행되었다. 홍수의 조기경보를 위해 측우기를 설치하는 것은 엘살바도르의 목표 공동체를 넘어서 확대되었다. 150개 이상의 공동체에 경고 사이렌을 설치하는 계획이 온두라스의 테구시갈파Tegucigalpa에서 구현되었다. 실행결과가 목표 공동체를 넘어 광범위하게 확산되었다는 점에서 프로그 카라반Frog Caravan은 보사이 프로젝트의 성공적 활동 중 하나이다.29 프로그 카라반은 다른 기부자에 의해 수행되었고 과테말라에서는 학교 교육과정에 포함시키려고 현재 계획 중이다. 프로그 카라반을 전국적으로 확산하려는 계획은 과테말라와 파나마에서 구현되었다.

보사이 프로젝트의 효과는 다음 몇 가지 자연 재해 사건에서 드러났다. 허리케인 아이다가 2009년 11월에 엘살바도를 강타했을 때, 홍수와 산사태가 발생하였고 300명 이상이 사망하거나 실종되었다. 그러나 해안 마을인 라스 호자스Las Hojas에서는 사망자가 없었는데, 사후 조사에 따르면 최소한 부분적으로는 재해 조기경보 시스템이 JICA에 의해 설치되었다는 사실 덕택이었다. 재해 위험관리에 대한 더 포괄적인 접근이 엘살바도르에 도입되었다. 겐사이Gensai 프로젝트는 보사이와 타이신Taishin과 더불어 거주자의 생명을 보호하기 위해 탄력적으로 인프라를 강화하려는 목적에서 시작되었다. 이 프로젝트들은 겐사이와 시너지 효과를 내고, 나아가 자연 재해 위험을 해결하는 더 통합되고 효과적인 역량을 형성할 것으로 보인다.

2001년에 엘살바도를 강타한 두 차례 대규모 지진에 대한 연구에 따르면, 파괴된 주택의 60%는 소득이 최소임금의 두 배보다 작은 빈곤한 계층의 주택이었다. 개발도상국에게는 기술적으로 그리고 재정적으로 가능한 방안을 고려하는 것이 중요하다. 취약 계층의 저소득 문제와 더불어 정부의 재정적 제약과 다른 제약 사항들을 충분히 고려해야 한다.

엘살바도르의 저비용 내진 주택(타이신Taishin) 프로젝트는 이 이슈를 해결하는 수단이다. JICA는 1985년 멕시코 중부의 대지진 이후 멕시코 국립 재해 예방 센터National Center for Disaster Prevention; CENAPRED와 함께 협력 프로젝트를 시작하였다. CENAPRED가 개발한 혁신적 방법은 2003년부터 2012년까지 일본의 협력으로 타이신 프로젝트에서 지속적으로 사용되었다. 이제는 엘살바도르에서 내진주택을 확대하는 것을 목표로 하고있다.

개선된 벽돌, 흙 시멘트, 블록 패널 그리고 콘크리트 블록으로 만들어진 주택은 엘살바도르 대학과 중앙 아메리카 호세 시에온 카나스Jose Simeon Canas 대학의 대규모 구조 연구실에서 각각 적절한 구조인지 테스트를 하였다. 타이신 프로젝트는 내진 주택에 대한 공식적인 기술 표준을 제정하고 주택 정책과 건설 허가를 담당하는 정부의 도시와 주택 개발 부서를 설립하는 것도 포함한다. 결국, 타이신 프로젝트에서의 혁신과 경험은 중앙 아메리카에서도 공유되었다.

마지막으로 도시 빈곤 지역에서의 재해 위험을 해결하기 위해서는 추가적인 노력이 필요하다. 세계인구의 절반이 현재 도시에 살고 있다. 도시화는 개도국에서 가속되고 있다. 도시의 확장, 슬럼화, 인프라 공급의 부족 등이 도시화 과정의 공통적 현상으로 나타나고 있다. 게다가 많은 개도국의 사례에서 도시 슬럼화는 고위험 지역으로 확산되어 왔다. 따라서 국제 기구와 원조자들은 도시 빈민의 재해 예방에 집중할 필요가 있다.

토지 재조정land readjustment을 포함한 도시 재개발 프로그램은 도시 빈민과 슬럼 문제를 해결하는 효과적 방법을 제공하면서 동시에 재해예방을 촉진할 수 있다. 도시가 합법적이든 그렇지 않든 간에 분리된 이후, 재산 패턴property pattern을 재구성하기가 아주 어려워졌다. 적절하게 공공의 목적을 위한 토지와 편의시

> 설을 확보하는 것이 어렵고 비싸졌다. 토지 재조정은 민관협동 모형에 근거한 것인데, 토지 사용 패턴이 부적절하거나 위험한 곳에서 지역정부와 거주자인 토지소유자가 도시 개발비용을 부담하고 혜택을 공유하게 된다. 보통 모든 전환 구획은 원래 구획보다 작아지는데, 공공 공간을 크게 늘려야하기 때문이다. 하지만 구획의 가치는 추가적인 편의시설에 대한 접근성이 좋아지고 안정성과 재해 예방 등이 개선됨에 따라 더 높아진다.30 JICA는 토지 재조정 운동을 통해 브라질, 태국 그리고 10여개의 개발도상국을 지원해 왔다. 보다 나은 도시 토지 활용을 위해 재해 위험을 줄이고 탄력성을 제고하는 가장 중요한 수단 중 하나로 고위험 지역을 고려해야 한다.

용이한 진입점은 보사이 프로젝트에서도 찾아볼 수 있다. 첫째, 거주자로 하여금 자기 공동체의 위험을 이해하고 스스로 행동을 취하는 것에 중점을 둠으로서 위험 문해력이 강화되었다. 연속적인 개선 또는 지속적으로 변화하는 위험에 대응코자하는 보사이의 맥락과 연계하여 카이젠 관점에서, 공동체 스스로가 위험 지도와 재해 관리 계획을 준비하고, 개선하도록 역량개발을 집중한다. 공동체와 지방정부 수준에서 다양한 재해에 효과적으로 대응하고 구체적인 행동을 취할 수 있도록 역량개발을 진행한다. 공동체와 구성원에 의한 학습은 보사이 프로젝트에서도 효과적으로 이루어지고 있다. 공동체 수준에서 보사이는 그 과정이 포용적이고, 보사이 활동에 모든 구성원이 기여하고 혜택을 받을 때만이 효과적이다.

행동을 통한 학습, 상호 학습 그리고 혁신적 해결책의 공동창조는 보사이와 관련 활동의 특징이기도 하다. 논의된 바와 같이, 공동체 수준에서 조직화, 위험 지도, 대피 경로, 조기경보 시스템 그리고 위기대응계획의 발전은 중요한 성과이다. 더 높은 수준의 자발적 노동에 대한 약속과 포용도 관찰되었다. 이 과정을 통해 참여자 사이에 상호학습과 혁신적 해결책에 대한 공동창조가 달성되었음을 명확히 인식할 수 있다.

타이신 프로젝트에서, 첨단 연구실 실험을 통해 만들어진 저비용 내진주택 기술은 공공재로서 무료로 제공되었다. 이 기술은 엘살바도르의 NGO같이 다른 참여자의 참여를 통한, 저소득층을 위한 새로운 유형의 포용적 사업의 가능성을 열었다. 기술은 다른 중앙 아메리카 국가와 공유되었다. 타이신과 겐사이 프로젝트 모두에서 조직적 학습과 기관설립이 이루어 졌다. 학습에 대한 학습을 포함한 학습은 혁신적이고 포용적인 발전에 효과적으로 기여하였다. CEPREDENAC (Center of Coordination for the Prevention of Natural Disasters in Central America)에 속한 중앙 아메리카 국가와 엘살바도르의 탄력성을 강화하였다.

결 론

사례연구를 통해 어떻게 학습과 지식 및 역량의 축적이 포용적이고 혁신적인 성장에 중요한 역할을 하는지 살펴보았다. 특정 역량과 핵심역량에 관련된 것들을 포함해서 성장의 바람직한 속성을 달성하기 위해 학습에 관한 몇몇 접근법을 위에서 식별해 보았다. 식별된 접근법은 학습을 촉진하는 동시에 학습에 대한 학습을 용이하게 하는 활동을 촉진한다.

이 접근법에서 몇몇 공통점을 찾을 수 있다. (1) 용이한 진입점은 학습과정을 시작하기 위해 이용 가능하다. (2) 위험은 크지 않다. (3) 핵심은 행동을 통한 학습과 혁신적 해결책을 공동 창조하는 상호 학습이다. (4) 학습은 추구되는 특정 목적에 본질적으로 기여한다: 생활개선, 포용적 사업, 품질과 생산성 향상, 점진적 혁신과 그 이상의 것 등등. 학습과 학습을 위한 학습은 녹색경제에 필수적이다. 녹색경제는 인간의 복지와 사회적 형평성을 개선한다. 또한 환경적 위험과 생태학적 위협을 줄여준다. 탄력적으로 재해 위험에 대응하기 위해 혁신적이고 포용적인 접근법이 필수적이다. 재해 위험관리는 모든 주민뿐만 아니라 공동학습을 통해 지역적으로 특정한 혁신적 해결책을 찾아야 하는 다른 참여자의 참여가 있어야만 가능하기 때문이다.

사례연구는 학습과정을 용이하게 하고 촉진하기 위해서는, 학습 역량, 부존자원 그리고 변환을 달성하는 전략에 근거한 공공정책이 필수적임을 보여준다. 변화하는 부존자원과 지속적인 변환을 항상 염두에 두면서, 고도의 질적 성장을 성취할 수 있도록 전략을 짜야 한다.

주 석

1. 질적 성장에 대한 논의와 문헌연구에 관해서는 하다드, 카토, 메이셀Haddad, Kato, and Meisel(2015)와 호소노(2015a)를 찾아보라.
2. "APEC 지도자들의 성장전략"은 2010년 11월 14일에 합의 되었다. APEC 성장전략이라고도 불린다. APEC은 전 세계 실질 GDP의 55%를 차지하고, 세계 교역의 44% 그리고 세계 인구의 40%을 차지하고 있다. APEC 성장전략에는 APEC의 고위 공직자들이 2015년에 APEC성장전략을 촉진하기위해 APEC의 발전에 대한 검토보고서를 제출해야한다고 명시되어있다(APEC 2010, 12).
3. 5개 요소는 생산 요소의 재할당; 분산, 업그레드 그리고 생산과 수출 바스켓의 심화; 새로운 생산 방법 및 과정과 다른 입력요소의 활용; 도시화; 그리고 사회적 변화 등이다(ADB 2013, 3-5).
4. 부존자원은 국가의 경쟁우위를 결정짓는다. 부존자원과 정적 및 동적 비교우위의 관계에 관한 심도있는 논의는 스티글리츠와 그린월드(2014, 24-25)를 보라.
5. 저자는 산업이란 용도를 넓게 사용하여서 제조업 분야뿐만 아니라 농경사업, 현대적 농업, 양식업, 교통, 물류, 관광 그리고 다른 어떤 국가에서 새로운 재화와 용역을 생산하고, 학습의 축적(지식과 역량) 뿐만 아니라 중요한 인적(그리고 사회적), 금융적 그리고 자연적(그리고 환경적) 자원과 인프라를 요구하는 활동을 지칭하고 있다.
6. 경력개발에 대한 문헌연구는 호소노(2011)를 보라.
7. 이러한 관점은 일본의 개발협력 접근법에 반영되었다. 일본의 새로운 개발 협력 헌장은 개발과 협력에 있어서, 대화와 협업을 통해 현장 지향적 접근법에 근거한 관련국가의 소유권, 의도 그리고 본질적 특성을 존중하면서, 대상국가에 적합한 것을 협력하여 창조하려는 정신을 견지해왔다. 양 당사자가 서로에게서 학습하고 성장하고 함께 발전함으로써 개도국과 함께 호혜적 관계를 건설하는 접근법을 유지해왔다. 이것들은 일본의 협력에 있어서 좋은 전통인데, 개도국의 자조를 지원하고 자립적인 미래 발전을 지향하고 있다(Government of Japan, Cabinet Office 2015, 4-5).
8. 포용적 성장에 대한 정의와 최근 논의에 대해서는 코즈카Kozuka(2014)를 보라.
9. 포용적 성장과 변환에 관한 깊은 논의는 호소노(2015b)를 보라.
10. 이 사례는 아이카와(2013)를 많이 인용하였다.
11. SHEP 종료직전 2009년 10월에 수행된 마지막 모니터링 조사에 따르면, 114개 조직의 그룹당 평균 원예관련 순수입은 기초연구 기간동안 67% 증가하였다; 반면 농부당 순소득은 같은 기간 106% 증가하였다. 남자와 여자 모두 소득이 늘기는 했지만 양자 사이의 격차는 기초조사 시점의 31%에서 최종 모니터링 조사에서는 15%로 떨어졌다. 이 조사는 122개 모델 농업인 그룹 중 114개에 속하는 소규모 개인 농업인 2,177명을 대상으로 하였는데, 기초조사와 유사한 방법으로 획득된 데이터이다(아이카와 2013, 151).

12. 이 사례는 호소노 등(2011, 188--94)과 후지타(2011)를 많이 인용하였다.
13. Wilbur Smith Associates (2008); Government of Japan, MOFA (2006)
14. 이 부분은 호소노(2009a)를 인용하였다.
15. UNDP(2010, 3)는 포용적 사업을 '가난한 사람들을 가치사슬로 끌어들여 생산자, 고용인, 소비자가 되도록 하는 모델'로 정의하였다.
16. 말라위의 일촌일품 운동에서 나온 가장 유명한 아이템 중 하나는 모링가moringa 가루였다. 고영양의 모링가 나무의 잎에서 만들어지는 이 가루는 요거트 단백질의 2배, 오렌지 비타민 C의 7배, 우유 칼슘의 7배에 달하는 영양소를 가지고 있다. 이 가루를 끓여서 약처럼 몸에 바르거나, 차처럼 마시거나 식품에 첨가해서 사용할 수 있다. 다른 말라위의 생산물은 이 나라의 남부지역의 망고 꽃 즙에서 나오는 100% 천연 마팡가mapanga 꿀이 있다. 다른 주목할 만한 예는 바오밥 나무에서 나오는 일련의 제품들이 있다. 말라위에서 바오밥 나무에서 추출한 기름은 요리재료로 많이 사용되고 있다. 비타민이 풍부한 이 기름은 일본에서 화장품의 보습제로 많이 사용되고 있다. 이 나무의 과일에서 나오는 달고 시큼한 잼도 유명하다.
17. 이 부분은 DBJ와 JERI, 그리고 호소노(2009b, 23-29)을 참조하였다. 또한 1995~2000년에 "품질과 브라질 생산성 프로젝트 연구소에서의 기술적 협력"을 위한 자문위원회 의장과 같은 카이젠, 품질 그리고 생산성 개선 분야에서의 일본 협력 프로젝트에서 저자가 경험한 바에 근거하고 있다.
18. 품질과 생산성의 긴밀한 관계는 일본에서 널리 인식되었고, 품질과 생산성이란 두 단어(품질관리와 개선된 생산성)는 자주 서로 참조되어 왔다. 반면 품질의 개념을 명확히 정의하는 것은 산업 규범과 기준을 설정할 필요가 있다. 이것은 품질 규범과 기준을 만족하지 못하면 제품은 결함이 있는 것으로 여겨지기 때문이다. 일본 공업 표준규격(JIS)과 일본 농업 표준(JAS)은 각각 1949년과 1950년에 법으로 만들어졌다. JIS는 품질관리의 일부로 QC를 정의한다. 반면 국제적으로 국제 표준화 기구에서 제정된 ISO9000은 품질관리 시스템과 관련된 국제 기준으로 잘 알려져 있다.
19. (최근 토쿄 시립 대학으로 이름을 바꾼) 무사시 기술원 전 학장인 카오루 이시카와Kaoru Ishikawa 박사는 중요한 이론적 실무적 공헌으로 인해, QCC의 아버지이자 일본 품질관리 운동의 창시자로 인식되고 있다. 1954년에 출간된 품질관리에 관한 그의 책은 이 분야에서 일본에서 가장 많이 읽히는 책이다. 제3판은 영어로 번역되어 1990년에 출판되었다. 많은 일본 기업에서 품질활동을 촉진했던 유명한 기술자와 경영자가 다수 있다. 가장 유명한 사람 중 한 명은 토요타 자동차의 전 부사장, 다이이치 오노Taiichi Ohno이다. 그는 토요타생산시스템을 통합한 사람 중 하나이다. 품질 활동에 중요하게 기여한 다른 유명한 일본 기술자는 토요타와 파타소닉의 컨설턴트인 시게오 신고Shigeo Shingo박사이다. 그의 업적을 기려 유타 대학교는 신고 상을 만들었다. 워싱턴 DC의 일본 생산성 센터에서 근무한적이 있는 마사아키 이마오Masaaki Imai는 1986년에 카이젠 컨설팅 그룹 연구원을 설립했고 같은해에 "카이젠:

일본의 경쟁력있는 성공의 열쇠"라는 책을 썼다.
20. 이 다섯 가지 슬로건이 다양한 방법으로 번역되었지만, 대략적으로 불필요한 것의 제거, 쉽게 눈에 보이도록 도구와 부속을 정리, 작업장을 청결하게 유지, 개인 위생 유지 그리고 규율에 맞는 행동하기로 말할 수 있다.
21. 리커(2004, xi-xii; italics in original)에 따르면

"토요타 방법은 두 개의 기둥: 지속적인 개선과 사람에 대한 존중을 통해 간단히 요약할 수 있다. 카이젠으로 불리는 지속적인 개선은 토요타의 사업방법에 대한 기본적 접근법을 정의한다. 모든 것에 도전하라. 개인이 기여하는 실제 개선보다 더 중요하게, 지속적인 개선의 진정한 가치는 지속적인 학습의 분위기와 변화를 수용하는 것 뿐만 아니라 포용하는 환경을 창조하는 것에 있다. 이러한 환경은 사람에 대한 존중이 있는 곳에서만 생길 수 있다. 따라서 사람에 대한 존중이 토요타 방법의 두번째 기둥이다. 도요타는 고용안정을 제공하고 자신의 업무를 개선하는데 적극적으로 참여함으로써 팀 구성원의 역할을 찾게 함으로써 존중을 구현한다."

22. 이것과 다음 문장은 DBJ와 JERI(2003)에서 인용하였다.
23. 이와 관련하여 이마이Imai(1986)는 카이젠과 혁신을 비교한다. 데르투조스, 레스터 그리고 솔로우(1989)에 따르면 이 용어는 각각 "점진적 혁신"과 "돌파breakthrough"에 해당한다. 반면 이마이에 따르면 카이젠은 소규모 투자를 요구하는 예술적 수준의 관행 및 전통적 노하우에 근거한 작은 단계로 진행되면서 모든 사람이 참여하는 장기간의 오래 지속되는 효과를 말하고, 혁신은 단기간에 동적 효과를 내며, 큰 스텝으로 진행되며, 대규모 투자를 필요로 하는 기술적 돌파, 새로운 발명 그리고 새로운 이론에 근거한 몇몇 선택된 "챔피언"의 참여로 이루어진다(이마이 1986, 25).
24. 스티글리츠와 그린월드(2014, 528)는 재미있게도 어떤 학습은 품질 서클과 JIT에 대해서 외국 기업에서 학습하는 것을 포함한다고 하였다.
25. 요르겐슨, 노무라, 사무엘스Jorgenson, Nomura, and Samuels(2015, 21-26)의 최근 일본과 미국 산업의 생산성 격차에 대한 연구에 따르면 총 요소 생산성 갭은 1955년 제조업과 비제조업에서 크게 나타났다. 미국(미국을 100으로 두었을 때)에 대한 제조업의 상대 생산력 차이는 1980년에 사라졌고 1991년에 103.8로 최고에 달했으며 그 이후 축소되어 최근에는 거의 격차가 없어졌다. 1995~1991년 사이 비제조업의 격차도 축소되어 8.9% 수준이되었다. 그러나 일본의 자동차, 주요 금속 그리고 기타 전자제품 분야는 미국 기업에 비해 TFP(Total Factor Productivity, 총요소생산성) 수준이 훨씬 높았다. 기계, 컴퓨터, 전자제품 분야에서, 미국의 TFP 수준은 일본보다 더 높았다. 비제조업 분야에서 미국의 TFP는 일반적으로 높았고, 특히 농업, 임업 그리고 수산업에서 높았다. 그러나 의료, 통신에서는 일본의 TFP가 높았다.

26. 이 부분은 호소노(2015c, 89-94)와 JICA (2014)에서 인용하였다.
27. 1981년 6월, 일본 생산성 센터 명예의장인 고헤이 고시Kohei Goshi를 방문했을 때 총리가 한 말이다.
28. 이 사례 연구는 호소노(2012)를 인용하였다.
29. 프로그 카라반(Frog Caravan, Caravana de Rana, 개구리 대상)은 일본 비영리 조직(NPO) 인 플러스 아트에서 개발된 자연 재해 예방법을 교육하기 위한 혁신적 시스템이다. 일본에서 개구리는 좋은 느낌을 주는 친근한 상징으로 여겨진다. 프로그 카라반은 학교를 돌아다니는데, 지역 공무원, 교사 그리고 학생들이 참여하고 있다. 그들은 게임을 통해 아이들에게 불을 끄는 방법이나 지진으로 인해 파편에 갇힌 사람을 구하는 방법을 배운다.
30. 토지 재조정 프로젝트와 일본 협력의 사례에 관해서는 데 수자De Souza(2009; 2012)를 보라.

참고 문헌

ADB (Asian Development Bank). 2009. *Strategy 2020: Working for an Asia and Pacific Free of Poverty*. Manila: ADB.

———. 2013. *Key Indicators for Asia and the Pacific 2013: Asia's Economic Transformation: Where to, How, and How Fast?* Manila: ADB.

Aikawa, Jiro. 2013. "Initiatives of SHEP and SHEP UP: Capacity Development of Small-Scale Farmers for Increased Responsiveness to Market Needs." In *For Inclusive and Dynamic Development in Sub-Saharan Africa*, 143-9. Tokyo: JICA Research Institute.

Anschutz, Eric E. 1995. *TQM America: How America's Most Successful Companies Profit from Total Quality Management*. Sarasota, Fla.: McGuinn & McGuire.

APEC (Asia Pacific Economic Cooperation). 2010. "The APEC Leaders' Growth Strategy." Yokohama, Japan, 14 November. http://www.apec.org/Meeting-Papers/Leaders-Declarations/2010/2010_ael m/growth-strategy.aspx.

———. 2014. "Beijing Agenda for an Integrated, Innovative and Interconnected Asia-Pacific." Beijing, November 11. http://www.apec.org/Meeting-Papers/Leaders-Declarations/ 2014/2014_aelm.aspx.

APO (Asian Productivity Organization). 2003. *Rural Life Improvement in Asia*. http://www.apo-tokyo.org/00e-books/AG-07_RuraLife.htm.

Branscomb, Lewis. 1987. "Towards a National Policy on Research and Development." Conference sponsored by the Council on Research and Technology (CORE-TECH) and the Conference Board, MIT, October 8. (Cited by Dertouzos et al. 1989.)

Cimoli, Mario, Giovanni Dosi, and Joseph E. Stiglitz, eds. 2009. *Industrial Policy and*

Development: The Political Economy of Capabilities Accumulation. Toronto: Oxford University Press.

Clarke, Peter, and Katy Oswald. 2010. "Introduction: Why Reflect Collectively on Capacities for Change?" *IDS Bulletin* 41(3):1-2.

DBJ (Development Bank of Japan) and JERI (Japan Economic Research Institute). 2003. *Handbook for TQM and QCC*. Washington, D.C.: Inter-American Development Bank (IDB).

Dertouzos, Michael, Richard Lester, and Robert Solow. 1989. *Made in America: Regaining the Productive Edge*. Cambridge, Mass.: MIT Press.

De Souza, Felipe Francisco. 2009. *Metodos de Planejamento Urbano: Projetos de Land Readjustment e Redesenvolvimento Urbano*. Sao Paulo: Paulo's Editora.

———. 2012. "Land Readjustment Pilot Projects in Sao Paulo: A Comparative Analysis Between the Periphery and the Urban Center Proposals." Paper presented at the Annual World Bank Conference on Land and Poverty. April 23-6. Washington, D.C.

ECDPM (European Center for Development Policy Management). 2008. "Capacity, Change, and Performance: Study Report." Discussion Paper 59B. April. Maastricht, Holland: ECDPM.

Fujita, Yasuo. 2011. "What Makes the Bangladesh Local Government Engineering Department (LGED) So Effective? Complementarity between LGED Capacity and Donor Capacity Development Support." Working Paper 27. Tokyo: JICA Research Institute.

Garcia-Alcaraz, Aide, Aracely Maldonado-Marcias, and Guillermo Cortes-Robles. 2014. *Lean Manufacturing in the Developing World: Methodology, Case Studies and Trends from Latin America*. New York: Springer.

Government of Japan, Cabinet Office. 2012. *Annual Report on the Japanese Economy and Public Finance 2012*. Tokyo: Cabinet Office.

———. 2015. *Cabinet Decision on the Development Cooperation Charter*. Tokyo: Cabinet Office.

Government of Japan, MOFA (Ministry of Foreign Affairs). 2006. "Government of Bangladesh Programme-Level Evaluation: Japanese Assistance to LGED-Related Sectors." Tokyo: Ministry of Foreign Affairs.

Haddad, Lawrence, Hiroshi Kato, and Nicolas Meisel, eds. 2015. *Growth Is Dead, Long Live Growth: The Quality of Economic Growth and Why It Matters*. Tokyo: JICA Research Institute.

Haraguchi, Nobuya. 2008. "The One Village One Product (OVOP) Movement: What It Is, How It Has Been Replicated, and Recommendations for a UNIDO OVOP Type Project." UNIDO Research and Statistics Branch Working Paper 03/2008. Vienna: UNIDO.

Hosono, Akio. 2009a. "A Memo on Rural Life Improvement Movement." Tokyo: GRIPS Development Forum.

──. 2009b. "*Kaizen:* Quality, Productivity and Beyond," GRIPS Development Forum. *Introducing KAIZEN in Africa.* 23-7. Tokyo: GRIPS.

──. 2012. "Climate Change, Disaster Risk Management, and South-South/Triangular Cooperation." In *Scaling Up South-outh and Triangular Cooperation,* ed. Hiroshi Kato 15-1. Tokyo: JICA-RI.

──. 2013. "Scaling Up South-outh Cooperation through Triangular Cooperation: The Japanese Experience." In *Getting to Scale: How to Bring Development Solutions to Millions of Poor People,* ed. Laurence Chandy, Akio Hosono, Homi Kharas, and Johannes Linn, 236-1. Washington, D.C.: Brookings Institution.

──. 2015a. "Industrial Transformation and Quality of Growth." In *Growth Is Dead, Long Live Growth: The Quality of Economic Growth and Why It Matters,* ed. Lawrence Haddad, Hiroshi Kato, and Nicolas Meisel, 267-00. Tokyo: JICA Research Institute.

──. 2015b. "Catalyzing Transformation for Inclusive Growth." In *Japan and the Developing World: Sixty Years of Japan's Foreign Aid and the Post-2015 Agenda,* ed. Hiroshi Kato, John Page, and Yasutami Shimomura, 167-7. New York: Palgrave Macmillan.

──. 2015c. "Industrial Strategy and Economic Transformation: Lessons from Five Outstanding Cases." In *Industrial Policy and Economic Transformation in Africa,* ed. Akbar Noman and Joseph Stiglitz, 53-01. New York: Columbia University Press.

Hosono, Akio, Shunichiro Honda, Mine Sato, and Mai Ono. 2011. "Inside the Black Box of Capacity Development." In *Catalyzing Development: A New Vision for Aid,* ed. Homi Kharas, Koji Makino, and Woojin Jung, 179-01. Washington, D.C.: Brookings Institution.

Imai, Masaaki. 1986. *Kaizen: The Key to Japan's Competitive Success.* New York: McGraw-Hill.

Instituto de Desarrollo. 2013. *El Mejoramiento de Vida en Paraguay.* Asuncion and Tokyo: Ministerio de Agricultura y Ganaderia and JICA.

Ishikawa, Kaoru. 1954. *Hinshitsu Kanri Nyumon [Introduction to Quality Control Control]* (in Japanese). Tokyo: JUSE Press.

──. 1990. *Introduction to Quality Control.* Tokyo: 3A Corporation.

JICA (Japan International Cooperation Agency). 2003a. *Study on the Livelihood Improvement Programme in Rural Japan and the Prospects for Japan's Rural Development Cooperation.* Tokyo: JICA.

──. 2003b. "Terminal Evaluation on the Social Forestry Extension Model Development Project for Semiarid Areas." Tokyo: JICA.

———. 2006. "Capacity Development: What Is CD? How JICA Understands CD, and How-to Concepts for Improving JICA Projects." Tokyo: JICA.

———. 2008. "Capacity Assessment Handbook: Managing Programs and Projects toward Capacity Development." Tokyo: JICA.

———. 2009. "Summary of Terminal Evaluation on Intensified Social Forestry Project." Tokyo: JICA.

———. 2013a. "Central America and the Caribbean: 'Life Improvement Approach' Helps Farmers Increase Self-Reliance" *JICA News,* April 19. Tokyo: JICA.

———. 2013b. *Focus on African Development.* Press release at Tokyo International Conference on African Development (TICAD).

———. 2013c. "Internal Ex-Post Evaluation for Technical Cooperation Project: Intensified Social Forestry Project in Semi-arid Areas of Kenia." Tokyo: JICA.

———. 2014. "The *Kaizen* Project: Laying the Groundwork for Singapore's Growth." *JICA's World,* January 2014. Tokyo: JICA.

———. 2015. "Chiiki no Shorai wo Kaeru Chiisana Doryoku" ["Small Efforts Which Could Change the Future of the Region"]. *Mundi,* May. Tokyo: JICA.

Jorgenson, Dale W., Koji Nomura, and Jon D. Samuels. 2015. "A Half Century of Trans-Pacific Competition: Price Level Indices and Productivity Gap for Japanese and U.S. Industries, 1955?012." RIETI Discussion Paper Series 15-E-054. Tokyo: The Research Institute of Economy, Trade and Industry (RIETI).

JPC (Japan Productivity Center). 1990. *Singapore Productivity Improvement Project.* Tokyo: JPC.

Kozuka, Eiji. 2014. "Inclusive Development: Definition and Principles for the Post-2015 Development Agenda." In *Perspectives on the Post-2015 Development Agenda,* ed. Hiroshi Kato, 109-2. Tokyo: JICA Research Institute.

Kurokawa, Kiyoto, Fletcher Tembo, and Dirk Willem te Velde. 2010. "Challenge for the OVOP Movement in Sub-Saharan Africa: Insights from Malawi, Japan, and Thailand." JICA-RI Working Paper 18. Tokyo and London: JICA and ODI.

Liker, Jeffrey K. 2004. *The Toyota Way.* New York: McGraw Hill.

Lin, Justin Yifu. 2012. *New Structural Economics: A Framework for Rethinking Development and Policy.* Washington, D.C.: World Bank.

Mizuno, Masami. 2003. "Rural Life Improvement Movement in Contemporary Japan." *Study on the Livelihood Improvement Programme in Rural Japan and the Prospects for Japan's Rural Development Cooperation.* Tokyo: JICA.

Noman, Akbar, and Joseph E. Stiglitz. 2012. "Strategies for African Development." In *Good Growth and Governance for Africa: Rethinking Development Strategies,* ed. A. Noman, K. Botchwey, H. Stein, and J. E. Stiglitz, 3-7. New York: Oxford University Press.

Nonaka, Ikujiro, Ryoko Toyama, and Toru Hirata. 2008. *Managing Flow: A Process Theory of the Knowledge-Based Firm.* New York: Palgrave Macmillan.

OECD (Organization for Economic Co-operation and Development). 2008. *Natural Resources and Pro-Poor Growth: The Economics and Politics.* Paris: OECD.

Ohno, Izumi, and Daniel Kitaw. 2011. "Productivity Movement in Singapore." In *Kaizen National Movement: A Study of Quality and Productivity Improvement in Asia and Africa,* 49-8. Tokyo: JICA and National Graduate Institute for Policy Studies (GRIPS) Development Forum.

Ohno, Kenichi. 2013. *Learning to Industrialize: From Given Growth to Policy-Aided Value Creation.* New York: Routledge.

Reconstruction Design Council in Response to the Great East Japan Earthquake. 2011. *Towards Reconstruction: Hope Beyond the Disaster.* Tokyo: Ministry of Foreign Affairs (Japan) (provisional translation).

Sato, Hiroshi. 2003. "Rural Life Improvement Experience in Japan for Rural Development in Developing Countries." *Rural Life Improvement in Asia.* Tokyo: Asian Productivity Organization (APO).

Shimada, Go. 2015. "The Economic Implication of a Comprehensive Approach to Learning on Industrial Policy: The Case of Ethiopia." In *Industrial Policy and Economic Transformation in Africa,* ed. Akbar Noman and Joseph Stiglitz, 102-2. New York: Columbia University Press.

Stiglitz, Joseph, and Bruce Greenwald. 2014. *Creating a Learning Society: A New Approach to Growth, Development, and Social Progress.* New York: Columbia University Press.

Ueda, Takafumi. 2009. "Productivity and Quality Improvement: JICA's Assistance in Kaizen." GRIPS Development Forum. *Introducing KAIZEN in Africa.* Tokyo: GRIPS.

UNDP (United Nations Development Program). 1998. "Capacity Assessment and Development in a Systems and Strategic Management Context." MDGB Technical Advisory Paper 3. New York: UNDP.

──. 2010. *The MDGs: Everyone's Business: How Inclusive Business Models Contribute to Development and Who Supports Them.* New York: UNDP.

UNEP (United Nations Environment Program). 2010. *Green Economy: Developing Countries' Success Stories.* Nairobi: UNEP.

──. 2011. *Towards a Green Economy: Pathway to Sustainable Development and Poverty Reduction.* Nairobi: UNEP.

UN-ESCAP (United Nations Economic and Social Commission for Asia and the Pacific). 2013. *Shifting from Quantity to Quality: Growth with Equality, Efficiency, Sustainability and Dynamism.* Bangkok: UN-ESCAP.

Wang, Xiaolin, Limin Wang, and Yan Wang. 2014. *The Quality of Growth and*

PovertyReduction in China. Heidelberg: Springer.

Wattanasiri, Chamnan. 2005. *Strengthening of Thailand's Grassroots Economy of the Royal Thai Government (RTG).* CD Dept., Ministry of Interior, Thailand.

Wilbur Smith Associates. 2008. "Final Report on the Technical Assistance Services to Support Implementation of the Institutional Strengthening Action Plan (ISAP) of LGED." Dhaka: Wilbur Smith Associates.

Womack, James, and Daniel Jones. 1996. *Lean Thinking: Banish Waste and Create Wealth in Your Corporation.* New York: Free Press.

Womack, James, Daniel Jones, and Daniel Roos. 1990. *The Machine that Changed the World: The Story of Lean Production.* New York: Macmillan.

World Bank. 2009. "Operational Risk Assessment for Local Government Engineering Department in Bangladesh: Final Report." Washington, D.C.: World Bank.

World Bank. 2015. *World Development Report 2015: Mind, Society and Behaviour.* Washington, D.C.: World Bank.

World Economic Forum. 2011. *Annual Meeting of the New Champions 2011: Mastering Quality Growth.* Dalian, China: World Economic Forum Summer Davos in Asia.

── 제 11 장 ──

기술이 천연자원을 산업화의 기반으로 만들 수 있을까?

Could Technology Make Natural Resources a Platform for Industrialization?

– 중남미(및 기타 자원부국)를 위한 새로운 기회의 확인 –

카를로타 페레즈 Carlota Perez

천연자원의 잠재적인 역동성을 의심하는 사람들은 어떤 분야에는 시간이 지나도 변하지 않는 사실이 있다고 가정한다. 이는 발전과 관련된 많은 문헌에 반영되어 있으며 정책 입안자들의 신념에 스며들어 있다. 그러나 진화론적 경제학자들evolutionary economists은 기업, 산업 및 부문의 상대적 역동성이 끊임없이 변화함에 따라 기술변화가 경제성장의 핵심이라고 주장한다. 사실 천연자원 분야를 피상적으로 살펴보아도, 전후시대 이후 발전에 대한 현재의 많은 아이디어들이 진화하였고 이에 따라 상황이 현저히 바뀌었다는 것을 알 수 있다. 에너지, 원료 그리고 식품 시장의 성격이 크게 변화해 왔다. 우선 개도국에서의 혁신 잠재력이 이전보다 훨씬 확대되었다. 모든 시장은 틈새 개념으로 나뉘고, 글로벌 기업들은 그들의 행동방식을 변화시켜 왔다. 그리고 마지막으로 중요한 것은 환경적 요소들이 선진국과 개도국 모두에게 도전과 성장의 기회로 작용한다는 것이다.

이 장은 성장과 발전에 있어 혁신의 역할에 대한 인식 수준(이론과 실증 측면에서)의 현저한 변화를 바탕으로 그러한 기술 변화들이 자원 부국들에게 어떠한 함의를 갖는지를 검토한다. 新슘페터주의neo-Schumpeterian와 진화론적 전통에 따라, 이 장은 특정 기간 중 일부 산업들[1]의 경우 다른 산업들에 비해 혁신과 역동성에 대해 더 큰 기회를 제공한다는 아이디어로부터 출발한다. 그리고 20세기 대부분의 시기에 더 많은 기회를 가진 산업들 가운데 천연자원 산업이 포함되지 않은 이유는 대개 역사적인 것이며, 상황이 많이 바뀌었다고 주장할 것이다.

잠재력을 최대한 활용하는 최적의 방법으로 진화해 온 기술경제 패러다임과 함께 정보통신기술(ICTs)(페레즈Perez 1985와 2002)은 천연자원에서의 혁신(초기 투자 및 개발에서부터 최종 사용에 이르기까지 그리고 전방과 후방upstream and downstream 활동들 등 전체 네트워크에서의 기술적 역동성을 증가시키는)을 위한 기회공간을 변화시키고 있다. 새로운 기회 공간에서는 미국이 1880년과 1914년 사이 세계산업의 리더로서 성장하던 시기보다 더 세한된 형태의 자원 집약적 산업화 전략resource-intensive industrialization strategy이 가능하다(라이트Wright 1997). 하지만 결정적으로 자원 집약적인 산업화 전략은 "자원의 저주resource curse"를 완화하는 제도적 조정을 촉진할 수 있도록 혁신적 경제, 금융 및 기술 정책을 필요로 할 것이다(스티븐스Stevens와 디에체Dietsche 2008; 에이스모글루Acemoglu, 존슨Johnson과 로빈슨Robinson 2002). 이 장의 임무는 결점을 회피하는 정책을 설계하는 것이 아니라 기회를 확인하는 데 있다.

기술변화에 따른 기회의 변화

1770년대 영국의 산업혁명 시기부터 현재까지의 역사적 기록을 살펴보면, 빠른 성장과 격차 해소 과정catch-up processes이 특정 지역들 또는 국가들에서 집중적으로 발생하는데 특정 기간 동안 비슷한 방향으로 움직이는 경향이 있음을 알 수 있다. 표 11.1은 자본주의의 기술진보와 그에 수반되는 "발전"이 연속적으로 발생하지는 않는다는 사실을 보여주고 있다. 그동안 다섯 번의 기술적 혁명을 거쳤다. 각각은 새로운 "기술경제 패러다임"을 이끌며, 새로운 인프라의 확산과 함께 50~60년마다 큰 발전을 이룩하고 모든 산업에서 잠재적 생산성의 도약을 이룩하도록 하였다(페레즈Perez 1985와 2002; 프리만Freeman과 페레즈 1988; 프리만과 라우카Louçã 2001).

이러한 거대한 변화는 지역적으로나 기술적으로 모두 상황과 여건에 달려있다. 각 기술혁명이 확산되는 성격과 패턴은 발전경로상 배경의 변화를 결정하고, 과거의 것을 닫으면서 실행을 위한 연속적이고 다양한 시나리오 또는 기회의 창을 열어준다.

각각의 기술혁명은 또한 국가들의 순위를 바꿀 수도 있는데(거센크론 Gershenkron 1962; 도레Dore 1989), 이런 일은 새로운 지도자들이 사회적 역량만 갖춰지면 곧장 새로운 지식과 구조(페레즈와 소티Soete 1988; 골뎀버그Goldemberg

[표 11.1] 각 기술혁명별 산업들과 인프라

기술혁명	신기술과 신규·재정의 산업	신규 또는 재정의 인프라
첫째 1771년부터 산업혁명 영국	기계화된 면산업 연철 기계류	운하와 수로 유료 고속도로 수력(매우 개선된 물레방아 바퀴)
둘째 1829년부터 증기 및 선로의 시대 영국에서 대륙과 미국으로 확산	증기 엔진과 기계류 (자재는 철, 연료는 석탄) 철과 석탄 채굴 (지금은 성장의 중심 역할)* 선로 건설, 철도차량 생산 산업용(직물 포함) 증기력	선로(증기엔진 사용) 보편적 우편제도 전보(주로 선로를 따라 전국적으로) 규모가 큰 항구 및 창고, 전세계 운항 배 도시가스
셋째 : 1875년부터 철강, 전기 및 중공업의 시대 미국과 독일의 영국 따라잡기	저렴한 철강(특히 Bessemer) 강철 선박용 엔진 개발 중화학 및 토목공학 전기 장비 산업 구리 및 케이블 통조림 및 병에 담은 음식 종이 및 포장	고속 강철 증기선을 이용한 전세계 배송 (수에즈 운하 이용) 전세계 철도 (표준화된 저렴한 철로 및 볼트 이용) 규모가 큰 다리와 터널 전세계 전보 전화(주로 전국적) 전기 네트워크(조명 및 공업용)
넷째, 1908년부터 석유, 자동차, 대량 생산의 시대 미국에서 유럽으로 확산	대량으로 생산된 자동차 저렴한 석유 및 석유 연료 석유 화학 (합성수지) 자동차, 운송, 트랙터, 비행기, 전쟁 탱크 및 전기용 내연기관 가전 제품 냉동 식품	도로, 고속도로, 항구 및 공항 네트워크 오일 덕트*의 네트워크 * 변압기의 철심 부분에 잇는 냉각용 오일의 통로 일반 전기(산업 및 주택) 전세계 아날로그 통신(전화, 텔렉스 및 케이블그램), 유선 및 무선
다섯째 : 1971년부터 정보 통신 시대 미국에서 유럽 및 아시아로 확산	정보 혁명 : 저렴한 마이크로 일렉트로닉스 컴퓨터, 소프트웨어 통신 제어 기기 컴퓨터 지원 생명공학과 신소재	세계 디지털 통신 (케이블, 광섬유, 라디오 및 위성) 인터넷/전자 메일 및 기타 전자 서비스 다중 소스, 유연한 사용 전기 네트워크 고속 운송망 (육상, 항공 및 해상)

자료 : 페레즈 2002, 표2.2 p14
* 이 전통적인 산업들은 철도와 기계류 부문의 연료와 재료로 기여할 때 새로운 역할과 역동성을 얻게 된다.

2011)로 뛰어드는 동안 기존 지도자들이 전통에 집착할 경우 벌어진다.

예컨대 1870년대에 미국과 독일은 강철시대the Age of Steel에 등장했던 중공업에 집중하면서 영국의 산업을 따라잡고 큰 도약을 이루었다. 같은 시기에 호주, 뉴질랜드, 아르헨티나, 그리고 다른 국가들은 런던으로부터의 자금조달뿐만 아니라 증기선과 대양 간 전신transoceanic telegraph으로 가능해진 북반구와의 무역에서 이익을 얻으면서 한 단계 경제도약을 이루었다. 다음 호황기 동안 전후 미국은 값싼 석유, 자동차 및 플라스틱 기반의 대량소비라는 새로운 패러다임을 촉진하면서 영국을 밀어내고 세계 지도자가 되었으며, 이러한 대량소비 패러다임은 서유럽에 의해 빠르게 모방되었다. 이 패러다임의 성숙 단계(참조 페레즈 2002, 62-.67; 페레즈 2008, 6-9)에서는 중남미와 아시아 모두 보호된 수입대체 산업화import substitution industrialization(ISI)² 덕분에 높은 성장률을 달성하였다. ICT 기술 확산의 과정과 일본, 4대 아시아 호랑이(홍콩, 싱가포르, 한국, 대만), 인도, 중국으로 이어진 최근의(그리고 다양한) 도약 간의 연관성에 대해서도 비슷한 점들이 관측될 수 있다.

각 기술혁명의 구체적인 성격과 그것이 열어가는 연속적인 기회의 창은 발전 가능성이 유동적인 목표moving target이고, 발전전략도 일시적이기에 업데이트와 재설계가 이루어져야 함을 의미한다. 기회들은 기술적인 큰 변화뿐만 아니라 이전 패러다임의 유산과 새로운 패러다임의 전개단계에 따라 변화한다(페레즈 2001). 여기에 제시된 기회의 창이라는 개념이 정태적 비교우위에 근거하여 논의되는 것이 아님을 강조하는 것은 중요하다. 이러한 논의는 오히려 기술변화의 열풍이 상황을 급격하게 바꾸고 오래된 기술들뿐만 아니라 그것들을 다루기 위해 등장한 발전에 관한 아이디어를 쓸모없게 만든다는 관찰에 근거하고 있다(페레즈 2001). 그렇기 때문에 여기선 중남미 사례에 중점을 두고 있지만, 자원이 풍부한 다른 지역에도 똑같이 관심을 가질 필요가 있다.

이는 현재(또는 최근)의 성공들이 과거의 기회들로 인해 성취되었기 때문에 이를 직접적으로 모방하려는 시도는 별로 소용이 없다고 주장하는 것과 동일하다. 마찬가지로 최근 수십 년 동안의 자료에 기초하여 정책이론을 개발하는 것은 현명하지 못한 것이다. 반면, 기나긴 역사를 살펴보는 것은 현재에 확인될 수 있는 유사한 패턴을 밝히는 데 유용할 수 있다. 내일의 성공은 최근의 성공을 베끼는 것이 아닌, 미래를 예측하는 것에 달려 있다.

사실, 지금 열려 있는 기회의 창은, 천연자원과 다방면으로 관련된 지식집약적 산업 활동에서의 생산의 다양성을 촉진하면서, 천연자원의 정태적 비교우위를 동태적 우위로 전환할 수 있는 정책을 요구한다(마린Marin, 나바스-알레만Navas-Aleman와 페레즈 2010, 2015). 적절한 정책적 전략은 기술 변화를 촉진하며, 새로운 가치 창출 프로세스와 (더 높고 안정적인 가격과 시장을 가진) 더 전문화된 제품에 필요한 학습과 혁신을 위한 조건의 창출을 수반한다. 이는 현재의 기회가 자원 집약적 산업화 과정에서 제조업의 일부 핵심 특징을 천연자원 산업들에 추가할 가능성을 열어준다는 것을 의미한다.

가까운 과거의 교훈과 유산 – ISI 모델을 통한 성장

하지만 기회를 최대한 활용하기 위해서는 기술·사회적 측면에서 일정 수준의 역량을 미리 축적하는 것 또한 필수적이다(거셴크론 1962). 그러므로 기회의 인식과 이를 이용할 정치적, 기업가적 결단과 함께 좋은 타이밍이 필수적이다. 따라서 결과들은 매우 다를 수 있으며, 진행경로에도 수정이 있을 수 있다.

1950년대 후반부터 1970년대 후반까지 중남미와 4대 아시아 호랑이는 수입대체재 산업화의 기회를 이용했다. 그 정책은 시장성장을 추구하는 선진국 내 성숙기 단계의 산업들과 발전을 모색하는 "제3세계"의 정부들, 이 둘의 관심사를 연결시켜준다. 대량생산 혁명이라는 시점에서 선진국의 많은 대기업들은 성장에 있어 두 가지 주요 한계에 직면하고 있었다. 기술적 측면에서 볼 때, 그들은 기존 생산라인의 생산성을 높이기 위해 프로세스를 혁신하거나 포화상태의 시장을 되살리고자 제품을 혁신하는 것이 점점 어렵다는 것을 깨달았다. 이 패러다임을 특징 짓는 소비자 중심의 "미국식 생활 방식American way of life"은 선진국 노동인구와 대부분의 개도국 내 엘리트 계층에 의해 이미 채택되어 왔다. 시장의 성장은 주로 기존 소비자들의 새로운 대체재 구입을 유도하고 가능하게 하는 광고, 신용(소비자 부채)이 결합된 '계획적 진부화[1]planned obsolescence'를 통해 달성되었다. 이때 신생 개도국은 경쟁력 있는 산업을 갖기 위한 기술과 시장 규모 모두가 없었고, 기본적

---

[1] 새로운 제품을 판매하기 위해 기존 제품을 계획적으로 진부화시키는 기업 행위.

으로 원자재는 수출하고 완제품은 수입하고 있었다. 기업들이 생산성 및 시장의 한계에 직면하여 타개책으로 원자재 가격을 쥐어짜고 급여 인상을 소비자에게 전가하면서 프레비쉬Prebisch(1950)와 싱어Singer(1950)가 주목했던 저부가가치 원자재와 고부가가치 최종재 간 가격차이price scissors는 더욱 악화되었다.

    ISI 모델은 동태적 해결안을 제공했다. 그것은 잠재적 소비자가 있는 곳에 최종조립 단계를 위치시킴으로써 세계 시장을 확장하는 동시에 개도국의 경제를 동원하였다. 그림 11.1에서 볼 수 있듯이, 중남미 국가들이 사용한 모델에서는 원자재 수출을 통해 벌어들인 세금과 외환 수입이 자국시장 보호 산업화 과정에 참여한 외국인들의 투자에서 활용되었다. 1970년대 중반 국제은행들은 중남미의 공공 및 민간 기업에 OPEC 자금을 쏟아 부었는데(매리챌Marichal 1988), 이 시기 중남미 정부들은 기초산업에 대한 공공투자 확대, 경쟁력이 떨어지는 수출에 대한 보조금 지원으로 정책방향을 전환했다.

    충분한 관세장벽, 낮은 생산성과 높은 가격의 수용은 성장과 고용 모두를 달성하게 했다. 비록 해외 전문가들의 감독 또는 프로세스 매뉴얼에 따라 다른 곳에서 설계된 제품을 조립하는 것은 기술적 학습을 거의 이끌어내지 못했고 혁신을 위한 공간을 남겨두지 못했지만(벨Bell과 패빗Pavitt 1993), 그 프로세스는 실제 학습과 혁신이 발생할 수 있는 보완적인 활동들에 대한 수요를 유발하였다. (일반적으로 민간부문에 의해 개발되는) 판지, 인쇄, 포장, 유리, 플라스틱, 시멘트, 건축 자재와 같은 부수적인 산업뿐만 아니라 (흔히 주정부 자금과 통제 하에 개발되는) 항구, 공항, 도로, 전기, 전화, 수도 등의 구축, 개선, 운영에 필요한 현지의 기술적 역량이 확보되었다. 이러한 보완적인 활동의 대부분이 (제조와는 구별되는) 가공 산업임을 고려할 때, 모델의 이러한 측면은 특히나 중요하다(곧 논의 되겠지만, 정확하게는 천연자원을 중심으로 역동적 네트워크를 구축하는 데 필요한 기술이다). 이전의 학습은 또한 계속되었고 어떤 경우 광업, 석유 추출, 농업, 가축 등 천연자원 자체에서는 더욱 강화되었다. 그림 11.1에서 알 수 있듯이, 이 전략은 조립공장 운영, 물류 조직, 은행에서 유통에 이르기까지 비즈니스 서비스 관리를 위한 광범위한 전문 중산층과 숙련된 인력에 대한 수요를 추가로 창출했다. 게다가 브랜드와 공정기술은 일반적으로 수입되었지만, 그것들은 지역 생산품의 특성과 소비자 선호에 맞게끔 조정되어야만 했고 이는 현지 엔지니어링을 위한 공간을 열어주었다.

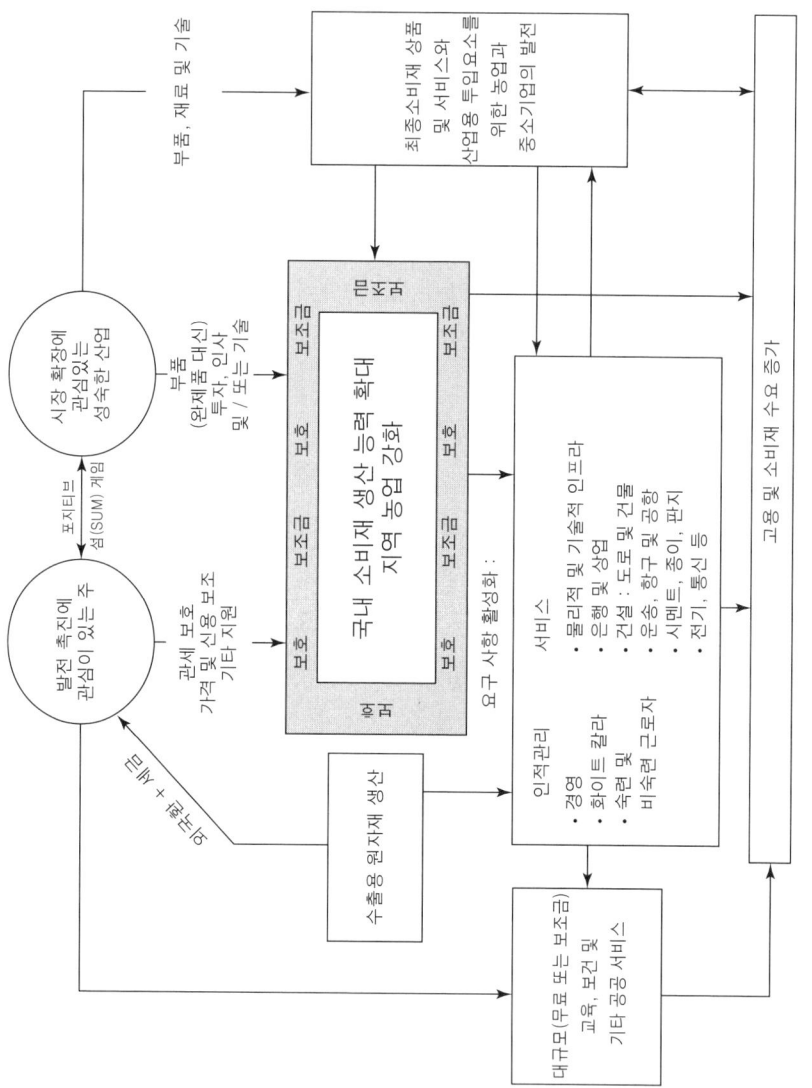

[그림 11.1] 라틴아메리카의 수입대체산업화 모델(ISI)

ISI에 대한 비판이 정당한 측면이 있지만, 중남미에서 시행된 당시의 상황에서는 적절한 전략으로 보일 수 있다. 제품보다는 조립을 위한 부품 수입이 경제의 나머지 부분을 움직이게 하는 촉매제로 작용하고 공공부문의 변화 지향적 문화를 창출해 냄으로써 기초산업들과 인프라에 대한 중대한 투자를 끌어내고 대중교육과 보건체계를 개선 또는 확립시키는 계기가 되었다. 아르헨티나, 멕시코, 브라질 등 이미 제조업 기반을 가진 더 큰 규모의 국가들은 완전한 산업구조를 만드는데 많은 진전이 있었으며, 심지어 덜 개발된 국가들도 상당한 성장을 이룩할 수 있었다. 대부분의 중남미 국가들은 약 15년 동안 4%의 평균 성장률을 나타냈으며, 일부 국가에서는 이 기간에 10%의 성장률을 기록하기도 하였다. 비록 제한적인 결과이지만 이 지역의 ISI는 포지티브섬positive sum 전략이었다. 그러나 국제적 여건이 바뀌고 보호가 해제되었을 때, 기술적 자치권의 결여로 인해 그 모델은 붕괴되었다.

아시아의 경우 발전을 향한 도약은 ISI에서 시작되었는데 사실 초창기에는 그다지 성공적이지 못했다. 하지만 대만, 한국, 싱가포르, 홍콩(4대 아시아 호랑이)은 훨씬 더 깊고 광범위한 그리고 더 체계적인 학습 및 성장 프로세스에 가담했다(암스덴Amsden 1989; 웨이드Wade 1992). (중남미와는 대조적으로) 원재료로부터의 외화수입이 절대적으로 부족했다는 점이 차이를 만드는데 중요한 역할을 했을 가능성이 크다. 4대 아시아 호랑이는 수출주도형 성장을 이루기 위해 수입보호와 수출보조금을 사용하는 방법을 고안해야 했다. 따라서 그들은 "유치산업infant industry"에 보호된 학습시간을 제공하여 경쟁력 있는 수출기업과 산업단지의 출현과 성장을 용이하게 했으며, 저비용 노동력과 생산성의 결합을 통해 개도국 비용으로 선진국 품질의 제품을 생산했다. 이는 정확히 1970년대와 1980년대 초에 성숙기에 접어든 산업들이 찾고 있었던 것이었다. 그 다음에 무슨 일이 일어났는지에 대해서는 틀림없이 행운의 요소가 있었다. 전자 제품 및 부품이 차기 혁명의 핵심이 되면서 그들의 생산라인은 필요한 역량들을 준비할 수 있었지만, 더 빨리 시작한 중남미 국가들은 주로 자동차와 가전제품을 조립했다. 아시아 국가들은 ICT의 중요성과 글로벌 시장으로의 발전가능성을 빨리 이해했다. 그들은 명시적 또는 암묵적으로 명확하게 경제발전을 위한 국가적 "비전"을 수립했고, 글로벌 동맹을 구축하기 위해 노력했다.

그러나 아시아 성공의 열쇠는 필요한 때에만[3] 보조금을 받으면서 훈련·교육에 막대한 노력을 투입하고 집중적으로 기술을 습득한 과정에 있다. 본질적으로 그들은 1960년대에 제시된 제한된 기회를 최대한 활용하여 다음 기회의 창을 훨씬 더 많이 이용할 수 있도록 하는 발전 플랫폼을 구축하였다. ICT 혁명이 도래했을 때, 그들은 도약하여 그들만의 길을 개척할 수 있었다.

중남미 국가들이 지금 이러한 도약을 할 수 있을까? 아시아의 발전 노선을 재현하려는 것은 효과가 없을 것이다. 그 특별한 기회의 창은 이미 닫혔고, 현재 상황은 완전히 다르다. ICT 혁명은 이미 확산 경로상 중간 단계에 있으며, 아시아 지역은 기술, 생산, 관리, 그리고 무역에 대한 지식과 경험의 축적에 있어 더 앞서 있다. 또한 가장 역동적인 시장이 되었으며, 새로운 산업, 영역 및 소비자를 끊임없이 편입하고 있다.

중남미 자동차산업이 시장 보완성을 발견함으로써 아시아의 성장에 편승할 수 있을지를 살펴보는 것은 나름대로 의미가 있을 것이다. 아시아 국가들은 격차를 해소하는 과정에서 서방 선진국들이 수입시장이 되는 동안 글로벌 동맹 관계를 맺고 가공산업(전자제품, 전자기기, 의류)에 대한 집중적인 기술 학습 및 훈련에 노력을 기울였다. 중남미가 천연자원 관련 가공산업에서 비슷한 무언가를 할 수 있을까? 그들은 진보하는 아시아 경제가 필요로 하는 광범위한 투입요소와 식량을 기회로 활용할 수 있을까? 에너지 산업, (기본과 특수, 천연과 합성, 매크로와 나노의) 재료, (전통과 고급, 생태학적 그리고 생명공학적) 생물학적 제품에 있어 학습 및 발전 프로세스를 추진하기 위한 기술역동성이 충분히 있을까?

이 장의 나머지 부분은 발전기반으로서 천연자원에 대해 제기된 비판이 특정 역사적 여건과 원자재(또는 1차 상품)에 대한 편협한 인식에 기인한다고 주장할 것이다; 천연자원 생산을 둘러싼 잠재적 혁신 네트워크의 기술적 복잡성은 높은 수준에서 확대되고 있으며, 이러한 네트워크의 발전을 위해 필요한 재료 및 생명 과학의 지식 축적은 (아마 생명공학, 나노기술, 새로운 "친환경적"인 재료의 조합일 수도) 다음 기술 혁명에서 발전에 대한 도약을 준비할 수 있도록 해준다. 새로운 유형의 천연자원 집약적인 산업화 과정에 대한 여건들이 무르익은 바, 천연자원의 개발, 결정적으로 이들에 대한 가공은 산업화와 경제발전을 위한 발판으로 사용될 수 있다.

천연자원에 대한 관점의 역사적 변화: 축복에서 저주로, 그리고 후퇴?

천연자원이 발전에 잠재적으로 기여하는 바에 대한 기존의 인식은 주요 기술들과 이용 가능한 기회의 창에 의존하면서 시간에 따라 급변해 왔다. 최초의 세계화(1870-1914년)로 인식될 수 있는 기간인 대량 생산시대 이전에는 천연자원이 발전의 핵심이었다. 철강과 중공업 시대에 일어났던 기술혁명은 화학과 전기, 대륙횡단철도, 세계무역 증기선, 금속공학, 주요 엔지니어링 프로젝트에 관한 것이었다. 이러한 글로벌 인프라는 지구 반대편에 있는 시장들이 육류, 밀, 기타 농산물을 이용할 수 있게 해주었다. 호주, 뉴질랜드, 캐나다, 스웨덴, 미국, 그리고 부분적으로 부존자원 덕분에 격차 해소에 성공한 다른 국가들에 있어 천연자원은 저주가 아닌 축복으로 여겨졌다. 1880년대에서 1890년대 사이 아르헨티나는 차세대 미국으로 여겨질 정도였다. 그러나 라인너트Reinert(2004)가 강조한 바와 같이, 이들 국가의 정책 입안자들은 고도의 숙련과 기술집약적 활동 없이 원자재만으로는 발전할 수 없다는 점을 이해했다.

천연자원에 대한 비판이 증가한 시점은 전후 서구에서 대량 생산 패러다임이 성공적으로 나타났던 1950년대부터다. 풍부한 자원을 활용하는 것에 대한 신고전학파적 처방은 중남미, 아프리카 국가들의 저조한 경제적 성과에 몰두해 있던 구조론자들structuralists을 납득시키지 못했다. 프레비쉬(1950)와 싱어(1950)는 몇 가지 유형의 수요와 공급의 경직성을 강조했는데, 이는 1차 상품보다 공산품을 점점 더 선호하는 "가격차이"를 설명할 수 있다. 넉시Nurkse(1958)와 같은 다른 학자들은 매우 불안정한 원자재 가격으로 인해 천연자원에 의존하는 국가들이 환율, 세수입 및 현지투자의 끊임없는 변화에 노출되었다고 지적했다. 세 번째 그룹은 개도국에서 다국적 기업multinational corporations(MNCs)이 천연자원 사업을 주도함으로써 발생하는 문제를 강조했다. 사업에서 발생하는 이윤은 본국으로 보내졌으며 지역 투자와 선후방 산업간의 연결도 크게 제한되었기 때문에 발전이 지속되지 못했다(싱어 1950와 1975). 따라서 이 가정은 천연자원의 경우 막다른 길에 다다르고, 오직 제조업만이 지속적인 발전을 이끈다고 말한다(싱어 1949; 프레비쉬 1951).

이 가정은 그 이후로 더 심각해졌다. 1970년대 후반, 급성장하는 자원 부문으로 인해 통화가치가 올라가고 다른 수출품(특히 제조품)의 경쟁력이 약화되는

"네덜란드 병Dutch disease"에 대한 우려가 제기되었다(더 이코노미스트The Economist 1977). 1990년대 이후 실증 연구들(삭스Sachs와 워너Warner 1995, 2001; 아우티Auty 1990, 1993; 길파손Gylfason, 트릭비Tryggvi와 길피Gylfi 1999; 토빅Torvik 2002)은 "자원의 저주"가 존재한다는 주장을 내놓고 있다. 자원의 저주는 발전을 저해하는데, 이는 자원에 의해 중앙 집중화된 경제적 이윤이 창출될 경우 투자 유인은 감소하고 파생적으로 부패가 발생하기 때문이다. 이는 또한 민주주의에도 부정적인 영향을 미칠 수 있다. 정부가 납세자들에 대해 책임을 질 필요가 없기 때문이다.

각각의 시기에 저자들이 틀렸다는 것은 아니다. 상황들이 달랐고, 발전을 위한 서로 다른 조건들이 존재했으며 따라서 관점도 서로 다를 수밖에 없었다. 오늘날 많은 제품들이 저비용 상품low-cost commodities이 되었고, 천연자원은 매우 높은 가격을 보이고 있다. 이러한 현상은 네덜란드 질병과 자원의 저주를 더욱 심각하게 만들 수 있다. 난관을 해결하기 위해서는 경제발전 전략 수립 시 이러한 상황을 고려한 제도적 혁신을 필요로 할 것이다.

천연자원 생산자에게 상황이 어떻게 바뀌었나? 기술 격차 해소의 가능성 재조명

이 장은 천연자원 사용을 둘러싼 상황이 전후 시대와 크게 다르다는 관찰에 바탕을 두고 있다. 중대한 변화로는 1) 가격 동향, 2) 시장의 성격, 3) 기술적 역동성의 여건, 4) 새롭게 글로벌화된 경제 등 4가지를 들 수 있다.

천연자원 가격 수준의 변화

가장 기본적인 수준에서 보면, 기존 세대의 소비자 행동과 세계화 압력은 신흥국에서의 재료, 에너지 및 식품에 대한 수요 급증을 유발했고, 이는 천연자원에 대한 전반적인 수요 증가로 나타났다. 이는 가장 쉽게 접근할 수 있는 자원의 고갈과 한계비용의 상승을 야기했다. 여기에 더해, 기후변화climate change는 그 영향을 더욱 강화시킬 것이다. 이는 원자재 가격이 관습적인 변동성을 잃지 않으면서 높은 수준에서 변동할 가능성이 있음을 의미한다(돕스Dobbs 외 2011; 파루키Farooki와 케플린스키Kaplinsky 2012). 이는 가치 있는 이점 아니면 장애물이 될 수 있다. 왜냐하면 그것들은 천연자원의 기술화를 위한 자금의 원천으로 사용되거나 부패로 낭비될 수 있기 때문이다.

모든 영역에서 새롭게 극세분화된(hypersegmented)시장

규모, 공급 및 가격에 미치는 영향과 함께 시장의 성격이 변해왔다. 그림 11.2A에서 볼 수 있듯이, 현재 모든 상품과 활동은 대량의 저가상품에서 다양한 소량 고가 틈새제품에 이르기까지 광범위하고 다양한 범주의 시장으로 구분되어 존재한다(안데르손Anderson 2006). 그림 11.2B에서 볼 수 있듯이, 이러한 시장 분해는 서비스와 1차 부문 제품만큼이나 제조업체에게 많은 영향을 미치며, 또한 가치사슬을 따르는 각 활동에도 영향을 미친다. 혁신을 통해, 원자재부터 시작해서 가치와 가격안정성 모두를 높이면서 더 높은 가치의 제품 또는 특정 고객에게 좀 더 적합한 제품으로 이동하는 것이 가능하다.

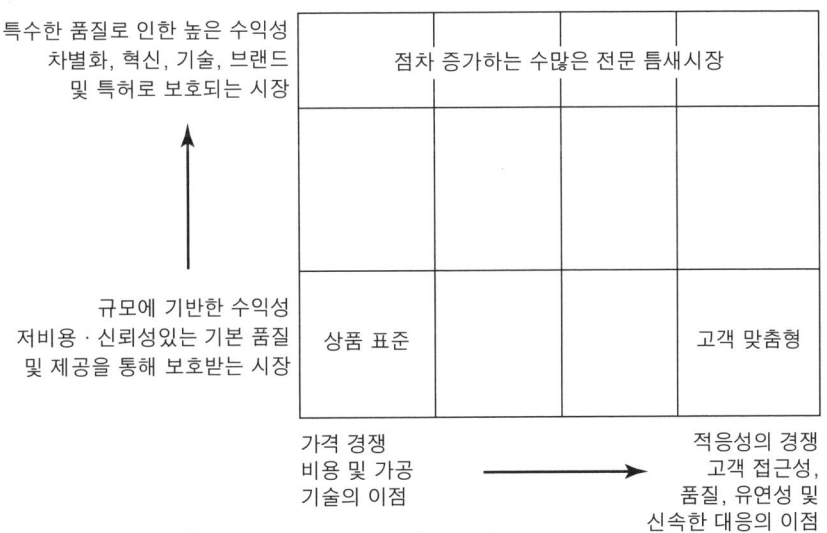

[그림 11.2A] 극세분화된 시장들과 차별적 조건들

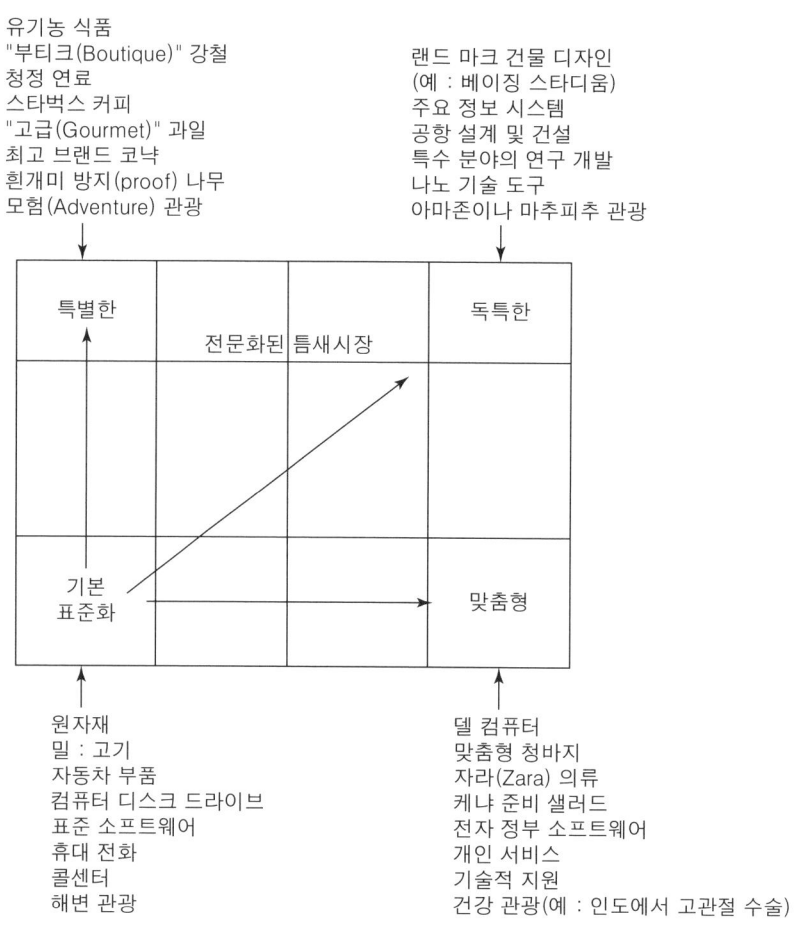

[그림 11.2B] 포지셔닝 샘플 : 자재, 제조업자, 서비스 (자료 : 페레즈 2010.)

    천연자원 시장은 비록 여전히 1차 상품commodity에 기반을 두고 있지만, 점차 고급 틈새시장을 위한 특수 재료와 프리미엄 제품의 비중이 증가하고 있다. 유기농에서부터 고급 음식, 다양한 식이제품에 이르기까지 식품시장은 다양한 전문 틈새시장으로 세분화된다. 이러한 현상은 소재 부문에서도 마찬가지여서, 맞춤제작형 합금, 친환경 화학, 나노 소재, 그리고 수요자의 요구와 규격에 적합한 기타 제품들이 급증하고 있으며 수익 또한 높다. 그러한 가운데 유형제품tangible product의 영역도 극세분화되는 과정을 보여왔다. 특수소재를 필요로 하는 고급 틈새제품이

398 산업정책의 효율성, 다양성, 그리고 금융

있는가 하면, 대부분의 표준 조립제품의 경우 아주 적은 이익마진으로 상용화되고 있다. 이는 아시아의 극히 낮은 인력 비용과 축적된 경험을 감안할 때, 중남미가 천연자원과 관련된 생산 공간을 개방하면서 조립(제작) 산업에서 경쟁하는 것을 더 어렵게 만든다.

ICT를 통한 정보 및 글로벌 시장으로의 넓은 길

현재 신규 진입자들은 혁신에 보다 쉽게 접근할 수 있다. ICT는 정보를 보다 쉽게 이용할 수 있게 하고, 설계를 용이하게 하며, 극세분화 제품 및 서비스 시장에 진입할 수 있도록 해준다. 이로 인해 천연자원을 비롯한 모든 분야에서의 기술적 역동성은 수요 차별화로 가속화되고, 환경과 건강에 대한 관심에 의해 점차 그 모습이 갖춰지면서 전례 없이 높은 수준에 도달하였다. 천연자원 분야에서, 과거에는 동질적 제품의 원가를 낮추고 지역적 한계를 극복하는 프로세스에 초점을 맞추었지만, 오늘날 혁신은 점차 특수 재료 및 식품으로 이동하고 있다.

ICT는 또한 새로운 운송 및 분배 시스템을 통해 중소기업이 시장에 독자적으로 접근하는 것을 용이하게 해주었다. 이런 새로운 환경 하에서 작은 전문점에서 대형 슈퍼마켓까지 매우 다양한 종류의 유통점과 그에 수반되는 운송시스템이 개발되었고, 다양한 생산자들이 전 세계에 합리적인 가격으로 거래할 수 있게 되었다. 매일 아침 케냐에서 포장, 준비된 샐러드가 영국으로 배달되어 전국의 슈퍼마켓에 유통될 수 있다는 사실은 세계무역에 있어 상당한 변화를 보여주는 단적인 예이다(재피Jaffee와 마사큐어Masakure 2005).

행동의 변화 : 과거 다국적 기업(MNC)에서 글로벌 기업으로

1980년대 이후 다국적 기업들(MNCs)의 행동은 각국에서 외국계 기업으로 고립된 계열사들이 완전히 세계화되고 강력하게 상호작용하는 가치 네트워크로 탈바꿈하면서 변모하는 양상을 보이고 있다. 이러한 글로벌 기업들(GCs)은 유능하고 신뢰할 수 있는 공급업체와 파트너를 찾는 데 관심이 있다(우르추아Urzúa 2012). 이로 인해 그들은 지금 기술을 적절히 전수하고 훈련시키는 데에 재정적인 관심을 갖고 가치사슬 전체에 걸쳐 품질을 보장한다(언스트Ernst와 김Kim 2002). 물론 이는 가치사슬 내 참여자들 사이의 불균등한 분배에 관한 새로운 문제를 드러낸다(제레피Gereffi, 험프레이Humphrey와 스터전Sturgeon 2005). 그러나 지식과 경험이 축적되고, 이후의 자립을 위한 학습 기회를 온전히 열어둠으로써 지속적인 개선을 기대할 수 있는 점은 저생산성 ISI 모델에서는 얻을 수 없었던 것들이다.

글로벌 기업들은 한때 개도국에서 서구 다국적 기업의 흔한 방식이었던 카르텔과 같은 행동을 보일 수도 없다. 이러한 시장통제는 자원에 접근하려는 동서양 간 경쟁에 의해 제거되고 있다. 이는 ICT를 통한 정보 접근 강화와 더불어 생산국들에게는 협상에 더 유리한 조건을 제공한다.

중남미는 그들의 자동차에 편승하여 아시아의 성장에 도달할 수 있을까?

인구가 많고 천연자원이 부족한 아시아의 상황은 상대적으로 인구 밀도가 낮고 천연자원이 풍부한 중남미와는 대조적이다. 이는 성공적인 보완성successful complementarity의 잠재력을 뒷받침하는 기본적인 사실이다. 아시아가 훨씬 낮은 노동비용과 훨씬 많은 축적된 경험을 지닌 점을 감안하면, 중남미가 가까운 미래에 조립 대량생산fabricated mass production에서 아시아와 경쟁할 가능성은 낮다. 반면, 중남미 국가들이 천연자원 생산 분야(농업, 광업, 에너지)와 가공산업 분야(농업, 시멘트, 섬유, 종이, 유리, 석유정제, 화학 등)에서 각기 다른 정도로 축적해 온 경험은 이들 국가들에게 수출을 혁신하고 개선할 수 있는 역량을 구축하는데 필요한 기본 플랫폼을 제공한다. 이 장의 뒷부분에서 논의되겠지만, 천연자원 산업을 위한 혁신적인 장비의 제조는 또한 그 지역의 좀 더 선진화된 국가에서 개발되어 왔다. 게다가, 항구, 도로, 건설 산업에서 통신 및 은행 업무 등에 이르기까지 물류 및 제도 지원인프라도 기본적으로 준비되어 있다.

두 대륙 간의 이러한 보완성은 적어도 수십 년 동안 강력한 무역관계를 창출할 잠재력을 갖는다. 소득이 증가함에 따라 식량에 대한 소비자 지출이 줄어든다는 엥겔스Engels (1857)의 법칙은 중국, 인도, 다른 신흥국의 주민 수십억 명이 점차 중산층으로 합류하면서 꽤 오랫동안 그 효과가 나타나지 않을지도 모른다. 식품과 재료에 대한 수요는 표준적, 특별한 경우 둘다 수년 동안 감소할 가능성이 없다.

중남미에서 그들의 다양한 부존자원은 현재 맞닥뜨리고 있는 세계시장과 지역 내 무역 모두에 있어 유리한 것으로 간주될 수 있다. 유사성은 기술과 혁신에서 다양한 형태의 협력으로 이어질 수 있다. 근본적인 한계점들은 전국적, 전반적으로 퍼져있는 전통적 권력구조인데, 이는 높은 수준의 부패, 견고한 가난 그리고 특히 중산층 이상이 거주하는 도심지 이외의 열악한 교육 등을 수반한다. 그러나 동시에 대륙 전역의 사회적 역량은 이러한 분야에서 폭발적 발전의 가능성이 있음을 의미한다 : 오랜 기간 지속된 고학력 중산층의 조직과 사업기술이 해외에서 교육받은 젊은 세대의 복귀로 빠르게 재활성화되고 있다.

그러나 단순한 원료 수출을 넘어 진보하기 위해 필요한 것은 혁신역량이며, 이는 교육과 지속적인 학습에 달려있다(벨 2006). 그러한 진보의 결여는 여기에 제안된 것을 포함하여 중남미의 모든 전략에 있어 아킬레스건이다. 다음 절에서 볼 수 있듯이 천연자원이 발전으로 이어지려면, 그들은 혁신적인 접근방식으로 참여자들과 활동들의 매우 광범위한 네트워크를 아울러야 할 것이다. 교육시스템에서 과학과 공학으로의 강력한 이동, 기업과 공공 부문에서 집요하고 지속적인 학습노력이 없으면 전략이 무엇이든 간에 성공은 이뤄질 수 없다.

혁신시스템으로서의 네트워크의 중요성

고립된다면 자원 또는 역량이 아무리 많더라도 그 의미를 잃게 된다. 현대적 맥락에서 천연자원을 이해하는데 중요한 것은 발전에서의 네트워크(그리고 특히 ICT를 지원하는 네트워크) 중요성이다. 천연자원을 단순히 추출하거나 농사짓는 활동으로만 보는 것은 더 이상 유용하지 않다. 자본재와 기타 투자요구사항에서부터 생산, 그리고 다양한 가공활동, 포장, 유통, 최종소비 등 다양한 가공활동에 이르기까지 완벽한 네트워크를 포용하고 촉진하는 것이 중요하다. 행위자와 활동의 이러한 네트워크는 현재 혁신시스템으로 이해되고 있다(룬드발Lundvall 2007). 그림 11.3에서 볼 수 있듯이, 그러한 시스템은 탐사, 연구, 설계, 엔지니어링에서부터 운송, 마케팅, 유통에 이르기까지의 천연자원 프로세스와 대학, 연구개발 · 엔지니어링(RD&E) 기관, 지식집약적 비즈니스 서비스knowledge-intensive business services(KIBS)의 모든 단계에서 혁신적인 잠재력을 포함하고(우르추아Urzúa 2012; 페레즈 2010b), 가치사슬의 각 요소를 지원한다.

실로 그것들은 오늘날 (다방면으로) 천연자원의 개발과 관련된 많은 활동들 사이에서의 복잡한 상호작용이기에(모리스Morris, 캐플린스키와 캐플랜Kaplan 2012) 어떠한 발전전략이라도 이러한 산업분야 중 하나에서 동적인 경로를 번성하게 할 기술적 기회의 공간을 지도화(map)하거나 인식하는 것이 극히 중요하다. 가능성의 스펙트럼은 광업, 야금metallurgy, 화학, 석유화학, 의약품, 맞춤자재, 가축, 농업, 농공산업, 수산양식, 임업, 종이, 생명공학, 에너지, 나노기술, 관광업 등 다양하다(각각은 원자재에서 특산품까지 매우 광범위). 천연자원 산업에서의 성공은 연구, 엔지니어링, 설계 등을 포괄하는 네트워크에 걸쳐있는 다음의 기술, 기업, 제품 및 인적자본의 지속적인 개선에 달려 있다 : 건설, 적응, 설치, 호환성, 유지관리; 소프트웨어, 시스템 서비스; 장비·도구; 실험실 서비스; 품질관리, 평가, 측정, 인증서; 보존과 포장; 운송, 마케팅과 유통; 사용자에 대한 기술서비스; 시장정보; 개선과 신제품; 특허 변호사; 계약 협상; 전문인력의 훈련과 교육; 금융서비스. 이는 원자재와는 거리가 멀다.

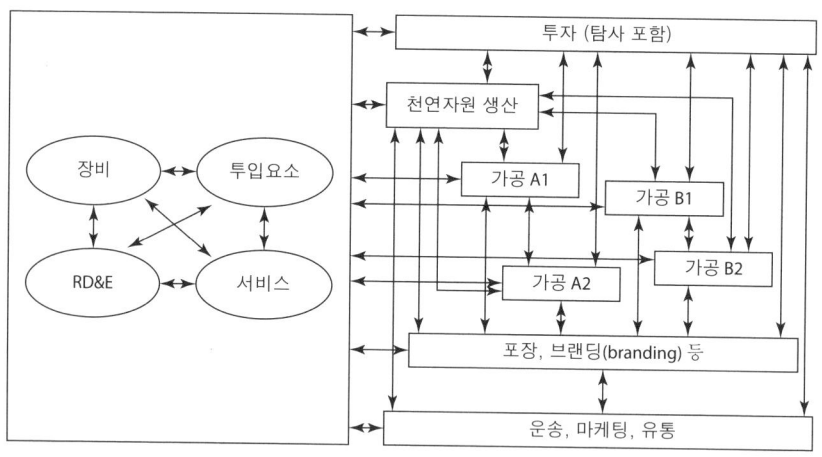

[그림 11.3] 천연자원 기반 네트워크 상의 혁신 상호작용 (자료 : 페레즈 외 2014.)

천연자원 네트워크에서의 혁신동인

성공적인 천연자원 전략에 대한 분석 단위가 전체 네트워크라는 것을 일단 이해하면, 개도국의 이러한 네트워크에서 혁신하는 것을 가능하고 유익하게 하는 새로운 여건들이 있음을 확인할 필요가 있다. 그래야만 각국 또는 지역의 부존 천연자원에 기초한 혁신 집약적인 경로를 추구하는 전략이 현실적으로 보일 수 있다.

현재 천연자원 부문에서 혁신을 주도하는 역동성의 여러 원천을 확인할 수 있다(페레즈, 마린과 나바스-알레만 2014). 일부는 발전을 위한 변화의 요인들로서 이미 논의되고 있다. 그림 11.4에서 볼 수 있듯이, 이러한 요인들은 시장규모의 성장, 시장상황의 변화, 시장 요구사항의 변화, ICT와 기타기술의 발전이라는 네 가지 주요 요인에서 비롯된다.

시장규모의 성장

재료 및 식품에 대한 글로벌 수요의 급속한 증가는 천연자원 생산자들의 전통적인 혁신과제들을 강화한다. 품질이 낮고 접근이 어려운 토지 또는 광물에 도달하는 것은 항상 "개선적remedial" 혁신을 요구하여 왔으며, 한계 공급비용을 높이고 더 좋은 위치에 있는 자원에 혜택을 준다. 그러나 수요가 물리적 공급 한계점에 다다름에 따라 요구되는 혁신노력은 보다 더 복잡해지고, 비용이 더 많이 들며, 글로벌 가격이 변동하는 평균 수준을 높이게 된다4(파로키Farooki와 캐플린스키 2012). 심해 석유가 대표적 사례이고, 수백만 명이 소비 사다리consumption ladder에 들어가면 식량시장들도 점차 비슷한 상황에 맞닥뜨릴 것 같다.

안정적인 수요증가로 인한 가격상승은 새로운 생산기술의 혁신과 기존 생산기술의 생산성 향상을 촉진한다. 아시아의 높은 콩 수요는 아르헨티나와 브라질에서 무경간(無耕墾)농법2)(에크보와Ekboir 2003; 비생Bisang 2008)과 같은 생산방식, 그리고 생명공학을 통한 다양한 종자 품종의 혁신으로 이어졌다(마린과 스투브린

---

2) 밭을 갈아 땅을 뒤집고 섞어주는 경작방식과 다르게 있는 그대로의 땅에 농작물을 심는 기술로서 먼저 볏짚, 나무껍질 등을 땅에 뿌리고 트랙터에 연결한 No-till planter(씨앗을 심는 기계)로 땅위로 지나가면 날카로운 톱니가 그 사이로 씨앗을 부림. 이 농법은 수분과 영양분이 빠져나가거나 잡초가 자라는 것, 그리고 땅의 황폐화를 막는 데 효과가 있음

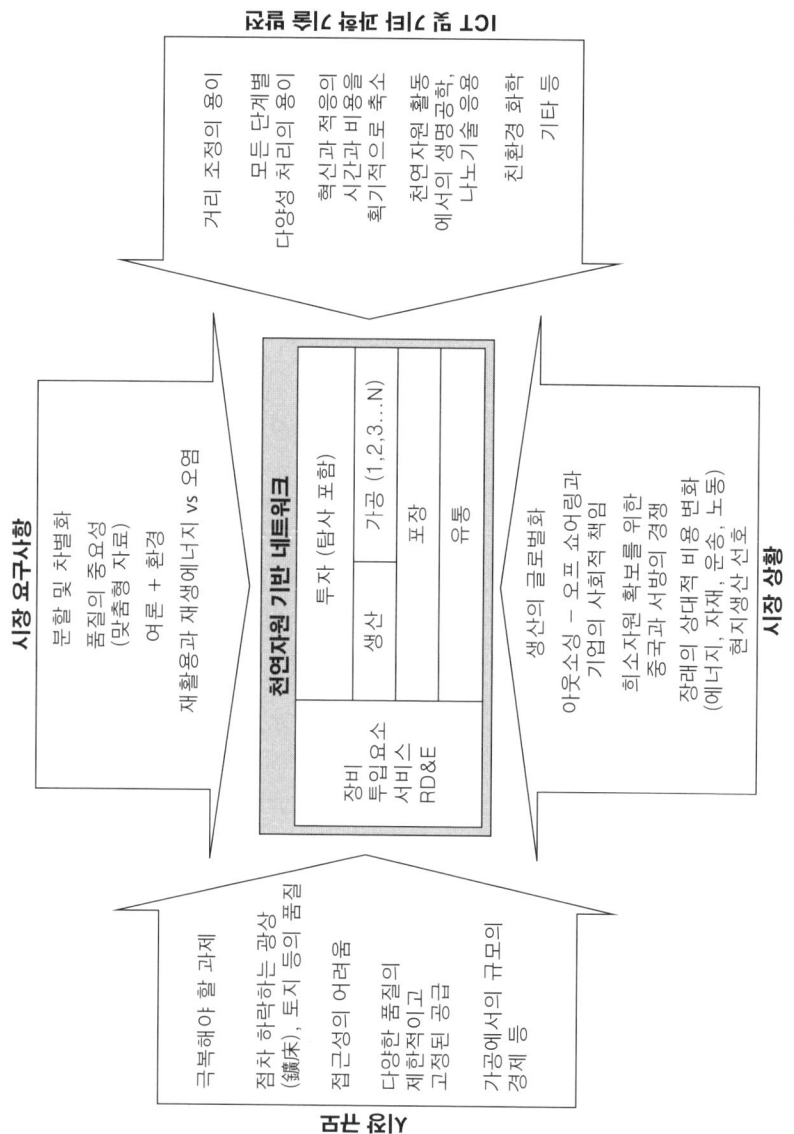

[그림 11.4] 천연자원 네트워크에서의 혁신동인 (자료 : 페레조 외 2014.)

Stubrin 2015). 그것은 또한 중농제medium-scale farming의 전통적인 샤카레로chacarero 농업을 고도로 기술화된 토지임대 생산시스템으로 전환시켰다(비생 2008). 이러한 발전은 토지관리, 관개, 기계화, 잡종hybrid seeds, 그리고 특히 석유화학 비료와 살충제를 통한 대량생산 방법을 개도국에 확대시킨 1960년대의 "녹색혁명green revolution"만큼이나 논란의 여지가 있다. 새로운 도전은 또한 환경적으로나 사회적으로 상서로운 대안으로 이어질 수 있지만, 신기술의 장단점 사이의 균형에 대한 사회적 결정은 논의를 위해 상정될 것이다. 예를 들어, 마린, 스투브린, 밴 좌넨베르그Van Zwanenberg(2014)는 유전자 변형과 교배육종 접근방식을 효과와 함의 측면에서 대안으로 논의한다. 실제 기술변화와 경제발전의 구체적인 방향에 대한 결정은 다양한 사회적 행위자들의 참여를 필요로 한다(스털링Stirling 2008, 2009).

혁신시스템이 기존 관행이나 일반적인 여건에서 벗어나면 특수 장비와 요소들을 개발하는 것이 필요하게 된다. 이는 브라질과 아르헨티나 모두에서 실제로 일어났는데, 양국에선 무경간농법을 위한 장비가 기계 생산자로 하여금 전문파종기, 분무기, 잔류물 관리를 위한 장비를 개발하도록 장려하고 중요한 수출 동인으로 작용하였다(가르시아Garcia 2008). 이러한 발전은 소규모이지만 노르웨이가 심해석유 생산을 위한 장비와 서비스의 전문공급자가 되는 과정과 유사하다. 노르웨이는 1970년대 유가상승 이후 그러한 활동들을 개척했으며, 현재 이 부문에서 세계적인 수출국이다(레스키넨Leskinen, 벡켄Bekken와 라자핀자토브Razafinjatovo 외 2012).

또한 상황이 바뀌어 현지에서 가공하는 것이 선호될 수 있다. 원자재를 운송하는 것이 에너지 및 운송 비용의 상승에 따라 비경제적인 것으로 보이며, 환경정책으로 인해 용납될 수 없는 경우도 있다. 특히 광물의 경우, 원자재 수출은 높은 비율의 폐기물을 포함한다(구리의 경우 통상 폐기물이 70%). 상황과 상대적 비용·가격에서의 변화는 해외 생산자 및 구매자와의 협상을 용이하게 할 것이며, 더 유연한 설비를 구축하도록 현지 투자 및 가공에서의 혁신을 촉진할 것이다. 본질적으로 기초자원 수출이 계속해서 문제국가의 주 소득원이 될 것이지만, 혁신, 투자, 전후방 노하우 축적을 자극하는 일련의 역동적 프로세스는 전체학습 네트워크를 보다 잘 제어하면서 측면의 혁신 가능성을 열며, 유사한 장비 또는 투입 조건들을 갖는 다른 부문들을 개선하도록 한다(워커Walker와 쥬르단Jourdan 2003).

변화하는 시장 요구사항

그러나 수요는 균등하게 증가하지 않는다. 이미 논의한 바와 같이, 모든 시장은 더 높은 또는 다른 품질뿐만 아니라 특정 사용자 요구사항에 대응하면서 여러 틈새시장niche markets으로 나눠지고 있다. 이는 혁신의 가능성을 열어 특별 품목의 비중을 높임으로써 수출조합의 가치를 높일 수 있도록 해준다. 이러한 프리미엄 부문에는 특수 재료와 합금, 전통적 농업의 유기농 제품뿐만 아니라 비표준 제품의 맛을 살리고 내보내는 보존기술의 발전에 기반한 "고급" 과일이 포함될 수 있다.

명품의 비용을 낮추고 표준제품의 품질을 높이는 것은 시장차별화에 있어 많은 대안들 중 하나이다. 브라질은 여러 분야에서 이 경로를 택한 국가들 중 하나이다. 예를 들어 임업 부문에서는 값비싼 마호가니(피구에이레도Figueiredo 2009)처럼 보이게 하는 유칼립투스의 종류와 처리방법을 개발했을 뿐만 아니라 종이 펄프 생산에 있어서도 생산성, 품질 그리고 환경보호에서 개선을 일궈내어 현재는 세계적으로 품질이 으뜸인 국가일 정도다(플린Flynn 2003; 피구에이레도 2009).

ICT가 제공하는 틈새시장 접근 기회는 전통농부에서 혁신적인 첨단기술 기업에 이르기까지 모두에게 열려 있다. 생산 프로세스 상 틈새 요소의 생산자는 인터넷 통신과 유연한 운송시스템 덕택에 분산되어 있는 글로벌 시장을 목표로 할 수 있게 되었다. 소비자 틈새시장 제품은 건강식품 상점, 유기농 시장, 고급 레스토랑, 명품 상점 등 전문매장의 존재와 글로벌 구매사슬, 공정무역 네트워크 등으로부터 추가적인 혜택을 누릴 수 있다. ICT에 의한 조직력은 소량 생산자들이 대량 최종소비자와 공존할 수 있게 해주는데 이는 이전엔 볼 수 없던 광경이다. 예컨대, 스타벅스와 같은 글로벌 커피체인은 안정적인 고품질 커피를 확보하기 위해 여러 국가의 생산자들에게 교육과 보장된 시장과 가격을 제공하면서 그들과 함께 일한다(두다Duda 외 2007).

시장 옵션의 스펙트럼을 변화시킬 추가적·확장적 트렌드는 건강 문제와 사회적·환경적 지속 가능성의 결합이다. 예를 들어, 브라질에서는 유기농 화장품 부문이 이미 그 시장의 10%를 차지하며 수출도 하면서 성장하고 있다(갈바오Galvao 외 2011).

시장상황의 변화

모든 부문에서 혁신을 이끌어내는 또 다른 중요한 특징은 바로 글로벌화인데, 이는 생산지역뿐만 아니라 글로벌 기업과 잠재적 생산자를 위한 기회의 성격을 변화시켰다. 글로벌 기업들은 공장이 위치한 국가들에서 일어나는 혁신을 활용하고 아울러 기술적 전문지식을 필요로 하는 업무들에 대해 기꺼이 계약하려 한다(마린 2007). 대부분의 가공산업이 이용하는 아웃소싱 및 오프쇼어링 프로세스는 글로벌 기업들의 핵심역량core competencies, 높은 역량의 파트너에게 아웃소싱되어야 하는 비핵심적 전문 프로세스noncore specialized process 그리고 품질과 안정적인 전달을 보장하기 위해 면밀한 모니터링 하에서(대부분은 교육이 수반) 여러 공급업체에 아웃소싱될 수 있는 덜 복잡한 프로세스less complex process을 구별하고 있다. 글로벌 기업들은 전체 가치사슬 전반에 걸쳐 최적의 혁신역량과 지속적인 경쟁력을 창출하면서 최저비용으로 최대품질을 달성하는 것을 목표로 한다(프라할라드Prahalad와 하멜Hamel 1990). 따라서 글로벌 기업들의 공간과 행동은 오래된 다국적 기업의 고립된 공간과는 다르며, 지역 생산과 고용을 전후방으로 증가시킬 가능성과 함께 가치 사다리value ladder에 들어가고 올라갈 기회를 제공한다(어언스트와 김 2002; 제레피, 험프레이와 스터전 2005; 나바스-알레만 2011).

가공과 자원 관련 산업에서 있어 구형 모델로부터의 전환은 조립 기반 산업들만큼 멀리 가지 않은 것이 사실이다. 그러나 그것은 시작되었다. 다이아몬드 생산 거대기업인 드비어스De Beers는 보츠와나에 연속적인 가공단계를 아웃소싱하였는데, 이는 아프리카의 현재 성공사례들 중 하나가 되었다(와허스트Warhurst 2008). 칠레의 BHP 빌리턴Billiton은 가장 단순한 서비스에서부터 최첨단 기술에 이르기까지 지역 공급업체들의 네트워크를 구축하고 강화하는데 참여하고 있다[5] (코미시온 미네리나 이 데사롤로 디 칠레Comisión Minería y Desarrollo de Chile 2014). 환경세 그리고/또는 에너지와 운송의 상대적 비용 변화로 인해 더 많은 현지 처리 프로세스가 현실화되면서 외국기업은 생산지에 가치사슬망을 증가시키도록 자극받을 것이다. 게다가 인터넷이 제공하는 투명성은 해외기업으로 하여금 자신이 운영하는 곳의 환경을 무시하는 것을 점점 더 어렵게 하고 있다. 기업의 사회적 책임 corporate social responsibility(CSR)의 경우 적게는 기부 및 복지 프로젝트를 통해 지역사회의 행복well-being에 기여하는 형태이지만 많게는 지역혁신 역량을 향상시켜 자체 직원과 현지국의 인적자본을 키우는 데 도움을 줄 수 있다6.

동시에 지역기업들이 생산 및 글로벌마케팅의 지역 네트워크를 만들면서 세계화될 수 있는 가능성이 점차 커지고 있다. 다시 말하지만, 이는 이미 중남미에서 다양하게 발생했다. 많은 사례 중 하나가 멕시코의 시멘트 대기업인 세멕스Cemex이다. 세멕스는 현재 전 세계 50개국에서 생산하고 있으며, 그 중 약 10개가 중남미에 있다. 또 다른 사례는 브라질 철강회사 게르다우Gerdau이다. 이러한 현상은 아르코르Arcor(아르헨티나), 빔보Bimbo(멕시코), 폴라르Polar(베네수엘라), 노엘Noel(콜롬비아), JBS(브라질) 등 식품산업에 속한 기업들에서도 분명히 나타난다. 천연자원 가공산업에서 그러한 확장은 상황변화의 일부이며, 이전의 현지기업들에 대해서는 혁신적이고 적응할 수 있는 역량을 증가시키도록 요구해왔다.

세계와 지역의 지정학 또한 변화하고 있는데, 이는 보다 효과적인 협상을 위한 기회를 제공한다. 앞서 언급했듯이, 자원 확보를 위한 동서양 간 경쟁은 혁신역량과 더 훌륭한 프로세싱이 투자와 무역 협정에서 달성 가능한 목표가 될 수 있도록 한다. 또한 치몰리Cimoli, 도시Dosi, 스티글리츠(2009)가 제안하고 본문에 나왔던 새로운 글로벌 발전협약과 같은 국제협약들에서 더 큰 잠재력이 있을 지도 모른다. 노동조합에 대한 공식 인정과 그 이후 대량 소비시대의 단체교섭이 생산성과 함께 급여가 상승하고 소비자 수요의 증가를 보장하는 결과를 낳았던 것처럼, 선진국과 글로벌 기업은 역동적이고 진보중인 개도국에서 정교한 장비 및 제품 시장을 갖는 것이 유리하다는 것을 발견할 것이다(페레즈 2013). 그 당시 미국에서는 필요한 변화에 대한 저항이 지금처럼 강했지만, 결국 변화가 이루어졌고 이는 전후 호황을 가져왔다.

환경적인 도전은 모든 부문에서 혁신을 촉진하는 시장상황의 또다른 변화로, 비즈니스와 사회가 운영되는 상황을 변화시키고 대량소비에서 지속 가능성에 이르기까지 "좋은 삶"의 개념을 재정의한다. 기후변화와 지속가능성의 다른 관심사들로 인해 점차 규제가 증가하고 이는 재생 가능한 재료와 에너지, 재활용품, 저에너지 가공, 물기반 화학, 생분해성 소재 및 기타 적응력 부분에서 혁신을 이끌어 내는 요인이 되고 있다. 이러한 혁신은 또한 자원고갈의 위험, 대기와 수질의 오염, 지구온난화의 위협, (유전자 변형작물과 같은) 기술진보의 예측 불가능한 결과에 대한 두려움으로 인해 더 전통적인 채굴업에서 역풍을 맞고 있는 천연자원 산업에 있어 대안적 출구가 될 수 있다. 이러한 발전은 생산성을 높이고 혁신을 통해 공급의 한계를 극복하도록 더욱 자극할 것이다.

ICT와 기타기술의 진보

위의 모든 혁신 동인(動因)들은 현재 기술경제 패러다임의 맥락의 일부로 볼 수 있지만, 대부분 - 특히 시장 규모의 증가와 이에 따른 환경 관련 우려들 - 은 그전에 일어난 패러다임 혁신surges의 결과이다. 하지만 천연자원 산업에 대한 ICT 기술의 직접적인 영향은 많다. 생산과 서비스, 물류, 관리의 조정을 위해 집중적인 소통이 가능한 양방향 네트워크를 구축하는 것은 이제 아주 쉬워졌으며 이는 천연자원 산업에 있어 지역 및 글로벌 네트워크에서 협력할 수 있는 역량을 제공한다. 가축, 유정oil wells, 대규모 농장, 어촌에 대한 원거리 모니터링distance monitoring이 점차 가능해지는 한편, 지능형 제어시스템intelligent control systems이 개발되어 관개, 처리, 분류, 분배에 활용되고 있다. 결과적으로 대량생산의 시대에는 문제가 되었던 수요와 원천의 다양성들과 특이성들이 지금은 ICT로 쉽게 처리된다.

화학, 생명 및 재료 공학 분야에서는 특히 컴퓨터를 활용한 합성기술의 도움으로 고객맞춤화에서 있어 큰 진보가 이루어졌다. 연구와 혁신에 필요한 정보를 수집하고 처리하는 시간과 비용이 크게 절감되었다. 사용자 산업들에 의한 실험적 시제품 설계와 영향 측정의 경우에도 마찬가지일 수 있다. 연구에서 설계, 가공, 유통에 이르기까지의 제품 믹스에서 혁신이 일어날 수 있는데, 이 때 운송, 유통 및 소매 부문의 혁신으로 인해 다수의 목적지와 소량의 주문에 대해서도 수용이 가능하게 되었다.

생명공학과 나노기술은 생물학과 원자재를 다루는 천연자원 산업에 특히 중요하다(헤르난데츠-쿠에바스Hernandez-Cuevas와 팔렌추엘라Palenzuela 2004). 유전자변형작물, 식물의 번식수단으로서의 조직배양, 소와 어류에 대한 백신, 채굴(침출), 기름유출과 수중 기타 오염물질의 분해를 위한 세균 사용은 이미 생물공학이 천연자원에 적용되고 있는 다양한 측면들을 보여주고 있으며, 나노기술은 에너지 절약과 오염감소 표면의 개발, 천연제품의 취급과 포장을 향상시키는 보호용 코팅의 개발과 같이 재료와 가공 분야의 혁신에 기여하고 있다.

현재 생명공학과 나노기술의 진보는 정보처리 능력과 ICT가 제공하는 도구의 정확성에 크게 좌우된다. 그러나 그들은 그들만의 기술혁명을 일으킬 잠재력이 있다. 다음의 기술 패러다임 전환으로 이어질 획기적인 기술은 이러한 기술에서 나올 수 있는 확률이 매우 높다. 이러한 기술들의 발전초기 단계에 참여하는 것은 중남미 국가들로 하여금 이러한 기술이 널리 보급되고 저비용으로 고성장할 때 이들이 중요한 도약을 하는데 좋은 위치에 있도록 해줄 수 있다. 이는 아시아 국가들이 마이크로프로세서, 개인용 컴퓨터, 이동통신, 인터넷이 출현하기 전에 전자 부품과 상품 제조에 대한 초기 참여를 기반으로 성공할 수 있었던 것과 같은 이치이다.

근본적으로, 역동적이고 기술적으로 활발한 전략을 위한 가능한 근거 또는 발판으로서 천연자원을 더 이상 거절할 이유가 없다. ICT는 싱어(1950, 476)가 "천연자원은 직접적인 마샬의 외부경제뿐만 아니라 도시문명과 공존하는 기술지식, 도시교육, 역동성 및 탄력성을 위한 성장점growing points을 제공하지 않는다."라고 기술했던 상황을 천연자원 기반 부문이 극복할 수 있도록 해줬다. 그러나 싱어는 계속해서 다음과 같이 분명히 말했다. "다른 환경 하에서는 상업, 농사, 대규모 농장농업이 그러한 '성장점'이 될 수 있음에 의문의 여지가 없었다." 확실히 새로운 실현가능 기술들과 글로벌 시장상황은 산업화에서 새로운 도약의 발판으로 사용될 수 있는 천연자원에 대한 새로운 가능성을 제공한다. 이는 (1) 소비재 대량생산에서 아시아 국가와 경쟁하기가 어렵다는 점과 (2) 동일한 국가들에서 기본적이고 전문화된 산업 투입요소와 식량에 대한 수입 수요가 증가하고 있다는 점을 고려하면 더욱 의미가 있다(캐플린스키 2005). 이러한 수출시장들은 기본 원자재에서부터 점증하고 있는 차별화되고 적응력이 있는 고부가가치 제품까지 전체 범위에 걸쳐 공급될 수 있다.

이중 통합 전략

중남미를 위한 천연자원 기반의 전략을 고려함에 있어 당장 떠오르는 우려는 지역을 특징짓는 소득 양극화 상황 하에서 충분한 고용을 창출하고 빈곤을 완화할 수 있는 능력이다. 가공산업과 혁신활동은 조립생산만큼 노동집약적이지 않으며, 점점 더 유능한 직원을 필요로 한다. 따라서 그들에 기반을 둔 전략은 참여자들의 수입증가와 삶의 질 향상을 보장하지만, 투자 단위당 일자리 창출에는 그리 효과적이지 않을 것이다. 이러한 산업은 (격차 해소를 위해 중요한) 경제 성장과 인적·기술 자본의 축적 모두에 기여할 수 있지만, 빈부 격차와 실업을 줄이고 빈곤을 극복하는 데는 충분치 못하다.

1980년대의 "잃어버린 10년" 동안 중남미에서 빈곤과 실업이 악화되면서 사회적 불만과 분노, 변화에 대한 열망이 증가했다. "낙수trickle down" 효과가 "모든 보트를 끌어올리는" 능력을 증명하지 못했기 때문에 문제를 직접 해결할 필요성이 제기되었다. 새롭고 양질의 생산성 높은 고용보다 소득재분배와 서비스 또는 정부 관련 직업을 기준으로 볼 때 최근 몇몇 국가에서의 개선이 있었지만 충분치 못한 상황이다. 어떠한 효과적인 발전전략에 있어서도 정책 개선은 반드시 필요하다. 그렇게 하지 않을 경우 사회적으로 받아들여질 수 없으며 정치적으로도 불안정해지게 된다.

이는 2개의 보완적이고 동시적인simultaneous 정책수립의 필요성을 제안한다. 그림 11.5에서 볼 수 있듯이 하나는 경제성장의 목표와 글로벌 포지셔닝을 갖춘 하향식top-down 접근법이며, 다른 하나는 완전고용과 모두의 복지를 보장하는 상향식bottom-up 접근법이다.

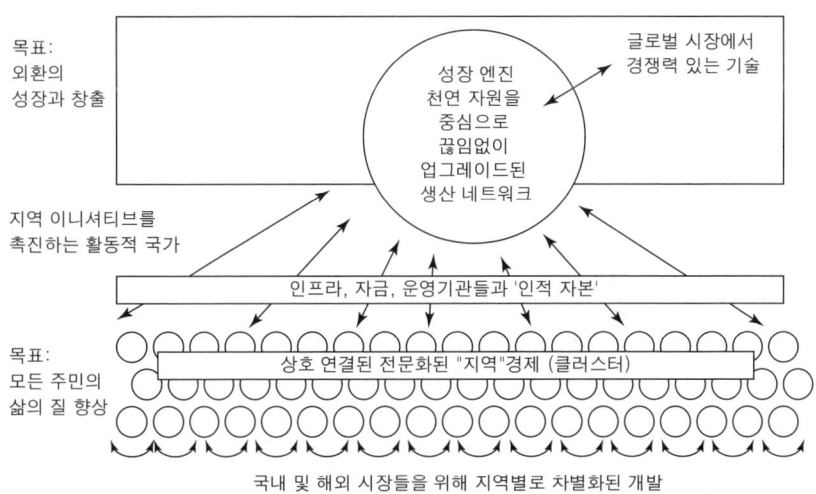

[그림 11.5] 이중통합전략 : 상향식과 하향식

이 두 갈래의 접근법은 새로운 글로벌 상황에 의해 가능하게 된 이중통합모델dual integrated model(페레즈 2010a)이라고 할 수 있다. 전략의 하향식 부분은 글로벌 경쟁력을 겨냥하여 기술숙달과 심도있는 전문화를 달성하는 방향으로 나아갈 것이다. 관련 산업(다각적인 천연자원 네트워크)은 경제성장 엔진인 동시에 외환보유고의 주요 원천이 될 것이다. 전략의 상향식 부분은 지방 또는 지역적, 국가 또는 전 세계적으로 어떤 시장이 가장 적합한지를 염두에 둔 차별적 발전과 영토의 모든 구석에서 富의 창출 활동을 촉진하는 것을 포함한다. 여기서 주요 목적은 모든 시민의 삶의 질을 높이는 것이다. 그러나 이러한 상향식 생산 활동은 현지 장점local advantages 기반으로 한 틈새시장을 겨냥한 전문 "클러스터"내에 존재하기 때문에, 결과적으로 그것은 천연자원 네트워크에 피드백되어 끊임없이 천연자원 관련 생산활동을 개선하도록 장려할 것이다. 이러한 유형의 상향식 혁신은 공정거래협동조합Fair Trading cooperatives, 기타 현지의 네트워크화된 시민사회 이니셔티브에서부터 가난한 농부들에게 기술을 제공하는 지역 개발(깁손Gibson 2005) 또는 모바일 뱅킹, 분산형 에너지와 같은 현대 인프라의 진보(머레이Murray 2012) 등의 분야에서 이미 수시로 발생하고 있다. 즉, 비록 첫 번째 영역에서는 경쟁력이 목표이고 두 번째에서는 그것이 수단이지만, 이중 전략은 성장과 혁신의 수렴 과정을 촉진하면서 사회적 불평등에 대처할 수 있다. 이러한 이중전략을 통해 자원 집약적인 산업화 프로세스가 경제성장뿐만 아니라 바라건대 농촌인구의 도시빈민가로의 유입을 막으며 농촌을 포함한 사회전반에 걸쳐 완전고용을 달성하고 생활수준을 향상시킬 수 있다.

이러한 이중전략은 시장만으로는 성취될 수 없고 그렇다고 정부에 의해 효과적으로 강요될 수도 없다. 이는 끊임없는 혁신과 유연성을 요구하는 현재의 패러다임에서는 더더욱 그렇다. 이 모델은, 자율적으로 행동하나 공통의 전략적 방향을 따르는 변화의 다양한 에이전트들agents과 함께, 적절하고 효과적인 제도적 틀을 제공할 수 있는 적극적 정부에 의해 통합되어진 '사회적 공유비전socially shared vision'으로서만 제대로 기능이 발휘될 수 있다. 이행은 합의된 방향으로 시장 행동을 유도하고 촉진하는 후속의 정책적 조치뿐만 아니라 기업, 정부, 대학 및 사회를 포괄하는 합의 구축과정을 필요로 한다(스털링 2008, 2009).

또한 이중모델은 각 참여집단에 대해 적절한 지원을 제공하는 제도적 혁신과 다양한 기관을 필요로 한다. 하향식 접근법은 '묻혀진 자율성embedded autonomy'의 과정을 의미하며, 여기서는 최고 수준의 공공 및 민간 행위자가 전략적으로 협력하여 국제적 협상 등 전체 네트워크에 영향을 주는 합의된 결정을 도출하게 된다(에반스Evans 1995; 로드릭Rodrik 2004). 이에 반해 상향식 접근법은 훈련(코칭), 자금지원과 더불어, 전문인력의 직접적 지원을 받아 적절한 생산과 마케팅 활동을 파악, 촉진, 용이하게 하는 지역 차원의 기관을 필요로 한다. 따라서 이중모델은 양쪽 모두에 대한 적절한 지원 제공과 동시에 모두에게 유익한 인프라와 인적 자본에 관한 관습적인 활동에도 참여하는 정부의 이중적 역할을 함의하고 있다.

생존의 조건: 도전과 장애물

이 장에서는 다음 세 가지 주요 질문에 답하고자 노력하였다. 천연자원이 역동적인 혁신 전략을 유지시킬 수 있는가? 개도국이 이 기회를 이용하기 위해 혁신할 만한 조건들이 있는가? 그리고 만약 그들이 그렇게 한다면, 국가들이 그들을 성장과 사회 발전의 발판으로 삼을 수 있는 수출 경로와 시장이 존재하는가? 세 가지 경우에 대한 대답은 모두 긍정적이었다. 기회가 존재하며, 천연자원 기반 산업화 전략을 고려하는 것은 기술적으로나 경제적으로 실행 가능하다. 그러나 다음 질문은 훨씬 복잡하고 대답하기가 어렵다. 중남미 국가들은 그러한 전략을 수립할 준비가 되어있고 수립할 능력이 있는가? 그리고 그들이 성공할 수 있는 유리한 사회정치적 상황이 존재하는가?

어떤 발전전략도 간단하거나 쉽지 않다. 이중발전모델에 의해 제시된 도전들은 다음과 같이 중대하다: 다른 잠재적 채택자들adopters과의 경쟁을 포함한 장애물들; 천연자원에 관련된 전통적 리스크, 지속가능성과 관련된 많은 새로운 리스크; 기존 권력구조와의 충돌; 그리고 새로운 전략적 방향에 대한 정치적 의지와 공감대 형성의 어려움 등이다. 심지어 시행 이전에도 공통의 전략적 방향에 대한 합의를 설계하고 구축하기 위해, 그리고 적절한 정책의 자극과 지원을 고안하고 구현하기 위해서는 기술·사회적 역량과 과감한 제도 혁신이 필요하다.

그러나 이 모두가 불가능하지는 않다. 사실 이는 모든 기술경제 패러다임의 특징, 즉, 불가능해 보이는 것을 상식적인 관행으로 만드는 것, 이기도 하다. 적절한 제도와 정책의 수립은 정치적 의지를 구축하는 데 있어 필수적인 요소라 할 수 있다. ISI 모델을 설정할 때, 라울 프레비쉬Raul Prebisch는 (처음엔 CEPAL에서, 그 다음엔 UNCTAD에서) 수많은 공무원에 대한 교육 등 광범위한 국제협상과 자문 지원 프로그램을 시작했다(도스만Dosman 2008). 이 경우 누적된 역량의 상당부문은, 특히 천연자원 생산과 수출에 종사하는 회사와의 거래와 관련된 하향식 활동들에, 이미 존재한다. 하지만 전략의 상향식 부분을 돕기 위해 컨설턴트를 대규모로 훈련시키는 지역 프로그램은 반드시 필요하다.

이중도약을 위한 적절한 역량과 비전의 필요성

기존 상황에 대한 적절한 대응이었지만 중남미에서 미래성장을 위한 기반을 마련하지 못했던 ISI와는 달리, 이번 전략의 가능성은 중남미 대륙이 두 단계에서 발전으로 도약할 수 있는 잠재력을 부여한다는 것이다. 기술 패러다임 전환의 본질로 인해 중남미 국가들은 현재 천연자원 생산자를 위한 기회의 창을 활용하여 성장할 수 있으며, 미래의 분야(생명공학, 나노기술, 생물전자공학, 신소재, 녹색화학 등)에서 역량과 기업 및 기술 개발, 글로벌 네트워크 구축을 통해 다음의 기술혁명으로 도약할 준비를 할 수 있다.

미세전자학과 관련된 기회 공간이 이미 왔다가 가버렸기에 아시아의 성공사례가 반복될 수는 없듯이, 천연자원과 관련한 가공 산업에서의 현재 기회의 창 또한 지나갈 것이며 새로운 것이 올 것이다.

아시아에서 일어났던 일은 다음과 같다: ISI와 대량생산에서의 수출에서 출발하여 ICT 혁명에서 세계화를 활용하는 방향으로 전개되었다. 그러나 아시아와 동등한 수준을 달성하려면 모든 수준과 모든 단계에서 훈련, 교육, RD&E, 혁신적인 협력에 대한 집중적인 노력이 필요하다. 이 장에서는 현재 상황적 조건들이 준비되었다고 주장하지만, 중남미 국가들이 이미 사회적 역량들을 가지고 있는지 또는 이러한 복잡한 노력을 수행하기 위해 진지하게 그것을 획득하려는 의지가 있는지 여부는 여전히 의문으로 남아있다.

예상되는 경쟁에 직면하여

논의되는 기회의 창은 일정 수준의 비즈니스와 기술역량을 갖춘 모든 자원 국들에 열려있다. 그리고 이중모델전략은 다른 주체들도 적용할 수 있는 전략이다. 실제로 이러한 자원을 필요로 하는 기업들과 국가들 사이, 그리고 생산자들 중에서 전 세계적 규모의 경쟁이 있을 가능성이 높다. 이처럼 경쟁이 치열한 분야에서는, 더 역동적인 수요와 높은 가격의 자원을 보유한 이들뿐만 아니라 아마도 생산, 협상, 네트워킹, 혁신을 위한 기본기술과 사회적 역량을 이미 획득한 이들에게 이점이 돌아갈 것이다. 세계경제 성장의 "핫스팟hot spots"에는 경로 의존적인 특성이 존재한다. 이 장에서 주장한 바와 같이, 이러한 측면에서 중남미는 튼튼한 기반을 가지고 있다. 동시에 자원의 다양성은 각기 다른 경쟁환경을 초래할 것이며, 이 모든 경우에 있어 선도자에 돌아가는 이익을 과소평가하지 않는 것이 중요하다. 처음으로 투자자들을 유인한 국가들, 기술을 가지고 온 동맹국들, 학습과 혁신에 더 집중적으로 참여하는 이들은 역동적인 이점들을 얻어 더 나은 경쟁적 지위에 위치하게 된다.

전통적인 장애물과 새로운 불확실성

물론 이러한 전략을 수립하는 데는 많은 위험이 도사리고 있다. 장애물과 불확실성이 많다. 원자재와 가공제품의 가격 변동성은 부정적인 영향을 최소화하려는 국가정책뿐만 아니라 아마도 결연한 국제공조를 정당하게 만들 것이다. 투자잠재력과 수출경쟁력에 영향을 미치는 소위 네덜란드 질병은 새로운 시장여건에서도 여전히 직면해야 할 문제이다. 이 문제를 해결하려면 (아마도 그들 또한 선진국들과 연합하여) 투명성 메커니즘을 통해 부패행위를 막는 것과 함께 잘 고안된 "지대 관리rent management" 정책을 필요로 할 수 있다.

기후변화와 관련하여 새로운 불확실성이 나타나는데, 이는 혁신을 위한 여지를 만들어 주지만 농업자원에 부정적인 영향을 줄 것으로 보인다. 마찬가지로 환경 정책은 특정 지역에선 새로운 가능성을 열어주지만 다른 지역의 수요에 영향을 미칠 수 있다. 자원의 과잉개발에 대한 위협은 항상 존재하지만, 생명공학과 기타 급진적인 혁신은 해결책(새로운 위험을 수반할 수 있음)을 제시한다. 이러한 모든 지속가능성 이슈들은 또한 천연자원의 사용에 대한 반발로 이어질 수 있기에 어떠한 자원기반 전략이라도 이런 타당한 우려와 이에 대한 여론을 고려해야 할 것이다.

정치적, 정책적 도전

어떠한 새로운 전략도 내부적으로나 외부적으로 정치영역 전반에 걸쳐 정치적 저항에 부딪칠 것이다. 여기에서 권고하는 전략은 산업정책의 전문화되고 고립된 요소보다 성장 및 발전 정책의 중심에 혁신을 두는 개념적 변화를 요구한다는 부가적 고충을 담고 있다(마추카토Mazzucato와 페레즈 2014). 현실적인 관점에서 보면, 이것은 과학기술 안건을 의회 또는 부처의 변두리에서 전략의 중심으로 이동시켰다는 것을 의미한다. 마찬가지로 훈련과 교육정책은 양적 노력에서, 공공 및 민간 부문 간 긴밀한 협력과 해외로부터 습득한 필요지식을 활용하기 위한 의지와 함께 훨씬 더 복잡하고 "임무 지향적mission-oriented"인 노력으로의 전환이 필요하다(마추카토와 페나Penna 2015). 4대 아시아 호랑이의 성공에서 배울 수 있는 시대를 초월한 교훈이 하나 있다면, 내부(회사 내)와 외부(공공과 민간의 교육·훈련 시스템) 모두에서 학습을 강조한 것이다.

지역마다 다른 수준으로 발생하는 부패의 위험이 없더라도 이해상충conflicts of interest은 항상 존재하며, 이는 덜 발달된 민주적 체계와 더 정치화되고 덜 안정적이며 덜 기술적인 공공부문을 지닌 국가들에서 특히 그렇다. 천연자원 부문을 통제하는 전통적 그룹들을 설득하는 것은 일부 지역에서 어려울 수 있으며, 모든 글로벌 기업들이 그런 전략에 참여할 준비가 되어 있는 것도 아니다. 이러한 제약들에 직면하여 기업과 사회 간의 포지티브섬positive-sum 게임을 달성하는 것은 주요한 도전이 될 것이다.

또한, 특히 천연자원과 관련된 모든 전문화 전략들은 규모와 가격에 있어 시장위험에 직면하게 되며, 향후 추세에 대한 모니터링과 현명한 헤징을 필요로 한다.

그럼에도 불구하고 모든 성공적인 전략은 현재의 기회를 이용하면서 도전과 위험에 직면하는 것을 포함한다. 본 장의 목적은 (1) 천연자원에 대한 가치 네트워크에서 혁신하여 발전을 위한 플랫폼을 구축할 가능성은 새로운 시장환경에서 존재한다는 점, (2) "천연자원의 저주"의 원천들은 전략적 정책들을 통해 해결될 수 있다는 점을 주장하는 것이었다. 천연자원 생산 네트워크와 이들의 전후좌우 다중 연결망은 고수익성의 혁신 공간을 제공하며, 세계 경제의 트렌드를 볼 때 이는 확산될 일만 남아있다. 하지만 적절한 인식과 안전장치의 마련 없이는 전략에 내포된 결점과 위험은 확대될 것이다. 그 중 가장 큰 위험은 중남미 국가들이 기회를 놓치는 것, 즉 현재 열린 기회의 창을 무시하고 발전으로 이중 도약할 가능성을 거부하는 것이다.

주 석

이 원고의 편집과 준비에 도움을 준 탐신 머레이-리치Tamsin Murray-Leach와 코멘트를 준 카에타노 페나Caetano Penna에게 감사드린다.

영국 런던(LSE) 센테니얼Centennial 교수, 에스토니아 탈린 공과대학 넉시 기구Nurkse Institute의 기술·발전 분야 교수, 영국 서섹스 대학교 SPRU 명예 교수

1. 이 장에서 산업과 산업화라는 용어는 조립에 의한 제조, 제작이라는 의미의 좁은 개념을 넘어 가공산업뿐만 아니라 하이테크 서비스, 일반적으로 모든 단계의 기술진보와 관련된 모든 활동까지 포함하는 의미를 담고 있다.
2. 이 정책은 아프리카에서도 시행되었지만 그 국가들이 충분히 혜택을 누리기엔 너무 늦었다.
3. 라틴 아메리카에서, ISI 기간 동안의 관세 수준은 관습상 동등한 제품을 생산하는 현지 비용과 관련하여 계산되었으므로 혁신은 물론 생산성 증가에 따른 인센티브도 없었다. 모델이 1970년대 중반 수출 진흥으로 옮겨가면서 보조금들은 유사한 방식으로 계산되었으며 시간 경과에 따라 줄어들지도 않았다.
4. 이 효과는 금융투기financial speculation에 의해 야기된 것과는 구분되어야 한다.
5. 세계적 수준의 광업 서비스들을 증대시키는 이러한 관행은 현재 칠레의 국가 전략이 되었다 (코르포Corfo 2014).
6. 일례로 베네수엘라의 산타 테레사 럼Santa Teresa Rum 회사의 알카트라즈 프로젝트Alcatraz Project를 들 수 있다. 이 프로젝트는 마약과 폭력에 빠져있던 수백 명의 젊은이들을 훈련시켜 건설 현장이나 공장에서 일할 수 있도록 하였으며 럭비팀을 만들어 국제경기에 참가토록 하는 한편 생산활동과 여러 형태의 사회통합에 지역 여성들을 참여시킴으로써 상대적으로 가난한 중부 골짜기 계곡의 분위기를 변화시켰다. 이 프로젝트는 너무 성공적이어서 몇몇 국제 및 지역 기구의 지지를 얻으며 계속해서 활동을 확장하고 있다.
    http://www.fundacionsantateresa.org/inicia_pa.php?lang=esp. 참조

참고 문헌

Acemoglu, D., S. Johnson, and J. Robinson. 2002. "Reversal of Fortune: Geography and Institutions in the Making of the Modern World Income Distribution." *The Quarterly Journal of Economics* 117 (4): 1231-94.

Amsden, A. H. 1989. *Asia's Next Giant: South Korea and Late Industrialization.* New York: Oxford University Press

Anderson, C. 2006. *The Long Tail: Why the Future of Business is Selling More of Less.* New York: Hyperion.

Auty, R. 1990. *Resource-Based Industrialization: Sowing the Oil in Eight Developing Countries.* Oxford: Clarendon Press.

――. 1993. *Sustaining Development in Mineral Economies: The Resource Curse Thesis.* London: Routledge.

Bell, M., and K. Pavitt. 1993. "Technological Accumulation and Industrial Growth: Contrasts Between Developed and Developing Countries." *Industrial and Corporate Change* 2(2): 157-211.

Bell, R. Martin. 2006. "How Long Does It Take? How Fast Is It Moving (if at All)? Time and Technological Learning in Industrialising Countries." *International Journal of Technology Management* 36(1/2/3): 25-39.

Bisang, R. 2008. "The Argentine Agricultural Scene: Recent Changes, Future Challenges and Latent Conflict (ARI)." November. Real Instituto Elcano. http://www.realinstitutoelcano.org/wps/portal/rielcano_eng/Content?WCM_GLOBAL_CONTEXT=/Elcano_in/Zonas_in/Latin+America/ARI 111-2008. Accessed on July 7, 2009.

Cimoli, M., G. Dosi, and J. Stiglitz. 2009. "The Future of Industrial Policies in the New Millennium: Toward a Knowledge Centered Development Agenda." In *Industrial Policy and Development,* ed. M. Cimoli, G. Dosi, and J. Stiglitz, 541-60. Oxford: Oxford University Press.

Comisión Minería y Desarrollo de Chile, eds. 2014. "Minería, Una Plataforma de Futuro para Chile." Consejo Nacional de Innovación para el Desarrollo, Gobierno de Chile, Diciembre 2014. http://www.economia.gob.cl/wp-content/uploads/2014/12/Mineri%CC%81a-Una-Plataforma-de-Futuro-para-Chile.pdf.

Corfo. 2014. "Programa Proveedores de Clase Mundial: Cat?logo de Proyectos 2013-2014." Corfo, Gobierno de Chile. http://catalogo.corfo.cl/cgi-bin/koha/opacdetail.pl?biblionumber=4223&shelfbrowse_itemnumber=4373#shelfbrowser.

Dobbs, R., J. Oppenheim, F. Thompson, M. Brinkman, and M. Zornes. 2011. *Resource Revolution: Meeting the World's Energy, Materials, Food and Water Needs.* London: McKinsey Global Institute, McKinsey and Co.

Dore, R. 1989. "Latecomers' Problems." *The European Journal of Development Research* 1(1): 100-07.

Dosman, Edgar J. 2008. *The Life and Times of Raul Prebisch, 1901-1986.* Kingston, Montreal: McGill-Queen's University Press.

Duda, S., L. James, H. Lee, Z. Mackwani, R. Munoz and D. Volk 2007. "Starbucks Corporation: Building a Sustainable Supply Chain." Stanford Graduate School of Business. HBS Case studies.

Ekboir, J. 2003. "Research and Technology Policies in Innovation Systems: Zero Tillage in Brazil." *Research Policy* 32(4): 573-86.

Ernst, D., and L. Kim. 2002. "Global Production Networks, Knowledge Diffusion, and Local Capability Formation." *Research Policy* 14: 1417-29.

Evans, P. 1995. *Embedded Autonomy: States and Industrial Transformation.* Princeton, N.J.: Princeton University Press.

Farooki, M. Z., and R. Kaplinsky. 2012. *The Impact of China on Global Commodity Prices: The Global Reshaping of the Resource Sector.* London: Routledge.

Figueiredo, P. 2009. "Industrial Policy, Innovation Capability Accumulation and Discontinuities." Paper presented at the Copenhagen Business School Summer Conference, June 17-19.

Flynn, B. 2003. "Eucalyptus: Having an Impact on the Global Solid-Wood Industry." *Wood Resources International.* http://www.wri-ltd.com/marketPDFs/Eucalyptus.pdf. Accessed on July 19, 2009.

Freeman, C., and F. Louçá. 2001. *As Time Goes by: From the Industrial Revolutions to the Information Revolution.* New York: Oxford University Press.

Freeman, C., and C. Perez. 1988. "Structural Crises of Adjustment: Business Cycles and Investment Behaviour." In *Technical Change and Economic Theory,* ed. Dosi et al., 38-66. London: Pinter.

Galváo, A., M. Juruá, L. Esteves, and F. Castanheira. 2011. "The Amazon Region and the Use of Its Biodiversity." Sectorial Report for the IDRC project. From *Opening up Natural Resource-Based Industries for Innovation: Exploring New Pathways for Development in Latin America.* https://dl.dropboxusercontent.com/u/29408306/NR%20Project_Sectorial%20Report_Brazil.pdf.

Garcia, G. 2008. "The Agricultural Machinery Industry in Argentina: From Restructuring to Internationalization?" *CEPAL Review* 96: 223-39.

Gereffi, G., J. Humphrey, and T. Sturgeon. 2005. "The Governance of Global Value Chains." *Review of International Political Economy* 12(1): 78-104.

Gerschenkron, A. 1962. "Economic Backwardness in Historical Perspective." In *Economic Backwardness in Historical Perspective,* 5-30. Cambridge, Mass.: Belknap Press.

Gibson, A. 2005. "Bringing Knowledge to Vegetable Farmers: Improving Embedded Information in the Distribution System." *The KATALYST Cases*, Case Study Number 1. http://www.springfieldcentre.com/wp-content/uploads/2012/10/sp0502.pdf.

Goldemberg, J. 2011. "Technological Leapfrogging in the Developing World." *Georgetown Journal of International Affairs*, 12(1): 135-41.

Gylfason, T., T. Tryggvi, and Z. Gylfi. 1999. "A Mixed Blessing: Natural Resources and Economic Growth." *Macroeconomic Dynamics 3* (June): 204-25.

Hernandez-Cuevas, C., and Pablo Palenzuela. 2004. "Strategies to Capture Biotechnology Opportunities in Chile." *Electronic Journal of Biotechnology* 7(2): 174-90.

Jaffee, S., and O. Masakure. 2005. "Strategic Use of Private Standards to Enhance International Competitiveness: Vegetable Exports from Kenya and Elsewhere." *Food Policy* 30(3): 316-33. http://www.sciencedirect.com/science/article/pii/S0306919205000333-aff2.

Kaplinsky, R. 2005. *Globalisation, Poverty and Inequality: Between a Rock and a Hard Place*. Cambridge: Polity.

Leskinen, O., P.K. Bekken, H. Razafinjatovo, and M. Garcia. 2012. *Norway Oil and Gas Cluster: A Story of Achieving Success Through Supplier Development*. Boston, Mass.: Harvard Business School.

Lundvall, B.-A. 2007. "National Innovation Systems - Analytical Concept and Development Tool." *Industry and Innovation* 14(1): 95-119.

Marichal, C. 1988. *A Century of Debt Crises in Latin America*. Princeton, N.J.: Princeton University Press.

Marin, A. 2007. "Thinking Locally: New Approaches to Foreign Direct Investment." *SCi-DEV*, 1 January. http://web.scidev.net/en/policy-briefs/thinking-locally-new-approaches-to-foreign-direct-.html.

Marin, A., L. Navas-Aleman, and C. Perez. 2010. "The Possible Dynamic Role of Natural Resource-Based Networks in Latin American Development Strategies." *Globelics Working Paper* 43-1, April. http://umconference.um.edu.my/upload/43-1/papers/292%20AnabelMarin_LizbethNavas-Aleman_CarlotaPerez.pdf.

Marin, A., L. Navas-Aleman, and C. Perez. 2015. "Natural Resource Industries as a Platform for the Development of Knowledge Intensive Industries" in *Tijdschrift Voor Economische en Sociale Geografie (Journal of Economic and Social Geography)*, 106 (2):154-68.

Marin, A., and L. Stubrin. 2015. "Innovation in Natural Resources: New Opportunities and New Challenges. The Case of the Argentinian Seed Industry." *UNU-Merit Working Paper*, Maastricht. http://www.merit.unu.edu/publications/wppdf/2015/wp2015.015.pdf. Accessed February 2015.

Marin, A., L. Stubrin, and P. Van Zwanenberg. 2014. "Developing Capabilities in the Seed

Industry: Which Direction to Follow?" *SPRU Working Paper Series*, SWPS 2014-12, June 2014. https://www.sussex.ac.uk/webteam/gateway/file.php?name=developing-capabilities-in-the-seed-industry.pdf&site=25. Accessed February 2015.

Mazzucato, M., and C. C. R. Penna, eds. 2015. *Mission-Oriented Finance for Innovation: New Ideas for Investment-Led Growth.* London: Policy Network.

Mazzucato, M., and C. Perez. 2014. "Innovation as Growth Policy: The Challenge for Europe." In *The Triple Challenge: Europe in a New Age,* eds. J. Fagerberg, S. Laestadius, and B. Martin. London: Oxford University Press, chap. 9, pp. 227-62 [early version as SPRU *Working Paper Series* SWPS 2014-13, July 2014. https://www.sussex.ac.uk/webteam/gateway/file.php?name=2014-13-swps-mazzucato-perez.pdf&site=25.

Morris, M., R. Kaplinsky, and D. Kaplan. 2012. "' One Thing Leads to Another' - Commodities, Linkages and Industrial Development." *Resources Policy* 37(4): 408-16.

Murray, R. 2012. "Global Civil Society and the Rise of the Civil Economy." In *Global Civil Society* 2012, ed. Helmut Anheier, Marlies Glasius, and Mary Kaldor. London: Palgrave Macmillan.

Navas-Aleman, L. 2011. "The Impact of Operating in Multiple Value Chains for Upgrading: The Case of the Brazilian Furniture and Footwear Industries." *World Development* 39(8): 1386-97.

Nurkse, R. 1958. "The Quest for a Stabilization Policy in Primary Producing Countries." *Kyklos,* 11(2): 139-265.

Perez, C. 1985. "Microelectronics, Long Waves and Structural Change: New Perspectives for Developing Countries." *World Development* 13(3): 441-63.

———. 2001. "Technological Change and Opportunities for Development as a Moving Target." *CEPAL Review* 75 (December): 109-30.

———. 2002. *Technological Revolutions and Financial Capital: The Dynamics of Bubbles and Golden Ages.* Cheltenham: Elgar.

———. 2008. "A Vision for Latin America: A Resource-Based Strategy for Technological Dynamism and Social Inclusion." *Globelics* Working Paper No. 2008-04. http://dcsh.xoc.uam.mx/eii/globelicswp/wp0804-en.pdf.

———. 2010a. "Dinamismo tecnológico e inclusión social en América Latina: una estrategia de desarrollo productivo basada en los recursos naturales." *Revista* CEPAL 100: 123-45.

———. 2010b. "Hacia la PYME latinoamericana del futuro: Dinamismo Tecnológico e Inclusión Social." In *SELA: PYMES como factor de integración: 35 años de esfuerzo continuo del SELA,* 111-23. Barquisimeto, Venezuela: Editorial Horizonte.

———. 2013. "Unleashing a Golden Age After the Financial Collapse: Drawing Lessons from History." *Environmental Innovation and Societal Transitions* 6: 9-23.

Perez, C., and L. Soete. 1988. "Catching Up in Technology: Entry Barriers and Windows of Opportunity." In *Technical Change and Economic Theory*, eds. G. Dosi et al., 458-79. London: Pinter.

Perez, C., A. Marin, and L. Navas-Aleman. 2014. "The Possible Dynamic Role of Natural Resource Based Networks in Latin American Development Strategies." In *National Innovation Systems, Social Inclusion and Development*, eds. G. Dutrenit and J. Sutz, 380-412. Cheltenham: Elgar.

Prahalad, C. K., and G. Hamel. 1990. "The Core Competence of the Corporation." *Harvard Business Review*, May-June: 79-91. https://hbr.org/1990/05/the-core-competence-of-the-corporation.

Prebisch, R. 1950. "The Economic Development of Latin America and Its Principal Problems." United Nations Dept. of Economic Affairs.

———. 1951. *Estudio Económico de América Latina 1949*. New York: CEPAL.

Reinert, E. S., ed. 2004. *Globalization, Economic Development and Inequality: An Alternative Perspective*. Cheltenham: Elgar.

Rodrik, D. 2004. "Industrial Policy in the Twenty-First Century." *KSG Working Paper* No. RWP04-047.

Sachs, J., and A. Warner. 1995 (revised 1997 and 1999). "Natural Resource Abundance and Economic Growth." *National Bureau of Economic Research*. Working Paper No. 5398.

———. 2001. "The Curse of Natural Resources." *European Economic Review* 45(4/6): 827-38.

Singer, H. 1949. "Economic Progress in Underdeveloped Countries." *Social Research: An International Quarterly of Political and Social Science* 16(1): 9-11.

———. 1950. "The Distribution of Gains between Investing and Borrowing Countries." *American Economic Review* 44(2): 473-85.

———. 1975. *The Strategy of International Development: Essays in the Economics of Backwardness*. White Plains, N.Y.: International Arts and Sciences Press.

Stevens, P., and E. Dietsche. 2008. "Resource Curse: An Analysis of Causes, Experiences and Possible Ways Forward," *Energy Policy* 36(1): 56-65.

Stirling, A. 2008. " 'Opening Up' and 'Closing Down' Power, Participation, and Pluralism in the Social Appraisal of Technology." *Science, Technology & Human Values* 33(2): 262-94.

———. 2009. "Direction, Distribution and Diversity! Pluralising Progress in Innovation, Sustainability and Development." *STEPS Working Paper*, vol. 32.

The Economist. 1977. "The Dutch Disease." November. 26: 82-83.

Torvik, R. 2002. "Natural Resources, Rent Seeking and Welfare." *Journal of Development Economics* 67: 455-70.

Urzúa, O. 2012. "Emergence and Development of Knowledge-Intensive Mining Services (KIMS)." *Working Papers in Technology Governance and Economic Dynamics,* No. 41. The Other Canon Foundation and Tallinn University of Technology.

Wade, R. H. 1992. "East Asia's Economic Success: Conflicting Perspectives, Partial Insights, Shaky Evidence." *World Politics* 44(2): 270-320.

Walker, M., and P. Jourdan. 2003. "Resource-Based Sustainable Development: An Alternative Approach to Industrialisation in South Africa." *Minerals & Energy-Raw Materials Report* 18(3): 25-43.

Warhurst, A. 2008. "How Botswana Leverages Growth." *Business Week,* April 30. http://www.businessweek.com/globalbiz/content/apr2008/gb20080430_874526.htm. Accessed on July 19, 2009. Wright, G. 1997. "Toward a More Historical Approach to Technological Change." *The Economic Journal* 107: 1560-66.

─── 제 12 장 ───

제조업 발전
Manufacturing Development

− 비교우위, 생산성 증가 및 국가별 여건의 역할 −

노부야 하라구치 Nobuya Haraguchi

도 입

이 장에서는 제조업의 생산성 변화 추세를 살펴보고 제조업 발전에 있어 비교우위, 생산성 증가, 그리고 국가별 여건country-specific conditions이 어떠한 역할을 하는 지를 알아본다. 비교우위는 다양한 수준의 1인당 GDP에서 각기 다른 산업의 발전 잠재력에 의해 예시되는데, 여기서 1인당 GDP는 결국 한 나라의 인적·자본 요소의 부존구조, 그리고 생산요소들의 상대적 비용과 강한 상관관계를 가지고 있다. 한 나라의 기술적 역량 수준을 나타내기 위해, 노동생산성 증가는 제조업 하위부문들 발전에 기술역량이 어떠한 관련성을 갖는 지를 이해할 수 있는 대용치proxy로 사용된다. 마지막으로, 국가별로 제조업 발전의 눈에 띄는 경험과 잠재력을 이해하기 위해, 이 장은 발전패턴들로부터 양수와 음수의 편차가 있는 국가별 여건들을 조사한다.

초기 제조업 발전 관련 문헌은 근대 경제에서 초기 급성장과 농업에서 제조업으로의 경제활동 비중의 지속적인 변화 사이의 연관성에 대한 증거를 제시한다(클라크Clark 1957; 쿠즈네츠Kuznets 1966). 이후 다른 경제학파의 저자들은 예컨대 산업화를 지속시키기 위해 산업구조를 개선한 것 같이 제조업 부문에서 구조변화의 중요성을 강조한다(테일러Taylor 1969; 장하준Chang 2003; 펠리페Felipe 2009; 린Lin 2011).

린은 새로운 구조경제학에 대한 그의 제안에서, 국가의 비교우위에 따른 구조 변화가 중요하다고 강조하고 있는데, 이 비교우위는 국가의 자원 부존구조에 의해 주로 형성된다(린과 몽가Monga 2011; 린 2011). 그는 경제발전에서 제조업 부문의 역동적이고 촉매적인 역할을 강조하고, 각 제조업의 발전궤도가 역 U자 모양을 따르는 점을 감안할 때, 한 국가가 특정 제조업에서 다른 제조업으로 이동한다고 주장한다. 린은 비교우위가 없는 산업으로의 도약 가능성에 동의하지 않는 것 같다. 그는 비교우위의 변화와 관련하여 산업고도화를 촉진하는데 마중물 역할을 하는 것이 정부라고 인식한다. 이는 새로운 산업으로의 이동에는 위험이 따르고 시장에만 맡겨서는 최적이 되지 않기 때문이다.

또 다른 한 학파는 경제발전의 지침으로서 한 나라의 비교우위보다는 기술적 역량과 산업 경쟁력에 훨씬 더 큰 비중을 둔다. 이 학파에 따르면, (어느 정도) 비교우위를 무시하고 한 나라의 비교우위 산업보다 더 진보된 산업에 필요한 기술적 역량을 구축하는 것이 산업화에 있어 중요하다(린과 장하준Chang 2009). 여기서 정부는 단지 인프라를 개선하고 조정실패를 바로 잡는 것보다 훨씬 더 적극적인 역할을 수행하고 보다 세분화된 산업별 정책industrial-specific policies을 시행할 것으로 기대된다.

이 장은 발전에 대한 이러한 대표적 견해들 중 하나를 지지하는 증거를 제시하지 않는다. 또한 국가 발전에 도움이 되는 정부개입의 적절한 수준과 유형을 제안하지도 않는다. 이 장의 목적은 실증분석 결과empirical results들을 논의함으로써 비교우위, 생산성 증가 및 국가별 여건이 어떻게 산업발전을 주도하는지를 더 잘 이해하는 데 있다. 발전의 경로에서 세 가지 요인의 역할을 설명하기 위해 이 장은 제조업의 진화하는 패턴과 이에 상응하는 생산성 변화를 분석한다.

이 분석의 출발점은 이 두 학파의 교차점을 확인하는 것이다. 두 학파는 모두 제조업을 경제발전의 엔진으로 인식하고, 그 엔진을 유지하기 위한 지속적인 산업구조개선의 중요성을 인정한다. 제조업은 제품의 다양화(임브스Imbs와 와치아르그Wacziarg 2003), 산업구조 개선, 생산성 증가에 있어 다른 부문보다 더 많은 기회들을 제공할 수 있다. 로드릭Rodrik은 전체 경제와는 달리 국가의 제조업 부문은 무조건적인 수렴unconditional convergence을 나타낸다고 지적했다. 한 나라가 제조업에서 기술적으로 뒤쳐져 있을수록 그 산업의 노동생산성은 더 빨리 향상될 것이다(로드릭 2011).

제조업이 경제발전에서 핵심적인 역할을 한다고 믿는 경제학자들 사이에서 의견이 일치하지 않는 것들 중의 하나는 국가가 발전의 각 단계에서 제조업의 어느 부문에 발전노력을 집중해야 하는가와 관련된다. 비교우위를 중시하는 경제학자들은 국가 발전전략을 점진적으로 변화하는 국가의 부존구조로부터 발생하는 신호와 일치시키도록 권고한다. 반면에 다른 경제학자들은 제조업이 발생시킬 수 있는 기술발전의 전망과 유형들, 그리고 그들의 장기적인 경제기여 가능성에 중점을 둔다. 또 다른 경제학자들은 인적·물적 자본에 대한 장기투자를 지원하는 정부의 역할을 강조한다.

이 장은 비교우위, 기술향상 및 국가별 여건과 같은 다양한 발전 측면이 제조업 발전과 어떻게 관련이 있는지에 대한 증거를 제시한다. 다음 절에서는 데이터와 방법론에 대해 논의하고 그 결과를 분석한다.

데이터, 변수 그리고 추정

개별 제조업 하위부문(이하 '제조업' 또는 간단히 '산업'이라 칭함)의 발전 궤적을 설명하고 정책적 함의를 도출하기 위해, 본 연구에서는 구매력 기준 1인당 GDP[1]의 증가와 관련하여 각 산업의 부가가치 비중 변화[2] 대신 1인당 실질 부가가치의 변화를 검토한다. 1인당 부가가치 변화를 기반으로 한 분석을 통해 각 산업의 발전 특성에 대한 통찰력을 얻을 수 있다; 제조업 총 부가가치 중 개별 제조업의 부가가치 비중이 변화한 경우와는 달리, 이러한 계산의 결과는 다른 산업의 상승 및 하락에 영향을 받지 않기 때문이다. 그러나 한 산업의 부상은 필연적으로 생산요소의 이전을 통해 다른 산업에 영향을 주기 때문에 산업 전반에 걸쳐 비교적인 관점을 취하는 것은 산업의 상대적 중요성에 대한 변화를 이해하는 데 중요하다. 따라서 서로 다른 산업의 발전패턴을 서로 비교했다.

분석은 3차 국제 표준산업분류International Standard Industrial Classification(ISIC)의 두 자릿수 수준에서 제조업을 대상으로 수행되었다. 전체 산업분류는 23가지이다. 그러나 국가들이 종종 18과 19, 29와 30, 31과 32, 34와 35 산업을 함께 보고하기 때문에 국가 간 일관된 데이터 집합을 갖도록 각 쌍을 하나의 산업 범주로 하였다. 게다가 산업 37인 '재활용'은 매우 제한된 수의 국가에서만 보고되었기 때문에 대상에서 제외하였다. 표 12.1은 본 연구에서 사용된 산업분류를 나타낸다. 이상적으로 보면, 실질 부가가치는 불변가격 기준으로 산출물에서 다른 산업에서의 다양한 매입을 차감하여 산출한다. 그러나 많은 국가, 특히 개도국에서는 제조업의 발전패턴을 안정적으로 추정하기 위해 이러한 가격 조정 데이터를 이용할 수 없다. 대안으로 가격 변동을 조정하기 위해 ISIC의 두 자릿수 수준에서 제공되는 산업생산지수index of industrial production(IIP)를 사용한다. 일부 국가에서는 이미 ISIC 개정판 4를 기반으로 산업 데이터를 보고하기 시작했다. 그러나 여기에서는 1980년대 중반 이후 널리 사용되어 온 ISIC의 개정판 3을 기반으로 한 IIP를 사용한다. 더 긴 시계열 데이터를 얻기 위해 UNIDO는 1960년대 초로 거슬러 올라가는 ISIC의 개정판 2의 IIP와 1963년부터 2004년까지를 아우르는 ISIC의 개정판 3의 IIP를 결합하였다. 특정 기준연도(본 연구의 경우 1995년)의 부가가치를 일련의 규모 지수와 곱하면, 실질 부가가치 시계열의 근사값을 구할 수 있다[3]. 그러나 IIP는 약 70개국에서만 이용 가능하다. 따라서 이 접근법을 사용할 경우, IIP가 없는 약 50개국은 해당 제조업에 대한 명목 부가가치 데이터를 사용할 수 있지만 제조

[표 12.1] 본 연구에서 사용된 제조업 데이터 분류

ISIC 설명	약어	ISIC 코드
식음료	식음료	15
담배 제품	담배	16
섬유	섬유	17
의류, 모피 및 가죽 제품 및 신발	의류	18, 19
목재 제품 (가구 제외)	목재 제품	20
종이 및 종이 제품	종이	21
인쇄 · 출판	인쇄 · 출판	22
코크스, 정제된 석유 제품, 핵연료	코크스, 정제된 석유 제품	23
화학약품과 화학제품	화학약품	24
고무 및 플라스틱 제품	고무 및 플라스틱	25
비금속 광물 제품	비금속 광물	26
기초금속	기초금속	27
가공금속 제품	가공금속	28
다른 분류되지 않은 기계장치, 사무실 · 회계 · 계산 기계	기계장치	29, 30
전기 기계장치; 라디오, 텔레비전, 통신장비	전기 기계장치	31, 32
의료, 정밀 및 광학 기기	정밀 기기	33
자동차, 트레일러, 세미트레일러 및 기타 운송 장비	자동차	34, 35
가구; 다른 곳에 분류되지 않은 제조가구	다른 곳에서 분류되지 않은 가구	36

업 발전패턴을 추정하기 위한 회귀분석에는 포함시킬 수 없다. IIP가 없는 많은 국가들이 개도국과 신흥국이기 때문에 제조업 구조변화의 추정에 그들의 발전궤도를 반영하는 것이 중요하다.

　　IIP가 없는 국가 중 대부분은 부문별 광범위한 제조업 부가가치manufacturing value added(MVA) 디플레이터를 사용할 수 있다. 그러나 산업 간의 인플레이션율이 주어진 기간 동안 크게 다를 수 있기 때문에 (예를 들어, 식음료 산업food and beverages industry과 석유화학 산업 간) 제조업 전체에 걸쳐 MVA 디플레이터를 적용하는 것은 편향된 결과를 가져올 수 있다[4]. 이러한 각 개별 산업의 인플레이션 추세를 반영하기 위해 같은 지역에 있고 상대적으로 유사한 발전단계에 있는 다른 나라의 같은 해의 IIP를 기반으로 한 인플레이션 구조를 사용하여 각국의 제조업 전반의 디플레이션을 분해했다. 이 접근방식을 사용하여, 제조업의 명목 부가가치의 합을 실질 부가가치의 합으로 나눈 값을 국가의 MVA 디플레이터와 일치시키는 방식으로의 산업별 인플레이션industry-specific inflation 추세를 반영하려 한다. 이 접근법을 사용하면 IIP가 있는 약 70개국과 IIP가 없는 50개 국가를 이 평가에 포함시킬 수 있다. 부록 A는 이 절차를 자세히 설명한다.

　　과거의 연구는 국가 규모가 경제 구조변화에 가장 중요한 영향, 추정된 패턴의 절편 및 기울기 모두에 영향을 미친다는 점을 인정했다. 이로 인해, 많은 연구는 방정식에 인구를 추가 설명변수로 포함하는 대신, 특정 인구 크기를 임계값으로 하여 국가를 크기별 그룹으로 나누는 방법을 사용한다. 과거 연구에서 이 접근법과 관련된 문제는 그러한 그룹이 발전패턴의 측면에서 통계적으로 유의한지 여부를 고려하지 않고 이 임계값을 자의적으로 사용하는 경우가 많았다는 것이다. 본 연구에서는 국가들을 3개 그룹으로 분류하기 위해 임계값을 적용하여 소규모 국가, 중간 규모의 국가, 대형 국가로 나누고, 어떤 임계 수준에서 제조업의 발전패턴이 통계적으로 다른지를 조사했다. 이를 위해 Wald 테스트[1]를 적용하였다.

---

1) Wald 테스트는 추정치의 통계적 유의성을 판단하기 위한 테스트 방법이다. 예를 들어 회귀분석에서 회귀계수의 추정치 ($\hat{\theta}$)가 통계적으로 의미 있는 값(예 : θ_0 = 0)인지 판단하기 위해서, 귀무가설(H_0)인 $\hat{\theta} = \theta_0$를 테스트할 수 있는데, 이 때 Wald 통계량(statistic)을 사용할 수 있다. 테스트 결과 만약 귀무가설을 기각한다면, 추정치는 통계적으로 유의한 값이라고 판단할 수 있다. :

Wald statistic $= \dfrac{(\hat{\theta} - \theta_0)}{se(\hat{\theta})} \sim N(0,1)$, 여기서 $se(\hat{\theta})$는 추정치의 표준오차(standard error)

그 결과 소규모, 중간 규모, 대형 국가를 300만 명, 1,250만 명의 임계값으로 구분하였다. 이 기준에 따라 인구가 300만에서 1250만에 이르는 중간 규모의 국가들은 18개 제조업 중 13개에서 인구가 300만 명 미만인 소규모 국가와 다른 발전패턴을 보인다. 1250만 명 이상의 인구를 가진 대형 국가의 모든 산업의 발전패턴들은 중간 규모 국가들과 다르다.

위의 방법을 사용하여 국가를 세 그룹으로 나누는 것은 분명한 패턴이 각 그룹에 대해 출현한다는 것을 명백하게 주장하는 데 충분하지 않다. 이상적으로, 같은 그룹에 속한 국가들이 절편과 기울기 모두에 있어서는 아니더라도 최소한 통계적으로 동일한 기울기 값을 보여야 한다. 같은 그룹 내의 국가들이 유사한 발전패턴을 가지고 있는지 여부를 알아보기 위해, 개별국가 절편과 추정에 사용된 설명변수의 기울기 값의 통계적 유의성을 조사했다. 개별국가의 절편은 대부분의 국가와 산업에서 유의했으며, 이로써 절편 수준이 국가별로 다르다는 것을 추론할 수 있다. 대다수 국가의 경우 모든 산업에 걸쳐 각 기울기 값이 통계적으로 유의하지 않으며, 이는 크기가 다른 국가들의 기울기 값이 크게 다르지 않음을 나타낸다.

산업들은 이륙 이전, 성장, 쇠퇴 세 가지 발전단계를 거치며 3차cubic 함수의 패턴을 따른다고 가정한다. 그러나 장기간에 걸쳐 성장을 유지할 수 있는 산업은 보다 선형적인 발전궤적을 가질 수 있지만, 발전 초기단계에서 성장을 경험하고 이후 단계에서 성장이 둔화되는 다른 산업들은 2차quadratic 함수에 가까운 패턴을 나타낼 수 있다. 이러한 이유로 1인당 GDP의 3차 및 2차 항을 방정식에 포함시켜 그 결과들이 1인당 GDP의 통계적 유의성에 의존하는 제조업 발전의 패턴을 나타낼 수 있도록 하였다. 본 연구의 목적은 서로 다른 규모의 국가의 산업들이 어떻게 발전할 것인가를 확인하는 것이다. 그러므로 각기 다른 규모 국가의 "평균적"인 산업발전패턴을 파악하기 위해 먼저 1인당 부가가치와 1인당 GDP사이의 관계만을 고려하는 것이 유용하다. 관측되지 않은 국가별 여건의 영향을 통제하기 위해 고정효과 추정절차fixed effect estimation procedure를 적용한다. 이를 위해 식 (12.1)은 크기가 다른 세 그룹의 각 제조업에서 사용된다.

$$\ln RVA_{ct}^i = a_1 + a_2 \times \ln RGDP_{ct} + a_3 \times \ln RGDP_{ct}^2 \\ + a_4 \ln RGDP_{ct}^3 + a_c + e_{ct}^i \qquad (12.1)$$

이후의 분석은 어떤 다른 국가 여건이 제조업 발전의 수준에 영향을 미치는지 입증하기 위해, 인구 및 지리적 조건이 그룹 전체 평균의 패턴을 어떻게 형성하는지를 보여준다. 따라서 회귀식은 인구밀도population density(POPD)와 천연자원 부존[5] natural resource endowment(RPC)에 대한 변수를 포함한다.

$$\ln RVA_{ct}^i = a_1 + a_2 \times \ln RGDP_{ct} + a_3 \times \ln RGDP_{ct}^2 + a_4 \times \ln RGDP_{ct}^3 \\ + a_5 \times \ln POPD_{ct} + a_6 \times \ln RPC_{ct} + \alpha_c + e_{ct}^i \quad (12.2)$$

아래 첨자 c와 t는 각각 국가와 연도를 의미하며, 1인당 실질 부가가치(RVA)에 있는 i는 개별 제조업을 의미한다.

$RGDP$ = 1인당 실질 GDP real GDP per capita
$RGDP^2$ = 1인당 실질 GDP^2 real GDP per capita squared
$RGDP^3$ = 1인당 실질 GDP^3 real GDP per capita cubed
$POPD$ = 인구밀도 population density
RPC = 1인당 천연자원 부존[6] natural resource endowment per capita
α_c = 국가고정 효과 country fixed effect
e_{ct}^i = 설명되지 않는 잔차 unexplained residual

종속변수와 설명변수는 각 변수의 탄력성을 측정할 수 있도록 로그 값으로 표현되어 있다. 회귀분석 결과는 부록 B에 나와 있다.

결과와 분석

본 절에서 우선 발전의 각 단계에서 비교우위의 존재에 대한 어떤 징후가 있는지를 알아보기 위해 산업의 발전궤도와, 성장 잠재력이 국가 발전경로를 따라 한 산업에서 다른 산업으로 어떻게 이동하는지를 확인한다. 다음으로 산업발전패턴을 산업의 노동생산성 변화의 패턴과 함께 분석하여, 기술발전의 역할을 자세히 설명하고 산업발전에서 비교우위의 관련성에 대한 더 깊은 통찰력을 얻는다. 마지막으로 소득 수준, 인구통계적 · 지리적 조건, 기타 국가별 요인이 제조업의 발전 패턴에 어떻게 영향을 미치는지 조사한다. 이 장의 제한된 분량을 고려하여, 한 나라의 일반적 · 기술적 발전에서의 출현시기 측면에서 제조부문의 다양한 특성들을 잘 표현하는 것으로 여겨지는 식음료, 섬유, 의류, 화학약품, 기초금속, 조립금속, 전기 기계장치, 자동차 등 제조업 분야의 8개 산업만을 분석대상으로 하였다. 편의상 산업은 표 12.2의 주에 표시된 기준에 따라 초기, 중기, 후기산업으로 분류한다. 여기서 연구된 8개 산업은 표에 굵은 글꼴로 표시되어 있다.

제조업 발전의 패턴들

앞서 논의한 바와 같이, 각 산업 및 그룹에 대한 뚜렷한 발전패턴을 확인했다. 그림 12.1은 1,250만 명이 넘는 인구를 가진 대형 국가들의 8개 산업의 발전패턴을 보여주고 있다.

[표 12.2] 제조업의 발전단계

초기	**식음료**, 담배, **섬유**, **의류**, 목재 제품, 출판, 가구, 비금속 광물
중기	코크스 및 정제 석유 종이 **기초 금속** **조립 금속**
후기	고무 및 플라스틱 **자동차** **화학약품**, 기계장치, **전기 기계장치**, 정밀 기기

참고 : 제조업 부문들은 GDP 대비 산업비중이 2005년 구매력 기준으로 정점(peak)이 1인당 미화 6,500 달러 이전, $ 6,500에서 $ 15,000 사이, $ 15,000 초과인지에 따라 초기, 중기, 후기산업으로 분류
 이 소득 범위는 PPP 기준 1인당 국민소득으로서 우리의 저 · 중저(lower middle) 소득, 중상(upper middle) 소득, 고소득 분류기준에 해당하는 수치이다. 이 표에서 산업은 GDP의 부가가치 관점에서 소득이 가장 낮은 수준에서 정점에 도달하는 산업에서 가장 높은 소득 수준에서 정점이 존재하는 산업 순으로 표시하며, 유사한 소득 수준에서 정점에 달하는 산업들은 수평으로 나열.

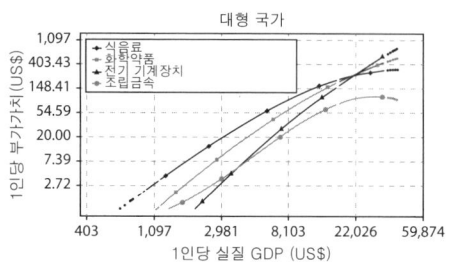

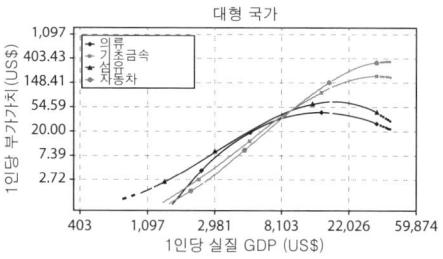

[그림 12.1] 대형 국가들의 제조업 발전패턴 (자료 : 회귀 추정에 근거하여 저자가 작성)

    식음료 산업은 통상 1인당 GDP가 100달러 미만인 상태에서 가장 먼저 도약하여 탄력성이 1인 상태에 도달(즉, 업계가 1인당 GDP보다 빠르게 성장하기 시작)한다. 다른 초기산업들은 직물과 의류이다. 식음료를 제외한 담배, 목재 제품(그림에 표시되지 않음) 등 초기산업들은 다른 산업보다 더 일찍 둔화되기 시작하는 경향이 있다. 대형 국가들의 경우 1인당 GDP가 5,000달러에 도달할 때쯤이면 담배 및 목재 산업은 1인당 성장률보다 느리게 성장할 것으로 추정된다. 이와 같은 둔화는 섬유 및 의류 산업의 경우 1인당 GDP가 7,000~10,000달러 사이에서 발생한다. 화학 산업은 후기산업 그룹에 속하지만, 염색물질과 같은 기초 화학물질의 생산으로 인해 상대적으로 낮은 수입에서 나타나고, 산업 내 구조적 변화로 인해 긴 소득 범위에서 빠른 성장을 유지한다.

    식음료 산업을 제외하고는 전기 기계장치, 자동차, 조립금속, 그리고 기초금속 산업은 뒤늦게 발전을 시작하여 초기산업(식음료 산업 제외)보다 성장률을 더 오래 동안 유지할 수 있다. 이들 분야 중 기초금속, 조립금속과 같은 중기산업은 1인당 GDP가 17,000달러에서 20,000달러 사이에 도달할 때 다른 산업보다 일찍 쇠퇴하기 시작한다. 자동차 산업은 1인당 GDP가 약 25,000달러일 때 1인당 성장률보다 느리게 성장할 것으로 기대된다. 전기 기계장치 산업은 지속 가능성이 가장 높은 산업이며 오랜 기간 동안 빠른 성장률을 유지할 수 있다. 이 그림에 포함되지는 않았지만, 고무·플라스틱 그리고 기계와 장비 산업도 1인당 GDP가 각각 30,000달러와 45,000달러에 도달할 때까지 경제성장률보다 빠른 성장세를 유지한다.

다음으로, 중간 규모의 국가와 대형 국가의 제조업 발전패턴을 비교한다(그림 12.2 및 12.3 참조). 각 산업별로 3개 그룹의 발전패턴이 부록 C에 제시되어 있다. 낮고 높은 1인당 GDP 수준에서 산업들을 나타내는 점선은 특히 소규모 국가의 경우, 이용 가능한 데이터가 부족하다는 의미이고 결과적으로 발전패턴의 신뢰성도 떨어질 수 있다. 일반적으로 중소국가의 산업발전 순서는 대형 국가의 경우와 유사하다. 대형 국가의 경우와 마찬가지로 식음료, 섬유, 의류 산업은 국가 발전 초기단계 제조업의 부가가치 측면에서 보다 큰 비중을 차지하는 경향이 있다. 이 중 식음료 산업이 더 지속력을 갖는다.

세 국가 그룹 간에는 몇 가지 차이점이 있다. 중소 국가의 초기산업들은 제조업 부문에서 저소득부터 중소득 단계까지 대형 국가에 비해 더 많은 지배적 지위를 차지하는 것으로 보인다(그림 12.2 및 12.3 참조). 또한 중소 국가의 초기산업은 대형 국가보다 일찍 (1인당 부가가치가 하락하기 시작하는) 정점에 도달한다.

예를 들어, 중소 국가의 섬유 산업은 1인당 GDP가 7,000~10,000달러로 증가할 때 감소하기 시작하는 반면, 대형 국가에서 동일한 산업의 감소는 일반적으로 1인당 GDP가 15,000달러 수준에 도달한 이후에 발생한다. 식음료 산업의 경우 중소국가에선 1인당 GDP가 20,000~30,000달러일 때, 대형 국가에서는 45,000달러 정도일 때 감소하기 시작한다.

발전 후기 단계에서 초기산업에 우위를 차지하는 중기산업과 관련해서는, 중소 국가의 기초금속, 조립금속 산업이 대형 국가보다 지속가능성이 낮다. 중소 국가의 기초금속 산업은 1인당 GDP가 약 10,000~13,000달러일 때 경제보다 느리게 성장하기 시작했으며, 조립금속 산업은 1인당 GDP가 15,000~16,000달러일 때 해당 지점에 도달한다. 반면에 대형 국가의 기초금속, 조립금속 산업의 둔화는 1인당 GDP가 중소 국가보다 5,000달러, 2,000달러 더 높은 수준

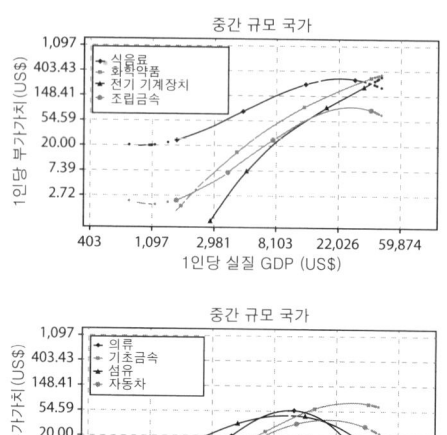

[그림 12.2] 중간 규모 국가들의 제조업 발전패턴 (자료 : 회귀 추정에 근거하여 저자가 작성)

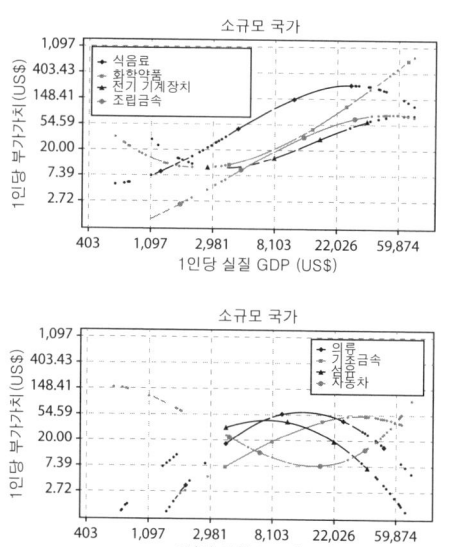

[그림 12.3] 소규모 국가들의 제조업 발전패턴 (자료 : 회귀 추정에 근거하여 저자가 작성)

에서 나타났다.

특히 규모가 더 큰 국가는 기초금속 산업에서 작은 국가보다 유리한 경향이 있다. 기초금속 산업이 도달할 수 있는 가장 높은 1인당 부가가치는 대형, 중간 규모, 소규모 국가에서 각각 191, 76, 51달러이다. 그러나 국가 규모는 조립금속 산업과 같이 한 차원 높은 가공제품을 기반으로 한 산업발전에는 크게 영향을 미치지 않는다.

그림 12.1, 12.2, 12.3에서 알 수 있듯이, 소규모 국가들과 다른 규모의 국가들 간의 가장 큰 차이점은 소규모 국가의 전기 기계 및 자동차 산업의 발전 전망이 제한적이라는 것이다. 소규모 국가의 전기 기계 산업은 1인당 부가가치가 100달러에 도달하기 전부터 감소하기 시작하는 반면, 중간 규모, 대형 국가에선 고소득 수준에서도 빠른 성장률을 유지하며 훨씬 높은 수준의 1인당 부가가치에 도달한다. 소규모 국가에서 자동차 산업의 성공 가능성은 매우 제한적이다. 규모의 경제가 이 산업의 발전에 결정적인 역할을 하며, 이때 국가 규모가 관련성이 있어 보인다. 중간 규모 국가의 자동차 산업(부품 및 액세서리 포함)은 일정 수준의 발전에 도달할 수 있지만, 이 산업은 대형 국가에서 훨씬 더 높은 발전 잠재력을 가진다.

각기 다른 규모의 국가 그룹 내 제조업 발전패턴에 대한 위의 분석은 국가 발전단계에 해당하는 일련의 제조업 발전단계에 특정 패턴이 존재함을 나타낸다. 또한, 각 산업의 발전 잠재력은 국가 규모에 따라 다르다. 따라서 시장 메커니즘을 통해, 그리고 필요한 경우 정부 지원을 통해 각국은 주어진 국가 발전의 특정 단계에서 우위를 제공하는 산업의 발전을 촉진하기 위해 자원을 한 산업에서 다른 산업으로 이동시킬 필요가 있다. 본 연구에서 선정된 산업 중에서 중간 규모 국가의 화학약품, 전기 기계장치 및 조립금속 산업은 성장의 지속가능성 측면에서 대형 국가의 산업과 비교해도 손색이 없다. 섬유 및 기초금속 산업과 같이 추가적인 처리를 위해 규모의 경제를 필요로 하는 산업에서는 소규모 국가가 우위를 갖지 못하는 것으로 보인다. 그러나 소규모 국가의 가공산업, 즉 의류, 조립금속 및 화학 산업은 다른 나라보다 느리게 출현하지만 우위가 덜한 것으로 보이지는 않는다.

산업의 발전과 생산성의 변화

위에서 파악한 산업발전패턴들은 각각의 제조업이 번성하는 시기가 있다는 점, 그리고 결과적으로 한 나라의 부존구조 변화에 따른 발전에 맞추어 주력산업이 달라진다는 점에서 비교우위의 존재를 뒷받침한다. 그러나 생산성 향상이 산업발전의 원인이 될 수도 있다. 이 경우, 비교우위가 산업발전에 미치는 명확한 효과나 심지어 비교우위가 정말 존재하기는 하는지를 규명하는 것은 쉽지 않다. 이를 더 명확히 하고자 1인당 부가가치와 노동생산성 변화의 패턴을 결합하여 산업발전에서의 후자의 역할을 분석한다.

그림 12.4, 12.5 및 12.6은 위에 소개된 8개 산업에 대해 1인당 GDP가 증가함에 따라 1인당 부가가치(가치 측면에서 산업 규모)와 노동생산성이 어떻게 변화하는지를 보여준다. 이 결과들은 산업의 몇 가지 흥미로운 속성들을 밝히고 본 하위 절에서 제기된 질문에 대해 통찰력을 제공한다. 섬유 및 의류와 같은 일부 초기산업의 경우 노동생산성이 발전과정에서 그다지 중요한 역할을 한 것으로 보이지 않는다. 우선 비록 서로 다른 규모의 국가 간 격차는 존재하지만, 그들의 급속 성장 시기에는 노동생산성이 일반적으로 크게 증가하지 않는다. 또한, 발전 후기 단계에서 노동생산성의 증가는 1인당 부가가치 측면에서 산업 쇠퇴의 과정을 변화시키는 것으로 보이지는 않는다. 이 결과는 이러한 초기산업들이 성숙되면, 임금이 올라감에 따라 경쟁기업의 수가 줄고 나머지 기업들은 노동을 자본으로 대체하기 때문에 노동생산성이 증가한다는 것을 의미한다. 이는 이들 산업의 성장에서 있어 비교우위의 역할을 보여주는 강력한 사례라 할 수 있는데, 발전단계가 관련 부존구조와 함께 산업의 발전에 주요한 결정요인인 것으로 보이기 때문이다.

다른 산업의 성장에서 비교우위의 역할은 초기산업의 경우만큼 명확하지 않을 수도 있지만, 비교우위가 각 산업의 성장에 미치는 영향은 산업이 그들의 우위를 잃기 시작하는 지점이 보일 때 확인 가능하다. 예를 들어 기초금속 산업의 경우 발전의 특정 단계에서 노동생산성 향상에는 변동이 없더라도 1인당 부가가치는 감소하기 시작한다. 1인당 부가가치 증가율이 노동생산성 증가율보다 낮아지는 시점에 업계는 비교우위를 상실할 가능성이 있다. 이 시점에 도달하기 전에는 생산성 증가가 1인당 부가가치 측면에서 (생산성을 높이기 위해 기울인 노력보다)

비교우위로 인해 더 높은 수익을 가져다주었다. 그러나 1인당 부가가치 증가가 생산성 향상보다 작아지면, 산업의 극복할 수 없는 비교우위 상실로 인해 해당 산업의 생산성증가는 그 산업의 확장이 상대적으로 더 적어지는 결과를 의미하게 된다.

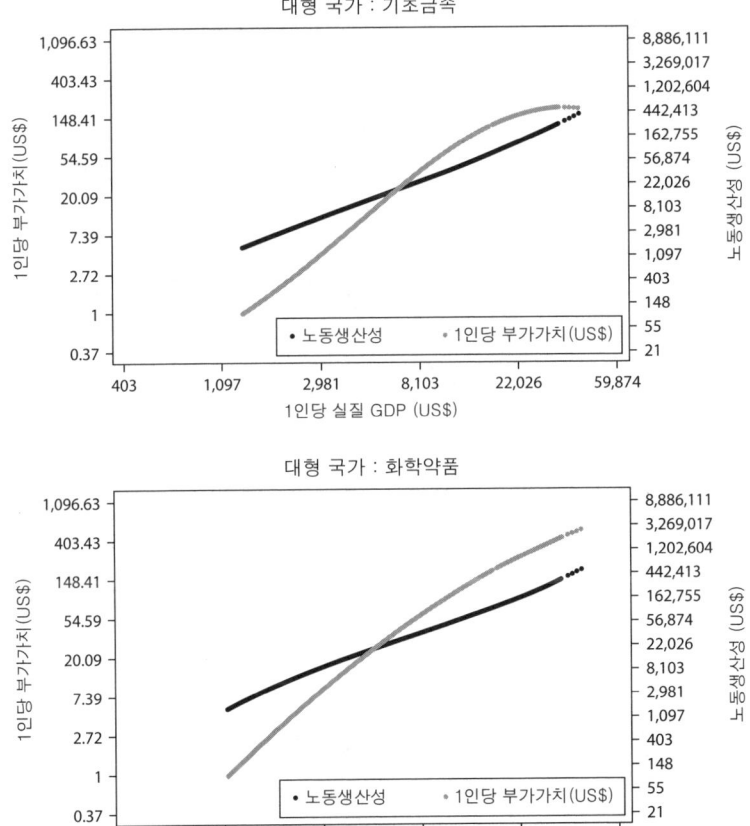

[그림 12.4] 대형 국가들 제조업의 1인당 부가가치 및 노동생산성의 발전패턴
자료 : 회귀 추정에 근거하여 저자가 작성

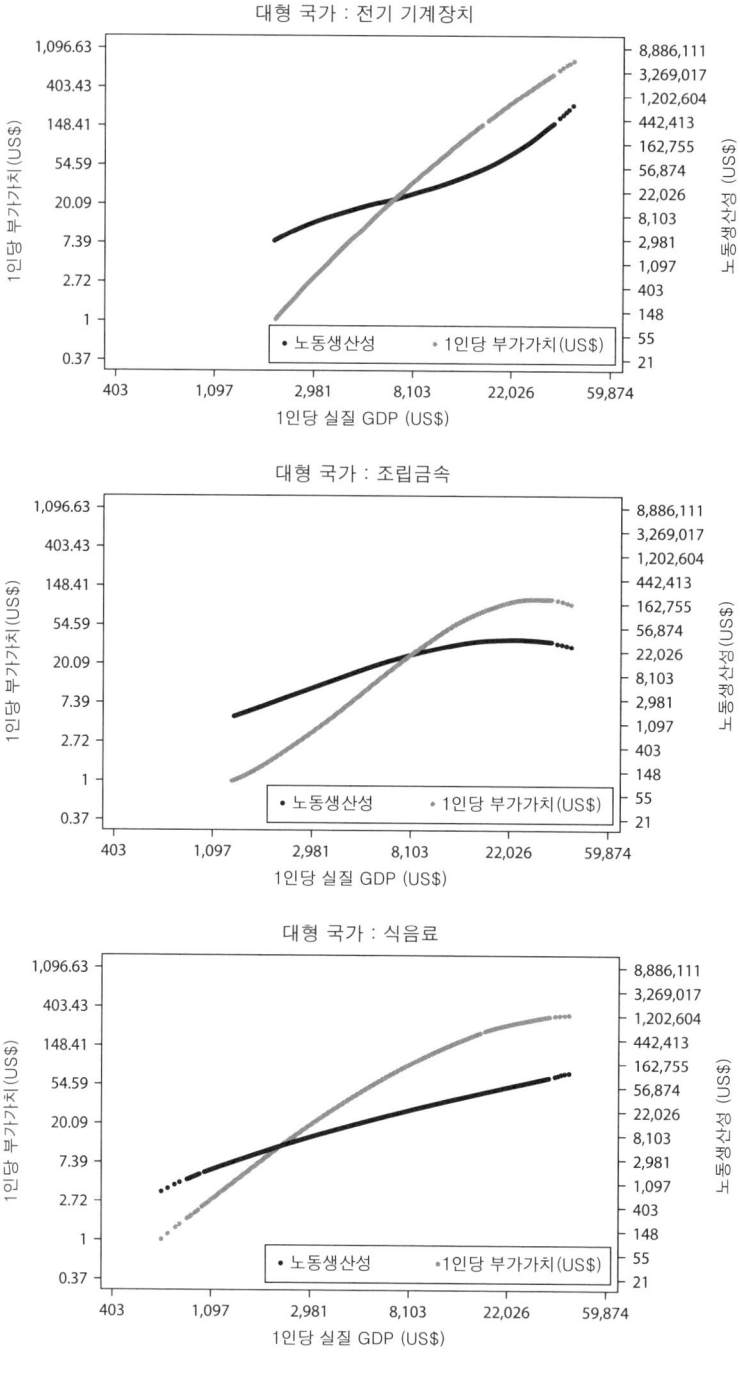

[그림 12.4] (계속)

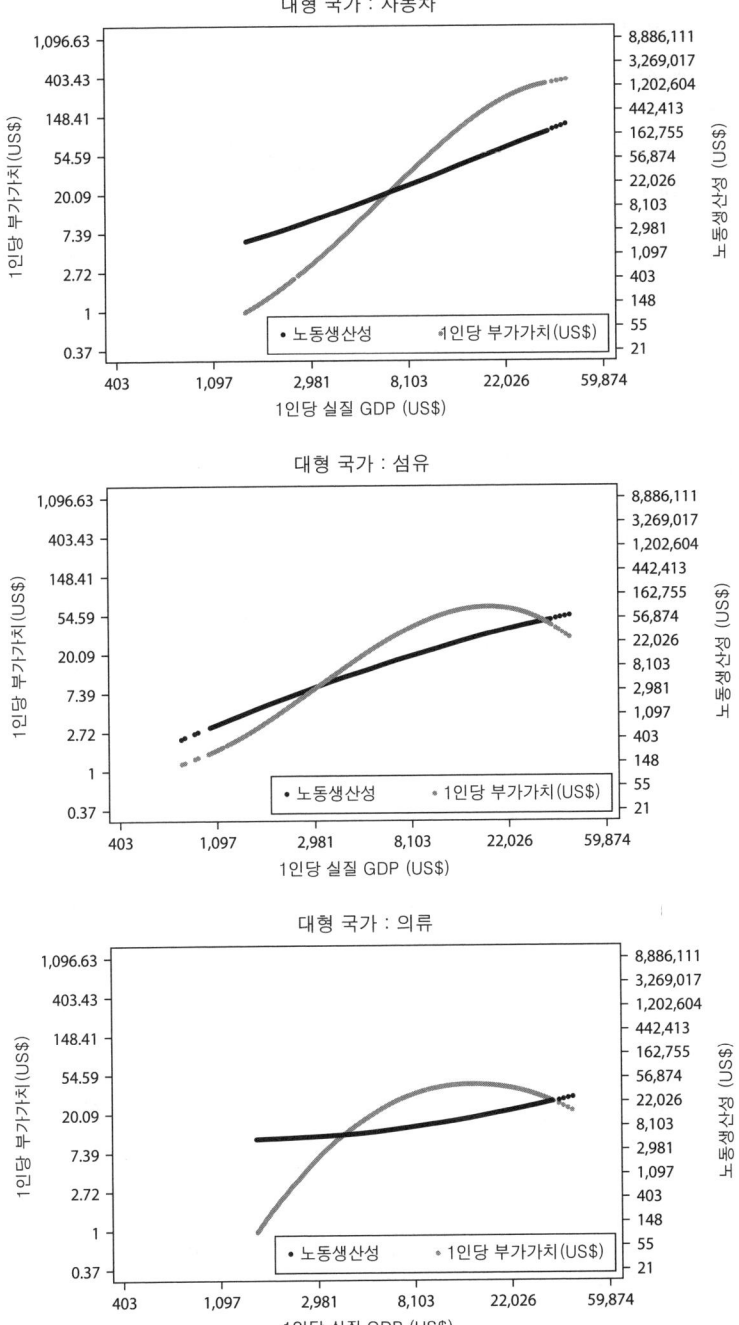

[그림 12.4] (계속)

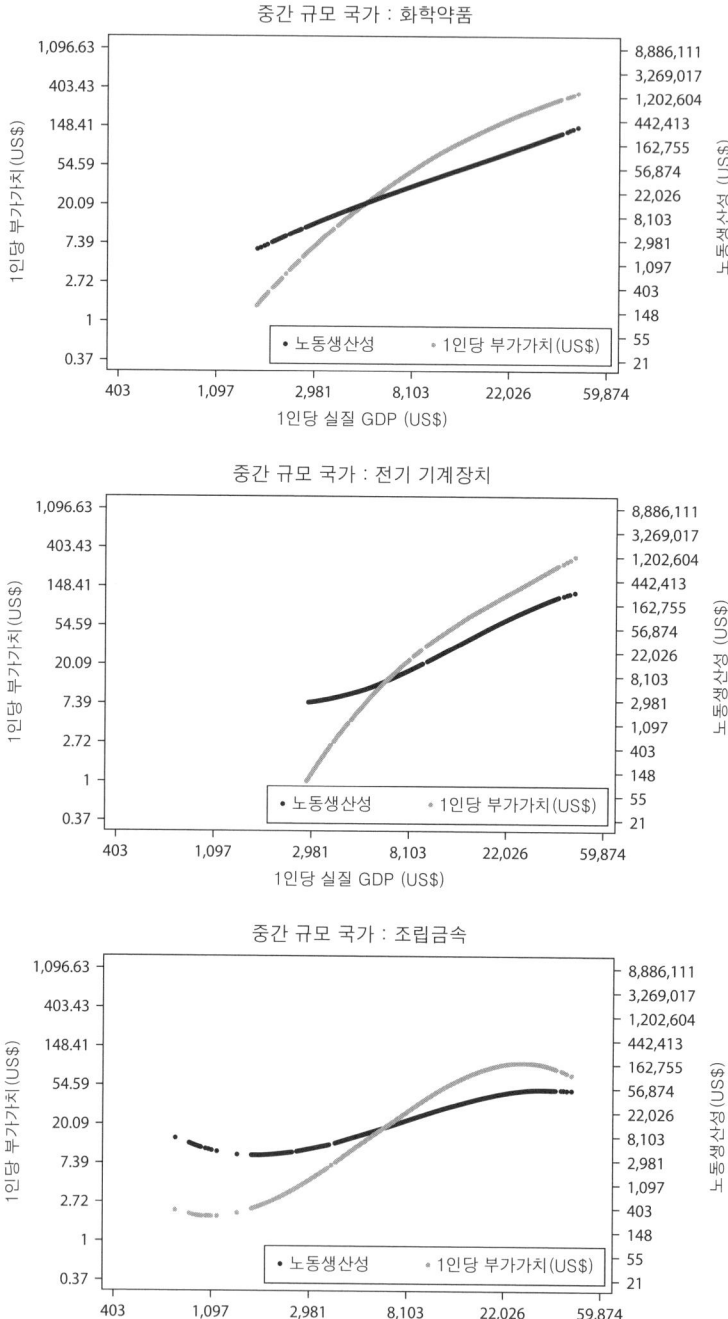

[그림 12.5] 중간규모 국가들 제조업의 1인당 부가가치 및 노동생산성의 발전패턴
자료 : 회귀 추정에 근거하여 저자가 작성

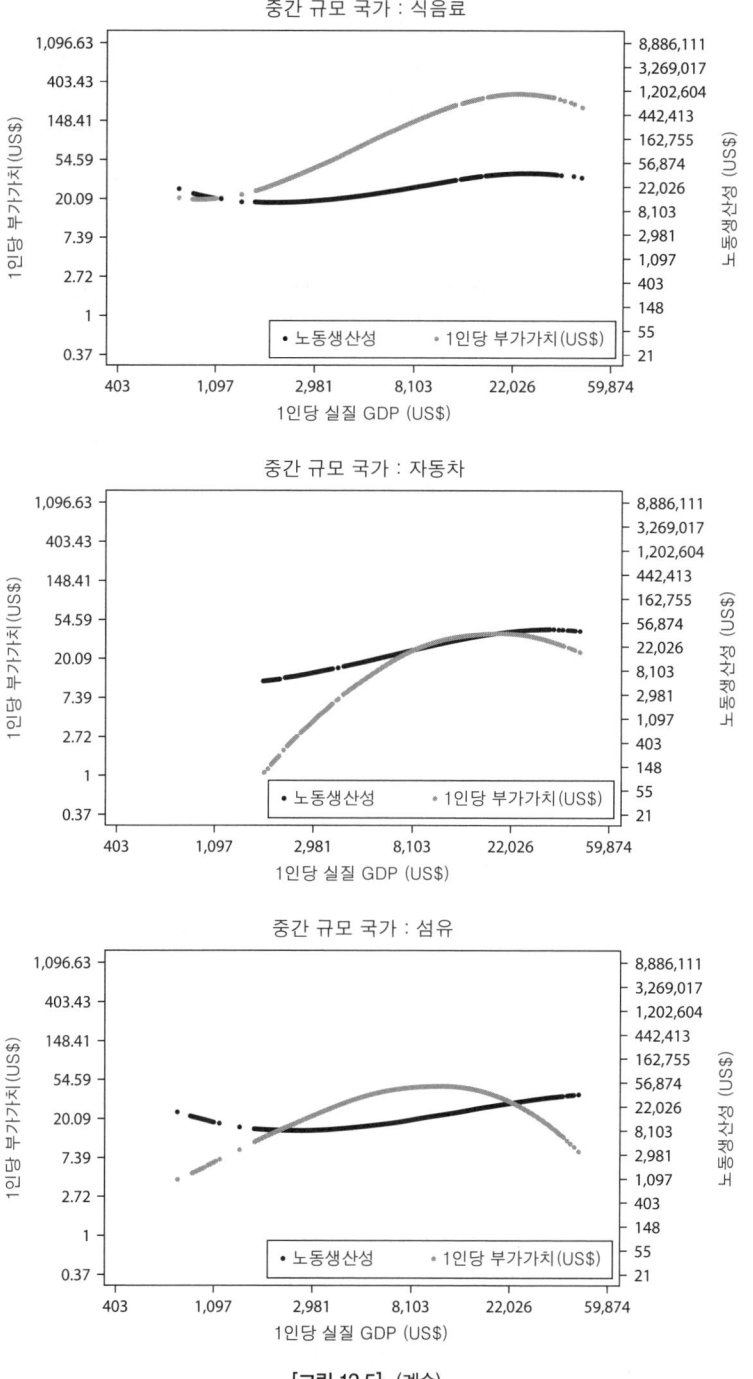

[그림 12.5] (계속)

제12장 제조업 발전 441

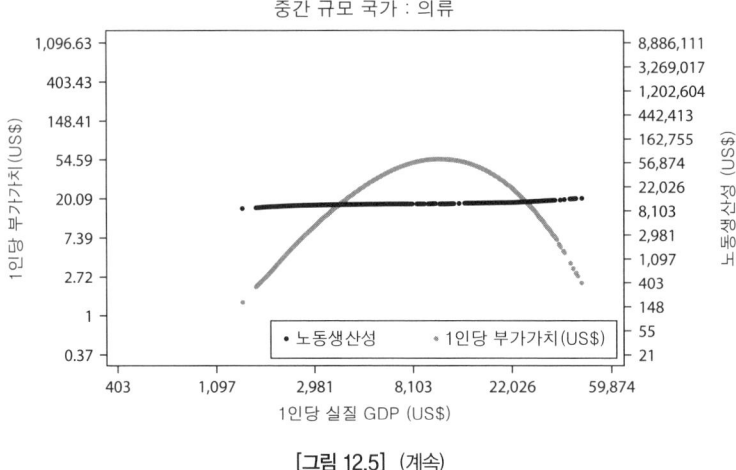

[그림 12.5] (계속)

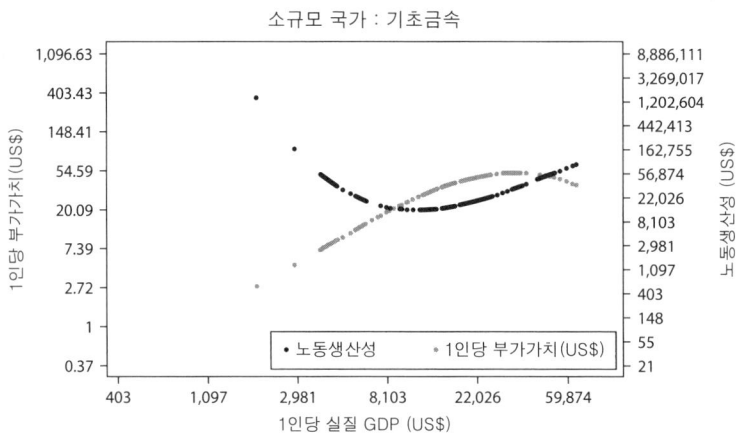

[그림 12.6] 소규모 국가들 제조업의 1인당 부가가치 및 노동생산성의 발전패턴
자료 : 회귀 추정에 근거하여 저자가 작성

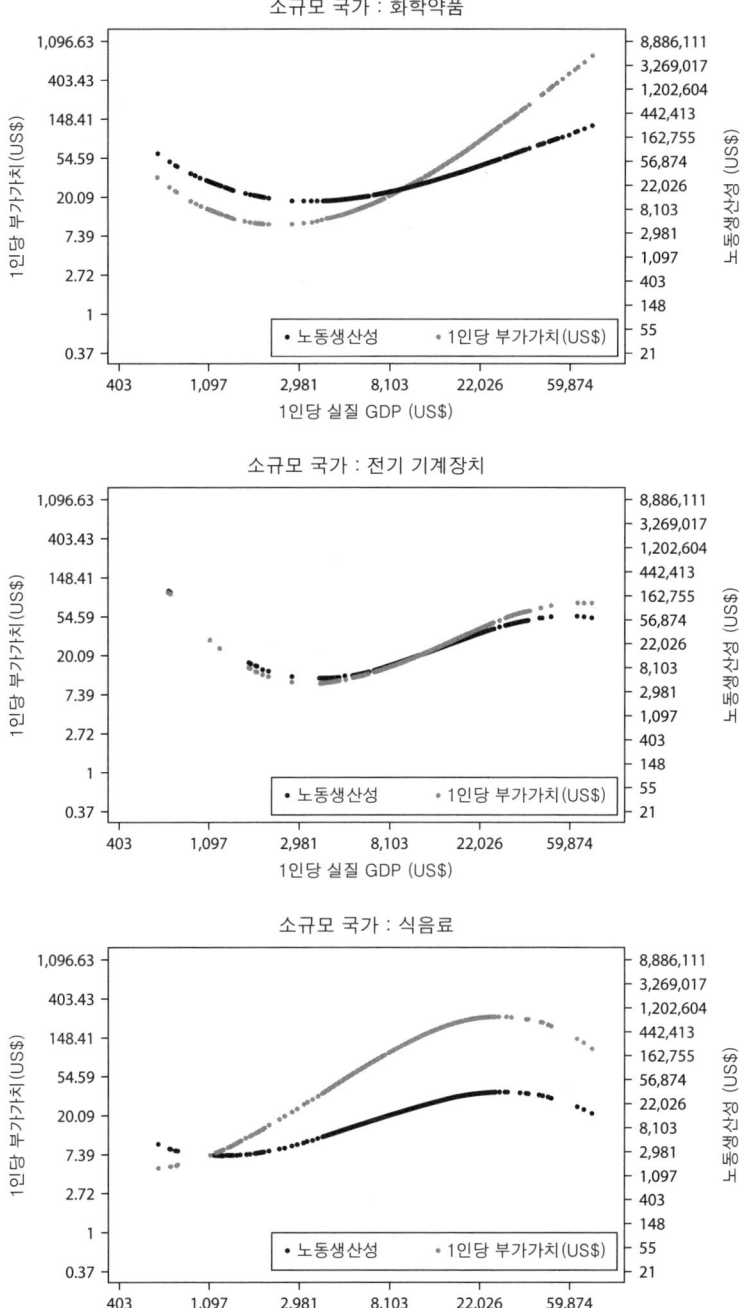

[그림 12.6] (계속)

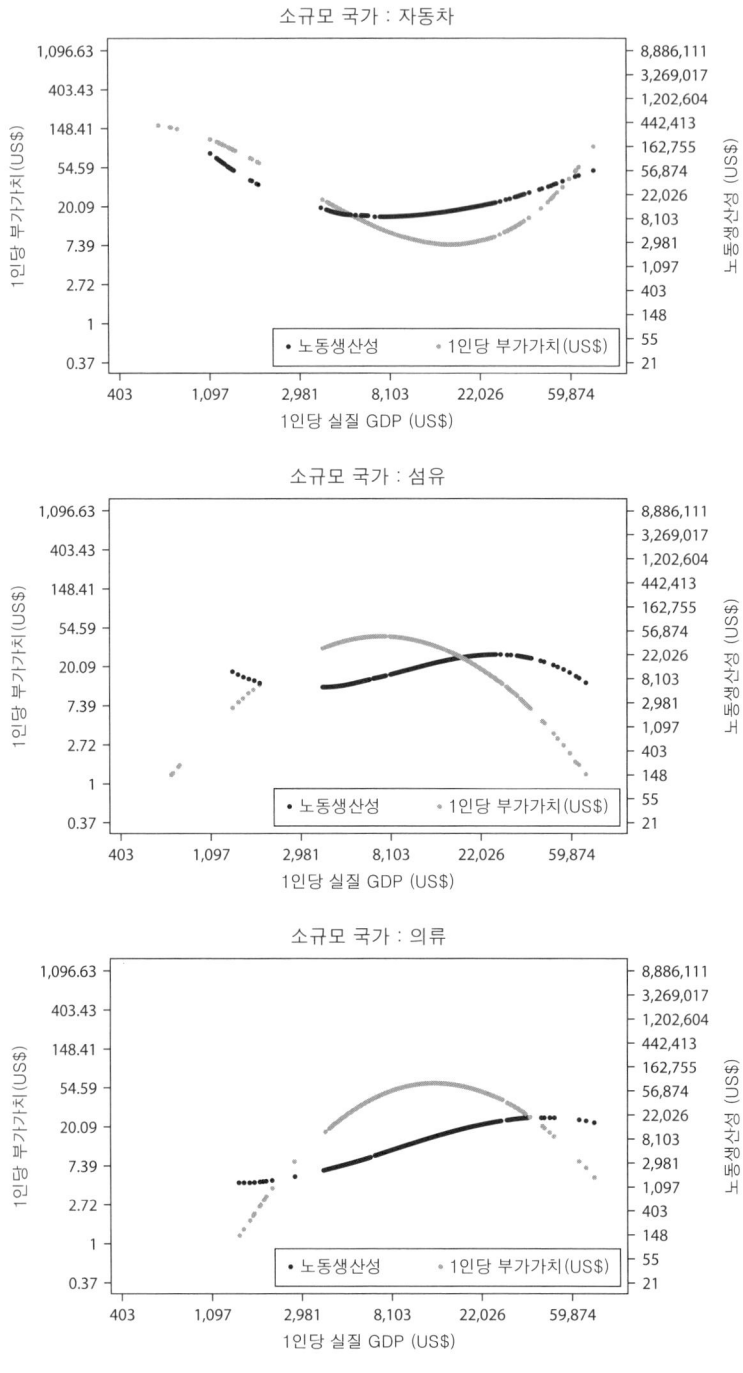

[그림 12.6] (계속)

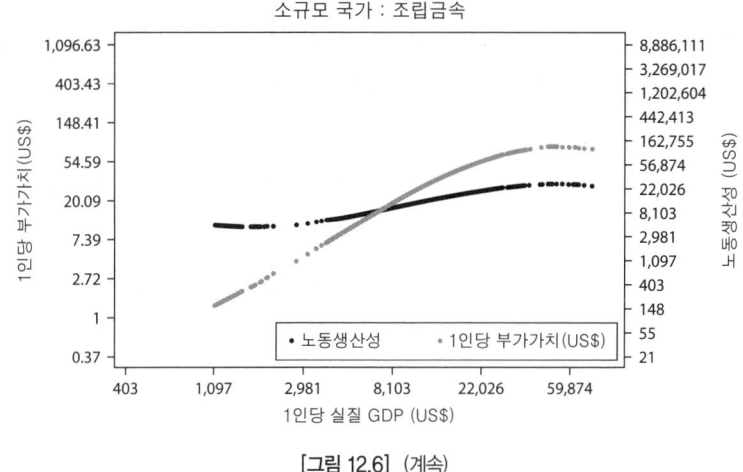

[그림 12.6] (계속)

    마찬가지로 각 산업에 대한 비교우위 상실의 대략적인 기간은 1인당 GDP 수준에서 1인당 부가가치의 증가율(기울기)을 노동생산성 증가율(기울기)로 나누어 추정할 수 있다. 노동생산성 1% 증가에 대한 1인당 부가가치의 증가율을 나타내는 탄력성이 1보다 작다는 것은 그 산업이 탄력성이 1보다 큰 산업보다 불리하다는 것을 의미한다. 그림 12.7, 12.8 및 12.9는 이러한 탄력성이 평균적으로 어떻게 변화하며, 산업이 언제 비교우위를 상실하는지를 보여주고 있다.

    그림 12.7의 예와 같이, 대형 국가는 1인당 GDP가 각각 약 9,000달러와 10,000달러 수준에 도달할 때 섬유산업(S17)과 의류산업(S18)이 비교우위를 상실

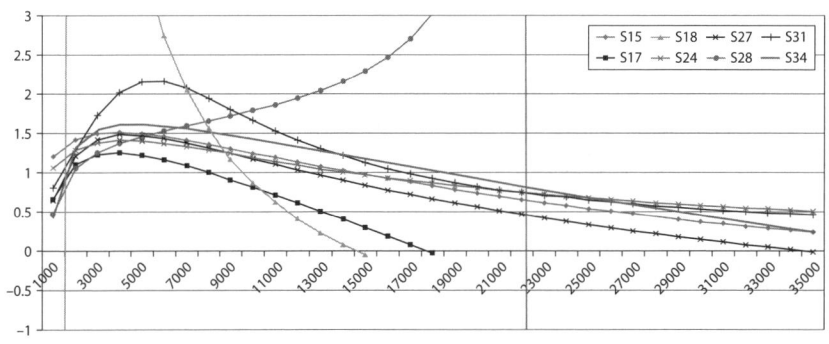

[그림 12.7] 대형 국가의 1인당 GDP 증가에 따른 탄력성
(1인당 부가가치의 % 변화/1인당 노동생산성의 % 변화) 변화

한다(그래프에서 탄력성이 1이하인 수준). 예상대로 이러한 산업의 우위는 이 분석에 포함된 다른 산업보다 더 빠르게 사라진다. 조립금속 산업(S28)의 탄력성의 극심한 변화는 1인당 부가가치가 떨어지기 전에 생산성이 감소하기 때문이다. 그러나 1인당 부가가치가 하락하기 시작하면 이 산업의 우위가 사라지는 것으로 추정할 수 있다. 섬유 및 의류 산업에 이어, 대형 국가들은 1인당 GDP가 약 13,000달러일 때 기초금속(S27) 산업에서 우위를 잃을 것이다. 다음으로 화학약품(S24), 식음료(S15), 전기 기계장치(S31) 및 자동차(S34)산업이 우위를 상실한다. (식음료를 제외하고) 초기산업과 다른 산업 간 하강 곡선의 기울기의 차이는 주목할 만한 가치가 있다. 섬유 및 의류 산업의 경우, 노동생산성의 증가에도 불구하고 우위는 급속히 감소한다. 그러나 전기 기계장치 산업과 같이 후기산업의 경우, 생산성 향상은 탄력성이 1인 상태에서 우위가 없어진 후에도 섬유 및 의류 산업의 성장보다 훨씬 더 오래 동안 그 주어진 산업의 성장과 연관된다. 즉, 비교우위의 상실은 후기산업에서도 불가피한 것처럼 보이지만, 대부분의 초기산업과는 달리 그들은 생산성 증가를 통해 잠재적으로 성장을 연장할 수 있다.

중간 규모 국가의 경우, 그림 12.8에서 보듯이 섬유(S17) 및 의류(S18) 산업, 기타 산업들은 화학약품(S24)과 전기 기계장치(S31)를 제외하고 비교우위의 쇠퇴 과정이 더 짧게 나타난다. 이 두 산업을 제외하면, 생산성 증가는 짧은 우측 꼬리에 의해 입증된 바와 같이 후기산업의 성장을 유지하는데 더 제한적인 영향을 미치는

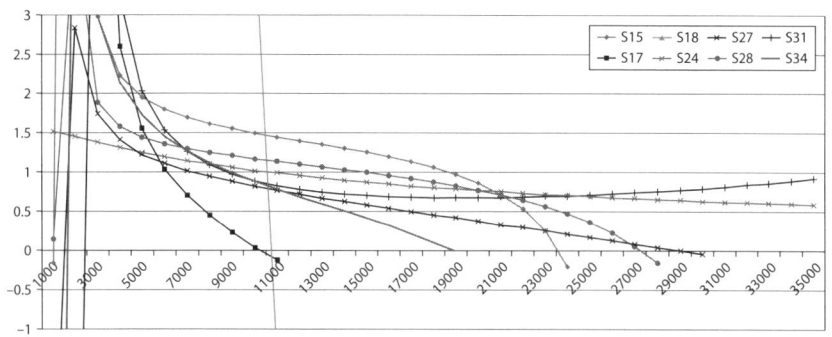

[그림 12.8] 중간규모 국가의 1인당 GDP 증가에 따른 탄력성
(1인당 부가가치의 % 변화/1인당 노동생산성의 % 변화) 변화

것으로 보인다. 그들의 생산성은 1인당 부가가치가 악화되기 시작하거나 지속적인 생산성 향상에도 불구하고 1인당 부가가치가 떨어진 직후 감소한다. 자동차 산업(S34)의 경우가 이러한 차이의 대표적인 예이다. 대형 국가들은 1인당 GDP가 20,000달러인 수준에서 자동차 산업이 비교우위를 상실하고 있다. 중간 규모 국가는 1인당 GDP가 대형 국가의 절반 수준에서 이러한 단계를 거치는 경향이 있다. 자동차 산업은 중간 규모 국가에게 우위가 거의 없는 것 같다. 그러나 화학약품(S24) 및 전기 기계장치(S31) 산업은 지속적인 성장에 대해 좋은 전망을 보인다.

그림 12.9는 소규모 국가가 대형 국가와 중간 규모 국가보다 섬유(S17) 및 의류(S18) 산업에서 더 빨리 비교우위를 상실했다는 것을 보여준다. 앞 절에서 이미 논의한 바와 같이, 소규모 국가는 화학약품(S24), 조립금속(S28) 산업과 같은 상대적으로 높은 수준의 가공산업에서 더 나은 발전 전망을 보이는 경향이 있으며, 소규모 국가는 1인당 기준으로 대형 국가와 중간 규모 국가에 필적할만한 발전 수준에 도달할 것으로 기대할 수 있다. 그림 12.9는 비록 전자 기계장치(S31) 산업에서 생산성 향상 대비 지속적이고 빠른 1인당 부가가치의 증가 때문에 소규모 국가가 우위에 있다고 보일 수 있지만, 산업의 쇠퇴는 대형 국가 또는 중간 규모 국가보다 매우 낮은 1인당 부가가치의 수준에서 시작된다(부록 C 참조). 전기 기계장치 산업의 발전 수준은 대형 국가와 중간 규모 국가에서 훨씬 높으며, 그것들의 경제에 대한 기여도가 훨씬 더 크다.

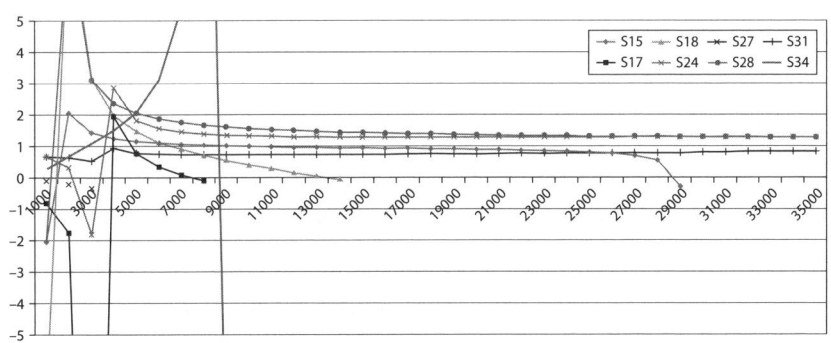

[그림 12.9] 소규모 국가의 1인당 GDP 증가에 따른 탄력성
(1인당 부가가치의 % 변화/1인당 노동생산성의 % 변화) 변화

산업발전의 속도와 수준

이전의 하위 절들은 부존구조와 관련이 있는 국가 발전단계 그리고 국가 규모가, 발전단계마다 제조업 발전에 크게 영향을 주는 특정 산업의 비교우위를 의미한다는 것을 보여 준다. 비록 생산성 향상이 특히 상대적으로 자본집약적인 산업의 생존을 잠재적으로 연장시킬 수는 있지만, 이것이 위의 패턴을 크게 바꿀 가능성은 없다. 만약 유사한 인구통계학·지리적 조건을 가진 국가들이 전반적으로 비교우위의 변화 패턴을 공유한다면, 일부 국가는 유리한 산업의 성장 곡선에 빠르게 편승하여 비교우위의 변화를 가속화시킬 수 있을까?

생산성 향상이 산업발전을 촉진하는 데 중요한 역할을 하는지 여부를 알아보기 위해, 본 하위 절에서는 1인당 부가가치 증가율과 생산성 증가율 간의 관계를 조사한다. 앞선 논의에 비추어 볼 때, 산업의 성장 속도가 국가의 발전단계에 따라 변화한다는 것을 알고 있으므로, 본 분석에서는 그림 12.1, 12.2, 12.3에 나와 있는 것처럼 대부분 산업에서의 상대적으로 선형인 성장 추세를 나타내는 3,000 ~ 6,000달러의 1인당 GDP에만 초점을 맞춘다. 여기서 각국의 1인당 부가가치의 가장 높은 값과 가장 낮은 값을 취한다. 그 다음 2년 내 가장 높고 가장 낮은 1인당 부가가치에 해당하는 노동생산성을 취하여 연간 성장률을 계산한다. 특정 범위에서 데이터가 있는 각 국가에 대해 이 두 가지 데이터 세트를 준비하고, 각 산업별 노동생산성을 설명변수로 하고 1인당 부가가치 증가율을 종속변수로 하여 회귀 분석한다. 각 산업별 1인당 부가가치 데이터를 갖는 국가의 수가 제한적이므로, 이 분석은 국가를 세 그룹으로 나누지 않고 모든 가능한 국가 데이터를 함께 사용한다.

표 12.3은 그 결과를 나타낸다. 모든 계수는 양의 값을 가지며, 95% 이상 신뢰수준에서 유의하다. 노동생산성이 향상될수록 8개 산업의 발전궤도가 더 빨라진다. 이러한 상관관계는 자본 및 기술 집약적 산업에서 더 높고, 노동 집약적 산업의 경우 더 낮다[7]. 이 결과는 생산성 향상이 국가의 구조적 변화를 가속화하는 데 중요한 역할을 한다는 것을 입증하였다. 생산성 향상은 후기에 부상하는 산업에 특히 중요하며, 생산성 및 기타 요소(예를 들어 임금률)는 초기에 출현하는 노동집약적 산업의 성장과 관련이 있을 수 있다. 비교우위는 특정 발전단계와 관련이 있지만, 생산성 향상은 현재의 우위를 신속하게 이용하여 특정 우위에서 다른

우위로 이동하는 프로세스를 용이하게 한다.

지금까지 논의는 제조업 발전의 궤도(기울기)와 속도를 다루었다. 비슷한 크기의 국가는 통계적으로 유사한 발전패턴을 가지고 있으며, 생산성이 높을수록 발전속도가 빨라진다. 따라서 궤도의 기울기와 그 움직임은 발전패턴, 생산성과 관련이 있다.

산업발전의 일반적인 패턴을 예시하기 위해 국가별 여건을 포함하기 전에 고정효과 모델fixed-effect model의 절편들을 사용하여 위의 언급된 그림 속의 선들을 그렸다. 그러나 그 패턴 움직임의 일반적인 형태와 속도뿐만 아니라 국가별 조건을 반영하는 절편은 국가마다 다르며, 이러한 독특한 국가 절편은 국가 제조업 발전에서 중요한 역할을 하는 세 번째 요소이다.

국가별 여건에는 두 가지 유형이 있다. 첫 번째 유형은 일반적이면서 국가들의 산업들에 유사한 영향을 주는 국가별 조건들을 포함하는데, 이러한 여건의 정도 또는 강도는 국가마다 다르다. 특정 국가에서 그러한 여건이 존재하는 정도는 산업발전 수준에 영향을 미친다. 국가별 여건의 두 번째 유형은 쉽게 식별할 수 없으며, 첫 번째 유형에 속하는 모든 여건을 통제한 후에도 제조업 발전에 있어 국가별 장점 또는 단점을 남긴다. 예를 들어, 풍부한 천연자원 부존은 국가의 특정 산업발전에는 부정적 영향을 미치므로 천연자원 부존은 첫 번째 유형에 속하는 국가별 여건이다. 그러나 일부 국가는 천연자원을 효율적으로 관리할 수 있기 때문에 제조업

[표 12.3] 노동생산성과 1인당 부가가치 간 상관관계

	계수	t값	p값
식음료	0.7614	6.26	0.0000
섬유	0.4418	3.85	0.0000
의류	0.3857	2.57	0.0130
화학약품	0.8573	7.55	0.0000
기초금속	1.4851	9.66	0.0000
조립금속	0.8563	4.93	0.0000
전기 기계장치	1.0727	5.90	0.0000
자동차	1.0775	6.37	0.0000

독립 변수 : 연간 노동생산성 변화
종속 변수 : 1 인당 부가가치 변화
GDP 범위 : US $ 3,000 – US $ 6,000

발전에 부정적인 영향을 주지 않고 심지어는 촉진할 수도 있다. 이러한 특수 역량은 두 번째 유형이며 모델의 국가 고정효과에 포함된다. 여기서는 먼저 국가별 여건의 첫 번째 유형을 고려하여, 일반적으로 관찰 가능한 국가 여건 중 어떤 유형이 제조업 발전에 어떻게 영향을 미치는지를 밝힌다. 국가 여건의 두 번째 유형은 본질적으로 특정 국가 여건들과 관련된 기본적 요인들을 암시할 수 있을 뿐이다.

국가별 여건의 첫 번째 유형에 대해 조사된 변수는 적어도 단기 또는 중기적으로 정부가 통제할 수 없거나 제한적으로 관리하는 인구통계적·지리적 조건과 관련된 것이다. 그룹 전반의 평균적인 패턴은 국가 여건에 의해 형성되지만, 그럼

[표 12.4] 대형 국가들

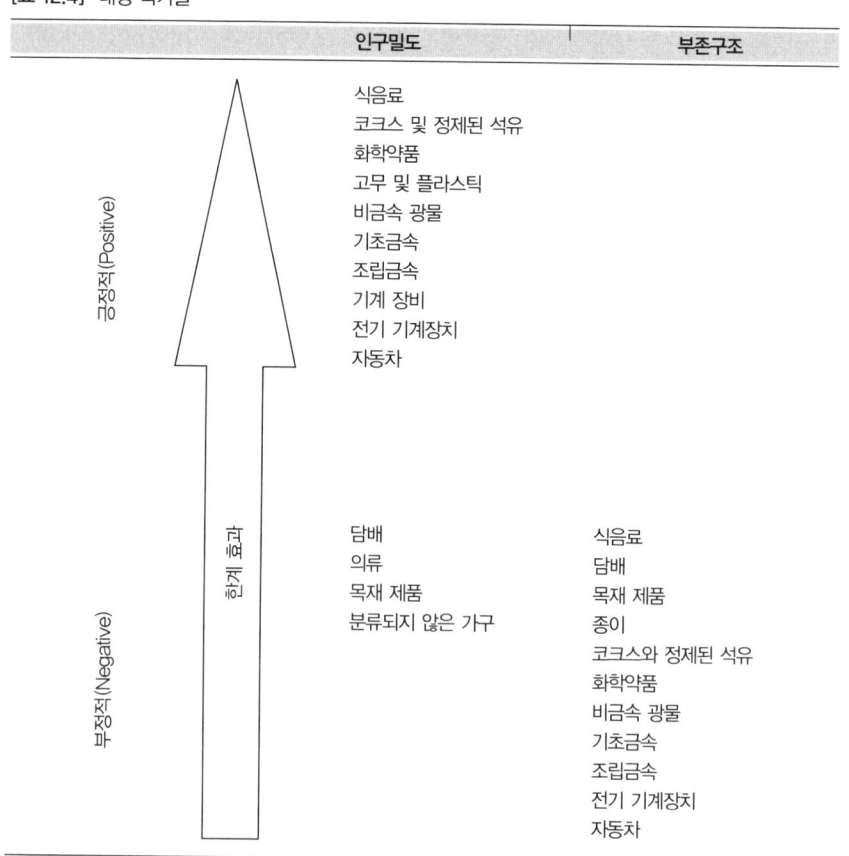

에도 불구하고 외생적으로 결정된 것으로 간주된다. 이러한 패턴은 개별국가 정책이 효과를 내기 전에 주어진다. 발전패턴이 통계적으로 다른 3개 그룹으로 국가들을 분류하여 설명된 크기 효과 이외에도, 회귀식에는 1인당 GDP 관련 다항의 변수들, 그리고 인구밀도와 천연자원 부존 수준을 반영하는 변수들이 포함된다(식 12.2 참고).

그 결과는 부록 B의 표 B.2에 제시되어 있다. 인구밀도와 자원 부존이 산업에 미치는 영향은 표 12.4~6에 요약되어 있으며, 가장 긍정적으로, 그리고 가장 부정적으로 영향을 받은(통계적으로 유의한) 산업을 보여준다. 풍부한 천연자원은

[표 12.5] 중간 규모 국가들

	인구밀도	부존구조
긍정적(Positive)	코크스와 정제된 석유 화학약품 고무 및 플라스틱 비금속 광물 기초금속 기계 장비	의류 종이
부정적(Negativ)	담배 섬유 의류 종이 달리 분류되지 않은 가구	나무 제품 전기 기계장치 자동차 달리 분류되지 않은 가구

특히 대형 국가들에게 부정적인 요소로 여겨지는데, 이것이 제조업 중 2/3 정도의 발전 잠재력을 감소시키기 때문이다. 이 여건은 특히 자본 집약적인 산업에 부정적인 영향을 미친다. 한 국가 발전의 후기 단계에서 선도 산업으로 여겨지는 전기 기계장치 산업이 대형 국가와 중간 규모 국가의 풍부한 자원 부존에 의해 부정적인 영향을 받는다는 사실은 주목할 만하다. 인구밀도는 대개 자본 집약적인 산업에 긍정적 영향을 미치는 반면, 노동 및 자원 집약적 산업에는 반대의 영향을 미친다. 따라서 표 12.4, 12.5, 12.6에 포함된 산업에 대한 이러한 인구통계적 · 지리적 조건의 영향은 주어진 국가 여건의 강도에 따라 평균 패턴을 위 또는 아래로 이동시킨다.

[표 12.6] 소규모 국가들

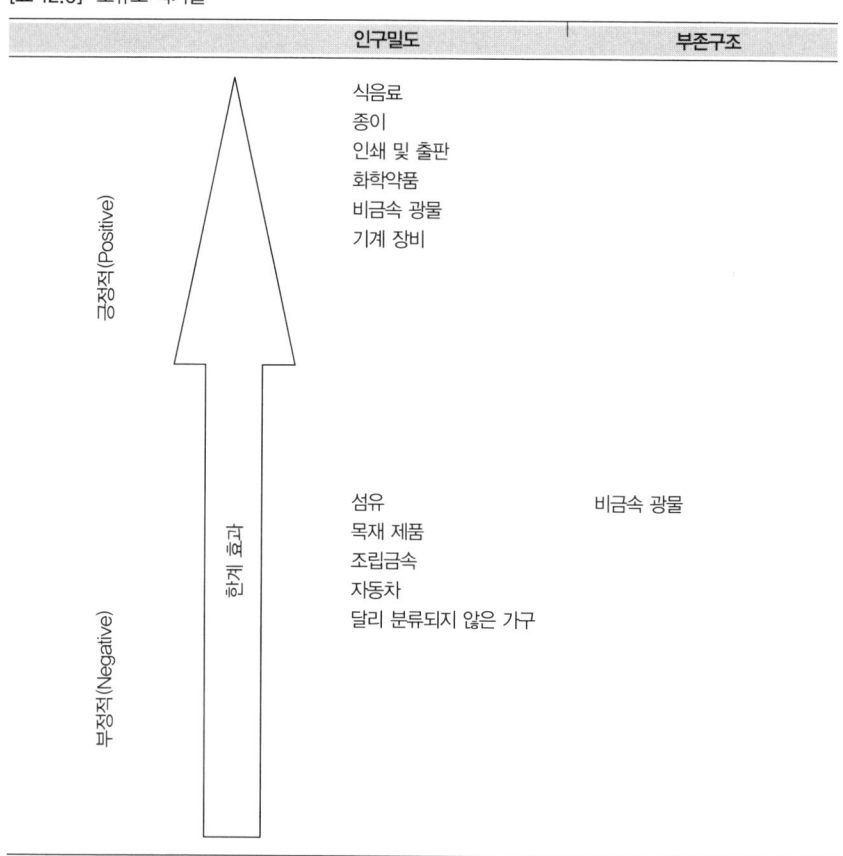

이러한 주어진 여건들을 통제한 후에도, 국가 고정효과에 의해 포착된 국가별 여건의 두 번째 유형의 결과로서 국가들은 여전히 패턴에서 벗어난다. 이는 본질적으로 한 국가에 고유하고 이용 가능한 지표들을 사용할 때 간신히 식별할 수 있다. 이러한 국가별 여건들은 제조업 발전의 결과에 영향을 미치는 결정요인들의 더 깊은 수준과 관련이 있는 것으로 간주된다. 국가 고정효과와 연결되어 있을 지도 모르는 전반적인 개관을 얻기 위해 국가 고정효과의 정도와, 상당히 오랜 기간 동안 유지되어 산업발전에 영향을 미치는 여건들 간 회귀분석을 실시한다. 표 12.7의 결과는 양(+)의 편차의 정도가 인프라 수준(이에 대한 유용한 대용치는 국가 내 포장도로의 비중), 법치의 인식, 단위노동비용에 영향을 주는 국가의 고유한 특징(역량, 유능함, 노동 윤리, 기타 다른 특수 환경 등)과 관련이 있음을 보여준다. 이러한 요소들은 교육 및 물적 자본 개선에 있어 장기적인 정부 지원을 통해서만 변화하는 일반적인 사업 환경과 관련이 있다.

일반적인 비즈니스 환경에서 그렇듯이, 모든 제조업의 성공에 중요한 몇 가지 공통적인 요소들이 존재하는 것으로 보인다. 표 12.8은 18개 산업 중 최소 12개에 대한 데이터를 보고한 대형 국가들을 각기 다른 산업들의 실적들이 일관성이 있는지에 따라 3개 그룹으로 분류한다. 여기서 볼 수 있듯이, 63%의 국가들이 제조업 가운데 80% 이상의 산업에서 대형 국가의 평균보다 상대적으로 우수하거나 저

[표 12.7] 국가 고정효과 크기와 사업환경 간 상관관계

	단위노동비용	법규범	도로
식음료	−0.20 (−6.7)	1.80 (−23.16)	0.07 (−3.97)
섬유	−0.22 (−3.63)	4.42 (−32.84)	0.94 (−28.08)
의류	−0.65 (−18.56)	3.62 (−25.31)	0.72 (−22.96)
화학약품	−0.66 (−14.1)	1.56 (−10.84)	−0.20 (−6.23)
기초금속	−0.39 (−10.92)	2.19 (−13.19)	−0.07 (−1.52)
조립금속	−0.19 (−4.29)	3.48 (−32.03)	0.78 (−33.36)
전기 기계장치	−0.55 (−9.32)	2.87 (−17.3)	0.74 (−21.33)
자동차	−0.04 (−0.71)	5.60 (−28.98)	1.31 (−33.07)

참고 : 회귀에 사용되는 종속변수는 국가별 고정효과이다. 괄호 안의 숫자는 t 값이다. 단위노동비용은 명목임금을 실질 부가가치로 나눈 값으로 계산되고 법률 및 도로 상황에 대한 변수는 각각 세계은행의 세계 거버넌스 지수, 세계 개발 지수를 각각 기준으로 한다.

조한 성과를 보였다. 32개국 중 12개국만 산업에 따라 성과가 엇갈렸다. 이는 인프라, 교육·기술 수준, 정치·거시경제의 안정성 등 제조업 전반에 두루 적용될 수 있는 근본적 여건들을 개선할 경우 커다란 수혜를 볼 수 있음을 암시하고 있다.

표 12.9는, R^2에 대한 기여, 즉 소득 수준(1인당 GDP), 지리적·인구통계학적 여건(인구 및 천연자원), 국가 고정효과가 제조업의 1인당 부가가치 수준을 설명하는 정도를 나타낸다. 1인당 GDP는 대형 국가와 중간 규모 국가에서보다 소국에서의 R^2에 대한 기여도가 훨씬 낮긴 하지만, 모든 규모의 국가 그룹에 걸쳐 R^2에 대해 가장 크게 기여하는 것으로 분석되었다. 인구밀도와 천연자원 부존은 보통 제조업 발전에 대한 설명의 일부일 뿐이다. 그러나 여기서의 결과는 또한 이 두 가지 요소가 중소국가 목재 제품의 1인당 부가가치, 소규모 국가에서는 코크스 및 정

[표 12.8] 대형 국가 제조업 성과의 일관성

1. 대부분의 제조업에서 일관되게 높은 성과	브라질, 캐나다, 프랑스, 독일, 이탈리아, 일본, 한국, 네덜란드, 스페인, 영국, 미국
2. 대부분의 제조업에서 일관되게 낮은 성과	에티오피아, 인도, 인도네시아, 이란, 케냐, 필리핀, 터키, 이집트, 예멘
3. 업종에 따라 다른 성과	호주, 중국, 콜롬비아, 말레이시아, 멕시코, 모로코, 페루, 폴란드, 루마니아, 러시아, 남아프리카 공화국, 스리랑카

자료 : UNIDO INDSTAT 데이터베이스를 기반으로 저자가 작성
참고 : 12개 이상의 산업에 대한 고정효과를 계산하는 데 필요한 데이터가 있는 대형 국가(인구 1250만 명 이상)들이 분석대상이다. 국가별로 보고된 산업들의 80% 이상에 대해 대형 국가의 평균보다 높은 성과를 보인 경우, 이들은 표의 첫 번째 범주에 포함된다. 보고된 산업의 80% 이상이 대형 국가의 평균보다 낮은 성과는 두 번째 범주에 속하게 된다. 이외 국가는 세 번째 범주로 분류.

[표 12.9] 식 12.2의 R^2에 대한 1인당 GDP, 인구밀도, 천연자원 부존, 국가 고정효과의 기여도

	R^2에 대한 기여도 (%)		
	대	중	소
1인당 GDP	82.0	76.2	57.5
인구밀도와 천연자원 부존	1.5%	3.1	2.2
국가 고정효과	16.5	20.7	40.3

제 석유, 기계 및 장비, 전기 기계장치 산업 1인당 부가가치의 변동성 중 10% 이상을 설명한다는 점을 보여준다. 소규모 국가에서는 R^2에 대한 1인당 GDP 기여도가 다른 규모의 국가 그룹에 비해 낮지만, 제조업 발전을 설명하는 데 있어 국가 고정효과의 가중치는 대형 국가와 중간 규모 국가에 비해 2배 높다. 이 결과는 소득 수준이 모든 국가의 제조업 발전과 관련된 가장 중요한 요소임을 확인시켜 준다. 그러나 소규모 국가의 제조업 발전은 국가별 역량과 환경에 상대적으로 민감하다.

소득 수준은 제조업 발전패턴에 대해 가장 높은 설명력을 갖는다. 그러나 어떤 소득 수준에서는 이러한 패턴의 불확실성이 상대적으로 높다. 그림 12.10은 대형 국가들에 있어 특성이 다른 6개 제조업에 대한 95% 신뢰구간을 보여준다. 그림에서 알 수 있듯이, 신뢰구간은 소득 범위의 낮은 쪽과 높은 쪽 양 극단에서 더 넓어지는 경향이 있다. 중소 국가에서도 비슷한 경향이 나타난다. 이는 저소득 국가들의 경우 제조업 발전에 대한 국가별 여건의 중대한 영향 때문에 높은 수준의 불확실성에 직면하게 되고, 이는 결국 국가 간의 커다란 성과 차이로 이어진다는 것을 보여준다. 그러나 일단 산업이 도약하여 경험을 쌓기 시작하면, 같은 소득 수준에 있는 국가 간 성과 차이는 줄어든다. 국가가 상위 중간소득 단계의 끝(2005년 기준으로 한 PPP로 볼 때 1인당 GDP가 15,000달러인 수준)에 다다르면서 다시 한 번 성과 차이가 벌어지기 시작한다. 국가들이 선진국으로부터 기존 기술을 습득하여 제조업 발전을 끝내고 기술 선도국과 직접적으로 경쟁하기 위한 지식 및 기술을 생산하기 위해 더 큰 리스크를 감수해야 하는 단계로 이동할 때, 이 단계에서부터 국가들은 제조업 발전과정에서 종종 더 큰 불확실성에 직면하게 된다.

논 의

분석은 국가 발전단계에 따라 진행되고 인구통계학적·지리적 여건에 따라 달라지는 제조업 발전의 궤도를 설명한다. 이 장에서는 제조업 발전에 있어 비교우위, 생산성 및 국가별 여건의 역할, 아울러 이들이 다른 발전단계에서 제조업의 잠재적 그리고 실제 성과에 어떠한 영향을 미치는지를 확인했다. 이 절에서는 제조업 발전의 특성을 설명하고 몇 가지 정책적 함의를 끌어내기 위해 3가지 주요 요소와 그것들의 상호관계를 설명함으로써 제조업 발전의 3가지 요소들을 연결한다.

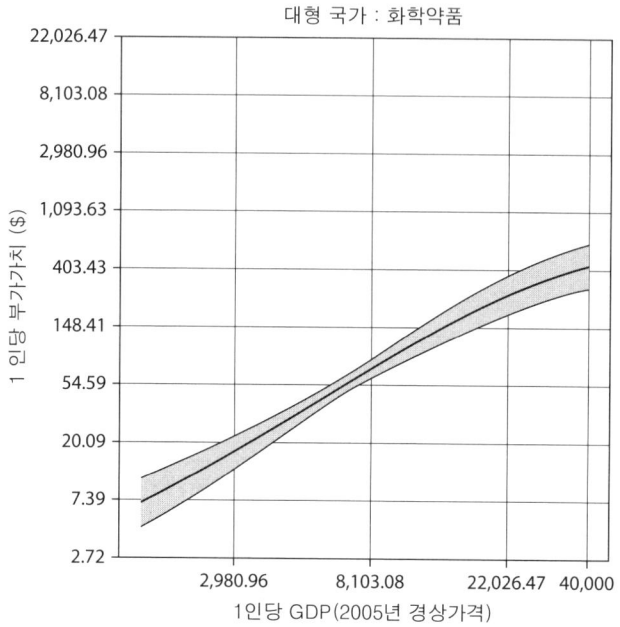

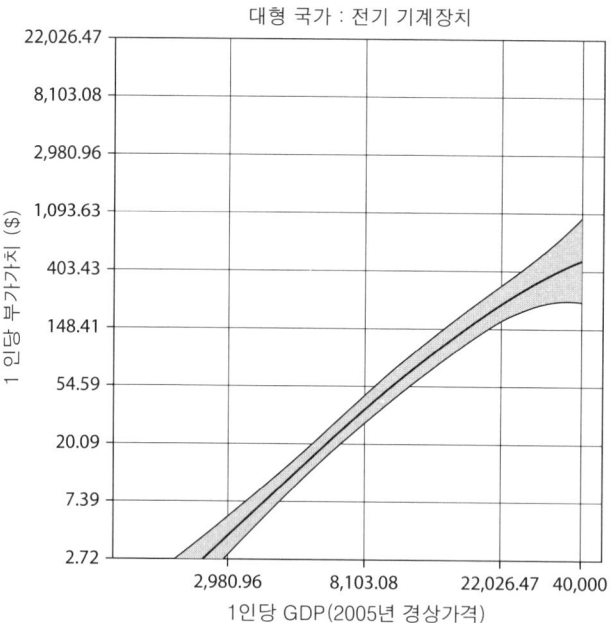

[그림 12.10] 부가가치 추정패턴의 신뢰구간 (대형 국가)

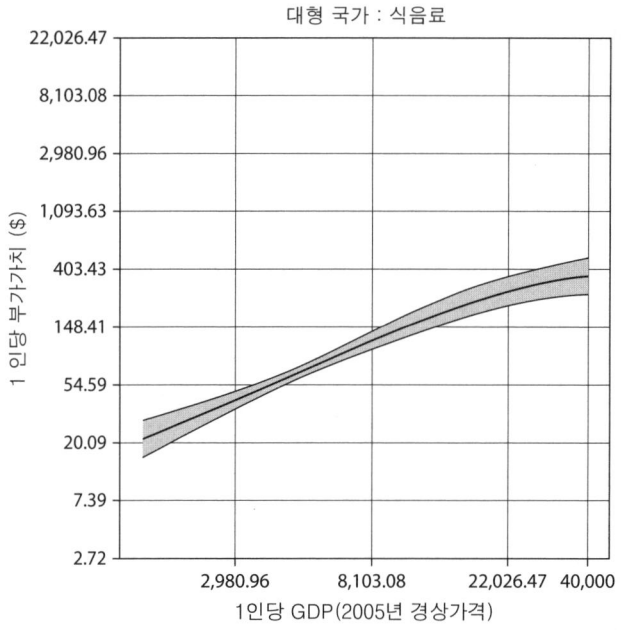

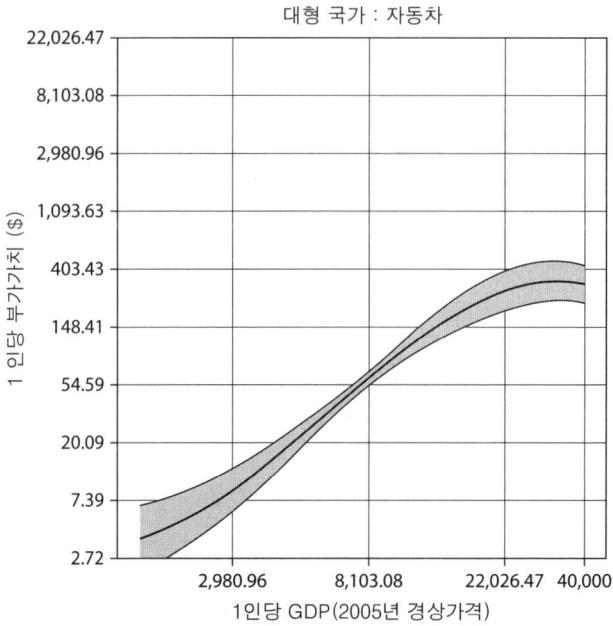

[그림 12.10] (계속)

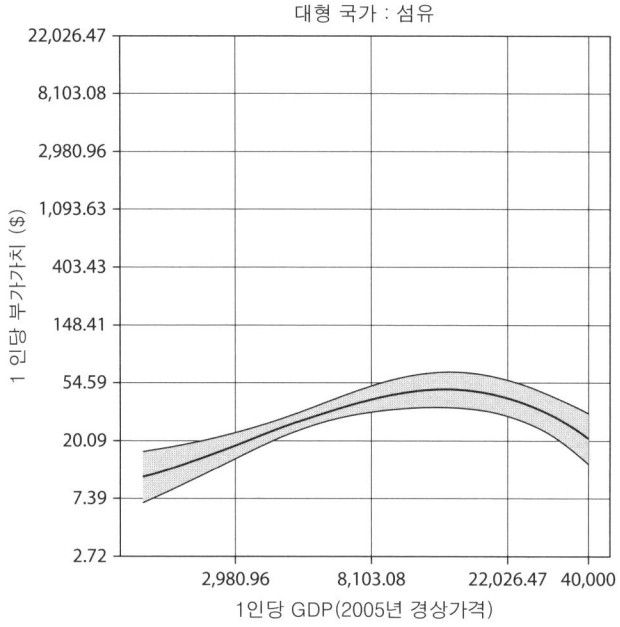

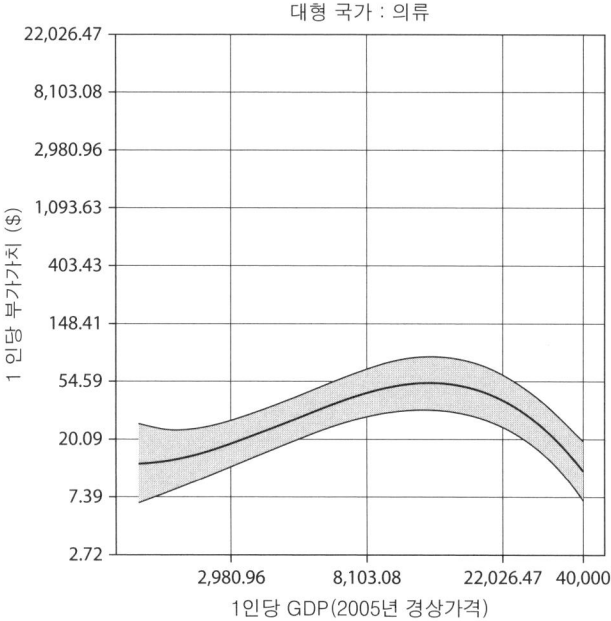

[그림 12.10] (계속)

인구 통계학적·지리적 특성이 유사한 국가들은 비록 각기 산출물 수준이 다를 수 있으나 대체로 유사한 제조업 발전패턴을 따르는 경향이 있다. 각 발전패턴에 의해 표현된 성장과 쇠퇴는 제조업 발전에 대단히 중요한 영향을 미치고 국가의 부존구조와 관련된 비교우위의 존재를 암시하는 것으로 받아들여진다. 따라서 부존구조의 변화로 인한 비교우위의 상실과 산업의 궁극적인 쇠퇴는, 특히 초기 노동집약적 산업의 경우, 생산성 증가를 통해 방지하기가 어렵다. 그러나 그러한 노력으로, 특히 뒤늦게 성장하는 자본집약적 산업에서는 비교우위의 상실이 늦춰질 수 있다.

비교우위가 갖는 주된 영향력을 고려할 때 생산성 향상은 비교우위를 가진 각 산업의 발전속도를 가속화하는 데 중요한 역할을 하여 1인당 GDP의 빠른 증가에 기여하고, 이는 결과적으로 비교우위의 변화shift, 제조업 구조적 변화의 전체 프로세스를 더 빠르게 한다. 비교우위는 특정 발전단계와 관련이 있다. 이러한 이유로 비교우위는 특정 시기의 발전 잠재력의 정태적 요인이라 할 수 있다. 생산성 향상은 이러한 정태적 개념인 비교우위에 제조업 발전의 동태적인 측면을 추가한다. 가령, 국가가 비교우위를 얼마나 빠르게 활용하는지는 비교우위의 변화 속도를 나타낸다. 특정 발전단계에서의 국가 부존구조와 관련된 두 가지 요소 외에 국가별 여건과 관련된 '기술역량 구축 속도' 즉 세 번째 요인도 그 역할을 한다. 여기에는 특정 지리적·인구통계학적 여건뿐만 아니라 국가 고정효과가 포함된다. 국가 고정효과는 위에서 본 바와 같이, 제도, 인프라 및 비즈니스 환경의 질에 영향을 주어 제조업 생산 수준을 높이거나 낮출 수 있는 특정 환경과 역량을 의미한다. 천천히 변화하는 그러한 국가 고유의 여건들은 각기 다른 절편을 가진 국가들의 제조업 발전성과의 차이를 설명하지만, 그들의 발전궤도의 기울기들은 유사하다. 실증연구 결과는 다음 그림에 요약되어 있다.

그림 12.11은 비교우위, 생산성 향상 및 국가별 여건이 모두가 제조업 발전에 어떻게 영향을 미치는지를 보여준다. 산업의 평균 발전경로에서 보여 주듯이, 국가들은 1인당 GDP 3,000달러 수준에서 산업 A에 대해 비교우위를 갖지만 산업 B에서는 그렇지 않고, 특정 발전 수준에서는 산업 B에서 높은 1인당 부가가치와 높은 성장률을 달성할 가능성이 거의 없다. 발전수준과 부존구조 측면에서 발전의 지배적 영향을 고려해 볼 때, 두 국가 모두 비교우위를 갖는 산업 A에 중점을

두더라도 두 국가의 성과는 다를 수 있다. 두 국가의 성과는 자원의 부존 수준, 인구밀도, 능력, 역량, 직업윤리, 비용 및 인프라의 수준과 같은 국가별 여건으로 인해 산업 A의 평균 발전패턴에서 지속적으로 벗어나게 될 것이다(점선으로 표시). 그 결과, 두 국가는 산업 A 발전의 어떤 단계(1인당 부가가치)에서 다른 단계로 이동하는 데 소요되는 시간이 다를 수 있다. 예를 들어, 산업 A에서 동일한 1인당 부가가치를 높이는 데 있어 한 국가는 3년이 걸릴 수 있고 또 다른 국가는 10년이 걸릴 수도 있다. 이러한 속도는 노동생산성의 증가와 관련이 있다. 어떤 국가가 현재 비교우위가 있는 다른 산업뿐만 아니라 산업 A에서도 비교우위를 신속하게 이용한다면, 해당 국가는 1인당 GDP를 증가시키고 부존구조를 신속히 바꿀 것이며, 이로 인해 산업 A에서 B산업으로 비교우위를 옮기고 그 결과 제조업의 구조변화를 발생시키는 전 과정을 가속화할 수 있다. 한 나라의 기존 비교우위 산업에서의 생산성 향상은 구조변화의 속도에 영향을 주는 제조업 발전에 역동적인 역할을 하

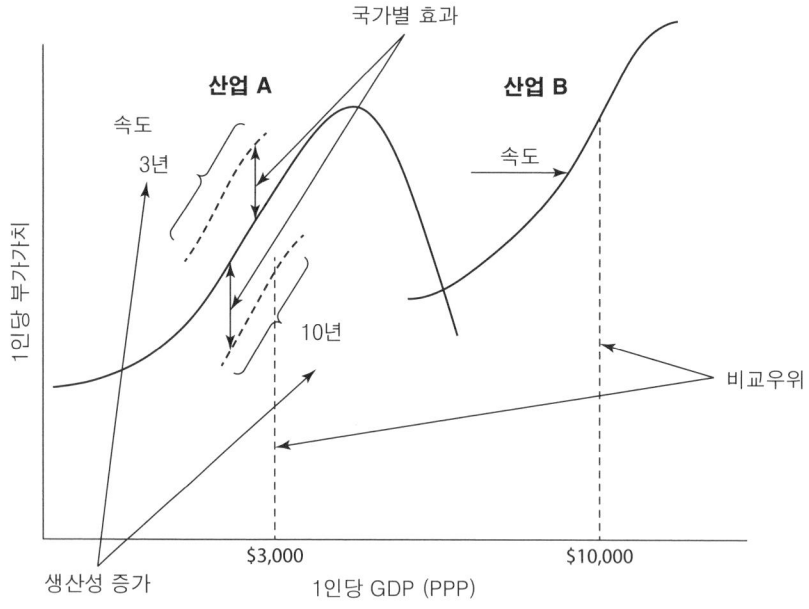

[그림 12.11] 제조업 발전에 있어 비교우위, 생산성 향상 및 국가별 여건의 역할에 대한 도식
(자료 : 저자 작성)

게 된다. 그림에 설명된 것처럼 세 가지 요소는 제조업 발전에서 서로 다른 역할을 한다. 비교우위는 정태적이고 특정 발전단계와 관련이 있지만, 국가별 여건들은 거의 시간에 영향을 받지 않고 시간에 따른 성과의 지속적인 차이를 설명한다. 생산성 향상은 제조업 발전의 동태적 측면과 관련이 있다. 명확히 하기 위해 국가별 효과와 생산성 향상이 별도로 논의되고 설명되겠지만, 결코 이 둘이 상호 배타적인 것은 아니다. 예를 들어, 국가별 효과들은 국가의 생산성 향상에 영향을 미칠 수 있다.

다음의 사례는 위의 비교우위, 국가별 효과 및 생산성 향상이 국가별 발전 경험에서 어떻게 나타나는지를 보여준다. 이 사례들은 말레이시아, 한국, 스리랑카의 데이터에 기반한 것으로 이들은 같은 대형 국가 그룹에 속하고 비교적 긴 시계열 자료를 보유하고 있어 발전궤도 조사를 용이하게 해준다. 이들은 또한 1인당 GDP가 겹치는 범위를 가지고 있는데, 이는 유사한 발전단계에서 1인당 부가가치의 연평균 성장률을 계산하고 비교할 수 있도록 해준다.

그림 12.12의 일련의 그래프는 세 국가의 1인당 실질 부가가치의 실제 데이터뿐만 아니라 패널 데이터의 고정효과 모델에 기초해 추정된 대형 국가 그룹의 패턴을 나타낸다. 3개국의 데이터를 관찰한 결과, 그들의 발전패턴은 그들이 속한 집단의 추정된 패턴(기울기)을 따르는 것으로 나타났다. 3개국은 추정된 패턴에서 벗어나지만, 편차(절편)는 적어도 상당히 오랜 시간 동안 일정하게 유지되기 때문에 발전궤적이 추정된 패턴과 평행하게 그려지는 경향이 있다.

그래프에서 알 수 있듯이 스리랑카는 현재 식음료, 섬유, 의류와 같이 상대적으로 노동집약적인 산업에서 비교우위를 보이고 있어 향후에도 이러한 산업들의 급속한 성장이 기대된다. 말레이시아는 이미 이러한 산업 분야에서 우위를 잃어가고 있지만, 일정 기간 기초금속, 조립금속, 자동차 산업뿐만 아니라 화학, 전자 기계장치 산업에서 지속적인 성장을 기대할 수 있다. 한국의 경우 기초금속, 조립금속, 자동차 산업에서 비교우위를 이미 잃었거나 잃을 위기에 있지만, 전자 기계장치, 화학 산업은 앞으로 우위를 유지할 것으로 보인다.

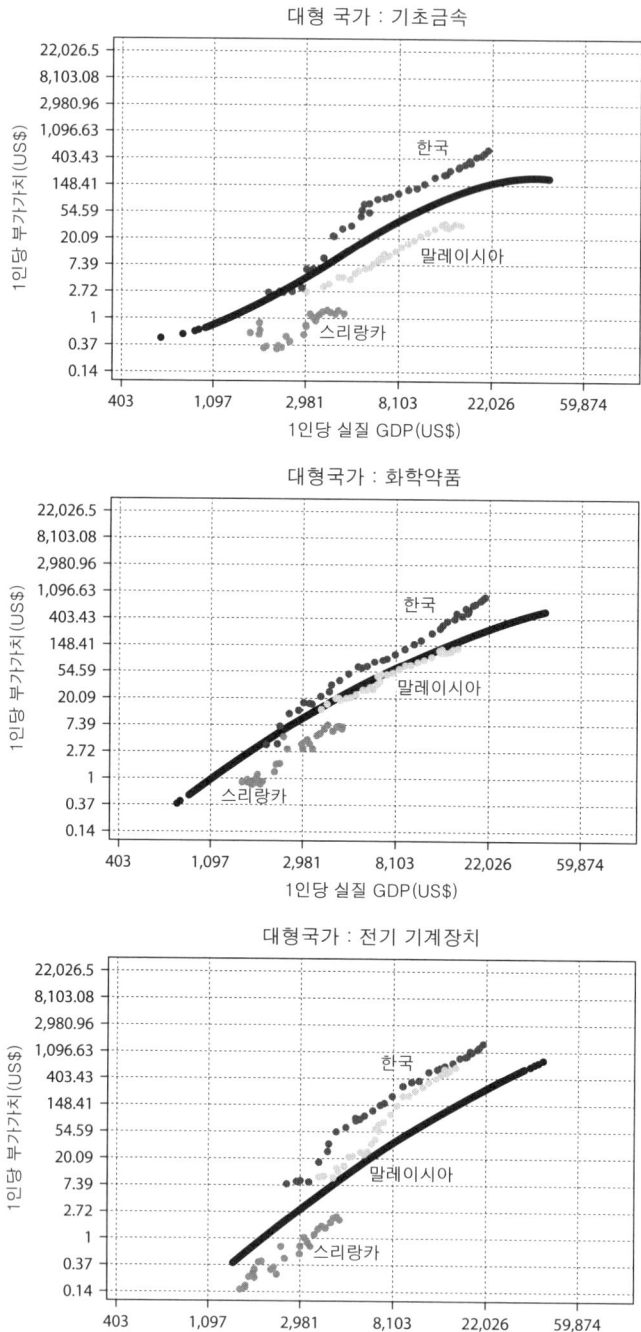

[그림 12.12] 대형 국가의 1인당 부가가치의 발전패턴과 한국, 말레이시아, 스리랑카의 국가별 실제 경험

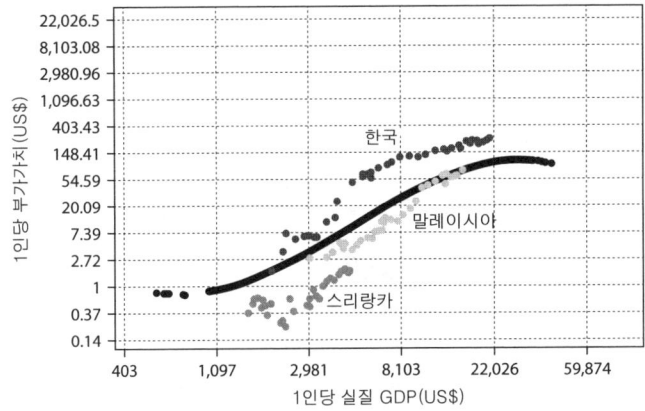

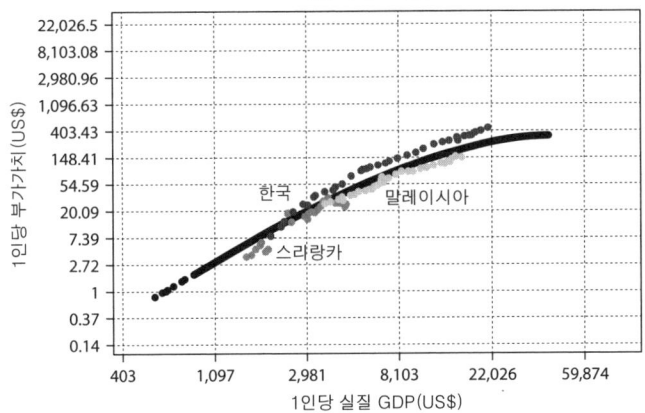

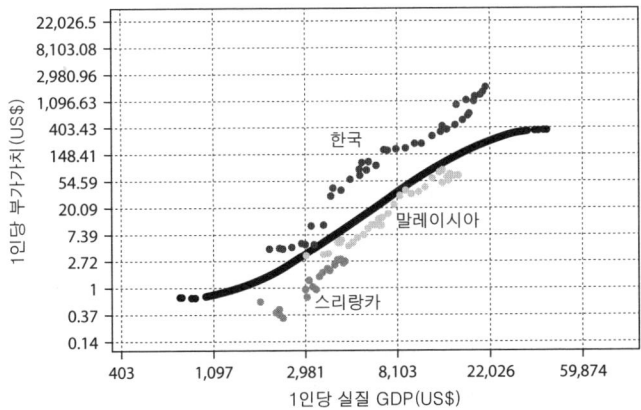

[그림 12.12] (계속)

제12장 제조업 발전 463

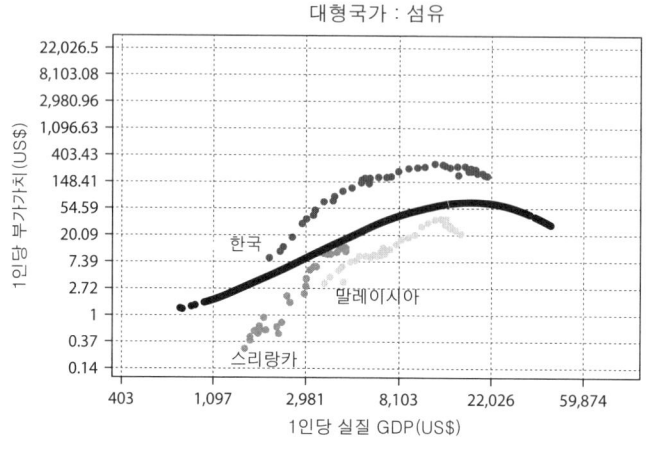

[그림 12.12] (계속)

　　3개국 모두 일반적으로 추정된 패턴을 따르고 그들의 발전단계를 반영하는 비교우위들을 가지고 있지만, 이러한 우위가 적용되는 속도, 즉 한 산업에서 다른 산업으로 우위의 이동 가능성은 3개국 간에 차이가 있다. 표 12.10은 3개국 제조업이 1인당 GDP 3,000달러에서 4,500달러 범위에서 얼마나 빠르게 이동했는지 보여준다. 이 범위는 3개국의 데이터가 이 발전 기간 동안 겹치기 때문에 선택되었다. 각 산업별로, 1인당 부가가치의 평균 증가율은 선택된 1인당 GDP 구간에서의 1인당 부가가치 증가를 해당 연수로 나누어 계산하였다. 표 12.10에서 볼 수 있듯이, 8개 산업 모두 말레이시아보다 한국에서 훨씬 빨리 발전했다. 섬유 및 의류 산업에서 한국은 말레이시아보다 연평균 약 20배 빠른 1인당 부가가치 증가율을 보였으며, 자본집약적 산업은 말레이시아보다 약 10배 더 빠르게 성장했다. 같은 발전단계에서 섬유 및 의류산업을 제외하고 스리랑카의 산업들은 말레이시아와 비교하여 발전속도가 느렸다.

　　발전속도 외에도, 3국의 산업들은 동일한 발전단계에서도 1인당 부가가치 수준이 다르다. 그들이 추정된 패턴들을 따르지만, 그들의 발전궤적들은 그 패턴으로부터 양(+) 또는 음(−)의 편차를 보여주고 있다. 선택된 모든 산업에 있어서 한국은 다른 국가보다 양(+)의 편차가 컸다. 실제로 많은 산업 분야에서 한국의 편

[표 12.10] 말레이시아, 한국, 스리랑카 간 제조업의 발전속도 비교

산업	말레이시아	한국	스리랑카
식음료	1.46	4.74	0.64
섬유	0.60	11.49	0.61
의류	0.66	13.37	1.43
화학약품	1.32	3.55	0.19
기초 금속	0.38	3.62	0.03
조립 금속	0.24	2.71	0.09
전기 기계장치	0.78	7.53	0.10
자동차	0.40	5.28	0.13

참고 : 속도는 1인당 부가가치의 증가를 1인당 GDP가 3,000달러(US)에서 4,500달러까지 가는데 걸린 연수로 나눈 값으로 표시된다.

차는 본 연구에 포함된 국가 중 가장 높은 편이었다. 말레이시아는 자본 집약적인 산업에서 스리랑카보다 더 큰 양(+)의 편차를 보였다. 전자 기계장치의 경우, 말레이시아는 1980년대 말부터 국가 경쟁력을 향상시키면서 한국과의 격차를 좁혔다. 스리랑카는 식음료, 섬유, 의류 산업에서 이점이 있거나 불리한 점이 상대적으로 적다. 지리적, 인구통계학적 그리고 국가고정 여건들은 이러한 편차를 설명해준다. 한국과 스리랑카가 세계 중간값 대비 높은 인구밀도와 낮은 천연자원 부존 측면에서 유사하다는 점을 감안할 때, 패턴으로부터의 편차들은 국가 인프라 및 제도, 상대비용수준을 향상시키는 국가 역량, 기타 특정 환경과 관련있는 두 번째 유형의 국가별 여건에 의해 더 잘 설명될 가능성이 있다.

위의 결과와 분석에 기초하여, 국가들은 장기적 제조업 발전을 위한 몇 가지 전반적 정책지침을 도출할 수 있다. 첫째, 1인당 GDP 증가에 따른 제조업 발전패턴은 특정 산업발전단계에서 한 국가가 어떤 산업에 비교우위를 가지고 있는 지를 나타낸다. 비교우위는 한 나라의 발전 수준과 관련되어 있어 주어진 발전단계에서 성공할 가능성이 가장 높은 산업의 유형들에 지대한 영향을 미치게 된다. 특정 산업에서 비교우위를 가진 국가는 생산성을 크게 증가시키지 않고도 노동생산성을 높이는 동시에 산업을 확장시킬 수 있다. 마찬가지로 비교우위를 잃고 있는 산업은 해당 부문의 고용을 줄임으로써 노동생산성을 향상시키면서도 산업 자체는 축소될 수도 있다.

현재 비교우위를 지닌 산업들이 더 진보된 산업만큼이나 지속적인 발전경로를 가질 것으로 기대되지는 않겠지만, 현재의 우위를 소홀히 하고 훨씬 더 높은 소득수준의 국가에서 유리한 산업으로 뛰어드는 것은 바람직하지 않다. 우위가 없는 산업을 목표로 하는 국가는 그러한 산업을 발전시키는 데 어려움을 겪을 뿐만 아니라, 목표 산업과 비교우위를 갖는 산업 모두에서 자원이동과 정책적 불일치로 발전이 지체되면서 경제성장이 둔화되는 상황에 직면할 수 있다. 이로 인해 발생하는 느린 경제성장은 1인당 GDP 성장을 저해하고, 결과적으로 구조변화의 속도를 늦추게 되어 기술적으로 더욱 진보된 산업의 발전이 오래 지속되지 못하도록 한다.

한 국가의 산업화 노력은 한 산업에서 다른 산업으로 비교우위가 이동하는 시기를 염두에 두면서 현재 비교우위가 있는 산업을 겨냥해야 한다. 이 산업들은 다른 산업들보다 더 빨리 발전될 것이고 만약 이들의 생산성이 향상된다면, 구조변화 속도를 가속화시키면서 더 빨리 발전할 수 있다. 각국은 현재의 우위를 이용하는 동안 교육 및 인프라 수준을 사전에 개선함으로써 가까운 미래의 산업을 준비해야 하며, 이러한 장기 투자는 적절한 기술과 공공재를 제공하여 국가의 비교우위가 옮겨지는 미래 산업들의 수요에 대응할 수 있도록 한다.

동일한 발전단계에서조차, 국가들은 현재 그들이 우위를 점한 산업들의 발전 수준이 각기 다르다. 국가들은 추정된 패턴(기울기)을 따르겠지만, 각 발전단계마다 양(+) 또는 음(−)의 편차가 다를 수 있다. 이러한 편차는 인구통계학적·지리적 여건과 기타 고유한 특징 및 기능을 비롯한 국가별 고정효과와 관련이 있다. 표 12.4, 12.5, 12.6를 참조하라. 국가들은 인구통계학적·지리적 여건상 있음직한 효과를 그들의 제조업 발전 전략에 고려할 수 있다. 국가 고정효과에 포함된 기타 국가별 요인은 인프라, 제도, 원가경쟁력 등 국가의 장기적인 비즈니스 환경에 영향을 주므로 제조업 발전 수준에도 영향을 미칠 수 있다. 소득 수준별로 제조업의 1인당 부가가치 수준에서 어떤 고유한 상황 및 역량이 양(+)의 편차를 만드는지 파악하기 위해서는 더 많은 연구가 필요하다. 그러나 국가 고정효과는 문화, 역사, 지역적인 영향과 깊은 관련성을 가질 가능성이 높다. 이는 이미 이용 가능한 지표들을 사용한 계량경제 연구가 이러한 영향에 대해 많은 통찰력을 주진 않을 것이란 것을 의미하는데, 이는 이 지표들에 반영되어 있는 관찰된 차이들이 아마도 국가 고정효과의 결과이기 때문이다. 이러한 관점에서 국가들은 같은 규모의 그룹에 속하고 1인당 GDP가 비슷하지만 제조업의 1인당 부가가치는 더 높은 국가를 비교대상으로 선택한 후, 비교대상 국가에 대한 포괄적인 연구를 수행하여 제조업 성과에서의 체계적 차이를 만들어내는 실현 가능한 여건들을 찾아내는 것은 의미가 있는 일이라 할 수 있다.

특정 산업의 장기적 성과를 촉진 또는 저해하는 국가별 여건이 종종 다른 산업에도 적용될 수 있기 때문에 추정된 패턴으로부터의 특정 산업성과의 편차는 보통 국가의 제조업 전반에 걸쳐 유사하다. 이러한 점에서 현재의 비교우위 산업에서 양(+)의 편차를 보이는 국가는 한국의 경우처럼 기술적으로 진보된 산업을 포함한 제조업 전반에 걸쳐 양(+)의 편차가 있을 수 있다. 그러나 현재 비교우위가 있는 산업이 양(+)의 편차를 보이지 않는다면, 목표한 개입을 통해 선진국의 양(+)의 편차를 달성하려 시도하는 것은 바람직하지 않다. 예를 들어, 그림 12.12에 따르면, 한 국가가 그림 12.11의 가장 위쪽 점선을 따라 양(+)의 편차를 보이면, 1인당 GDP 3,000달러 수준에서 산업 B의 유사한 양(+)의 편차 수준은 아마 비교우위에 근거한 국가 제조업의 구조변화를 왜곡하진 않을 것이다. 그러나 만약 그 국가가 가장 아래 점선을 따라 산업 A를 발전시키고 있다면, 산업 B의 그러한 편차는 바람직하지 않을 수 있다. 따라서 본 연구 접근법에 나오는 국가별 정보는 한 국가의 제조업 발전을 벤치마킹하고 모니터링하는 데 사용될 수 있다.

결 론

이 장에서는 제조업의 발전패턴을 추정함으로써 제조업 발전과정을 자세히 분석했다. 본 연구에서 확인된 패턴은 1인당 GDP의 변화와 연관되어 변화하는 비교우위의 존재를 나타낸다. 한국과 같은 성공적인 국가들조차도 일반적으로 이러한 패턴을 따랐다. 같은 발전단계에 도달하고, 비교우위 산업에 성공적으로 집중하고 있는 국가들은 산업우위를 활용하는 속도, 그리고 국가별 특정 역량과 환경에 따라 제조업 성과 측면에서 서로 다른 차이가 있다. 전자는 본 연구에서 한 국가의 노동생산성 향상과 관련이 있는 반면, 후자는 한 국가의 인프라, 제도, 상대적 비용 수준에서의 장기적 우위의 차이에 기반한 발전과 관련되어 있다.

아직 초기단계이나, 본 연구는 비교우위, 기술발전 및 기능적 접근 등 산업

발전에 대한 다양한 학설들이 산업발전의 성과를 어떻게 설명하는지, 그리고 발전의 각기 다른 측면들을 어떻게 설명하고 있는지를 제시하고 있다. 국가별로 상이한 여건들에 대한 상세한 조사와 함께, 그것들이 어떻게 장기적인 국가 특유의 강점으로 연결되는지에 대해서는 향후 추가적인 연구가 필요하다.

부록 A

인도는 IIP가 있지만 파키스탄은 그렇지 않다. 두 나라 모두 MVA 디플레이터가 있다. 1965년 데이터에 대한 가격 조정을 위해 파키스탄이 1965년 MVA 디플레이터를 단순히 산업 전반에 적용한다면 1965년의 명목가치는 모든 산업에서 63% 증가할 것이다. 1965년 이후 미국 달러 기준 명목가치는 1995년(IIP 기준 연도) 기준으로 보면 더 높으며 조정 후에는 그 값이 더 높게 될 것이다. 하위 산업의 개별 인플레이션 추세를 반영하기 위해 예를 들어, 1965년에 인도의 IIP를 사용해서 파키스탄의 IIP 기반 디플레이터를 계산했다. 결과 값을 얻기 위해 다음 방정식을 사용했다. 여기서 'def = 디플레이터, d.w. = 디플레이터 가중치, 그리고 i.w. = 산업 가중치'이다.

$$\text{Pakistan deflator} = (\text{MVA def} -1) \times (d.w. / i.w.) + 1$$

그리고 나서 산업별 인플레이션율을 반영하고 있는 각 하위 부문별 디플레이터를 사용했다. 아래에서 볼 수 있듯이 인도에서 높은 디플레이터를 갖는 산업들은 파키스탄에서도 디플레이터가 높다(또는 이 경우 인플레이터). 이 디플레이터를 파키스탄의 명목가치에 적용하면 파키스탄의 IIP 기반 실질부가가치를 얻을 수 있다. 다시 말하면, 더 높은 디플레이터의 산업은 더 높은 실질가치를 가졌지만, 합계는 MVA 디플레이터를 사용하였을 때와 여전히 동일하다. 이 접근법은 근본적으로 제조업 전체의 인플레이션을 그 당시의 인플레이션 추세를 이용하여 각 산업의 인플레이션율로 분해한다. 인근 국가의 인플레이션 추세를 사용하는 것은 합리적이다. 제조업 제품들은 일반적으로 거래가 가능하며 이웃 국가 또는 유사한 거래 상대국과 더 많이 거래되기 때문이다.

[1965년 데이터]

	인도 NVA		IIP_RVA		IIP_Def
S1	432,000,000		904,000,000		2.0926
S2	101,000,000		119,000,000		1.1782
S3	231,000,000		544,000,000		2.3550
S4	182,000,000		130,000,000		0.7143
S5	21,000,000		65,200,000		3.1048
S6	383,000,000		1,670,000,000		4.3603
S7	78,100,000		465,000,000		5.9539

	파키스탄 NVA	MVA def	MVA def 조정 VA	인도 def	d.w.	i.w.	파키스탄 Def	파키스탄 IIP_RVA
S1	103,040,404	1.63	167,955,859	2.0926	0.1059	0.1290	1.5172	156,333,870
S2	89,393,020	1.63	145,710,623	1.1782	0.0596	0.1119	1.3357	119,399,487
S3	99,200,219	1.63	161,696,357	2.3550	0.1192	0.1242	1.6046	159,176,040
S4	119,293,843	1.63	194,448,964	0.7143	0.0361	0.1493	1.1525	137,485,039
S5	120,903,494	1.63	197,072,695	3.1048	0.1571	0.1514	1.6540	199,974,558
S6	125,903,040	1.63	205,221,955	4.3603	0.2207	0.1576	1.8820	236,950,078
S7	141,023,393	1.63	229,868,131	5.9539	0.3013	0.1766	2.0752	292,655,511
계	798,757,413		1,301,974,583	19.7591	1.0000	1.0000		1,301,974,583

참고 : Def = 디플레이터 deflator, VA = 부가가치 value added, RVA = 실질부가가치 real value added,
NVA = 명목부가가치 nominal value added, IIP_RVA = IIP 기반 실질부가가치 IIP real value added,
IIP_def = IIP 기반 디플레이터 IIP-based deflator, d.w. = 디플레이터 가중치 deflator weight,
i.w. = 산업 가중치 industry weight.

    IIP가 없는 국가에서 MVA 디플레이터를 가격 조정에 사용하는 경우 일관성을 위해 IIP가 있는 국가에서도 이를 사용해야 한다. IIP가 있는 국가들(예 : 인도)에 대해 다음과 같이 조정했다. 인도의 경우 자체 IIP를 사용하여 IIP 기반 실질가치를 계산했다. 총 IIP 기반 실질부가가치를 총 명목부가가치로 나눈 값은 2.7289이다. 이것은 1965년 인도의 MVA 디플레이터인 1.573과는 다르다. 이에 제조업 전반의 인플레이션 추세에 관한 한 모든 국가가 일관성을 유지할 수 있도록 조정해야만 했다. 그래서 1965년 인도의 MVA 디플레이터에 대한 IIP 기반 제조업 디플레이터 비율을 계산했다. 결과는 1.7347이다. 그런 다음 IIP 기반의 실질부가가치를 1.7347로 나누면 MVA 기반의 실질부가가치가 되고 이는 MVP 디플레이터와 일치하는 개념이다. 이 합계를 총 명목가치로 나누면 결과는 1.5731이다. 각 산업의 가격 변동들은 그 가치가 조정되지만, 제조업 전체의 물가 상승률은 현재 MVA 디플레이터와 일치하게 된다.

	인도 NVA	IIP_RVA	IIP_Def	1963 MVA def	MVA def 조정 IIP_RVA
S1	432,000,000	904,000,000	2.0926	1.5731	521,114,185
S2	101,000,000	119,000,000	1.1782	1.5731	68,597,996
S3	231,000,000	544,000,000	2.355	1.5731	313,590,837
S4	182,000,000	130,000,000	0.7143	1.5731	74,938,987
S5	21,000,000	65,200,000	3.1048	1.5731	37,584,784
S6	383,000,000	1,670,000,000	4.3603	1.5731	962,677,754
S7	78,100,000	465,000,000	5.9539	1.5731	268,050,991
계	1,428,100,000	3,897,200,000			2,246,555,535

부록 B

[표 B.1] 고정효과 모델에 근거한 회귀분석 추정결과 (GDP)

그룹	ISIC 코드	GDPpc	(GDPpc)^2	(GDPpc)^3	상수	N	R^2 (전체)
소규모 국가	15	−22.95***	2.96***	−0.12***	58.72**	354	0.61
중간 규모 국가	15	−32.32***	3.97***	−0.16***	88.30***	548	0.79
대형 국가	15	−3.41	0.81	−0.04*	−0.88	835	0.84
소규모 국가	16	−57.70***	6.65***	−0.25***	166.06***	194	0.29
중간 규모 국가	16	−67.66***	8.16***	−0.32***	184.82***	475	0.43
대형 국가	16	2.34	0.20	−0.02	−18.66	726	0.59
소규모 국가	17	9.15	−0.36	−0.01	−41.15	274	0.00
중간 규모 국가	17	−15.57*	2.31**	−0.11***	34.01	592	0.18
대형 국가	17	−34.00***	4.46***	−0.19***	83.60***	863	0.69
소규모 국가	18	16.39	−0.93	0.00	−71.65	305	0.37
중간 규모 국가	18	−27.03**	4.21***	−0.20***	50.36	558	0.38
대형 국가	18	24.02**	−1.83	0.04	−93.83***	760	0.65
소규모 국가	20	108.30***	−11.46***	0.40***	−335.92***	316	0.02
중간 규모 국가	20	−39.10***	4.75***	−0.19***	105.09***	524	0.61
대형 국가	20	−11.37	1.70**	−0.08**	22.30	787	0.64
소규모 국가	21	−12.06	2.07	−0.10	15.54	246	0.54
중간 규모 국가	21	−53.03***	5.93***	−0.22***	157.97***	492	0.74
대형 국가	21	−5.53	1.02*	−0.05**	3.77	789	0.91

(계속)

[표 B.1] (계속)

그룹	ISIC 코드	GDPpc	(GDPpc)²	(GDPpc)³	상수	N	R² (전체)
소규모 국가	22	−53.61***	6.26***	−0.24***	150.49***	308	0.78
중간 규모 국가	22	−60.39***	7.13***	−0.27***	167.26***	541	0.86
대형 국가	22	3.56	0.06	−0.01	−23.76	763	0.84
소규모 국가	23	82.55**	−8.03**	0.26*	−279.63**	105	0.39
중간 규모 국가	23	26.49	−2.50	0.08	−91.32	260	0.32
대형 국가	23	−15.32**	2.18**	−0.09***	31.72	574	0.70
소규모 국가	24	−19.79**	1.97*	−0.06	65.16**	305	0.42
중간 규모 국가	24	16.71	−1.36	0.04	−64.34	561	0.75
대형 국가	24	3.61	0.00	−0.01	−22.75	849	0.88
소규모 국가	25	−27.22	3.34*	−0.13**	73.66	261	0.37
중간 규모 국가	25	−25.22**	3.61***	−0.16***	51.65	550	0.85
대형 국가	25	4.83	−0.14	−0.00	−26.94	818	0.86
소규모 국가	26	5.68	−0.34	0.00	−23.36	330	0.54
중간 규모 국가	26	−44.29***	5.50***	−0.22***	115.70***	568	0.83
대형 국가	26	14.79**	−1.18*	0.03	−57.10***	837	0.87
소규모 국가	27	−18.43	2.39	−0.10	45.40	133	0.36
중간 규모 국가	27	−20.41*	2.71**	−0.11**	48.68	429	0.67
대형 국가	27	−31.54***	4.04***	−0.16***	77.91***	682	0.84
소규모 국가	28	−12.47	1.68	−0.07	28.59	338	0.68
중간 규모 국가	28	−49.63***	5.98***	−0.23***	134.46***	556	0.84
대형 국가	28	−41.19***	5.11***	−0.20***	106.88***	804	0.87
소규모 국가	29	−62.28**	6.74**	−0.24**	190.39**	221	0.16
중간 규모 국가	29	−6.92	1.60	−0.08	−5.34	471	0.80
대형 국가	29	−20.40**	2.56**	−0.10**	50.16*	783	0.82
소규모 국가	31	−41.63	4.42	−0.15	130.61	233	0.16
중간 규모 국가	31	55.18***	−5.27**	0.17**	−192.18***	529	0.81
대형 국가	31	8.02	−0.44	0.01	−39.48*	828	0.84
소규모 국가	33	−205.38***	23.75***	−0.90***	581.27***	97	0.59
중간 규모 국가	33	87.81***	−9.14***	0.32***	−284.14***	389	0.74
대형 국가	33	−26.12***	3.45***	−0.14***	59.75**	538	0.79
소규모 국가	34	27.74	−3.65*	0.15**	−63.01	274	0.33
중간 규모 국가	34	11.95	−0.55	−0.00	−56.95	525	0.59
대형 국가	34	−45.21***	5.49***	−0.21***	119.47***	794	0.84
소규모 국가	36	−57.65***	6.53***	−0.24***	170.92***	273	0.03
중간 규모 국가	36	−15.43	2.24*	−0.10**	31.86	471	0.69
대형 국가	36	21.58**	−2.06*	0.07	−74.02**	661	0.80

* p〈0.10
** p〈0.05
*** p〈0.01

참고 : ISIC 설명은 다음과 같다 : 15−식음료, 16−담배, 17−섬유, 18−의류, 20−나무제품, 21− 종이,
22−인쇄 및 출판, 23−코크스 및 정제 석유, 24−화학약품, 25−고무 및 플라스틱, 26−비금속 광물,
27−기초금속, 28−조립금속, 29−기계 및 장비, 31−전기 기계장치, 33− 정밀 기기, 34−자동차,
36−달리 분류되지 않은 가구

[표 B.2] 고정효과 모델에 근거한 회귀추정 결과 (전체 변수)

그룹	ISIC 코드	GDPpc	(GDPpc)²	(GDPpc)³	RPC	POPD	상수	N	R² (전체)
소규모 국가	15	13.28	-1.11	0.03	-0.08	0.62***	-49.78	285	0.13
중간 규모 국가	15	-22.13*	2.89***	-0.12***	0.02	-0.02	56.69**	489	0.79
대형 국가	15	-5.89	1.05*	-0.05**	-1.76***	0.39***	20.84	739	0.66
소규모 국가	16	-14.42	1.92	-0.08	0.31	0.11	31.68	172	0.32
중간 규모 국가	16	-40.17***	5.21***	-0.22***	1.00	-0.31***	92.42**	426	0.26
대형 국가	16	5.88	-0.14	-0.01	-1.89***	-0.34***	-13.55	672	0.45
소규모 국가	17	-13.56	2.12	-0.10	0.05	-0.52***	29.63	249	0.04
중간 규모 국가	17	28.13***	-2.18*	0.05	0.11	-0.93***	-104.75***	550	0.00
대형 국가	17	-28.47***	3.84***	-0.16***	-0.16	-0.12	69.00***	775	0.65
소규모 국가	18	-45.72	5.77	-0.24*	0.07	0.02	118.89	274	0.35
중간 규모 국가	18	-2.46	1.93	-0.13***	0.85***	-1.10***	-39.13	514	0.12
대형 국가	18	18.99*	-1.23	0.02	-0.53	-0.23*	-74.50**	685	0.56
소규모 국가	20	97.45**	-9.75*	0.32*	-0.02	-0.90***	-315.55***	266	0.03
중간 규모 국가	20	5.97	-0.22	-0.00	-0.45*	0.29*	-27.36	492	0.35
대형 국가	20	-5.73	1.13	-0.06**	-1.09**	-0.32***	14.20	723	0.51
소규모 국가	21	-28.13	3.83	-0.16	-0.02	0.73***	61.63	228	0.14
중간 규모 국가	21	-90.50***	10.09***	-0.37***	0.39**	-0.41***	267.86***	467	0.63
대형 국가	21	2.62	0.13	-0.01	-1.04**	-0.10	-11.66	712	0.92
소규모 국가	22	-3.79	1.20	-0.07	-0.04	1.36***	-16.46	273	0.34
중간 규모 국가	22	-47.62***	5.72***	-0.22***	-0.29	-0.04	131.14***	510	0.86
대형 국가	22	13.95**	-1.08	0.03	-1.65***	-0.13	-40.85**	697	0.83
소규모 국가	23	9.54	-0.23	-0.01	-0.02	-0.04	-52.09	93	0.46
중간 규모 국가	23	96.71***	-10.23***	0.36***	-0.35	1.29***	-303.15***	235	0.02
대형 국가	23	-9.93	1.54*	-0.07**	-1.81***	0.45***	30.68	535	0.46
소규모 국가	24	18.85	-2.33*	0.10**	-0.14	1.09***	-51.76	255	0.33
중간 규모 국가	24	9.31	-0.84	0.03	-0.03	1.22***	-36.61	529	0.25
대형 국가	24	-1.65	0.50	-0.02	-2.05***	0.97***	9.30	758	0.51
소규모 국가	25	-37.06	4.39	-0.17	-0.18	0.15	105.58	235	0.18
중간 규모 국가	25	-21.89*	3.05***	-0.13***	-0.31	0.65***	47.91	529	0.73
대형 국가	25	-0.44	0.38	-0.02	-0.72	0.78***	-6.01	755	0.65

(계속)

[표 B.2]

그룹	ISIC 코드	GDPpc	(GDPpc)²	(GDPpc)³	RPC	POPD	상수	N	R^2 (전체)
소규모 국가	26	-55.27	6.41	-0.24*	-0.44**	0.54***	160.85	280	0.05
중간 규모 국가	26	-36.73***	4.57***	-0.18***	-0.08	0.56***	95.28***	522	0.65
대형 국가	26	12.44**	-0.98	0.03	-1.20***	0.69***	-40.80**	756	0.57
소규모 국가	27	-70.70	7.99	-0.30	0.08	0.33	205.31	116	0.02
중간 규모 국가	27	127.84***	-12.89***	0.43***	0.12	0.89***	-422.64***	405	0.08
대형 국가	27	-38.92***	4.82***	-0.19***	-3.35***	0.71***	126.92***	632	0.49
소규모 국가	28	-36.78	4.49	-0.17	0.03	-0.63***	99.56	283	0.13
중간 규모 국가	28	-41.42***	5.14***	-0.20***	0.05	-0.12	107.81**	520	0.82
대형 국가	28	-41.23***	5.03***	-0.20***	-0.98***	0.78***	114.77***	719	0.61
소규모 국가	29	-214.50***	22.85***	-0.81***	-0.09	0.31*	668.43***	202	0.03
중간 규모 국가	29	-10.16	1.83	-0.09	-0.12	0.37***	8.21	453	0.77
대형 국가	29	-42.33***	4.86***	-0.18***	0.85	1.36***	107.15***	699	0.44
소규모 국가	31	-177.81***	18.66***	-0.65***	-0.35	-0.07	567.17***	210	0.00
중간 규모 국가	31	90.67***	-9.38***	0.33***	-1.37***	0.22	-282.81***	503	0.81
대형 국가	31	5.85	-0.30	0.01	-1.56***	1.12***	-21.06	739	0.62
소규모 국가	33	-201.89*	23.46**	-0.89**	0.44	-0.15	564.93*	85	0.39
중간 규모 국가	33	88.85***	-9.32***	0.33***	-0.48	0.21	-281.89***	381	0.69
대형 국가	33	-22.11**	3.04***	-0.13***	0.54	-0.40*	43.89	527	0.66
소규모 국가	34	41.98	-5.39	0.22	-0.07	-1.00***	-96.37	237	0.19
중간 규모 국가	34	87.14***	-8.67***	0.29***	-0.62*	-0.36*	-281.74***	495	0.43
대형 국가	34	-53.49***	6.35***	-0.24***	-1.94***	0.77***	159.29***	716	0.60
소규모 국가	36	-89.95***	10.26***	-0.38***	-0.01	-0.64***	265.80**	233	0.16
중간 규모 국가	36	38.84***	-3.50**	0.10*	-0.58*	-0.79***	-131.76***	434	0.39
대형 국가	36	28.44***	-2.69**	0.09**	0.29	-0.91***	-97.77***	616	0.46

참고: ISIC 설명은 다음과 같다 : 15—식음료, 16—담배, 17—섬유, 18—의류, 20—나무제품, 21— 종이, 22—인쇄 및 출판, 23—코크스 및 정제 석유, 24—화학약품, 25—고무 및 플라스틱, 26—비금속 광물, 27—기초금속, 28—조립금속, 29— 기계 및 장비, 31—전기 기계장치, 33—정밀 기기, 34—자동차, 36—달리 분류되지 않은 가구

* p<0.10
** p<0.05
*** p<0.01

부록 C

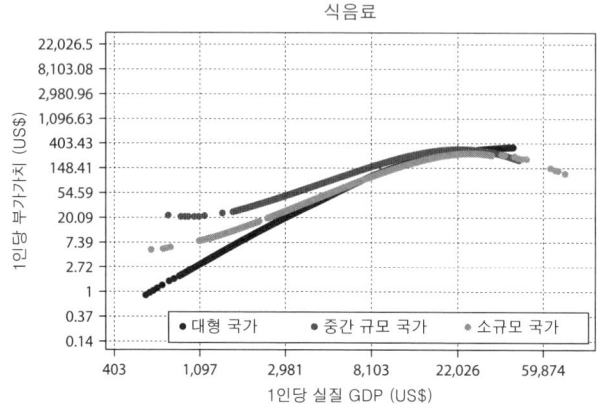

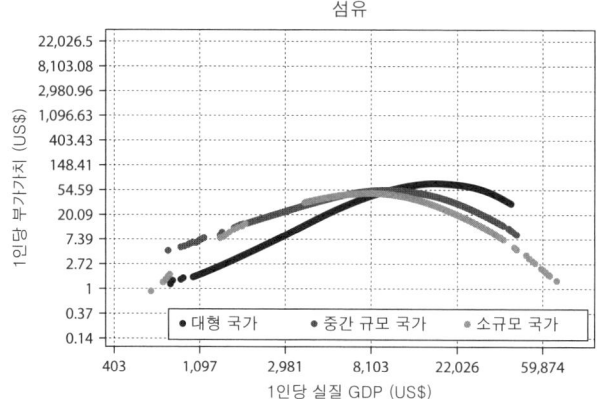

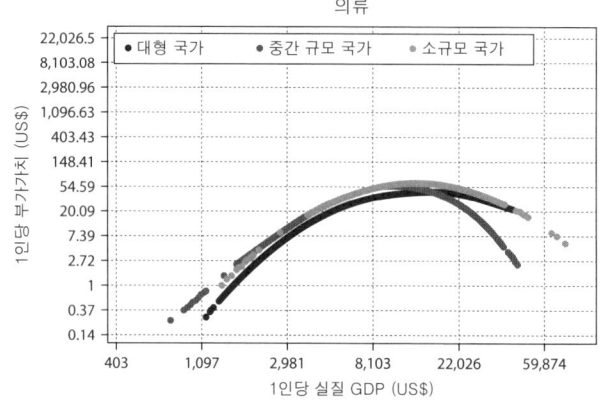

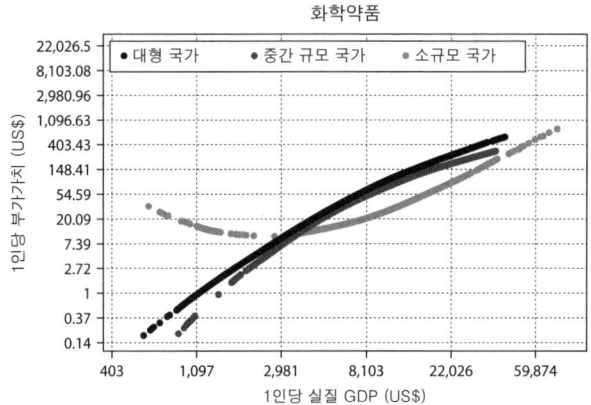

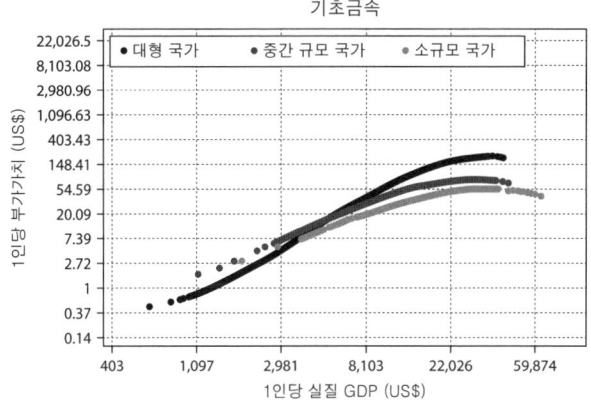

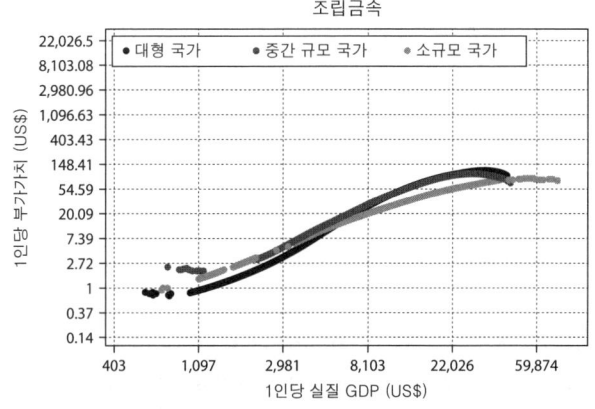

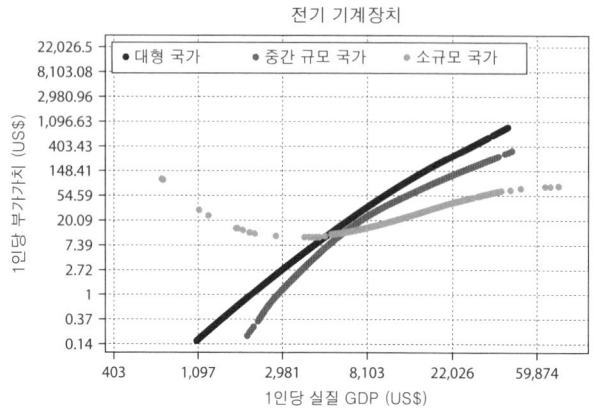

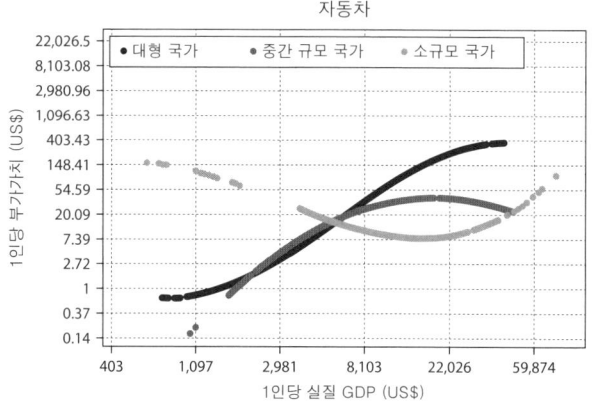

주 석

여기에 표현된 견해는 저자의 견해이며 유엔산업개발기구United Nation Industrial Development Organization(UNIDO)의 견해를 반드시 반영하지는 않는다. 이 문서는 유엔의 정식 편집 없이 제작되었다. 이 문서에서 채택된 명칭과 제시된 자료는 국가, 지역, 도시, 지역 또는 정부당국의 법적 지위, 또는 경계의 설정, 또는 경제 체제, 또는 개발 정도에 관한 유엔산업개발기구(UNIDO) 사무국의 의견 표명을 의미하지는 않는다. "선진국의developed", "산업화된industrialized" 및 "신흥국의developing"과 같은 명칭은 통계적 편의를 위한 것이며 개발 과정에서 특정 국가 또는 지역이 도달한 단계에 대한 판단을 표명하는 것은 아니다. 회사명 또는 상업용 제품에 대한 언급이

UNIDO의 지지를 의미하지는 않는다. 여기에 포함된 의견, 통계 자료 및 추정은 저자의 책임이며 UNIDO의 견해를 반영하는 것으로 간주되어서는 안된다.

저자는 데이터 처리 및 그래픽 지원에 대해 UNIDO의 고라즈드 레존자Gorazd Rezonja와 차알스 팽 친 첸Charles Fang Chin Cheng, 도움이 되는 의견에 루드비코 알코르타Ludovico Alcorta UNIDO 연구·통계·산업정책 부서 소장, 편집 및 서식에 UNIDO 직원인 니키 로도우사키스Niki Rodousakis에 각각 감사드린다.

1. 이 장에서 1인당 GDP에 대한 모든 후속 참조는 PPP 기준 (1인당 1995년 가격) 1인당 GDP를 나타낸다.
2. 이 장에서는 한 산업의 발전 수준을 평가하기 위해 총 산출량 대신 실질가치를 사용한다. 생산이 글로벌 공급망을 통해 이루어지기에 한 국가에서 생산되는 생산물은 여러 국가에서 생산되는 부가가치로 구성된다. 따라서 실질 부가가치를 사용하는 것은 국가에서 생산되는 생산량의 종류에 무관하게 특정 산업생산에서 한 국가의 기여도를 보다 정확하게 반영하므로 글로벌 가치 사슬에서 이루어지는 산업발전에 대한 분석에서 호환성을 갖는다고 할 수 있다. 이런 이유로 실질 부가가치 생산 데이터는 산출물을 표시하는 거래 데이터trade data보다 더 선호된다(OECD와 WTO의 "부가가치 무역Trade in Value Added'과 같은 데이터베이스처럼 최근 들어 비로소 제한된 수의 국가와 산업에 대해 부가가치로 평가되고 있다). 이 연구에서 사용된 생산 데이터는 수출 및 국내 소비와 관련된 생산 부가가치를 살펴보고 다루기 때문에 보다 적절하고 포괄적이다.
3. 주어진 국가에 따라 한 산업의 제품과 품질의 가중치 변화가 IIP에서 반드시 정기적으로 업데이트되는 것은 아니다. 산출물에서 부가가치 비중의 점진적인 변화는 정기적인 조정에도 불구하고 IIP에 적절하게 반영되지 않을 수 있다.
4. 먼저, IIP를 가진 70개국에 대해 제조업 부가가치(MVA 디플레이터) 즉 제조 부문 전체 디플레이터를 사용할 수 있는 지를 알아보았다. 이것이 적합한 것으로 판명된 경우 국가의 MVA 디플레이터를 사용하여 MVA 디플레이터가 있는 120개국의 제조업 하위 부문별로 실질 부가가치를 측정할 수 있다. 이를 확인하기 위해, IIP 및 MVA 디플레이터를 가진 70개국에 대해 IIP 및 MVA 디플레이터를 사용하여 제조업 발전패턴을 추정했다. IIP와 MVA 디플레이터 접근법으로 추정한 두 가지 패턴을 비교하여 둘 사이에 통계적으로 유의한 차이가 있는지 여부를 결정했다. 두 가지 패턴은 많은 산업 분야에서 상당히 달랐기에 120개 국가에서 사용할 수 있는 MVA 디플레이터를 사용하여 명목상의 가치를 조정할 수 없었다.
5. 육지로 둘러싸인 지역(항구가 없는 나라)와 열대성 기후의 영향은 관련 변수의 시간불변적 time-invariant 특성으로 인해 Hausmann-Taylor IV 추정량을 사용하여 검증하였다. 육지로 둘러싸인 지역은 제조업 발전에 거의 영향을 미치지 않았고 열대성 기후는 중간 규모 국가에서 다수의 자본 집약적 산업, 대형 국가의 일부 산업에 부정적인 영향을 주었다.
6. 천연자원 대리 변수(RPC)는 천연자원 재화의 수출과 수입의 차이로 계산되었고, 1인당 기준

으로 표현되었다. 대상은 SITC 개정 I 의 코드 2(연료를 제외한 원재료, 비식용), 32(석탄, 코크스 및 연탄), 331(석유, 원유, 부분적으로 정제된), 3411 (가스, 천연) 카테고리 내에 있는 원자재들이다.

7. 노동 집약도를 알아내기 위해 1인당 GDP 5,000달러, 20,000달러에서 18개 제조업종에 대한 부가가치 단위당 고용을 추정하였는데 이는 노동 집약도가 소득곡선을 따라 변화하기 때문이다. 한 산업의 노동 집약도가 두 소득 수준에서 18개 제조업의 중앙값median보다 높으면 노동 집약적인 것으로 간주된다. 두 소득 수준에서 중앙값보다 낮으면 상대적으로 자본 집약적인 것으로 간주된다. 노동 집약적 산업은 의류, 섬유, 목재 제품, 가공금속, 식음료 산업을 포함한다. 자본 집약적 산업은 코크스와 정제된 석유, 담배, 화학, 인쇄 및 출판, 전기 기계장치 산업이다.

8. R^2에 대한 1인당 GDP, 인구밀도, 천연자원 부존 및 국가 고정효과의 기여도는 LSDV 방법을 기반으로 하여 변수의 세 카테고리 모두를 사용한 회귀식에서 얻은 R^2와 해당 카테고리가 제거된 회귀 분석에서 나온 R^2의 차이를 취함으로써 산출된다. 표 12.9는 R^2에 대한 각 카테고리별 18개 제조업종 평균 기여도를 보여준다. 이 절차는 국가 더미를 포함한 LSDV를 기반으로 하므로 이 분석에 사용되는 R^2는 고정효과 모델을 기반으로 하는 부록 B의 표 2에 있는 R^2와는 다르다.

참고 문헌

Chang, Ha-Joon, ed. 2003. *Rethinking Development Economics*. New York: Anthem Press.

Chenery, H. B., and L. Taylor. 1968. "Development Patterns: Among Countries and Over Time." *The Review of Economics and Statistics* 50(4): 391-416.

Clark, C. 1957. *The Conditions of Economic Progress*. New York: Garland.

Felipe, Jesus. 2009. *Inclusive Growth, Full Employment, and Structural Change: Implications and Policies for Developing Asia*. New York: Anthem Press and ADB.

Imbs, Jean, and R. Wacziarg. 2003. "Stages of Diversification." *The American Economic Review* 93(1): 63-86.

Kuznets, S. 1966. *Modern Economic Growth: Rate, Structure, and Spread*. New Haven, Conn.: Yale University Press.

Lee, K. 2013. *Schumpeterian Analysis of Economic Catch-up: Knowledge, Path-Creation, and the Middle-Income Trap?* New York: Cambridge University Press.

Lin, J. 2011. "From Flying Geese to Leading Dragons: New Opportunities and Strategies for Structural Transformation in Developing Countries." Policy Research Working Paper Series, 5702, World Bank.

Lin, J., and H. Chang. 2009. "Should Industrial Policy in Developing Countries Conform to Comparative Advantage or Defy it? A Debate between Justin Lin and Ha-Joon Chang." *Development Policy Review* 27(5): 483-502.

Lin, J., and C. Monga. 2011. "Growth Identification and Facilitation: The Role of the State in the Dynamics of Structural Change." *Development Policy Review* 29(3): 259-310.

Rodrik, D. 2011. "The Future of Economic Convergence." NBER Working Paper Series No. 17400.

Taylor, L. 1969. "Development Patterns: A Simulation Study." *The Quarterly Journal of Economics* 83(2): 220-41.

World Bank. 1993. *The East Asian Miracle.* Washington, D.C.: Oxford University Press.

추가 참고 도서 목록

Chenery, H. B., and M. Syrquin. 1989. "Patterns of Development, 1950 to 1983." *World Bank Discussion Paper,* WDP41, Washington, D.C.

Easterly, W., and R. Levine. 2003. "Tropics, Germs and Crops: How Endowments Influence Economic Development." *Journal of Monetary Economics* 50: 3-39.

Fisher, A. G. B. 1939. "Production, Primary, Secondary and Tertiary." *Economic Record* 15: 24-38.

Haraguchi, N., and G. Rezonja. 2011. "Emerging Patterns of Manufacturing Structural Change." Development Policy and Strategic Research Branch Working Paper, 04/2010, UNIDO.

Kader, A. 1985. "Development Patterns among Countries Reexamined." *The Developing Economies* 23(3): 199-220.

Keesing, D. B., and D. R. Sherk. 1971. "Population Density in Patterns of Trade and Development." *American Economic Association* 61(5): 956-61.

Kuznets, S. 1957. "Quantitative Aspects of the Economic Growth of Nations: II. Industrial Distribution of National Product and Labor Force." *Economic Development and Cultural Change* 5(4) Supplement: 1-111.

Maizels, A. 1968. *Exports and Economic Growth of Developing Countries.* London: Cambridge University Press.

McMillan, M., and D. Rodrik. 2011. "Globalization, Structural Change, and Productivity Growth." NBER Working Paper Series No. 17143.

Perkins, D., and M. Syrquin. 1989. "Large Countries: The Influence of Size." In *Handbook of Development Economics,* vol. 2, eds. H. Chenery and T. N. Srinivasan: 1692-753. Amsterdam: North-Holland.

Sachs, J. 2001. "Tropical Underdevelopment." NBER Working Paper Series No. 8119.

Syrquin, M. 1988a. "Patterns of Structural Change." In *Handbook of Development Economics,* eds. Hollis Chenery and T. N. Srinivasan, vol. 1, 203-73. Amsterdam: Elsevier Science Publishers.

Syrquin, M. 1988b. "Structural Change and Economic Development: The Role of the Service Sector." *Journal of Development Economics* 28(1): 151-54.

Syrquin, M. 2007. "Kuznets and Pasinetti on the Study of Structural Transformation: Never the Twain Shall Meet?" International Centre for Economic Research Working Paper, 46.

―― 제 13 장 ――

제조업과 중간 서비스업의 공존
Does Manufacturing Colocate with Intermediate Services?

– 세계 투입산출 데이터베이스 분석 –

밍 레옹 쿠안 Ming Leong Kuan

경제 발전은 재화와 서비스의 생산에 따라 이루어진다. "생산의 가장 중요한 위치(paramount position of production)"라는 찬양적 글에서, 갈브레이드 Kenneth Galbraith (1958, 101)는 생산이란 우리 문명의 질과 발전의 척도라고 묘사했다. 세계화로 특징지어지는 세상에서, 서비스 교역량이 증가하는 것은 선진국과 개도국 모두가 서비스의 발전에 특화함으로써 번영을 누릴 수 있다는 주장을 지지하는 것으로 볼 수도 있다. 그러나 이러한 주장은 경제성장의 엔진으로서 제조업 분야가 가진 특별한 역사적 특성을 무시하면서 강한 논쟁을 불러일으켰다[1].

한 국가가 경제발전의 상위 단계로 가면 서비스가 제조업보다 더 중요한 역할을 한다는 이론적 근거는 강력하다. 일반적으로 경제는 농경사회에서 산업사회로, 그리고 다시 탈산업화를 통해 후기 산업 경제로 이행한다. 경제발전 초기단계에는 토지와 노동이 농업 활동으로 흘러가기(존스튼과 멜러 Johnston and Mellor 1961) 때문에 농업분야의 생산과 고용 비중은 크다(피셔 Fisher 1935; 체너리 Chenery 1960; 쿠즈네츠 Kuznets 1971).

이후에는 수요측면과 공급측면 요인이 산업화를 이끌게 된다. 수요측면에서, 엥겔의 법칙에 따르면 1인당 소득이 증가함에 따라 식료품 지출 비중은 감소한다(클락 Clark 1940; 휴태커 Houthakker 1957). 공급측면에서, 농업 분야의 생산성이 향상됨에 따라 산업개발에 쓰일 수 있는 잉여자원이 생겨난다(로우던과 웰스 Rowthorn and Wells 1987; 티머 Timmer 1988). 농업분야 잉여 노동력은 결국 산업분야로 이동하게 된다(루이스 Lewis 1954).

일반적으로 보다 발전한 경제를 가진 국가가 후기산업사회 국면으로 진입할 때, 서비스업은 제조업보다 많은 부를 생산하고(벨Bell 1973), 서비스업에 대해 더 많은 사람들의 수요가 발생하게 된다(피셔 1935; 클락 1940). 따라서 선진국은 개도국에 비해 더 강력한 서비스 역량을 가지고 있는 것으로 여겨진다.

세계화가 진행되고 글로벌 가치사슬이 분화되면서2, 제조업과 서비스업의 구별은 더욱 뚜렷해졌다. 무역자유화와 경제 특화를 강조하는 세계에서는 자신이 비교우위가 있는 좁은 분야에 특화하면 외국과의 교역을 통해 혜택을 얻을 수 있다는 믿음이 커지게 된다. 예를 들어 고비용의 선진경제는 서비스 수출에 집중하고, 제조업은 개도국에 넘겨주는 것이 낫다고들 말한다(브라운과 줄리어스Brown and Julius 1993; 우드Wood 2009; 바그와티Bhagwati 2010; 로머Romer 2012). 개도국은 서비스 위주의 개발경로에 집중함으로써 산업화를 건너뛸 수 있다는 주장도 있다 (배어와 사무엘슨Baer and Samuelson 1981; 가니와 오코넬Ghani and O'Connell 2014).

이번 장에서는 유럽위원회European Commission의 세계 투입산출 데이터베이스 (European Commission's (2013) World Input-Output Database (WIOD))에서 새로운 데이터를 추출하여, 시간에 따른 제조업-서비스업간 연계를 분석한다. 그리고 제조업과 중간 서비스업이 함께 위치할 수 없는지에 대해 질문한다. 이는 국가차원에서 중요한 정책적 시사점으로 연결된다. 제조업과 서비스업이 지리적으로 가까울 필요가 있다면, 제조업 활동을 국외로 이전하는 것은 서비스 산업의 지원을 받지 못하는 결과를 낳게 될 것이다. 마찬가지로 생산자 서비스 역량을 개발하려는 목표의 필요성은 제조업 기반의 존재 여부에 달려있을 것이다.

이 장의 구성은 다음과 같다. 첫 절 문헌연구는 제조업-서비스업 연계에 관한 문헌연구를 제시한다. 두 번째 절 "방법론과 자료원천"은 WIOD와 투입산출 방법론을 설명한다. 세 번째 절인 "세계의 경제 특성"은 세계의 제조업과 서비스업의 특성에 대한 개관을 제시한다. 네 번째 절인 "WIOD로부터의 발견"은 WIOD 데이터를 바탕으로 제조업과 서비스업 사이의 전방 및 후방 연계에 관한 연구에서 발견한 사실을 제시한다. 결과를 보면, 제조업과 중간 서비스업의 강한 공위치적 특성colocational properties을 재확인할 수 있다. 마지막으로 5절 결론에서는 이 장의 주요 결론을 요약한다.

문헌연구

제조업과 서비스업은 밀접하게 얽혀있고 상호의존적이다(브리튼Britton 1990; 일레리스Illeris 1996; 다니엘스와 브리슨Daniels and Bryson 2002). 그린필드 Greenfield (1966)는 "모든 생산은 서비스를 활용해서 물리적 재료를 전환하는 것"이라고 설명했다. 구체적으로 말하자면 서비스는 물리적 재화를 입력물(예를 들어 병원에서 제공하는 의료관리 서비스에서의 의료장비 같은)이나 산출물(예를 들어, 경영 컨설턴트가 발간한 보고서)로 제공함으로서 수행할 수 있다(워커Walker 1985). 개념적 수준에서, 제조업은 연구와 개발, 설계, 물류, 마케팅, 사후관리 등 서비스를 포함한 모든 가치사슬상의 활동으로 정의되기도 한다(리베시Livesey 2006)[3].

지난 수십 년에 걸쳐, 두 가지 요인이 제조업에서 서비스적 요소를 변화시켰다. 먼저, 생산과정의 분화가 제조업자로 하여금 서비스 활동을 외주(또는 쪼개서 분리)하도록 했다. 과거에 이런 활동은 회사 내부에 통합되었던 것이다(바그와티 1984). 전문화된 서비스 제공업자에게 아웃소싱하거나 해외이전을 함으로써, 제조업자는 보다 큰 비용절감의 혜택을 누린다(하우스먼Houseman 2007). 이런 현상은 통계적 착시를 낳는데, 국가의 경제적 활동이 변한 것이 없는데도 제조업-서비스업 연계가 강화되었다고 착각하는 것이다. 이러한 활동의 결과로 제조업과 중간 서비스업이 서로 다른 국가에서 수행되도록 범위가 확대되었다는 점이 중요하다.

둘째, 제조업의 서비스화에 따라 제조업체는 경쟁력을 강화하기 위해 전통적 생산물에 (사후관리Aftercare Service 같은) 새로운 서비스요소를 도입해 왔다(반더머위와 라다Vandermerwe and Rada 1988; 와이즈와 봄가트너Wise and Baumgartner 1999; 베인 등Baines et al. 2009; 노르다스와 김Nordas and Kim 2013). 19세기 이후 한 예를 들어보면, 슈메너Schmenner (2009)는 생산능력이 열악한 제조업자가 서비스를 통합하여 어떻게 자기 산업에 진입장벽을 만들었는지를 설명한다. 오늘날에는 GE나 롤스로이스 그리고 제록스 같은 강력한 제조업자들이 경쟁자들의 제품과 차별화하기 위해 수직적 통합을 한다(하웰스Howells 2004; 리베시Livesey 2006).

제조업과 서비스업의 연계는 발전 수준이 높은 국가에서 특히 강화되었다(프랑수아와 우어즈Francois and Woerz 2008). 울프메이어Wolfmayr (2008)는 제조업 산출에서 중간 서비스의 비중으로 측정된 제조업-서비스업 연계가 1995년과 2000년 사이에 거의 모든 OECD국가에서 강화되었다고 보고했다.[4] 울프메이어에 따르면 유럽연합에서 1995년에서 2005년 사이에 제조업 산출에서 중간 서비스가 차지하는 비중이 14.8%에서 17.9%로 증가하였다.[5] 포크와 자로킨스카Falk and Jarocinska (2010)에 따르면 1995년과 2007년 사이 유럽연합에서 제조업 생산 1유로에서 유발되는 중간 서비스 수요가 0.42유로에서 0.61유로로 증가하였다.[6]

그럼에도 불구하고, 제조업과 서비스업의 상호 의존성은 비대칭적으로 보인다. 박Park (1989) 그리고 박과 찬Park and Chan(1989)에 의해서 수행된 초기 투입산출분석에 따르면, 서비스업에서 지속적으로 고용과 산출이 증가한 것은 제조업의 발전에 따라 수반된 현상일 가능성이 있다. 서비스업은 제조업 산출에 상당히 유의하게 (거의 모든 서비스업 하위분야에서 투입물의 35% 이상) 의존하고 있다. 반면 제조업의 서비스업 의존도는 그리 크지 않다. 6개 선진국에 대한 연구에서, 그레고리와 루소Gregory and Russo (2007)는 24% ~ 31%의 고용이 제조업 수요가 서비스업으로 유입되었기 때문에 발생하였음을 보였다.[7] 반면 서비스업은 수요증가에 따른 대부분의 고용 이득employment gain을 흡수했고, 겨우 6~11%의 고용만이 제조업 분야로 유입되었다. 제조업은 동적이면서 생산성이 높은 서비스의 중요한 고객이기 때문에, 구에리에리와 멜리치아니Guerrieri and Meliciani (2005)와 펠리프 등Felipe et al. (2013)은 이러한 서비스를 개발하는 국가의 능력이 제조업 기반manufacturing base의 구조 및 현재 상태와 연결되어있다고 결론 내린다.

국가의 제조업 역량이 손실될 경우 그 결과로 중요한 제조업 관련 서비스 활동이 유출될 것이라는 주장이 있다(코헨과 지스맨Cohen and Zysman 1987; 피사노와 시Pisano and Shih 2009 및 2012). 제조업과 서비스업의 공생관계를 고려해 보면 두 산업이 가까운 곳에 위치해야 할 이유가 드러난다. 먼저, 특정 서비스의 속성(예; 시설관리, 공장 및 장비임대) 때문에 이 서비스가 지원하는 제조업과 해당 서비스는 근접해 있어야 한다. 수직적으로 통합되지 않은 제조업자들의 경우 이러한 근접성을 통해 인력간 연계 비용costs of interpersonal linkages을 줄일 수 있다(코피와 베일리Coffey and Bailly 1991).

둘째, 제조업과 서비스업의 근접성은 동태적인 산업환경을 창조하는데, 이런 환경에서 기업은 지식의 전이를 통해 이득을 얻는다.[8] 전자, 생명공학, 제약 산업에 대한 연구에서 피사노와 시Pisano and Shih (2009 및 2012)는 제조업과 서비스업의 성장은 산업적 공통성을 공유함으로써 상호작용하고 서로 강화되는 면이 있다고 강조한다. "산업적 공통성" 안에는 혁신을 지속시키는 자원(숙련된 인력, 연구개발 그리고 인프라를 포함하여)을 공유하는 집합적 모임pool이 존재한다. 공급자와 최종 사용자(예; 설계와 연구개발 같은 산업과 서비스)가 가까이 있기 때문에 의사소통과 정보흐름이 개선되고, 아이디어 교환이 이루어지며 혁신의 잠재력이 커진다(포터Porter 2008).

제조업과 서비스업의 공위치적 성향은 안데르센Andersson (2006)이 재확인하였는데, 그는 스웨덴의 서로 다른 지역의 고용자료를 분석하였다. 제조업과 서비스업은 도시지역에서 함께 위치하는 경우가 많은데, 지식 집중적인 제조업은 지식 집중적인 생산자 서비스업의 고용에 강한 영향을 미치는 것으로 나타났다.[9]

방법론과 데이터 원천

이 연구는 1995~2011년 사이 유럽위원회의 WIOD에 있는 40개국[10]의 제조업-서비스업 연계를 분석하고 있다.[11] 대상 국가는 유럽연합(27개국), 아시아 태평양(9개국), 북미(2개국) 그리고 남미(2개국) 등이다.[12] 국가별로 35개 분야에 대해 연간자료를 구했다.[13] 1995년에 22개 선진국과 18개 주요 개도국이 WIOD에 포함되었고(표 13.1), 2011년까지 9개 개도국이 선진국으로 발전하였다.[14]

WIOD의 40개국이 세계 총생산의 상당 부분을 차지했다(1995년에서 2011년 사이 전 세계 GDP의 87.8%)(표 13.2). 선진국은 보다 발전된 통계 조직이 있으므로, 개도국에 비해서 WIOD에서 더 잘 대표되었을 것으로 추정된다.[15] WIOD 국가는 1995년에서 2011년 사이 선진국 전체 GDP의 90.5%을 차지했고, 개도국 GDP의 76.4%를 차지했다.

보다 많은 개도국(예; 아프리카 국가)을 WIOD에서 포함하는 것이 이상적이겠지만, 이 장의 결과에 유의하게 영향을 주지는 않을 것이다. WIOD는 선진국과 보다 산업화된 개도국을 포함하고 있는데, 이는 전 세계 제조업과 중간 서비스 산출의 상당한 비중을 차지한다.[16] 1995년과 2011년 사이 40개국이 전 세계 제조업 생산의 89.2%을 차지했고, 제조업으로 이어지는 중간 서비스업 생산의 92.5%를

[표 13.1] 1995~2011년 WIOD에 있는 40개 국가

22개 선진국(1995년)	18개 개도국(1995년)
호주, 오스트리아, 벨기에, 카나다, 시프러스, 덴마크, 핀랜드, 프랑스, 독일, 그리스, 아일랜드, 이탈리아, 일본, 룩셈부르크, 네덜란드, 포르투갈, 한국, 스페인, 스웨덴, 타이완, 영국, 미국	브라질, 불가리아, 중국, **체코**, 에스토이나, **헝가리**, 인도, 인도네시아, **라트비아**, **리투아니아**, **몰타**, 멕시코, **폴란드**, 루마니아, 러시아, **슬로바키아**, **슬로베니아**

주 : 선진국은 세계은행(2015)의 고소득 범주에 해당하고, 개도국은 중저위 소득 범주에 속한다.
　　굵은 글씨로 표시된 개도국은 2011년에 고소득 국가 범주로 승격되었다.
자료 : 유럽위원회(2013)의 국가자료를 기초로 한 세계은행 소득분류 자료
　　(World Bank's analytical income classifications)

차지했다. 용어의 간략화를 위해 이 장에서 말하는 중간 서비스란 제조업으로 공급되는 서비스 투입을 말한다.

전통적 투입산출표와 달리, WIOD는 수출흐름을 다른 국가의 서로 다른 분야로 배분한다. i국가의 산출 x_i는 다음과 같이 표현될 수 있다.

$$x_i = \begin{pmatrix} M_i \\ S_i \\ Z_i \end{pmatrix} = \begin{pmatrix} a_{mm,i} & a_{ms,i} & a_{mz,i} \\ a_{sm,i} & a_{ss,i} & a_{sz,i} \\ a_{zm,i} & a_{zs,i} & a_{zz,i} \end{pmatrix} \begin{pmatrix} M_i \\ S_i \\ Z_i \end{pmatrix}$$

$$+ \begin{pmatrix} e_{m,i} \\ e_{s,i} \\ e_{z,i} \end{pmatrix} + \begin{pmatrix} d_{m,i} \\ d_{s,i} \\ d_{z,i} \end{pmatrix} = A_i x_i + e_i + d_i$$

$$= \sum_{j=1}^{41} \begin{pmatrix} b_{mm,ij} & b_{ms,ij} & b_{mz,ij} \\ b_{sm,ij} & b_{ss,ij} & b_{sz,ij} \\ b_{zm,ij} & b_{zs,ij} & b_{zz,ij} \end{pmatrix} \begin{pmatrix} M_j \\ S_j \\ Z_j \end{pmatrix}$$

$$+ \sum_{j=1}^{41} \begin{pmatrix} d_{m,j} \\ d_{s,j} \\ d_{z,j} \end{pmatrix} = \sum_{j=1}^{41} B_j x_j + \sum_{j=1}^{41} d_j$$

[표 13.2] 1995~2011 사이 WIOD 40개국의 요약통계(단위: %)

	1995-2000	2001-2006	2007-2011	1995-2011
세계 GDP비중	88.7	88.6	85.6	87.8
선진국 GDP비중	91.6	91.2	88.4	90.5
개도국 GDP비중	74.3	77.2	78.0	76.4
세계 제조업 생산 비중	89.4	89.7	88.8	89.2
세계 중간 서비스 비중	91.8	92.9	92.5	92.5

주 : 이 장에서 중간 서비스는 따로 언급하지 않으면 제조업에 대한 투입물을 의미한다.
자료 : 유럽위원회 (2013), DGBAS (2015), World Bank (2015) 자료에 기초한 저자의 추정치

여기서 M은 제조업, S는 서비스업, Z는 기타(농업, 광업 그리고 채석, 건설, 수도·전기)를 의미한다. e는 수출, 그리고 d는 정부와 가계의 최종 수요, 총 고정자본형성과 재고변화를 의미한다. i는 40개 국가를 나타내는데, 41번째는 40개 국가를 제외한 나머지 세계를 의미한다.

위 방정식으로부터, 총 서비스는 다음 세 범주로 분해될 수 있다. (1)제조업으로 가는 중간 서비스 (2) 비제조업으로 가는 중간 서비스 (3) 내수와 수출로 나뉘어지는 최종수요로 가는 서비스. 이 장의 초점은 중간 서비스와 제조업의 공위치에 맞춰져있으므로, 분석은 주로 $b_{sm,ij}$ 계수- j국가의 제조업을 지원하는 i 국가의 서비스 투입 – 에 집중할 것이다.[17] $i=j$일 때, $b_{sm,ij}$는 기술계수 $a_{sm,i}$와 같다.

유럽위원회(2013)의 WIOD는 범위를 전 세계 제조업-서비스업 연계 분석으로 확장하였다. WIOD 발표 전까지, 과거 투입산출 분석은 아래 행렬의 기술계수를 연구하는 것으로 제한되었고 수출의 분야별 목적지에 대한 가시성도 제공되지 않았다.

$$\begin{pmatrix} a_{mm,i} & a_{ms,i} & a_{mz,i} \\ a_{sm,i} & a_{ss,i} & a_{sz,i} \\ a_{zm,i} & a_{zs,i} & a_{zz,i} \end{pmatrix}$$

제조업-서비스업 연계에 대한 이전 연구는 주로 $a_{mm,i}$, $a_{ss,i}$ 그리고 $a_{sm,i}$ 계수에 집중되었다.(박과 찬Park and Chan 1989; 박Park 1989와 1994; 구에리에리와 멜리치아니 Guerrieri and Meliciani 2005)

반면, 다음 벡터를 분해하여

$$\begin{pmatrix} e_{m,i} \\ e_{s,i} \\ e_{z,i} \end{pmatrix}$$

아래 행렬을 얻음으로써

$$\begin{pmatrix} b_{mm,ij} & b_{ms,ij} & b_{mz,ij} \\ b_{sm,ij} & b_{ss,ij} & b_{sz,ij} \\ b_{zm,ij} & b_{zs,ij} & b_{zz,ij} \end{pmatrix},$$

이 장은 기존의 투입산출 문헌에서 더 나아가 중간 서비스가 전 세계 다른 제조업으로 어떻게 흘러가는가를 분석했다는 점에서 의미가 있다.

이 장에서는 일반적 결과를 보기위해 WIOD의 35개 분야를 보다 폭 넓은 그룹으로 묶었다(부록 A 참조). 제조업과 서비스업에 집중하기 위해 주요산업과 수도·전기 및 건설업에 대한 분석은 약간 줄였다. 제조업은 연구개발 강도에 따라 저기술, 중간기술, 첨단기술로 분류하였다(OECD 2011).[18] 서비스업은 다음 범주로 묶었다. (1)도매 거래[19] (2)소매 거래[20] (3)호텔과 식당 (4) 수송[21] (5)통신[22] (6) 금융 서비스 (7)사업 서비스(부동산은 제외)[23] (8)부동산 활동, 그리고 (9)기타 서비스[24]

세계 경제의 특성

1995~2010년 동안 16년간의 자료를 보면 전 세계의 경제활동 분포가 상당히 이동하였음을 알 수 있다(표 13.3). 이 기간 동안 개도국의 전 세계 GDP 기여도는 15.2%에서 28.9%로 거의 두 배 늘었다. 개도국은 제조업 부가가치와 서비스업 부가가치 모두에서 전 세계에서 차지하는 비중이 늘었다. 개도국의 전 세계 제조업 부가가치 비중은 1995년 15.6%에서 2010년에 두 배 이상인 37.7%에 달하였는데 이 현상은 중국이 주도하였다. 1995년과 2010년 사이 개도국이 서비스업 부가가치에서 차지하는 비중은 11.8%에서 22.8%로 늘었다.

1995년과 2010년 사이 개도국과 선진국 모두에서 탈산업화가 이루어졌는데,[25] 특히 선진국의 탈산업화가 더 빨리 진행되었다(그림 13.1). 이 기간 동안 제조업 부가가치 비중은 선진국은 19.2%에서 15.0%로, 개도국은 23.0%에서 21.4%로 모두 낮아졌다.[26] 반면 서비스업 부가가치 비중은 선진국에서 68.3%에서 73.6%로, 개도국에서 47.6%에서 53.2%로 상승했다.

[표 13.3] 세계 경제활동의 분야별 분포(%단위)

	1995	2000	2005	2010
세계 GDP 비중(현 US$)				
개도국	15.2	17.2	19.2	28.9
선진국	84.8	82.8	80.8	71.1
세계 제조업 부가가치 비중(현 US$)				
개도국	15.6	19.8	24.5	37.7
선진국	84.4	80.2	75.5	62.3
세계 서비스업 부가가치 비중(현 US$)				
개도국	11.8	13.3	14.5	22.8
선진국	88.2	86.7	85.5	77.2

주 : 선진국은 세계은행(2015)의 고소득 범주에 해당하고, 개도국은 중저위 소득 범주에 속한다.
서비스 부가가치에는 귀속된 금융 서비스 비용, 수입관세 그리고 통계적 차이가 포함된다.

[표 13.4] 1995 및 2010년 GDP에서
제조업과 서비스업이 차지하는 비중으로 분류한 국가의 숫자와 분포

명목 GDP 비중	국가의 수				국가 분포(%)			
	제조업		서비스업		제조업		서비스업	
	1995	2010	1995	2010	1995	2010	1995	2010
0–15	94	129	1	0	50.0	68.6	0.5	–
15–30	89	53	13	64	7.3	28.2	6.9	3.2
30–45	5	5	39	38	2.7	2.7	20.7	20.2
45–60	0	1	71	57	–	0.5	37.8	30.3
60–75	0	0	55	66	–	–	29.3	35.1
75–90	0	0	9	21	–	–	4.8	11.2
합계	188	188	188	188	100.0	100.0	100.0	100.0

자료 : 세계은행(2015)에 근거한 저자의 추정치.

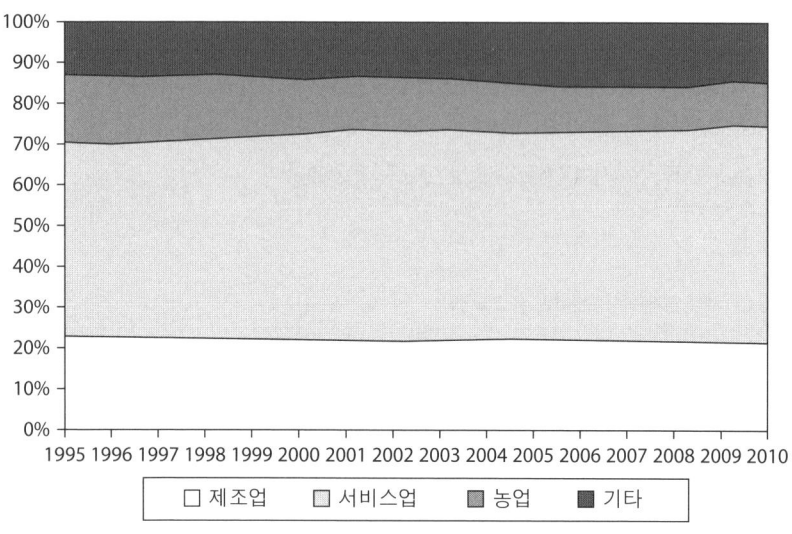

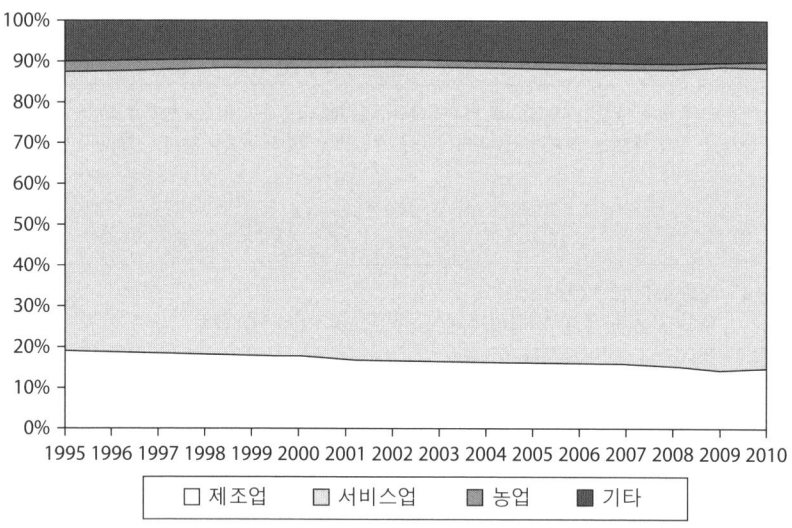

[그림 13.1] 1995-2010년 선진국과 개도국의 (부가가치 기준) 경제활동의 분포

주 : "기타" 범주에는 광업, 건설업 및 전기·수도산업이 포함된다.
자료 : 세계은행(2015)

1995년에서 2010년 사이, 제조업과 서비스업은 전 세계적인 공간적 분포에서도 서로 상반되는 패턴을 보였다. 제조업 활동이 일부 국가에 점점 집중된 반면[27] 서비스업에서는 비슷한 공간적 집중현상이 나타나지 않았다. 국가들이 제조업 생산에 특화함(또는 반대로 벗어남)에 따라, 1995년과 2010년 사이 제조업 GDP의 비중을 나타나는 스펙트럼의 상부(또는 하부)에 분포하는 현상이 나타났다(표 13.4). 반대로 많은 개도국이 자국 경제에서 서비스업 비중을 늘려감에 따라 서비스 분포의 상단에만 점점 집중하는 현상이 나타났다

그림 13.1의 부가가치 추세와 비슷하게 1995년부터 2011년 사이에 WIOD의 개도국과 선진국은 제조업 산출 측면에서 탈산업화하면서 제조업 산출이 감소하였고 이 현상은 선진국에서는 특히 심하였다(표 13.5).[28] 이 기간 동안 개도국과 선진국은 자신의 제조업 구성을 저기술에서 중간기술과 첨단기술 생산으로 재편

[표 13.5] 선진국과 개도국의 횡단면적 경제 특성(1995, 2003 및 2011년 WIOD의 %비중 기준)

	1995	2003	2011
선진 경제			
전체 산출 중 제조업 비중	30.7	28.2	27.6
전체 산출 중 첨단기술 제조업 비중	35.9	40.4	39.4
전체 산출 중 중간기술 제조업 비중	25.0	24.9	28.4
전체 산출 중 저기술 제조업 비중	39.1	34.7	32.1
전체 산출 중 서비스업 비중	54.9	58.7	58.5
전체 서비스 산출 중 국내 제조업으로 가는 국내 중간서비스 비중	10.2	9.2	8.7
전체 중간 서비스 중 국내 제조업으로 가는 국내 중간서비스 비중	88.5	86.1	83.5
개발도상 경제			
전체 산출 중 제조업 비중	35.9	33.7	33.6
전체 산출 중 첨단기술 제조업 비중	29.8	31.7	31.2
전체 산출 중 중간기술 제조업 비중	24.7	25.8	31.0
전체 산출 중 저기술 제조업 비중	45.6	42.5	37.9
전체 산출 중 서비스업 비중	42.1	46.1	43.8
전체 서비스 산출 중 국내 제조업으로 가는 국내 중간서비스 비중	12.4	11.5	12.7
전체 중간 서비스 중 국내 제조업으로 가는 국내 중간서비스 비중	86.8	88.6	91.9

주 : 전체 제조업 산출 중 저기술, 중간기술, 첨단기술 산업의 비중은 반올림 오차로 인해 합계가 100이 아닐 수 있다. 선진국과 개도국의 경제적 특성은 WIOD의 40개국의 자료로부터 도출되었다. 큰 국가의 경제적 특성 쪽으로 숫자 편의가 나타나지 않도록 하고 선진 경제와 개발도상 경제의 평균적 국가를 대표하기 위해 국가의 단순(비가중) 평균을 사용하였다.
자료 : 유럽위원회 (2013)에 근거한 저자의 추정치

하였다. 1995년부터 2011년 사이 제조업 산출에서 저기술 비중은 선진국(39.1%에서 32.1%)과 개도국(45.6%에서 37.9%)에서 모두 감소하였다. 그럼에도 불구하고, 2011년까지 개도국은 선진국에 비해 제조업 산출과 저기술 제조업에 보다 많이 의존하였다.

1995년과 2011년 사이 서비스 산출 비중은 선진국과 개도국에서 모두 증가하였다(표 13.5). 그러나 중간 서비스의 추세는 다양하게 나타났다.

선진국 경제와 달리, 개도국의 제조업은 해외에서 보다는 국내에서 중간 서비스를 조달하였다. 1995년과 2011년 사이 국내에서 생산된 중간 서비스의 비중은 선진국에서 88.5%에서 83.5%로 떨어졌지만, 개도국에서는 86.8%에서 91.9%로 증가하였다. 개도국의 이러한 증가현상은 주로 불가리아, 인도, 인도네시아, 루마니아와 러시아에서 관찰되었다.

비록 선진국과 개도국 경제 모두 제조업 산출 측면에서 탈산업화되었지만, 국내에서 소비되는 제조업 관련 서비스가 개도국에서의 서비스 생산에서 큰 역할을 하였다. 1995년과 2011사이, 총서비스 산출 중 이러한 서비스 비중은 개도국에서 12.4%에서 12.7%로 상승한 반면, 선진국에서는 10.2%에서 8.7%로 꾸준히 하락하고 있다. 브라질, 불가리아 그리고 러시아 같은 개도국은 국내에서 소비되는 제조업 관련 서비스가 전체 서비스 산출에 기여하는 정도가 증가하였다.

WIOD의 발견점

산업간 상호의존성은 산업간 전방 그리고 후방 연쇄효과를 통해 발생한다(허쉬만Hirschman 1958). WIOD자료를 이용하여, 후방연쇄(제조업에서 서비스 산업으로, 투입물을 제공받는 방향)와 전방연쇄(서비스 분야에서 국내 및 해외 제조업으로, 투입물을 제공하는 방향)에 관한 정보를 추출할 수 있다. 산업 수준의 분석을 이용하여 서로 다른 산업 사이에 제조업-서비스업 연계의 강도를 차별화할 수도 있다.

제조업과 서비스업은 동일 국가 내에서 함께 위치하려는 성향이 강하다

제조업과 중간 서비스업의 지역적 분화가 일어난다는 주장에는 세계화가 진행되고 국가간 생산 흐름이 증가한다는 전제가 필요하다. 대규모 통합, 외국인투자 흐름의 증가 그리고 국가간 협력의 강화 등으로 특징지어지는 세계화가 고도로 진행되면서 국제 교역이 밀물처럼 밀려들었다. 세계화의 두 파도-1980년대 중후반까지의 증기 혁명과 1980년부터 시작된 정보통신기술[29]혁명-는 교역과 전달 비용을 현저하게 낮추었다(볼드윈Baldwin 2014). 국가를 넘어선 국제적 경제활동의 분포(국제화)에 더해서, 세계화는 지역적으로 분산된 활동 사이에 기능적 통합을 강화했다(디켄Dicken 2011).

WIOD는 제조업에 의해 해외에서 조달되는 서비스 투입이 더 많아지고 있음을 보여준다. 1995년에서 2011년 사이 세계 제조업에서 전체 중간 서비스 수입량이 8.0%에서 12.4%로 늘렸다. 거의 모든 제조업에서 중간 서비스 수입 비중이 증가하였다(표 13.6).[30]

그럼에도 불구하고 제조업은 지속적으로 서비스 투입의 상당 부분을 국내에서 조달하였다. 석탄, 정유, 핵연료 산업[31]의 예외를 제외하면, 2007년에서 2011년 사이에 중간 서비스의 86%에서 96%가 (동일 국가 내에서) 제조업과 함께 위치했다.[32] 음식, 음료, 담배 그리고 고무와 플라스틱 산업으로 가는 중간 서비스의 91%는 2007~2011년 기간 동안 동일한 국가 내에서 조달되었다. 비록 세계화와 국제 교역이 중간 서비스 수입 잠재력을 증가시켰지만, 제조업-서비스업 연계로 인해 서로 다른 국가가 제조업이나 중간서비스만을 생산하여 특화할 정도로 분화되지는 않았던 것이다.

중간 서비스에서 제조업으로 가는 전방연계를 분석해보면 비슷한 그림이 그려진다. 비록 중간 서비스가 1995년 이래 보다 큰 수출 잠재력을 보여주긴 했지만, 대부분의 중간 서비스 산출물은 국내 제조업에서 소비되었다(그림 13.2). 개별 분야를 살펴보면 국내 제조업 활동에 대한 "관련성"에서 차이가 많다. 예를 들어 국내에서 유발된 소매와 부동산 분야에 의해 유발된 대부분 중간 서비스 산출(97%에서 99%까지)은 국내 제조업으로 흘러갔다. 다른 한편에서는, 운송(특히 해상 및 항공 운송)과 도매판매와 같은 판매관련 분야에서는 중간 서비스 산출의 많은 비중이 해외 제조업으로 수출되었다. 그럼에도 불구하고, 2011년까지 산업 산출의 80%이상이 동일한 국가 내에서 소비되고 있다.

2008년 세계 금융위기 이후 세계적으로 무역이 용이한 분야에서, 제조업분야에 의한 중간 서비스 투입의 국내조달이 증가하였다(그림 13.2). 금융서비스분야는 그 예 중 하나다. 1995년에서 2008년 동안, 국내에서 소비되는 제조업 관련 금융서비스의 비중은 서비스의 국제교역이 성장함에 따라 94.5%에서 87.1%로 떨어졌다. 그러나 2008년 이후 그 비중은 중간 금융 서비스와 제조업간 공존하려는 성향이 증가함에 따라 2011년까지 89.3%로 상승하였다.

[표 13.6] 국제 제조업에서 비수입 중간 서비스의 비중(1995-2011)

ISIC	제조업	R&D강도	전체 중간서비스업에서 비수입 중간서비스 비중			%p 변화 (1995-2000과 2007-2011)
			1995-2000	2001-2006	2007-2011	
20	목재, 코크 제품	저기술	89.5	90.2	89.8	0.3
36, 37	제조업, Nec;재활용	저기술	91.9	91.8	91.0	-1.0
19	가죽, 신발	저기술	90.0	88.6	88.8	-1.2
15, 16	식품, 음료, 담배	저기술	91.9	90.9	90.7	-1.2
26	기타 비금속 광물	중간기술	90.2	89.0	89.0	-1.2
27, 28	기본 금속, 가공 금속	중간기술	90.9	89.3	89.0	-1.9
25	고무, 플라스틱	중간기술	92.9	91.9	90.9	-2.0
34, 35	운송장비	첨단기술	92.4	91.5	90.3	-2.1
29	기계, Nec	첨단기술	93.0	91.3	90.1	-3.0
21, 22	펄프, 종이, 인쇄, 출판	저기술	92.6	91.3	89.5	-3.1
24	화학, 화학제품	첨단기술	90.9	88.6	86.7	-4.2
30, 33	전기, 광학장비	첨단기술	93.1	90.0	88.7	-4.4
17, 18	섬유 제품	저기술	90.2	88.2	85.7	-4.6
23	석탄, 정유, 핵연료	중간기술	72.2	62.8	60.6	-11.6
15, 37	전체 제조업	-	91.2	89.1	87.5	-3.7

주 : "전체 중간 서비스에 대한 비수입 중간 서비스의 비중"은 분석 기간 중 전 세계 (동일 제조업 분야 산출에 대한) 전체 중간 서비스 산출의 비율을 사용하여 (각 제조업 분야에 대한) "연간 비수입 중간서비스"를 평균한 것이다. 제조업은 1995~2000과 2007~2011년 전체 중간 서비스 산출에서 비수출 중간 서비스 비중의 변화(%p 단위로)에 따라 내림차순으로 정렬했다. 마지막 열의 %p 변화는 반올림 오차로 인해 표에서 직접 계산한 결과와 일치하지 않을 수 있다.
자료 : 저자 추정치, 유럽위원회 (2013), R&D강도는 OECD (2011)자료 사용.

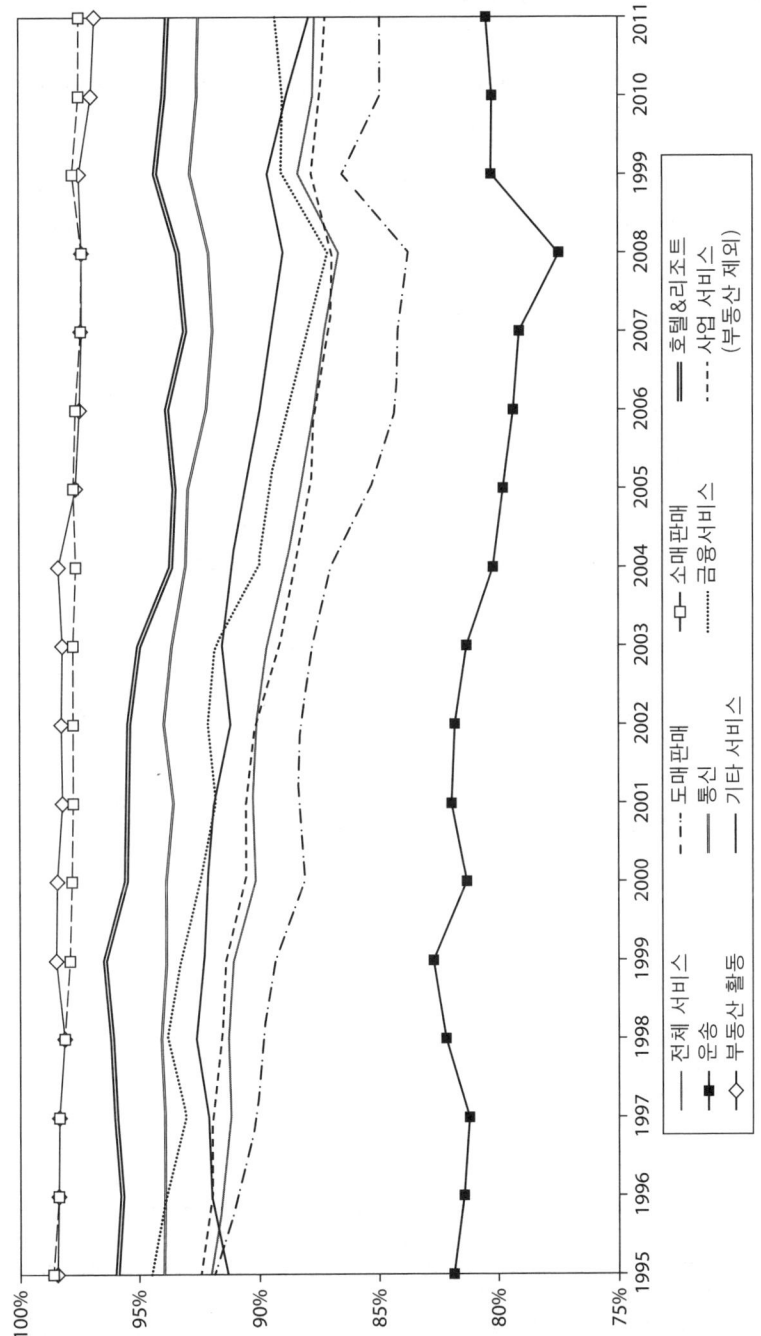

[그림 13.2] 제조업에 제공되는 전체 중간서비스 중 국내에서 소비되는 중간 서비스의 비중(1995~2011)
자료: 유럽위원회에 근거한 저자의 추정치

제13장 제조업과 중간 서비스업의 공존

제조업-서비스업 연계는 산업별로 다르다.

WIOD 자료는 제조업의 이질적 성격을 재확인시켜 준다. 서로 다른 제조업은 서로 다른 중간 서비스를 요구한다(표 13.7).

출판(제조업 단위 산출 당 중간 서비스 0.24 단위)와 화학(0.22단위) 산업은 중간 서비스업에 가장 많이 의존하고 있다. 반면, 정유(0.15단위)와 운송장비(0.16단위) 산업은 가장 적게 의존하고 있다.

몇몇 산업의 시계열 특징은 두드러진다(그림 13.3). 먼저, 1995년과 2011년 사이 운송장비와 출판 산업은 서비스 산업과의 후방연계가 강화되었다. 운송장비 산업의 경우, 후방연계는 서비스 수요, 특히 사업 서비스와 용수운송 서비스 수요가 늘어남에 따라 점차 증가하였다.[33]

둘째, 석탄, 정유제품과 핵연료 산업은 제조업 산출에 대한 중간 서비스 비율이 1995년 수준에서 전 분석 기간에 걸쳐 유일하게 증가하지 않았다.[34] 셋째, 가죽

[표 13.7] 중간 서비스에 대한 제조업의 의존성(1995-2011)

ISIC	제조업분야	제조업 산출 대비 중간 서비스 비중	변화율 (%, 1995-2011)
21,22	펄프, 종이, 인쇄, 출판	0.238	6.8
24	화학, 화학제품	0.215	-11.7
36,37	제조업, Nec;재활용	0.209	-0.7
15,16	식품, 음료, 담배	0.207	-1.4
26	기타 비금속 광물	0.202	-10.5
19	가죽, 신발	0.195	-29.8
30,33	전기, 광학장비	0.189	-18.6
20	목재, 코크 제품	0.186	-14.6
29	기계, Nec	0.183	-5.4
25	고무, 플라스틱	0.181	-11.7
17,18	섬유 제품	0.179	-15.9
27,28	기본 금속, 가공 금속	0.165	-16.3
34,35	운송장비	0.165	13.2
23	석탄, 정유, 핵연료	0.146	-11.0
15, 37	전체 제조업	0.188	-8.5

주 : "제조업 산출 대비 중간 서비스의 비중"은 각 제조부문별로 1995-2011년 사이 전 세계 제조업 산출 대한 연간 평균 중간 서비스 산출물 비중으로서 정의된다. 제조업은 제조업 산출에 대한 중간 서비스의 비율에 따라 내림차순으로 정렬되었다.
자료 : 유럽위원회 (2013)에 근거한 저자의 추정

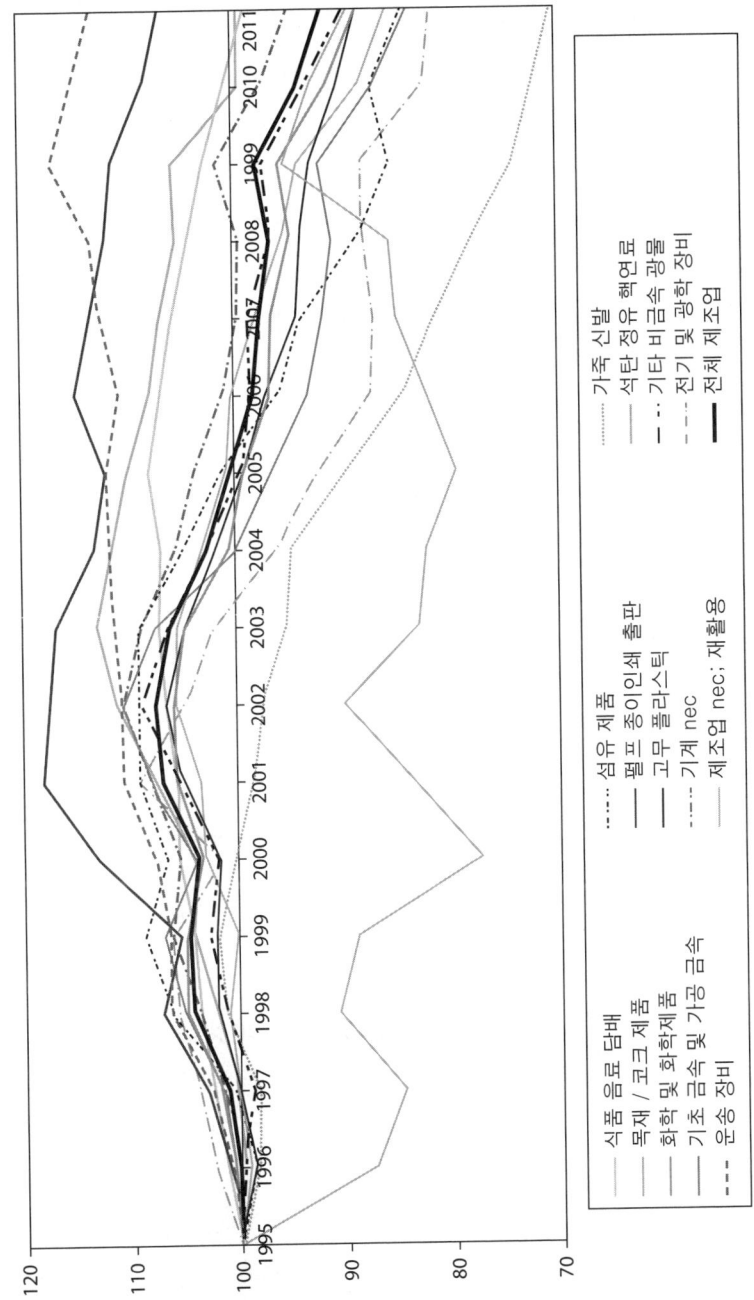

[그림 13.3] 제조업 분야별 제조업 산출 대비 중간 서비스 비중(1995-2011)
주: 비율은 1995년을 기준(100)으로 정규화되었음
자료: 유럽위원회(2013)을 바탕으로 저자가 추정함.

제13장 제조업과 중간 서비스업의 공존 497

과 신발 산업은 생산량 1단위에 대한 중간 서비스 요구가 가장 크게 감소했다(30%).

앞서 표 13.6의 분석에 따르면 어떤 산업(예, 석탄, 정제 석유 그리고 핵연료)은 다른 산업(목재와 코르크 제품)보다 국내 제조업-서비스업 연계의 분화를 더 심각하게 겪었다. 일반적으로 저기술 산업(예; 식품, 음료 그리고 담배; 가죽과 신발; 목재와 코르크 제품)은 중간기술과 첨단기술 산업에 비해 느린 속도로 비수입 중간 서비스의 비중이 감소했다. 저기술 산업 중에서 식품, 음료, 담배 그리고 출판 산업은 섬유, 가죽과 목재 산업에 비해 중간 서비스업 연계성이 더 안정적일 것으로 전망된다. 첨단기술 산업 중 운송장비 산업은 화학과 전자산업에 비해 중간 서비스의 국내 조달 비중이 높았다.

저기술 산업은 수입이 잘 이루어지지 않는 중간 서비스를 필요로 하는 반면, 첨단기술 산업은 본질적으로 교역이 잘 이루어지는 중간 서비스를 필요로 하는 경향이 있었다. 예를 들어 내수지향적인 소매업은 전자, 광학장비(9.1%, 2011년 기준) 그리고 화학(9.4%) 같은 첨단 산업에 비해 가죽과 신발제품(14.7%), 음식, 음료 그리고 담배(13.9%) 산업 등에서 더 높은 비중을 차지하는 중간 서비스였다. 반면 사업서비스-가장 교역이 용이한 중간 소비재인데-는 가죽 및 신발(12.3%, 2011년 기준)과 목재, 코르크 제품(13.3%)산업보다, 화학(30.6%)과 전자 및 광학장비(28.8%) 산업에서 훨씬 많이 소비되는 중간 서비스였다.

중간 서비스 수출은 잠재력은 있지만 여전히 규모가 작다

서비스 분야의 다양성을 고려해 볼 때, 제조업 관련 중간 서비스는 서비스 산출물 기여도와 수출 잠재력에 있어서 차이가 많다(표 13.8). 예를 들어, 도매 거래, 운송, 사업 서비스 그리고 소매 거래 분야는 탈산업화의 영향을 크게 받았는데, 그 이유는 국내에서 소비되는 중간 서비스가 전체 서비스 산출의 큰 부분을 차지했기 때문이다. 중간 서비스의 손실을 보전하기 위해, 탈산업화 국가는 해외시장에 대한 수출 증가를 목표로 설정할 수 있다.

1995년~2011년 동안 중간 서비스 수출은 연 8.2% 성장했는데, 국내에서 소비되는 중간 서비스 성장률 5.0%보다 빨랐다. 여기에는 유통 관련 서비스가 중요한 역할을 했는데 도매 거래와 운송 서비스는 2011년에 제조업 관련 중간 서비스

[표 13.8] 서비스 산업별 세계 서비스 대비 중간서비스의 국내 소비 및 수출 기여도(1995-2011)

서비스	전체 서비스 산출 중 국내소비(수출) 중간서비스 비중			국내 소비(수출) 중간서비스 성장률(연% 성장률)
	1995-2000	2001-2006	2007-2011	1995-2011
도매 유통	25.9 (2.9)	24.2 (3.7)	23.0 (4.1)	4.5 (9.1)
운송	15.8 (3.5)	15.6 (3.7)	15.3 (4.0)	5.9 (6.6)
사업서비스(부동산 제외)	16.8 (1.5)	14.9 (1.8)	14.1 (2.1)	5.5 (9.4)
소매 유통	14.4 (0.3)	14.5 (0.3)	15.5 (0.4)	4.9 (8.5)
금융 서비스	9.6 (0.7)	7.4 (0.8)	7.9 (1.0)	4.5 (9.3)
통신	7.7 (0.5)	6.9 (0.5)	6.8 (0.6)	6.1 (7.7)
호텔 및 식당	5.1 (0.2)	4.3 (0.3)	4.4 (0.3)	4.3 (7.3)
부동산 활동	2.5 (0.0)	2.5 (0.0)	2.5 (0.1)	4.7 (9.7)
기타 서비스	1.8 (0.2)	1.6 (0.2)	1.7 (0.2)	4.9 (7.4
전체 서비스	9.7 (0.9)	8.8 (1.1)	8.8 (1.3)	5.0 (8.2)

주 : 괄호 안 숫자는 중간 서비스(IS)의 수출 요소를 의미한다. IS 분야는 2007~2011년 사이 전체 서비스 산출 중에서 전체(국내 소비 및 수출) IS의 비중에 따라 내림차순으로 정렬되었다.
자료 : 유럽위원회 (2013) 기준으로 저자가 추정

수출의 각각 30.1%와 27.0%를 차지했다. 그 다음으로 사업 서비스(23.1%)와 금융 서비스(8.2%) 순이었다.[35]

비록 1995년~2011년 사이에 전체 산업에 걸쳐 중간 서비스 수출은 국내에서 소비되는 중간 소비재 산출보다 빠르게 성장했지만(수출성장률은 표 13.8의 마지막 열의 괄호안 숫자를 보라), 이는 기저효과에 의한 것이었다. 예를 들어 총 금융 서비스 산출에서 중간 서비스 수출은 견조한 수출 증가율에도 불구하고 2001년~2006년과 2007년~2011년 사이 0.2%p 성장하는데 그쳤다. 이와 대조적으로 같은 기간 동안 국내에서 소비되는 중간 금융 서비스 비중은 0.5%p 상승했다. 2007년-2011년 기간 동안 제조업에 공급되는 중간 금융 서비스는 전 세계 금융 서비스 산출의 8.9%를 기여했고, 그중 11.5%(즉 8.9% 중 1.0%)의 중간 금융 서비스만이 수출되었다.[36]

2011년까지 전체 서비스 중 제조업 관련 중간서비스 수출의 기여도(1.3%)는 국내 제조업에 제공되는 중간 서비스의 비중에 비해 아주 작았다(그림 13.4A).[37] 이번에도 역시 낮은 기저효과로 제조업 관련 중간 서비스 수출이 크게 증가하였다. 절대적 관점에서, 제조업에 대한 중간 서비스는 제조업 관련 중간 서비스 수출보다 더 크게 증가하였다(그림 13.4B).

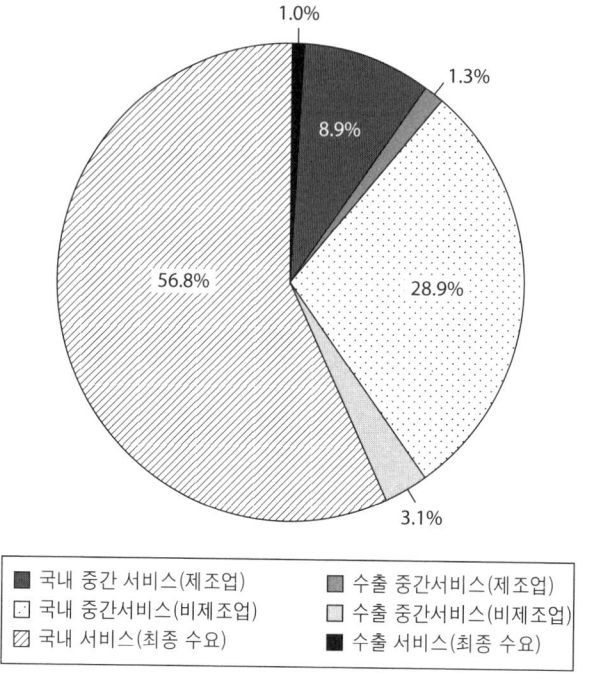

■ 국내 중간 서비스(제조업) ■ 수출 중간서비스(제조업)
□ 국내 중간서비스(비제조업) □ 수출 중간서비스(비제조업)
▨ 국내 서비스(최종 수요) ■ 수출 서비스(최종 수요)

[그림 13.4A] 세계 서비스 산출의 구성(2011)

주 : 세계 서비스 산출은 국내 및 해외 최종 수요, 국내 및 해외 제조업에 대한 중간 서비스 그리고 국내 및 해외 비제조업에 대한 중간 서비스로 구성되어 있다.
자료 : 유럽위원회 (2013) 자료로 저자가 추정

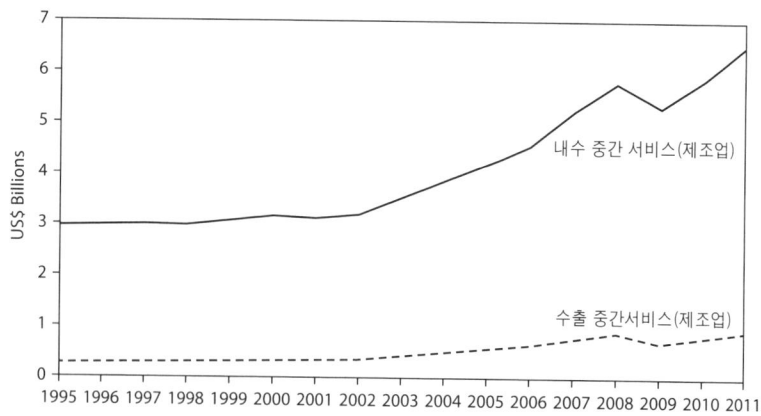

[그림 13.4B] 국내 제조업 관련 서비스 산출, 내수 및 수출(1995-2011)
자료 : 유럽위원회 (2013) 자료로 저자가 추정

개도국에 대한 중간 서비스 수출 범위는 제조업의 낮은 중간 서비스 수요로 인해 제한되었다.

개도국의 경우 제조업에 의해 중간 서비스의 범위가 제한되기 때문에 중간 서비스 요구가 낮다. 국가별로는 제조업 분야의 중간 서비스 의존도가 서로 다르게 나타났다. 선진국의 제조업(예; 아일랜드, 네덜란드 그리고 프랑스)은 개도국에 비해 중간 서비스에 더 의존하는 경향이 있었고, 대부분의 선진국은 중간서비스-제조업 산출 비율이 평균 이하였다(그림 13.5).[38] 예를 들어 아일랜드의 제조업 산출 1단위는 1995년~2011년 사이에 중간 서비스 0.3단위가 필요했는데 이러한 중간 서비스 의존성은 WIOD 국가 중 가장 빠른 속도로 증가했다(연 2%). 반면, 중국의 제조업은 1 단위 생산을 위해 단지 0.1단위의 중간 서비스만 필요로 했고 이 의존성은 시간에 따라 감소했다. 제조업 생산이 개도국으로 이전됨에 따라, 전 세계 제조업의 중간 서비스 수요는 2002년 이후 감소하고 있다(그림 13.3). 2011년 까지, 세계적으로 제조업 1단위 생산을 위해 중간 서비스 0.17 단위가 필요했는데, 이는 1995년에 0.19단위가 필요했던 것에 비해 낮아진 것이다.

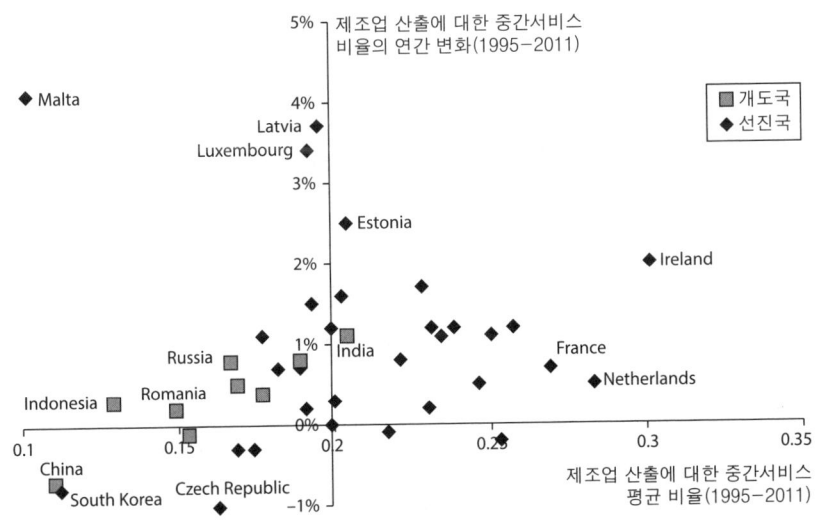

[그림 13.5] 제조업에 대한 중간 서비스 비율과 비율변화에 따른 국가 분류(1995-2011)
자료 : 유럽위원회 (2013) 자료로 저자가 추정

개도국과 선진국에서 제조업의 구조적 차이만으로 제조업 관련 중간 서비스 차이가 발생한 이유를 설명할 수는 없다.

1995-2011년 사이 중국은 자국 제조업 산출의 첨단기술 요소가 32%에서 44%로 늘어남에 따라, 제조업의 기술적 내용을 업그레이드했다. 2006년까지, 중국 제조업 분야의 첨단기술 요소는 미국을 넘어섰다. 그러나 중국의 제조업 분야 구조가 수년에 걸쳐 정교해지기는 했지만 그 중간 서비스 요구는 지속적으로 감소했다.

국가별로 중간 서비스 비중 차이를 설명하는 한 가지 요인은 생산의 수직적 구조의 차이다. 개도국의 제조 기업은 선진국에 비해 자체 서비스를 더 많이 사용한다. 따라서 제조업-서비스업 연계는 이러한 통합된 자체 서비스가 제조업으로 분류되므로 과소보고되었다. 이러한 국가들에서 제조업과 서비스업의 공존성은 공식 통계치보다 더 강할 것이다. 마찬가지로 이러한 개도국 경제에서 중간 서비스 수출은 더 제한될 것이다.

중간 서비스 생산의 경제적 중력의 중심Economic Center of Gravity은 제조업 생산을 따라 동쪽으로 이동한다

세계 경제의 중력 중심은 동쪽으로 이동하고 있다(그리더와 마디스Grether and Mathys 2010; 쿠아Quah 2011). WIOD자료를 이용해서 제조업과 중간 서비스 산출을 분석해보면 비슷한 그림이 나타나고 있다(그림 13.6).

제조업 산출과 중간 서비스 산출의 경제적 중력 중심이 서로 거울에 비친 모습처럼 움직인다는 사실은 제조업 생산의 해외이전이 결국 제조업 관련 서비스의 손실을 유발할 것이라는 가설을 증명하고 있다(예를 들어 코헨과 지스맨Cohen and Zysman 1987; 피사노와 시Pisano and Shih 2012).

1995년-1998년 사이, 중력의 중심은 미국과 일본이 제조업과 중간 서비스업의 생산에서 상반되는 운명을 경험함에 따라 서쪽으로 이동하였다. 이 기간 동안, 세계 제조업 생산에서 미국이 차지하는 비중은 20.3%에서 23.4%로 증가하였고 반면 일본은 18.9%에서 13.8%로 감소하였다.[39] 비슷하게 미국은 중간 서비스 시장에서의 비중이 증가(1995년~1998년 사이 22.1%에서 25.3%로) 하였고, 반대로 일본의 세계 시장 비중은 감소했다(17.4%에서 12.7%).

중국이 2001년에 세계무역기구에 가입한 이후 세계 제조업 강국으로서 급속하게 발전함에 따라 제조업 생산의 경제적 중력 중심은 동쪽으로 이동하였다. 1995년~2011년 사이 중국 제조업 산출은 연 17.0% 증가하였고 세계 제조업 산출 비중은 5.5%에서 26.8%로 증가하였다.[40] 2007년부터 중국은 미국을 따라잡아 세계에서 가장 큰 제조업 산출국이 되었다.[41]

중간 서비스의 중력 중심은 제조업 생산이 동쪽으로 이동함에 따라 같이 이동하고 있다. 중간 서비스가 제조업과 함께 위치하려는 경향으로 인해, 제조업에서 중국의 힘이 강해지면서 중간 서비스 산출도 견조하게 성장하였다(1995~2011년 사이 연 16.0%). 1995년~2011년 사이 중국은 세계 중간 서비스 비중이 크게 증가하였고(3.4%에서 16.1%), 대신 미국, 일본, 독일 그리고 프랑스 같은 선진국의 주요 생산자들은 손해를 보았다. 2011년 중국은 미국(전 세계 생산의 15.1%)을 따라잡아 세계에서 가장 큰 제조업 관련 중간서비스 공급자가 되었다.[42]

[그림 13.6] 세계 제조업 산출 및 중간 서비스 산출의 경제적 중력의 중심

주 : 경제적 중력의 중심은 WIOD 40개국의 경제적 활동의 평균 지점을 말한다. 40개국 경제는 1995년~2011년 사이 세계 제조업의 89.2%, 세계 중간 서비스 산출의 92.5%를 차지하고 있다. 각 국의 점 위치point location을 나타내기 위해 각 국가의 수도 좌표를 사용하였다.
자료 : 유럽위원회 (2013) 자료로 저자가 추정

결 론

　　WIOD자료를 이용하여 이번 장에서는 제조업과 서비스업이 지속적으로 함께 위치하려는 경향이 강함을 재확인하였다. 비록 국제무역과 정보통신기술의 발전이 국경간 서비스 흐름의 잠재력을 증가시키기는 했지만, 제조업-서비스업 연계는 어떤 국가가 제조업에 특화하고 다른 국가가 중간 서비스를 이 국가에 수출할 수 있을 정도로 분업화되지는 못했다. 2008년 세계 금융위기 이래, 제조업은 금융 서비스 같은 거래 가능한 중간 서비스를 국외서 보다는 국내에서 점점 더 많이 조달하고 있다.

　　WIOD는 제조업의 해외이전이 결국 제조업 관련 서비스업의 손실을 낳을 것이라는 증거를 제시하고 있다. 중국과 같은 개도국의 제조업은 해외에서의 중간 서비스 요구가 적은 (예, 더 많은 자체in-house 서비스를 요구하는) 수직적 생산 구조를 가지고 있다. 제조업과 서비스업 사이의 지리적 유사성이 중요하기 때문에, 제조업과 중간 서비스업 역량 모두가 점점 더 동쪽으로 이동하고 있다. 이 경향을 반영하여 중국은 2011년에 세계에서 가장 큰 중간 서비스 공급자가 되었다.

　　중간 서비스 역량의 손실은 경제 발전에 있어 중요한 시사점을 던져주고 있다. 프랑수아와 레이너트Francois and Reinert (1996)는 국가의 임금수준과 제조업 수요는 제조업자의 서비스와 밀접한 관련이 있다는 것을 보였다. 박Park (1994)은 자국내 생산자 서비스가 제조업 생산과 경쟁력에 있어서 중요한 역할을 한다는 점을 강조했다. 치콘과 마츠야마Ciccone and Matsuyama (1996)에 따르면, 제조업과 연결된 생산자 서비스는 혁신의 중요한 원천이자 경제발전의 중요한 부분이다.

　　분석의 결과, 제조업과 서비스업은 이질성이 커서 국가가 간단히 선택할 수 있는 두 개의 구별된 집단으로 분리되지 않음을 보여주었다. 제조업과 서비스업 내에서 다양한 활동 중 어느 것이 해당 국가에 적절한지는 국가별로 다르다. 이상적인 산업의 배합수준을 식별하고 현명한 산업 정책을 통해 발전을 촉진하는 것은 긍정적 산업구조 변화와 번영을 추구하는 국가에게는 중요한 일이다. 제조업과 서비스업의 공생 관계를 고려할 때, 제조업 생산역량의 손실은 중요한 생산자 서비스 역량의 (선진국에서의) 손실 또는 (개도국에서의) 미획득foregoing을 의미한다. 선진국의 경우에는 탈산업화로 제조업과 제조업 관련 서비스에서 손실이 발생하더라도 비제조업 활동에 대한 서비스의 증가를 통해 적절히 보완할 수 있다는 점을 확신시킬 필요가 있다. 반면 서비스 주도의 발전을 통해 산업화를 건너뛰려고 하는 개도국은 서비스업의 발전이 건전한 생산자 서비스 분야의 존재 없이 지속가능한지에 대해 고민해야 할 것이다. 지금까지의 역사적 그리고 경험적 증거를 볼 때 국가들이 지속적으로 제조업 분야를 무시하는 정책을 펼칠 경우 경제의 다른 중요한 분야와 제조업이 갖는 건전한 상호의존성을 고려할 때 위험하다는 사실을 재확인시켜주고 있다.

부 록

[WOID의 산업분류]

ISIC	분야	OECD 분류(2011)	범주
A-B	농업, 수렵, 임업, 수산업	–	PI
C	광업, 채석	–	PI
15-16	식품, 음료, 담배	LT: 식품 생산물, 음료, 담배(15-16)	LT
17-18	섬유 및 섬유제품	LT: 섬유, 섬유제품, 가죽, 신발(17-19)	LT
19	가죽, 신발		
20	목재, 코크 제품	LT: 목재, 펄프, 종이, 인쇄, 출판(20-22)	LT
21-22	펄프, 종이, 인쇄, 출판		
23	석탄, 정유, 핵연료	MLT: 석탄, 정유, 핵연료(23)	MT
24	화학 및 화학제품	HT: 의약품(2423)	HT
		MHT: 의약품 제외 화학(2423 제외한 24)	
25	고무, 플라스틱	MLT: 고무, 플라스틱(25)	MT
26	기타 비금속 광물	MLT: 기타 비금속 광물제품(26)	MT
27-28	기초 금속, 가공 금속	MLT: 기초 금속, 가공금속제품(27-28)	MT
29	기계, Nec	MHT: 기계, 장비(29)	HT
30-33	전기 및 광학 장비	HT: 사무, 회계, 컴퓨터 기계(30); 라디오, TV, 통신 장비(32); 금속, 정밀, 광학 도구(33)	HT
34-35	운송 장비	HT: 항공 우주(353) MHT: 자동차, 트레일러, 준트레일러(34); 철도 장비 및 운송 장비, Nec(352+359)	HT
36-37	제조, Nec; 재활용	LT: 제조업, Nec; 재활용(36-37)	LT
E	전기, 가스, 수도	–	수도전기
F	건설	–	건설
50	자동차 판매, 유지, 수리; 연료 소매	–	소매 판매
51	자동차를 제외한 도매, 유료판매	–	도매 판매

ISIC	분야	OECD 분류(2011)	범주
H	호텔, 식당	–	호텔 식당
60	육상운송	–	운송
61	수상운송	–	
62	항공운송	–	
63	기타 보조운송 및 지원;여행사	–	
64	우편 전신	–	통신
J	금융중개	–	금융서비스
70	부동산 활동	–	부동산
71–74	기계 장비의 임대, 기타 사업 서비스	–	사업 서비스
L	공공 행정, 국방, 사회보장	–	기타 서비스
M	교육	–	
N	건상 및 사회관계	–	
O	기타 공동체, 사회, 개인 서비스	–	
P	고용된 개인 가사	–	

주 : PI(Primary Industries, 1차산업)은 농업, 산림업, 수산업, 광업 및 채석업을 포함한다. OECD(2011)는 제조업을 직접 연구개발(R&D) 수준에 따라 4개 범주로 분류했다: 첨단기술(HT), 중상기술(MHT), 중하기술(MLT), 그리고 하위기술(LT). 분석에서 HT와 MHT 산업은 HT산업으로 묶였고, MLT는 중간기술(medium-techonoloty; MT)로 언급했다. WOID의 광범위한 범주(예를 들어 화학 및 화학제품, 전기 및 광학 장비)가 HT와 MHT로 혼합된 점을 반영한 것이다. 운송장비 분야의 분류는 HT, MHT 그리고 MLT가 혼합되어 더욱 어려웠다. 결국 HT산업으로 분류했는데, (1) HT와 MHT 산업에 드는 ISIC 범주가 많았고 (2) WOID 국가의 경우, 고급 개발단계에 진입한 국가가 많아 해당 산업의 발전 수준이 높았기 때문이다. "Nec"는 "not elsewhere classified(어느 분류에도 속하지 않음)"을 의미한다.

자료 : OECD(2011), 유럽위원회(2013) 및 내부 분류

주 석

저자는 장하준 교수의 지적인 안내와 고귀한 코멘트에 대해 감사를 표한다. 이 장은 뉴욕의 산업정책 및 전환에 관한 IPD/JICA 태스크 포스와 방갈로어Bangalore에서의 빈곤, 개발 그리고 세계화에 관한 2015년 고급 대학원 워크샵의 도움을 받았다. 특히, 저자는 스티글리츠, 노만, 하라구치Nobuya Haraguchi 그리고 찬드라세크하C. P. Chandrasekhar가 해준 유용한 코멘트와 제안에 대해 감사를 표하고 싶다. 이 장의 내용은 저자의 관점이며, 싱가포르 무역산업부의 의견은 아님을 밝혀둔다.

1. 예를 들어, 장하준과 바그와티Chang and Bhagwati (2011)는 이코노미스트지에서 논쟁을 하였다. "이 학파house는 경제가 큰 제조업 기반 없이 성공할 수 없다고 믿는다"
2. 세계화는 운송비를 낮추고, 지속적인 통신과 발전된 정보 조직 기술을 가능하게 하여 거리의 장벽을 크게 낮추었다. 세계화와 함께, 지리적 경계를 넘어선 세계 공급사슬의 분화는 기업의 비용을 낮추고 국가 간에 서로 다른 활동에 특화할 수 있는 잠재력을 키웠다(헬프만Helpman

1984; 마쿠센Markusen 1984; 핀스트라Feenstra 1998; 휴멜, 이시이 그리고 이Hummels, Ishii, and Yi 2001; 이Yi 2003). 국가 간 노동의 분리는 과거처럼 제품보다는 생산활동에 따라서 일어나고 있다. 전체 제조 활동을 해외에 재배치하는 것보다 국가간 기업transnational corporation은 가치사슬의 특정 부분에 특화하여 기업의 전체적 목적에 기여할 수 있다(한슨, 마타로니 그리고 슬로터Hanson, Mataloni, and Slaughter 2001). 제조업에서 모듈화 가능성이 커지고 있기 때문에 레고블록처럼, 최종 생산물이 점점 전 세계에서 생산되는 더 작은 모듈로부터 만들어질 수 있다(버거Berger 2005).

3. 연구개발, 엔지니어링, 설계, 판매 그리고 유지보수 등과 같은 서비스의 중요한 역할이 증가함에 따라 제조 비용은 많은 산업에서 제조자 부가가치와 생산비용의 25%에 미치지 못한다(한센Hansen 1994, 189; 일레리스Illeris 1996, 74).
4. 캐나다, 프랑스 그리고 포르투갈은 유일한 예외이다.
5. 제조업 산출에서 중간 서비스 비중의 성장속도는 울프메이어Wolfmayr(2012)의 분석 중 두 번째 기간동안에 느려졌다.
6. 이것은 제조업에서 직접 구매한 중간 서비스(1995년 0.15 유로; 2007년에 0.19 유로)와 제조 분야의 비서비스 투입에 의해 사용된 간접 서비스(1995년에 0.27 유로; 2007년에 0.42유로)를 포함하고있다.
7. 그레고리와 루소Gregory and Russo (2007)의 연구 대상 국가는 프랑스, 네덜란드, 스페인, 영국 그리고 미국을 포함한다. (농업, 광업, 채석, 공공 유틸리티 그리고 건설을 포함한) 더 넓은 제조업의 정의를 저자는 도입하였다.
8. 관련된 경제 활동을 지역화함으로써 긍정적 외부효과를 창조하자는 아이디어는 알프레드 마샬Alfred Marshall(1920)의 산업 클러스터에 대한 선구적 연구에 이론적 근거를 두고 있다.
9. 앤더슨Andersson (2006)은 지식 집약적 산업을 최소한 3년 이상의 대학교육을 받은 고용인의 높은 비율(제조업에서는 6%이상, 생산자 서비스에서는 10% 이상)로 정의하였다.
10. 기타 국가는 "세계의 나머지 " 범주로 분류하였다.
11. WIOD (1995-2009)는 2012년 5월에 일반에 공개되었다. 2013년 11월에는 시계열 자료의 기간이 2011년까지 확장되었다.
12. 다음 지리적 지역에 따라 국가를 분류하였다: 유럽연합(오스트리아, 벨기에, 불가리아, 시프러스, 체코, 덴마크, 에스토니아, 핀란드, 프랑스, 독일, 그리스, 헝가리, 아일랜드, 이탈리아, 라트비아, 리투아니아, 룩셈부르크, 몰타, 네덜란드, 폴란드, 포르투갈, 루마니아, 슬로바키아, 슬로베니아, 스페인, 스웨덴 그리고 영국), 아시아 태평양(호주, 중국, 인도, 인도네시아, 일본, 러시아, 남한, 대만 그리고 터키), 북미(캐나다와 미국) 그리고 남미(브라질, 멕시코).
13. WIOD의 35개 분야에 대해서는 부록 A를 보라.
14. 폴란드는 2011년에 일시적인 침체를 경험하기는 했지만 2010과 2012년에 고소득 국가 기준을 넘었다는 점에서 2011년에 선진국으로 분류되었다.

15. 예를 들어, WIOD에 아프리카 국가는 없다.
16. 농업분야는 선진국(GDP의 1.8%)에 비해 개도국(1995~2010년 사이 GDP의 12.7%)에서 더 큰 역할을 하는 경향이 있다(세계은행 2015).
17. 분석은 두 분야 사이에 투입-산출 연결에서 발생하는 제조업과 서비스업의 직접적(1차적) 경제적 기여와 2차적 효과만을 시험하였다. 3차 이후의 효과는 연구에서 제외되었다.
18. 저기술 산업은 (1)식품, 음료, 담배 (2)섬유 및 관련 제품 (3)가죽과 신발 (4)목재와 코르크 제품 (5)펄프, 종이, 인쇄 그리고 출판업 (6)그외 분류되지 않은 제조업, 재활용이 포함된다. 중간 산업은 (1)석탄, 정유, 원자력 연료 (2)고무, 플라스틱 (3)기타 비금속 광물 (4)기초 금속과 가공 금속이 포함된다. 첨단 산업은 (1)화학, 화학제품 (2)기타 분류되지 않은 기계류 (3)전기 및 광학 장비 (4)운송 장비 등이 포함된다.
19. 도매 유통은 "자동차와 모터사이클을 제외한 도매 유통 및 수수료 거래"를 의미한다.
20. 소매 유통은 (1) 자동차와 모터사이클의 판매, 유지 및 보수, (2)자동차와 모터사이클을 제외한 소매 거래, 가계소비재의 수리를 포함한다.
21. 운송 범주는 (1)육상운송 (2) 수상운송 (3)항공운송 그리고 (4)기타 여행 대행 활동을 포함한 운송의 지원과 보조업무를 포함한다.
22. 통신은 우편과 전화를 의미한다.
23. 사업 서비스의 이러한 정의에는, 부동산 활동이 별도로 분리되는데, 다른 사업 서비스 요소에 비해 거래가능성이 현저히 낮기 때문이다. 사업 서비스는 전문 서비스(예; 법무, 회계, 자문, 건축 그리고 엔지니어링 활동 등)에서 연구 개발까지 다양한 활동이 포함된다.
24. 기타 서비스는 (1)공공 행정과 국방, 의무적 사회 보장 (2) 교육 (3)건강과 사회 활동 (4)기타 공동체적, 사회적 개인적 서비스 (5)고용인력의 개인 가사 등을 포함한다.
25. 이 예에서, 탈산업화는 명목 부가가치에서 제조업 비중이 줄어드는 것을 의미한다.
26. GDP의 농업분야 비중은 1995~2010년 사이 선진국(2.4%에서 1.4%)과 개도국(16.4%에서 10.5%)에서 모두 떨어졌다 (세계은행 2015).
27. 1995~2003년 사이, 세계 제조업에서 중간 제조업 투입의 수입 비중은 꾸준히 증가하였다 (23.2%에서 31.2%)(유럽위원회 2013). 그 이후 중간 제조업 투입의 수입은 제조업이 (중간 제조업 투입을) 자신의 요소 생산에 통합(즉 후방 통합integrating backward)하고, 제조업 활동이 점점 집중됨에 따라 감소하였다. 2011년까지 중간 제조업 산출의 수입 비중은 27.0%까지 떨어졌다.
28. 1995~2011년 사이, 총 산출에서 제조업 비중은 선진국(30.7%에서 27.6%)에서 개도국 (35.9%에서 33.6%)에 비해 더 많이 떨어졌다(유럽위원회 2013).
29. 서비스의 교역가능성은 인터넷의 침투(프로드와 와인홀드Freund and Weinhold 2002)와 정보통신기술 투자(구에리에리와 멜리치아니Guerrieri and Meliciani 2005)때문에 현저하게 증가하였다.
30. 목재 제품 산업만이 중간 서비스 수입이 살짝 낮아졌는데 1995~2000년 사이 10.5%에서

2007~2011년 사이 10.2%가 되었다.
31. 석탄, 정유 그리고 핵 연료 산업은 다른 제조업에 비하면 이상치outlier에 해당하지만 여전히 2007~2011년 사이 서비스 투입의 국내 조달율이 61%에 달한다.
32. 이것은 중간 제조업 투입과 상반되는데, 보다 적은 비율(2007~2011년에 72%)이 제조업과 공위치하였다(유럽위원회 2013).
33. 1995~2011년 사이, 세계 운송장비 산업에서 유발된 사업 서비스와 수상 운송 서비스의 비중은 각각 3.5%p(23.6%에서 27.1%)와 0.9%p(1.1%에서 1.8%) 상승했다. 이 기간 중에 중간 수상 운송 서비스와 사업 서비스 산출은 각각 353%와 203%늘었는데, 세계 운송장비 산출 중가율인 134%를 크게 능가하였다.
34. 석탄, 정유 및 핵 연료 산업은 미국과 같은 선진 경제가 경쟁력을 보유하고 있는 산업이다. 1995~2011년 사이 세계 제조업 산출의 비중이 증가(1.0%p)한 미국의 유일한 제조업이다. 다른 미국의 제조업은 전 세계 제조업 산출에서 그 비중이 4.2%p~12.7%p 감소하였다.
35. 사업 서비스는 이전에 제조업 분야에 통합되었던 서비스의 해외이전으로 인해 혜택을 받았는데 이는 이 현상이 안정화된 2000년대까지 지속되었다. 예를 들어 트레게나Tregenna (2008)는 청소, 보안 그리고 전문 서비스를 포함한 사업 서비스 범주로 제조업 직종이 아웃소싱되는 현상을 분석하였다. 1995-2003년 사이 전 세계 제조업 관련 중간 서비스 산출 수출에서 사업 서비스가 차지하는 비중은 19.5%에서 25.3%까지 상승했다. 이어서, 비율은 22%~25% 사이에서 안정화되었다. 대조적으로 중간 금융 서비스 수출은 역할이 작았는데, 2011년까지 중간 사업 서비스 수출액의 35.3%에 머물렀다. 1995~2011년 사이, 중간 서비스 수출액에서 금융 서비스 비중은 1.2%p(즉, 연 0.07%p) 상승하는데 그쳤다.
36. 비록 1995~2005년 사이 금융 서비스 산출에서 중간 서비스의 비중이 11.3%에서 7.8%로 감소하기는 했지만, 그 이후 2011년까지 9.5%로 꾸준히 증가하였고, 이는 제조업이 이 분야에 대한 의존성이 강화되었음을 보여준다(유럽위원회 2013).
37. 1995~2011년 사이 총 서비스 산출에서 제조업 관련 중간 서비스 비중이 0.9%에서 1.3%로 증가하였다(유럽위원회 2013).
38. 이 결과는 발전정도가 높을수록 더 많은 생산자 서비스를 이끈다는 프랑수아와 우어즈 Francois and Woerz (2008)의 발견을 뒷받침한다. 2011년 개도국 중에 인도의 제조업 분야만이 (살짝) 평균 수준 이상으로 중간서비스에 의존하였다.
39. 1995~1998년 사이 일본 제조업 산출은 연간 10.9%감소했지만 미국은 연 3.8%씩 증가했다.
40. 대조적으로 세계 제조업 산출은 1995~2011년 사이 연 5.9%씩 성장했다.
41. 부가가치 기준으로 미국은 2009년에 세계최고의 제조업 국가자리를 내주었다.
42. 중국이 산업화됨에 따라, 중간 서비스 수출 역량을 발전시켰다. 1995~2011년 중국의 제조업 관련 중간 서비스 수출은 연 18.5%씩 증가하였는데 이는 미국(연 5.7%)의 3.2배에 달하는 수치이다.

참고 문헌

Andersson, M. 2006. "Co-Location of Manufacturing and Producer Services: A Simultaneous Equations Approach." In *Entrepreneurship and Dynamics in the Knowledge Economy,* eds. C. Karlsson, B. Johansson, and R. R. Stough, 94-124. New York: Routledge.

Baer, W., and L. Samuelson. 1981. "Toward a Service-Oriented Growth Strategy." *World Development* 9(6): 499-514.

Baines, T. S., H. W. Lightfoot, O. Benedettini, and J. M. Kay. 2009. "The Servitization of Manufacturing: A Review of Literature and Reflection on Future Challenges." *Journal of Manufacturing Technology Management* 20(5): 547-67.

Baldwin, R. 2014." Trade and Industrialization After Globalization's Second Unbundling: How Building and Joining a Supply Chain Are Different and Why It Matters." In *Globalization in an Age of Crisis: Multilateral Economic Cooperation in the Twenty-First Century,* eds. R. C. Feenstra and A. M. Taylor, 165-212. Chicago: University of Chicago Press.

Bell, D. 1973. *The Coming of Post-Industrial Society: A Venture in Social Forecasting.* New York: Basic Books.

Berger, S. 2005. *How We Compete: What Companies Around the World Are Doing to Make It in Today's Global Economy.* New York: Doubleday.

Bhagwati, J. N. 1984. "Splintering and Disembodiment of Services and Developing Nations." *The World Economy* 7(2): 133-144.

———. 2010. *The Manufacturing Fallacy.* Retrieved January 2, 2015, from Project Syndicate: http://www.project-syndicate.org/commentary/the-manufacturing-fallacy

Britton, S. 1990. "The Role of Services in Production." *Progress in Human Geography* 14(4): 529-46.

Brown, R., and D. Julius. 1993. "Is Manufacturing Still Special in the New World Order?" In *Finance and the International Economy 7: The Amex Bank Review Prize Essays in Memory of Robert Marjolin,* ed. R. O'Brien, 6-20. New York: Oxford University Press.

Chang, H.-J., and J. Bhagwati. 2011. "Economist Debates: Manufacturing: This House Believes that an Economy Cannot Succeed Without a Big Manufacturing Base." *The Economist.* Retrieved October 10, 2015 from: http://www.columbia.edu/~jb38/papers/pdf/The_Economist_com_Debate_Manufacturing.pdf.

Chang, H.-J., A. Andreoni, and M. L. Kuan. 2014. "International Industrial Policy Experiences and the Lessons for the UK." In *The Future of UK Manufacturing: Scenario Analysis, Financial Markets and Industrial Policy,* ed. A. Hughes. London: UK-IRC.

Chenery, H. B. 1960. "Patterns of Industrial Growth." *The American Economic Review* 50(4): 624-54.

Ciccone, A., and K. Matsuyama. 1996. "Start-Up Costs and Pecuniary Externalities as Barriers to Economic Development." *Journal of Development Economics* 49(1): 33-59.

Clark, C. 1940. *The Conditions of Economic Progress*. London: Macmillan.

Coffey, W. J., and A. S. Bailly. 1991. Producer Services and Flexible Production: An Exploratory Analysis. *Growth and Change* 22(4): 95-117.

Cohen, S., and J. Zysman. 1987. *Manufacturing Matters: The Myth of the Post-Industrial Economy*. New York: Basic Books.

Daniels, P. W., and J. R. Bryson. 2002. "Manufacturing Services and Servicing Manufacturing: Knowledge-Based Cities and Changing Forms of Production." *Urban Studies* 39(5-6): 977-91.

DGBAS (Directorate-General of Budget Accounting and Statistics). 2015. *National Statistics Database*. Taipei City: DGBAS.

Dicken, P. 2011. *Global Shift: Mapping the Changing Contours of the World Economy*. New York: Guilford.

European Commission. 2013. *World Input-Output Database*. Brussels: European Commission.

Falk, M., and E. Jarocinska. 2010. *Linkages Between Services and Manufacturing in EU Countries*. SERVICEGAP Review Paper 1. Brussels: European Commission.

Feenstra, R. C. 1998. "Integration of Trade and Disintegration of Production in the Global Economy." *Journal of Economic Perspectives* 12(4): 31-50.

Felipe, J., R. Briones, D. H. Brooks, A. Mehta, and H. Verspagen. 2013. *Asia's Economic Transformation: Where to, How, and How Fast?: Key Indicators for Asia and the Pacific 2013 Special Chapter*. Manila: Asian Development Bank.

Fisher, A. G. 1935. *The Clash of Progress and Security*. London: Macmillan.

Francois, J. F., and K. A. Reinert. 1996. "The Role of Services in the Structure of Production and Trade: Stylized Facts from a Cross-Country Analysis." *Asia-Pacific Economic Review* 2(1) 35-43.

Francois, J. F., and J. Woerz. 2008. "Producer Services, Manufacturing Linkages, and Trade." *Journal of Industry, Competition and Trade* 8(3-4): 199-229.

Freund, C., and D. Weinhold. 2002. The Internet and International Trade in Services. *The American Economic Review* 92(2): 236-40.

Galbraith, J. K. 1958. *The Affluent Society*. Boston: Houghton Mifflin.

Ghani, E., and S. D. O' Connell. 2014. *Can Service Be a Growth Escalator in Low Income Countries?* World Bank Policy Research Working Paper No. 6971. Washington, D.C.: World Bank.

Greenfield, H. I. 1966. *Manpower and the Growth of Producer Services*. New York:

Columbia University Press.

Gregory, M., and G. Russo, 2007. "Do Demand Differences Cause the U.S.-European Employment Gap?" In *Services and Employment: Explaining the U.S.-European Gap*, eds. M. Gregory, W. Salverda, and R. Schettkat, 81-108. Princeton, N.J.: Princeton University Press.

Grether, J.-M., and N. A. Mathys. 2010. "Is the World's Economic Centre of Gravity Already in Asia?" *Area* 42(1): 47-50.

Guerrieri, P., and V. Meliciani. 2005. "Technology and International Competitiveness: The Interdependence Between Manufacturing and Producer Services." *Structural Change and Economic Dynamics* 16(4): 489-502.

Hansen, N. 1994. "The Strategic Role of Producer Services in Regional Development." *International Regional Science Review* 16(1-2): 187-95.

Hanson, G. H., R. J. Mataloni, and M. J. Slaughter. 2001. "Expansion Strategies of U.S. Multinational Firms." In *Brookings Trade Forum*, eds. S. M. Collins and D. Rodrik, 245-94. Washington, D.C.: Brookings Institution Press.

Helpman, E. 1984. "A Simple Theory of International Trade with Multinational Corporations." *Journal of Political Economy* 92(3): 451-71.

Hirschman, A. O. 1958. *The Strategy of Economic Development*. New Haven. Conn., and London: Yale University Press.

Houseman, S. 2007. "Outsourcing, Offshoring, and Productivity Measurement in U.S. Manufacturing." *International Labour Review* 146(1-2): 61-80.

Houthakker, H. 1957. "An International Comparison of Household Expenditure Patterns, Commemorating the Centenary of Engel's Law." *Econometrica* 25(4): 532-51.

Howells, J. 2004. "Innovation, Consumption and Services: Encapsulation and the Combinatorial Role of Services." *The Service Industries Journal* 24(1): 19-36.

Hummels, D., J. Ishii, and K.-M. Yi. 2001. "The Nature and Growth of Vertical Specialization in World Trade." *Journal of International Economics* 54(1): 75-96.

Illeris, S. 1996. *The Service Economy: A Geographical Approach*. Chichester: Wiley.

Johnston, B., and J. Mellor. 1961. "The Role of Agriculture in Economic Development." *The American Economic Review* 51(4): 566-93.

Kuznets, S. 1971. *Economic Growth of Nations: Total Output and Production Structure*. Cambridge, Mass.: Harvard University Press.

Lewis, W. A. 1954. "Economic Development with Unlimited Supplies of Labour." *The Manchester School* 22(2): 139-91.

Livesey, F. 2006. *Defining High Value Manufacturing*. London: University of Cambridge Institute for Manufacturing.

Markusen, J. R. 1984. "Multinationals, Multi-Plant Economies, and the Gains from Trade." *Journal of International Economics* 16(3-4): 205-26.

Marshall, A. 1920. *Principles of Economics*. 8th ed. London: Macmillan.

Nordås, H. K., and Y. Kim. 2013. *The Role of Services for Competitiveness in Manufacturing*. OECD Trade Policy Papers No. 148. Paris: OECD.

OECD (Organisation for Economic Co-operation and Development). 2011. "ISIC Rev. 3 Technological Intensity Definition: Classification of Manufacturing Industries into Categories Based on R&D Intensities." OECD, July 7. Retrieved January 2, 2015, from: http://www.oecd.org/sti/ind/48350231.pdf

Park, S.-H. 1989. "Linkages Between Industry and Services and Their Implications for Urban Employment Generation in Developing Countries." *Journal of Development Economics* 30(2): 359-79.

──. 1994. Intersectoral Relationships Between Manufacturing and Services: New Evidence from Selected Pacific Basin Countries. *ASEAN Economic Bulletin* 10(3): 245-63.

Park, S.-H., and K. S. Chan. 1989. "A Cross-Country Input-Output Analysis of Intersectoral Relationships between Manufacturing and Services and their Employment Implications." *World Development* 17(2): 199-212.

Pisano, G. P., and W .C. Shih. 2009. "Restoring American Competitiveness." *Harvard Business Review*, July-August, 114-25.

──. 2012. *Producing Prosperity: Why America Needs a Manufacturing Renaissance*. Boston: Harvard Business Review Press.

Porter, M. E. 2008. *On Competition: Updated and Expanded Edition*. Boston: Harvard Business Press.

Quah, D. 2011. "The Global Economy' s Shifting Centre of Gravity." *Global Policy* 2(1) 3-9.

Romer, C. D. 2012. "Do Manufacturers Need Special Treatment?" *New York Times*, Feb 4. Retrieved January 2, 2015: http://www.nytimes.com/2012/02/05/business/do-manufacturers-need-special-treatment-economic-view.html

Rowthorn, R., and J. Wells. 1987. *De-Industrialization and Foreign Trade*. London: Cambridge University Press.

Schmenner, R. W. 2009. "Manufacturing, Service, and Their Integration: Some History and Theory." *International Journal of Operations and Production Management* 29(5): 431-43.

Subramanian, A., and M. Kessler. 2014. "The Hyperglobalization of Trade and Its Future." In *Towards a Better Global Economy: Policy Implications for Citizens Worldwide in the 21st Century,* eds. F. Allen, J. R. Behrman, N. Birdsall, S. Fardoust, D. Rodrik, A. Steer, et al., 216-77. London: Oxford University Press.

Timmer, C. P. 1988. "The Agricultural Transformation." In *Handbook of Development Economics,* vol. 1, eds. H. B. Chenery and T. N. Srinivasan, 275-331. Amsterdam:

North Holland.

Tregenna, F. 2008. "Quantifying the Outsourcing of Jobs from Manufacturing to Services." *South African Journal of Economics* 76(S2): S222-S238.

Vandermerwe, S., and J. Rada. 1988. "Servitization of Business: Adding Value by Adding Services." *European Management Journal* 6(4): 314-24.

Walker, R. A. 1985. "Is There a Service Economy? The Changing Capitalist Division of Labour." *Science and Society* 49(1): 42-83.

Wise, R., and P. Baumgartner. 1999. "Go Downstream: The New Profit Imperative in Manufacturing." *Harvard Business Review* 77(5): 133-41.

Wolfmayr, Y. 2008. *Producer Services and Competitiveness of Manufacturing Exports.* FIW Research Report No. 9. Vienna: Federal Ministry of Science, Research and Economy, Austria.

───. 2012. "Export Performance and Increased Services Content in Manufacturing." *National Institute Economic Review* 220(1): R36?R52.

Wood, P. 2009. "Service Competitiveness and Urban Innovation Policies in the UK: The Implications of the 'London Paradox.'" *Regional Studies* 43(8): 1047-59.

World Bank. 2015. *World Development Indicators Database.* Washington, D.C.: World Bank.

Yi, K.-M. 2003. "Can Vertical Specialization Explain the Growth of World Trade?" *Journal of Political Economy* 111(1): 52-102.

찾아보기

ㄱ

겐샤이 프로젝트 370, 373, 374
경로의존성 80, 108, 193, 194
계획적 진부화 389, 391
고정효과 429, 449, 450, 453, 454, 455
공공재 15, 44, 102, 103, 164, 166, 169, 466
공위치적 특성 482, 485
구조적 이질성 86, 87, 104, 105, 106, 107, 109, 117, 119
구축(驅逐)효과 19, 67, 132
국가 개발은행 20, 78, 129, 130
국가별 여건 424, 425, 426, 429, 449
극세분화된 시장 397
금융억압 131, 154, 163
기능적 개입 225
기본구조적 조건 18, 87, 88, 95, 116
기업가형 개발 국가 159
기업의 사회적 책임 407

ㄴ

나침반 경제 264
네덜란드 병 75, 93
누락과 과오의 오류 247

ㄷ

다층 거버넌스 모델 279, 292, 328
도덕적 해이 164, 188
독일재건은행(KfW) 20, 140, 160, 249, 307
동태적 효율성 14, 17, 21, 87, 95, 106,

ㄹ

린 생산(lean production) 358, 359, 361

ㅁ

미국 경기부양법(ARRA) 28, 298
민관협력 187, 201, 206, 234

ㅂ

바젤협약 141, 142
반정책 컨센서스 76
변화주기 278, 279, 280, 281, 292, 296, 298, 300, 301, 302, 307, 310, 311, 312, 315, 316, 317, 321, 325
보사이 프로젝트 373, 375
부문별 개입 325
부흥금융금고(RFB) 187, 194, 197
분류학적 접근법 281, 289, 292, 293, 294
브라질개발은행(BNDES) 311, 314, 315, 318
브라질 마이오르 계획 314, 316
비교우위 216, 341, 342, 367, 377, 389, 390, 424, 425, 426, 431, 436, 445, 446, 448, 455, 459, 460, 461, 464, 465, 466, 467, 482
비교우위대응전략(CAD) 222, 258
비분할성 230
빅 푸시 이론 48, 106

ㅅ

사회적 삼림업 369, 370
산업관세율 68, 70
산업별 인플레이션 428, 468
산업생산지수(IIP) 427, 428, 468, 469

산업적 공통성 485
산업정책 13, 14, 15, 17, 21, 22, 23, 24, 25, 26, 27, 28, 31, 32, 33, 257, 258, 259, 260, 263, 265, 266, 267, 274, 278, 279, 280~290, 292~296, 298, 300, 301, 302, 304, 306, 307, 311, 312, 315, 316, 317, 320, 321, 322, 323, 325, 327, 328, 329, 330
산업 클러스터 계획 302, 305
상호보완성 47, 48, 49, 61, 91, 95, 96, 97, 101, 102, 105, 106, 107, 111, 117, 118, 120
새로운 구조경제학 257, 259, 260, 261, 425
선별적 산업정책 66
성장성 발굴 및 촉진 프레임워크(GIF) 26, 272
수입대체산업화 93, 98
시장신호 62, 63, 78
시장실패 134, 136, 149, 154, 159, 164, 165, 182, 188, 189, 214, 225, 228
신용할당 188, 192
신호효과 200, 209
쏠림 현상 136
SQC(statistical quality control) 356

ㅇ

안데스 개발공사 160
안정성장협약 172, 180
암묵성 100
양자협정 69, 70, 73, 74
역선택 164, 188
외부효과 189, 190, 198, 199, 208, 211, 214, 217, 230, 507
요소 부존 260
워싱턴 컨센서스 13, 25, 33, 76, 77
원거리 모니터링 409
원조 효과성 342
유럽투자은행(EIB) 160, 213
유인효과 198
유치산업 230, 264, 288, 294, 393
융커 플랜 170, 182
이중 구조 86, 87, 104
일본개발은행(JBD) 22, 187, 197, 249, 251, 301, 305
일본정책금융공고(JFC) 140, 251
일본정책투자은행(DBJ) 149, 251
일촌일품(一村一品) 운동 28, 347

정보효과 200, 202, 216, 217
정부실패 225, 228
정실주의 19, 132
정치적 포획 187, 188, 197, 201, 207, 209
제도적 개입 225
제조업 부가가치(MVA) 237, 239, 240
제조업-서비스업 연계 482, 483
제조업의 서비스화 483
중국개발은행(CDB) 20, 140, 146, 249
중시경제적 과정 95, 102, 105, 106, 112, 116, 120
중앙계획기반 전략 292
중진국 함정 90
지속가능제품 149
진입허가 287
질적 성장 338, 340, 341, 342, 363, 370, 376, 377
집단-행동의 문제 287
JIT(Just-in-Time) 28, 93, 123, 346, 347, 350, 356, 359, 368, 379, 381

ㅈ

저수준 고용 104, 105, 106, 107, 108, 110, 112, 116, 121
전략적 개입 225
전방연쇄 492

ㅊ

창조적 파괴 91, 96
청정에너지 이니셔티브 300
추격(따라잡기) 16, 29, 39, 49, 53, 54, 59, 60, 62, 69, 70, 73, 226, 263, 360

ㅋ

카이젠(改善) 357, 358, 348, 364, 365, 366, 367, 372, 375, 378, 379, 346

칼도어주의적 성장-생산성 관계 86, 92, 105

캐나다 사업개발은행(BDC) 145, 146

캠브리지 알파메트릭스 모델(CAM) 161, 175, 517

QCC(quality control circle) 357, 358, 363, 367

ㅌ

타이신 프로젝트 374, 375, 376

탈산업화 93, 227, 341, 489, 491, 492, 498, 504, 508

토지 재조정 운동 374, 375, 380

TQM(total quality management) 28, 380, 381

ㅍ

포용적 성장 338, 340, 345, 346, 349, 351, 356, 357, 367, 368, 371, 376

프로그 카라반 380

5S 357, 365, 366

ㅎ

학습 13, 18, 28, 29, 60, 61, 71, 96, 99, 106, 158, 227, 261, 279, 285, 288, 311, 329, 338, 340, 342, 344

학습, 산업 및 기술(LIT) 정책 13

학습에 대한 학습 343, 345, 346, 347, 356, 366, 367, 376

학습자본 229

혁신적 성장 340, 349, 357

횡단 개입 325, 326

후방연쇄 492

저자 소개

아크바르 노먼 Akbar Noman

세계은행과 IMF 및 기타 국제기구, 그리고 정부 고위직에서 두루 근무하였으며, 여러 개발도상국 및 체제전환국 경제 관련 정책분석 및 입안에 대해 폭넓은 경험을 가진 경제학자이다. 그는 콜럼비아대학교에서 강의하면서, 동 대학의 조셉 스티글리츠가 이끄는 싱크탱크인 정책대화 이니셔티브(IPD)의 선임 연구위원으로서 정부정책 작업을 비롯한 과제를 수행하고 있다. 그는 그가 수학(修學)했던 옥스퍼드대학교와, 서섹스대학교의 Institute of Development Studies(IDS)에서도 근무한 바 있다.

조셉 스티글리츠 Joseph E. Stiglitz

콜럼비아대학교의 University Professor[1]이며, 동 대학의 Committee on Global Thought (CGT)[2]의 공동 의장을 맡고 있다. 그는 2001년 노벨경제학상을 수상하였으며, 2007년 노벨평화상을 수상한 바 있는 Intergovernmental Panel on Climate Change(IPCC)[3]가 발간한 1995년 보고서의 주 저자이다. 그는 클린턴 미국 대통령 재임 당시 미국 경제자문위원회U.S. Council of Economic Advisors 의장을 지냈으며, 1997~2000년 세계은행 수석 이코노미스트 및 선임 부총재를 역임한 바 있다.

---

[1] University Professor는 콜럼비아대학교의 교수 직위 가운데 가장 높은 직위로서, 동 대학교는 교수들 가운데 학문의 발전에 크게 기여한 소수의 교수들에게만 동 직위를 부여하고 있다.
[2] The Committee on Global Thought는 세계적인 중요 이슈에 대한 학문적 연구 등을 위해 콜럼비아대학교에 근무하는 다양한 학문 분야의 저명 교수들로 구성된 동 대학교의 학술 위원회로서, 2006년 동 대학교 총장인 볼린저Lee C. Bollinger에 의해 설립되었다.
[3] IPCC는 세계기상기구(WMO)와 유엔환경계획(UNEP)이 기후변화 대응을 위해 1988년 공동 설립한 정부간 기후변화 협의체이다. IPCC는 유엔기후변화협약 및 교토의정서 이행과 관련하여 1990년(1차), 1995년(2차), 2001년(3차), 2007년(4차)에 걸쳐 총 네 차례의 특별 보고서를 작성·발표하였으며, 기후변화 대응을 위해 노력한 공로로 2007년 노벨평화상을 수상하였다.

스티글리츠는 경제학에 크게 기여한 40세 이하의 미국 경제학자에게 격년으로 수여되는 존 베이츠 클라크 메달John Bates Clark Medal[4]을 수상하였다. 그는 케임브리지대학교의 풀브라이트 초빙교수Fulbright Scholar 및 옥스퍼드대학교 All Souls College의 드러먼드 교수직(職)Drummond Professorship을 역임하였으며, 또한 M.I.T, 예일, 스탠포드, 프린스턴대학교에서도 강의하였다. 최근 저서로는 『The Price of Inequality: How Today's Divided Society Endangers Our Future』가 있다.

안토니오 안드레오니 Antonio Andreoni

케임브리지대학교에서 박사학위를 받았으며, 런던대학교 동양아프리카연구대학School of Oriental and African Studies(SOAS) 경제학과의 경제학 교수이다. 그는 SOAS에서 영국 국제개발부DFID 후원 반부패 증거 연구프로그램 컨소시엄Anti-Corruption Evidence DFID Research Programme Consortium의 공동연구 디렉터를 맡고 있으며, 산업개발·정책연구 클러스터 SOAS-IDP Industrial Development and Policy Research Cluster를 이끌고 있다. 또한, 그는 케임브리지대학교의 제조업 연구소Institute for Manufacturing 연구위원이기도 하다. 그의 연구는 *Cambridge Journal of Economics*, *Structural Change and Economic Dynamics*, *Oxford Review of Economic Policy* 등의 학술지에 게재되어 있다. 그는 『Developing with Jobs』(모아잠M. Moazam, 장하준H. J. Chang 공저, Palgrave Macmillan)의 공동 저자이며, UNIDO, ILO, UNCTAD, UNDP, UN DESA, OECD, BMZ-GIZ, 영국 국제개발부 및 과학청Government Office for Science, 탄자니아 산업무역부MITI 등 여러 정부 및 다자기구의 자문을 맡고 있다.

마리오 치몰리 Mario Cimoli

UN 라틴아메리카·카리브해 경제위원회United Nations Economic Commission for Latin America and the Caribbean(ECLAC)의 생산·생산성관리국Division of Production, Productivity and Management 디렉터 및 국제통상·통합국Division of International Trade and Integration 책임 담

---

[4] 존 베이츠 클라크 메달은 신고전파 경제학자인 존 베이츠 클라크John Bates Clark(1847~1938)를 기념하여 미국경제학회 American Economic Association(AEA)가 경제학 발전에 기여한 40세 이하의 젊은 미국 경제학자에게 수여하는 상으로, 수상자들 중 많은 학자들이 이후 노벨경제학상을 수상함에 따라 '예비 노벨경제학상'으로 불리기도 한다. 스티글리츠는 1979년 존 베이츠 클라크 메달을 수상하였으며, 이후 2001년 노벨경제학상을 수상하였다.

당관이며, 베니스대학교(카 포스카리Ca' Foscari) 경제학 교수이다. 그는 개발도상국의 경제성장에 대해 기술격차와 무역이 미치는 영향을 분석한 논문으로 서섹스대학교 과학기술정책대학원Science Policy Research Unit(SPRU)에서 박사학위를 받았다. 그는 2004년 지오반니 도시, 조셉 스티글리츠와 함께 콜럼비아 대학 정책대화 이니셔티브의 산업정책 및 지식재산권 태스크포스의 공동 디렉터로 임명되었다. 그는 2004년 피사대학교 산타애나 고등과학원Sant'Anna School of Advanced Studies에서 국제 비즈니스 분야 필립 모리스 석좌Philip Morris Chair직(職)을 수여받기도 하였다.

그는 산업정책, 과학, 기술 및 혁신과 관련한 경제적인 이슈들에 대한 연설 및 저술활동을 하고 있다.

지오반니 코지Giovanni Cozzi

영국 런던의 그리니치대학교 경제학과 교수이며, 그리니치 정치경제연구센터Greenwich Political Economy Research Centre(GPERC) 연구원이다. 그는 벨기에 브뤼셀 소재 유럽진보연구재단Foundation for European Progressive Studies(FEPS)의 선임 이코노미스트 및 동양아프리카연구대학(SOAS) 개발정책연구센터Centre for Development Policy and Research(CDPR)의 연구위원을 역임하였으며, CDPR 재직시 '2030년의 세계에서 유럽이 직면하게 될 도전'에 대한 연구 및 평가를 위해 3년(2009~2012년)에 걸쳐 진행된 유럽위원회European Commission 집행위원회의 FP7(Seventh Framework Programme) 기금 프로젝트(AUGUR project)에 참여한 바 있다. 현재 그는 재정정책, 여성 및 남성 일자리 창출과 지속가능 성장을 위한 사회적·물적 투자의 역할, 개발은행의 역할 등에 대한 연구를 진행하고 있다. 그의 몇몇 연구 저작물들은 대안적인 거시경제 시나리오와 그에 따른 정책적 시사점을 제시하기 위해 구조주의 성장모형Structuralist growth model인 캠브리지 알파메트릭스 모델(CAM)을 이용하고 있다.

지오반니 도시Giovanni Dosi

이탈리아 피사의 산타애나 고등과학원 경제학 교수이자 경제연구소 디렉터이다. 또한 그는 콜럼비아 대학 정책대화 이니셔티브의 산업정책 및 지식재산권 태스크포스의 공동 디렉터로 근무했으며, Industrial and Corporate Change 저널의 유럽지역 에디터이기도 하다. 그는 과학기술 발전에 중요한 공헌을 한 연구자임을 나타내는 미국 ISI의 최다 피인용 연구목록Highly Cited Research list에 등재되어 있으며, 이탈리아 최초의 과학학회인 Accademia

Nazionale dei Lincei의 교신회원corresponding member이다. 그의 주요 연구 분야는 혁신 및 기술변화 경제, 산업경제, 진화이론, 경제성장 및 발전, 조직연구 등이며, 그는 이들 분야에서 다양한 저술 및 편집활동을 하고 있다. 그의 저술은 두 권의 선집(選集)으로 출판되어 있는데, 하나는 『Innovation, Organization and Economic Dynamics: Selected Essays』(Cheltenham, Edward Elgar, 2000년)이며, 다른 하나는 『Economic Organization, Industrial Dynamics and Development: Selected Essays』(Cheltenham, Edward Elgar, 2012년)이다.

주앙 카를로스 페하즈 João Carlos Ferraz

브라질 리우데자네이루 연방대학교 경제연구소Instituto de Economia, Universidade Federal do Rio de Janeiro의 교수이다. 그는 2007.5~2016.5월까지 브라질개발은행(BNDES)의 상임이사로서 조사연구, 경영기획, 위험관리 업무를 담당하였다. 2003.6~2007.5월까지는 칠레 산티아고 소재 UN 라틴아메리카·카리브해 경제위원회United Nations Economic Commission for Latin America and the Caribbean(UN/ECLAC)의 생산성관리국Division of Productivity and Management을 이끌기도 하였다. 그는 브라질과 해외에서 폭넓은 저술활동을 해 왔는데, 그 중에는 코칭요L. Coutinho, 페하즈, 나시프A. Nassif, 올리바R. Oliva가 공동 집필하고 『The Oxford Handbook of Latin American Political Economy』(산티소J. Santiso, 데이튼-존슨J. Dayton-Johnson 편저, Oxford University Press, Oxford)에 수록된 "Industrial Policy and Economic Transformation"(2012)이 있으며, 또한 페하즈, 쿠퍼D. Kupfer, 하게나워L. Haguenauer가 공동 저술한 『Made in Brazil: Desafios Competitivos para a Indústria Brasileira』(1996, Editora Campus, Rio de Janeiro)는 브라질 출판협회의 "올해의 책Book of the Year"으로 선정된 바 있다.

스테파니 그리피스-존스 Stephany Griffith-Jones

스테파니 그리피스-존스는 경제학자로서 공적 개발은행을 중심으로 한 세계 및 국가적 금융제도 개혁에 대한 연구와 정책제언을 수행하여 왔다. 그녀는 현재 콜럼비아 대학 정책대화 이니셔티브의 금융시장 디렉터이자 영국의 Institute of Development Studies(IDS) 명예 연구원이며, 국제금융, 개발금융 및 거시경제 이슈들에 대한 여러 주요 국제 연구 프로젝트를 주도해 온 바 있다. 그녀는 또한 20여권에 달하는 서적과 다수의 저널 및 신문기사들을 작성·편집하였으며, 주요 저서로는 조셉 스티글리츠, 호세 안토니오 오캄포와 공동 편찬한 『Time for a Visible Hand』가 있다.

노부야 하라구치 Nobuya Haraguchi

비엔나의 UN 산업개발기구UN Industrial Development Organization(UNIDO) 정책연구통계부 Department of Policy, Research, and Statistics 산업연구관이다. 그는 『UNIDO Industrial Development Report』(2013), 『Global Green Growth』(2015), 『Global Value Chains and Development』(2015) 등 서적으로 출판된 다양한 연구 프로젝트들을 이끌었다. 그는 구조 변화, 제조업 패턴 및 산업정책과 실무에 대한 폭넓은 저술활동을 해 왔다. 최근에는 『Structural Change and Industrial Development in BRICS』(Oxford University Press, 2015년)를 빔 노데이Wim Naudé, 아담 시르마이Adam Szirmai와 공동으로 발간하였다. UNIDO에 합류하기 전 그는 미국 세인트 존스대학교에서 거시경제학을 강의하였다. 그는 런던대학교에서 박사학위를 받았다.

아키오 호소노 Akio Hosono

일본국제협력기구 연구소JICA Research Institute(JICA-RI)의 이사(2011~2013년)를 역임하였으며, 현재 선임 연구자문관으로 재직 중이다. 그는 도쿄대학교에서 경제학 박사학위를 받았다. 졸업 후에는 츠쿠바연구학원도시Tsukuba Science City 소재 츠쿠바대학교 부총장, 주(駐)엘살바도르 대사, 도쿄 소재 정책연구대학원대학National Graduate Institute for Policy Studies(GRIPS) 교수, 고베대학교 경제경영연구소Research Institute of Economics and Business Administration 교수 등 다양한 직책에서 근무하였다. 그의 저서로는 『Development for Sustainable Agriculture: The Brazilian Cerrado』(마그노Magno, 옹고Hongo 공저, Palgrave Macmillan, 2016년), 『Chile's Salmon Industry: Policy Challenges in Managing Public Goods』(이즈카Hizuka, 카츠Katz 공저, Springer, 2016년), 『Getting to Scale: How to Bring Development Solutions to Millions of Poor People』(챈디Chandy, 카라스Kharas, 린Linn 공저, Brookings Press, 2013년), 『Regional Integration and Economic Development』(사비드라Saavedra, 스탈링스Stallings 공저, Palgrave, 2003년), 『Development Strategies in East Asia and Latin America』(사비드라 공저, Macmillan, 1998년) 등이 있다.

밍 레옹 쿠안 Ming Leong Kuan

싱가포르 통상산업부 Ministry of Trade and Industry 선임 이코노미스트이다. 정부에서 일하는 동안 그는 중기 medium-term 경제성장, 산업발전, 도시계획, 인구구조 demographics, 경제관여 전략 economic engagement strategies 관련 경제정책 등에 걸친 다양한 직무에 종사해 왔다. 그의 관심분야는 경제개발, 산업정책, 국제무역, 경제구조 변환에 있어서의 국가의 역할에 대한 것이다. 최근 그는 영국 과학청, 국제노동기구 International Labour Organization(ILO), UN 산업개발기구 UNIDO, 프리드리히 에버트 재단 Friedrich-Ebert-Stiftung(FES)[5] 등 다양한 기관의 프로젝트를 수행해 왔다. 그는 런던정치경제대학 London School of Economics and Political Science과 케임브리지대학교에서 각각 석사 및 박사학위를 받았다.

저스틴 이푸 린 Justin Yifu Lin

베이징대학교 신구조경제학연구원 Center for New Structural Economics의 디렉터이며, 동 대학교 남남협력과 발전학원 Institute of South-South Cooperation and Development 학장 및 국가발전연구원 National School of Development 명예학장이다. 그는 2008년부터 2012년까지 세계은행 선임 부총재 및 수석 이코노미스트를 역임했다. 그 전에는 15년 동안 베이징대학교 중국경제연구센터 China Centre for Economic Research의 창립 이사로서 근무했다. 그는 23권의 서적을 저술했는데, 그 중에는 『Against the Concensus: Reflections on the Great Recession』, 『The Quest for Prosperity』, 『How Developing Economies Can Take Off』, 『Demystifying the Chinese Economy』, 『New Structural Economics: A Framework for Rethinking Development and Policy』 등이 있다. 그는 영국학술원 British Academy의 교신회원 corresponding fellow이자 Academy of Sciences for Developing World의 회원이다.

디팍 나야르 Deepak Nayyar

뉴델리의 자와할랄네루대학교에서 명예교수로 재직하고 있으며, 동 대학교에서 25년간 경제학을 가르쳤다. 그는 옥스퍼드대학교 Balliol College의 명예 연구위원이며 최근까지 뉴

---

[5] 프리드리히 에버트 재단(FES)은 독일 바이마르 공화국 초대 대통령인 프리드리히 에버트 Friedrich Ebert(1871~1925)의 유언에 따라 1925년 설립된 독일의 사회민주주의 정치재단으로서, 시민사회 강화를 위한 정치교육, 민주주의 발전을 위한 연구 및 국제협력, 장학사업, 사회민주주의 역사 보전 등의 사업을 수행하고 있다.

욕 New School for Social Research에서 경제학 석좌교수Distinguished University Professor 로 재직하였다. 이전에 그는 옥스퍼드대학교, 서섹스대학교, 캘커타 인도경영연구소Indian Institute of Management에서 강의하였다. 그는 2000년부터 2005년까지 델리대학교 부총장을 역임했다. 또한 그는 1989년부터 1991년까지 인도정부의 수석 경제자문관 겸 재무부 장관을 지냈다. 그의 관심분야는 주로 국제경제와 거시경제학 분야이다. 그는 『Catch Up: Developing Countries in the World Economy』, 『Macroeconomics and Human Development』, 『Liberalization and Development』, 『Trade and Globalization』, 『Stability with Growth: Macroeconomics, Liberalization and Development』(공저), 『Governing Globalization: Issues and Institutions』 및 『The Intelligent Person's Guide to Liberalization』(공저) 등을 포함한 다수의 학술 저널과 여러 저서에 많은 논문들을 게재하였다.

호세 안토니오 오캄포 José Antonio Ocampo

콜럼비아대학교 국제공공정책대학원School of International and Public Affairs 교수이며, 동 대학 정책대화 이니셔티브 공동 의장 및 Committee on Global Thought(CGT) 회원이다. 또한 그는 UN 경제사회이사회United Nations Economic and Social Council(ECOSOC)의 개발정책위원회Committee for Development Policy 의장 및 콜롬비아 농촌개발위원회Rural Development Commission 위원장을 맡고 있다. 그는 UN과 그의 모국인 콜롬비아에서 여러 가지 직책들을 맡아 왔는데, 그 중에는 UN 경제·사회문제 담당 사무차장Under-Secretary-General for Economic and Social Affairs, UN 라틴아메리카·카리브해 경제위원회 사무총장executive secretary, 콜롬비아 재무부·농무부 장관 및 국가기획청National Planning Office 디렉터 등이 있다. 그는 거시경제이론 및 정책, 국제금융 문제, 경제 및 사회 개발, 국제무역, 콜롬비아 및 라틴아메리카 경제사(經濟史) 등의 주제에 대한 폭넓은 저술활동을 하고 있다.

카를로타 페레즈 Carlota Perez

카를로타 페레즈는 기술변화의 사회경제적 영향과, 성장 및 발전 관련 역사적 맥락의 변화에 대해 전문적으로 연구하고 있다. 그녀는 『Technological Revolutions and Financial Capital: the Dynamics of Bubbles and Golden Ages』(Elgar, 2002년)의 저자이며, UNIDO, ECLAC, 세계은행, IDB, OECD와 같은 국제기구 및 몇몇 중남미 국가 정부와

IBM, Cisco, Telefonica, Ericsson 등 글로벌 기업의 컨설턴트로 활동했다. 1980년대 초반에는 자유화 과정에서의 생존을 위한 기업 강화를 목표로 하는, 베네수엘라 산업부Ministry of Industry 산하 Technical Development의 창립 이사로 임명된 바 있다. 그녀는 런던정치경제대학London School of Economics의 센테니얼 교수Centennial Professor, 에스토니아 탈린공과대학교Tallinn University of Technology(TUT) 교수, 서섹스대학교 과학기술정책대학원SPRU 명예교수로 재직하고 있다.

고 시마다 Go Shimada

시즈오카대학교University of Shizuoka 부교수로서, 콜럼비아대학교와 일본국제협력기구 연구소의 방문학자이자 와세다대학교의 부연구원이다. 그 전에 그는 일본국제협력기구에서 20여 년 동안 산업개발부Department of Industrial Development 부장, 이사장 특별보좌관, 뉴욕 주재 UN 일본대표부 일등서기관 등으로 근무했다. 그는 와세다대학교에서 박사학위를 받았고, 맨체스터대학교에서 경제학 석사학위를 받았다. 그는 최근 *International Journal of Disaster Risk Reduction*(2015)에 "The Role of Social Capital after Disaster: An Empirical Study of Japan based on Time-Series-Cross-Section(TSCS) Data from 1981 to 2012"를 게재했을 뿐만 아니라, 『Industrial Policy and Economic Transformation in Africa』(노먼, 스티글리츠, 2015)와 『The Last Mile in Ending Extreme Poverty』(챈디, 카토Kato, 카라스, 2015)에도 논문을 게재한 바 있다.

옮긴이
KDB미래전략연구소

부 장 김홍상
연구위원 변현수
신정근
이헌영
장기천
정승원
선임연구원 노용관
박은수
전임연구원 이신영

산업정책의 효율성, 다양성, 그리고 금융

발행인	이 동 걸
편집인	장 병 돈
발 행	한국산업은행 KDB미래전략연구소 07242 서울특별시 영등포구 은행로 14 Tel. 02.787.7810
디자인 및 인쇄	하이큐 04556 서울특별시 중구 충무로2길 15 Tel. 02.2271.2641
	2018년 12월 31일 초판 1쇄 발행
	ISBN 978-89-92784-11-5 93320 가격 25,000원